温州学术文库

温州古代经济史料续编

Sources on the Economic History of
Pre-modern Wenzhou, Volume 2

俞　光◎编

社会科学文献出版社
SOCIAL SCIENCES ACADEMIC PRESS (CHINA)

序

俞光同志编纂的近50万字的《温州古代经济史料汇编》，作为《温州文献丛书》的一种于2005年出版，我读了之后颇有收益。继此之后，他孜孜不倦，焚膏继晷，兀兀穷年，将新收集的史料编纂《温州古代经济史料续编》出版，这是嘉惠学林的一项很有意义的工作，必将给温州区域史研究带来契机，也会对温州经济社会发展起很好的作用。

温州是中国民营企业较发达的地区，在全球金融危机的冲击下，其经济仍能持续发展，究其深刻原因是温州人具有适应环境、迎合时势理性选择的能力。温州“控带山海，利兼水陆，实东南之沃壤，一都之巨会。”（梁·丘迟《永嘉郡教》）明代地理学家王士性说温州属“海滨之民”，其特色是“海滨之民，餐风宿水，百死一生。以有海利为生不甚穷，以不通商贩不甚富。”（《广志绎》卷四《江南诸省》）地域历史文化造就了温州人顽强、艰苦、灵活的素质。我曾在一文中写道：“背山面海，高山培育了温州人的坚强、奋斗、朴实、勤劳的品性；大海造化了温州人的勇敢、豪放、拼搏、开放、创造、达观、团结的襟怀。”① 历史上温州人就能灵活营业，史载：“握微资以自营殖。”（明万历《温州府志》卷五）这句话高度概括了温州历史文化传统的强大生命力，这也是今日温州人冷静面对全球金融危机而不懈努力的精神源泉。“微资”是指拥有很微小的

① 《纵谈温州商人称雄商坛的成因》，收入拙著《近世中国的经济、社会和文化》，方志出版社，2005；《漫谈温州模式与温州历史文化传统》，收入温州文化丛书《温州历史渊源》，台北，2007。

资财而不气馁，艰苦奋斗，努力创造；“自营殖”是指依靠自身能力，充满自信，走出困境，不断增殖财富。这难道不正是今日温州人精神的生动写照吗？正因为有了“握微资以自营殖”的胆识和精神，才使温州经济不断发展。温州人心灵手巧，富有开拓精神。宋人陈谦就说：“民勤于力而以力胜，故地不宜桑而织纫工，不宜粟而粳稻足，不宜漆而器用备”（《永宁编》，已佚，转引明弘治《温州府志》卷一《风俗》。嘉靖《永嘉县志》卷一《风俗》；嘉靖《瑞安县志》卷一《风俗》亦载。三志文字略有差别。）传承了温州地域历史文化传统的温州人，他们能面对现实，适应环境，创造开拓，与时俱进，以力胜天，走出了一条创造的新路子。

凡文化等意识形态皆取决于生产、交换的经济基础。盖温州人的创造力源自温州文化基因，而其基因的核心乃是经济基础。马克思主义认为：“生产以及随生产而来的产品交换是一切社会制度的基础。”（《马克思恩格斯选集》第3卷，第797页，人民出版社，2012）“每一历史时代主要的经济生产方式和交换方式以及必然由此产生的社会结构，是该时代政治的和精神的历史所赖以确立的基础，并且只有从这一基础出发，这一历史才能得到说明。”（《马克思恩格斯选集》第1卷，第385页，人民出版社，2012）这一科学论断指导我们只有去研究历史才能获得创造性的成绩，这也就是说，研究历史必须注重经济基础的演化。因此，研究温州的经济社会文化就必须充分注重经济史的研究。恩格斯在1889年给康·施米特的信中指出经济史研究的重要性，在方法论上指明经济史与政治史、文化史的互动关系。他说：“在理论方面还有很多工作需要做，特别是在经济史问题方面，以及它和政治史、法律史、宗教史、文学史和一般文化史的关系这些问题方面，只有清晰的理论分析才能在错综复杂的事实中指明正确的道路。”（《马克思恩格斯全集》第37卷，第283页，人民出版社，1971）

需要说明的是，在当今多元文化的时代里，我们也须吸收世界上先进文化，包括西方的文化。马克思主义作为文化亦当属于西方文化之一种，并不是某一国家某一政党的单一文化。其实马克思主义是人类科学文化积累的精华之一，具有普遍性意义，必须反对某些人的偏见，把马克思主义排弃在科学观之外。我个人一直认为，研究历史应该坚持吸收中华文化的精华，同时也要吸收世界上先进的文化，包括当今欧美和日本、韩国等文化。所谓文化，当是广义的，包括科学的指导思想和方法论。

既然经济史的研究具有如此重大意义，那么，经济史的研究就离不开第一手的资料，即经济史料。没有资料就像巧媳妇难为无米之炊。由此可见，《温州古代经济史料续编》的学术价值以及对现实经济社会发展的意义。

在当前浮躁学风盛行之时，有些人不肯从事基础性的资料搜集整理工作，觉得不能立竿见影见成果，往往采用现代科技裁剪编集的方法，将他人资料转手成为自己的，不管它是第二手或第三手，都据为己有，拼凑成所谓的研究成果，这样的研究成果绝对无科学价值，也是不应该有的学风。俞光同志沉潜下去，千辛万苦去搜求资料，历时 16 年，征引了 700 多种书籍，收录 3000 多条史料，110 多万字，编纂成《汇编》和《续编》。他还注意到正史、方志、文集、别集之外的碑铭、谱牒、契约文书等实物资料，充实到书中，自然丰富了史料的内容，提高了史料的价值，这样的踏实学风值得肯定。希望俞光同志在此基础上，再深入地进行系统研究，将来能著成一部温州古代经济史的论著，那将是更有意义的工作。

陈学文

2017 年 4 月 5 日写于西湖之滨

（本文作者原任浙江省社会科学院历史研究所所长、研究员，现为中国商业史学会理事，浙江省经济史研究会会长，日本大阪大学、丹麦哥本哈根大学客座教授）

Contents 目录

凡　例

地域含古代温州所属永嘉、乐清、瑞安、平阳、泰顺五县及玉环厅。

时间上溯不限，下限定于清末。

每卷（方面）史料按事件发生时间顺序排列，同一时间的先府后县，同一内容的合编为一组。

每条（组）史料前，加上标目，注明事件发生的时间、地点、要点。无明确发生时间的史料，注明成书时间或作者生卒年代。

各条史料采用节选的方式，删除重复或与经济无关的内容。

校改符号用法：脱：在（）字内补入脱漏的文字；讹：在讹字后面用〔〕标出，写入改正的文字；难辨文字或无法补正的脱字，以“□”代替。

各条史料在文后注明出处，标出作者、书名、卷数及必要的说明。

异体字改为通用字，按横排、简体字形式出版。

书后附《征引书目》，依各书成书朝代顺序排列，每朝代中又按经、史、子、集分类排列。各书均注明书名、总卷数、成书朝代、作者姓名、版本。

前　言

当今温州经济和社会发展早为世人所瞩目，温州精神已成为温州人民宝贵的精神财富。探讨温州古代经济的渊源、发展轨迹和特点，是一件很有意义的事。

温州古代经济源远流长。考古资料表明，早在新石器晚期，这里已有先民劳动生息。距今四五千年前，境内农业已进入原始犁耕阶段。战国后期，铁器的广泛使用，使这里的农业生产得以发展，温州已出现文明的曙光。就在这个关键时候，东瓯、闽越、西汉朝廷之间的政治斗争，导致西汉朝廷对东瓯、东越进行两次内迁，东瓯、东越国际地虚，温州经济发展的良好态势被意外强行中断，重新回退到“草昧蒙翳”时期。此后虽“遗民渐出”，但是由于长期置于“一统”之外，直至汉末，这里仍然“火耕而水耨”，“地广而人稀”。与中原相比，温州经济社会落后上千年。三国东吴的积极开发政策，使温州经济的发展发生了历史性的转折，揭开了温州“二次开发”的序幕。境内设立的横屿船屯，为当时江南主要造船基地之一。东晋南朝时，“中原丧乱，百姓南奔”，他们带来了北方先进的生产技术，推动了温州沿海平原的开发，境内经济开始兴起。治理三江，开发湖沼，豆、麦、甘蔗亦开始种植，并有八辈蚕。制瓷技术已趋成熟，所产青瓷釉色淡青、晶莹润泽，饮誉国内。隋唐五代时期，温州经济日趋兴盛。这里社会安定，土地资源丰富，以闽人为主体的移民竞相迁入。农业生产从人拉犁耕发展到牛拉犁耕，普遍使用曲辕犁，并出现间作双季稻。特别是南塘建成后，塘西大片土地得以开发。布、橘、蔗、鲛革成为贡品。宋代特别是南宋，温州的社会生产迅猛发展，各业都取得了巨大的进步，不仅在量的方面有明显、大幅度的增长，在质的方面也达到前所未有的新水平，成为古代温州经济社会的鼎盛时期。其时兴修了一大批水利工程，引进高产的占城稻，柑橘、造船、蠲纸、丝织品、漆器、制盐等业在全国均有一定的地位，商贸繁荣、店肆林立，并与日本、高丽、东南亚各国贸易往来频繁。北宋时，瑞安社会生产全面赶上中原，南宋时，社会生产达到全国先进水平，而且文化水平也赶上中原。到了元代，温州经济发展出现停滞的状况。明清的政治、经济、文化的制度创新滞后于经济的发展，特别是长期实行的海禁政策（以迁界为甚），阻碍了温州经济的发展，温州经济发展渐渐落在全国发达地区的后面。发展虽缓慢，但出现了资本主义萌芽。晚清帝国主义列强用枪炮打开了温州的大门，客观上不可避免地刺激了温州传统经济的转型，温州经济社会进入一个新的发展阶段。

温州古代经济发展有诸多有利因素。这里气候温和，雨量充沛，土地肥沃，濒临大海，良港环列，岛屿星罗棋布，山区森林茂密，动植物和海洋资源丰富。宋前少有战乱，社会安定，人民安居乐业。历代重视水利建设，农业产量得到提高。但是，温州古代经济发展也有明显的不利因素，那就是矿产和土地资源较少；地处东南一隅，与全国政治、经济、文化中心相距较远，缺乏大都市的辐射。基于此，温州古代经济形成了自己的特色。

温州古代经济是移民经济。东瓯自西汉建元三年（前138）因闽越发兵围困，而举国迁徙江淮之间，以致到永和三年（138）析章安县东瓯乡置永宁县时，地广而民稀。后来经过五代、宋代、明代等几次大规模的人口迁移，温州人口才大幅度增加。因此可以说，温州居民相当部分是移民及其后裔。移民白手起家，故颇具艰苦创业精神。南宋陈谦于《永宁编》中曰："温居涂泥斥卤，土薄艰艺，民勤于力而以力胜，故地不宜桑而织纫工，不宜粟而粳稻足，不宜漆而器用备。"从西晋横阳周凯舍身治理三江，南宋吴蕴古三代倾资兴水利，直至清代郑观岳排除万难筑陡门，无不充分体现了这种精神。移民生活在全新的环境中，思想比较开放。南朝时

《永嘉郡记·八辈蚕》是中国乃至世界上低温催青法的最早文字记载；五代起，温州蠲纸成为国内五大（越、歙、池、真、温）名纸之一；宋时，《橘录》为世界上第一部柑橘专著；直至清康熙三十年（1691）平阳县在全国率先试行“摊丁入亩”的赋税制度重大改革……这些事例无不是温州古代人民敢为人先精神的真实写照。

温州古代经济又有海洋经济的特点。温州背山面海，大海为温州人民提供了土地之源、牢盆之利、鱼鳖之饶、舟楫之便，同时也带来风潮之灾。赵钧于《过来语》中言：“东瓯滨海，百年前沿海村落逼近江岸，后因浮渚添涨，岁岁有增，自西至东，得地几二十里，皆已成田。”唐、宋时期温州已是全国重要的产盐区之一。此外，温州还是全国重要的渔区之一。“濒海之家，多借鱼盐之利”，东周东越贡海蛤，唐宋温州贡鲛鱼皮，元明贡石首鱼、龙头鱼、鳘鱼、鲈鱼、黄鲫鱼、鳓鱼、鳗鱼、虾米、龟脚、壳菜、石发菜、水母线等，无不是温州盛产海鲜的证明。在一定程度上说，大海是温州古代经济的生命线。南朝时，温州已舟行沿海，宋代温州水运通百粤三吴，直至清代开禁后，“漳泉大贾飞樯集，粤海奇珍巨槛来”。由于温州陆路多山，交通不便，故海路通，百业兴，海路闭，百业衰。

早在南朝，永嘉已是“东南之沃壤，一都之巨会”。宋代，温州“一片繁华海上头，从来唤作小杭州”，“其货纤靡，其人多贾”，“市里充满”，“市声澒洞彻子夜”。元时，温州郡城“百货所萃，廛氓贾竖，咸附趋之”，以至清开禁后，“商贾辐辏”，“贾客四方民”。同时，温州外贸业亦很发达。早在唐中期，温州就开始对日贸易，五代后梁初温州置博易务，南宋绍兴初温州已设市舶务，元代温州为“蕃舶夷琛之所填委，气势薰酣，声光沦浃”。商贸业一直在温州古代经济中居重要位置，这除了温州农副产品丰富、手工业发达、水路交通便利等有利条件外，客观上，宋代后温州地少人多，经商成为温州人民就业的一条重要渠道，而重商文化又有力推动了温州商贸业的繁荣。宋时，叶适就指出：“抑末厚本非正论也”，推崇“以国家之力扶持商贸”，“以利和义”，清末陈虬主张“奖工商”，“开新埠”，陈黻宸提出“齐商力、捷商径、固商人、明商法”，可见永嘉学派重商文化一脉相承。因而，温州古代经济又显示重商经济的特色。

温州古代经济的这些特点，在今日仍时时跃现，而借鉴、把握、发挥好这些特点，对于今日温州经济社会的发展，必将起到事半功倍的作用。

为了探索温州古代经济的发展轨迹和特点，2001 年 6 月，我开始《温州古代经济史料汇编》（以下简称《汇编》）的编纂工作。经过三年多的努力，该书作为《温州文献丛书》第二辑中的一部，于 2005 年 3 月由上海社会科学院出版社出版。《汇编》出版后，受到读者的欢迎，尤其受到一些资深学者的赞许。于是，我在编余史料的基础上，补充新的史料，又着手《温州古代经济史料续编》的编纂工作。《续编》与《汇编》的不同之处在于：《汇编》更注重史料的典型性，而《续编》侧重于收录史料领域的全面性。

《续编》一如《汇编》的宗旨和体例。全书按经济部类，分为概述、户口、土地、水利、农业（上）、农业（下）、林业畜牧业、渔业、手工业（上）、手工业（下）、盐业、建筑业、交通运输邮传业、商贸业、赋税、金融与物价、灾异、恤政十八卷。部分卷还包含几方面的内容。为了方便读者，《续编》将卷十二《建筑业》分设为〈建筑业〉和〈环境保护〉两部分，卷十三《交通运输邮传业》分设为〈交通运输业〉和〈邮传业〉两部分。《续编》较多的是关于户口、水利、农业、建筑业、交通运输邮传业、商贸业、赋税、恤政等方面的史料，书中有关史料，主要来源于各种方志、碑刻、谱牒、文集及笔记。《续编》收录史料 1621 条，编成 813 目，约 60 万字。至此，有关温州古代经济史料的编纂工作告一段落。16 年来，《汇编》和《续编》共征引书目 726 种，收录史料 3094 条，编成 1674 目，约 110 万字，基本上反映了温州古代经济活动的总体面貌。最后，由于学识和水平所限，书中疏误之处，恳请读者批评和指正。

卷一 概　述

秦汉江南火耕水耨渔猎山伐

夫剪发文身，错臂左衽，瓯越之民也。

（《史记》卷四三《赵世家第十三》）

越人跣行。

（《韩非子》卷七《说林上》）

越在九夷，罽衣关头，今皆夏服褒衣履舄。

（王充：《论衡》卷十九《恢国篇》）

楚越水乡，足螺鱼鳖，民多采捕积聚，煮而食之。

（袁康：《越绝书》卷三《越绝吴内传第四》）

江南地广，或火耕水耨，民食鱼稻，以渔猎山伐为业。

（班固：《汉书》卷二八《地理志下》）

汉魏以还东瓯为沃壤

汉魏以还，天下有变，常首难于西北。四方习俗所利，举萃东南。农桑工贾，曲尽其便，人物之繁，与京华无异，而土壤亦从而沃矣。加之乱离少弭，上下浸安，井里环聚，以粪其田，鸡豚畜之，牛羊牧之，荆棘芟而草莱辟，种植时而灌溉利，虽欲不为沃壤，得乎哉！徐以章宫讲之言验之，盖于吾瓯尤切矣。

（明弘治《温州府志》卷一）

控闽引括，枕江界溟，嶂峦四塞，沃腴千里。

（林继衡：《旧志序》。录自清乾隆《温州府志》卷十四《风俗》）

南宋时瑞安非大邑而聚尤多

瑞安非大邑而聚尤多，直杉高竹皆丛产，复厢穹瓦皆赘列，夜行若游其邻，村落若在市廛。

（叶适：《水心集》卷十《瑞安县重建厅事记》）

自宋以来温州为两浙名郡

温在两浙为名郡，永嘉又温之巨邑也。盖自宋以来，儒硕荐绅，项背相望，人益显而地益胜，几三五百年于兹矣。

（谢铎：《永嘉志》序。录自弘治《温州府志》卷二十《词翰二》。谢铎，字鸣治，号方石，浙江太平人，明天顺八年进士，官至礼部右侍郎）

明代瑞安风光不减三吴

百雉城安海上涂，风光全不减三吴。四时人享鱼盐利，二季田收早晚租。门有通渠居有竹，市无游女肆无哺。若教人肯追前辈，邹鲁芳称也不孤。

（高宾：《题瑞安》。录自弘治《温州府志》卷二二《词翰四》。高宾，字舜穆，常州江阴人，弘治十一年任瑞安知县）

安阳旧称小邹鲁，人物衣冠皆尚古。鱼盐出产临江城，经营来往宜商贾。

（陈怀：《安城》。录自宋维远主编《瑞安古诗七百首》第74页。陈怀，明时瑞安人）

清康熙间闽变永嘉成瘠土

余不敏，忝宰兹邑，值闽变恢复之后。骇鹿初归，哀鸿甫集，虽山川如故也，疆域如故也，而人物荒凉，财赋萧索，戎马云屯，羽檄雨下，刍茭糗粮，日疲供忆。昔之所谓沃壤，今之所谓瘠土矣！

（郑廷俊：《康熙〈永嘉县志〉序》。该文作于清康熙二十一年，作者字公弼，清正黄旗辽东长白人，康熙十五年、十七年两任永嘉知县，有政声）

今海禁既久，不得采捕，而江洋之产，有壮岁不识其物者。兼以兵燹频仍，山林园圃所植悉戕斧斤以供爨樵，其为物产宁有几哉！幸兹抚绥之后，草木禽兽亦沾化育而蒸蒸咸若矣。

（清康熙《永嘉县志》卷四《物产》）

清雍正间玉环地肥饶兼鱼盐之利

介温、台二郡海中有玉环山，延广百余里，山海交错，地肥饶，兼鱼盐之利。旧为弃壤，惟滨海贫民拾虾蚌、采薪蒸者往焉。制府李公以其逼近内地，宜就约束，选太平令张公坦熊开辟而镇抚之。度地筑城，垦田十余万亩，榷盐捕鱼，遂成沃土。设温台玉环同知，即擢张公往莅。时雍正庚戌（八年）、辛亥（九年）间也。

（徐昆：《遁斋偶笔》卷上。作者字国山，号遁斋，江苏武进人。清雍正元年恩科举人，官温州同知）

清乾道时永嘉井邑繁富

永邑经耿逆变乱，遗黎凋瘵。今井邑繁富，商贾辐辏，顿还旧观。

（李琬：《乾隆〈永嘉县志〉序》。作者山东寿光人，清乾隆二十二年任温州知府，后升温处道。“耿逆变乱”指清康熙间耿精忠据闽反清）

永邑为温郡附郭首邑，人物辐辏，冠盖连云，东接天台，西通括苍，有鱼盐之利，擅海岱之奇。

（庆廉：《道光〈永嘉县志〉序》。作者满洲镶黄旗人，清道光二十五年任温处道）

清乾嘉道咸间金乡富民族居

余谓金镇一卫所耳，而枕山濒海，物产丰阜，多鱼盐蜃蛤之利。乾嘉道咸间富民族居，资财雄一邑。

（沈懋嘉：《金镇文成碑记》。录自苍南文物馆编《苍南碑志》上编第62页。金镇亦名金舟乡，即今苍南金乡。作者字耕民，清同治九年举人，光绪十六年任平阳知县）

清道光间温州等地沿海民鲜恒业

福建之漳州、泉州、兴化、福宁与浙江之宁波、台州、温州等府，地多滨海，民鲜恒业，沿海编氓，非求食于网捕，即受雇于商船。

（《清道光朝刘韵珂奏折》。录故宫博物院《史料旬刊》第36期。作者其时为闽浙总督）

清光绪间瑞安利济医院等试行股份制

本医院创自光绪乙酉（十一年），戊子（十四年）开设药房，筹集资本，分为十股。当时原视各人经手多寡定股：蛰庐先生坐认六股，何志翁二股，陈介翁、陈栗翁各一（股）。原议将来提还股息，药房归公，后世子孙不得视为祖业，曾立善券五纸分执。乙未（二十一年），郡城设立分院，添置医局、学堂，亦由瑞院拨用。丁酉（二十三年）另招新股，由院拓办《利济学堂报》，缘事停止。历办一十七年，两院亏折甚巨。

通盘筹算，微特院董垫款五千余元无归，即报馆各股除已付外，尚二千余元，郡院亦无款可抵。唯瑞院药房、涂产以及一切医润各项，目前虽未畅旺，瑞院将来确有进款，大宗尚可作抵。重议化大为小，招新辅旧。新制份票三百张，票计英洋四十元，以一百股归院，储为扩充院务之用，一百股归蛰庐先生，一百股归何、介、栗三翁，自行分解各项垫借。

辛丑年（二十七年）正月起，瑞院所有药房、院产等项结算交出，归众酌派轮管，每年所入，除提二成归院外，余均照股匀摊，于次年正月元宵日按给。郡院归蛰庐先生独办，启闭听便，与瑞院无涉。从前所立善券概行作废。原存股友除诚愿作捐者，院中勒名志德，余均一体给发份票。若不捐、不入股者，各唯经手之人是问，不得再向郡、瑞两院饶舌；已入股之友亦不得持有份票，强向药房赊欠，以及兜收账目。如有习医同志捐润积至四十元或自行出资者，即与各股存洋之数相符，应准补给份票，利益均沾，以昭公允。

此票只准售赠院中同事以及本家，不得外售坏规。此为振兴医道，共拓善门起见，较之寻常公司份票，似无赢馀。然将来院务大兴，即可长绵世泽，实隐为子孙造无穷之福利。愿吾同院，以土壤涓流之助，辅移山衔石之诚，众擎易举，久道化成。

爰立份票，略具始末，幸乞鉴原。须至份票者。

字第　　号给　　计一股英洋四十元。

光绪二十七年岁次辛丑正月　　　　　　　　瑞安利济医院给

（《陈虬集》附录《瑞安利济医院股份票》。现藏温州博物馆。作者字志三，号蛰庐，浙江瑞安人，我国近代著名的改良派思想家，著有《陈虬集》。何志翁即何迪启，字志石；陈介翁即陈黻宸，字介石；陈栗翁即陈葆善，字栗庵）

温州，自守之国也。杂粮鱼盐，麻桑油铁，皆足自卫，而出产实苦无多。阖郡出口之货以药材、茶、矾、瓯柑为四大宗，岁约百数万金。近年类多折阅，盖无公司以持之也。拟请练达绅富主其事，一切出口货物皆分设公司，郡城、上海各设一局，拣正货物，平定价目，分次出口，以我驭人，而不为人所驭，方可稍持利权。

其公司之法当略为变通，郡城设局收买，不得故意刻削，致碍士民。

愿入股份者，先将货物按时酌值，计数给与股票，由局运货到沪，沪局自行分等另议价目，综计本值及一应局用外（须极力撙节，此为公司成败枢纽），所赢子钱若干，照数派还，以昭大信。

（《陈虬集》卷七《温州出口土产宜设公司议》）

略仿鄂、沪成规，自集股份，以为经费，于本城设立务农会，购置附郭田园，试种湖桑、瓯柑，酌采瓯美种植之方，以兴本邑自然之利。

（王超六：《瑞安近百年大事记》，瑞安务农支会《立案呈禀》。刊《瑞安文史资料》第5辑。该会创办时会友50多人，每人集80股，每股银洋10元）

清光绪间温州以特产闻名

该府划分为五个县和一个厅，各以其特产闻名。兹列举如下：

（1）永嘉县：茶叶、草纸、鸦片、棉花、棉布、茧绸、柑子、药材和大麻。

（2）乐清县：蚕丝、野蚕丝、茶叶、硫酸铁、药材和大麻。

（3）瑞安县：铁、茶叶和鸦片（最好品种）。

（4）平阳县：大麻、铁、茶、明矾和药材。

（5）泰顺县：麻、铁、茶和药材。

（6）玉环厅：麻、药材和质地极好的鸦片。

[那威勇：《瓯海关十年报告（1882～1891）》。录自杭州海关译编《近代浙江通商口岸经济社会概况》第409页。那威勇其时为瓯海关税务司，法国人。该文撰于1892年（清光绪十八年）8月31日]

温州府地区，四面环山，但土地肥沃，已充分开发利用。处州周边自然特点相似，其土地更是多产。温州城内横贯一条小河，向内地延伸120里，为往来内地运输货物的优良水道。小河与运河如此之多，几乎全部用船来运输货物，没有驮畜和马车。

温州的主要天然产品是茶叶、柑子、木头、罂粟和明矾。茶叶产于瑞安、平阳和乐清；柑子在永嘉和瑞安；木板和圆木来自处州，农民几乎全在山上种树。处州也产木炭和木柴。罂粟主要种植在永嘉、瑞安和平阳。药材包括根、皮、枝、虫等，主要来自泰顺和处州的山区。明矾产自平阳，主要装民船出口往宁波。

［李明良：《瓯海关十年报告（1892～1901）》。录自《近代浙江通商口岸经济社会概况》第430～431页。李明良其时为瓯海关代理税务司，英国人，该文撰于1901年（清光绪二十七年）12月31日］

清时温州得利颇饶

温限山阻海，土地不宜粟、麦，而事鱼、盐，务桑、麻，织席贩木，得利颇饶，地称殷富焉。

（纳兰常安：《受宜堂宦游笔记》卷二八。纳兰常安，满洲镶红旗人，发到浙江巡抚。）

万家城郭海天秋，几处园林任客游。烽火幸留完善地，繁华依旧小杭州（注：温郡富庶，俗尚繁华，向有小杭州之称）。

（郭锺岳：《瓯江竹枝词·小杭州》。该词为清同治间作者任温州司马时所作）

卷二 户　口

西汉元封初东越民徙江淮间

(元封元年) 于是天子曰东越狭多阻，闽越悍，数反覆，诏军吏皆将其民徙处江淮间。东越地遂虚。

(《史记》卷一一四《东越列传》)

西汉始元初东瓯遗人渐出

遗人往往渐出，乃以东瓯地为回浦地。

(张勃:《吴地理志》。引自王谟《汉唐地理书钞》第135页。西汉始元二年，置东瓯故地为回浦县)

西汉末刘氏改姓迁居龙门

金姓　龙门宗：始迁祖刘纯（系汉室宗亲），原籍江苏。西汉末年，王莽篡政，大杀刘氏宗亲。刘纯于新王莽元年举家潜逃，后辗转至龙门(今郭路)，改刘为金姓。

(《乐清市志》卷六《人口》)

东汉末闽越避地者归居永宁县

忠义庙神，姓蔡讳敬则，东汉永宁人。生有异质，少负气节，弱冠通经义。先是顺帝永和甲申（戊寅，即三年），分章安之东瓯乡为永宁县，置东、南二部都尉。灵帝光和间，神应举孝廉，授南阳令，后弃官归隐。值四方盗起，率义兵捍寇有功，授本地东部都尉，立县署于邵公屿，筑城郭，浚河道，号令明肃，境内大治，进爵安乡侯，省刑节用，年谷屡丰，闽越避地者悉归焉。

（周令：《忠义庙记》。录自民国《瑞安县志稿》卷九《宗教门》。该记作于明弘治元年，邵公屿位于今瑞安市玉海办事处境内，城郭指县署围墙）

东吴初深险之地犹未尽从

（建安五年）是时，惟有会稽、吴郡、丹阳、豫章、庐陵，然深险之地，犹未尽从。

（《三国志》卷四七《吴主传》）

山越本亦越人，依山阻险，不纳王租。

（《资治通鉴》卷五，胡三省注）

其幽邃民人，未尝入城邑，对长吏，皆仗兵野逸，白首于林莽。逋亡宿恶，咸共逃窜。山出铜铁，自铸甲兵。俗好武习战，高尚气力，其升山赴险，抵突丛棘，若鱼之走渊，猿狖之腾木也。时观间隙，出为寇盗，每致兵征伐，寻其窟藏。其战则蜂至，败则鸟窜，自前世以来，不能羁也。

（《三国志》卷六四《诸葛恪传》）

东吴初永宁县户不满万

县万户以上为令，不满为长。

（范晔：《后汉书》卷三八《百官五》。而据《三国志·贺齐传》，直至建安元年韩晏、贺辅、贺齐平定山越时均为“永宁长”）

东吴对被征服的山越羸者补户

建安十八年，豫章东部民彭材、李玉、王海等起为贼乱，众万余人。齐讨平之，诛其首恶，余皆降服。拣其精健为兵，次为县户。

（《三国志》卷六十《贺齐传》）

南朝宋永初间永嘉郡去户五百

比得其书云，山海间民逃亡殊异，永嘉乃以五百户去，深可忧！

（严可均：《全晋文》卷二六《王羲之杂贴》。文中“其”是指郗愔，其时南朝宋永初间，郗为临海太守）

南朝宋时安固县有山越

安固县有山鬼，形体如人，而一脚裁长一尺许。好啖盐，伐木人盐辄偷将去，不甚畏人。人亦不敢犯，犯之即不利也。喜于山涧中取石蟹，伺伐木人眠息，便十十五五出就火边跂石炙啖之。尝有伐木人见其如此，未眠之前，痛燃石，使热，罗置火畔，便佯眠看之。须臾，魑出，悉皆跂石。石热，灼之，跳梁叫呼，骂詈而去。此伐木人家后被烧委顿。

（郑缉之：《永嘉郡记》。见《瑞安文史资料》1993年特辑。作者南朝刘宋人，从文中山鬼的形体、饮食、活动、语言、思维等特征来看，山鬼即逃逸山林的山越）

南朝梁北民迁永嘉

虞氏，沿厚乡江上虞姓三百户，原籍会稽。先是梁武帝命虞权守永嘉，卜居虞师里。

（民国《瑞安县志稿》卷五《氏族门》）

始祖姑苏吴县人也，避侯景乱，自吴入浙，到楠溪灵山埭上居焉。

（朱谏：《赠楠溪象川周氏合族谱序》。录自永嘉《楠溪周氏族谱》。侯景之乱发生在梁太清年间）

唐代闽人迁乐成

十二府君讳唯贯，字述古，始居闽之福州，唐侯知一之系孙也。僖宗乾符五年，黄巢寇闽，陷福州，州民多来徙温者。府君航海至乐清缑山之下家焉，自号瓯东。

（侯一元：《二谷山人集》卷一《乐清缑山侯氏谱》。唐时乐清称乐成）

翁姓　排岩头宗：始迁祖翁郏，原籍闽莆田。唐末为乐成令，后留居排岩头。

（《乐清市志》卷六《人口》）

唐代闽人迁永嘉

先世闽人，李唐始迁永嘉。

（黄淮：《介庵集》卷十一《朴庵郑处士墓志铭》）

祖籍福建福州，始祖唐时任温州刺史，遂家于郡城八字桥。

（清嘉庆《郑佩兰硃卷》。该卷现藏温州博物馆。作者清嘉庆三年举人）

永嘉刺史郑公葬在永嘉孝义乡二十都西山瓯浦之原……公讳镒，字永平……（乾符）三年丙申，授永嘉刺史……为政三年，教化大行。朝廷闻公贤能，称为循吏……上疏乞归田里，恬养于家。适公族侄虔昱亦授永嘉刺史……昱谋于公曰：“此郡可以安居?”，公曰：“然”，遂筑室于郡城之八字桥。

（《郑三镒公墓铭》。录自永嘉《表山郑氏宗谱》）

先世祖唐季避乱，自闽徙居温州李树巷劝农坊。

（清同治《王旬宣殊卷》。该卷藏温州博物馆）

唐天宝间，有姓陈氏，官永嘉郡经学博士讳竹屋公者，清溪郡沙岸人也，实为吾宗来瓯之始迁祖。五世，而太域公庐基箫台，转徙乐成。

（《陈虬集》卷七《斗山陈氏睦族四议》。唐时清溪郡属福建泉州）

永嘉徐山支系，祖春庵，生于隋仁寿四年，有神童之称，中探花，招为驸马，任镇泉州，迁鹤舞。传四世，徐益同侄徐爕于唐天宝年间同游东瓯，登梅山（徐山），见群山映晖，景色如画，乃风水宝地也，遂定居于此繁衍生息。

（徐启豆主编《浙江姓氏志·浙南徐氏》第38页）

始祖宏明，福建福清人，唐大中十年任温州别驾，卒于任。后其子孙迁居永嘉场和永嘉楠溪邵州等地。

（永嘉《邵园邵氏宗谱》。录自徐定水《温州历代迁入人口姓氏考述》）

永嘉清通乡邵氏，温之著姓望族也。其先福建闽清人，始祖弘明公由进士，唐咸通中授温州府别驾，卒于官，其孙守愚因避乱，遂卜居是乡。

（周珙：《邵氏重建祠堂碑记》。录自吴明哲编《温州历代碑刻二集》第61页）

公讳鉴，字尚，殷行信一，素庵其号也。王本姬姓，上世由大唐承事自闽徙温之郡城渊源里。逮宋，有讳允初者，筮仕德安。开禧间，与金兵拒战，卒克全城，赠正奉大夫荆湖北路运使，谥忠敏。子致远，终浙西提刑。孙汉老，通判庆元军州事。元有天下，自以世为宋臣，誓不过江，因家千石，至今一十五世矣。

（王瓒：《明赐冠带素庵王公墓志铭》。录自永嘉《千石王氏宗谱》）

鸂鶒胡氏始祖讳行，字文先，闽之福宁州长溪人也。

（中和元年中秋）遂整行装，自漳越分水岭，由瑞平到永嘉，渡蜃江，北溯楠溪，至神宫岭驼山之右，则见中间一境，自成世外乾坤。苍峰耸其北，蓉岩屏其南，环绕中分一水。地虽窄，土自肥，可樵可渔，可耕可读。玩赏忽见有鸟五只，飞自沙汀，翔集于东岸山下之湖堤。公曰："此非鸂鶒乎？吾闻鸂鶒起处，必有金沙玉帛。今于此见之，胜地也。恨不家焉。”

（刘则英：《恭七始祖苍松公开创传》。录自永嘉《瀏鹕胡氏宗谱》）

先世居闽长溪赤岸，唐代有麻垣出任温州刺史，挈家居郡城麻行。北宋天禧间，有麻钟迁居永嘉麻埠。

（永嘉《麻埠麻氏宗谱》。录自《温州历代迁入人口姓氏考述》）

唐代闽人迁安固

陈氏，横山乡驮山七十五户，原籍福建长溪赤岸，唐贞观年间有名肇文者迁本村。大岙镇市街七百余户，原籍福建漳州漳浦县，有名久二者，唐天祐甲子（元年）避乱居此。樟潭乡后垄厂十八户，唐天祐甲子由福建避乱来。

贾氏，大山岩头有贾姓十七户，先人大宥于唐天宝年间自福州长溪赤岸来。

潘氏，横山乡岩头五十户，先人谋襄于唐天宝年间因闽蛮变乱，自福建长溪赤岸迁居。

夏氏，叶稠乡花竹岭一百三十七户，先人仁明，于唐僖宗时因董昌作乱，自山阴迁福建赤岸，后徙瑞五十四都苔湖，其后复分居于此。

朱氏，瑞有数派，西南镇鱼皇街十馀户，先世有名材者，唐乾符二年避黄巢之乱，由福建赤岸来居。

林氏，大岙镇二百余户，先世伯三于唐天祐癸亥（天复四年）自福建避乱来此。

许氏，苏伯衡《平仲集·许君墓志铭》：“处士讳此翁，字慈父，晋旌阳令逊之后也。逊与弟护军长史迈采药浙东，至平阳华盖峰结庐炼丹，人遂以其姓华盖曰许峰（案：许峰属瑞安不属平阳）。南唐天祐初，十世孙朝奉大夫检校吏部尚书文郁，自建州来访遗迹许峰，因家焉。”

（民国《瑞安县志稿》卷五《氏族门》。唐时瑞安称安固）

唐末天祐间，（先祖）由闽省赤岸避乱安固独峰，转徙五十都胡垟桃坑大沿口仁村之社居焉。……福安公徙居瑞之芳山乡三十三都黄林弯底。

（瑞安《黄林朱氏宗谱》）

始祖材……至紫金大夫，寻封义阳侯……先居福州赤岸，唐天祐间避乱徙居瑞安独峰。

（瑞安《龙湖朱氏宗谱》）

世居福建赤岸，以陶公为一世祖，公时任职闽州通判，生有四子……三曰九公和四曰拾公于唐宝应元年移居金岙。

（瑞安《东岩金氏宗谱》）

张姓　唐末，张氏自福建赤岸迁入峃口黄柿垟。

陈姓　唐天祐元年，陈氏自福建漳浦迁入（樟台）泉潭，转苔湖。

（《文成县志》卷四《居民》。其时峃口、樟台属安固）

唐代闽人迁横阳

其先家闽中。唐会昌、大中间，有名彦者徙横阳之金舟乡，遂为林湾里人。

（薛季宣：《浪语集》卷三三《林南仲墓志铭》。其时横阳金舟乡即今苍南县金乡镇）

林景熙的先人最早于唐大顺元年从福建长溪赤岸迁来，始迁祖名叫林护，官任衙推，因避朱温之乱，举家迁至横阳县亲仁乡荪湖里林坳隐居。

（林勇：《南渡耀孤忠　千古大义士》。《温州日报》2010年12月11日）

温平阳凤江之南曰夏较里，顾氏世居焉。其先李唐末自闽之长溪赤岸避乱始迁。

（陈高：《不系舟渔集》卷十三《愚翁墓志铭》）

今考其谱，三府君唐僖宗时由光之固始入闽居赤湖，其子分处平阳、莆田者。

（陈高：《不系舟渔集》卷十四《蔡氏族谱序》）

唐至德间，祖景公由闽之赤岸挟资至横阳径口，睹斯山川秀丽，物产蕃毓，乃披茅构屋，建菉汀之堂，世居其地，故合里名菉汀。

（金汉：《金氏源流考》。录自周喟《南雁荡山志》卷十三《志余》）

有宋薛府君，讳纳言，字师龙。其先荥河人，徙闽。怀干府君设自闽迁温，家平阳，号南湖诸薛。怀干，唐太子补阙令之诸孙。徙之岁，贞元元年乙丑。

（陈升：《薛纳言墓志》。录自平阳《鲍洋薛氏谱》）

公讳印翁，字德权，陈妫姓以国氏。先世有自颍川迁闽中者，其地于今为福建宁德支题山。唐广明初，十六世祖有光又自支题山迁永嘉平阳之瀛洲里，是为瀛洲始祖。

（林淳：《故建安书院山长陈公墓志铭》。录自民国《平阳县志》卷六七《文征外编》）

陈氏，林阁镇林垟村百馀户，唐僖宗时因避乱，由闽迁平阳。明季由平阳宋埠迁林垟。

（民国《瑞安县志稿》卷五《氏族门》）

唐时北民迁乐成

始迁祖邵浩，避黄巢之乱，于乾符二年先迁义乌，后迁乐清。

（乐清《虹桥邵氏宗谱》。录自《温州历代迁入人口姓氏考述》）

方氏之先自严陵。唐僖宗时祭酒绮，行骠骑将军防海上，因家乐清之崧山。

（侯一元：《二谷山人集》卷十《松溪方翁墓志铭》）

始迁祖方绮，原籍河南开封。唐乾符五年为银青光禄大夫兼骠骑将军守闽，次年调守平阳。朱温篡唐，弃官避居乐清大崧。

（乐清《大崧方氏宗谱》。录自《温州历代迁入人口姓氏考述》）

余姓　西塍宗：始迁祖余仁穆，原籍安徽歙县。唐开元中期从天台迁居芙蓉西塍。

叶姓　福溪宗：始迁祖叶立发，字礼强，原籍无考。唐贞元七年从丽水迁居福溪。

（《乐清市志》卷六《人口》）

唐时北民迁永嘉

千山之阳，泖水之滨，有隐君子曰孙元实，讳华，号“果育斋”。其先出吴长沙桓王，富春人也。十世祖德修，唐季为侍御史，遭乱，避地永嘉，始为永嘉人。曾祖二夔，宋郡马，娶赵氏。父处仁，娶朱氏，来松江。

（贡师泰：《玩斋集》卷十《孙元实墓志铭》）

始祖黄中，唐教授，自江夏安陆迁温永嘉之南郭育林坊，遂家焉。

（清光绪《黄崇宪硃卷》。卷藏温州博物馆）

唐宪宗元和进士朱永，本义阳人，先世徙会稽。永尝为永嘉郡长史，居永嘉城内信河街朱官巷。

（朱熹：《朱氏宗谱序》。录自永嘉《廊下朱氏宗谱》）

陈氏，始祖昭远，原任浙东观察使，于唐大中三年迁居永嘉楠溪茗山。

（永嘉《两源陈氏族谱》。录自《温州历代迁入人口姓氏考述》）

唐时北民迁安固

始祖唐季自湖州徙居海上之南麂山。

（清道光《项傅霖硃卷》。卷藏温州博物馆。南麂今属瑞安）

叶氏，公阳乡旁坑、中坑数十户，先人仁捷，无考，其初于唐时自处州松阳迁居。

吴氏，共和乡梅底一百（一）十二户，始祖畦，字子良，唐咸通庚辰（元年）进士，授润州刺史，历阶谏议大夫，因董昌与钱镠争郡，由山阴迁瑞。

陈氏，大峃镇徐村有陈姓，原籍青田白岩，唐天祐元年名成一者避乱居此。

（民国《瑞安县志稿》卷五《氏族门》）

唐之末年，有讳乔者，登长庆辛丑（元年）进士，复以避乱，由婺州兰溪迁温之安固。三世讳之为闽将军，携其子珉，再徙平阳之宰清乡桃江里。

（李一中：《陶彦宏墓志铭》。录自民国《平阳县志》卷九二《文征外编》）

包氏　始祖包全，唐元和七年，从会稽包山迁居安固卓小阳（今新山乡后坪村）。

叶氏　始迁祖叶兴保，唐永隆元年由钱塘经今丽水市碧湖迁入安固百丈青山头南峰岙（今黄坑乡南峰村）居住。

齐氏　始祖齐富，从祖籍河南迁居会稽。唐乾封年间，因避乱迁入安固古洪中村（位于今上、下洪之间）。

吴氏　始祖吴畦，原籍山阴和乐村，唐谏议大夫。唐乾宁三年从原籍迁居安固常德里（今新山乡漈头），县境吴氏绝大部分为其后裔，尚有不少散居于邻近各县。

夏氏　始迁祖夏仁骏，仕唐中书舍人，时值世乱，痛父遭董昌杀害，于唐中和元年由祖籍会稽遁迹安固白云山下岙底（今莒江下村）。

徐氏　始祖徐相，祖籍婺州，初徙安固上革（今百丈镇下革上游），唐宝历元年定居木棉村（今司前宫头垟）。

陶氏　始祖陶乔，原籍婺州，唐末迁入，初居百丈白鹤溪口，继徙仙居，再徙下革（今属百丈镇）。后梁龙德元年，二世崇伯卜居葛垟庄前。

（《泰顺县志》第四编《居民》。泰顺县的一部分唐时属安固县，唐末安固改称瑞安）

毛姓　唐贞观间有毛维瞻任筠州（治所在今江西高安县）刺史，携家南移。后转徙青田石门，值黄巢起义，入迁珊溪毛处避乱。

叶姓　唐末自浙江松阳迁居公阳紫霞山。

（《文成县志》卷四《居民》。唐时珊溪、公阳属安固县）

其先居湖北黄冈，自唐讨击将军雍避黄巢乱，始迁于温之瑞安县三港镇，今十有五世矣。

[《温州历史文献集刊》（第二辑）《宋周淳中暨夫人林氏墓志二通谱传》]

唐时北民迁横阳、南田

蔡氏之先，温陵其邦。自唐中和，徙温平阳。

（周行己：《浮沚集》卷七《蔡君宝墓志铭》）

唐松州刺史富韬公于唐末自豫迁南田泉谷，是为浯溪一世祖。再传宦居河南。五世祖弼，为宋名相。七世祖直清，偕从兄景贤返归南田。十二世祖应高，咸淳进士，雅爱浯溪林泉之胜，筑家室焉。

（文成《浯溪富氏宗谱》）

唐时闽越有志之士入山垦田

泰顺唐以前僻在荒服中，多老林供郡国材用而已，实闽括间瓯脱也。至唐，始有山民烧畲辟壤，渐兴赋役。及唐末之乱，赋烦役重，民不堪命，流亡入山者愈多，则百落千村皆武陵之桃源矣。时藩镇从衡，强辟朝官为佐，于是闽越有志之士挈家入山，请于刺史，烈山导泉，垦田均赋，定界立户，始有义翔乡五都十二里，归仁乡三都六里之目……前后，入山占籍者凡十八大姓：义翔乡如莒岗夏、库村吴、包坑包阳包、箬阳毛、池村池、大住左窟方、罗峰董及宋、南阳江、仙居木棉徐、葛阳陶；归仁乡如夹屿大安龟岩张、筱溪泗溪陈、阳陈夹屿章峰蔡、东溪曾及叶、屿阳叶、周边周是也。开山至今八九百年，子孙尚多聚族而居。自宋以后生齿日繁，文物渐盛，科甲肇兴，人才辈出。

（林鹗：《清光绪〈泰顺分疆录〉》序）

五代闽人避乱迁乐

五季时，处士靖自福之长溪徙温之乐清邑，有张文君隐居筑室为邻，而缑山仙人吹箫峙其前，真胜地也。

（楼钥：《攻媿集》卷一百九《朝散郎致仕宋君墓志铭》）

世本闽人，其先有刘赞者，事闽王延羲，为御史中丞，以直言遇害。家族恐见及，遂去“卯”“刀”而存其金姓，避地温台间。

（黄淮：《介庵集》卷十《梅窗先生金公墓志铭》）

《处士章君墓志铭》：其先世闽之浦城人。唐末有曰仔钧者，仕王审知为太傅。第七子仁政，避五季之乱徙乐成之南阁，子孙世居之。

《云松居士陈君墓志铭》：世为闽之长溪人。五季时有曰似忠者，博学多才，学徒尊之曰东里先生，宦游温之乐成，遂定居于玉环之东柽，是为始迁之祖。

（黄淮：《介庵集》卷十三）

刘氏鼻祖履康公，汉室云礽，中山华胄，封镇南闽。缘避五季之变，徙居乐清石船。

（朱熹：《刘氏宗谱原序》。录自乐清《石船刘氏宗谱》）

溯其渊源，盖自汉长沙王太傅贾谊之后，其子孙贾岛，迁越之潮州，后复迁闽之泉州安溪县。子孙繁衍，其迁徙之多，亦难以悉数。有讳姓者，同子仁三公，赴任台之黄岩县尉，选山川之胜，卜地于乐邑之东鹿岩居焉……乐城贾氏迁自五季。

（侯一元：《鹿川贾氏族谱序》。录自乐清《鹿川贾氏宗谱》）

其先闽之莆田，始迁祖章贲于后晋天福间任括苍提举，因山川之秀，遂谢职定居乐清。明章纶为其后裔。

（乐清《南阁章氏宗谱》。录自《温州历代迁入人口姓氏考述》）

先世湖北襄阳。始迁祖钦阳，于五代后汉从闽迁乐清西联郭路，后又迁蒲岐。

（乐清《龙门金氏宗谱》。录自《温州历代迁入人口姓氏考述》）

徐姓　马岙宗：始迁祖徐岱，字嗣宗，原籍闽长溪。五代初为避闽乱，迁入马岙。

陈姓　万岙宗：始迁祖陈琼，字太域，原籍闽福清。五代后唐末为温州学谕，后弃官隐居箫台里，旋迁松溪（今万岙）。

郑姓　凤屿象山宗：始迁祖郑五六，原籍闽长溪赤岸。五代后晋天福四年为避乱迁入凤屿。

薛姓　薛宅宗：始迁祖薛怀翰。马鸟宗：始迁祖薛怀义。怀翰、怀义为兄弟，原籍闽长溪。五代后晋天福间为避闽战乱，辗转迁徙尚家垟（今薛宅）、马鸟定居。

（《乐清市志》卷六《人口》）

五代闽人避乱迁永

始祖在后唐明宗长兴元年自闽东赤岸避乱迁至温州导俗巷，转迁永嘉场十六都南山。

（清光绪《何庆辅硃卷》。该卷现藏温州博物馆。作者光绪五年举人）

杨氏，凤鸣乡竹园杨氏六十一户，原籍漳州南靖，因董昌作乱，迁温州。明万历间，有名季考者徙竹园。

薛氏，叶适：《水心集·薛公墓志》云："公讳绍，字承之，其先自河东徙闽长溪，有令之者任唐至右补阙，人以其廉号其居'廉村'，廉村之后为永嘉人，薛氏之于永嘉三百年矣。"

（民国《瑞安县志稿》卷五《氏族门》）

王氏先世于五代后唐自闽徙永嘉沙城之英桥。

（章纶：《英桥王氏宗谱序》。录自永嘉《英桥王氏宗谱》）

朱氏之先出自义阳，至清源公居缙云。追操隐公徙于闽，宦永嘉县尉，值五季乱，爱山川之秀，遂居城东花柳塘。三迁于清通乡之珍溪。

（吴朝凤：《大明云峰朱先生石谱亭记》。录自永嘉《珍川朱氏宗谱》）

先世为唐宗室后裔，原封于闽。始迁祖李岑于后周显德二年因闽主王曦暴虐，迁永嘉楠溪苍坡，今子孙繁衍鲤溪、港头、鹿城等地。

（永嘉《苍坡李氏宗谱》）

金氏，本刘姓，世居闽长溪柘洋。后唐清泰元年，有刘宝、刘鎔兄弟避王延均乱，迁居永嘉楠溪党溪西巷。又因避越王镠讳，易刘为金。

（永嘉《楠溪金氏宗谱》。录自《温州历代迁入人口姓氏考述》）

始迁祖林性因避朱文进之乱，由闽之长乐迁温郡城五马街。至三世祖林勋，又迁乐清左原柏岩。

（乐清《龙川林氏宗谱》。录自《温州历代迁入人口姓氏考述》）

五代闽人避乱迁瑞

公讳与，字与之，姓王氏。本太原晋阳人，东汉处士霸之系也。有讳倓者，由浮光从王审之入闽，遂为其相。倓子康侯。康侯子奕，避南唐兵乱，徙温瑞安，寻迁郡城。奕子鲁。鲁子景山，为宋皇祐贤良方正，世所谓儒志先生者也。

（李孝光：《故承直郎温州路乐清县尹王公行状》。录自陈增杰《李孝光集校注》第44页）

永嘉之乱，合浦太守禄又迁闽之温陵，自是闽中多林氏。唐贞元中，莆有孝子攒为福唐尉，弃官庐墓，致甘露白鸟之祥，诏立阙旌其门。孝子五世孙讳某，当五季时仕于（后）唐，及没，夫人执氏扶榇还闽，道经温之瑞安，值闽乱，遂葬于县之塔石村，有驯鹿之祥，人号鹿阡。

（宋濂：《宋文宪集》卷十五《元故累赠奉训大夫温州路瑞安州知州飞骑尉追封乐清县男林府君墓铭》）

王氏五季时由闽徙温之安固蟠浦，世业儒。

（戴咸弼：《东瓯金石志》卷十《王澄原墓志》）

始祖五季时自闽漳州迁居瑞安三家村。

（清同治《王金制硃卷》。现藏于温州博物馆。作者为清同治十二年拔贡）

王氏，景和乡溪坦有一百九十七户，先世王益，字虞臣，宋初历任两广节度使、剿虏大将军、赠光禄大夫。避王审知之乱，由闽赤岸迁瑞芳山乡，转迁梅源溪坦，即古之梅源。

木氏，洛莘乡周田有五十余户，先世于石晋天福八年避朱文进之乱，偕徐、吴、全、曹四姓入瑞安，名伯昌者为迁瑞始祖。名一龙者为迁董田始祖。名文友者为迁周田始祖。

孙氏，北善乡潘埭四十余户，《逊学斋文钞·盖竹山阡表》云：“其先五季时有自闽长溪迁居瑞安之盘谷者，讳惟睦。”仙岙乡仙降八十一户，先世福建长溪，后唐时有名志元者，官安固主簿，遂家焉。

狄氏，白云乡后垟九十户，先世继避王曦之乱，由闽赤岸迁瑞。

吴氏，白云乡固社五十四户，先世石晋天福二年避王曦之乱，由闽赤岸来。

李氏，凤鸣乡青石桥六十八户，先世居永，因董昌在闽作乱徙瑞。

林氏，沿厚乡浦西若干户，先世建为后周内史，历任福州刺史，因五季之乱，避地来温，有名育者，复迁此。凤鸣乡凤屿一百二十户，始祖世德，原籍福建泉州，因五季时董昌作乱避居此村。

曹氏，曹许乡曹村曹姓数十户，《嘉庆志》云：“瑞安故家在宋时以蔡、曹为最盛。”魏了翁《鹤山集·朝奉郎曹君易墓志铭》云：“其先闽人，避五代乱徙温州居安固之许峰。”黄淮《介庵集·曹处士墓志铭》又云：“温郡称世家大族，安固许峰曹氏其一也。曹之先居闽之长溪，五季时有曰霭者始迁许峰。”

张氏，凤鸣乡碗窑九十一户，原籍福建福清，五季时董昌作乱迁居瑞安。

陈氏，鼎凤乡沙渎一百十五户，原籍福建，晋天福间迁居，始祖名阳。

国氏，仙岙乡旸坑有国氏十八户，始祖即孟恭，原籍福建长溪，后唐长兴二年避王曦之乱来迁。

黄氏，沿厚乡黄山头九十户，始祖权唐［后汉］乾祐二年自福建赤岸迁永丰里，避南唐之乱也。至明时有名长者，自永丰里迁黄山头。浦西有十六户，始祖横，原籍亦福建赤岸，乾祐间迁居。

潘氏，前里乡九里四百户，先人建于五季时自福建避乱来。

郑氏，沿厚乡上郑郑姓一百户，原籍福建，五代晋天福间避王审知之乱，始迁于瑞，始祖名干之。

鲍氏，城区东南镇鲍姓七户，先人万兴，（后）晋天福间自福建迁居。

韩氏，《金石门》：黄养正撰《韩公墓志铭》云：“公讳伟，字仲英。

先世仕闽，居赤岸。五季时，有讳寓者徙温之瑞安罗南。”

（民国《瑞安县志稿》卷五《氏族门》。朱文进之乱发生于后晋开运年间）

进兴、进显、绍勋、绍熙公遭王审知乱，自闽长溪徙居瑞乡湖岙。

（瑞安江溪《湖岙黄氏宗谱》）

适王曦之乱，闽蛮峰起……子玉公迁东瓯安固璧溪。

（瑞安芳山《鹿木杨氏宗谱》）

始祖系福建福州府长乐县赤岸人，五代间因世变兄弟四人浮海至浙瓯，……五三公择居瑞安县拓浦。

（瑞安芳山《陶溪郑氏宗谱》）

后唐时始祖志元公由长溪县赤岸富春山莅瑞邑，其子讳庆道迁仙源。

（瑞安《仙降孙氏宗谱》）

吾王氏始祖乃福州赤岸人也，因闽王曦与殷王延政争衡，干戈日益炽，闽人不安处，故益公率曙公避乱而迁于永嘉。永嘉并海，实为闽浙车马往来之冲，惟安固在永嘉之南，安固西南四百余里有泽名徐垟……乃托处之。

越十余载，后因坑冶作而不宁厥居，率昱公而徙于陶溪。陶溪在徐垟之东，官卒往坑冶者仍先此而后彼，迫于扰攘，不得已而再徙梅里潘岙。越四世……又转迁陶溪。

（瑞安《林溪王氏宗谱》）

始祖讳建公五季末由闽长溪赤岸迁瑞之东塘河边。

（瑞安《九里潘氏宗谱》）

罗南乡八水：始居陈氏，据《陈氏宗谱》载，先世于五代自闽赤岸迁此。

（杨作雨主编《瑞安市地名志》卷二《行政区划居民点》）

章氏，城关镇水心街，始迁祖于五代后唐自福建浦城迁此。

（《瑞安市志》卷四《人口》）

石氏，分布于十八家村、云屿村。先世于后晋天福八年避闽将朱文进之乱迁入。

鲍氏，分布于七甲村、东进村、山下村。始迁祖于五代后晋天福间由闽东赤岸迁此。

（《陶山镇志》第89~90页）

杨氏源流序：后世季考公国珍因闽漳董昌乱，带家属避居温之瑞城杨衙。

（《新渡桥村志》第49页）

至夷行公为唐乾元司空，缘五季乱自赤岸转徙浙江，星分安固柘浦陈山头居焉。

（项维聪：《陈氏碑记》。录自瑞安大南《陈岙陈氏宗谱》）

始迁祖林建，唐内阁长史。唐亡不受梁命，于后唐同光三年由闽莆田遁入瑞安义翔乡筱村隐居。后子孙繁衍散居筱村、泗溪等地。

（泰顺《筱村林氏宗谱》。录自《温州历代迁入人口姓氏考述》）

方氏　始祖方敬肇，唐广明元年，由太原迁居闽福宁长溪赤岸。后裔方佛定，于后周广顺元年，由赤岸迁居瑞安方村（今属莒江乡地）。宋咸淳二年，方十五为避乱，由方村举族迁居方山（今属峰门乡）。

（《泰顺县志》第四编《居民》）

陈氏派出颍川，世为闽之著姓，五季时有讳贡性者由闽赤岸迁温之瑞安汇源。

［《明陈麟暨妻朱潜墓志铭》。录自《温州历史文献集刊》（第二辑）《温州博物馆藏历代墓志辑录》］

五代闽人避乱迁平

其先漳州人。五代之乱，徙于温（之平阳）。

（许景衡：《横塘集》卷十九《章延仲墓志铭》）

先生讳昂，字处抑，一字崇阳。其先自高密迁闽之长溪赤岸，石晋时徙温之平阳宰清乡，世为望族。

（陈高：《不系舟渔集》卷十三《郑处抑先生行状》）

蔡氏之在平阳者，或居旸奥，或居步廊，或居新城……何其盛焉。况自石晋天福间，迁居于此，盖十有五世，四百馀年矣。

（陈高：《不系舟渔集》卷十四《蔡氏族谱跋》）

先世居福之长溪赤岸，唐末有曰镡者仕至汀州刺史，生子六人。五季间避乱徙温之横阳北山，弟五府君自北山析居永嘉雁池。

（黄淮：《介庵集》卷八《愚庵处士陈公墓志铭》）

平阳陈君谦，邑之故家也。其先五季时自长溪来居南监。

（苏伯衡：《平仲集》卷七《陈氏祠堂记》）

《逸叟处士徐君墓志铭》：其先闽人，曰寅者，实相王审知，（后）晋天福间，其子孙避乱来平阳，故为平阳人。

《韩君墓志铭》：韩氏上世河南人，初迁光之固始，再迁闽之长溪。五代之际名硕者，又自长溪迁温之平阳。

《鲁山处士王君墓志铭》：十四世祖曰六评事，五代时自长溪赤岸来居平阳金洲。人以其族之硕大也，名其所居里曰王奥。

《宋君墓志铭》：上世由闽长溪之赤岸来居平阳，始自五代时，夙称望族。

《谢氏西山阡表》：谢氏之居平阳由泰来上溯始祖胜十二世矣。初，胜当五代之际，避乱自闽长溪来平阳，因占籍焉。

（苏伯衡：《平仲集》卷十三）

后晋高祖天福三年，徐寅为避五季乱，于闽秦川赤岸徙迁平阳西门，为沙岗派始祖。

（徐豆豆主编《浙南徐氏·大事记》）

公先世本闽人。远祖宗礼当王审知时，闻吴越政尚宽大，自莆田县长溪赤岸迁温州平阳之泥山，是为迁瓯刘氏始祖。

（林大椿：《刘忠肃公年谱》。作者晚清时人）

先世五季时避闽寇乱，自闽迁平阳北港。

（清光绪《杨慕侃硃卷》。该卷现藏温州博物馆。作者光绪十五年举人）

先世在后唐同光三年，由闽莆田迁居平阳义翔乡。

（清光绪《林洵材硃卷》。该卷现藏温州博物馆。作者光绪二十三年

拔贡）

公讳祚，字士德，先世有讳远者，五季时自闽徙温平阳之镜州，家族繁盛，人名其地曰吴公埭。

（民国《瑞安县志稿》卷二六《金石门下》）

系出琅琊，五季之乱，自闽徙温之平阳莆门。

（《王自中墓志铭》。录自民国《平阳县志·文征外编》）

先世自闽长溪赤岸避五季乱迁温之昆阳金舟乡。

（《陈宝兰墓志铭》。录自民国《平阳县志·金石》）

吾始祖仲夫公，于石晋天福间避乱，自闽之长溪徙平之泗溪。既而昌炽，遂大族。

（林景熙：《济南族谱旧序》。录自平阳《济南郡林氏宗谱》）

穹岭徐氏鼻祖孝三府君，南闽赤岸人，总济（制）两浙军务，扈吴越钱王来游雁荡，薨于官，乃子龙甫留家是地。

（陈彦生：《重建徐氏家隍碑》。录自《平阳文物》第三期）

始迁祖谷琛，原福建长溪人。五代避闽王暴虐迁平阳昆阳。三子广大于宋太平兴国间迁永嘉楠溪西源。

（永嘉《西源谷氏宗谱》。录自《温州历代迁入人口姓氏考述》）

先世避闽王曦乱，从赤岸迁平阳金舟乡瀛桥里，

（平阳《瀛桥项氏宗谱》。录自《温州历代迁入人口姓氏考述》）

五代北民迁乐清

王姓　左原宗：始迁祖王隆，字文盛，原籍山西并州（太原）。五代后晋天福间从杭州迁入左原。王十朋为其七世孙。

项姓　旸谷岙宗：始迁祖项琰，字廷玉，原籍东阳项里，为五代梁八部将军。因兄弟六人都遭暗害，其托游猎出逃，于后梁开平间迁入旸谷岙。

鲍姓　旸谷岙宗：始迁祖鲍贞吾，原籍仙居永安。为朱梁八部将军。五代后梁开平元年，因不满朱温篡唐，弃官迁入旸谷岙隐居。

（《乐清市志》卷六《人口》）

五代北民迁永嘉

（后汉）乾祐二年十月，内衙指挥使诸温以罪黜于温州。

（范坰、林禹：《吴越备史》卷五《忠懿王》）

其先盖会稽人。五代之乱始徙永嘉。

（周行己：《浮沚集》卷七《赵彦昭墓志铭》）

蒋氏本阳羡人，（后）梁普通〔开平〕初，涣为永嘉守。涣弟湛，以西华奇山也，留居不归。武帝〔太祖〕贤而官之，命后守即庐授焉，故乡名建牙。

（叶适：《水心文集》卷十八《朝议大夫知处州蒋公墓志铭》。据明弘治《温州府志》卷八《官职》载：后梁温州刺史“蒋涣，开平元年；季广琛，开平二年”，故叶适文中帝号、年号系误）

公讳楠，字木叔，故顺州王氏。石敬瑭叛，贿其地于狄。迁永嘉亭山，为温州人。

（叶适：《水心文集》卷二三《朝议大夫王公墓志铭》。石敬瑭叛乱发生于后唐清泰年间）

李氏之先，羲皇初受封陇右。传至李唐高祖，以晋阳举义起自太原，统一天下，宗支繁衍，乃封藩庶河间王孝恭于我瓯，以镇是邦。迨至八世孙集，五代时避乱，自缙云徙迁永嘉茶山大窟居焉，傍祖茔也。

（王瓒：《重修茶山大窟李氏宗谱序》。录自张卫中等编《王瓒集》第141页）

唐昭宗第十四子唯，封靖王，见奸党擅权，寇盗四起，恐遂亡国，于是与兄集出亡，至温之德政乡茶山之下，喜其地幽辟，居之。自茶山迁北阁，则十八世国初高士平心翁。

（高友玑：《北阁李氏宗谱序》。录自乐清《北阁李氏宗谱》）

朝请之先，三衢石室人。（后）周广顺中，六世祖官乐清，其子延祚遂居永嘉。

（陈傅良：《东村澄觉寺北山关太恭人陈氏墓志》。陈氏为宋永嘉郑伯

熊之母。录自永嘉《表山郑氏宗谱》)

始祖徐雷，世居闽之长溪，五代避闽主王曦之乱虐，偕弟泽迁婺，转迁永嘉屿北。七传至徐公仪于北宋崇宁五年迁枫林。

(永嘉《枫林徐氏宗谱》。录自《温州历代迁入人口姓氏考述》)

五代北民迁瑞安

福建参政瑞安钟君景清，示予以所修《族谱》，俾序之。按《谱》，钟氏本微子之后，唐之季叶，有讳庆礼者，仕湖南马氏，始居霅川。其孙成德，又自霅川迁温之瑞安。又十有四世至讳源府君，实参政君之八世祖也。今谱断自府君为始，详其所可知也。

(何乔新：《椒邱文集》卷一二《瑞安钟氏族谱序》)

族望吴兴，以乱而迁，有家于温，蕃蕃子孙，延及子文。

(许景衡：《横塘集》卷二十《沈君墓志铭》。沈子文卒于北宋崇宁间，其曾祖安邦公迁瑞，当在五季)

先世湖州人，五季时官温之瑞安，后遂家焉。

(清光绪《沈凤锵硃卷》。卷藏温州博物馆。作者清光绪八年举人)

始迁祖避五季乱自湖南长沙迁瑞之白门。

(清光绪《许金镛硃卷》。卷藏温州博物馆。作者清光绪十九年举人)

孔氏，顺泰乡孔宅有孔姓一百（一）十三户，先世本曲阜圣裔，始祖桧与子仁玉避五季乱迁瑞。孔宪钦有《孔氏宗祠记》云：“吾祖桧公于后唐同光二年，自曲阜迁瑞之广化乡大日里。”

项氏，本邑项氏，先人道生，五季时自湖州苕霅溪迁居安固南堤。现居城区四十四户。……考宋张公辅《通守项公墓志铭》云：“项氏讳澈，其先霅川人，五季时徙安固之南堤，世为著姓。”

叶氏，梓霞乡梓岙叶姓，五代时亦自松阳迁居，先人显东。

钟氏，谢铎撰《明故通奉大夫、福建布政使钟公神道碑》云：“公钟姓，讳清，周末微子启之后，有食采钟离者，因以为氏。其徙瑞安，五代时自湖南霅川始也。”

（民国《瑞安县志稿》卷五《氏族门》）

赵氏，县城秀砚里赵氏，五代时自会稽迁瑞安。

（《瑞安市志》卷四《人口》）

五代北民迁平阳

蔡氏之先温陵人，避五季乱，徙居温之平阳。

（许景衡：《横塘集》卷十九《蔡君济墓志铭》）

君字观国，其先家处之龙泉。七世祖超，为吴越钱氏常侍，始籍于温，居平阳之桂源。

（楼钥：《攻媿集》卷一百《知嵊县季君墓志铭》）

公讳文栩，字周卿，孔子五十四世孙。后唐同光二年，讳桧者自阙里避乱来居平阳。

（苏伯衡：《平仲集》卷十二《故元吴江州儒学教授孔公墓志铭》）

夫人讳淑真，字道宁，其先歙人，灵惠公之后也。五季时避乱来居平阳，至夫人父始徙居郡之墨池坊，遂为郡人。

（苏伯衡：《孔教授夫人汪氏墓志铭》。录自民国《平阳县志》卷九十一《文征外编十五》）

宋时北民迁乐清

高氏之先出宋太尉讳琼。五世孙讳世则，在建炎初为行营副使，扈从南渡，以节度使判温州，因家乐清，实惟高氏始迁之祖。

（薛蕙：《高氏大宗祠记》。录自清光绪《乐清县志》卷三）

南氏，先世河南洛阳，始迁祖南巘，南渡时扈从高宗至温。后上表乞休，隐居乐清盘石重石，后裔繁衍温属各县。

（乐清《南氏宗谱》。录自《温州历代迁入人口姓氏考述》）

潘翼，字雄飞，处州青田人，建炎末徙居乐清。

（明弘治《温州府志》卷十《人物一》）

其始青田人。宋绍兴有叔括者，徙乐清。

（侯一元：《二谷山人近稿》卷五《京厂大使西崖梁君墓志铭》）

丁姓　沙头宗：始迁祖丁亨楚，原籍仙居横溪。宋嘉定十五年入赘鹿坦。后裔转迁沙头。

叶姓　金丝河宗：始迁祖叶勋，原籍闽。宋绍兴间从括苍浒南迁入，后裔分布在上垟田、泮珠垟等地。

孙姓　大港宗：始迁祖孙世平，原籍浙江富春。宋神宗时任浙东宣谕使，熙宁八年至十年迁居大港。

陈姓　新坊宗：始迁祖陈用善，字机宜，原籍闽长溪赤岸。宋时官至宣义郎，系主战人士之一，岳飞被害后，举家出逃。绍兴十五年从太平转迁大荆方谷（今新坊）。沙头宗：始迁祖陈兆丙，字建学，原籍闽。宋乾道三至六年，由玉环转迁沙头。翁垟宗：始迁祖陈安节，原籍江西弋阳。宋绍熙进士。后宦游在外，至嘉定元年辗转迁入雁塔里（今翁垟）。

杨姓　水涨宗：始迁祖杨公辑，字从缮，原籍闽。宋淳熙中期，从柽屿（今温岭境）迁居水涨。

李姓　淀岙宗：始迁祖李王二，字旭祥，原籍安徽合肥。南宋绍兴间因爱淀川山水之秀，举家徙入。

连姓　岀前宗：始迁祖连南夫，原籍湖北应山。宋政和二年进士，兼官广州知州。绍兴八年，因不附秦桧主和，被罢官。为避祸外逃，辗转至横山，后迁岀前定居。

张姓　张岙宗：始迁祖张卿，又名卿云，字子相，原籍河南开封。宋淳熙年间为乐清令，后择左原石桥定居，更名张岙。

施姓　清江宗：始迁祖施才，原籍青州（今属山东）。宋大观前后从衢州转迁清江。

钱姓　白石宗：始迁祖钱呈（钱塘武肃王钱镠后裔），字循道，原籍杭州。宋太平兴国二年，因慕白石山水之胜，徙居于此。寨下宗：始迁祖钱曙（钱镠后裔），字正尚，原籍杭州。与钱呈相继迁乐，定居寨下。

倪姓　虹桥宗：始迁祖倪立言，字信可，原籍闽莆田。宋嘉定元年从玉环转迁蒲岐下堡。明永乐十五年倭寇扰境，由族首倪西峰率族众转迁新市（今虹桥）。巨渡宗：始迁祖倪立诏，系虹桥始祖立言之弟，和兄同年从玉环迁入巨渡。

（《乐清市志》卷六《人口》）

宋时北民迁永嘉

仰仁谦，吴兴人。太平兴国间以太子舍人知永嘉县事，廉慎有容，抚民如子。时钱氏方归疆，仁谦始为邑令，政一新。后卒于官，子孙因家焉。

（明弘治《温州府志》卷八《官职》）

莲川徐氏，裔出偃王后，逮汉有光禄大夫元洎公，以阳朔二年避乱（渡）江，寓居婺州东阳，后徙括。至国朝有评事龙三公讳希浩者，于仁宗皇帝天圣甲子（二年），由括岩泉迁于永嘉莲川，建祠堂，树家范，子子孙孙世守靡渝。

（林藏英：《莲川徐氏祠堂碑记》。录自《温州历代碑刻二集》第16页）

其先自闽徙浙之仙居。北宋皇祐间有戴天旭、天休兄弟自仙居迁永嘉合溪。

（永嘉《菇田戴氏宗谱》。录自《温州历代迁入人口姓氏考述》）

赵氏，瑞安赵氏有数支，一金岙支，一东郭支。《陈止斋集·赵夫人墓志铭》："余闻东郭与金岙赵皆清献公之族，熙宁中清献公之子屼来丞郡，夫人曾大父岵从公问家法，由是赵氏子姓有检守，自辟雍正霄以文名天下，登进士第者至今不乏一裔出宋宗室。"

（民国《瑞安县志稿》卷五《氏族门》）

大罗北原名茶山，系管氏世居焉。稽其始祖，自宋元丰年间，有山东济南府昌平县以明经授瓯郡守，讳次慧，字智千，以病捐馆于署。其子讳略，僦居郡之西关，至士康公分居大茶山，是为茶山始祖也。

（王叔果：《继修管氏谱牒序》。录自林长春主编《大罗山志》第173页）

崇宁二年正月乙酉，安置任伯雨等十二人于远州。蔡京、蔡卞怨元符末台谏之论己，悉陷以党事。常安民，温州。

[冯琦等：《宋史纪事本末》卷一一。常安民，字希古，邛州（今四川邛崃人）]

王靖，字詹叔。以祖荫历通判阆州，知滁州，主管北京御史台。堕崇宁党籍，责衡州别驾，安置温州。

（稽璜等：《钦定续通志》卷三四四。王靖，山东莘县人）

始祖胡弼，宋大观进士，门下给事中，由金华永康方岩迁永嘉楠溪。

（清道光《胡垠硃卷》。卷藏温州博物馆）

先世于宋建炎二年，奉元祐太后南渡，进位少师，遂家温州，住第一桥。

（清光绪《孟锦涛硃卷》。卷藏温州博物馆）

其先开封人，因南渡迁于永嘉而家焉。

（宋《徐时义妻黄氏圹志》。碑藏温州博物馆）

始祖世居寿州，因金兵南侵，于建炎四年避难徙温州。

（清光绪《吕渭英硃卷》。卷藏温州博物馆。作者清光绪十一年举人）

始祖从宋高宗至温，遂居永嘉城鲤鱼桥。

（清宣统《郑绍钧硃卷》。卷藏温州博物馆）

先世河南南阳，曾大父谦，居汴京，从南渡，抵永嘉，遂家于城之北。

（宋《叶德安圹志》。碑藏温州博物馆）

贞妇，汴赖氏子，故为闻人家。宋南渡后有仕于温者，遂迁焉。

（宋濂：《宋文宪集》卷二五《故郑贞妇赖氏墓志铭》）

冯成，字熙绩，其先为滑州白马县人，太师中书令鲁国勤威公守信云孙。建炎间扈驾至温州，遂居永嘉德政乡夹屿。

（明弘治《温州府志》卷十一《人物二》）

姚氏，章炳麟：《瑞安姚氏家庙记》称："瑞安让金村姚氏，其郡望曰吴兴，宋建炎时，有讳朝野者充温州通判，仍世贵显，因家于永嘉。及明清间，有讳曾一者，始居瑞安四十一都，迄今几三百载。”

（民国《瑞安县志稿》卷五《氏族门》）

赵氏其始祖讳定之者，实宋宗室秦悼魏王之六世孙也。高宗建炎四年，金虏猖獗，躬奉卤簿，驻跸于温，及虏北中兴，定之从□保平军节度使、同平章事。绍兴六年以疾赐归镇温州，爵谥忠翊，公寓居邑之望京里，乃始迁之□世矣。

（明《赵铤墓志铭》。《永嘉县志》卷二三《金石》）

始迁祖潘瑱，宋室南渡后与曹彬同下江南，自金华迁永嘉云岭。

（永嘉《潘氏宗谱》。录自《温州历代迁入人口姓氏考述》）

王仲嶷，字丰父，建炎初知袁州。敌人寇江西，坐失守削籍，与马子约皆寓居永嘉。

（王明清：《挥麈余话》卷二。王仲嶷，华阳（今属四川成都）人，父圭，宋哲宗时封岐国公）

赵姓原籍涿州，建炎四年，宗室随驾南渡来温寓居，绍兴三十年前后，转迁乐成，分三宗。花园赵宗，始迁祖赵伯药（宋太祖七世孙），居乐成金溪，建花园自娱，因称“花园赵”。石塘赵宗，始祖赵不缗（宋太宗六世孙），居乐成北门石塘岙，因称“石塘赵”，又称“北门赵”。城河赵宗：始祖赵廷之（宋室魏王赵匡美六世孙），居乐成城河，因称“城河赵”。

（《乐清市志》卷六《人口》）

某族兄参政公之子曰大雅，自少时已有能诗声，句出惊人，无一词常谈陈腐之语。会参政公谪泉南，再徙江右，而置家于温之永嘉。

（孙觌：《鸿庆居士集》卷三一《送删定侄归南安序》。孙大雅，江苏无锡人，南宋绍兴、乾道间曾任敕令所删定官、秀州知府等。其父孙近，字叔诸，累官参知政事，兼知枢密院事，因反对宋、金和议而谪居南安，移赣州，故其置家永嘉）

绍兴十一年六月十七日，三京等路招抚处置使刘光世罢为万寿观使，自此遂居温州。

[徐梦莘：《三朝北盟会编》卷二百六。刘光世，字平叔，保安军（今陕西志丹县）人，与张浚、韩世忠、岳飞并称南宋“中兴四将”]

公讳怀玉，字文玉，其先淮海人。宋有曰瑄者，仕至光禄大夫，出历外任，宦辙至永嘉，子孙遂家焉。

（黄淮：《介庵集》卷十一《建宁府儒学训导致仕徐公墓志铭》）

永嘉楠溪著姓潘氏，其先括苍木溪人。宋有曰肇者，游览至温，爱楠溪山水之胜，遂卜居水南金仓山之阳。

（黄淮：《介庵集》卷十二《云庵处士墓志铭》）

公万氏，讳英，字静善，其先荆州人。宋之时，有讳勉怀者，守吉州，子孙因家泰和，世以宦学显。康年为宋太学博士，以论秦桧罢官，又徙居安成、永嘉之雅泽里。至公之高祖邦行，为大理评事。曾祖叔彰、祖宗大，俱有隐德而未仕。父岂吾，仕元，为白沙镇巡检。

（王直：《抑庵文后集》卷二六《署正万公墓表》）

唐有大理少卿从德者，转徙黄岩。及宋有惠者，复徙永嘉，遂定为永嘉人。

（王世贞：《弇州史料后集》卷十六《王副宪西华先生志略》）

东嘉李浦王氏之有家庙，由来旧矣。始祖贞庵公乃宋魏国文正公五世孙，自汴徙温十有一世，至文定公益增修德泽，昌大其宗，迄今五百有馀岁。

（陈遇春：《梧竹山房文稿·重建家庙记》。该文撰于清嘉庆十六年。文定公指王瓒，字思献，号瓯滨，明弘治九年进士，官至礼部侍郎）

洪芹，乐平人。适曾孙，以太父泽入官。开庆元年升直学士院，继权礼部侍郎、中书舍人。慷慨敢言，天下义之。帝方锐意向用，而以论去，退寓永嘉，恬然自适。

（清同治《饶州府志》卷二十。洪适，字景伯，江西乐平人，与弟洪迈、洪遵并中词科，时称“三洪”，累官同中书门下平章事，兼枢密使）

曾右湘希辂记：钱唐林仑，字竹人，号一方册山人。工诗，善草、隶，弹筝尤所擅长。寓居瓯郡松台之麓。

竹人后因有西河之痛，丧明而殁。贫难归榇，遂葬于温。

（黄汉：《瓯乘补》卷二十）

翁讳兴，一名谅，字诚之，姓朱氏，操隐，其自号也。先世义阳望族，祖讳麟，考讳祥，妣周氏，生翁于（后）汉庚戌（乾祐三年）九月廿三。而考妣继亡，抚于伯氏。暨长，以勇悍事监军使周廷构，构重翁才能，荐至永嘉尉。翁至，首恤孤寡，锄强扶弱。二载，见世荒乱，民多聚盗，弃官不仕，遂家于温。

（何作哲：《永嘉尉操隐翁公墓志》。录自永嘉《朱氏联宗谱》）

驿山之有程氏，其源最远。自宋伊川公之四世孙大中公司驿于瓯，其子孙遂家焉。

（张璁：《驿山程氏宗谱序》。录自永嘉《驿山程氏宗谱》）

李徐全氏，由括徙瓯，始于宋，讳琮公，先发源于郡城之教场巷。迨九世祖讳景臻公，由太学生至元泰定徙迁四十五都东山下，名曰全宅垟。

（徐来朝：《李徐全氏宗祠记》。录自永嘉《李徐全氏宗谱》）

有玉山汪应龙，绍兴中登甲科，由进士拜奉议大夫。公之兄应辰进士及第，累官至吏部尚书，因避北兵之乱，自上饶徙居永嘉楠溪之菇田。

（朱良：《永嘉楠溪汪氏族谱序》。录自永嘉《霞山汪氏宗谱》）

远祖吴全智于北宋大中祥符间由遂昌迁仙居，其十世后裔吴渫于宋淳祐二年转迁永嘉西溪瓯渠。

（永嘉《瓯渠吴氏宗谱》。录自徐定水《温州历代迁入人口姓氏考述》）

又一支望族亦南阳，宋淳祐间始迁祖奕臣由青田迁永嘉之菇溪。

（青田《东源叶氏宗谱》。录自徐定水《温州历代迁入人口姓氏考述》）

孝肃世家合肥，曾孙包莘徙永嘉雁池，是为四世祖。

（瑞安《河沿包氏宗谱》。录自《温州历代迁入人口姓氏考述》）

公讳敏，姓陈氏，允政其字也。其先居括之缙云胡陈市，宋末有曰三评事者，弃官遨游山水间，至温爱楠溪景物殊胜，遂定居焉。

（黄淮：《介庵集》卷六《山西行太仆寺少卿陈公墓碑铭》）

宋时北民迁瑞安

李氏，双峰乡陇头三十八户，始祖章孙，宋时由缙云来。

季氏，镇筼乡仙浃十数户，季敦：《旧序》略云："吾季之先，唐末有讳谦者，佐吴越武肃王定东浙，爵至延陵侯，世为芝田人。六传至南宋有讳俨者，淳熙中登进士，令龙游，遂家焉。四世孙讳复初，号月泉，宋末避兵至瑞，是为吾始迁祖。"

金氏，汀董乡金岙九十二户，族望彭城，先人戴尧，宋时自台州太平县迁居。

马氏，湖岭镇丰乐村马姓，郡望扶风，原籍河南。宋嘉定间徙瑞。明成化时由城徙马车湾，后避乱居此。

翁氏，曹许乡曹村六十七户，先人有名诏、名规、名敏者，于宋政和辛卯（元年）间由成都避乱来此。

潘氏，叶稠乡稠泛一百六十八户，先世原籍河南，宋大中祥符戊申（元年）潘孝宁自汴京徙章安藤岙。明永乐间潘十方复徙稠泛之花坛。

（民国《瑞安县志稿》卷五《氏族门》）

林溪乡上园：据传南宋末，马姓兄弟从青田迁来下园居住，在后山开辟种植园，后又迁此建村，称上园。

潮基乡路头：陈姓始居，据《陈氏宗谱》载，始祖于宋咸淳辛未（七年）从青田四都下陈迁此。

石龙乡孙山：孙氏始居，《孙氏宗谱》载，南宋理宗宝庆元年从景宁县深垟迁此始居，以姓名村。

塘下镇沙门：村多陈姓，据《陈氏宗谱》载，始祖于宋政和癸巳（三年）自台州迁来。

（杨作雨主编《瑞安市地名志》卷二《行政区划居民点》第108、121、130、245页）

邓氏　宋理宗四年，邓氏自越州山阴迁入东龙乡龙斗。

季氏　宋咸淳四年，季氏自浙景宁横坪迁入龙川季宅。

周氏　南宋末年，周氏自浙江萧山迁入双垟屿根。

程氏　先世河南郑州。宋理宗时，程仕奇官瑞安县丞，任满率长子移居卢川（今中樟中堡）。

蒋氏　宋政和间，蒋氏自浙青田钓滩迁入十源乡马堡。

（《文成县志》卷四《居民》。其时东龙等地属瑞安县）

蔡氏　始祖蔡稠，原籍括苍龙泉锦禬里。宋太平兴国四年迁居瑞安壕崆（今西旸乡峡屿）。

（《泰顺县志》第四编《居民》）

始祖千四公宋淳祐由缙云择居是地。

（瑞安《六科卢氏宗谱》）

其先宋武惠王□□□由汴徙温之瑞安。

［《明潘凝一圹志》。录自《温州历史文献集刊》（第二辑）《温州博物馆藏历代墓志辑录》］

钟氏，桐岭，于宋时从湖南雪川迁入。

金氏，马屿镇马屿，始迁祖宋时由金华迁入。

（《瑞安市志》卷四《人口》）

宋时北民迁平阳

鲍之先居景城。宋曰纯者，元丰中仕，为右谏议，其后南迁临安。又五世，曰玄徙温之平阳。

（杨士奇：《鲍处士墓志铭》。录自民国《平阳县志》卷九十一《文征外编十五》）

童公讳顺，字公顺，行呼琇一，其先冀之安仁人……次子仁宿，任佥转运同知，奉命出镇福州，督运白粮，值靖康丙午（元年），金虏南侵，南北荆棘，由间道复命，经温之横阳上江遘疾勿作，遂家焉。是为公一世祖也。

（杜整：《重修义兵防御金牌万户侯童公墓记》。录自民国《平阳县志》卷六十八《文征内编六》）

胡氏，胡姓在瑞为巨族，先世自闽徙温之昆阳，有讳密者，寓婺居焉。其子谦仕宋钦州知府，复返故居为昆阳人。再传知瑞安州讳雷者，分居瑞城东永丰里，遂占籍焉。

（民国《瑞安县志稿》卷五《氏族门》）

宋时闽人迁乐

始迁祖贾仁三，福建仁溪人。宋乾德间任黄岩尉。任满为乱所阻，卜居乐清龙门山麓。今后裔散居西联上下贾岙等地。

（乐清《鹿岩贾氏宗谱》。录自《温州历代迁入人口姓氏考述》。而《鹿岩贾氏宗谱》则称迁自五季，见《五代闽人避乱迁乐》）

始祖杨程，原籍闽之莆田，宋元祐间为乐清县令，居乐邑。四世孙杨邦彦、庆麟又徙居永嘉楠溪上塘、千石。

（永嘉《千石杨氏宗谱》。录自《温州历代迁入人口姓氏考述》）

原籍闽兴化仙游。始迁祖蔡廷页，为宋绍兴间处州推官，后徙居乐清县城云门。

（乐清《海口蔡氏宗谱》。录自《温州历代迁入人口姓氏考述》）

其先世有曰烨者，宋嘉定间徙自闽，居温乐清瑶川里，遂为乐清人。

（王健：《鹤泉集》上《诸体文·知江西吉安府事致仕进封中宪大夫荡南朱先生行状》）

先世闽之仙游。南宋宝庆三年迁乐清，今后裔散居翁垟、地团等地。

（乐清《地团叶氏宗谱》。录自《温州历代迁入人口姓氏考述》）

其先闽人。至宋丞相德象，徙乐清。丞相后曰兴达，再徙常熟。

（王世贞：《弇州山人四部稿》卷八八《明故文林郎归化县知县二山章公墓志铭》）

原籍福建，宋时迁至蒲岐。

（明《蒲岐所志稿·陈德潘公墓碑记》）

始迁祖包僧，先世于南宋间由闽迁乐清白石。德祐二年又迁小芙蓉。

（乐清《小芙包氏宗谱》。录自《温州历代迁入人口姓氏考述》）

叶姓　贾岙宗：始迁祖叶公浚，原籍闽，宋元丰初举孝廉，授武康主簿。元丰五至八年任满隐居竹屿，后转贾岙。地团叶宗：始迁祖叶日炫，原籍闽莆田。宋宝庆三年迁居地团。北山前宗：始迁祖叶廷侯，字荣封，原籍闽晋江。宋宝祐间任乐清儒学，遂定居县城。后裔叶十怀，于明万历初转迁北山前。

朱姓　岐头宗：始迁祖朱行一，原籍闽。宋建炎四年迁居岐头。

杨姓　西塘宗：始迁祖杨程，原籍闽莆田。宋元祐四年为乐清知县，后定居西塘。地团宗：始迁祖杨廉善，原籍闽莆田。宋乾道间迁入地团。石马宗：始迁祖杨求安，原籍闽延平。宋淳熙中期，因经商定居石马。

吴姓　杏湾宗：始迁祖吴隐，字兆初，原籍闽莆田。宋宣和间为避闽乱，迁居龙角岩下（杏湾）。

林姓　天成巉头宗：始迁祖林宗瓯，原籍闽莆田。宋绍兴初，随子林缥（时秀水令离任）隐居天成巉头。

胡姓　曹田宗：始迁祖胡潜，号静斋，原籍闽。宋德祐二年迁居漕川（今曹田）。

徐姓　花坦宗：始迁祖徐淘，字公练，原籍闽福清。宋宝祐间迁居花坦。

黄姓　湖头宗：始迁祖黄起四，原籍闽东。宋大中祥符间迁入湖头。西漳宗：始迁祖黄颜吾，原籍闽。南宋嘉熙间迁居西漳。

蒋姓　沪屿宗：始迁祖蒋德臣，字玄明，原籍闽福州。宋隆兴二年任乐清县令，后留居沪屿。

瞿姓　虹桥宗：始迁祖瞿孚鋆，原籍闽莆田。随宋室南渡任温州通判。岳飞被害后，愤于政局，于绍兴十二年至十五年挂冠隐居虹桥。

（《乐清市志》卷六《人口》）

宋时闽人迁永

阁巷乡阁巷：据《郭氏族谱》载，始祖于宋开宝二年由闽迁瓯，转居瑞安之十七都，以姓名村。

梓岙乡上金：金姓始建，以姓名村，故曰上金。据《金氏宗谱》载，先世宋宝祐年间自闽赤岸迁温州谢池，转徙上金。

（杨作雨主编《瑞安市地名志》卷二《行政区划居民点》）

福州莆田人，先祖在宣和中为温州通判。因老致仕遂家温州焉。

（清光绪《吴让硃卷》。该卷现藏温州博物馆。作者光绪十九年举人）

原籍福建福清，十世祖冈中于建炎元年补永嘉县令，遂居郡城。后子孙迁乐清雁荡及永嘉濮头池。

（乐清《黄氏宗谱》。录自《温州历代迁入人口姓氏考述》）

始迁祖张阐，闽省人，官工部尚书，为秦桧所忌，弃职携眷陷于永嘉慈湖。后子孙繁衍散居永嘉楠溪及乐清等地。

（永嘉《垟头坑张氏宗谱》。录自《温州历代迁入人口姓氏考述》）

乾道间，吾温遭洪水患，所余黎民靡有孑遗。奉诏徙福民实其郡。

（瓯海《川沙周氏宗谱》）

章氏，《介庵集·章澄庵墓志铭》："其先闽之浦城人，后唐有曰仔钧者，仕至太傅，生得象相宋仁宗，再传生固，历任秘书，迁职外补温郡，卒于官，子劭弗克返葬，卜吉永嘉清通乡云岭，至今世居之。"

鲁氏，桐岭乡丁岙三十八户，原籍福建，宋绍兴间迁永嘉。明时由永迁丁岙，始祖名元龙。

陈氏，锦溪乡小篁竹四十六户，《访册》称，原籍福建长溪，宋淳熙间有名朋者任温州郡守，遂家焉。

（民国《瑞安县志稿》卷五《氏族门》）

钱易直，字敬子，长溪人，见居温州。庚戌（绍熙元年）省元，绍熙元年进士。终著作佐郎、知池州。

薛君用，字良佐，长溪人，寄居温州。庆元五年进士。

林赞，字君俞，长溪人，寄居温州。庆元五年进士。

沈更，字子初。寄居温州。嘉定元年进士。

（宋淳熙《三山志》卷三一）

林孟冶，字叔良，长溪人，寄居温州。湜之孙。宝庆二年进士。

缪正叔，字寅叔，长溪人，寄居温州。绍定二年进士。

缪元德，字正臣，长溪人，今居温州。淳祐四年进士。

（宋淳熙《三山志》卷三二）

徐氏自君曾祖逢、祖赠朝议大夫泽为泉州晋江人，皇考潮州太守定，始为温州永嘉人。

（叶适：《水心文集》卷二一《徐文渊墓志铭》）

陈遇明，字孟宗。霞浦人，居温州。嘉定四年进士。

（清乾隆《福宁府志》卷一八）

我东瓯包氏，世习儒业，素称望族。揆厥所由，肇于宋包孝肃公三世孙讳闻绍者，自闽徙温，从雁池而居焉。

（周旋：《包氏家乘序》。录自乐清《柳市包氏宗谱》）

远祖林曾，为宋光禄大夫，世居闽之长溪。其孙林庆转徙温之花柳塘。后裔林焦又于南宋咸淳间徙瓯北罗浮。

（永嘉《罗浮林氏宗谱》。录自《温州历代迁入人口姓氏考述》）

始迁祖陈胤，福建侯官人，为宋温州通判，因家郡城。后裔有陈纯又迁乐清。

（王廷相：《陈省斋墓志铭》。录自《温州历代迁入人口姓氏考述》）

叶为永嘉巨族，赵宋间由闽之长溪徙今渠川，凡三十世。

（蔡芳：《永嘉渠川叶氏祠堂记》。录自《温州历代碑刻二集》第59页）

王氏，宋时有一支由闽转温迁居大峃。

（《文成县志》卷四《居民》）

宋时闽人迁瑞

尤氏，汀董乡汀川有尤姓五十户，先世于宋绍圣元年由福建迁居，始祖宗仁。

卓氏，瑶庄乡朱山一百九十八户，始祖獳夫，宋宣和间自福建避乱来。

周氏，玉壶镇山绘三百八十户，先世小四于宋崇宁间由福建来。

林氏，西南镇望仙桥十数户，先世由闽徙瑞。宋宣和间，承事郎元章居邑埭头望仙桥右，素以财产雄乡邑，延聘巨儒陈止斋主其家塾。汀董乡汀川二百户，先世文质于宋宣和间由莆田迁居。前里乡上望五百户，先世祖岳，宋哲宗间由福建迁居。

孙氏，树霞乡莘田孙姓，先世浙东为两浙路通判，于宋大观间自福建福宁州赤岸桥边迁居。

蔡氏，前里乡上望二百户，先世原籍福建长溪，宋皇祐间迁城第二巷。元至正间迁上望，始祖名起。

戴氏，鲍墀乡鲍川三百六十五户，宋初自福建迁居，始迁祖名罗巘。

（民国《瑞安县志稿》卷五《氏族门》）

丁氏，仙岩镇穗丰村，始迁祖于宋咸平间（998～1003）由闽北沙埕迁此。

林氏，塘下镇大南山塘岙底，宋景德元年（1004），始迁祖自闽莆田迁此。

（《瑞安市志》卷四《居民》）

公讳文质，字元章。大父讳崇，考讳旻。世居闽之清源。宣和间，任承事郎，遇庆霈，恩赐中奉大夫，从五品，始徙瑞之城南。

（杨万里：《宋承事郎中奉大夫元章公墓志铭》。录自平阳《济南郡林氏宗谱》）

岭雅乡下金：据《金氏宗谱》载，始祖于宋咸平三年自福建龙溪迁此始居，以姓名村。

塘下镇上韩：据民国《瑞安县志》载，韩姓先祖于宋初自闽迁居。

白门乡丽塘：据《林氏宗谱》载，始祖于宋太平兴国二年自闽迁梓岙，至九世迁丽塘。

三都乡墙头：始居林姓，宋真宗时从闽迁入。

三都乡小南山：村多李姓，据《李氏宗谱》载，始祖宋元祐间从闽赤岸迁瑞邑穗丰，后裔从穗丰转迁南山，为南山开基之祖。

罗南乡前庄：庄姓始居，位于大罗山以南，故称前庄。《庄氏宗谱》载，始迁祖于宋嘉祐自闽赤岸大街庄迁来。

飞云镇上埠：村多邱姓，据民国《瑞安县志》载，始祖于北宋由闽迁此。

上望乡上望：村多林姓，据《林氏宗谱》载，始祖于宋仁宗间从闽赤岸迁此。

（《瑞安市地名志》卷二《行政区划居民点》）

敕奉父自赤岸迁吾郡瑞邑梓岙居焉……始祖系宋太平兴国二年谏议大夫讳香，以廷对忠鲠，雅不与权贵，人惧，遂缴敕奉父承事郎济迁居吾安固之阳卜宅梓岙后村。

（瑞安《丽岙林氏宗谱》）

孙氏自闽徙瓯七百余年，唯宋大观间浙东公以两浙路判官为莘田始祖也。

（瑞安《莘田孙氏宗谱》）

郑氏，先世维德公北宋时由闽迁之二十五都澄江里及十九都上埠里。

（《上步村志》第 229 页）

翁氏　始祖翁神迁，祖籍闽福鼎桑园。宋乾德二年偕兄神安访伯父至瑞安，溯江而上，逾数岭见一地山环水抱，泉甘土肥，遂创居于此，并命地曰翁山。越数载，神安转徙今葛垟乡翁家山。

李氏　始祖李杰，原籍福建赤岸。宋皇祐二年徙居今包垟乡马迹。明成化年间后裔分居包垟乡卓尾垟。

（《泰顺县志》第四编《居民》。其时包垟等地属瑞安县）

严姓　宋庆历五年，严应任东瓯指挥使，子严真自闽迁瑞安三港。后真子严郎转徙雅梅严钵。

周氏　宋崇宁三年，周氏自闽长溪赤岸迁入玉壶东背。

（《文成县志》卷四《居民》。其时玉壶等地属瑞安县）

其先闽之赤岸巨族，世跻显仕于李唐□□，至建炎初若干世祖朝散大夫讳刍者避金寇之乱，自闽徙温之瑞安。

［《明项良□墓志》。录自《温州历史文献集刊》（第二辑）《温州博物馆藏历代墓志辑录》］

先世自五季时从徽州迁福建。宋南渡时，公游瑞安，遂家焉。

（清光绪《李炳光硃卷》。该卷现藏温州博物馆。作者光绪二十八年举人）

陈氏　宋绍兴年间，闽福安（今寿宁县鳌阳）陈汉唐四世孙陈正六，迁入瑞安桂坪（今南院乡）。

（《泰顺县志》第四编《居民》）

公讳南，字景衡，以字行。其先世居闽之长溪潋村，五世祖龙桂，宋绍兴请浙漕解。淳熙中兄宗旦赴温之瑞安知县事，与之偕行，因得执经于止斋陈先生之门，遂卜居汀湾而定居焉。

（黄淮：《介庵集》卷十三《杨公墓志铭》）

始予得大尹伯父所藏图谱，断自朝奉龙桂公始。但云先祖闽之长溪潋川人，从其兄宗旦知瑞安县事，游学于止斋陈先生之门，因家于东湾。故朝奉公为瑞安始祖也。

（杨景衡：《潋溪弘农杨氏族谱瑞安新谱序》。录自瑞安《潋溪弘农杨氏族谱》。杨宗旦为南宋淳熙十四年任瑞安知县）

孝宗乾道二年八月十七日，飓风挟雨，拔木飘屋，夜潮入城，四望如海。四鼓风回潮退，浮尸蔽川，存者什一。是年，郡守侯公檄文福建移人补籍（汀川《张谱》引《王氏家乘》）。

（民国《瑞安县志稿》卷一《大事记》）

薛氏先世居建宁。宋季有孟年者，为浙之瑞安尹，终于官，子孙因家焉。

（王直：《抑庵文后集》卷二四《刑部右侍郎薛公墓碑》。薛公指薛福、薛道铭。因道铭子希琏官刑部右侍郎，福、道铭皆赠如其官）

陈宁祖，字志道。霞浦人，居瑞安。宝祐四年进士。

（清乾隆《福宁府志》卷一八）

池氏，鲍墀乡蝉墀有四百四十九户，原籍福建赤岸，始迁祖宗昌。考池志澄：《卧庐七十自序》云："我家本秦咸阳司马公子池之后，有西平、西河二派。余派西平，宋乾道二年温大水，始祖宗昌公由福建赤岸迁瑞四都前池，聚族而居。历三十四世，清康熙壬子（十一年），高高祖治平公由前池迁城之虞池，为虞池池氏。”

吕氏，清祥乡岙底有吕姓十二户，仙潭乡岩下有四户，宋时自福建来。

何氏，东山乡埭头有十四户，始祖悦宋绍兴间自闽福鼎徙瑞。

吴氏，莘芬乡航浦四十余户，先世宗绪，祖籍赤岸，宋时迁居。

季氏，龙川乡旁山七十户，先世迪三，于宋时由福建迁居。

邵氏，塘下镇邵姓，郡望博陵，宋时自福建徙居。

邱氏，飞云乡上埠有十户，先世由福建迁瑞，始祖何，字汉规，为宋乾道丙戌（二年）进士，官袁州守。

林氏，汀董乡小典学七十户，始祖定，宋真〔理〕宗景定年间由福建莆田迁居。梓霞乡丽塘四十户，始迁祖真卿，宋时由福建迁居。东村三十户、白门下幛百五十户，均云宋时由闽赤岸迁此。东山乡大路村七十二户，先世静庵以进士归里，宋乾道间由闽赤岸迁居。

施氏，大南乡西岙二百六十三户，先世英达原籍福建，宋咸淳间始祖来永嘉为吏，遂分居于此。

张氏，汀董乡汀川四百二十户，原籍福建赤岸，乾道年间迁瑞，始祖名悦庵。东山乡太史桥三十八户，原籍闽浦门，宋时徙瑞下林，转至东山。北首乡芦浦九十馀户，先人于宋时迁自福建。桐岭乡西岙四十八户亦福建籍，宋时迁瑞。

陈氏，湗村陈氏为南宋乡贤文节公傅良之族，傅良：《止斋文集·族叔祖元继圹志》云：“陈氏自福之长溪劝儒乡擢秀里徙温州瑞安县帆游乡固义里，凡七世。”大南乡陈岙一百七十五户，原籍福建古田来，建炎三年以凶岁至瑞。东山乡太史桥四十三户，始祖世美，宋时自闽白泉茗岙迁居。

曾氏，莘芬乡坎头五十余户，原籍闽晋江，宋建炎间迁瑞。

黄氏，滨海镇六十馀户，原籍福建长溪，宋淳祐间有名朝署者，以进士任东瓯通判，因元兵蹂躏闽浙，遂居永嘉，旋迁瑞安。

程氏，飞云乡曾家阳程姓十五户，原籍福建，宋绍兴间由福建迁瑞。

郭氏，沙平乡团前又四十户，宋时自福建徙居。

蔡氏，洛莘乡周田一百馀户，原籍福建兴化仙游赤湖蕉溪。宋时五世祖圣道迁瑞。明永乐时，名钦者自曹村迁周田。

郑氏，大南乡南阳二百二户，先世居福建赤岸，宋末避元乱始迁瑞，始祖名冕。

应氏，中宝乡屿头应氏八十四家，原籍闽赤岸，宋乾道以后始迁。先人名福一，字隐山。

苏氏，仙潭乡岩下有苏姓百十二户，先世于宋时自福建迁居。

缪氏，缪姓本邑不多，惟镇贫乡南镇数十户……闻南镇缪姓为缪主一之后。考《天隐集》：“其先于南宋时，自福建赤岸游宦之瑞安，遂家焉。”

（民国《瑞安县志稿》卷五《氏族门》）

始祖朝琛公登宋建炎二年进士，授官温州通判，始迁瑞安二十八都坎头。

（瑞安《塘根曾氏宗谱》）

南宋乾道二年丙戌温属遭洪潮为患，同时大雨山洪暴发，永瑞平三邑顿成泽国，居民淹没殆尽，当时有诏量移稠密以补凋残。是年冬吾先人擎仓公自福建赤岸来居瑞安梅头。

（瑞安《梅头邱氏宗谱》）

始祖端乙公缘南宋孝宗皇帝乾道二年丙戌水溢瓯郡，三年丁亥自福建福州府莆田县迁此。

（瑞安《上望林氏宗谱》）

吾所自出之祖亦居赤岸……我祖明玖公登隆兴进士，任湖广录判。乾道二年后迁居于此。

（瑞安《潘岱张氏宗谱》）

宋宝庆三年，杨澄携家由闽迁瑞安芳山乡利仁里。

（瑞安《桂峰杨氏宗谱》）

始祖伯三公于南宋宝祐五年由福建福宁府迁居瑞之三十四都殿后。

（瑞安朱山《殿后朱氏宗谱》）

始迁祖承枝公闽长溪赤岸人也，因闽变乱，自宋景定年间徙迁于温之瑞邑二十八都横塘。

（瑞安《碧山王氏宗谱》）

宋咸淳中自福建兴化府莆田县徙居瑞安县三十四都四顾山为始祖。

（瑞安芳山《四顾山金氏宗谱》）

施氏先世盛于闽省汀州上杭县，自少七公于宋咸淳见东瓯山水不胜欣羡而爱慕之，遂卜筑于瑞邑三十六都施岙而居。

（瑞安《大南施氏宗谱》）

万三公乃大典学始迁祖也，于宋时从闽省莆田赤岸卜居于此。

（瑞安《大典学余氏宗谱》）

文显公讳达自宋末元初由闽省赤岸莆田徙居金岙从铁业。

（瑞安汀田《金岙林氏宗谱》）

岭雅乡岭头：据《吴氏宗谱》载，始祖于宋嘉定甲戌年（七年）从福建泉州府惠安县迁此。

岭雅乡陈雅山：据《陈氏族谱》载，始祖于宋时从福建漳州诏安迁此，原名陈鹤山，谐称陈雅山。

鹿木乡彭埠：据《彭氏宗谱》载，始祖年长于宋绍兴间自闽蒲邑迁此。

大南乡西岙：据《施氏宗谱》载，施姓于宋咸淳二年自闽上杭迁此。

白门乡下川：村多戴姓，始祖宋时从闽迁入。

丽岙镇任宅：任姓始建，以姓名村。据《任氏宗谱》载，始祖于南宋乾道四年从福建迁入定居。

仙岩镇屿岙：村多翁姓，始祖于宋乾道间从闽迁入。

仙岩镇渔潭：村多胡姓，据《胡氏族谱》载，始祖于宋乾道三年从闽迁入定居。

梓岙乡后东：董姓始建，因村在莘田之西北，故名后董，谐简为后东。据《董氏宗谱》载，始迁祖自宋时由闽徙居后董。

梓岙乡横坑：村多陈姓，始祖于宋时从闽泉州迁来。

梓岙乡沈岙：现村民多吴、陈、翁诸姓，以翁姓为早。据《翁氏宗谱》载，祖上于南宋绍兴间始居沈岙。

场桥镇五方：始居陈姓，宋时自闽长溪迁来，以开设磨坊为业，故名磨坊村，后谐变为“五方”。

场桥镇方宅：始居方姓，以姓名村，故称“方宅”。《方氏宗谱》载，始祖宋咸淳间自闽赤岸迁来。

凤山乡彭岙：村多郑姓，宋时自闽长溪赤岸迁此。

梅头镇东岙：始居姜姓，《姜氏宗谱》载，宋端平乙未（二年）自闽赤岸迁来。

梅头镇埭头：张姓建村，始祖南宋端宗（景炎）元年自闽赤岸迁来。

三都乡陈宅旺：现村多林姓，宋时自闽莆田迁来。

鲍田乡鲍田：据《戴氏宗谱》载，始祖于宋乾道四年自闽赤岸迁入。

新华乡前池：始建村者池姓，以位于鲍田大村的南面，故名前池。据《池氏宗谱》载，始迁祖于宋高宗建炎四年由福建赤岸迁此。

飞云镇吴桥：传说宋乾道二年大水后，吴姓始祖由闽迁此。

云江乡杏里：旧志载，李姓始祖于南宋时自闽漳州迁此。

民公乡南陈：村多缪姓，据《缪氏族谱》载，其先于宋乾道间自闽南镇迁此始居，以不忘故地，故名。

大典下乡大典下：村多余姓，据传本村原位于大店之下，曾名大店下，雅称大典学，后谐改今名。《余氏宗谱》载，始祖宋淳熙间从闽莆田赤岸迁居大典学。

（《瑞安市地名志》卷二《行政区划居民点》）

林氏，林垟镇林垟，始迁祖自宋乾道二年迁此。

林氏，桐浦乡沙岙，始迁祖于宋朝自闽迁入。

孙氏，始迁祖宋时自福建迁入瑞城登云里。

（《瑞安市志》卷四《人口》）

张氏，分布于前降村，始迁祖于宋时自闽迁入。

孙氏，分布于桐浦村、浦西村，始迁祖于宋时自福建析居迁入。

池氏，分布于河南村、后龙村，始迁祖于宋乾道二年自闽东霞浦迁入。

苏氏，分布于苏山村，始迁祖于宋时由福建漳州龙溪迁入。

郭氏，分布于涂头村、七甲村，于宋时自福建泉州迁入。

吕氏，分布于陶峰村、沙洲村，始迁祖于宋时由闽迁入。

（《陶山镇志》第86～89页）

夏姓　宋时夏定邦由闽赤岸入赘花前方宅。

（《文成县志》卷四《居民》。其时花前等地属瑞安县）

宋时闽人迁平

先世闽之长溪赤岸人。北宋建隆四年因闽政苛虐，徙居平阳泥山。三十七世祖再迁乐清瑶岙。

（乐清《刘氏宗谱》。录自徐定水《温州历代迁入人口姓氏考述》）

章氏，《平仲集·同爱堂记》：“余游平阳，其乡章氏浦城人，自宋崇宁间，康州刺史及十一世孙伯归以文林郎主平阳簿，因家于县之白沙，诗礼继承，衣冠弈叶，世载厥美。”《本志·金石门》：“吕洪撰《故承事郎章君墓志铭》：‘君讳齐，字廷鲁，闽建州人，宋季有讳散析□迁地徙平阳衡浦，四传讳世明又徙瑞安岘西，乃君曾大父。’”

（民国《瑞安县志稿》卷五《氏族门》）

始祖宋时由建宁府浦城县西村迁居平阳章岙。

（清光绪《章猷猷硃卷》。该卷现藏温州博物馆。作者光绪十五年举人）

柳氏本河东著姓。唐乾符末避乱迁福州。宋建炎间招讨使天泽，始分居平阳莒溪。

（李东阳：《明赠征仕郎中书舍人柳公合葬墓志铭》。录自孙衣言《瓯海轶闻》卷三二《氏族》）

先祖于宋乾道年间由福建迁居温州平阳。

（清宣统《张兆麟硃卷》。该卷现藏温州博物馆。作者清宣统元年选拔贡）

江氏　先祖江庭庠，世居闽福安韩阳。宋淳祐年间徙平阳明山。

（《泰顺县志》第四编《居民》）

公林氏，讳湜，字正甫，福州长溪人。公晚而居平阳松山，温、福之间也。

（叶适：《水心文集》卷十九《中奉大夫林公墓志铭》）

高哲，字潜文，长溪人，今居温之平阳。宝庆二年进士。

（宋淳熙《三山志》卷三二）

宋时温人徙居他乡

臣之所睹江南转徙人户来淮甸者，东极温、台，南尽福、建，西达赣、吉，往往有之。

（薛季宣：《浪语集》卷一六《奉使淮西回上殿札子一》。作者南宋绍乾间人）

薛廉生，上舍，字守初。贯温州，居长溪。淳祐七年进士。

（宋淳熙《三山志》卷三二）

云间处士吴崇谦，世居支县之芦城。由芦城徙郡城之南。久，君怫然不乐者，更徙三泾之口，自号小村。余客吴淞江上，野间泣请曰：“野之先世，自大梁扈从来永嘉。四传而至忠训，来芦城。又三传而至我先君，先君凡四迁而终于此。”

（贡师泰：《玩斋集》卷末《归隐庵记》。芦城、三泾口皆属今上海市。野，崇谦子）

宋户部侍郎慥堂郑先生，以学业勋德与古灵陈先生同称六贤，祠于仙居县学。其先世自温之永嘉卜居于仙居南溪，凡数世矣。

（宋讷：《西隐集》卷六《送太学生郑允文还京序》。文中郑先生，指郑雄飞，字景温，浙江仙居人。宋端平二年进士，累官户部侍郎）

施秉，贯温州，寓吴江。嘉定十三年进士。

（王鏊：《姑苏志》卷五）

刘文斌甫妻叶氏，字妙贞。文斌之刘为永嘉著姓，自宋秀山尉以诚避兵入闽，居南津，三徙嵩山石井，为石井人。

（林俊：《见素续集》卷一二《刘母叶一节传》）

相传宋中书舍人止斋先生之后有仓四者，自永嘉徙义兴之南湖居焉。又若干传而为卫辉二守洪甫，自南湖赘亳村吴氏，遂定居亳村。

（孙继皋：《宗伯集》卷九《处士以约陈公暨配吴孺人合葬墓志铭》）

陈氏为止斋之后，由永嘉迁宜兴，遂为望族。

（黄宗羲：《南雷文定前集》卷七《陈定生墓志铭》）

曹泽之，字仲溥，号守斋。其先温州人，占籍华亭，家小蒸。

曹知白，号云西，其先永嘉大族，宋宣和中景修始迁华亭长谷之西，地号贞溪。

（清嘉庆《松江府志》卷五十）

公讳道文，字武昌，号天祥。其先永嘉之港头人，宋嘉定中，一世祖见章公官黄岩教谕，路经邑西圣岩乡，悦其山水，解组之日，遂家焉。

（卢廷干：《周武昌先生传》。录自清光绪《黄岩县志》卷四十）

数世至肃八九公讳汝楫，号竹轩，年十七，时德祐丙子（二年），元兵压境，乾坤震撼，族人星散，逃亡追尽，父子遁迹穷山，率为所虏，倾资告免，得守乡土。

（吴朝凤：《大明云峰朱先生石谱亭记》。录自永嘉《珍川朱氏宗谱》）

元代移民迁居乐清

《信宜知县林君墓志铭》：世居闽。高祖讳龙，仕元，至浙江两淮盐运司副使，巡历抵温，爱其地胜俗淳，遂迁居于郡之乐成东奥，并海而居。

《元乐清县尹李光传》：李县尹光者，字彦明，广信贵溪人也。其子縠縠占籍于乐清。

（黄淮：《介庵集》卷十三）

其先盖吾郡贵溪人。七世祖当元之季，尝尹温之乐清，故今为乐清人。

（王健：《鹤泉集》上《前南京大理寺卿李公神道碑》）

其先闽人。自元时仕越州佥判公器者，生子珍，始来温之乐清。

（侯一元：《二谷山人近稿》卷五《鸿胪寺序班石台张公墓表》）

三世祖于元武宗时登进士，后任乐清县尹，遂家焉。

（清光绪《余朝绅硃卷》。录自《温州历代迁入人口姓氏考述》）

先世直隶顺天，至大四年，始祖马德任乐清主簿，后因变乱，遂家乐清。

（乐清《马氏宗谱》。录自《温州历代迁入人口姓氏考述》）

始祖伯源，原籍金华，于元至正末随外兄来乐成，因世变道梗，遂居金溪。明何白为其九世孙。

（乐清《西联霞雪何氏宗谱》。录自《温州历代迁入人口姓氏考述》）

马姓　山前马宗：始迁祖马云阐，字澄海，原籍闽。元初从玉环迁入湖潢，后裔转迁山前马。舟山头宗：始迁祖马廷谏，原籍闽泉州。元至元至元贞间从温岭转迁舟山头。马良宗：始迁祖马德，字万甫，原籍陕西平凉。元至大四年为乐清县尉，遂定居县城。后由其孙转迁马良。阔口宗：始迁祖马唐雍，字万丰，为马德之弟，随兄来乐，因见阔口景色优美，遂定居于此。

仇姓　卓屿宗：始迁祖仇元梅，原籍黄岩下浦。元至顺四年迁入大荆卓屿。

孙姓　孙家垟宗：始迁祖孙清节，原籍陕西凤翔。元末入赘当地毛家，后子孙蕃衍，遂以姓名村。

余姓　寺前宗：始迁祖余烨，字光耀，原籍湖北蕲州。元至大四年为乐清县尹，后定居港桥。后裔余素庵于明建文间转迁寺前。汤岙宗：始迁祖余肇迁，字厥初，系余烨之弟，随兄来乐，定居汤岙。

陈姓　长徼宗：始迁祖陈士举，字大用，原籍安徽合肥。元至正六年进士。为避中原战乱，于至正末辗转迁居乐成。其后裔陈东野于明万历间转迁芙蓉长徼。

杨姓　小岙宗：始迁祖杨俨，字光望，原籍闽建宁。元至正间从温岭大溪转迁小岙。

李姓　银溪宗：始迁祖李光，原籍江西贵溪。元至正十七年为乐清县尹，后定居县城。

何姓　乐成宗：始迁祖何伯源，原籍金华。元至正二十八年迁居乐成西堡城。

金姓　东浃宗：始迁祖金慕深，原籍闽。元末迁居白石东浃。

林姓　海口宗：始迁祖林端，又名壬六，原籍闽莆田。元末从玉环转迁芙蓉海口。

周姓　乐成宗：始迁祖周信孙，字良骥，原籍湖南道州。元初从金华浦江转迁县城。

徐姓　乐成宗：始迁祖徐千一，原籍会稽。元末迁居乐成。

夏姓　西沿宗：始迁祖夏高倘，原籍闽长溪赤岸。元末明初为避乱从玉环转迁西沿。

黄姓　蟾屿宗：始迁祖黄第庆，字应祥，原籍闽福清。元至元间迁居蟾屿。

潘姓　密溪岙宗：始迁祖潘养晦，字希暗，原籍闽。元延祐元年任乐清教谕，后定居密溪岙。

（《乐清市志》卷六《人口》）

元代移民迁居永嘉

闽人，先世于元大德间任温州通判，遂家居瓯城康乐坊。

（清咸丰《叶宝衡硃卷》。该卷现藏温州博物馆。作者清咸丰二年举人）

先世祖元时自闽赤岸徙瓯。

（清光绪《王狱松硃卷》。该卷现藏温州博物馆。作者原名黼廊，清同治十二年举人、光绪十五年贡生）

张氏，前里乡南阳五十六户，原籍福建莆田，元季迁永嘉场，明崇祯间由永迁瑞，始祖名元梓。

黄氏，丰和乡娄渡一百（一）十五户，先人朝选，元时因闽乱自闽迁温遂家焉。

韩氏，罗南乡八水村韩姓十馀户、韩田村韩姓百馀户，先人于元至元间，由河南怀庆任郡宦，遂居永嘉。后由永五甲迁八水，始祖名国煌。又一派于明成化间，由五甲迁韩田，始祖名用鲁。

（民国《瑞安县志稿》卷五《氏族门》）

金氏，自宋元之季，由长溪入永嘉。

（徐定水：《温州历代迁入人口姓氏考述》）

元代移民迁居瑞安

先世祖元季由闽莆田迁居瑞安。

（清光绪《周拱藻硃卷》。该卷现藏温州博物馆。作者清光绪十四年举人）

始祖奎晋，元初任两浙提举，由闽徙居瑞安小沙堤。

（清光绪《唐黼墀硃卷》。该卷现藏温州博物馆。作者清光绪十五年举人）

王氏，西南镇水心街有十五户，先世由福建赤岸迁瑞。环李乡王宅有一百四十三户，始祖名万三；李夏底有五十七户，亦祖万三。云自元时来迁于此。

朱氏，共和乡屿头又有三十户，始祖孟迁于元时，由闽赤岸来。大南乡南阳有二十六户，始祖子文，元初由福建经商居此。

胡氏，周南乡岭根二十五户，先世少九，于元时由福建铁岭头迁居。锦溪乡下涂五十三户，先世秀琳，元时自闽福宁府迁居。

徐氏，东山乡太史桥五十四户，先世焕章，于元代自闽福宁移瑞居此。双江乡四甲十二户，先世祥贞，于元代自闽迁此。

张氏，叶稠乡稠泛八十六户，原籍福建，有名庚四者，元末与吴姓同来垦荒。

陈氏，横山乡锦湖村第一桥里数十户，其先于元季有名聪，字志亶，号清颖遁者，自金华兰溪迁居邑北郊锦湖聚族而居。

黄氏，丰和乡棠梨埭一百另二户，先人名逵，亦元时因闽乱自闽迁居。陶山镇埭西九十户，先人名益福，元时自福建莆田迁居。

舒氏，塘下镇塘西舒姓，郡望京姚，原籍金华兰溪，元时迁居，始祖名从心。

杨氏，桂峰乡源底一百另二户，先人太真元代亦自福建迁居。横山乡西村六十七户，先人洪标，元至元间，迁自闽长溪赤岸。

叶氏，洛莘乡直洛叶氏，先人阳春，因元季寇乱，不求仕进，自青田仁潭迁居。

潘氏，东山乡下埠二十九户，原籍福建，始祖源仁，元至正时徙东臬。

郑氏，金垟乡横培一百户，亦云原籍福建，有名方三者，元顺帝四年迁居。湖岭镇湖屿若干户，原籍金郡浦江，元顺帝至正间，有名恭八者，避乱居此。

卢氏，永安乡六科二百八十九户，先人千四，元时自缙云十八都白竹乡迁居。

戴氏，荣远乡有戴姓二百馀户，元时迁自福建，始祖名日见。

（民国《瑞安县志稿》卷五《氏族门》）

岭雅乡吴山底：据《吴氏宗谱》载，吴姓始祖于元末明初从福建靖县迁此定居，以姓名山，村从山名。

营前乡地赖：因村处于茂密山林之中，隐蔽难见，几度免遭兵乱，故名地赖（“赖”方言“漏”的意思），戴姓于元朝从福建迁此定居。

梅头镇邱宅：邱姓始建，以姓名村。据《邱氏宗谱》载，先世于元末避乱从闽迁此。

里学乡小典下：相传元代，陈、宋两姓从闽龙兴府小典学迁居于此。

（《瑞安市地名志》卷二《行政区划居民点》）

岑氏，元泰定间，在塘下镇岑头村定居。

秦氏，聚居于城关镇小沙巷、仙岩、龙湖镇石龙等地，始迁祖约于元时由福建迁入。

翁氏，罗凤镇驮山东村，始迁祖于元至治间由四川迁此。

潘氏，桂峰乡小芳山，始迁祖于元时由福建迁此。

（《瑞安市志》卷四《居民》）

黄氏，分布于棠梨埭村，元朝时福建迁入。

（《陶山镇志》第 86 页）

苏氏，始迁祖禄，于元中后期由江苏姑苏迁居瑞安陶山棠梨村。

（《瑞安日报》2014 年 8 月 29 日《鹿木河岙村有一支苏东坡后裔》）

朱姓　元初，朱万昌首由福建迁居玉壶朱寮。

陈姓　元末一分支由闽迁瑞安卓岙，后移居公阳，分迁陈岙、岚岩。

周姓　元初，南宋名相周必大之孙九龄仕浙江萧山，因避乱，自江西吉安迁徙萧山。后移居双垟屿根。

金姓　元末一支金姓分支自闽天井垟迁居大岀珊门。

（《文成县志》卷四《居民》。其时玉壶等地属瑞安县）

瑞隆公自元任洛州刺史，宦游来瓯，由闽长溪择瑞安后贾山，元至正十二年徙居瑞邑九都雅儒，为肇基之始祖。

（瑞安《东山贾氏宗谱》）

宝四公由四明连环乡于大元年间徙迁温之瑞邑五都海城。

（瑞安《海安蒋氏宗谱》）

大元时习公由括迁居广化乡篁竹。

（瑞安《仙篁竹包氏宗谱》）

处士讳仁，字宗恕，其先闽人，元元统间有讳华者徙居安固之锦湖。

［《明程仁墓志铭》。录自《温州历史文献集刊》（第二辑）《温州博物馆藏历代墓志辑录》］

元代移民迁居平阳

宪长平阳吕公，莅广之明年，间进荣而言曰：“洪先世大梁人，正献公裔也。元季始家平阳，于今六世。”

（胡荣：《宪使吕公寿藏碑记》。录自民国《平阳县志》卷五六《金

石志二》)

公姓吕名洪，字大正……实河南宋中国公著之后……五世曰耈前，元任永嘉教谕，卒于官，子深迁居平阳。

(明王宾：《嘉议大夫致仕按察使吕公传》。录自民国《平阳县志》卷九三《文征外编》)

谢氏　首先迁入县境一支，系出南京，辗转徙居闽福鼎溪头。元元贞二年，因时世离乱，徙居今万排乡茂竹园。

刘氏　始祖刘圭，闽福宁白坑人。元至正二十年，徙居今雅阳排岭头。旋于明洪武十一年复徙今三魁镇刘宅。

(《泰顺县志》第四编《居民》)

元时温人避乱外徙

先生讳济，字伯载，姓陈氏，常州武进县人。上世居温之乐清，代为儒家。高祖号月岩，为瑞安州学正，有子七人。其第六子曰可山者，因游平江，兵兴不得还，遂侨寓常熟之双凤里，先生之曾大父也。大父益初。父贞，又自常熟迁今居。

(金实：《春坊赞善陈先生行状》。录自徐纮《明名臣琬琰录》卷二一》。元成宗元贞元年升瑞安为州，据此，陈氏迁平江为元代)

艮庵张先生，其先永嘉人。先生曾祖讳斌，元末避乱，携其室陈氏渡浙江，居华亭之南桥镇。至怡闲，始迁县南清河桥侧。

(顾清：《东江家藏集》卷二九《永嘉张氏世墓表》)

(薛氏)瑞安生延，元末寇起海上，乃徙居括之东门。

(王直：《抑庵文后集》卷二四《刑部右侍郎薛公墓碑》)

明初徙温等郡民于江淮间

立浙江提刑按察使，以君为佥事，阶奉议大夫。君分部台、温，两郡经方氏窃据之后，全乖人道，争讼以数百计。君悉理其曲直而奏断之。凡威取田宅者归业主，得半直者中分之，两造无验者籍之官。豪胥猾吏六百余户，悉屏之别郡。伪官悍将二百人，其暴如虎狼，君出奇计，尽刮种类，迁于江淮间，民始安枕。

（宋濂：《宋学士文集》卷六四《岐宁卫经历熊君墓志铭》。文中“熊君”讳鼎，字伯颍，临川人，洪武元年任浙东佥事）

洪武二十二年四月，徙杭、湖、温、台、苏、松诸郡民于淮泗。

（龙文彬：《明会要》卷五十《民政一》）

洪武二十二年夏四月，命杭、湖、温、台、苏、松诸郡民无田者，许令往淮、沔、迤南、滁和等处就耕，官给钞户三十锭，使备农具，免其赋役三年。

（张鼐：《宝日堂杂钞》。作者明时人）

（余）尧臣，字唐卿，永嘉人。入吴，为士诚客。城破，例徙濠梁。洪武二年放还，授新郑丞。

（《明史》卷二百八十五《王行传附尧臣传》）

明初宁台温岛民内迁

宁、台、温滨海皆有大岛，其中都鄙或与城市半，或十之三，咸大姓聚居。国初汤信国奉敕行海，惧引倭，徙其民市居之，约午前迁者为民，午后迁者为军，至今石栏础、碓磨犹存，野鸡、野犬自飞走者，咸当时家畜所遗种也，是谓禁田。如宁之金堂、大榭，温、台之玉环，大者千顷，少者亦五六百，南田、蛟巉诸岛则又次之。近缙绅家私告恳于有司，李直指天麟疏请公佃充饷，萧中丞恐停倭，仍议寝之。然观诸家垦种皆在倭警之后，况种者农时篷厂，不敢列屋而居，倭之停否亦不系此。迩许中丞抚闽，郑中丞抚山东，又有疏开之。

（王士性：《广志绎》卷四《江南诸省》）

玉环乡南社三十五都、三十六都，去县东南一百五十里。洪武二十年徙悬海居民于腹里，其地今为荒墟。

（明永乐《乐清县志》卷六《古迹》）

明建文时卓敬子孙流寓仁和

明建文时户部侍郎忠贞公讳敬，靖难不屈死，与方正学俱夷族。其子孙有脱者，流寓仁和，从外家之姓曰宋氏。万历中，鸿胪寺鸣赞公讳文炎，忠贞之七世孙也，始以仕显复其姓，人乃知忠贞有后矣。

（吴伟业：《梅村家藏稿》卷五十《卓海幢墓表》）

卓氏之先显自侍郎敬。有复初公敦者，其从父弟，以侍郎抗节，故跳而为塘栖赘。塘栖之赘，盖自瑞安，而奉化，而山阴，三徙矣，遂为仁和人。

（王世贞：《弇州四部续稿》卷一二五《恩例冠带卓见斋翁墓表》）

明时温人留宦外乡

去凤阳府南二十里，曰瞿相山，隆然而高。浮岗断陇，映带远近。良田广亩，犬牙参错。陂塘足溉，高岸为城。衣食之利，与民共之。四方谪宦，往往乐而忘返。金君泽珉，永嘉名族也，来处其地。缚柴为门，诛茅为室，如燕垒蜗壳，隐隐矗矗于杳冥晻霭间。

（郑真：《荥阳外史集》卷一一《耕云野趣轩记》）

张亚山，浙江平阳人。由武进士累官指挥使，顶军来永，居盘谷。

（民国《永泰县志》卷一二）

明代移民徙居乐清

始祖戴福，江阴人。洪武间任磐石卫指挥使，遂占籍定居。

（章纶：《都指挥使戴福墓志铭》。录自《温州历代迁入人口姓氏考述》）

始祖何文，江西人，任千户。后裔居乐清蒲岐。

始祖崔兴，安徽定远人，蒲岐千户。后裔居蒲岐。

始祖芮成，安徽滁县人，洪武间任蒲岐千户。后裔居蒲岐。

始祖张安悌，宁波慈溪人，洪武间任蒲岐千户。后裔乃居其地。

（明《蒲岐所志稿》。录自《温州历代迁入人口姓氏考述》）

岁在壬午（建文四年）九月晦，吾师士敏高先生卒。师以国破家亡，遁影东瓯雁荡山中。

（朱彝尊：《静志居诗话》卷五。高逊志，字士敏，安徽宿县人。官至侍讲学士、太常寺少卿，明靖难时隐居雁荡）

指挥张安，被执，道亡，隐于乐清，以樵为业，人莫知其姓氏。自山采樵归，闻京师陷，卓侍郎被杀，呼天号哭曰："国既就篡，我不愿为其民！"遂弃柴投水死。

（谷应泰：《明史纪事本末》卷一八）

先世福建霞浦，迁居玉环倪岙。因避倭寇，昆仲三人再迁乐清，一居虹桥，一居天成，一居黄华，皆成巨族。

（乐清《倪氏宗谱》。录自《温州历代迁入人口姓氏考述》）

王姓　蒲岐宗：始迁祖王敬远，原籍鄞县。明洪武二十七年迁入蒲岐。

刘姓　潘垟宗：始迁祖刘秀珍，原籍处州。明崇祯间任乐清磐石卫千户，世袭武德将军。明亡隐居。

阮姓　石门宗：始迁祖阮赴捷，字希敏，原籍闽莆田。明洪武初迁入大荆石门，后弃儒为实业，为大荆冶铸业的奠基者。

陈姓　智广宗：始迁祖陈鼎，原籍钱塘。明洪武间从玉环转迁赵家硐，后定居智广。南廓宗：始迁祖陈钝，字斯钝，原籍闽。明正统元年进士，历官御史、吏部郎中等职。成化初从竹岗（今属玉环）转迁乐成。

金姓　港桥宗：始迁祖金世宝，原籍闽。明洪武初迁居乐成东塔山麓，称港桥金姓。

张姓　黄华宗：始迁祖张礼钧，原籍闽。明永乐年间迁居黄华。

胡姓　杏庄宗：始迁祖胡靖，字伯猷。原与曹田同宗。明万历间从玉环转迁杏庄。

徐姓　环山宗：始迁祖徐绅，字介先，原籍闽。元至正进士，任建宁府尹，因乱避居玉环芦岙。后于明洪武二十一年转迁环山。

黄姓　西仁宕宗：始迁祖黄德南，原籍闽。明弘治间为避乱携弟思僧出逃，先后至兰溪、玉环辗转迁入西仁宕。

董姓　后所宗：始迁祖董元，原籍河南郑州。明洪武二十年任磐石后千户所正千户。其孙转迁后所。

谢姓　仙垟宗：始迁祖谢兴义，原籍江苏江宁。明天启间从温岭转迁仙垟。

戴姓　磐石宗：始迁祖戴福，原籍江苏江阴。明永乐十五年任磐石卫指挥使，遂定居磐石。

（《乐清市志》卷六《人口》）

明代移民徙居永嘉

其先闽人，始迁祖曰彬，国初为温批验所大使，卜温东门康乐里居焉。

（李维桢：《大泌山房集》卷一百七《方茂才严孺人墓表》。作者明代人）

常熟何大夫为令温州之平阳，其地东濒海，于温之属最僻远而瘠，其民多去之永嘉、瑞安佃而耕。比公为之三年，流离渐复，二邑之民更视为乐土，如异日平阳之人也。

（娄坚：《学古绪言》卷一二《淮王左长史何公墓表》）

先世于明成化间由闽赤岸迁居永嘉场一都。

（清光绪《张祖龄硃卷》。卷藏温州博物馆。作者光绪八年中式副车）

先世于明正德间迁居温州。

（清光绪《叶国镇硃卷》。卷藏温州博物馆）

丁氏，洛莘乡莘塍有一百馀户，先世安科，字文宾，于明初由闽漳州迁瓯。后数世迁瑞安泥城。万历间复由泥城迁莘塍。

（民国《瑞安县志稿》卷五《氏族门》）

始祖朱湘，原籍福建建阳。明永乐间任青田县尉，后弃官隐居永嘉礁川。今后裔星布温城珠冠巷、康乐坊及永强等地。

（永嘉《礁川朱氏宗谱》。录自《温州历代迁入人口姓氏考述》）

明代北民徙居瑞安

任氏，任姓本邑不多，惟明乡贤任道逊后嗣至今岁有谒墓之举，盖世居一都丽岙者。吴宽《匏翁家藏集·任公墓志铭》云：“公字克诚，其先鄞人也。曾祖观贵国初长乡赋输赋后期谪戍温州，遂为瑞安人。”

吴氏，桂峰乡黄仑八十七户，先世思惠同兄子伯钟，于明天启间由青田龙谷来。

金氏，沿厚乡石井二十九户，先人继律于明崇祯间由金华迁居。

詹氏，桂峰乡坳后詹姓二十七户，先世明顺于明崇祯年间由青田平堰迁居。

刘氏，大峃镇刘氏始祖为诚意五世孙式秩，明时自青田九都来。树霞乡穗丰刘姓，原籍亦青田九都，明永乐壬申冬，太宗入承大统，出骁公父孟光以逃叛罪下狱，自经骁恐祸及身，携眷迁穗丰。

潘氏，叶稠乡稠泛一百六十八户，先世原籍河南，宋大中祥符戊申（元年）潘孝宁自汴京徙章安藤岙。明永乐间潘十方复徙稠泛之花坛。

蔡氏，环李乡东山底七十八户，先人志刚，明初自江州垦荒于此。

（民国《瑞安县志稿》卷五《氏族门》。明永乐无壬申年，似壬午（建文四年）之误，该年明成祖入承大统）

明祖灭元，荡析离居，器公自山西岙徙温之永嘉任桥，载公居瑞邑龚山之下。

（瑞安《丁岙龚氏宗谱》）

始迁祖良统公明洪武二十年自宁波随崔公来海城东门。

（瑞安《海安何氏宗谱》。崔公指其时海安千户所千户崔寅）

公志不屈，致有夷族之难……幸有惟敏、惟寅、惟一公者时适在外，闻信由沧州更姓名逃匿于三港，卜居于金山之麓，为金山之始祖。

（瑞安《金山卓氏宗谱》）

忠贞公靖难夷族，其胞兄庄公率二子相山水之清音，择风俗之文雅，遂易姓居朱山……为朱山始祖也。

（瑞安《朱山卓氏宗谱》）

明中期光辉公（元启）自青田二都方山至瑞安三十二都鹅山之下。

（瑞安《吴山倪氏宗谱》）

始祖克用，字应举，于正德末年匪寇作乱，四方兵戈扰攘，公自丽水县梅杨街避居大岙，转迁叶山。

（瑞安《叶山柳氏宗谱》）

我祖讳伯祥，字长卿公前明嘉靖间自青田活仑外垟迁居于彭埠。

（瑞安鹿木《彭埠祝氏宗谱》）

大珠公于明末由闽迁瑞安碗窑。

（瑞安《宁益温氏宗谱》）

据《尹氏宗谱》载，始祖明洪武年间由青田温溪尹山迁入湖岭东元。

据民国三十六年修《高氏宗谱》载，先世于明代由青田山炮迁高楼转迁湖岭南坑。

据《郑氏宗谱》载，郑姓原居金华浦江郑义门，始祖恭八公于明洪武元年间迁至大同，后分析湖岭牛端头村。

据《金氏宗谱》载，金姓原居闽，始祖于明代移居湖岭东坑村。

（郑育友等《造纸活化石——瑞安湖岭手工造纸术》第54、58、66、70页）

湖屿桥镇松坦：据《朱氏宗谱》载，始祖于明万历初从青田迁此。

高楼乡沙垟：杨姓在明万历元年从金华迁此定居。

丽岙镇杨宅：始建杨姓，以姓名村，据《杨氏宗谱》载，始迁祖明时自陕西迁来。

罗南乡塘口：周姓始居。始祖于明嘉靖时由杭州迁此。

海安乡城南：始居李姓。始迁祖原籍东鲁东昌府堂邑县，于明洪武初年随军迁此。

仙降镇金家堡：金姓始居，以姓名村。据《金氏族谱》载，始祖于明末由金华迁此。

孙桥乡刘宅：始居刘姓，系明刘基后裔，于明末从青田县南田迁此。

（《瑞安市地名志》卷二《行政区划居民点》）

倪氏，金川乡岭下（始迁祖）于明中叶由青田迁入。

邹氏，鹿木乡胡岙，先世于明时自南京来此隐居。

（《瑞安市志》卷四《人口》）

崔氏，始祖寅明洪武间任千户从军由甬迁居瑞安海安。

（《瑞安日报》2016年3月4日《海安南门历史传说多》）

海安竺姓的始祖名士云，海安的《竺氏宗谱》写道："自明洪武间倭寇扰境，奉檄按兵驻扎海安，挈眷而居。"

（《瑞安日报》2016年3月18日《竺氏在瑞安历史上留下的浩然正气》，竺氏迁自奉化董村）

毛姓　明时，有一毛姓支系由江西官塘迁居汇溪南向村。

叶姓　明代，分居景宁鹤桐的叶姓入境二源。

周姓　明正德年间，从景宁钱山迁入一支，系周必大后裔，繁衍于黄坦严钵。

季姓　明代，由景宁横坪迁入，定居雅梅东降。

胡姓　明代，胡氏自浙庆元官塘迁入东垟乡垟地边。

柳姓　明正德间，柳氏自浙江云和迁入东垟乡叶山。

（《文成县志》卷四《居民》。其时二源等地属瑞安县）

公讳缘，字汝庆，其先四明奉化清江……父敬公，明徙温之瑞安。

［《明施缘寿藏记》。录自《温州历史文献集刊》（第二辑）《温州博物馆藏历代墓志辑录》］

君讳盘，字敬夫，行一，别号罗南，姓蒋氏。其先四明汇溪口族，曾祖与评翁于洪武间徙居温之海城。

［《明蒋盘暨妻季氏合窆铭》。录自《温州历史文献集刊》（第二辑）《温州博物馆藏历代墓志辑录》］

明代闽人徙居瑞安

王氏，共和乡马涂有七十五户，亦祖朴庵，称朴庵因友为瑞令，于明嘉靖间由闽漳浦迁居。

方氏，丰和乡方姓三十五户，先人钦元，明季以水患自闽省来居四十六都冯渡，再迁下林，后迁丰和乡派〔劈〕柴坦。

朱氏，共和乡屿头三十五户，始祖一桧，明季由闽漳州来。凤鸣乡姜社有五十户，始祖建韩，明崇祯末年李自成之乱，由福建泉州安溪来。桐岭乡凤屿有五十八户，始祖肇基，于明季由福建来。

何氏，顺泰乡柴桥头有十五户，先人乾直，明末由漳浦迁居。丰裕乡梓岙有五十户，先人云庆，于明时由福建迁居。

吴氏，锦溪乡梅林庄十八户，先世梅峰，明季亦自闽泉赤岸来。锦溪乡玉岙庄四十五户，先世达一，明初由闽赤岸来。沿厚乡五甲一百三十八户，始祖时和，于明万历时自闽漳州南靖迁居。瑶庄乡雅瑶二百十七户，先世依法，明万历间由闽来。

李氏，树霞乡霞林若干户，始祖志舜，因其父赉为安固教谕，明万历巳〔己〕酉（三十七年）间由闽绍武来。曹许乡塔桥十八户，先世大魁，明嘉靖间由闽泉赤堡来，家世务农。陶山镇垟头一百十二户，先世大豹，明嘉靖间由闽赤岸来。共和乡河溪十户，先世炳元，明季由福建安溪来。

周氏，莪芬乡三樟四千〔十〕户，始祖舜臣，于明嘉靖壬寅（二十一年）自闽樟〔漳〕州玉泉里来居。《采访册》云：“舜臣为乐清县尹，慕此邦山水之胜，弃职隐逸。”

金氏，湖岭镇四顾村若干户，先人宏基于明万历时由福建莆田迁居。

林氏，罗南乡下林百馀户，始迁祖居倖，明初由福建长溪迁居，因山水之胜也。鼎凤乡李泮垟五十六户，先世苍波，明季由福建迁居。双江乡垟头二十八户，始迁祖万全，明万历间由福建漳州迁此。锦溪乡碓岙十一户，先世南屏，明季由福建赤岸迁此。大南乡大北垟四百户，先世文元，于明嘉靖间由福建赤岸迁居。甲峰乡南岙二十一户，先世我怀同子春科、春魁，于明天启间由福建安溪迁居。又一支在本村，先世启晋，于明崇祯间由福建赤岭随族而来，凡三十一户。陶山镇下林九十户，先世宗藻，明季自福建临川椒江迁居。叶稠乡稠泛二百三十户，先世秉忠，于明万历间自福建漳州南靖汤头村先迁瑞安四十六都，后徙稠泛。

洪氏，共和乡屿头一百（一）十三户，先世名仁，字静斋，明嘉靖间自福建龙溪迁居。

姚氏，瑶庄乡西庄五十六户，先人子表，于明嘉靖时自福建避乱迁居。娄山七十户，先人子祥，亦于嘉靖时自福建迁居。

张氏，宁益乡南山三十五户，先人德怀，于明天启丙寅（六年）始迁。桐岭乡湖山头四十五户，先人国齐，明崇祯时自福建迁居。前里乡前埠十三户，原籍福建赤岸，明洪武间迁居。永安乡安静村一百九十七户，先世于明天启间自福建迁居。

陈氏，共和乡河溪村五十户，原籍福建泉州安溪棋盘里，有敬五，号贻堂者，明季始迁。丰裕乡石龙一百三十五户，先人明宇，明万历间自福建迁居。大岴镇栖霞有男八十馀人、女百二十馀人，称原籍福建福鼎，明崇祯间有名观者，避流寇迁此。凤鸣乡村口六十七户，原籍福建泉州，始迁祖如惠，明崇祯末年因李自成之乱迁居村口。凤鸣乡凤屿五十五户，原籍福建泉州，先人祖生，崇祯间迁居。樟潭乡后垄十八户，先人肇智，明天启时迁自福建。李勺二十九户，明崇祯四年自福建来。樟岭一百十户，先人名陶章、德暹，明天启时来自福建。马路山后二十一户、季孔窟三十六户，福建籍，一为明天启时迁，一为明洪武时迁。沿厚乡高岙四十户，原籍福建泉州，先人少桥，明天启二年始迁。曹许乡北阁二十八户，原籍闽泉长溪，先人大有，明万历间因贸易迁此。甲峰乡珠山九十四户，先人志满，明崇祯间由福建安溪迁居。汀董乡小典学二百六十户，先人岐岩，明嘉靖间自福建龙兴府迁居。锦溪乡登场庄二十八户，原籍福建，明中世迁居，先人名存成。

黄氏，宁益乡墩岴七十一户，原籍福建泉州，有户一者于明嘉靖七年迁居。荆谷乡山头下若干户，先人孔存，原籍南靖狮子头，明时迁居。共和乡马涂八十五户，先人勤质，明季自南靖狮子头迁居。曹许乡西山十三户，先世发祥，明隆庆间自闽泉参山迁居。北善乡潘埭一百六十户，先世察，字洪冈，明时自福建泉州安溪迁居。甲峰乡垟底八户，先人参渊，于明隆庆六年自福建安溪徙居。

董氏，锦溪乡江头十四户，原籍福建赤岸，明季迁瑞，始祖名涛生。

蔡氏，荆谷乡山头下□□户，先人承会，于明嘉靖间自南靖县居仁里迁居。荆谷乡涂愿□□户，先人向海，明季自闽龙溪二十五都迁居。城区东南镇十八户，原籍福建，先人仪，于明时迁瑞。甲峰乡桐山根二十三户，原籍福建晋江，明崇祯十七年有国英者，因兄官长沙遇贼磔之，赴难回程即居于瑞。凤鸣乡马岙六十五户，原籍泉州安溪县，明崇祯间迁瑞，避李自成之变也。

薛氏，荆谷乡新河头有□□户，先人建衡，明季自（福建）漳浦马坪乡迁居。

颜氏，荆谷乡山头上颜氏，先人敏言于明万历间自南靖县居仁里迁居。锦溪乡大坑庄有四十四户，先世于明嘉靖间自福建漳州迁瑞，清顺治间有名仲彩者始迁大坑。

苏氏，曹许乡山路二十三户，先人怀台，于明万历丙申（二十四年）自闽泉南安迁居垦植。

（民国《瑞安县志稿》卷五《氏族门》）

直庵公生子大训、大崑、大正，避明季乱从闽来浙东，徙瑞安，兄弟不忍远离，故长、次择取团屿，傍月仑山而奠厥攸居，其三卜居黄甲，地隔里许。

（瑞安马屿《团屿陈氏宗谱》）

明永乐时元□公来瑞之董田板桥，度其地相其土，……爰荣厥居也。

（瑞安莘塍《董田陈氏宗谱》）

宗檀公于明嘉靖间科第任府学教授致仕，率三子自闽漳南靖县迁瑞马屿涂。

（瑞安《平阳坑谢氏宗谱》）

吾祖世居闽中，于明季来迁安固。

（瑞安《曹村曾氏宗谱》）

明时广山公由福建泉州晋江县南门外长市迁瑞邑少旺垟，广川公徙梅垟下，广寒公徙坑底。

（瑞安《大金柯氏宗谱》）

世居闽泉东安县土塘地方……明季清初间干戈扰攘，遂致兄弟妻子离散，影双形单，备尝艰苦，来迁浙江温州府瑞安县三十八都碗窑。

（瑞安曹村《碗窑杨氏宗谱》）

明时振邦者备官括郡，爱民如子，不意兵燹忽遭，而其嗣嘉谋、嘉猷二公一徙处州松阳，一徙瓯邦高楼。

（瑞安高楼《南川高氏宗谱》）

瑶庄乡朱山：以姓名山，村从山名。《朱氏族谱》载，始祖明时由福建迁此。

瑶庄乡九龙头：相传明末傅姓自闽迁此建村，原称瓦屋村。

潮基乡余岙：余姓在此山岙建村，故名余岙。据《余氏宗谱》载，始祖于明代从福建蒲州迁此。

石龙乡石龙：据《陈氏宗谱》载，陈姓于明正德六年从福建迁此定居。

石龙乡甘洲：甘姓在明崇祯间自闽赤岸迁来。

宁益乡墩头：据《黄氏宗谱》载，明正德五年，其祖由闽迁此定居。

宁益乡黄山岗头：因黄姓于明万历间由闽迁此始居得名。

宁益乡马岗脚：明万历间朱姓从福建迁此定居。

宁益乡竹溪：余姓于明崇祯时由福建迁此定居。

高楼乡罗溪：明万历间陆姓由闽迁此始居，以姓名村，原名陆溪，谐称罗溪。

凤翔乡林宅：明万历间，林姓从闽安溪迁此，以姓名村。

凤翔乡彭宅：据《彭氏宗谱》载，明崇祯间，彭姓从闽漳州长泰县迁此建村，以姓名村。

凤翔乡詹宅：据《詹氏宗谱》载，明万历间，詹姓从闽安县崇信里迁此定居，以姓名村。

平阳坑镇塘岙：明崇祯间，谢姓自福建漳州南靖县迁来。

桐溪乡阮坑：《阮氏宗谱》载，始祖于明正德间从闽漳州南靖县迁此，以姓名村。

碧山乡渡头：旧志载，蔡姓于明季从闽龙溪二十五都迁此始居。

荆谷乡苏山：旧志载，明万历二十四年，苏姓自闽漳州龙溪迁居于此，以姓名村。

清祥乡藤岙：据《嵇氏宗谱》载，先世于明成化间自闽迁此始居。

篁社乡姜屿：现村多朱姓。据《朱氏宗谱》载，先世于明万历年间从闽泉州安溪县四十九都太平岭迁此始居。

篁社乡鹤屿：郑姓始居，明万历间自闽福清迁此。

大南乡杨家井：据《林氏宗谱》载，明嘉靖年间，林姓自闽古田赤岸转徙杨家井。

曹村乡下湾：明嘉靖间，李姓自闽漳州赤岸后溪迁此。

曹村乡三大屋：明时蔡姓由闽迁此始居。

曹村乡碗窑：旧志载，明万历间张姓自闽迁碗窑始居。

仙岩镇仙岩：李氏祖，明时由闽迁此。

梓岙乡竹溪：村多黄姓，始祖于明嘉靖乙酉（四年）从闽之泉州迁居竹溪。

梓岙乡李山：李姓始建。始祖于明时从闽泉州迁入定居，以姓名村。

梅头镇上涂：始居涂姓。据《涂氏宗谱》载，先世明永乐间自闽赤岸迁此。

三都乡新居：始居董姓，明季自闽迁此。

新华乡上戴：据《戴氏宗谱》载，始迁祖于明洪武年间从福建迁入。

仙降镇林贾村：以林、贾两姓名村。据《林氏宗谱》载，始祖于明季由闽迁此。

云江乡黄垟：明崇祯时，黄姓自闽安溪迁此建村，以姓名村。

孙桥乡宋家埭：宋姓始居。据《宋氏族谱》载，始迁祖自明代由闽徙居于此。

林垟镇前宋：村多宋姓，以姓名村。据《宋氏族谱》载，始祖于明永乐年间自福建漳州府南靖县赤岸石地井迁此。

董田乡董田：据《木氏族谱》载，其始祖于明洪武元年从福建迁入董田。

（《瑞安市地名志》卷二《行政区划居民点》）

池氏，聚居于曹村，始迁祖于明崇祯二年（1629）自福建安溪迁此。

宋氏，鹿木乡宋湾、曹村镇宋岙、瑶庄乡宋坑，始迁祖均于明中叶在此定居。

林氏，曹村镇洞桥头林氏于明朝自闽安溪迁此。

夏氏，汀董（今汀田镇）夏宅，始迁祖于明洪武九年（1376）由福建迁此。

潘氏，龙湖镇石龙，始迁祖于明万历间（1573～1620）由福建迁此。

郑氏，潮基乡陶溪，先世于明时自闽东赤岸迁入。

欧阳氏，先世明万历间，由福建漳州迁瑞安，又于崇祯间转迁江溪镇大坑。

游氏，聚居海安、梅头东岙等地，先世于明崇祯元年（1628）由福建漳州、龙溪迁入。

（《瑞安市志》卷四《人口》）

林氏，据《林氏宗谱》记载："新垟林氏鼻祖由闽建宁府桐山县隔墙地方，至五世存诸、存荣二公于大明年间迁居瑞邑新垟。"

陈氏，芳庄乡黄坳村330户陈姓，据查，先世于明代自福建大溪迁此。

傅氏，鹿木乡彭埠村有傅姓100多户，据1979年重修的《傅氏宗谱》记载："先世于明初由福建漳州东岸来温经商游瑞邑彭埠而择居此地。"

杨氏，芳庄乡庄下村有杨姓70多户，先世于明嘉靖间由青田迁此。

（《湖岭片区志》第103、105、107页）

张氏，分布于根溪村，明崇祯间从闽迁入。

蔡氏，分布于渡头村，明崇祯间从闽龙溪二十五都迁入。

朱氏，分布于下社村，始迁祖明季从闽迁此。

（《陶山镇志》第86、87页）

全氏，明代成化年间进士出身官拜荆州刺史的统公，从福建泉州迁居温郡瑞安四十七都柴桥头。

林氏，始迁祖群举公自明朝年间迁来瑞安周村上埠。

（《上步村志》第228～229页）

明朝陈氏始祖由福建赤岸迁徙到瑞安梅头。

（《瑞安日报》2015 年 2 月 6 日《塘下五万多人都姓陈》）

明万历间曾公护和曾永先携带家眷跋山涉水从福建平和五寨乡新塘村迁入瑞安曹村碗窑村。

（《瑞安日报》2015 年 3 月 30 日《碗窑民国将军故居保留完整》）

明天启间，有百廿七郎从闽侯官县平址坑迁今文成敖里南坑。

（文成《敖里江下寮蓝氏宗谱》。录自《温州市志》卷八《少数民族》）

朱姓　明永乐时，又一朱氏分支朱寿九自福建延平义阳村入迁城垟（今黄坦稽垟），后分迁于珊溪坛岐村与朱坑村。

李姓　明正德间，李氏自闽长溪赤岸迁入中樟乡中堡。

华姓　明万历间，华氏自福建龙岩迁入十源乡呈段。

陈姓　明时，从闽桐山迁入四支，分居大岂、孔龙、上林、樟岭。

陈姓　明洪武间，陈氏自福建桐山迁入樟台樟岭。

魏姓　明洪武间，魏氏自福建迁入珊溪新西坑。

（《文成县志》卷四《居民》。其时珊溪等地属瑞安县）

明代移民徙居平阳

洪武十六年二月二十有四日，平阳守御武毅将军温州卫中左所千户马公卒于位，享年五十有二。嗣子良从治命，择地平阳县万全乡鸣山之原而葬。公讳俊，字世杰，高邮人。

（苏伯衡：《平仲集》卷十二《马公墓碑》。其子孙遂为平阳人）

先世祖明季由福建漳州迁居平阳北港山门坎头。

（清光绪《陈经铢卷》。卷藏温州博物馆。作者光绪东西洋留学生中式）

其先和州人。曾大父冯增，出任温州卫前千户所副千户，大父斌补平阳千户所正千户，遂居平阳。

（《冯华墓表》。录自民国《平阳县志·金石》）

姜氏，沿厚乡后姜三十户，先世项本，成都人，先迁平阳万全。明时迁瑞。

张氏，叶稠乡赵龙坟村三十户，先人原籍福建长泰，明嘉靖三十九年徙平阳北港。（清）道光时徙瑞。

（民国《瑞安县志稿》卷五《氏族门》）

明万历间，有蓝千四偕弟千六从罗源卯山仔徙平阳三十二都凤池李家山。今后裔分衍苍南莒溪下塘等地。

（苍南《莒溪乌岩内蓝氏宗谱》等。录自《温州市志》卷八《少数民族》）

明万历间，蓝种寿、种松、种柏从罗源大坝头分别迁平阳莒溪垟尾、青街王神洞和闹村东湾。

（苍南《莒溪垟尾蓝氏宗谱》等。录自《温州市志》卷八《少数民族》）

蓝玉新后裔久裕、宗谟分别于明万历和崇祯时从霞浦迁文成和平阳南堡。

（苍南《岙口蓝氏宗谱》。录自《温州市志》卷八《少数民族》）

雷景通后裔白锦于崇祯间从青田岭根徙（今）文成余山，分衍文成陈庄、车盘山、平阳田寮、泰顺半岭炉、苍南王湾等地。

（平阳《田寮雷氏宗谱》。录自《温州市志》卷八《少数民族》）

明万历八年，有雷永祥与子仰宇从罗源迁今苍南桥墩黄檀口，次子仰舞迁平阳王家坑。清顺治八年，有雷明萼由黄檀口移居平阳青街章山。

（平阳《章山雷氏宗谱》。录自《温州市志》卷八《少数民族》）

明万历八年，有雷法罡从罗源经福鼎迁平阳黄家坑。

（平阳《黄家坑雷氏宗谱》。录自《温州市志》卷八《少数民族》）

明后期，有雷明海由罗源迁平阳闹村。

（平阳《闹村雷氏宗谱》。录自《温州市志》卷八《少数民族》）

明万历八年，雷念二郎由罗源迁平阳莒溪郑家山，分衍苍南岙底、山岗内、泰顺筱村、平阳处基、文成周山等地。

（苍南《岙底雷氏宗谱》。录自《温州市志》卷八《少数民族》）

明嘉靖间，始祖天锡由（闽）罗源大坝头迁平阳旺庄大岭外。

（平阳《旺庄钟氏宗谱》。录自《温州市志》卷八《少数民族》）

凤麟原居福建永春，明万历初为避乱迁平阳五岱。

（平阳《书阁钟氏宗谱》。录自《温州市志》卷八《少数民族》）

又一支以钟百万为始祖，于明末从罗源经福鼎迁至平阳焦坑，后裔分居平阳朝阳溪边、闹村马湾，苍南桥墩凤岭及泰顺南坑垟等地。

（平阳《朝阳钟氏宗谱》。录自《温州市志》卷八《少数民族》）

万历间，钟振宝从永春迁平阳象源内，分衍苍南五亩、朗腰、泰顺雅阳。

（苍南《五亩钟氏宗谱》。录自《温州市志》卷八《少数民族》）

明末，有钟奇元由闽罗源迁平阳陶岙，后移双桂、富岙，今子孙分衍文成培头、吴山、呈山底，泰顺阳斜、北岭等地。

（文成《培头钟氏宗谱》等。录自《温州市志》卷八《少数民族》）

显达于明万历间从福建霞浦迁至今苍南华阳牛角湾，子孙分衍苍南蕉坑、枫树弯、福掌，平阳大施，泰顺昌基、玉塔，文成九条垟等地。

（苍南《牛角湾李氏宗谱》等。录自《温州市志》卷八《少数民族》。苍南明时属平阳县）

李万十三郎之孙从福鼎迁平阳莒溪，分衍苍南水碓头、大坪、福掌，泰顺昌基、玉塔。

（苍南《水碓头李氏宗谱》。录自《温州市志》卷八《少数民族》）

九里乡东安：据《游氏宗谱》载，先人明末崇祯戊辰（元年）由闽漳州龙溪县迁居平阳北港鳌步，五年转迁九里步。

（《瑞安市地名志》卷二《行政区划居民点》）

明代移民徙居泰顺

徐氏　徐安正，明末从兰溪迁居今洪口乡小洪垟，旋转徙桃架山。

周氏　周明诗，原籍浮云（今属云和）。明初徙居大安后垟，其孙周国光分徙罗阳。明末，后裔周丕茂复分徙秀涧。

李氏　李思恭，原籍景宁大均，于明初迁居今积库乡普城。又一支，明正德年间，从青田梅岐迁居今横坑乡华垟，始祖不详。

王氏　王得瑜，祖籍括苍沐鹤（今属景宁县）。明洪武十五年迁居罗阳沙堤。王生七，原籍云和，明宣德四年迁居今玉溪乡王家山。王贯道，原籍云和。明景泰三年，迁居今龟湖乡龟湖。

郑氏　郑义十、郑伯添，原籍云和东里，先后于明洪武五年和永乐年间迁入今葛垟下村和南院乡南院定居。

刘氏　刘显八于明初从景宁迁居今戬洲乡武垟村夹边。刘华封，原籍景宁庠溪，明天顺五年，徙居三垟中村（今属文成县）。

胡氏　始祖胡仲云，祖籍青田十四都。明洪武初迁居今仙稔乡上稔。胡道严，原籍庆元官塘。明天顺年间徙居今雪溪乡西岸。

朱氏　始祖朱福一，原籍河南登丰县。明初入赘今南山乡章后。

潘氏　始祖潘维新，处州上坦（前宣平县属）人。明永乐三年，避乱徙居罗阳罗峰（今罗阳镇东外）。

梅氏　始祖梅至、梅祥兄弟，原籍青田大漈（今属景宁）。明永乐四年，迁居罗阳溪坪。

沈氏　始祖沈希三，原籍青田。明永乐年间，徙今鹤巢乡下交垟。

钱氏　始祖钱忠达，系钱镠后裔，原籍青田鹤溪（今属景宁）人。明永乐间徙居今南院乡棠坪。

苏氏　始祖苏奋基，祖籍闽安溪人。明正统十年迁入，初居上陈阳，转徙今南溪乡前坪。

季氏　始祖季淳，青田梅岐（今属景宁）人。明景泰官内阁中书。英宗登位，弃官流寓罗阳，居洋心街，六世孙季茂广分迁深坪（今属鹤巢乡）。

舒氏　始祖舒寄宗，系出江西，先徙居青田。明季中叶，迁居罗阳南阳底。

龚氏　始祖龚景信，原籍闽寿宁南阳。明季迁居今岩上乡岩上。

章氏　始祖章琴，先世从闽浦城徙居景宁。明隆庆年间任江西广信府都司，在职未及一载，弃官隐居今泰顺东安洋尾。

高氏　始祖高伯海，原籍青田。明万历四十二年徙罗阳，初居朱家山，旋转徙西门外大深垟。

严氏　系出严州，先徙居青田黄坛（今属文成），始祖严小一，明季徙居泰顺百丈东岸。

何氏　始祖何沧，祖籍景宁。明季徙居今雅阳镇孔目垟。

庄氏　始祖庄挺秀，先世居闽泉州安溪。明末，挺秀奉母徙居柳峰尖下新庄。

（《泰顺县志》第四编《居民》）

明崇祯十年，有蓝一凤从景宁四格迁泰顺石盂坑。

（泰顺《司前鳌岭蓝氏宗谱》。录自《温州市志》卷八《少数民族》）

清初迁界人民颠沛流离

（迁界以来）沿海之庐舍、畎亩化为斥卤，老弱妇子，辗转沟壑，逃至四方者不计其数，所余孑遗，无业可安，无生可求，颠沛流离，至此已极。

（范承谟：《范忠贞集》卷三《督闽奏议·条陈闽省利害疏》）

顺治十八年秋八月文到："二十日内从〔徙〕海滨居民离海五里，筑篱界，立哨寨，设守兵，越界者登时杀死。"一时房屋拆毁，人民逃散，汹汹不安。永、乐之民多桀骜，抢谷伐木，几为乱，幸抚驭得所获辑。

（朱鸿瞻：《时变记略·海寇之变》）

严令遣徙，余从闽回，尚未至家，闻限十日为居民搬运蓄储，才至五日，兵丁拥集，抢掠一空。余家悬罄无可运，亦号能运，儿辈仅携书籍数簏，半途遇兵丁，截路遍搜，无当意者，遂翻书入水，掠空簏而去。

（王至彪：《玄对草·言愁集》，《失书叹》序）

极目罗山山以东，燎光四起闪天红。烟扬万井秋风里，野哭千家夜月中。

（王至彪：《玄对草·言愁集》，《家乡祠宇庐舍焚毁殆尽遥望心恻》诗）

吾瓯固称邹鲁之邦，亦号鱼盐之郡。男勤女勚，服劳于火耕水耨之中；物阜民安，适符夫积谷卧旗之谶。乃往岁阳侯播虐，井邑成墟。寻旧垒于焚燹之余，已见燕巢于幕；觅遗颗于荆棘之内，不信雀乃堪罗。老弱已尽沟中，黔首亦将转壑。顷因新岁，偶出郊关。百里尽绝朝烟，一望都无完堵。村中少妇，谁簪粉荔于乌丝？陇畔饥氓，孰进椒馨于黄耇！又至移舟山麓，刺艇江干。蒿莱高出人头，斥卤总归鱼腹。欲播种则隔年之握粟已虚，欲耕犁则椎剩之羸牛蚤毙。十村墟九，一饭兼旬。逃亡之屋，遍看白蝠昼飞；僵道之骸，只伴青磷夜宿。

（李象坤：《搁庵文集·施粥募序》）

清初迁琼海民于浙南

顺治间，迁琼海之民于浙，名畲民，而处郡十县尤多。在青田者，分钟、雷、蓝、盆、类五姓。力耕作者，或佃种田亩，或扛抬山舆，识字者绝少，土民以异类目之，彼亦不能与较……又按《浙江通志》：顺治十八年，浙江巡抚朱昌祚因闽海交讧，迁滨海之民于内地，给田给牛，俾安本业。是由交趾迁琼州，由琼州迁处州，畲民之称盘瓠者，此其由来也。

（吴楚椿：《畲民考》。录自《文成县志》卷三二《艺文》。作者字八千，山东德州人，清乾隆三十八年冬至四十二年任青田知县）

清初迁界归来歌

一自清明归故乡，故乡凄惨不可当。惟有门前山长在，对之不觉泪沾裳。但见崩垣惨淡照斜日，荒丘萧索凝寒霜。嗟乎脊令之变已悲伤，哀哉黍离之感交断肠。抚诸往昔木丁丁，指点青邱草满场。无端世事欲慨详，惜无知音共徜徉。吁嗟世事多变更，乱离之后又凶荒。子债未完欲支撑，将行无措意彷徨。谁谓西风不可呷，谁谓衰草不可尝。君不见，兀草堂，四壁萧萧夏日长。又不见，残灯懒伴友竹床，蛩声慨慨天未光。风飒飒，鸟嘤嘤，空谷无闻鸡犬声。大夫不作支离态，处凄其，泪自倾。嗟我何所似，犹行百里程。九十多易过，十里实难行。欲剪一盘韭，沽得酒半瓶。三三两两共酌芰荷馨，免得枝头翠禽饶舌笑我几多情。

（黄汝桂：《归来歌》。录自乐清《长桥黄氏宗谱》。作者字仲秋，号丹甫，明末清初乐清人。著有《虫声因集》等，佚）

清康熙间温州招徕投诚者万计

海氛煽，君悬格招徕投诚者以万计。

（李象坤：《掬庵集·文林郎浙江温州府推官刘君墓志铭》。刘矩宗，字仲旋，下邽人，康熙十四年为温州府推官，卒于任上）

清雍正间闽赣棚民来温垦作

棚民多系福建、江西之人，在各处山乡租地搭棚，居住垦作，皆以种麻、种菁、栽烟、烧炭、造纸张、作香菇等务为业，浙之宁、台、温、处、金、衢、严所属共二十七县皆有之。

（《世宗宪皇帝硃批谕旨》卷一七四之四。该文节录清雍正五年四月十一日浙江观风整俗使王国栋与浙江巡抚李卫会奏语）

清时移民迁居乐清

阮姓　西垟宗：始迁祖阮圣宁，原籍海门，清嘉庆间因常来柳市诊治眼疾患者，遂定居西垟。

翁姓　里湖宗：始迁祖名未详，原籍闽福宁。清雍正间迁入里湖。百岱会宗：始迁祖名未详，原籍福建。清乾隆间从海上（水上渔户）飘流至此定居。

仇氏，原籍云南，清初始迁祖任大荆驿丞，因而定居，后成巨族。

李氏，原籍甘肃庆阳府，世称陇西李氏。清初，始迁祖任乐清大荆营弁目，后遂定居焉。

张氏，始迁祖于康熙末由宁波迁来大荆经营印染业，后遂定居焉。

（《乐清市志》卷六《人口》）

清时移民迁居永嘉

曾七如，名衍东，字青瞻，号“七道士”，山东嘉祥人。乾隆壬子（五十七年）举人，为楚北江夏令。诖误戍温，居郡西曾氏依绿园之旁，名其地曰“小西湖”。

（彭涛：《曾七如小传》。该传作于清嘉庆二十一年。光绪六年《申报》排印曾氏《小豆棚》并附此传）

熊廷扬，丁家桥人。乾隆中由行伍至广东雷琼镇总兵。子庆祥，迁居永嘉。

（清光绪《黄岩县志》卷一六）

先世祖乾隆时自福建兴化府莆田县迁居温州永嘉。

（清宣统《张泰青硃卷》。该卷现藏温州博物馆。作者清宣统元年拔贡）

清时移民迁居瑞安

始迁祖维卿康熙年间自浙江绍兴始迁瑞之塔儿头。

（俞春如：《己酉选拔贡卷》。该卷现藏温州市图书馆。作者清宣统元年选拔贡）

王氏，桂峰乡西寮有一百（一）十二户，清顺治间由青田贵山来，始祖名明德。

周氏，瑶庄乡四角田八户，始祖汝舟清中叶由福建避乱迁居。

林氏，曹许乡桑园头三十二户，先世祖印，清康熙间自闽泉来垦植，后移余杭。瑶庄乡庄下五十三户，先世大迁，清道光间因族大迁居。

洪氏，国初时有名琦者，自歙贾于温，即所在土断，遂为瑞安人。鲤阳乡坑底九户，郡望豫章，先世有源，清嘉庆间自青田半山迁居。

梁氏，曹许乡北阁有十六户，原籍漳州南靖。清康熙间始迁北阁。

张氏，鹿木乡下店七十户，先人正焕，清乾隆间自福建来。樟潭乡邦渡十八户，咸丰间始迁，称原籍福建。

杨氏，顺泰乡汤岙一百馀户，先世于清初迁自福建泉州安溪。

郭氏，城区东南镇十二户，先世原籍福建泉州晋江，清雍正间迁居，始祖名泮。荆谷乡涂头又若干户，先世亦云清初自闽之泉州迁居。

廖氏，梓潭乡廖姓，底垟二十七户，外垟十四户，先人清时自福建移居。

赵氏，塘下镇赵姓若干户，原籍福建，先人文兹，顺治间自福建迁塘下旺金。

刘氏，郭凤乡郭山十一户，先世昌仁，于清同治四年自处州青田迁居种植。

蔡氏，鹿木乡岙底七十余户，原籍福建，有名士一者，自清乾隆间迁居。

郑氏，潮基乡陶溪一百十户，原籍亦福建赤岸，清顺治二年迁居。

庞氏，曹许乡灯场庄二十三户，原籍闽泉安溪，先人福俊，于康熙年间迁居。

魏氏，双江乡下林十三户，先世于清初自福建迁居。

（民国《瑞安县志稿》卷五《氏族门》）

明末清初嘉猷公自括迁瓯邦高楼。

（瑞安芳庄《梅房高氏宗谱》）

曾祖淳紫清初自闽省泉郡迁居瑞安之四十八都玉壶成村落焉。

（瑞安高楼《下泽高氏宗谱》）

丁岙龚氏之于族姓始祖明岳公清初由闽省而至。

（瑞安《丁岙龚氏宗谱》）

始祖昌兰公于清康熙年间自福建赤岸迁居山前。

（瑞安篁社《山前周氏宗谱》）

始祖奎上公从雍正八年由汀州宁邑石壁村白砂里经商瑞安鹿木青山，见山秀水清、土质肥沃、人烟稀少，遂家住焉。

（瑞安《鹿木邱氏宗谱》）

城关镇方宅巷：方姓于清嘉庆十三年自海宁迁此始居，以姓名巷。

横山乡五架：原名吴岗山，见《许氏宗谱》："始祖于清康熙辛未（三十年）自闽漳州迁居瑞安县北门外吴岗山。"谐改今名。

岭雅乡倪宅：据传本村原系吴姓居住，曾名吴山。倪姓于清代从青田迁此，改名倪宅。

枫岭乡大藏：据《郑氏宗谱》载，乾隆六十年郑姓从福建迁此定居。

枫岭乡龙头：村多黄姓，清光绪间从福建迁此定居。

枫岭乡龙头基：乾隆间叶姓从福建迁此定居。

枫岭乡西龙：据《王氏宗谱》载，清康熙四十二年从闽迁此。建村时在山西侧搭一座草寮，故称西寮，谐变西龙。

枫岭乡大竹坑：因地多毛竹得名。赵姓于清同治间由福建迁此定居。

枫岭乡垟头：金姓于清雍正间由闽迁此定居。

枫岭乡垟岙：杨姓于清道光间从闽迁此定居，因村位夹峪深岙中，故名。

枫岭乡岙口：据《余氏宗谱》载，清乾隆间从福建迁此定居。

枫岭乡大垟坑：张姓于清康熙间从闽迁此定居。

东岩乡陈五代：清乾隆间，陈姓从闽迁此建村，因其人丁繁衍，五代同堂，故名。

宁益乡坟庵：因村后有坟，坟前有庵，以坟、庵名村。清康熙时，程姓由福建迁此定居。

宁益乡红头巾：村多陈姓，清顺治间从闽迁此。

宁益乡石垟碰：清雍正间姜姓从福建迁此定居。

宁益乡周宅：清康熙间，周姓从闽迁此定居，以姓名村。

宁益乡下巨垟：清雍正间林姓由福建迁此定居。

高楼乡上村：阙姓于清乾隆间从闽迁此定居。

平阳坑镇东岙：据桥头石碑载，清乾隆二十二年，村民从闽迁此建村。

清祥乡五仁山：村多王姓，据《王氏宗谱》载，先世闽籍，清乾隆年间徙居五仁山。

东山乡肖宅：肖姓始居，以姓名村。据《肖氏宗谱》载，始祖于清乾隆年间从闽迁居于此。

（《瑞安市地名志》卷二《行政区划居民点》）

谷氏，聚居于仙降镇下湖，始迁祖于清初自括苍（丽水）迁此。

祝氏，聚居于曹村镇下街，始迁祖于清顺治间（1644～1661）自海宁迁此。

（《瑞安市志》卷四《人口》）

阮氏，据1982年重修的《阮氏宗谱》记载："先世于清康熙年间由青田阮岙迁此（芳庄乡周垟村）"。

倪氏，林溪乡倪宅村有倪姓191户，据采访，清代由青田迁此。金川乡岭下村357户，据（中华）民国十二年重修的《倪氏宗谱》记载："先世清雍正间由青田迁居"。

陈氏，鹿木陈山坪村200多户陈姓，先世于清代由福建迁入。又前坑村200多户陈姓，先世于清乾隆年间自福建迁入。

苏氏，鹿木乡河岙苏宅有苏姓47户，先世于清光绪甲辰年由苏州迁入。

（《湖岭片区志》第101、103、106、110页）

朱氏，分布于七甲村，清初自闽迁此。

（《陶山镇志》第87页）

吕氏，清乾隆年间概宁公由晋江普埭移民瑞安仙降上埠村。

（《上步村志》第228页）

端木氏，始迁祖国瑚，于清道光间由青田迁居瑞城。

（《玉海文化研究》2009年第2期《经术大师端木国瑚》）

万姓　清初万氏自青田六都迁入十源乡高岱。

孔姓　清顺治间，孔氏自福建柘荣迁入百丈漈长降。

田姓　清康熙十五年，田姓自浙江缙云迁入里阳乡鲤川。

吕姓　清雍正间，吕氏自永康石江迁入东垟乡孔岙。

李姓　清时，李姓另一世系由南昌丰县入迁大峃桥头。后分居珊门李宅。

吴姓　清康熙间，吴氏自青田北山迁入十源驮垄。

林姓　清初从福建迁入定居（百丈漈）石庄。

罗姓　清康熙四十年，罗氏自闽汀州上坑迁入珊溪。

高姓　清初，高氏自闽福鼎迁入周南乡孙岭。

蒋姓　清康熙间，蒋氏自浙青田钓滩迁入玉壶镇。

雷姓　清初，雷氏自景宁底山庵迁入周南外南垟。

诸葛姓　清嘉庆间，诸葛氏自浙兰溪诸葛镇迁入大峃。

（《文成县志》卷四《居民》。其时大峃、百丈漈等地属瑞安县）

清时移民迁居平阳

先世于康熙间自海宁迁居平阳。

（清道光《祝登云硃卷》。卷藏温州博物馆）

清时移民迁居泰顺

二十年前，有福建曾姓者，迁居泰顺，现子弟入泰顺籍应试，文武各有在庠者。一家四五十口，男女各有所事，无惰游人。耕读外，又开设店铺以佐生计，家业岁增。

［赵钧：《过来语》乾隆癸丑（五十八年）六月记］

徐氏　徐永足，祖籍闽拓荣，清初迁居今东岭乡东桥。徐时松，祖籍景宁东坑，清乾隆九年迁居今仙居乡下稔。

黄氏　闽连城、武平县黄子招等避耿精忠起兵反清，于清康熙年间迁居今南院乡坑边、筱村乡北坑，初徙时以种靛为生。

周氏　周凤吉，原籍景宁。清康熙五十四年迁入，初居下东溪，旋转徙雅阳百福岩。

张氏　清康熙年间，张氏还有三支从闽连城、柘荣、寿宁迁入洪口乡阳山、南溪前坪以及罗阳（后裔转徙戬洲乡庵前）。

郑氏　郑奕焕，清初从福安迁居今积库乡垄头。

曾氏　曾肇力妻王氏，闽上杭县人。清嘉庆二十四年率七子迁居今大安乡大丘坪。

杨氏　杨氏还有于清康熙、乾隆年间，分别从福建连城和景宁迁入今横坑乡横坑头、洪口乡碗窑、雪溪乡大龙口等三支。

朱氏　朱君寿，原籍福建屿前。清康熙年间，避乱徙居今戬洲乡武垟，旋定居溪坪。

沈氏　又一支祖籍闽永定县。康熙年间徙居今富垟乡均山。

罗氏　始祖罗生民、罗义偕等先世居闽永定、上杭、连城。清康熙年间，迁居今章成乡山谷垟、大安乡罗汉和里光乡。

赖氏　始祖赖苍高、孟盛等，原籍闽永定汤湖。清康熙年间先后迁入，后裔主要分居今戬洲乡彭家堡、章成乡上林垟、碑排乡板岱头、雪临乡坑兜岚等处。

邱氏　始祖邱明生、邱君松，闽上杭人。清康熙三十一年，迁居今三魁镇秀溪边、东安乡坑底垟。

洪氏　始祖洪忠杰，原籍青田。清康熙三十九年迁居今横坑乡华垟。

许氏　祖籍闽汀州。清康熙年间迁入县境的有：许连山，居今万排乡上排；许其秀，居西旸乡西坑。

（《泰顺县志》第四编《居民》）

清时温台游民往江浙皖等处垦山

近闻浙江、江苏、安徽等省州县，凡深山穷谷之区，棚民蔓延殆遍，租典山地，垦种山薯，大半皆温、台一带沿海之人。

（陶澍：《陶文毅公全集》卷二六《查办皖省棚民编设保甲附片》。作者清嘉庆间任安徽省布政使）

浙江杭、湖两属素称沃壤，自嘉庆年间有温、处等府无业游民前来租种山场，栽莳花生、薯蓣等物。土人利其租重，不行禁止。其山自开垦之后，不长柴薪，尽成松土，一遇大雨，山水涨发，沙随水下，河道就淤，断港支流，大半壅塞。且此等游民皆非安分之徒，犯窃案者不一而足，比年风闻各处更有抢劫之案，其为害于民间实非浅鲜。

（蔡赓扬：《杭嘉湖棚民垦种山场有关水利等疏》。录自民国《德清县志》卷一一《艺文》）

乱后杭、严、湖等处招垦，平阳、瑞安之民每远徙就垦。

平、瑞之民每岁赴湖州等处种山者以千计，每有奸民于谷熟后他出，抢劫复由，平、瑞历出多案。愚谓须由地方保甲于春初出外时，取其册结移送所往地方，彼处照名编户。如欲回籍，由彼处备文咨回；如有为盗发觉，两无归路。可免四出为盗之患，平、瑞可洗盗薮之名。

呜呼！自屯田之法不行而棚民作，自保甲之令虚设而奸宄滋。我无官守，我无言职，何用此哓哓为？

（郭锺岳：《瓯江小记》。该记作于清咸同间）

甘薯，即番薯。《武康刘志》："温州人设厂种之，昔无今有。"按：亦呼山薯，温州棚民所居草棚，俗称番薯厂。

（清同治《湖州府志》卷三二《物产上》）

甘薯，即番薯，亦呼山薯，温州棚民设厂种之，俗称番薯厂。

（清光绪《乌程县志》卷二九《物产》）

温、台滨海之区……闻杭、湖各属有招人垦荒之举，皆愿来也。或携家而至，或结伴而行，非不有愿受一廛之志。

（清光绪七年四月十九日《申报》。李文治编《中国近代农业史资料》第1辑第109页）

（温州）人口大量增加。曾经有少数人移民到上海，许多人移民到杭州和严州四周的山区。

［李明良：《瓯海关十年报告（1892～1901）》。录自《近代浙江通商口岸经济社会概况》第433页］

晚清瑞民移居龙游经营纸业

（中华）民国十九年龙游修《黄氏家谱》："黄氏第二十世黄庭干

（亚干、庭球）出身温州瑞安三十二都周垟所居，昆仲五人皆从纸业经营，惟干也奋志，迁居龙游卅四都南乡桐溪源，名贺田而居焉，一生纸业经营，积资置产。”（注：庭干生于清咸丰乙卯年）

（郑育友等：《造纸活化石——瑞安湖岭手工造纸术》第50页）

卷三 土 地

先秦时瓯居海中

瓯居海中。郭璞注："今临海永宁县，即东瓯，在岐海中也，音呕。"杨慎云："郭注岐海，海之岐流也，犹云稗海。"

吴任臣云："何乔远《闽书》曰：按：谓之海中者，今闽中地有穿井辟地，多得螺蚌壳败槎，知洪荒之世，其山尽在海中，后人乃先后填筑之也。"

（袁珂：《山海经校注》卷五《海内南经》。《山海经》是我国最早的区域地理著作，作者及成书年代均未考定，约在战国时期成文，以后秦汉又有增补。有袁珂注、吴任臣注、王应麟注各版本）

三国吴垦荒自由

少爰居永兴，躬自垦田，种稻二十余亩。临熟，县民有识认之，牧曰："本以田荒，故垦之耳。"遂以稻与县人。县长闻之，召民系狱，欲绳以法。

（《三国志》卷六十《钟离牧传》）

晋时瓯郡三江境土始辟

瓯郡三江，曰永宁江，曰安固江，曰横阳江，自汉有之。濒江为三监。至晋衡山周公乃疏凿而通之。于是潮汐有节，境土始辟，生齿日蕃，遂改邑为郡焉。

（明弘治《温州府志》卷四《水》。东晋明帝太宁元年立永嘉郡，属永宁、安固、横阳、松阳、罗江五县）

晋太宁初安固城外深土沃田

晋郭景纯之迁县治，盖取旁有邵屿鳌伏，西则岘山龟浮，左文峰类苍龙之角，后栖隐如凤翅之展，其中一街一河状若棋枰，纵横贯通，外则深土沃田阡陌鳞次，擅东南之胜焉。

（清嘉庆《瑞安县志》卷一《舆地》。郭景纯即郭璞，晋太宁初郭璞卜迁安固县城至邵公屿）

晋后乐清峡门沧海变良田

查峡门古迹，于晋代以前是一片汪洋大海，船艘过涌东海，晋后沧海变良田，县西村落始成。

（湖横峡门《赵氏茶亭碑记》。该记作于明洪武初年。录自李振镛主编《乐清市土地志》第 116 页）

南朝宋白石、帆游山成陆

小邑居易贫，灾年民无生。智浅惧不周，爱深忧在情。莓蔷横海外，芜秽积颓龄。饥馑不可久，甘心务经营。千顷带远堤，万里泻长汀。洲流涓浍合，连统塍埒并。虽非楚宫化，荒阙亦黎萌。虽非郑白渠，每岁望东京。天鉴倘不孤，来兹验微诚。

（谢灵运：《白石岩下径行田》。录自明弘治《温州府志》卷二二《词翰四》。作者陈郡阳夏人，移籍会稽始宁，晋、南朝初文学家，我国山水诗派创始人，南朝宋永初三年出守永嘉郡，为任一年）

帆游山，地尝为海，多过舟，故山以帆名。

［郑缉之：《永嘉郡记》（孙诒让校集本）］

五代韩寓开发瑞安罗南

公先世仕闽，居赤岸。五季时，有讳寓者徙温之瑞安罗南。居四世，赀累巨万，田连阡陌，号其里曰韩田、上韩，明不为他姓之间。历宋元兵燹，毁室庐，赀产遗落，然规址与名里不泯。

（黄养正：《故河东、陕西都转运使韩公墓志铭》。录自民国《瑞安县志稿》卷二六《金石门下》。韩公讳伟，字英仲，明永乐十六年入太学，后官至河东、陕西都转运使）

北宋熙宁间官府根括温台涂田千余顷

熙宁六年十二月辛卯诏……根括温、台等九县沙涂田千一百馀顷。

（李焘：《续资治通鉴长编》卷二四八）

北宋间平阳豪民兼并寺田

邑之俗喜佛，豪民多弟侄，则畀于浮屠，以并所有。

（许景衡：《横塘集》卷十九，《陈府君墓志铭》。作者北宋时人，陈府君平阳县人）

南宋初温州形势户增租夺佃

建炎四年二月三日，知永嘉县霍蠡言，本州四县见管户绝、抵当诸色没官田产，数目不少，并依形势户诡名请佃，每年租课多是催头及保正长代纳，公私受弊。

（徐松：《宋会要辑稿》第五册，第4870页。因官田租轻，形势户通过增租夺佃得利，后经朝廷批准将这些田产拍卖）

南宋绍兴间朝廷赐田江心寺

青了《札子》：契勘本院系曾遇今上皇帝去处，昨于绍兴十年十二月，奉圣旨拨赐本州瑞安县安仁乡没到高寿等空闲官田六百一十亩，永充常住所有，每年收到谷米麦豆等并系船运赴州送纳二税，供赡僧众为国焚修。既系元降圣旨拨赐，其应干差借人船家事等理合蠲免，伏望特赐札下本州照会施行，伏候。

指挥右札下温州，依《札子》内所乞事理施行，令《札子》付户部照会，准此令关，请一依都省《札子》指挥施行，须至符下温州主者，仰一依关内备坐都省《札子》指挥施行，符到奉行。

绍兴十一年四月十八日下。

（陈舜咨：《孤屿志》卷一《敕》。青了系其时江心寺住持）

南宋间保护耕地已成共识

但存方寸地，留与子孙耕。余孩稚时闻田野传诵，已识其趣。出游四方，所至闾巷，无不道此相训切。

（叶适：《水心集》卷十《留耕堂记》。作者系南宋前中期人）

南宋时闽浙之邦田无不耕

盖自江而南，井邑相望，所谓闲田旷土，盖无几也。

（陈傅良：《八面锋》卷二。作者系南宋前期人）

闽浙之邦，土狭人稠，田无不耕。

（许应龙：《东涧集》卷一三《初至潮州劝农文》。作者系南宋人》）

南宋间乐清一带富户诱并田产

兼并之家见有产之家子弟昏愚不肖，及有缓急，多是将钱强以借与，或始借之时设酒食以媚悦其意；或既借之后，历数年不索取。待其息多，又设酒食招诱，使之结转，并息为本，别更生息，又诱劝其将田产折还。

（袁采：《袁氏世范》卷下。作者南宋淳熙五年知乐清县，该书为其任内所撰）

南宋时瑞安林民达雇工数十辈

民达善治生，尝与余言："少遭父丧，一日佣者数十辈立门请所使，久不能遣。吾内惭，于是夜为条处而旦授之。"

童仆鸡犬养之，各得其欲；树木蔬蓏艺之，各遂其宜。

（陈傅良：《止斋文集》卷四八《瑞安林民达墓志》）

元至元初平阳州学有田六百亩

国家崇重学校，作成人材，有教有养，平阳州素称多士，而学田岁入不满四百石，祭祀俸给外，士无以为养。旧有田在六、七都界上，圮于海，岁久土积，渐可耕作。其地邻盐场，灶户据之，有词于官，入谷请佃，灶户争斗以死。神山寺僧倚崇德寺为援，亦告佃于总府。并下其事于州，知州事刘公阅案牍，洞究其弊，弗见然曰："斯田既可以种，非卤地明矣。僧寺于旧有田外擅置买者有禁，况欲总佃官田坐取其利者乎！量拨地土赡给学校，明有诏旨，敢不钦承！"时至元二年秋，宪司副使鲁公、佥事杜公行部，韪其议，牒府施行焉。

明年佥事张公行部，教授李君英、耆儒夏增翁等申言之牒府为前议，复下其事于州，仍命知州刘公亲履其地，核实在六都，为田三百三十五亩一角四十步、园三亩二角、草地六十七亩、涂地一百九十五亩一角二十六步，凡六百一亩一角六步，东自七都界，以西至于瑞安十七都之境，自官塘以北至于海，尽归于学。转运司命盐场督灶户输其租，其在七都者以与蒙古字学。于是教授李君集众议，已种者亩收谷三斗，凡三十石有奇，自至元四年八月始，其馀募耕者俟其成。若夫经理之责则犹待于方来也。斯田之归也，宪司主其事，教授李君任其劳，自建议以至成事，始终不渝者，皆刘公之功也。公名世杰，字仲英，聊城人，为州五年，其行事类可称述，惟此事有关于政体尤大也，故为之记。

（韩绍昌：《平阳州学田记》。录自民国《平阳县志》卷十一）

元至正间平阳吴良佐割田千二百亩为寺产

又割田千二百亩为恒产。

（苏伯衡：《平仲集》卷六《太平归元禅寺记》。元至顺三年至至正五年，平阳吴良佐创建太平归元禅寺，前后十四年，占地八十余亩，建屋一百六十八间，木石工匠工费四十万五千缗，佛像耗金一百十八两）

明初梁瑀覆勘民田

梁瑀，字与玉，直隶凤阳人。洪武十一年知永嘉县，修举废坠，深知民隐。邑承元弊政，民间田赋匿不以实，郡复增置卫所，及靖海侯吴统兵驻此，馈饷不给，时官军自浙西由海道漕运以足之，民不胜其病。既而有令覆勘民田，瑀乃躬履畎亩，自占其数，编号画图，定其主业，由是经界以正。其年税额有加于旧，仍追其递年所匿之数，民莫不服其平。于是军饷岁有羡余，海运乃罢，兵民便之。

（明弘治《温州府志》卷八）

明初金乡卫有屯田

金乡卫明置指挥，统千户所守御旗军四千九百二十八名。

明初立军卫法，颇仿唐府兵，寓兵于农，屯耕调练，有事调发。金乡卫领外三所，有屯兵六百八十四名。

（清嘉庆《金乡镇志稿·防卫》）

明洪武间乐清土地构成

洪武二十四年，官、民田地山池五千四百八十三顷一十九亩八分七厘三毫七丝六忽，又沙水茶山六十八处，内田四千二百八十九顷三十二亩一厘四毫六丝一忽，地一千六十一顷六十八亩一分八厘八毫三丝二忽，山一百三十一顷四十四亩三分一厘二毫五丝一忽，茶山四十五处，池七十五亩三分五厘八毫三丝二忽，沙水二十三处。

（清光绪《乐清县志》卷五）

明成化间乐清百顷涂田悉归贫民

项澄，字秉泓。天顺间登庚辰（四年）进士，授南京户部主事，升郎中。出知浙江温州府，扶弱抑强，兴利除害，民颂之曰“项太平”。镇守屡索利于郡，毫芒不与，利害弗恤也。乐清濒海斥卤地不啻百顷，悉归之贫民，相地耕种，顶补浮粮。复筑堤以防水患，民称之曰“项公堤”。

（清乾隆《福清县志》卷一四。项澄于明成化十二年任温州知府）

明弘治时温州土地有官、民之分

永嘉县官田二百七十五顷一十九亩六分六厘六毫五丝三忽，地六十五顷六亩七分七厘五毫一丝三忽；民田六千三百八顷三十一亩六分五厘二毫五丝九忽，地七百一顷五十一亩七分八厘一毫。

瑞安县官田三百二十顷二十一亩四分四厘四毫四丝九忽，地五十六顷二十八亩八分三厘二毫四丝五忽；民田四千一百一十五顷九十七亩九分五厘九毫一丝六忽，地四百五十二顷二亩五分六毫一丝七忽。

乐清县官田二百八十九顷七十二亩三分六厘四毫七丝四忽，地五十二顷七十六亩四分二厘五毫四丝四忽；民田三千四百四十四顷九十七亩七分七厘三毫三丝六忽，地五百六十三顷三十三亩八分二毫七丝八忽。

平阳县官田二百五十七顷九十三亩七分三厘九毫六丝六忽，地一十顷九十四亩八分九厘四毫九忽；民田六千八百七十八顷三十七亩九分七厘四毫六丝二忽，地六十一顷九十九亩八分二厘九毫六丝八忽。

泰顺县官田三十六顷九十四亩二分六厘二毫四丝，地四十二亩一分四厘七毫一丝七忽；民田八百三十八顷二十七亩八分三厘七毫八丝九忽，地一十五顷二十四亩七分六厘七丝九忽。

（明弘治《温州府志》卷七）

明弘治间温州寸壤罔有芜旷

封域仍旧，生民浸繁，而食衣百需随之。故境内之民垦荒而圃，叠石而田，疏淤粪瘠，寸壤尺堤罔或芜旷，而后能自给焉。

（明弘治《温州府志》卷七）

明正德初瑞安张氏出租祠田

呜呼！吾生于世七十六矣，感天地覆载之恩，藉祖宗生育之德，幸能成立。兢兢业业，惟恐覆坠先绪。成化丙申（十二年）始营居室，及至弘治戊午（十一年）等年，仍创新旧祠堂三座，聊且完美。吾今日薄西山，朝不保暮，况产业诸子俱已分讫，尝稍存余田为身后之计，故将坐落町段刻诸碑阴以垂来裔。

——子孙贫乏不能存者，不许入祠堂居住并杂人宿歇，亦不许入内喧哗、饮酒，擅开祠门，违者罪坐不孝。

——守祠人专令时常洒扫，毋得尘翳，拨田一段计四亩，租八石，坐横浃下河边，又墙内蔬园五角，以备养赡，不许侵夺。

——上下祠堂并石亭，拨田四段五亩四勾，租十石四斗，每年蓄积以备葺理，毋得坍损，余租修桥路。一段二亩半，坐五甲墩头；一段七勾，坐同；一段二石，坐同；一段一石，坐同。

——祭享田一十九段，计一十四亩半勾，该租二十八石，此田并祠堂基九分，粮后子孙承当，町段已刻墓碑。

——立义田三十一段，计三十七亩一角，该租三十五杠，内拨租五杠。承当义田及守祠、修祠等田地通共四十七亩，民粮役余租三十杠，凡户内子孙只身守分而贫苦无依者，每月与谷五斗以资口给。一段七勾坐三甲浃上，一段七勾坐十六亩洋，一段半亩坐丁庵前，一段半亩坐谢公桥南，一段一亩坐新桥南，一段一石坐丁庵前，一段半亩坐三甲殿前，一段半杠坐下岸洋，一段二亩坐三甲殿前，一段八勾坐三甲新河北，一段二亩坐四甲中另洋，一段一角坐四甲奥浃洋，一段四勾坐四甲大溪南，一段一石坐五甲大溪边，一段一石坐林崇昂屋后，一段二亩坐横浃下河边，一段九勾坐中另河桥头，一段二亩一勾中另河南，一段二亩一石存享屋后，一段半杠坐陈崇敬门口，二段枕连六亩七甲后洋，一段三石坐七甲新河边，一段八勾半七甲大岸下，一段一亩半七甲大岸头，一段一亩坐七甲八亩洋，一段一亩坐七甲东洋，一段五勾半坐大桥路下，一段一亩坐新河路下，一段三勾坐七甲后洋，一段二石坐九甲路下，一段半亩坐九甲桥头。

已前项租，仰诸孙有产业者轮年收支。内修祠堂等租收积蓄在备用义田租户内；子孙真苦、酒不沾唇者支与口给；余租亦积坐修桥路；如侵入己，罪坐不孝，许各孙证之，其租倍追。

噫！凡为吾之子孙者，登吾祠，知吾创业之艰难，守成之不易，当体吾心遵守，毋致废坠，俾来者有所警省云。

时正德三年岁次戊辰秋九月望日。

芦江张伯奇谨识。

（张伯奇：《张氏宗祠规约碑》。录自瑞安市文物馆《瑞安文物普查材料》，并据原碑校。该碑存瑞安市潘岱芦浦张氏宗祠）

明嘉靖间瑞安姜氏祭田收租

……

祭田段落、租数开于下：

一都（今丽岙）田一段三亩，坐本桥河头，租七石二斗，又一段二亩一角，坐丽塘大路底，租五石四斗；

三都（今仙岩）田十二丘共三亩，坐竹园等处，租六石六斗；

五都（今海城、海安）田一段三亩，坐龙翔寺前，租七石二斗，又五段共三亩一角，坐陈岙坟前，租七石六斗；

六都（今罗凤）田一段三亩，坐平坊长浃，租六石六斗；

七都（今场桥）田一段三亩，坐岩下大岩前，租六石四斗。

开垦收户山田，坐本都陈岙东西共一亩半，守坟免租。

大明嘉靖七年岁在戊子正月吉旦。

男立经斋沐顿首谨书并篆。

（姜立经：《先考赤崖姜府君祠堂碑后记》。录自瑞安市文物馆《瑞安文物普查材料》。该碑现存龙湾区海城东溪姜氏祠堂）

明嘉靖间乐清高氏拨田创家塾

乃卜地于白鹭屿之阳，创家塾焉，匾曰“南屏书院”。前堂后室，左右斋舍，环以四垣，以为教读之所。拨十二都等田一百亩，岁收租粒以为束修之礼。其差赋与修塾之费亦自田出，毋累子孙。塾东西有园以供斋蔬，后有屿，前面山，以备樵爨。此予之待师，礼虽薄而意则勤也。

（高友玑：《南屏书院记》。录自清光绪《乐清县志》卷四。该文作于明嘉靖间。作者字肃政，号南屏，乐清高岙人）

明嘉靖时郁山力止张璁广基地

张公于郡城建敕赐宝纶楼，因大治第宅，小民供役日以千计，富者率编使督工，劳苦倦极，嗷嗷无所呼天。公既委曲斟酌，归于节省，民稍稍赖以安。而张公又求广基地，强市买不已，公驾自往止之曰：“夫居第当传子孙，公今移易几何，家匝垣里余矣，而意犹未足，殆非所以善后。且公居朝尝喜称伊傅周召之为相，独奈何所以处家者，顾出萧何、李沆下也?”张公怒作急，公不顾而出，地亦迄不再广。

（王健：《鹤泉集》上《诸体文·太守郁公传》。郁公即郁山，于嘉靖十年至十二年为温州知府。张公指张璁，时任朝廷首辅）

明嘉靖间平阳得隐田十三万亩

版籍贸乱且十年，至侯，侯洗刷整敕，所得隐田十三万，丁男七万，铢两之奸不行焉。

（侯一元：《平阳县张侯去思碑》。录自民国《平阳县志》卷八二。张侯即嘉靖二十九年平阳知县张仲孝）

明嘉靖间李如山高价转卖山地

梅元继于嘉靖三十六年，备价七十四两，凭中在官彭守德契买已故李如山大坑、梅坑民山一亩二分，东至未到何六山，西至分水岗至山峰，北至流水大坑。彼李如山先年得买已故郑朝弼前山，时议讼银四十五两，实算白银二十二两五钱，李如山倚恃官族，将本山垦种豆麦，栽布松苗，又将南边高峰一概占管，西边其管至瑞安抵界，混称分水，兼收箕草之利，以致转卖倍得元继前价。

（黄遗安：《本府遗安黄爷审单碑》。录自《温州历代碑刻二集》第104页。龙湾区文博馆藏。黄遗安，明隆庆元年温州知府）

明万历初瑞安得隐田百八十亩

万历改元，恩诏下郡国，访求靖难死义诸臣遗事苗裔，为之褒表恤。鉴余小子悠承乏公之乡邑，宁不有以惬予畴昔仰慕之恩哉！入境之初，走谒公于祠下，知祠之建，草创于公论未定之先。前令江阴高君宾祀公于治西观德亭，吾乡先辈朱君祀即西岘山废寺址为祠三楹以祀公。王君士翘改而拓之，复构亭，勒石于祠前，置田十亩，收社稷坛余地租以供春秋俎豆。隆庆六年冬，祠毁于回禄，前令上海杜君时登复因旧址建三楹以妥香火。田则久湮于洪水，地且亦稍渔汩而无征。余既仰遵明诏，访公实行，乃裔孙尔请于当道，时巡台万安萧公以其事核诸督学瓯宁滕公，寻请于上。命下，会祀于省署之芝松坊，公在十二公之首列矣。其乡邦宗祀，牲牷莫供，时荐弗备，窃为司土愧焉。乃于政暇检核侵渔地租，每岁征租银若干两，及十八、十九二都欺隐涂田一百八十亩，籍其一百二十亩以供时祀，三十亩给裔孙尔家，以资家荐，余三十亩给止斋陈先生祠，庶几展守土一瓣之诚而已。田有町段，有佃人，约岁丰歉之中而定为岁额，每亩岁征银一钱，不闻上官，不入稽查，咸纪之石以备遗亡，垂永远云。

（周悠：《新置卓公祠祭田记》。录自清嘉庆《瑞安县志》卷九《艺文》。卓公即卓敬，明靖难遇害。作者字以征，江西安福人，进士，明隆庆六年任瑞安知县）

明万历时齐柯丈田平赋

瑞安，温郡南第一邑也，而甚苦田不正赋，漏而偏任于民，民积逃。及今万历己卯（七年），乃始一丈而平之，以复于国初之旧。邑人故思恩令镇等相率来告郡老元曰："斯我应川齐侯之德也。"出其书若侯《十议》《八利》《一例五则》，及据实除虚之画甚具。

余盖读其书而三叹之，曰："嗟乎！齐侯之为邑也，其王道之纯乎！"王道者，诚也，即《书》若《诗》之所谓塞也，其曰塞渊，则以塞而渊也，非塞则其用志也分，而非渊则不能以洞肯綮而计久远。《易》曰"笃实光辉"，亦犹止水之鉴须眉而中准也。是故侯之《十议》，朴茂少文而举可则焉。选公正者先有司也；去佥报而密访则正人得；而又隔都调拨则邪念绝矣。地图也，疆界也，古职方之遗也，文簿相参，墩碑互立则愈明；弓式以五钞者不欲损下也；合六则、十三则而为上中下者，易简之理也；辨官民者，欲画一也；诡洒不追其往，主名必归见业者，与为新也；信赏必罚者，絜权也；丈涂者，防贸乱也；躬覆者，用明于不测也。若夫

《八利》，即所议之官民是也。《一例五则》，即所议之易简是也。盖向者，瑞田之敝也，缺五万有奇，丈之出二万，犹阙三万也，诚以弓式正，而人情犹未尽正也，覆之始尽出焉，而又溢一万有奇者，盖生齿开凿之所得也。而额内则固有抛荒而莫之田，榛砾而不可田者矣。如是而不以予民，据实除虚也。而徒以予官邀功树名焉，谓民父母何哉？是故捐之。嗟乎！齐侯之心，于是为至矣。

且是十议者，非始侯也。古具有之，人尽知之。而独侯条分缕析，纤悉具备非渊乎？而本之则塞也，故侯之廉实廉也，仁实仁也，谦实谦也，执法实执法也，用志不分者也。顾他人不分于功名则分于利害，恻隐薄而机智始萌矣。盖余自归耕，目击丈田事多矣，所任人率袭常所画图若界取具文，不能出弊，田则往往先减弓而取足。富猾者与丈者市，至漏数十百，或度越村秭自若也。诚其额已足矣，又何论粮则哉！官民之一，余尝疑之，今读侯书，先列民之五便五不便，而后称停之以八利，所谓石称丈量，径而寡失者，侯盖得之，则其说是也。其他如核见业，昭劝惩，杜贸乱，出不测，凡自侯行之者，皆坚金石而信四时也，民之信从，不亦宜乎？乃侯又有善者，其不欲速也，历三年而后成。其不自功也，曰“二府刘公实立局归类，经历刘文炀、典史戴昭胜、巡检汤廷贵则相次覆核，而前任周知县，隆庆二年之丈既尽法无弊矣，乃以迁去而隳也。”是不亦长者之言乎哉！（下略）

（侯一元：《二谷山人近稿》卷三《瑞安县齐侯丈田平赋碑》。该文撰于万历八年八月，文中“齐侯”即齐柯，字文则，号应川，江西南昌人，明万历五年由举人任瑞安知县，七年连捷成进士，官至临安太守。“周知县”即周大章，吴江人，隆庆元年任瑞安知县）

明万历间南麂等岛皆可经理

万历十一年，又言浙江滨海诸山若陈钱、金塘、补陀、玉环、南麂皆可经理。

（龙文彬：《明会要》卷五三《食货一·屯田》）

明万历时刘芳誉改革屯田制度

屯田自古为足食足兵上策，国家各卫皆有屯军，以十之七守城，三屯种，是即唐初府兵、营兵之制，盖万世良法也。本府磐石卫无屯田，惟温州、金乡二卫有之。然二卫之田，其弊不同。在温州卫则被奸猾军头，每以老幼轻差冒滥，使历苦运军曾无寸土。在金乡卫则有肥瘠远近相悬。总之，旧法以田腴硗定则上、中、下，科粮重轻，非不称善。第三则之田类为一票，致富强者悉为上则，贫愚者率领中下，或遇薄收则绝租税，或有坍没则赔粮，不无不均之叹也。

万历丙申（二十四年）郡守刘公芳誉力议均票，将温州卫屯田丈实亩数，合上、中、下三则通融品搭派成二千七百零二票，内除枪总小旗并正军田共五百九十一票，准折口粮外，该派给军带种屯田二千一百一十一票，每票派粮四石七斗二升，共田二万五千三百三十二亩，共征粮九千九百六十八石三升，并应征未并枪总小旗田二百一石六斗，通共该粮一万一百六十九石三升，每石折银四钱，通共该银四千六十七两八钱五分四厘，比之旧额缺田一千四百七亩九分四厘，缺粮一百八十二石六斗，均敷纳粮夫。前田腴瘦品搭缺额均敷，俾军无偏累，而粮有实，用法称便矣。

第军领屯田之外，又有民佃军田若干票，召民领种，征租另贮，以为济边及津贴正军月粮之费。恐将来经理稍疏，疆界湮没，必至尽归豪右，似应亟为反正者。

又本卫管屯官意在营私，法多废弛。每征收不及十三，辄借口以领运去贻累后官，而后官亦复仍踵弊习，迄无清楚，及奉参罚，则又以抵充军粮，苟且塞责，屯政何由清也。若金乡卫屯田先该兵巡道汤公治郡时设法调停，军无负租，官免参罚，迄今称便云。

（明万历《温州府志》卷六《兵戎》）

清中期瑞安土地近五千顷

近年涂涨日辟，袤延又十余里，皆成沃壤。

（清嘉庆《瑞安县志》卷一《舆地》）

雍正九年查账，至十一年十二月报竣，丈实田、地、山、池、塘并新增额外新涨升科涂田、山地共四千八百五十二顷四十一亩。内上则一千三百八十一顷二十七亩，中则九百三十五顷五十一亩，中中则九百九十九顷三十八亩，下则并新增升科共五百九十二顷九十亩，下下则并新增升科涂田共八百四十二顷一十一亩，山、池、塘二十三顷五十一亩，额外新涨沙涂并山地共七十七顷七十三亩。

嘉庆五年，实存田、地、山、池、塘、沙涂四千八百一十七顷一十四亩。内上则田、地一千三百七十七顷五十九亩，中则田、地九百二十六顷五十二亩，中中则田、地九百四十八顷七十五亩，下则田、地五百七十八顷七十一亩，下下则田、地八百三十一顷一亩，山、池、塘二十三顷五十一亩，新涨沙水涂地一百三十一顷五亩。

（清嘉庆《瑞安县志》卷四《田赋》）

清嘉庆间李銮宣严禁田产买卖恶习

署理浙江等处承宣布政使司事按察使总理驿务加三级又随带加一级阿为违例减法等事：

案于嘉庆六年十二月十三日，奉兵部侍郎兼都察院右副都御史巡抚浙江等处地方管理粮饷兼抚理全省营务阮批：“会稽县民陈廷柱呈称，会邑庄书恶习，民间买卖田产，勒索陋规。批司详查，定例成规，悉心妥议，务期革除痼弊，不但会稽一县竟当饬行通者，不但出示晓谕，竟当勒石永禁”等因。行见大宪念切民瘼，革除痼弊之至意。查各属民间买卖田产，乾隆二年前藩司议详：每田一亩，产户给（于）庄书准收纸笔饭食钱十文，地亩山荡减半付给，不许额外多索。详奉前宫傅阁部堂嵇批准通行，钤遵在案。今会邑庄书不守成规，竟敢于定数之外勒索收除陋费情事，承当严行禁止，以苏民困。

除详明通饬外，合行勒石示仰合属士民人等知悉：嗣后凡买卖推收田地山荡，遵照成规，凡置产之人，每田一亩给（于）庄书推收纸笔饭食钱十文，地亩山荡减半付给，买产之人分文不给，如庄书再敢额外多索分文，准被诈之人指名赴道、府各衙门呈控，以凭提究不贷，各宜凛遵毋违。须至碑者。

钦命浙江分巡道温处兼管水利海防兵备道加八级记录十次李批："抚宪告示，尔等愿自行出资勒石，着照议行。"至本道告示候续石饬发可也。

嘉庆十年正月日榖旦。

（李銮宣：《勒石永禁碑》。录自《温州历代碑刻二集》第1083页。现存平阳县宋桥林庄村。文中"巡抚阮"指阮元，清嘉庆四年十月至十年六月任浙江巡抚。"分巡道温处兼管水利海防兵备道李"即作者，嘉庆三年任）

清道咸间瑞安村民少成多败

道光十七年：下金一村落（余现所居地）近百家，余自幼迄今五十年中，见村人少成多败，无克自树，立身立名，而田产增积，丁口繁滋，唯余一门为最。（九月廿四日晨记）

咸丰八年：屿头三百余家，素称富庶，业儒者亦多。咸丰三年癸丑大水后，岁多歉，富室入不偿出，不鬻田者无几家。一薙工言，彼壬子迁居于此，首尾只六七年，村中盛衰大异。有应姓名大进者，富翁也，用度无节，子又不肖，更窘甚。又言村中兴发者只二家，皆勤谨力田之人，一常姓名振华，余亦识之。（二月十一日记）

（赵钧：《过来语》）

清咸丰时瑞安土地买卖

咸丰四年：前池卖盐人说：伊地田园，上年买来，一亩价廿七八千，本冬售与人，只五六千。又契断五年外听赎。富者贪刻，贫者益贫，困迫殊甚。（十月十五日记）

咸丰五年：吾瓯又连年灾荒，有田之家半价而售，甚有只得四分之一、三分之一者，窘急何如。（十二月十一日记）

咸丰八年：戊午，续置田四亩五分，计钱五十千文。

（赵钧：《过来语》）

清同治时永瑞梅头涂田成片

梅头城里有人家，梅头台下浪淘沙。百年争取桑田利，半属章安半永嘉（梅头为永瑞兼辖之地，城外濒海，今皆成涂田矣）。

（方鼎锐：《温州竹枝词·涂田》。该书刊于清同治十一年。章安泛指永嘉以外瑞安等地）

清同光间平阳佃钱亩千二百文

江南镇张家堡杨配仁，余从外祖也，小名配仁，号鹤舫。中年未有子嗣，适郡城育婴堂来县募捐基金财产，余外祖杨配篯琴溪公谓之曰：“我为平邑善举多矣，此事让弟为之。”从外祖问捐数若干，先外祖云：“可舍田四百亩。”时从外祖家产仅八百余，慨然许之。择腴田四百亩缴府，勒石定案：每年农民每亩佃钱一千二百文，不再加租。农甚愿之。

（刘绍宽：《果报征信录》。江南镇属平阳县。作者民国时人，其外祖约为清同光间人）

清光绪间温州不乏沃壤

温民勤于稼穑，比他处游惰较少。乱后杭、严、湖等处招垦，平阳、瑞安之民每远徙就垦。然本地山陬海隅不乏沃壤，使能食之地皆耕，则民不待远徙而后可也。

（郭锺岳：《瓯江小记》。文中“乱后”指清光绪初年太平天国失败后）

温州府地区，四面环山，但土地肥沃，已充分开发利用。

[李明良：《瓯海关十年报告（1892～1901）》。录自《近代浙江通商口岸经济社会概况》第430～431页]

清末永嘉汤岙土地买卖禁碑

立议禁碑，巨川各姓合村众等，为各业找价、预行严禁事。

兹缘世俗更变，人心莫测，合村相议，设酒数席，演戏壹台，立据严禁，以整风化，以靖地方，特立禁碑备存，以防后患事。至于田地、基山等项，如是典当，并开契之业，任听卖主自便。契买实业，不找不赎之业，任听买主耕种，创造房屋，又并创造坟茔出入，并买主作自己之业，与卖主无关，不许再行找借、凑价勒赎之事。村内如有小事，前有老据，再明存照，只许投中理取，故不重议。如有刁蛮不服，不准公议，会众重罚，或鸣官究治。前有呈控在案，出谕单严禁存在。巨川同谕，倘有不测之事，酿成巨祸，每房各自理直，不染别房之事。

此系公议无私，珊川、小巨一统皆然，恐口（说）无凭，特立议碑，永远为照。

禁首：巨川汤朝侯、朝柳、朝涵、绍球、绍林、启苗、庆棠、绍瑚、凤桐；

禁首：汤可松、汤庆济、汤常桢、汤良锡、汤嘉兴；

地保：吕有善、吕三宝、刘星拱、刘开康、汤朝稿。

龙飞光绪叁拾壹年岁次乙巳南吕月穀旦立。

（汤朝侯等：《禁碑》。录自《温州历代碑刻二集》第231、232页。现存龙湾区巽宅镇汤岙村汤氏宗祠）

卷四 水　利

三国吴时罗阳建有埭陡

石紫河埭在清泉乡，河埭长三十八丈，初建邑即有此埭。

月井斗门在清泉乡月井，长二丈五尺，自初建县即有此斗门，凿岩依岸为之，斗门下有浦口、九盘。

（明弘治《温州府志》卷五《水利·瑞安县》。瑞安于吴赤乌二年建县，名罗阳）

北宋绍圣间温州已有南塘

出门日已晚，棹短路何长。赖有风相送，荷花十里香。

（杨蟠：《章安集·南塘》。该诗作于北宋绍圣间，是最早提到南塘的记载，标志着南塘已经建成）

南宋绍兴间张九成治水

余小时方省事，无垢来为郡守。闻见乡人父老数百人以淫雨害稼诉郡，无垢若不省然。俄而驶足来索状，而数百人者皆以不满解去，状亦不知安在矣。旦日还乡下，自城以南达瑞安，凡闸者堰者皆已决，捕鱼蟹箪笱凡可以梗水者亦已撤去。不数日，水落，是岁大熟。无垢永嘉之政，初非赫然有声也，而敏事若此。

（陈傅良：《止斋文集》卷四二《跋陈求仁所藏张无垢帖》。张九成自号无垢居士，南宋绍兴二十六年正月知温州，岁末双目失明辞归）

南宋乾道间王逨尽力修水利

水利多废，得内帑钱二千万（文），尽心力而为之。择县官之能者总其事，召乡之士有才干者董其役，如朱浃埭、瑞安塘路、石冈斗门，功役浩繁，皆不日而成，民蒙其利。

（楼钥：《攻媿集》卷九十《国子司业王公行状》。王逨字致君，宛丘人。隆兴元年进士，乾道三年知温州）

南宋乾淳间平阳修筑乌屿陡门等

陵谷变迁，沧海成田。乃合群力，使归其天。潴之为渊，流之为川。润泽生民，于万斯年。

（林仲彝：《乌屿陡门铭》。录自清乾隆《平阳县志》卷八《水利》。该铭作于南宋乾道四年）

宰平阳，属河患，捐俸钱五十万，首其事，修斗门瘗之。役成，民为生祠。

（清乾隆《泉州府志》卷四六《宋循绩·杨梦龄传》。杨梦龄，字子寿，晋江人。绍兴二十七年进士，淳熙初年任平阳知县）

南宋庆嘉间修瑞、平陡门等

庆元二年，秋未获，飓风淫雨，海溢为灾……水退，修筑瑞安石冈及平阳三斗门，为东塘以杀其冲，皆使可久，至今人赖其利。

（楼钥：《攻媿集》卷九七《集英殿修撰曾公神道碑》。曾炎字南仲，南丰人。隆兴元年进士，绍熙五年知温州）

吁嗟从古行路难，长亭短日天风寒。舟胶马隤忧欲死，朱门歌舞谁办此。一朝邂逅荥阳君，首倡开土囊俱倾。五丁未具饭能几，群毛不集球安成。

（黄汉章：《坡南塘诗》。录自清乾隆《平阳县志》卷八《水利》。诗中荥阳君指南宋平阳知县郑廉仲，荥阳人，嘉泰元年以石砌坡南塘）

荥阳居士居罕出，高堂华屋安于山。人自垫溺岂关我，乃复辛苦事所难。徒杠未成天欲寒，风吹溱洧波漫漫。安得急语贤刺史，刺史爱民如赤子。

（陈傅良：《坡南塘诗》。录自清乾隆《平阳县志》卷八《水利》）

南宋宝祐间陈容修平阳外塘

蜀江西来腾万马，此邑从来居水下。江豚吹浪蛟蜒飞，腥风怪雨飘无时。千夫万夫供畚筑，令尹寒饥江上宿。往往欲以身为堤，愿化此身为三屋。运石如山分寸累，累得九层长数里。为尔活此堤下人，宰官正现如来身。祝尔安流东出海，海有归墟藏百怪。不用神禹鼎，不用支祈索。不用旌阳剑，不必蛟龙缚。不必黄帽郎，不用歌黄鹄。但愿人人印此心，岁岁年年护堤脚，千秋万岁如来国。

（陈容：《外塘诗》。录自清乾隆《平阳县志》卷八。作者长乐人，南宋宝祐元年任平阳知县）

宋时平阳林坳有陡门

天上驱山石，塘城一带长。闸通南浦地，堤截水云乡。西决来河伯，东流赴海王。灌田千万顷，免使岁饥荒。

（章绘：《陡门五言林坳》。录自平阳《林坳林氏宗谱》。作者宋末平阳人）

元至大间平阳浚河五十五万余丈

浚平阳河渠五十五万五千九百余丈，岁溉田四千余顷。

（程文海：《雪楼集》卷一五《温州路达噜噶齐拜特穆尔德政序》。“拜特穆尔”即明弘治《温州府志》卷八中的“伯帖木儿”，元大德十一年四月至至大三年任温州路总管）

元至正时陈国英重修阴均埭

温之平阳，滨海为州。州之南为长港，港之南有田四万余顷，皆膏腴也。当山断处，津渠通流，潮汐所往来，并海之乡，田不可稼。宋嘉定中，乡人林君居雅，始为堰八十丈于津流入海之冲，外障海潮，内蓄清流，数乡之人，咸赖其利。元至正三年堰坏，屡修治费克定，农民失业，岁以荐饥。

越五年，岳侯伯仁来知是州，将召民致其役。州人陈君国英，素有孝义名，闻之奋然以为己任。乃率众趋事，散财募工，晨夜戮力营之，逾时堰成。而寻复坏，众且缩手，君独劳心殚虑，百计作治，至于不遑寝食，不避风雨，靡怠益勤，竟获孱功，旧规克复。于是乡之父老咸曰："其自今岁且有望，我无患饥矣。陈君之惠，其可忘哉？"而文士遂相率为诗以称道之。予既美陈君之劳，而嘉吾乡之蒙其利泽也，故为序之而系以歌。（下略）

（陈高：《美陈国英修堰诗序》。录自《不系舟渔集》卷十《序》）

元末平阳拆塘建城

弓桥至东门，后河一带水。昔之北濠河，北城从此止。两山抱雉堞，规方里许耳。元至正年间，扩而为三里。爰拆北塘石，移而砌诸此。塘在河之心，石废尚留址。迄今干旱时，宛在水中底。弓桥以西河，淤塞今久矣。旧《志》余亲见，历历皆堪指。厥后志书中，其详不及是。沧桑迭变迁，岁月如流矢。余恐久无征，作歌补野史。

（应端秩：《城内河诗》。录自清乾隆《平阳县志》卷八《水利》。作者字允常，平阳人，元崇祯间岁贡，官宜宾令）

明初温州水利管理有所松弛

温地负山濒海，水自诸山溪源达于河，合流于江入于海。泄而不蓄则旱，蓄而不泄则涝，旱涝皆为民田害。故水势大处则立斗门，小处则立水闸，以时启闭。又各刻记水则以为之节。旧时府治前河中刻记水则一尺有六寸：曰水不尽岸，四寸以下则启；一尺以下为平；一尺有四寸则闭。又如平阳之阴均、瑞安之穗丰等处，莫不有之。《永宁编》云：元丰役法：温州斗门埭户一百六十有三人，并支雇钱。其后废弛，惟令埭侧居民一夫管之。当启闸版时，水力既大，一夫不能支，故多抵难，或仅揭一二版以为欺人。但见水溢板而出，不悟其下板不尽，故无以纾淹浸之患。或当蓄水之时，私自启闸以通运载，非惟走泄淡水，且使咸流入河，实关重害。其间又有岁久穿漏，名具而实废者，有司宜察焉。

（明《永乐大典》卷三五二六《温州郡志·水利》。录马蓉等点校《永乐大典方志辑佚》第 661 页）

明初永嘉县水利

永嘉县海坛斗门，在望京厢，因海坛山麓为之，以节城内之水。《永宁编》云：城内水自奉恩水门出，经此闸入江。或遇旱干，先填永宁、瑞安两水门以柜内水，即开此闸引潮入城，以益内水。涝则尽闸放之，是为城中蓄泄之要。

西郭斗门，在广化厢，因郭公山麓为之，以节城外三溪诸水。旧名广化斗门，临江近城最大闸也。三溪诸水由行春、绿野桥二港（路）并抵此闸入江。凡五闸，泄水最驶。旁有石䃃横出，亦西入江。凡遇涝，首开此闸为急。

山前斗门，在城南厢黄土山前卖茅桥，以节城外南塘之水。旧云：赵守不群筑两股石塘于河内，其斗门止一间，去江甚远，故泄水缓。然不开放，亦能助涨，宜慎其防。

山后斗门，在九都黄土山后，止有一间，其泄水与山前斗门同。《永宁编》云：二斗门之间，又有石槎，独无启闭之节。其初筑太卑，泄势缓细，亦宜慎其防。山前、山后二斗门各一间，皆山闸也，相去不远。其面为山前，属城南厢。其背为山后，属膺符乡九都。地势去江尚远，小浦直入深长，不甚斗峻。

石墩斗门，在九都石墩村。其斗门内东、西二臂地势最下，水少涨辄坏。楼守钥筑为石塘屋之。宋嘉定间，右臂坏，奚守士逊重筑，此闸东虽负岩，西无所据，土壤疏薄，不足久支，故石罅泄水甚多，常宜加筑。

瞿屿斗门，在九都瞿屿村，左负岩，右邻浦，斗门因山脚岩石为之，右臂又有埭以扞浦。宋乾道辛卯（七年），曾守逮筑右臂为石塘八十余丈。嘉定四年，村农窃断之以纾田，初若兔穴。乡豪诸葛珍为里正，有告之曰："埭决，君当任其咎。及早窒之，费谷二石尔。"不听。已而，决咫尺，又告。已而，决寻丈，又告。俱不听。及大决，运河频涸，州委官修埭。前岁邻都埭决，官命上户共修之，珍不肯，曰："我都自有瞿屿埭，邻都奚预焉。"至是乡人讼其事，郡守杨慈湖先生简大恶之，下令必此户视成，不及他。珍承令先为子埭，以捍内水。次就右臂之外筑横埭，以捍浦潮。然势与潮斗，疏薄难久。又旧塘石皆陷浦宁，议者谓合循旧臂补筑石塘，更存新埭以为外护。

茅竹斗门，在五都。宋庆元间，秋水害稼，决茅竹埭而水即退。有士人请于茅竹山趾创斗门二间，导河分流，由此泄江，以为启闭。自此始有茅竹斗门。虽遇雨涝，免致决埭。大德九年，王县尹安贞重修。

蚚埼斗门，在四都乐湾山麓。宋乾道海溢，亭屋四间俱圮。刘守孝韪再作。嘉定二年，火，或欲效乐清盘屿斗门，里河浅处立水闸亦简径，其门枕连临江一带，为蚚碕大埭。

方汉斗门，在三都。先是，二都有宋岙斗门，淤涨不通，移置于此。然作于平壤，叠木结石为之，非依山凿石者比，故易损坏，宜谨其防。

广化斗门，在迎恩门外，临江近城大闸也。上流之水，从会昌湖先由行春桥一港，直抵此闸以入江。既至湖，再由绿野桥一港，亦抵此闸入江。因郭公山麓石崖为之，凡五闸，泄水最驶。旁有石槎横出，亦西入江。凡遇涝，首开此闸为急。宋元丰役法：温州斗门埭户一百六十有三，永嘉三十二，并支雇钱。后废此闸，惟侧呼居民一夫管之。当合启闸时，水力既大，一夫不能支，故常抵难，或仅揭一二版为欺人。但见水溢板而出，不悟其下板不尽，故不能纾淹没之患，此官所宜知。洪武辛亥，开凿新壕，筑埭于广济桥下，斗门遂废。

黄焦斗门，在一都携仁小客岩，西挺山焦，东带浮沙。宋乾道丙戌（二年），海溢后重建。地皆浮沙，无土石可依。复抵乃退十余丈，作闸一所，宜常谨防。

一都至四都沿江塘二十里，永宁江诸乡少浦溆，惟华盖乡自茅竹岭以东，地势最下，潮水从横入浦如插钗，方为塘以御其纵，为埭以御其横，日迁岁改。塘埭之外，潮壅沙涨，乡民于涂地筑捺城里，旋立外塘，而官塘多废。宋乾道，风潮百里一壑，旧迹顿空。朝给内帑钱，筑一都至三都捍潮官塘，除亭户沙卤及民户高岸外，实筑一十五里，内二都二千余丈，趾广一丈八尺，面广一丈，高八尺。淳熙四年，韩守彦直增筑坚好。时或低塌，常宜加葺。

（明《永乐大典》卷三五二六《温州郡志·水利》。录《永乐大典方志辑佚》第661~664页）

明初平阳县水利

平阳县万全乡沙塘斗门，在九都，凡万全、东乡、南社三乡之水皆赴焉，注田二千余顷。宋绍兴三年，吴太博蕴古创筑。费累数千万，为屋七间，用巨木交错，坚若重屋，虚其中三间之上层置闸焉。密置厚板柜土连络塘岸，又多沉石攒楗以共敌水势。明年圮。范丞寅孙，文正公仲淹曾孙，稍徙旧址北筑之。宋之才有记。乾道丙戌（二年）海溢，斗门塘埭俱空，朝廷遣唐郎中、宋提举相视，徙内数百步。淳熙乙未（二年），瑞安刘令龟从、平阳杨令梦龄率三乡人共修筑。然其地无山可依，损蚀不时。岁乙巳（十二年），赵令伯桧与蕴古子奂文、孙师尹继成之。稍仍旧规，而深广逾三之一，凿石为条、为版、为扦、为块，牙错施之，锢以蜃灰，徐侍郎谊、蔡知阁必胜，作亭其上，立石曰召杜亭。徐文忠公谊有记。沿塘下有涨涂，请于官，募人耕之，岁入租谷三百石以备修筑。自此斗门成，其旁旧有宝济钟家侧埭、宋桥埭、永丰斗门、侯家斗门，皆废不用。庆元间，赵簿希佑重修。元初，斗门纳粮田入官，自是修理无资，故圮。至元十八年，黄一龙、吴淳夫、陈则翁修理，作亭其上。二十四年丁亥，飓风亭仆。二十六年，黄一龙、吴时亨重建。大德丁酉（元年）海溢，与附近盐场俱荡，仍修之。至正壬寅（二十二年）风潮，复圮，邑人周诚德率三乡之民重修，僧清所任其役，岁馀乃成。仍建屋于上，县付后。洪武乙卯（八年）七月，飓风海溢，叶令素德仍命僧清所修筑。今斗门浦南北海涂可耕，当请于官，为经大计。徐文忠公谊记云（略）。宋之才《万全乡斗门记》（略）。

楼浦斗门，在九都江口。宋旧有楼浦埭，今为斗门基。

和尚浦斗门，在十四都。宋嘉定五年，杨守简奏筑黄浦埭，相视官临海主簿吴实卿申，合先筑六斗门，以泄上流，仍开庄岩院前一带旧河以通舟楫，从之。遂措置开河，创立塘湾、江西、楼浦、和尚浦四斗门。又修下涝、萧渡二斗门。始筑埭用石蛇捺水，寻为潮所毁不成，惟斗门存。

下涝斗门，在十五都。《永宁编》载：创立和尚浦斗门，又修下涝斗门。今《平阳志》云：下涝斗门，在十四都，又名和尚浦斗门。

萧渡斗门，在十六都。

奇石斗门在十七都，前仓与西乡交界，疏凤林、西乡水注于江。宋绍兴间建，嘉定重修。

黄渎斗门在十九都。

泮渎斗门在二十都。宋嘉定四年，林郎中拱辰创筑，柜水以荫其茔。

阴均斗门在二十一都，因山为名。宋嘉定九年，汪令季良就潭头海口筑土堰一所，又就阴均山麓建水闸三间，外御咸潮。自此旧有王引埭、和尚埭、丫口埭、王明埭、陈蔡蓝埭、丁家埭、倪家埭皆废。邑人为之立遗爱恩波碑。岁久，斗门圮毁，屡筑无成。大德九年，章嘉建白本州皮判官元提调修理，俾僧智融募财力以完之。皮判官诗云："阴均失利几经年，难挽狂涛障百川。东道无人作功德，南山有佛结因缘。祝芗自为诸方计，指廪谁收三百廛。愿坚慈悲坚固力，圆成此土即西天。”林景熙为记云（略）。

乌屿斗门在二十一都，宋乾道四年，因乌石山麓石柱成之。广四丈，深一丈五尺，与蒋潜东西相望五里。因修蒋潜、石竞、湖南三斗门，开河五十五万五千九百丈，溉亲仁、金舟、东、西四乡田十六万七千八百亩。自汪令建阴均斗门，而乌屿亦废。

蒋潜斗门在二十二都，嘉祐间，县令作。自阴均斗门作，遂废。

石竞斗门在二十六都。宋嘉定二年，移拆其石往黄浦筑埭，而石竞遂废。复于浦边章氏地上建，今存。

楼石斗门在二十六都。

相思浦斗门在二十六都越泽。宋乾道间，筑越泽埭。明年，水坏。开禧二年，于相思浦建斗门，今废。

徐家窑斗门。《永宁编》云：在三十四都。宋嘉定二年，于徐家窑创立。《平阳志》云：三十四都即灵溪，今废。

滩头斗门，在三十二都。

干山斗门，在三十三都。

扈山斗门，在三十三都。

下庄斗门，在三十三都。

象山斗门，在三十六都。又名象源。

上浦斗门，在十五都。

瓦窑丁昌斗门，在四十七都。

白沙斗门，《永嘉谱》云：在凤林乡。今考之地里当属东乡。

淋头斗门在十四都，本淋头埭。宋淳熙十四年，沈守枢委王簿作斗门，里人王信州自中为《记》。自黄浦别建六斗门，此遂废。

塘湾斗门。

江西斗门。

新兴斗门。

河口斗门。

湖南斗门，在蒋潜、乌屿之北，陈骥建。

象山斗门，在三十六都。古有土埭，宋嘉泰元年，杨柬之父倾资筑斗门，于是亭口埭、监顺埭、获湖埭、昌门斗门俱废。

昌门斗门，一在蔡家后门，一在前村，朱说建。

江口斗门，本朝苏伯衡《平阳县重修江口斗门记》（略）。

（明《永乐大典》卷三五二六《温州郡志·水利》。录《永乐大典方志辑佚》第664～672页。宋之才《沙塘斗门记》、徐谊《重修沙塘斗门记》、林景熙《重修阴均斗门记》、苏伯衡《平阳县重修江口斗门记》见笔者《温州古代经济史料汇编》第74页～84页）

明初乐清县水利

乐清县石马印屿斗门，在一都。旧有印屿埭。宋治平甲辰（元年），焦长官迁之创立。又有石碶。

白沙神运斗门，在一都。旧有白沙埭。宋淳熙丙申（三年），袁令加修，并创斗门，名神运斗门，七宝寺司之。

东山斗门，在一都。

三屿斗门，在二都。袁令创筑。

盐盘章岙斗门、南岸斗门。并在二都。

明庆斗门、明庆小斗门、竹屿斗门、芳林斗门，并在三都。

塔头斗门，在六都。上有屋三间，宋绍兴初建。

岐头斗门，在六都。

黄华斗门、白鹤斗门，并在七都。

重石斗门、盘屿斗门，并在十二都。

蒲岐斗门、璞湖新斗门、黄塘斗门，并在十四都。

长山斗门、小松斗门、石塔斗门、寿昌外岭斗门、巉头斗门、高松后塘斗门、高松外岭斗门、灵岩丽岙斗门，并在十五都。

南浦斗门，在十六都。

石门石碶，在十七都。

灵峰塘南斗门、古坑斗门、柽江斗门、净明斗门，并在十九都。

东庄斗门、西庄斗门、胡务斗门、箬岙斗门，并在二十八都。

灵峰斗门、灵岩斗门、石梁斗门、南湾斗门、新塘斗门、鹿园塘斗门，并在二十九都。

天宁百丈斗门、延恩塘斗门，并在三十都。

真如斗门、隆光斗门、林家塘斗门，并在三十一都。

斗门头斗门、官塘斗门、开船湾斗门、胡家塘斗门、抛船湾斗门、崇德塘斗门、能仁塘斗门、三山五庄塘斗门、龙翔斗门、庆环塘斗门、龙王塘斗门，并在三十二都。

神山斗门、郭家斗门、灵山斗门，并在三十三都。

芦殊斗门、箬岙斗门、梅岙斗门、古塔斗门、神山新塘斗门、神仙里塘斗门、华严塘斗门，并在三十四都。

田湾石桥斗门、亭户塘斗门、深水塘斗门、小儿塘斗门、池岙斗门、大湾斗门、上茗坑斗门、下茗坑斗门、塔岘斗门、天河塘斗门、惠日斗门、白鹤斗门、白岩塘斗门、小苦竹塘斗门、江心斗门、法明斗门、普济斗门、道士塘斗门，并在三十五都。

蜜莺斗门、丽岙斗门、鲍塘斗门、淑顺斗门、林湾斗门、荣坑斗门、芦湾斗门、蝤蛑斗门、柽江斗门、明庆塘斗门、苦竹斗门、白鹤斗门、放生斗门，并在三十六都。

（明《永乐大典》卷三五二六《温州郡志·水利》。录《永乐大典方志辑佚》第672~674页）

明初瑞安县水利

瑞安水门，在瑞安门西。永宁水门，在永宁门西。奉恩水门，在奉恩门东，泄城内河水于江，又有斗门以节之。又瑞安县有东水门，在东门侧，出七十五里塘。北水门，通北湖。

瑞安县月井斗门，在州东南三里，长二丈五尺，凿岩依岸为之，斗门下有浦九盘。宋绍兴间，吕令相地里，请县青龙山鼻孔出水为瑞安风水之胜，仍浚之。

安禄斗门，在州西半里。因西岘山岩穴通潮遂建。初，县于集云山下，凿水三流会于治前，东流入月井斗门，西流入安禄斗门，谓之龙鼻水。今湮塞。宜复故迹。

江际斗门，在二十都。宋乾道漂损。绍熙二年，里人沈文重筑。

周田斗门，在二十一都。宋绍兴间陈主簿新筑。东注大江，南迤平阳，西抵三港，北连二十都。河水溉田五万余亩，李氏、陈氏捐金输力，官立仁厚坊旌之。嘉泰元年，陈烈、王仲章重筑。

新丰斗门，在二十四都谢岙口。初在本都莲塘，溪流通河三十六，捺泥为埭，不久坍坏。宋太平兴国，父老于此倚岩创筑斗门，自是岁屡稔。

半浦斗门，在三十四都。长五丈，宋淳熙间创筑，上溪下浦。

桐浦斗门，在二十六都。旧有泥埭，截浦水东入江，西应渎、横塘、桑岙诸村，南接塔山斗门，北通员屿、丁岙、西岙、桐溪山源二百余流，溉三都田，其利甚博。宋元丰建斗门并埭。崇宁加筑。

黄渎斗门，在二十八都。

矢石斗门，在三十五都。宋元丰二年，洪水冲损。建炎三年，浚河应接上流。乾道九年，王确重筑。

南口斗门，在四十五都。宋宣和初建。后因水圮，里人王寅重修。

俞浦斗门，在十五都，后因以其石助建沙塘斗门，遂废为俞浦埭，今为坦途。

永丰斗门，在二十四都小岙，宋淳熙乙未（二年）建，长五丈。上溪下浦，因江潮冲损，里人王霞碧倡修。后复坏。开庆己未（元年），霞碧孙宗泽于小岙西向巨浦中，辇大石改创斗门三间，为桥道往来，亭名来安，以憩行人，民至今德之。

塘东斗门，在二十九都瓷窑下，因岩脚为之。宋嘉定间，里人张金部建，有石桥。

石岗斗门，在六都。长四丈八尺，帆游、崇泰、清泉三乡承山溪之源流，为支河凡八十四，咸趋石岗，注田二千顷。旧传斗门始附穗丰山南趾，因距海远，泄水不效，三乡民议迁置，聚讼不决。乃须时潦至，为木鹅数十，即并山诸水源纵之，而观其所会，则明旦会于石岗。又患平壤不耐岁月，俟涸而审之，皆硗确沙碛，与地名不谬。于是定迁，然不知始何时。宋元丰四年，赵通判屼与朱令素、隐士林石观石岗斗门，赋诗有“久坏复完君识遂”之句，则斗门所从来既久，至是朱令始修筑。绍兴末，屋闸俱坏，独股岸与沟底以巨木为之，长或二三丈，而厚径尺，屹然犹存。乾道二年，王守逨用钱五万四千，委黄尉度通故浦，自斗门下及长桥凡六千五百余丈，避纡流直损三之一，斗门旧石柱五，中槽立闸，至是易闸布底，稍增砌股岸，又于旁立护柱。淳熙十二年，李守棫、通判谢杰，以钱七十万委石簿宜翁治其役，发视两股岸沟底，巨木尽蠹。刘令龟从募民钱六十余万，以石代木，尽撤其旧，上为覆屋，旁为辅梁，自后完壮。

姜家斗门，在四十一都。古有浦通江而小，不足灌溉，乡民于浦口置斗门。宋淳熙间，坍江斗门不存，惟仰上流溪源灌溉。

屿头斗门，在六都，宋乾道五年创，一间，渠狭泄水迟。嘉泰壬戌（二年），进士樊若水迁之依山，增为两门，埋立石柱，将成，为形势占据亭场牧地，将斗门基认为己业塞之，不惟新者不成，旧管一间亦泯无迹。遇河流暴涨，即冲塘埭，补筑不时，涸可立待。

塔山斗门、圆屿大埭，并在二十六都。埭长二十七丈，宋大中祥符间筑。下通程头江，因潮冲坏，咸水入河。元丰元年建斗门。

莲团斗门，在二十四都。长六丈。近新丰斗门。

塘坊斗门，在二十六都。凡二间，古系泥石埭。宋乾道丙戌（二年）潮坏，唐氏作之，上置石桥。

（明《永乐大典》卷三五二六《温州郡志·水利》。录《永乐大典方志辑佚》第674～676页）

明初平阳重作阴均水门

前中书省谘议林诚祖撰

亚中大夫温州知府汤逊书并篆盖

（洪武）元年冬十二月平阳州阴均水门成。州人陈仪、林宁述其乡父老之意，以书来曰：“吾州南濒大海，沃壤百里，宋嘉定间令尹汪季良偕乡士林居雅始为筑堤，以捍潮汐而建阴均水门于魁江之上，盖以蓄疏众流而备旱涝者也。溉田凡若干万亩，厥利溥矣。历岁浸远，敝漏愈深。每亢阳炽虐则泉源渗涸而弗足于蓄之也，积雨沴淫则横潦溢滥而弗足于疏之也。耕农失业，菜色载途，前之守吾州者与乡之右民屡欲更作而卒有不能焉。洎总督孙公始谋于众，而众谋协同，重以军旅事殷，久未克遂。太守梅侯下车，闻之慨然曰：'兹独非吾责乎！'乃悉以为己任。一年修葺堤埭，既固既完；二年乃更作之，令民计田多寡，以出财佣力有差，民欢趋焉。鼛鼓一兴，万锸具举。木来于山，石辇于途，划其洳而实之，辟其隘而广之，工善力齐，土坚石固，三间并建，期年告成。于是旱而可潴，涝而可疏，荒芜垦辟，黧老怿愉。歌曰："水门之隳，我田污涞。我民苦饥，水门之复。我田既熟，我庾有粟。孰惠我民，公侯之仁。"于是父老咸愿纪侯之德，勒之坚珉以垂不朽，兹敢以记为请。

予嘉其意，而义不容辞，则曰："呜呼！为政之道其要有三：曰勤民也，曰起废也，曰兴利也。盖能勤民则使民而民不懈，起废则集事而事不扰，兴利则裕民而民不匮。今侯一举而三善集焉，其亦优于为政者哉！且吾闻昔人之为政者，莫不以水利为重，故有宣汾洮而障大泽者，《左氏》纪之，通沟渎而起提阏者，《汉史》书之。若韦丹之于江西，薛大鼎之于无棣，亦皆以兴水利而得列于循良之传，若梅侯之绩可纪也已！"

侯名镃，字鼎重，齐安人，为州一以爱人为本，且多惠政，兹不书。孙公名安，字国平，括苍人，今为兵部侍郎。是役也，凡竭智殚劳以相梅侯者，净明寺主僧一宁也。一宁沉静寡欲，故能成功，人咸德焉。凡主金谷出内，察工力勤惰者韩元美、赵文禧也，其乡父老愿立石纪德者章仁寿、王德众、杨成众、杨子昭、陈文夫、黄省众、林文众、林元振、郑观文、陈实夫、叶公立、许文达、陈升众、陈士高、林桂甫、戴弘吉、林必先、陈季高、吴义和、王清甫、王辰翁、彭升祖、董天泽、苏一新、黄文卿、林世昌、陈正夫也。

洪武二年正月日立。安固许光远刻。

天顺元年十月廿九日巡检朱恂重新立。

（林诚祖：《平阳州重作阴均水门记》。录自民国《平阳县志》卷八）

明正景间修瑞平永水利

瑞安、平阳二县界有海塘，田苦风潮，君筑治完固，民利之，名之曰“靳公塘”。

（李东阳：《怀麓堂集》卷八七《赠中宪大夫靳君墓志铭》。文中“靳君”讳瑜，字廷璧，明正统十一年贡生，授温州府经历）

景泰二年修玉河东、西堤，浚安定门东城河、永嘉三十六都河、常熟顾新塘，南至当湖、北至扬子江。

（《明史》卷八八《河渠六》）

明弘治间温为东南山水之窟

温为东南山水之窟，素号奇胜。郡之水唯海最大，其次则三江，次则诸溪涧焉。溪涧者，山流之注；而海则三江万流之所毕会者也。其潴而为潭，流而为渠，止而为浃，环而为荡，汇而为湖，俗语总谓之河。经络于原野之间，纵横旁午，支分派合，虽小大浅深之不同，其所以沃土壤，饶百谷，运舟楫，济不通，育鱼鳖而殖货具，钟清明而疏污秽，为利一也。地势西高而东下，诸水多自西而东。吏兹土者，相度地宜，各有塘埭以捍其羡溢，斗门以时其蓄泄，故浃旬淫雨而无吞啮之患，弥月继晴而无沽涸之忧，民有攸藉，岁以恒稔，水之时用大矣哉。

（明弘治《温州府志》卷四《水》）

水利之于温盛矣，塘埭斗门所以致人力以辅相乎天者也。否则，晴虞旱，雨虞涝，虽膏腴之田弗敢冀有秋矣。是以晴平则蓄，桔槔得以奏功，舟楫得以稳运；雨溢则泄，杀弥漫之势而顺其性，除泛浸之患而复其常。盖温多坦壤则宜蓄，而近江频海则易泄，启闭以时，缓急有备，其不在于长民之吏哉！惟沿江之地，渠浅滩驶，水趋下流，或以旱为忧，此又不可不知也。

（明弘治《温州府志》卷五《水利》）

明弘治时永嘉县近城水道

城内水由会昌湖入永宁门，过梯云、敬亭二桥，汇于雁池、城西河、放生池，为最宽处。自余骊为支流，一坊一渠，舟楫必达，可濯可湘，居者有澡洁之利，可载可泛，行者无负戴之劳。见《东嘉事录》云。

按：扦城设三水门，导水出入潴泄，舟行随水道，自永宁门入，从瑞安水门出。其潴水有三汇及城内濠。其水有东北奉恩门水门，每春夏秋淫潦泛涨，则开城外斗门，随落潮放出秽恶之水，以疏通温气入江，亦犹人便放而气脉流利也，先贤之善于制作如是。

水初入门，其支河即东过泰宁坊桥，次大云寺前桥，入今戴氏池。迤东北为大九曲河，出第一桥边，达南门河，径其西支河，过梯云桥西，皆从净光寺前池（俗称藕池）派列东流，与永泰河通耳。

按：扦城开河，一渠两街为上下岸，既得水利，且免火患，昔人之虑深矣。旧传永泰门里东街为上岸。水门里有桥曰城下桥，通西街为下岸，今街存而桥废。近岁亦复为板桥，但上岸河边自来无浮屋，近方有之，是以河道日狭，官府虽屡督浚，终无所益。若稍旱，则舟楫不通，其患日甚一日矣。

雁池东北过安丰桥，又过洗马横桥，汇于城西，其支河先出宋公桥东流，迤而南，过寨桥，为小九曲河。东出泗州堂桥，亦达南门内河，迭次一支东出安丰横桥，沿五马街，出梁家桥河第二桥边，亦达南门内河。径大九曲河为三道，其西支河二道，亦西过雁池坊、雅俗坊桥入藕池。

城西河由永宁门内水直入州隍桥（俗称洗马桥），迤而西为大河，为子城西濠。其迤而东者，出州隍桥，过大州桥至下河，为子城南濠，通南门内河。径其支河，方过雁池未至城西，即从宅真桥东出过小州桥，至通道桥边，与下河通南门内河，径为南濠第二重，而五马河为第三重。其自城西河迤北而东，过永丰桥（即仓桥），至棠阴坊桥边为子城北濠。迤而南，过醋库桥，过华盖桥（俗东门桥），又过元丰桥，为东子城濠。

子城东濠南自元丰桥下（河南亦有上下岸街），直抵南门，夹水过通道、第二、第一桥，又过城下桥出城。其支河东流者：有容成坊桥河，至旧酒坊前，南为粉泔河头（旧都酒务常酿官酒，多淅米以酿，故名粉泔河），过上善桥，与开元巷桥河通，其开元巷河又东至玄妙观前铁炉头，与州学巷桥河、谢池巷桥河通，横贯而南，抵积谷山下及伏龟潭，为府城东里濠。

其自子城东濠又东出，过滴水巷桥河、瓦子前后巷桥河（俗名金钗河），东会于镇海门内，与潦波潭通。过监巷河及永宁桥外二河，又东过监前汪师桥庙巷，迤北过观桥，至奉恩门出城外斗门入江，亦为府城东北里濠。

其子城东濠北过醋库桥、棠阴坊桥，由北亦有上、下岸街（今两街河边皆为民居）。又过中和坊、百里坊桥北，为万岁埭针桥（其下岸街名小米行）。其自万岁埭北支河西，有仓后巷河、皂角巷河、后洋河。自后洋河西入板桥，过小虹桥与八字桥河会。又西过井莲坊，与上安桥河会，并为府城北里河。

藕池非由他汇，止是松台山下水出放乎雁池耳。其南抵城（或以为通会昌湖），其北趋大来桥者达新河。其东二支河达永宁门河，为府城南里河，又二支河达雁池。

新河南自藕池，北过西高桥、大来桥、安仁巷桥北，凡十有七桥，至八字桥通百里坊河，其支河东流者，自安仁坊（即商量巷）与岑山前巷两河相贯（旧云金钗脑），自岑山后巷迤东而北，至大丁字桥，城西下角至上角凡十一支皆达城西，河如栉，内孝廉坊巷中汇为幞头河（宋仰忻所居，南有水，状如幞头，故名）。其导俗厢巷河直达中和坊，通百里坊及子城东濠水道，其西与蜃川通。

蜃川南自松台山麓（广福寺西），北受百里坊河，至仰恩门郭公山趾（旧贡院基亦是），中汇为放生池，其间有浣纱潭（旧传初立郡时，西城跨水负虐，故立平水祠镇之。此是在城西里濠，水忌西流，故潴而不泄）。至锥刀道者开新河，始凿支河东流通新河。自广化坊河至昼锦坊，凡十三支河皆通。

自西洋出，通百里坊河者，东流过胜因、七佛桥、油车、水渡，至卖营，凡一十桥达百里坊河，南流为子城东濠，直出南门。

（明弘治《温州府志》卷五《水利》）

明弘治间永嘉县塘埭陡闸

南塘在城南瑞安门外，即南塘路，连瑞安县，自瑞安门运河七十九里。旧时“驿路百里荷花”正此塘畔也。元末因修筑城垣拆毁，迁铺路由永宁门外至瑞安界。

花柳塘在瑞安门外飞霞洞前。

石濑塘在吹台乡。

和尚塘在膺符乡。

黄石山南塘去城东南五十里，延袤三千五百丈，南滨大河，旧有石路，为风浪冲坏，头陀李清印募缘修筑，行者便之。

外沙新埭在镇海门外，洪武己酉（二年）因开浚城外东濠始筑，后坏。弘治己未（十二年），主簿梁用修筑之。

朱村埭在朱村，去城三里三丈，亦小埭也。虽隶膺符乡，实为近城控要。凡江乡舟欲入城者，必就此乘潮辘轳以入。若河内舟出江者亦如之。

黄湖埭在飞霞观前，去江虽远，中间有浦沥，二三丈阔，亦城内水道，常筑塞之。

福昌埭在外沙旧水寨侧，宋乾道丙戌（二年）筑，以近福昌寺，故名。下有淤田。

蒲州埭与朱浃埭接，地形低下，诸乡水之所钟。宋乾道丙戌（二年），大水冲激，二埭扫迹，已而，八月风潮，塘岸俱毁，直抵官路。膺符、德政、吹台三乡居民协力再筑。

天宁埭在膺符乡九都。

黄洲埭在八都，宋政和二年再筑。淳熙十五年，上官靖内筑备埭。庆元三年，外埭连趾没入于江，父老欲有更作备埭，以水面广阔不果。元监郡兀沙诺（良臣）帅民再于内地重筑。

东角埭在八都，与朱浦、蒲洲、黄洲三埭地形皆下，背江面河，常宜修筑。

倪家埭在八都。

泄漏埭在八都潭头。陆家北埭在六都中村。陆家南埭在六都下村。右三埭在乾道丙戌（二年）风潮后再筑，地形粗高，民居稠密，今皆渐淤成田。

茅竹埭在五都，宋绍兴潮坏重筑。庆元六年，苗将获，雨涝，守臣忧之，有陈熙兄弟请速决此埭，愿自复筑，许之，幸而秋稼无损。九月，命邑丞监筑之。熙复请傍茅竹山趾创斗门二间，以为启闭，庶免再患，遂有茅竹斗门。元初湮塞，大德间王尹安贞开浚。

军前大埭在茅竹山北。宋绍兴二十四年，潮决入埭，直至山趾，地悉成江，两乡遂不可通，始分筑山之东西，各自为平水埭，截东乡河口，开茅竹岭以通陆运，仅有军前东平水埭、西平水埭。续因穿漏，咸流逆入于河，复退斗门三里作备堰，有钟无泄，民病之。元王尹安贞疏备堰，浚淤河，议者欲绕茅竹临江山趾，凿石为渠，以通两乡水道，以工力浩繁遂寝。

周梢埭在黄石山南乐湾。

吕家埭在方汊斗门右臂。

杨家埭在吕家埭下。

横浃埭、朱婆埭在二都，相去不远，每滞，埭水灌田，其涂田与内田高下略等，见走滞之患，不宜决而宜加筑。

宋岙埭在二都汪家步，旧有斗门，后废为埭。

沙河口埭在三都。

杨家新埭在三都。

陈大埭在三都。

陈八河口埭在三都。

倪埭在一都。

榆木埭。枫林埭。陈家埭。以上俱在建牙乡。

上孤埭。下孤埭。朱千埭。斗门埭。以上俱在太清乡。

泉塘埭在仙桂乡。

法华埭在孝义乡瓯浦上村，东接建牙、吹台、上河支流，西溉太平寺前洋井、任郭等田，至黄家屿而止，埭下有浦，去江五里。

谢婆埭在瓯浦下村，水利与法华埭同，埭下浦淤成田后废。

林家堰在四都，搬运悉注于此，时邑丞虑其走滞水利，筑为硬埭，民讼于州，复为堰。

广化斗门在迎恩门外，临江近城，大闸也。因郭公山麓石岩为之，凡五间，泄水最驶，凡遇涝，首开此闸为急。

海坛斗门在奉恩门，即水门中闸也。遇干旱，先填永宁、瑞安以柜内水，即开此闸，引潮入城以益内。水涝则尽开放之，为城中蓄泄之要。弘治庚〔戊〕午（十一年），郡守文林重为疏浚。

山前斗门在瑞安门外黄土山前，以节城外南塘之水，宋绍兴，赵守不群筑两股石塘于河内；山后斗门在黄土山后。二斗门各一间，皆山闸也，相去不远，其面为山前，属城南厢；其背为山后，属膺符乡。初筑太卑，泄势缓，不开放，然亦能助涨。

石墩斗门在膺符乡九都石屿村。宋乾道丙戌（二年）潮坏。淳熙丁未（十四年）楼守钥筑左右二臂。嘉泰二年右臂坏，奚守士逊补筑，然此闸东虽负岩，西无附丽，土壤不足久支，故石罅泄水甚多。弘治九年，郡守陆润加筑之，上立石桥三间，旁立石埭。

瞿屿斗门在九都，左负岩石邻浦，因山脚岩石为之右臂，又有埭以扞浦。宋乾道辛卯（七年）曾守逮筑石臂，为石塘八十余丈。嘉定间，埭大决，运河顿涸，郡守杨简修之，循旧臂补筑石塘，更存新埭以为外护。弘治九年，郡守陆润加筑。

茅竹斗门在膺符乡五都茅竹岭山趾。弘治乙卯（八年）知县林廷□加筑。

蛎埼斗门在四都乐湾山趾。宋乾道丙戌（二年）海溢，亭四间俱圮。刘守孝韪再作。嘉定二年火，议仿乐清盘屿斗门于里河浅处立水闸，未果。丙戌（宝庆二年）筑大埭。

方汊斗门在三都。先是二都有宋岙斗门，中间淤淀不通，移置于此。弘治年间郡守改筑。

黄焦斗门在一都携仁小客岩。

堰头斗门在镇海门外。岁久废坏，惟存两股，潮入内河，旱而为浦，虽恃福昌、黄湖二埭以遏潮势，然地成斥卤，不堪稼穑。成化丁酉（十三年），知县文林砻巨石修筑，上跨桥，下立闸，决二埭以通花柳塘，民甚利之。

西郭新闸在迎恩门外广济桥西，洪武辛亥（四年）新创。

城南新闸在南门外旧钓桥东。洪武丙辰（九年）新创。成化丁酉（十三年），知县文林修筑堰头斗门以限江潮，遂决此闸，通水于花柳塘。

天宁闸在九都。

乾元闸在华盖乡三都乾元寺后，地势卑，春水害耕，故置闸于此，遇涨则闭门以截上流，而开方汉、黄焦斗门以便播种。

仓头闸在三都。

李浦闸在二都。

应家闸在二都。

大山头闸在二都。

净居闸在二都。

白水监闸在一都。

横山闸在一都。

净居山闸在一都。

范公闸在孝义乡二十都范公浦。弘治癸亥（十六年）都民范长捐资新建，以便乡民蓄水溉田。

（明弘治《温州府志》卷五《水利》）

明弘治时瑞安县水道

城内水道：水自南塘河、东湖入东水门，流贯城中，过县前，一街一河，纵横贯通，状若棋枰，雨溢晴涸，常宜疏浚。

诸乡水道：诸乡之水如帆游、崇泰、清泉等乡，河流承溪源者八十有四；集善乡入河三十有六；南社运河接平阳；其他诸乡溪流分派，支河通入港浦，不可殚记。若许峰利用埭、郑冈埭、东渎、中洋渎、岩前渎、澄桥渎、许岙菖蒲渎、胁山横直渎、魏岙上下渎、宋岙南北渎、庙前渎，皆当浚之，俾无壅。

（明弘治《温州府志》卷五《水利》）

明弘治间瑞安县塘埭陡闸

沿海圩岸塘在清泉、崇泰二乡，又自城南越江而东，纡长二十里，至平阳县沙塘斗门（在南社乡），以备沿海飓风秋作，海涛淹设田禾之患，所系甚重，遇有坼塌，必加修筑以捍障焉。洪武二十七年，为兴利除害事重筑。

沿江圩岸塘在清泉、集善二乡，又自城南越江而西，纡长三十里，至塘角（在涨西乡），以备沿江风涛秋作，淹设田禾之患，凡遇坼塌，必加修筑以为捍障焉。洪武二十七年，为兴利除害事重筑。

黄林埭在清泉乡东山。

吴田埭在清泉乡东山，吴、黄二姓所筑，今浦下淤田有官塘捍之。

许府埭在清泉乡东山，运河分流止处，久废。

程头埭在清泉乡，长九丈二尺，埭当海口，地形独高。宋乾道丙戌（二年）水灾，埭坏河决，起三乡人夫筑之，随决。官费数十万，多筑备埭，移就□方平所，买陈观国经界基地，筑之始固。

韩家埭在清泉乡韩家渎，沙土疏恶。

砂罡埭在清泉乡砂罡渎。

马田埭在清泉乡马田。

游家埭在清泉乡游家河。

次渎埭在清泉乡，旧在次渎河口，宋乾道丙戌（二年）漂坏，移八里筑。

丁田埭在清泉乡丁田。

董田埭在清泉乡董田，距江太近，里人蔡幼学移近高增筑。

岑岐埭在帆游乡。宋淳熙间双穗场盐亭户筑小鲍埭，埭下为盐土亭坛。又于埭旁凿河通运薪卤。每岁潮水淹溢，颇费筑捺，民甚病之。近各疏小河，通盐场舟运。塞故河，上有河决灌田应石岗斗门，不妨水利。

小鲍埭、大鲍埭俱在崇泰乡鲍田。

孙田埭在崇泰乡孙田。

余家埭在崇泰乡，长二十九丈七尺，宋淳熙间黄宣义以既有石岗斗门，遂为硬埭，埭下渐涨淤。

鱼渎角埭在帆游乡，长五丈八尺，父老传：古有竺先生鸣鼓施生，河鱼浮起咂食，名曰鱼渎。宋乾道丙戌（二年）大风，埭坏，后移河口筑之。

东冈埭在崇泰乡，旧名东岙埭，与陈岙埭、场下埭各长三丈五尺，坑口埭、石口埭各长六丈二尺，徐村埭长二十九丈，凡六埭相连，并在崇泰乡五都。宋乾道丙戌（二年），海溢淤塞，宋提举藻相视，淘其土于埭上，筑成塘路坚固，然皆硬埭，仰石岗斗门泄水。

西岙埭在崇泰乡西岙，长三十二丈七尺，本名龙船浃埭。

石紫河埭在清泉乡。河埭长三十八丈，初建邑即有此埭，为永嘉、瑞安水利之要，一失其防，水尽（入）江。宋乾道丙戌（二年），因水灾后增筑益固。后平阳徐殿院宏欲泄坏瑞永风水，令万全乡民以舟楫不便，诉于转运司，移筑新埭，上通船来往。

径浦埭在涨西乡屿头，长十丈，古有高秋大埭，下有石桥跨浦，往来便之。后潮激埭废桥坏，宋淳熙九年，乡民就桥侧筑埭捍潮。

高秋埭在涨西乡。

洲村埭在涨西乡，长五丈，东南近沙塘斗门，乃平阳地也，溉田颇广。宋绍兴丙寅（十六年），中流冲毁，复作，其下有淤浦厚护，潮不能及。埭之左右，河之东西，居民环列，岁每修筑之。

芦浦大埭在集善乡，长一十七丈，古埭路皆芦林，故名。宋淳熙增筑，后废复筑。

昭仁埭在集善乡，长二十一丈，宋元丰间筑。崇宁增修，今为闸。

圆屿埭在集善乡，长二十七丈，近塔山斗门。

独木埭在涨西乡。

小莆埭在涨西乡，宋绍兴潮水冲坏，移上筑之。

丁湾埭在涨西乡，旧名周田埭。宋崇宁三年，本里陈提举之祖重修，其载石刻："此埭水流绵亘三百余丈，东距大江，南至平阳，西抵三港，北接二十都，河旁连诸都，溉田三万亩。"然埭滨江，河道湫隘易涸。淳熙以来，屡筑屡坏。嘉泰初，里人王仲章、陈烈倡率，于故址立石为之，始有蓄泄之利。

石桥埭、石桥上埭俱在涨西乡，今废。

棠梨埭在涨西乡，长一十丈五尺，旧有斗门，宋绍兴丙寅（十六年）圮于水，乡民就浦下筑此埭，旁有棠梨木，因名。视涨西、南社沿江诸埭，而此为巨，以土堆浮沙，无山石之固，遂复增筑护埭焉。

桐浦埭在集善乡，长二十八丈，旧有泥埭，截浦水东入江西渎、横塘、桑岙诸村，南接塔山斗门，北通云峰、外桐、圆屿、丁岙、西岙、桐溪等处山源二百余派，溉三都田。宋元丰间建斗门并埭。

桐乾埭在集善乡，长五丈五尺，外接江浦，内分小河，有备埭，又名千工埭。

大坑埭在来暮乡大坑村，有小河通霞涂浦，潮每害耕。宋乾道筑之，后因大坑山溪水暴出冲坏。元大德六年，知州李德玉督民再筑，旬日大雨复坏，久废。

外吉埭在来暮乡，长二丈五尺，其地民依山岙以居，为坑风吹不利，遂迁山外，名曰外吉，其田承小溪流，有直浃，有横浦，古有泥埭截水，宋绍兴大筑始固。

魏岙埭在来暮乡，长五丈，沿山溪率注于浦，乡人于要处截流筑此埭。宋绍兴丙寅（十六年），潦水冲坏。乾道丙戌（二年），有司大兴水利，上户率力复固。

龙兴埭在来暮乡。

思济埭在来暮乡。

绿屿埭在来暮乡，与龙兴、思济皆不逾丈。其河下通永安港口。众流会聚，水势奔激，古有斗门，屡作屡毁，是以置埭，岁每增修。

湖北埭在芳山乡，长二十三丈，初与棠梨埭长三十三丈，共一河。宋元丰七年，洪水冲损，河分东西，溪水尽（入）西河，而东河不接上流，民田荒废。建炎三年，王汝晖置地，开凿新河以接上流，其河皆枕大江，埭岸一带不绝如线。乾道九年，王确出力浚河筑埭。淳熙甲辰（十一年）潮冲埭坏，复与江为一。确念功之废，大兴筑，每建斗门，诸斗门始固。

浦西埭在来暮乡，长三丈二尺，地名溪头，古有土埭，蓄众山之水，溉三十九都、四十五都田，宋嘉定初创。按《永嘉谱》云："瑞安江上流来暮乡四十都，受浦西水，其水盘纡百折。乾道九年，里人衡山主簿曹汝闻倡众率浚浦，且自为之记。以浦西水入江，视他处最易淤浅，凡用一千五百工，浦道二千五百余丈，自八脚桥至宋岙，渎口至魏岙桥，广三丈，魏岙桥至徐婆桥，广三丈五尺，深视广三之一，徐婆桥以下，深广渐增，水口广八丈，深一丈三尺，其支河若许峰、利用等埭，中洋等渎，皆次第开浚，广深随宜。"

徐洋埭在来暮乡，长一丈，蓄（永）丰湖水，又名车水埭。

河村埭在来暮乡，有小河一带通江浦，宋乾道初，于交际处立埭。

丰岙埭在芳山乡，长三丈，宋绍兴经界前有之，内河外江。

济头埭在来暮乡，长一丈，宋宣和间置立。建炎间重修。

杨家埭在来暮乡。初未有埭，以前水泄田涸，宋绍兴立。后名许岙埭。

永丰埭在安仁乡，长七丈三尺，有永丰湖。

上埭在安仁乡。

中埭在安仁乡，一名陈埭。

下埭在安仁乡滨江浦。

石步埭在广化乡，长一丈七尺，宋建炎间立。

黄马埭在广化乡，一名黄笃埭。

石桥埭在广化乡，长一丈余，宋绍兴二年筑，每岁增修。

苏埭在广化乡，长一丈五尺，宋建炎间筑，因以石固之。

古溪埭在嘉屿乡古溪。

务下新埭在城南门外东半里，长一十五丈三尺。本县北湖山水直泄入江，宋守孙懋给钱，差官傍内河用木版筑埭以捍潮。守毛宪易以石版。旧不通舟，因徐宏挟势夷之，便于上荡舟，县民以走泄风水讼于官，宋末令赵良垣议建于三贤堂，祠王公济、八行赵沾、义士张頠，复于石紫河畔通舟。诗曰：“欲回新埭水，依旧向江西。”有志弗就。元筑城废。

河头运埭在南社乡，长四丈五尺，河流自平阳县到埭三十里，入飞云江。

傅家埭、朱家埭、林家埭俱在南社乡。与傅家埭各长一丈余。俱系运河子埭，以蓄支河之水，里民以秋水泛滥，不敢决运埭，恐致走水，故立子埭以杀水势，至今并存。

横河埭在南社乡，以河名埭，其河南通平阳万全乡，东连沙塘斗门，脉络绵远，东枕大江，以埭限之。宋乾道丙戌（二年）水灾，埭陷田没，唐奉使相地，外筑塘捍潮，内塞河以副之，自是埭址坚固，盖沙塘斗门与河埭相为唇齿。

宋家埭在南社乡长一丈五尺，与平阳沙塘斗门脉络相贯，春涨则决之以便获，八九月间风激海涛，咸流入河，借此以防，后废。

侯家埭在南社乡，侯氏所筑。宋乾道丙戌（二年）再筑，因世守之。

陈家埭在南社乡，古为土埭。宋乾道丙戌（二年）漂坏，唐奉使相其地，移入塘内筑之。

钟家埭在南社乡，古有泥埭。

邓家埭在南社乡，宋元丰间姜、邓二姓筑二埭，其河两带，上俱接平阳，下皆抵江浒。宋乾道丙戌（二年）漂坏，后重筑，复于埭外筑泥埭副之。

姜家埭、丁家埭、孙田埭俱在南社乡。

溪尾埭在来暮乡曹村。

月井斗门在清泉乡月井，长二丈五尺。自初建县即有此斗门，凿岩依岸为之，斗门下有浦口、九盘。宋绍兴吕令相地里，谓县青龙山鼻孔出水，为一县风水之胜，乃浚之。

石岗斗门在崇泰乡，详见《记》文。

安禄斗门去县西一里，旧在安禄庙侧，西岘山岩穴通潮，遂建。一名永禄。初，县于集云山下，凿水三派，会于治前，东流入月井斗门，谓之龙鼻水。元筑城时废。

屿头斗门在涨西乡，宋乾道丙戌（二年）漂坏。绍熙间既筑径浦大埭，遂筑斗门，架桥三间，每间石版四片，中用版泄水。

莲团斗门在集善乡莲团，长六丈，近新丰斗门，潮水坍废。

苍山斗门在集善乡，元泰定二年，里人谢觉行用工倚山凿岩造之，长可二丈。其水自隐南等山发源，计十一派，会流至此入江。

半浦斗门在集善乡半浦，长五丈，宋淳熙乙未（二年）建，上溪下埭，后潮水冲激，遂废。

江济斗门在涨西乡，宋乾道丙戌（二年）漂损。

周田斗门在涨西乡，古有周田泥埭，冲决不时，宋绍熙间，乡官陈主簿改作斗门。嘉泰初，陈烈、王仲章重筑。岁久潮水冲坏，洪武丙辰（九年），主簿张九成重筑，仍创亭于上，扁曰："回澜"，增砌内外石坎百余丈，民田赖以荫注焉。

新丰斗门在集善乡，旧皆泥埭，宋淳熙乙未（二年）建斗门，长五丈，后西江潮冲损，里人王奕倡修。后复坏。元延祐己未（六年），其孙宗泽于小岙巨浦中辇大石改创斗门三间，跨以石桥，建来安亭以憩行者。元至正丁酉（十七年），风潮废坏。

桐浦斗门在集善乡，长十尺，蓄水利三都之田。宋元丰间建，崇宁时坏，复修。洪武十七年，里人谢觉邻修筑，上设石桥以便行者，其水自云峰诸山发源，计二百余派，会流至此入江。

唐坊斗门在集善乡，凡二间，古系泥埭，宋乾道丙戌（二年）潮坏，唐氏作之，上置桥，下有闸。

塔山斗门在集善乡，埭长二十七丈，宋大中祥符间筑，下通程头江，因潮冲坏，咸水入河，元丰元年建斗门。元时里人何成泽重筑。

塘东斗门在来暮乡磁窑下，因岩脚为之，自宋嘉定间，里人张金部建，有桥，今名登场斗门。

唱步斗门在集善乡唱步，长四丈。其水自福泉等山发源，注于陶山后湖，复流至此斗门入江，元至正壬寅（二十二年），里人叶良泽建。

昭仁斗门在集善乡，长四丈，元至大四年里人张声之建。

姜家斗门在来暮乡，古有浦通江，而小不足灌溉，乡民于浦口置斗门。宋淳熙间坍坏。

矢石斗门在芳山乡，宋元丰七年，洪水损坏。建炎三年后河应接上流。乾道九年重筑，又有矢石上、下二埭、新河埭。

南口斗门在广化乡，宋宣和五年建，壬寅（淳熙九年）倡修。

榆浦斗门在南社乡榆浦，废久，止存石柱，后修建沙塘斗门，遂筑埭，今为坦途。

瓜步洋斗门在南社乡瓜步洋。潮水冲激，久废。

村口斗门在来暮乡三十六都。

（明弘治《温州府志》卷五《水利》。《记》指陈傅良《重修石冈陡门记》，见笔者《温州古代经济史料汇编》第 77 页）

明弘治时乐清县水道

近城水道：东、西两渠自县治前惠政桥下至南市心，旧时有司常为申儆，不使居民结屋其上，淤塞水道，则东、西两溪可以流潴其中，非惟清洁，且防火患，渠上皆植冬青垂柳，往来之人如行翠幄间，岁久湮塞。元末方氏吏刘敬存者，综理邑事，浚治深广，还复其旧，于是两渠相通，重建宝带桥其上，又东溪东小河浚至白沙（斗）门，白沙之田得其灌溉，舟楫可通，又缓瀑水之势，民甚便。

诸乡水道：东乡水源自黄塘、瑶岙诸溪流出至新市，广七丈，以芳林、白沙诸山岭隔绝，不与县河通。运河分流散入瑞应一乡，溉田十万亩。其河深丈许，不甚涨淤，涝则溢，旱河（难）涸竭，故无干旱之患。其山乡玉环乡，山溪无河。

西乡水源自县至馆头，运河六十里，发源于县之两溪并白石诸溪流出，驿船客艇往来如织。又分为支河，散入永康、长安、茗屿三乡，灌溉民田二十余万亩。河仅深六七尺，易淤，雨溢晴涸。塘埭不葺，海水流入化为斥卤，全赖有司常加浚治。其象浦水源溪流十数里，南与馆头江水相接，隔下庠诸山，与西乡水道不通。

（明弘治《温州府志》卷五《水利》）

明弘治间乐清县塘埭陡闸

赵公塘在县治东、西两溪上，详见王宾《记》文。

刘公塘自县西迎恩门外至馆头五十余里，路通府治，县尝有水患，行者病焉。宋绍兴初，邑令刘默役西乡民分界修筑，增加高广，民甚德之，名刘公塘。

白沙塘、七宝塘，以上二塘共一带，在永康乡，起自东山根，至白沙岭六百六十丈。

东塔塘、灵瑞东塘、灵瑞西塘、西岩塘、北岸塘，以上五塘共一带，在永康乡，起自东山根至印屿一千二百五十丈。

南岸塘、陈家塘，已上二塘共一带，在永康乡，自印屿山至石马山，七百一十五丈。

章岙塘、沙角塘，以上二塘共一带，在永康乡，起自石马山，至沙角山一千二百五十四丈。

三屿塘、陈家塘，以上二塘共一带，在永康乡，起自沙角山，至塘头山一千二百三十九丈。

塔头塘在长安乡，起自塔头山，至岐头山一千三百五十七丈。

黄华塘、智广塘、陈家塘、朱家塘、白鹤塘、法空塘、普觉塘、八都塘、十一都塘、盘屿塘、重石塘，以上一十一塘共一带，在永康、茗屿二乡，自黄花山至重石四千一百六十五丈。

支湾塘、田江塘，以上二塘共一带，在茗屿乡，自重石山至馆头一千二百一十七丈。

馆头塘、驿前塘、象浦塘，以上三塘共一带，在茗屿乡，起自馆头至白鹭屿一千三百二十五丈。

姥岭西塘在永康乡，起自白沙岭，东至姥岭西九十一丈。

官路塘、翠云塘、林家塘，以上三塘共一带，在永康乡三都，起自姥岭，至沙角山。

竹屿塘在永康乡，起自沙角山，至竹屿五十二丈。

三坑塘在永康乡，起自三坑，至坳桥斗门二百丈。

明庆塘在永康、瑞应二乡，起自竹屿山，至万家桥五百二十丈。

万桥塘、朴湖塘、辜埭塘、黄塘、乌龟塘、长山塘、黄岙塘、感祝塘、小崧塘、马家塘、寿昌塘、古塔塘、桥头塘，以上一十三塘共一带，在瑞应乡，起自万家桥西沿赤水港至万桥东，计七千二百三十五丈。

甑岙塘、娄岙塘，以上二塘共一带，在瑞应乡，起自万桥东岸，南至娄岙山四百九十二丈。

上沙塘、下沙塘、灵云塘、林家塘、万家塘、何家塘、小崧山东塘、小崧山西塘，以上八塘共一带，在瑞应乡，起自娄岙山，北至颜坑，计二千八百七十四丈。

泥塘在瑞应乡，起自十四都下二里塘头，至本里山头三百九十五丈。

蒲岐塘在瑞应乡。洪武三十五年，邑人朱宗益奏差办事官马羽等踏勘，筑塘九百余丈，关防东乡凡九都水利，环护蒲岐所城池并长林盐场。正统间坍损，何守文渊修筑。天顺间复坏，副使朱公定军三民七之例修筑，永为定规。成化间复坍。弘治已未（十二年），推官何鼎督所、县千户何彪、主簿李瑜，率军民修筑完固。

法华塘在瑞应乡，起自十五都高嵩山，至东山头一百五十丈。

灵岩塘在瑞应乡，起自丽岙至安乐。

寿昌塘在瑞应乡，起自十五都四里山头至安乐。

净名塘在瑞应乡，起自外岭山头至后塘。

江心塘、罗汉塘，以上二塘共一带，在瑞应乡，起自十都三里，至崇德塘计一千三百丈。

崇德塘在瑞应乡十六都四里，至东山双斗门一千七百丈。

寿昌塘在瑞应乡，起自十六都一里南浦山头，至能仁塘界。

海口塘在山门乡，起自十七都海口殿前，至官路边。

五福塘在山门乡石壁，周围一百十丈。

本觉塘在山门乡，起自东山下，至官路边。

渡头塘在山门乡，起自北监城边，至西山下。

灵云塘在山门乡，起自小芙蓉路东，至东岙溪边。

石阵塘在山门乡，起自十九都跳头，至大慈寺前。

新城塘在山门乡，起自海山，至麻车溪。

靖子塘在山门乡，起自下塘，至麻车溪。

柽冈塘在山门乡，起自洪家桥，至官塘。

溪峒塘在山门乡，起自溪峒，至柽冈。

算坑溪塘在山门乡。

马家场溪塘在山门乡，起自二十一都马家场，至龙滩。

程家塘在山门乡，起自二十八都山头，至溪边。

东庄塘在山门乡，起自东庄头，至塘头三百五十丈。

黄社塘在山门乡，起自黄社，至淑头。

蒲湾塘在山门乡，起自蒲湾，至西山。

泊岙塘在山门乡，起自泊岙，至东山头。

湖务车头塘在山门乡，起自塘头，至西岙一百八十丈。

小球车头塘在山门乡，起自车头，至塘头。

小球塘在山门乡。

大球塘在山门乡，起自大球，至屿山头。

丁家塘在山门乡，起自屿头，至斗门一百五十丈。

青屿东塘在山门乡，起自青屿东边山头，至斗门。

青屿西塘在山门乡，起自青屿，至匾屿。

官山下塘在山门乡，起自官山，至武溪山头。

南湾塘在山门乡，自南湾至下山头。

梅溪坦塘在山门乡，起自角湾，至山头。

截屿塘在山门乡，起自屿山，至龙拔塘。

龙拔塘在山门乡，起自龙拔塘头，至东斗门。

百丈塘在山门乡，起自西山边，至六眼斗门。

隆光塘在山门乡，起自三十一都，至龙拔塘。

林家塘在山门乡，起自三十一都三里，至九眼斗门。

九眼斗门塘在山门乡三十一都，起自九眼斗门，至三十二都崇德塘界。

崇德塘在玉环乡，起自崇德塘头，至三山山北。

三山塘在玉环乡，起自三山，至清港口，二千六百丈。

能仁塘在玉环乡，起自清港关边，至白榻七百丈。

江心塘在玉环乡，起自徐都，至能仁塘界。

横山塘（一名庆环塘）、云会塘、麻麦塘，以上三塘共一带，在玉环乡，起自三十二都九里，至十里，计长二千八百丈。

吊山塘在玉环乡三十二都，起自横山南，至吊山山头。

隆黄塘在玉环乡，起自横山南，至楚门山。

上湾塘在玉环乡，起自三十三都上湾，至三十四都界，一百八十五丈。

渡头塘在玉环乡，起自三十三都东山头，至楚门西边山根。

万安塘在玉环乡，起自三十三都五里新塘，至三十四都东山。

陈司徒塘在玉环乡三十三都，起自峡门盐仓边，至马家湾。

灵山塘自三十三都五里，至古榻。

枫林塘在玉环乡，自三十四都石壁，至三十三都盐场为界。

花严塘在三十四都七里，至九里。

神山塘在三十三都界，至三十四都蝤蛑岙。

抚安塘在瑞应乡，弘治庚申（十三年），张副使鸾、邓守淮、何推官鼎重筑，甚固，得田七百亩，徙海岛苔山之民居之，详见编修王瓒《记》。

县浦埭、后洋埭、白沙埭、屿北大埭、法灯埭、屿南大埭、鱼池埭、法华和尚埭、章岙埭、胡埭、三屿东沙埭、三屿西沙埭、河里埭，以上俱在永康乡。

黄渎埭、八铧埭、塔头埭、沙埭、长林埭、黄花东大埭、黄花西大埭、曹田埭、项浦埭、东浃西浃埭、池岙埭、洋田埭、卢屿埭、新河埭、猫儿埭，已上俱在长安乡。

沧下埭、营田埭、瓦砾埭、侯家埭、东浦埭、西浦埭、盘石埭、伍保埭、重石埭、馆头埭、萧埭、白鹭屿埭、黄香埭，已上俱在茗屿乡。

余家埭、徐家新埭、朴湖埭、辜埭、黄塘八埭、乌龟埭、长山埭、黄岙大埭、感祝埭、蒲屿埭，以上俱在瑞应乡。

长徼溪埭、白岩溪埭、沸头上埭、岙坑埭、婆溪埭、驿前埭、竹舨下溪埭、朱洋溪埭、冯监前埭、婆前溪埭，以上俱在山门乡。

白沙斗门、东山斗门、印屿斗门、南岸斗门、章岙斗门、三屿斗门、三坑斗门、坳桥斗门、竹屿斗门、巉头斗门，已上俱在永康乡。

塔头斗门、岐头斗门、黄花斗门、白鹤斗门、法空斗门，以上俱在长安乡。

盘石斗门、支湾斗门、馆头斗门，已上俱在茗屿乡。

石埭斗门、长山斗门、蒲岐斗门、高嵩东斗门、高嵩西斗门、寿昌塘斗门、小崧斗门、灵岩塘斗门、净名塘斗门、东山斗门、东山双斗门、南浦斗门，已上俱在瑞应乡。

海口塘斗门、本觉塘斗门、石阵塘斗门、新城塘斗门、靖子塘斗门、柽冈塘斗门、小球塘斗门、大球塘斗门、丁家塘斗门、青屿塘斗门、青屿西塘斗门、官山下斗门、南湾塘斗门、梅溪塘斗门、龙拔塘斗门、六眼斗门、隆光塘斗门、林家塘斗门、九眼斗门，已上俱在山门乡。

崇德塘斗门、三山塘斗门、能仁塘斗门、江心塘斗门、横山塘斗门、吊山塘斗门、隆黄塘斗门、上湾塘斗门、渡头塘斗门、万家塘斗门、陈司徒塘斗门、灵山塘斗门、花严塘斗门、神山塘斗门，已上俱在玉环乡。

（明弘治《温州府志》卷五《水利》。王宾《记》指其《筑赵公塘记》，王瓒《记》指其《抚安塘记》，见笔者《温州古代经济史料汇编》第74、86、87页）

明弘治时平阳县水道

近城水道：水源一自昆山来，一自岭门来，入县前夹治东西流。又一源自白石岭老山来，入白石河，流过县治后，号腰带水，会于抗云桥分流。旧时下山宋庄有支浃，筑石塞之，曰水埭头。登瀛左又有小浃，其旁居民穴之以自利，有司虑其走泄，因筑石障隔之。其城内水道，民间多架浮屋，岁久壅塞。咸淳间，王令应嘉重浚，并以岭门东西涧水，所如子来赴焉。详林景熙《记》。

县东水道：自抗云桥东埭下河，出五都、六都、七都，南抵仙口，北抵斗门。

县南水道：水源一自岭门外出，一自仕巷及新罗山等处出，会于夹屿桥，分派西达前仓，南达江口。

县北水道：水源自县北历鸣山，过文川，直抵瑞安县界，至飞云渡头，所谓三十五里塘运河是也。

诸乡水道：按韩文公作《路应碑》云：守温日，“筑堤岳〔乐〕城、横阳界中，二邑得上田，除水害。”今平阳运河长堤，亘县南北，因古制也。然县北为万全乡，其地平衍，河流广深，民田引溉，力少功倍。县南为（慕贤）东、西、亲仁、凤林、宣化、归仁、宰清、崇政、招顺，凡九乡，地势高下不等，其间溪流直注，啮坏无时，地硗种薄，人民频徙，故浚治之功施于南者常难。由县北万全言之，自县郭外直趋瑞安渡者运河也；河东西分流，经纬畎浍，舟航出入，各因所居而达于邑者支河也。旧埭与斗门相望，不越数里，此利彼害，以邻为壑，交相病也。宋绍兴三年，吴太博蕴古倡建斗门于沙塘，合诸村之水泄此门，以时启闭，凡向之私堰埭尽废，自后永无水患，为利甚大。由州南九乡言之，自城南沿驿路为河，至江口渡、屿门而止者运河也；越前仓江以南，河道隘浅，小雨则浸，稍晴则涸，岁屡失收，而无度地宜以兴达利者，士人林居雅捐力为阴均埭，而金舟与东乡始借以济。惟西乡以上咸仰溪流，自闽峤松山涧谷下注，平水至黄浦而达于江，濒江之田苦于失溉，常思蓄水以杀咸卤，上流人户常患溪水壅溢，有垫溺之忧，上下二境利害半之，辨讼累年。嘉定初，汪令季良以濒江士民之请，创埭于黄浦以截大江。既而随筑随毁，裒诸乡工费甚巨，迄无续用。盖以江面广阔，潮至此方盛，加以溪流奔冲，内外攻啮，不容力障故也。自后县北之沙塘斗门、县南之阴均斗门最为民田利，而黄浦埭之议遂搁。

（明弘治《温州府志》卷五《水利》。林景熙《记》指其《州内河记》，韩文公《路应碑》指韩愈；《唐银青光禄大夫守左散骑常侍致仕上柱国襄阳郡平阳路公神道碑铭》，见笔者《温州古代经济史料汇编》第79、80、72页）

明弘治间平阳县塘埭陡闸

万全塘自县北至瑞安飞云渡三十五里，旧破河为土塘，岁久颓圮。宋绍兴中，里人徐几为倡，铺石其上，功未成而卒。淳熙间，世充之孙左司谊，与知阁蔡必胜合议以石更造，为费二十余万缗，乃约里居税户，随其厚薄，分力办事。会母丧，得赙赠悉以佐役，因即鸣山保安院为修塘司，其出纳有籍。元初，修塘司没入官，塘遂阙陷。大德九年，滕天骥督民修完。元末县筑城，塘石拆毁。国朝洪武八年，增筑平阳城，塘石尽毁。弘治己酉（二年），王令博国复厥旧，功未成而去。后十三年壬戌（十五年），何节推鼎修筑完固，详见《记》文。

坡南塘自县南夹屿桥，西出道仓二十五里，南出江口二十五里，旧破河为土塘，遇潦辄圮，人苦修理，屿门郑濂仲倡议固以石版，宋嘉泰元年砌南塘，淳祐丁未（七年）砌西塘。（元）大德八年滕天骥督民修完。

沙塘自瑞安南社乡至平阳万全乡下社二千余丈。

仙口塘自沙塘至万全乡二千余丈。

江口塘自东乡屿门至万全乡七都一千余丈。

白沙塘自江口丘家步南岸至东乡十一都一千余丈。

外塘自江口丘家步南岸东向沿海至斜溪，岁久坍坏，入海渐远。元大德元年海塘坏，九年，提控滕天骥大兴工役修筑，寻坏。至大二年，知州谢振孙加筑。延祐五年七月，潮溢又坏。知州张仁方补筑间，会守赵凤仪抚恤倭商，经从其地，申命增筑乃完，书扁曰：“护安堤”。西向至黄浦江两岸，直抵楼石，五十余里。大德元年海溢塘坏，九年修筑完而复阙。至正末，周嗣德重筑。

仙口埭（即沙塘斗门旧址）、钟家侧埭、宋家埭、伍家埭，俱在万全乡，建沙塘斗门后尽废。

苏埭、陈埭、华埭、丘家埭、腊田埭，已上俱在（慕贤）东乡。

径浦埭、丘家埭、麦城埭、林家埭、黄明埭、丁家埭、搀埭、蒋军河口埭、桃湖埭，已上俱在（慕贤）东乡，并废。

浦尾埭、新埭、南埭、西门埭、陈胥浦埭、垂杨埭、半浦埭、山前筋竹埭、黄浦埭、蔡神堂埭，已上俱在（慕贤）西乡。

石拜埭在金舟乡。

温江埭、大驿埭、斜港埭、坊前埭，已上俱在凤林乡。

夏林象口埭在归仁乡。

青湾埭、古竹埭、焦坑埭、小河埭、石埭，已上俱在宰清乡。

山头埭、江南埭、杨家埭，俱在崇政乡。

涵头埭、黄家埭、和尚埭，俱在亲仁乡。

沙塘斗门在六都，凡万全、东乡、南社三乡之水皆赴焉。宋绍兴三年，太博吴蕴古创筑，费累数千万，为屋七间，用巨木交错，坚若重屋，虚其中三间之上层置闸焉，密置厚板柜土，连络塘岸，又多沈石攒楗以拱敌水势。明年圮。丞范寅孙稍徙旧址北筑之。乾道丙戌（二年）海溢，斗门塘埭俱空，朝廷遣唐郎中、宋提举相视，徙内数百步。淳熙乙未（二年），瑞安令刘龟从、平阳令杨梦龄率三乡人共修筑。岁乙巳（十二年），令赵伯桧与蕴古子焕文、孙师尹继成之，稍仍旧规，而深广逾三之一，凿石为条为版为扞为块，牙错施之，锢以蜃灰，侍郎徐谊、知阁蔡必胜作亭其上，立石曰召杜亭。沿塘下有涨涂，请于官，募人耕之，岁入租谷三百石以备修筑，自此斗门成。庆元间，簿赵希佑重修。元初，斗门纳粮田入官，自是修理无资，故圮。至元十八年，黄一龙、吴纯夫、陈则翁修理，作亭其上。二十四年丁亥，飓风，亭仆。二十六年黄一龙、吴时亨重建。大德丁酉（元年）海溢，与附近盐场俱荡，仍修之。至正壬寅（二十二年）风潮，复圮，邑人周诚德率三乡之民重筑，僧清所任其役，岁余乃成。国朝洪武乙卯（八年）七月，飓风海溢，令叶素德仍命僧清所修筑。景泰间，林贵南、钟伟俊重修。成化间，王令岳修召杜亭。

麦城斗门在东乡九都。

江口斗门在九都，宋端平丙申（三年），令林宜孙创。（明洪武）十六年，县丞彭尚贤修。成化二十二年，知县王岳重修筑。

下埭斗门在西乡。

奇石斗门在前仓，疏凤林、西乡水于江。

新斗门（即和尚浦斗门）、塘湾斗门、江西斗门、楼浦斗门、下涝斗门、萧家渡斗门，以上六斗门，《元志》云：“（宋）嘉定五年，郡守杨简复奏筑黄浦埭，相视官临海主簿吴宝卿申，合先筑六斗门，以泄上流，仍开庄严院前一带旧河以通舟楫，遂立埭。后不成，斗门少利。”

黄渎斗门、新兴斗门、河口斗门，俱在西乡。

白沙斗门在东乡。

阴均斗门在金舟乡，洪武元年令梅镃率乡民修筑。

新桥斗门、滩头斗门，俱在金舟乡。

石竞斗门在亲仁乡，土人陈骥筑。后六十年颓损。嘉定间，拆其石筑黄浦埭，遂废。后于浦边章氏地建之。

楼石斗门在亲仁乡。

相思浦斗门在亲仁乡越潭。乾道间，乡民筑埭，为水所坏。开禧间，郑伯恭陈请建，后坏。洪武二十七年，为兴利除害事重修。

度龙斗门在亲仁乡。

于山斗门、鼋山斗门、下庄斗门，俱在归仁乡。

灵溪斗门即徐家窑斗门。

黄岩斗门在宰清乡。

荆溪斗门在西乡。

永丰斗门、侯家斗门，俱在万全乡，今废。

淋头斗门在十都，王自中为《记》。不傳筑黄浦埭，别建八斗门，遂废。

乌屿斗门在二十一都，蒋潜斗门在二十二都，湖南斗门在乌屿、蒋潜北，以上三斗门自阴均斗门成，俱废。

象山斗门又名象源，在三十六都。

丁昌斗门在四十七都。

杨铿水门在一都北屿门，郑韬祖建，叶□分有《记》。

小水闸在四十五都，今废。

管岙水闸在二都。

（明弘治《温州府志》卷五《水利》。《记》指童器：《平阳万全塘记》，见本书下文。苏伯衡：《重修江口陡门记》，见笔者《温州古代经济史料汇编》第83、84页）

明弘治时泰顺县塘堰

莒冈塘在二都。

东源堰在县北二里。

丈洋口堰在县西一里。

四溪堰在县南百里。

（明弘治《温州府志》卷五《水利》）

明弘治时温州各县置闸埭夫

永嘉县：渡闸埭夫：新建等渡并埭闸四十二处，各一名。

瑞安县：闸夫：石岗（等）斗门六处，各一名。看守圩岸夫：三名。

乐清县：闸埭夫：石马等斗门闸埭三十六处，各一名。

平阳县：闸夫：沙塘斗门四名；江口、阴均斗门二处，各三名；新斗门一名；旧斗门一名；萧家渡斗门一名；下梁等斗门一十处，各一名。

（明弘治《温州府志》卷七）

明弘嘉间平阳重修万全塘

平阳县北，在昔运河有塘，直抵瑞安飞云渡，遇支河则桥其上以通之。国朝洪武乙卯（八年），取其石增筑平阳城，流水断桥为行者病，且破坏倾圮，水不久储，农者亦不利焉。有司牵滞架漏，盖十纪于兹矣。

弘治己酉（二年），临川王侯资博知是邑，图复厥旧，募义士依河涯先建桥一十八所，适以迁擢去任，塘路尚未砌。继者虽每注意于是，率不能以断成也。是岁春，阆中何侯重器以郡节推掌邑事，躬督丈量，计徒庸，出粳粮以令役于民，视前议缩半，民欣然从之。甃塘路凡若干千丈，以里计者舍馀，财出于闾右而官不费，力佣于贾旅而民不劳，阅三月告成。乃省练川、黄洋二铺为一，改名迎恩，每岁征力役省师共五人，盖以是路之直而捷也。是岁夏，方君纯吉来尹之初，视桥道之成而乐夫民之利之也，属余纪成绩。

余按《春秋》，凡宫室台榭之作，事有得已者则书之以著其病民，若夫道路桥梁可以为民便者则不书。盖王政之一，亦有司职分所当为也。况万全塘为必由之路，邑民旧于是资其河之水以灌溉者亦甚多，夫岂可以止者乎！昔韩文公作《路应碑》，谓其守温日，作堤横阳界中。则此塘其来也远自唐，至于今不知凡几世！事在有司欲兴而莫就者，不知凡几，举辟荒补弊，主张维持又不知凡几人，此谓贤者之兴而愚者之废有以哉！当是塘之未成也，行病涉而农病稼，水陆不利也久矣。今塘之已成也，护田有防，无复泄漏，周道如砥，南北可通，耕者歌，行者谣，水陆之俱利，果谁之力与？厌暂劳而弃久逸，惜小费而忘大利，虽今之所谓良有司者亦然也。孰知百年之已废者而有待于二公者与！故特书之，使后人知有甘棠之思。是为记。

（童器：《平阳万全塘记》。录自明弘治《温州府志》卷十九。作者平阳人，弘治十二年进士，官至刑部郎中）

平阳县万全海堤记

乡进士承务郎南京光禄寺署正邑人蔡芳撰

己卯科乡进士邑人徐祺书

南京中城兵马司副指挥瑞安郑大章篆

平阳为邑东南，岸大海，万全乡世相传为海涨之地，旧堧以沙为塘，厥土斥涂，作乂底绩。宋乾道间，飓掀海溢，卤坛涂畛沦于沧溟，厥塘内徙数百步，始用刚土杂石子筑之，外捍潮汐，内护河渠，百谷仰滋，民赖厥利。岁久，风涛冲啮，堤防失固，三乡四万余顷之田厉于灌溉，利去而害存。昔之为塘者狃于故常，不暇计经久，薄费而亟成，重负而弱植，旋踵告坏则补苴，其甚仅支旬时。夏秋之交，飓风激海，善崩之岸夺为壑渊，咸流内奔，若蹈旷境，民罔康食，佥惟怨咨。前大理寺正九溪周侯以谪丞永嘉，摄我县篆，目击兹患，遂登进故老陈希准、林明阜议为石堤。仿浙江钱塘制，然费巨用宏，以为不若是无以善后贻永。白之当道，久而得请，周侯以擢留守有行，事竟寝。

松溪叶侯来为令，洁己以奉职，励志以成事，适民庶告灾，侯谓是不可缓，爰检故牍聿图兴创。会丞邑太仓唐侯议以克合，乃规货食，计匠佣，揣遐迩，董事期，萃缗于畮，剜石于山，鸠工于良，责成于水利所及之乡大室之役于官者，司出纳以率作，每图授以二丈四尺之地而约其赋功，每地丈，法用长条石凡十以为之经，短条石凡六以为之纬，纵横积叠，上下参错；复以乱石杂土傅其里以为贴帮，崇一寻有四尺，广倍崇而益寻之四尺，修为尺一万二千而赢，云横虹亘，屹然一金城宣防也。塘成，又率民余力疏通陡门陂浦以备暴潦。是岁，潮不害稼，田始有秋，既无内忧，而又无外惧。民皆歌舞侯德，乡耆陈玉瑞、吴隆玉欲勒石以记成事，自瓯粤之金陵具舆悃而以文也请。以芳生长其乡，习知其事之因革者也。芳家食时，屡慨夫泻（泄）水之浦甫开而已淤，防水之埭仅成而复坏，思之而不得其术，为之而不得其权，迨莅官南都，常侧耳聆故乡之利害以为欣戚。今不图为塘之至于斯也，又何幸如之！

窃惟成周盛时，匠人率井田之民以治沟洫，稻人掌稼下之地以治潴防，无非广利于天下也。自是厥后，井田最先废，沟洫已不可复，其蓄水之潴、止水之防，为夫今盖犹夫古也。郑渠凿而秦人富，蜀堋成而陆海兴，汉唐循良之吏率能酌水国之余波而兴其利于一方一郡焉者。吾万全海口之役艰于河川，苟失此不举，非徒殄富兴之利，而其害也滋甚，其可以已乎哉！叶侯以治行推，自筮仕距于今甫一考。洎唐侯修举废坠，同寅协恭，盖其视民如子，视官事如家事，视民隐若恫瘝乃身，百凡经画，曲尽治理，况堤塘关于民之利害为尤要，庸讵安于草创而已哉。盖自开辟以来即有此海，自桑田即有此乡，自御海即有此塘，司是邑者令凡几人，治凡几更，石堤之作至叶侯而始备，可谓吾民一贺也。记之刻，非惟昭作始之自，亦所以俾后之人毋弃其成也。叶侯名逢阳，字子大，辛巳科（正德十六年）进士，其来以嘉靖元年二月。唐侯名佑，字祯伯，国子生释褐，其来以正德十五年三月。堤之役，经始于嘉靖二年秋八月，讫工于明年冬十月。又明年春王正月望日记。

（蔡芳：《平阳县万全海堤记》。录自民国《平阳县志》卷七）

明隆庆间瑞安修建江塘和龟山陡门

隆庆间，周令悠、簿汪元寿增修（江塘）。

（清嘉庆《瑞安县志》卷二《建置》）

瑞邑五都去县治二十里，形胜麟凤龟龙，四山环峙，擅名四灵，惟龟山峙于海口。外海内河，咸淡易淆。故河水涸则外无所开，倏至旱干；海水溢则内无所壅，时多泛滥，稼穑屡伤，一至十二都民咸切病焉。虽旧有石冈大陡门、长桥小陡门，世远年湮，俱不能蓄淡泄咸，久成虚器。

先是邑父母羽泉刘公亲诣相度，乃欲于龟山海口咽喉之处建立陡门，仍筑防潮塘岸一带，内围涂地三百亩，其工料不费官府，令办于殷民，即以所围涂地抵补，公私不扰，而民利无穷，甚盛举也。事已载于邑志，因阻兵火未果，夫亦数有所待也。

隆庆庚午（四年），乡耆李公仁、林元琢、黄克达、黄克新、李延儒等佥患稼穑不收，寻复旧举，各愿捐赀，陈情于钦差盐院吴公，准行太府虚山张公，公意大悦，速颁于邑，时邑无堂宰，事弗获主，犹豫者久之。适吾夫子健峰黄公由兰陵令左迁吾温郡博，既至，院道知其才德不凡，任署瑞治。莅政半月，瑞民胥庆于道，喜其来而犹惜其晚也。缘是乡耆等曰："邑有明公，事获攸主矣。"遂相率以告，夫子欣然曰："兴利除害，为民父母者之责也，讵不惟尔等是从。"遂留心计议，曲尽规画，授典宰林大教、太使周伟督夫助筑，不三月而讫工。随以石冈等处陡门闸夫改拨于此，以时启闭，于是咸者不入，淡者不出，稼穑无畴昔之患，大利兴而大害除矣。向微吾夫子鼓舞而作兴之，虽有羽泉公之始举，谁与成其终哉！虽然，事之成否迟速有数焉，不可违也。嘉靖庚子（十九年），有司曾立陡门于海城之北矣，时二尹谢公成孙来董其事，中夜尝语之曰："年来枉费民间力，龟浦山前万世功。"则龟山陡门之成于今日，其几已兆于昔年矣。兹非数有所待耶！吾是以知夫万世之功者，数之原于天也。享万世之功者，利之遗于民也，成万世之功者，德之在于吾夫子也，吾夫子行将成万世之功于天下，盖不独区区一方云耳。愚因居是乡而游郡庠，既辱教育，又沐德泽，敢述其事，并垂万世而不朽。

时隆庆五年龙集辛未夏六月吉日。

乡士郡庠生曲江黄乾谨识。教读张天听书。

（立碑者从略）

（黄乾：《龟山陡门碑记》。该碑现存于温州博物馆）

明隆庆间永嘉长埭降低一尺

永嘉河乡之水，发源于西南诸溪山，而注于东北以入海。蒲洲新建一带地势平江，砌石筑堤二十余里，名曰长埭，内蓄河水，外障江潮，为一方水利最要处。而藉陡门埭湫以泄之，乃当暴雨骤涨，未能遽泄，多从曲头一带溢出入江。盖其地形污下，为众流归处，故泄之易也。第此故往来捷径，雨甚人多病涉。隆庆间，众鸠缘砌路高三尺许，阻却诸水入江之势，比水溢而田禾辄遭淹没，郡守卫公承芳询知其故，减下曲头新路，并修各处埭湫，而水患幸获免。

（明万历《温州府志》卷二《舆地下》）

何懋官归省，时有乡民苦长埭太高，禾稻屡至湮没。公目击怨咨，奋然为地方造福，请于府、县，减去埭石一尺，使水势易通而田资其利。至今故老犹尸祝焉。

（黄汉：《瓯乘补》卷五引永嘉《方川何氏谱》。何懋官，永嘉人。明万历五年进士，历官衡州知府）

明万历初平阳重修凤浦埭

公之为平阳，独凤浦埭之役最大。平阳之南有江横亘，江之南又多大溪，南北相贯穿，则亦名曰东江、西江，凡溪水之来汇者三十六源，溉田可四十万亩。独患闽之山犬牙错，潮出其间，若与之斗，斗即涛愈壮，而溪水尚不能敌，涌而坏民田者，卤也。

在宋端拱，始筑埭三峰。嘉定中又移筑凤浦，民赖其利。元末兵起，埭废。本朝自永乐迄嘉靖，里父老凡四叩阍，卒未果复。当岁丁丑（万历五年），公以白备兵使者龚公，遂与定筑埭之议，经营凡八阅月而工毕。

是役也，公谓用土不如用石，恃堤不如榷，止埭下流不如并埭上流。夫笼土石而投之，石固易止而立也；榷者，下石而上土，水之来者而留石以为之阈也，水之去者汨土而利土以为之户也；并备上流，则无虞于蚁穴；盖既成而后人知其完焉。计用工三万有奇，用金四千两有奇，而取之四十万亩者不过税民亩四厘而已。

（娄坚：《学古绪言》卷一二《淮王左长史何公墓表》。文中“何公”即何钫，字子宣，江苏常熟人。明万历二年以举人谒选，授平阳知县）

嗟乎！夫立事亦难矣哉，事之难莫如治水。治水而欲振已坠之绪于数百年之后，拄盈庭之议，收道旁之绩，当时讪之际，出穷民之财而无怨色，则岂不尤难乎哉。余于平阳凤浦埭之成，而憬焉有悟于治人之急也。故有治人，则天下之事举无难焉。盖其始之筹之也贵决、贵彻、贵不夺；其中之为之也，贵哲、贵兢兢于篑之终、仞之末；其终之守之也，贵慎于蚁穴。兼是者，其斯役之谓乎！

何以言筹之决？诚知其不可以已也。夫平阳南面，左海右江，江所受注莫大南港，由凤浦三峰溯平水凡六十余里，极于闽之分水，旁则泰顺石湖西来注之，以及玉苍、灵溪、藻溪、上桃，凡三十六源悉汇是江以达于海。两岸之田四十万亩仰溉于兹，而常苦海潮之入也。故自宋时筑埭截之，端拱则于上流三峰寺前，嘉定则就凤浦当山断处而旁筑六陡门十湫跕以疏其流、杀其怒，埭用是完，民蒙其利。其后埭决而民始病矣。夫一夫不耕或受之饥，而况四十万亩乎。是其筹之也固当如拯溺救焚焉可也。

何以言彻也？则上下同欲之谓也。故曰：“谋及卿士，谋及庶民。”前兵宪龚公，所至不惟治兵明刑也，常孜孜于民瘼。一闻县侯之言，而知民之望是也，则亟谋之太府公。公笃民尤甚，暨郡寮诸大夫咸交口赞，遂奉兵宪公亲莅其地，进父老而筹其利害，庀其工用，则小大稽首，咸怀子来，于是迄于成功。所出于民者至四千余金，而公帑不与，民不知病焉。故曰："天下之事未有不成于同者也。"

何以言不夺也？夫法无全利，书无全信，嘉定之功，民富士作，既咸宜矣，而小亭一处独以地洼不利潴水，上河之记殆缘是生。夫邑乘余则尝视之矣，徒以史公通儒当非窾言，乃鉴于前车，哀恫于民力而不知噎之不可以废食也。今宁无举前说以挠之者乎？而非诸公之坚定，则安能不夺哉。故曰："中山之功非乐羊之力也。"

何以言哲也？盖兵宪公尝谓余曰："埭之用石所以为坚也，顾其始投石，石辄随流，众咸以难矣。吾创意笼石而下之，得稍定，则竞前投石，石遂山立，功乃可施。"而乡人言陈经历之裂者，则曰："经历其始不与水争道也，第坚筑两旁，稍前近水，水得纵流其中，不复啮两旁，其后也两旁既坚，乃并力一举而截水。"伊川先生喜人用智，殆此类也。

何以言篑之终、仞之末？夫埭之甫合也，兵宪公涉官淮阳，车牵已脂矣，乃更回旆数百里，驻于埭上，大畴功而激赉焉，士则大劝，初不曰此后人之事也。公既行，何侯独念水源盛壮。埭虽坚，恐不得独固。而新兵宪吴公既至，尤轸民瘼，乃请于埭上流更筑石塘。公亟颔然之，董督一如龚公。初不曰此前人之绪也。于是一篑毕而山成，九仞终而泉洌。父老咸曰："禾之芃芃，自束发以来所未见也，有自也哉。"

何以言慎于蚁穴也？夫史公上河之说诚诐矣，然以六十余里之聚，三十六源之委束于一渠，犹以数斛之水注于一觞，是则诚然不可不深长思也。今者于埭左右疏湫河二，筑陡门二，又增筑湫陡以杀水势者共十有五，则既追媲于嘉定之初矣，固当百世永永无患。第前事者后事之师，即不知嘉定向者何以久而复决？岳守之利何以仅年十八？而本朝贤能如王令者又何以筑而不立也？巨防蚁穴，可无慎乎！盖治水莫如顺，顺莫如疏，疏莫如湫陡，湫陡莫如多，九河之疏固伯禹所以救湮阳也。夫大水之至，陡安能泄，其惟莫跶乎。跶者，石下而土上者也。石如户限，常立于下以捍咸之入，浮土如户，有时而辟以纵淡之出。盖咸非旱则不入，而淡之潦则固襄跶而出矣。由今暨后，常相与讲求于斯，又何蚁穴之不窒乎。

余独有味乎何侯之为治也。盖自赋总均平，民务钱刀，吏急期会，教养之务有所未遑。司畯介者溺其职矣。侯乃能度催科而忧民瘼，不衒功，不近名，所谓闷闷醇醇，岁计有余者非耶？盖侯之气貌心政，慥慥焉，肫肫焉，固望而知其循吏矣。且其民亦有异焉。输财至四千金，而未尝以顺官府。囊鼓之弗胜，子来之不日，不是过也。非素有以联属之而然哉？侯语余曰："是役也，力从民欲，不沮诐说，无分畛域共底成功者，兵宪前龚公、今吴公也；经画规度申饬惩劝者，太守以下诸郡公也；朝夕劳勚以身役埭者，陈经历绍平也；相之者罗丞日诚以下簿若尉也。愿书之。"而侯曾不以自功，则可谓有让也已。龚公名大器，吴公名自新，郡公李名际寅，次刘名正享、俞名日强、李名纯智、官名贤，而何侯则名钫，皆当有良史书之者，何庸于余也。埭阔当江，凡三十七丈，厚凡一十五丈，外纯石，中杂以土，起万历丁丑（五年）十一月二十六日，讫戊寅（六年）六月十六日，而埭与湫跕陡门俱成。其岁七月十三日乃记。

（侯一元：《二谷山人近稿》卷三《平阳凤浦埭碑》。文中"史公""上河之记"指史伯璇《上河埭记》，见笔者《温州古代经济史料汇编》第82~83页）

明万历间瑞安水利

自城东至十一都巡检司止，中有废塘五百十三丈，明万历己丑（十七年），署丞归大显修砌。

自城南十四都至沙园所城止，计八百余丈，原系泥塘，万历间，齐令柯督圩长修筑。后章令有成用石砌之。乙未（万历二十三年），欧令大成复重修。

按《旧志》：秦激议曰：城中诸水能深广，以浚其源于城北，复浚城中诸河以潴蓄之，委曲其道以东出，不使淤塞，而常令停涵。再疏岑岐以下诸河道至于东湖，以受北来之水。而于东山、龟山各陡门，则坚筑时泄以通之，旱潦庶乎有备，而城中亦少火患矣。

（清嘉庆《瑞安县志》卷二《建置》。秦激，号慎斋，瑞安县城小沙堤人，明万历间贡生，任汤溪训导、秦府教授）

清初龟山湫闸弃之界外

吾邑东境距帆游乡，上达永嘉七十里，田以亿万计，皆待溉于河。河水之蓄泄，永则有蒲州堰，瑞则龟山湫闸尤系焉。盖由地濒大海，旱则闸闭，使水不内涸；涝则闸启，使水得外疏。内不涸，则虽旸无失溉之忧；外得疏，则虽霪无浸没之患。旧制闸夫二名，皆食官廪，使时司之。迨顺治十八年，朝廷弃海滨之地以饥寇，于是海界有筑，而龟山在界之外。闸既失司，湫亦岁深渐坏，洪潮荡激，沙涂壅淤，启闭之处遂成灌莽。由是大雨一至，下湿之区望如巢湖，田化为潴，耕不卒获，岁比不登，国计民命两病矣。

今欲议复湫闸，非第有事于湫闸已也，必先芟夷其灌莽，浚凿其壅淤，力殚财匮，将何以支？义民项某慷慨起事，奔走于路，呼号求济。郡人士咸乐推之使执牛耳，白之当事，召至庭，嘉奖而礼遣之，立万人缘薄，乞序于予。

（朱鸿瞻：《竹园类辑》卷三《政治类·浚筑水利劝义序》）

清康熙间刘矩宗修埭

郡长埭坏三十年，直指身其事甚力，亦以属君，不三月报竣。茅竹埭者，则郡之东注水，碍于岭，乃泄而入海，势恶。君筑长堤捍之，倚岭置闸，以时其蓄泄，可历久不坏。

（李象坤：《掬庵集·文林郎浙江温州府推官刘君墓志铭》。刘君即刘矩宗）

清康熙间革除瑞安帮埭谷

康熙十年七月十九日，本府详勘得，瑞民之修筑帆游，本意在不帮埭谷。永民之拒修坝闸，驾言以有碍来龙。二比纷争，各怀隐衷。今永嘉之士民愿捐埭谷之虚名，虽帆游不筑可也。而瑞安之黎庶且省输谷之实费，即帆游不筑何妨。地利不如人和，兴利不如除害，多年私帮埭谷一旦尽除，瑞民已得其所哉，永民亦固所愿也。布政司复勘得，“永、瑞二县之相讦也，永嘉六都乃河海交流之处，海潮达于内河，岁恒苦俭，因筑埭御之。然潮汐澎湃，又需资修砌，无所取给。永嘉与瑞安接壤，瑞之水由于帆游漏于永埭，自瑞之一都至十二都皆派出谷，以助永嘉筑埭之费。始则每亩助谷三斤，后渐加至一斗一升。故瑞之士民以帆游为瑞界也，议于此地筑埭，各自蓄泄，使帆游之水不并注于永之长埭，庶永不扳助于瑞，彼疆此界，不为邻壑，此瑞之自谋则善矣。而永之士民以帆游筑埭，河流中断，有碍舟楫往来，恐伤地脉，永将不利，故力陈不可。兹据府议，瑞之士民欲筑帆游，意在不帮埭谷。而永之士民拒修坝闸，又恐有碍来龙。今永嘉士民愿捐瑞之帮谷，在瑞安输谷之害既除，帆游可以不筑，行所无事，以息虞芮之争，仍全邻好，应如府议，永行遵守可也。”抚院范批：“瑞邑凋残，历年逋赋，而帮谷一役，遽至征谷数千，宜士民之呶呶不已也。今修造之费既经议捐，则帆游坝闸均非所急，如详停止，以利商民，并杜加派。其修筑长埭，听永民独任可耳。布政司行府转行永、瑞二县，勒石永行遵守。”

（杨士烜：《奉宪勒石碑》。录清嘉庆《瑞安县志》卷二《建置》。作者其时任温州知府，抚院范指浙江巡抚范承谟）

清康熙时平阳修城内河、鹅颈埭

平之有河濠也，相其规模盖既建城而后开河，非先有河而后筑城，如《诗》之所称“筑城伊淢”者比也。何以见之？河在先者，其河必深而广不尽，由于人力而兹，则浅矣狭矣，其开于建城以后也，明矣。然虽不甚深，而亦不若今此之浅；虽不甚广，而亦不若今此之狭。乃竟若是之浅焉狭焉者，有塞之者矣，有侵之者矣。夫地之有水，犹身之有血脉，河流壅，则风水伤，血脉滞，则身病，必然之理也。

嵩庵金公莅事三载，实心实政，废者修，坠者举。旋下浚河之令，诚勉谆切，劝谕再三，期于必浚而已。城以内，城以外，即荷戈而伍者，横经而士者，罔勿欣欣趋事，诚知其事关合邑，原非一手一足之能为功也。不数月，而河道尽疏矣。因思此举为利有六，培气脉一也，通舟楫二也，便挹注三，防火患四，杜侵占以清官河五，壮观瞻以成县道六，一举而诸善备焉，侯之德洵与流泉而共洋洋矣。若乃复备巷以便巡逻，复火巷以便捍御，事之与开河而并举者，不一而足，侯之留心于此久矣，则又使其次第而施行云。

康熙三十四年十二月。

（吕弘诰：《重开城内河道记》。录自清乾隆《平阳县志》卷八《水利》。文中金公指金以埈，其时平阳知县。吕弘诰，字克俭，一字宸书，平阳东郭人，康熙三十三年岁贡）

国以民为本，民以食为天，由来远矣。钱仓堡之有鹅颈埭也，时启闭，便蓄泄，防旱潦，本堡以及八都、十二都、十三都、十四都凡五都之民命系焉。埭之内复疏为五湫以广赴壑之道，盖以合众山之水，汇于此埭之中而注诸江，恐一流不足以受之，一亹不足以通之故也。何虑周而法密哉。夫埭非陡门无以通其流，陡门非埭无以固其址，众川非湫无以杀其势，数者固相与表里。统五都而皆有唇齿辅车之势，未可以不属其境，遂作秦越肥瘠视也。

大埭重筑于明崇祯始年，所费数千金，合群力以并图之，方克竣事。国初土寇鸠踞，掘坏南埠头。南埠头者，内河外江之交也，南埠一决，滔滔莫御，潮生则洪波滚入，潮往则淖泥下坠，日复一日，内河淤而五湫不可复识矣。田卒汙莱，正供赔累，其患不可胜言。康熙十年，奉委温卫千夫长督修之，数载勿成。十六年冬，复下筑埭浚湫之令，然度支窘而工程浩大，必不能济。不已，筑十七都内河小埭以御洪潮，虽亦可以权资灌溉，然旋筑旋漏旋修，未几而狂风大雨一时骤发，江潮挟之以冲而埭坍矣。续于三十年间，离大埭二里许吴家岙口，倚河滹岩笋为基，砌立水跶，置闸以便蓄放，功仅亏夫一篑；而隔江居民惑于堪舆家言，谓龙脉相连，将不利于彼境，酿成斗讼，其止也忽焉。夫于彼于此均罔有济，然则将任通梁之改为旷土，沃壤之变为斥卤，菀特之化为茂草耶。

三十二年，辽左金公来宰是邑，行田至止，沿江一带情形浏览在目，慨然曰："水利之不兴，长吏之责也。"一日者，召父老而再四商榷，捐俸以倡。平版干，称畚筑，程土物，揣厚薄，令依故址筑为新埭，期在必成。都民踊跃从事，缁流弘广募以助，典史叶斗垣奉委董其役，经始于三十四年十月，历三时而告厥成。

在昔宋时，吾昆筑阴均陡门，亦借僧日融共济，事载《林霁山集》中，兹僧今之日融也与！吾郡叶水心云："凡道路沟池，其修补浚治之功，此民力所能自为者，毋容或诿。"观水心之言，则今兹五都之民心同力协，固其宜耳。而要非侯之不惜俸，不辞瘁，其志坚，其意诚，恐募者未必肯募，而劳者不尽愿劳也。夫浙，泽国也，从来之留心于水衡者未易殚述。平居浙之东，试以浙东之事言之：汉永和中，会稽守马臻之于镜湖，宋乾道中知明州张津之于东钱湖，王介甫之于鄞也，起堤堰，立陂塘，此数人者功在当时，后世传之，以侯方此，何多让焉。工竣，享其利者不敢忘所自，属记其由。余思天下事成之难，保之亦不易。蚁穴之勿防，溃决之渐也。往例南北埠头岁储埭桩银两以及修筑之夫、守闸之夫，载在志书者俱有定派。自河涨而舟楫阻，且地扦界外，此事便废。今时际升平，络绎如故，逐末贷多者获运载之便，充埠者业有其人，往规具在，踵而行之，庶永久之良图耳。系以歌曰：洪波冲激，赖兹金堤力。缠束坚牢，实劳经画。旱可蓄，溢可放，流不息，淤者疏，运者便，今犹昔。利赖弘多，抑知畴之锡。

康熙三十五年正月。

（吕弘诰：《重筑钱仓鹅颈埭记》。录自清乾隆《平阳县志》卷八）

清康熙末乐清县大修陡闸塘埭

乐清古东瓯地，带海襟山，前明末季，海寇肆掠，刈麦取禾，议者以其赍盗粮也。徙沿海农民罢耕种，桑田而沧海矣。久之闸埭倾，溪河淤，潮汐汨没，田亩抛荒，正供旧额三万有奇，今实地丁才十之四五，且逋欠累累，又地属边海通衢，民不堪役。官斯土者率皆缚于文网，因循荏苒，束手罹议以去，欲其生聚教训留心民瘼难矣。而陈令独能殚心经营，不数年而建修陡闸凡二十余所，塘埭溪河四十余处，启闭蓄泄，脉络贯通，山川亩浍回异乎曩时，历年报垦田五千余亩，陆续升科。

（王度昭：《陈令重修学宫修浚陡闸溪塘碑》。录自清光绪《乐清县志》卷七。该碑刻于清康熙五十二年。陈令即陈大年，号松圃，湖广黄州人，时任乐清知县。王度昭时任浙江巡抚）

清雍正间平阳兴建渡龙陡门

丙子（乾隆二十一年）夏，余视事平阳，甫阅月，即分校乡闱，冬初旋署，欲周四境，问民疾苦，察利病，未遑也。明年初夏，案牍稍暇，乃简从出郭，循河溯江，越陌度阡，达南港七都地。见夫田畴平衍，麦苗青秀，一望数十里，殊可人意。因至渡龙陡门，绅耆来迎，余乃列坐亭次，四顾叹兴曰：“美哉陡乎，孰宰此邑为之兴筑，其动人河洛之思乎？”既而父老道状，始知闽括三十六溪之水，自南港直下横阳江，宋元时两筑埭于下流横浦，废缗钱数百万，迄于无成。夫以万马奔腾之水，使之就我束缚不得驰，骤怒而一决，其势然也。此后都民截其支流，或于灵溪筑埭，或以茜浦作小陡，历年补苴，苟且甚矣。

余曰：“向非兹陡，则大川洋洋，是足助冯夷之虐，不足生田畯之喜也，民曷赖耶？乃昔也瘠土，今也沃壤，其利害岂可以寻丈倍蓰较哉。”乃详询其事，则知按临勘视、倡金题建者制府觉罗满公也；委员监筑、鼓励成功者，郡侯宝坻芮公也；初拟灵溪定界今址、傍岩置楗者，吴县王公也；经始其事，区画甚善，以垂永久，勤劳而殁，祀于陡旁者叶县沈公也；继任其责百姓赴工踊跃者，杞县孟公、桐城张公，常川督理靡盬不遑者，丞则直隶裴公也。其时慕义呈请者，有若里民林正芳、陈昌；总理不辞嫌怨者，有若生员吴之哲、监生林国栋、里民郑大武；公派之外，捐资以助其成者，有若贡生董元佐、生员林国英、李国赵诸人。又以本地杨府之神素著灵异，募捐通里若干金。兴工于雍正元年，越十年工竣，请余记之，勒之珉以垂永久。

余曰："尔七都之民享陡利者二十余年矣，余闻其初，工力浩繁，人心不一，若不知有司之急病，而以绅耆为选事也，乃今溯之江以西数十万亩之田，隰匀匀而岁穰穰也，伊谁之赐乎？"夫数百年未兴之利，及今为之，又非今人之智远胜古人也，我朝功德隆盛，河海效灵，时为之也。乘时而成之，而功正未可泯矣，然则官勤其事，殁而祭之者，民之良也。士利其乡，名亦及之者，风之厉也。今黄浦又以兴陡见告矣，余嘉其事，因此请而备叙之。若夫韩子有言："千丈之堤，蚁穴坏之"，则慎启闭，时修防，诸君盍留意焉。叙毕，酹沈公之祠而还，时（乾隆）二十二年四月十二日也。

（徐恕：《渡龙陡门记》。录自清乾隆《平阳县志》卷八。徐恕，字芳圃，青浦人。进士出身。乾隆二十一年至二十四年任平阳知县）

清乾隆间平阳修阴均、南湖陡门

阴均陡门，坐落金舟乡内，合东西四乡之水皆汇于此。自九都至二十二都，为都者八，计田四十万亩，尽借此为灌溉。然非蓄泄得宜，堵御有法，则淡水外泻（泄），咸潮内侵，膏腴之区变为斥卤。宋令汪侯季良相度经营，实创其始。义民林居雅倾家助役，埭陡告成，民食其利。至元浸毁，州判皮侯元属僧日融募缘劝筑，功用以成。邑贤林景熙碑载甚详，列入《郡志》可考。

国朝康熙二十九年暨三十二等年，总镇李公华、前令吴公永申、金公以埈历有修筑，至今七十年来，日就倾圮穿漏，河流有泄无蓄，海潮淹灌，岁比不登。乾隆十九年间，黄公宜载履任，目击疮痍，力兴是役，与丞王君鼎、尉王君明、巡司曹君映斗督率劝襄，醵资修筑。经始于甲戌（十九年）初冬，至乙亥（二十年）春仲告竣。工成百日，屹然金汤，则见夫凿石为条，剖岩为块，牙错鳞比，锢以蜃灰，更复筑埭为防，累版为闸，隙无罅漏，启闭以时，杀潮流怒啮之势，俾盘旋洄洑以曲赴乎海，而清涟淡荡之波，演漾渟止而不遗涓滴，八都四十万之田均得有备无患，年歌大有利赖之功，夫岂浅鲜。是役也，都人茂才陈生际清、暨明经吴生大成实董其事。功完费缺，陈生复捐已资三十五两，吴生捐二十五两以竟其绪。里民享其利而思颂其功，爰伐西山之石，磨砻以俟。而余适于丙子（二十一年）夏调任是邦，考风问俗，茇舍至此，地民备述兴废之由乞文以志，余幸获观其成，深叹黄公之利济斯民，与汪、皮诸公媲美，而陈、吴两生之乐义任事，亦与居雅俱传，使人人尽如斯焉，利何患不兴，而患何患不除哉。遂不辞，为文以纪之，俾勒之石以志不朽云，是为记。

（徐恕：《重修阴均陡门记》。录自清乾隆《平阳县志》卷八。文中“林景熙碑”指同卷林景熙《重修阴均陡门记》）

北港南湖形如卧壶，计三十余里，为田万亩，周围环以山，屋庐相望，约千余家，就中有湖，湖通江入海，回环如织。于出口处，前人设陡建闸，御咸蓄淡以资灌溉，然地内低外高，其出水处隘如壶嘴。国初海氛，户口逃散，沙涨日积，陡废，田鞠为草。康熙年间，赵氏、郑氏、黄氏、林氏，各绕居其山之麓，渐次开垦，于水旁种麻植苎，湖道日以侵塞，陡门建亦旋坏。片云过山，雷雨间作，山水澒洞而下，既难骤泄；飓风挟海潮旦夕入，又无门闸。雨水交斗，一望汪洋积日，人不能出，迨水退而禾已根烂叶枯。以此种而无获，其岁获有秋者，仅得高田十之二三，低田每亩价值至不能三金。

戊子（乾隆三十三年）夏，雨甚，地民纷报水灾。予乘舟往视，乃知水利不究之故。父老谓：“湖狭易治，要在建陡，顾如泥软无底河。”因探以竹竿，果如所云。予细谛旧陡之旁平坡斜长数百步，约二亩许，沉思良久，曰：“得之矣。盍于旱地造陡，陡成开港入新陡门，即以所起泥填旧港路为塘埭，是一举而两得也。且山现有石，不透地下必有硖，盍此之图。”绅庶咸是予言，推监生林宗载、生员赵际清、郑梦学为总管，就田高低设簿劝捐。一面辟湖，一面开采，是地深丈许，果有石线宽若干尺、长若干丈。众哗谓予所见不谬。采石于钱仓山，依石线建石闸，牝牡相衔，烹秫和灰以胶之。石锐其首，毋令与水争。夹以木桩，眠以木牛，下有槛而上有梁，施横坊其中，刻启闭之则于石柱。募看闸人，给以田若干亩，令早晚专司潴泄事。其两堤则筑土冶铁，锢使勿坏。春而动工，孟秋告竣。是年雨水连绵更甚，而消退如驶。淹没为患久废之田，禾苗怒长，比外间熟以倍计，男妇老幼无不举手加额，谓是皆董事之赐，而益踊跃从事。田价每亩骤增二十金，予曰："未也"。是处峰峦明丽，湖水淡荡，人材美秀。数年之后，地加富庶，设义学，延良师，以求合于夫子教之一说，将见人文蔚起，为国栋梁，何但一亩数钟，夸膏腴于邻里已哉！董事请毕之于书以为鼓励，而并厉侵削湖道之禁，予为约其梗概如此。

（何子祥：《南湖移设陡门记》。撰于清乾隆三十五年。录自民国《平阳县志》卷八）

清乾隆间乐清浚复东溪

乐清之城，前临运河，山环其三面。有溪焉，汇山之泉自县后以达于河，城南、北各开五洞水门以导之，溪贯城之中，谓之中溪。夏秋之交，山水骤至，溪涨而流溃，居人至登阁乘桴以避。

岁丙戌（乾隆三十一年），余因公事往周郭外而相度之，见西有西溪萦绕南下，西山之水入焉。至县后翔云诸山，若屏若障，万壑争流，则惟中溪受之，而又旁无别港，以杀其势，故泛滥淫溢而为此也。考之旧《志》，实有东溪，及询诸故老，而砂碛湮芜无可踪迹。或谓浚复为难，余窃以为不然。为民牧者，审劳逸，决利害，即艰巨于是者，犹将勉为，况县后绕郭而南不过数里乎！

时候官林君人槐宰是邑，奋然请以身任，程功积事，一唱百和。及浚将半，旧时桥石见焉，益信故道尚存，而缺焉终废者之不可也。既而林君以事去江宁，徐君廷献继之。虑土松易圮，添筑石坎，虽工费稍巨，不数月而东溪以成功告。计自中溪分支以至入河处，长五百余丈，而阔三丈，底阔一丈五尺，深自一丈至一丈五六尺不等。年来，交渠顺轨，家室安居，虽至淫霖怒瀑而不之惧。窃幸始愿有成，洵乐清人民之利，亦一二茂宰之功也。

虽然东溪复矣，而溪口为上流所灌注，其水盛而时决也，挟石奔砂，杂沓而至，逾时即淤，久仍塞矣。是非时浚不为功，特若经费无出。戊子（乾隆三十三年）冬，余重过之，度负郭溪岸，地可十八亩，分十之二为盘城道路，犹有余地十四亩，又东至后所有隙地十二亩，合之廿六亩。募民之勤而乐业者五人，为浚溪之夫，一夫授地五亩有奇，毋侵道，毋私售，毋豪强兼并，其有始勤终怠及物故者，另募补之，令县尉董其事。方其水降，任其及时树艺，而以其余洮汰而益深之；若山水复发，则穷日之力人各自奋，何功不兴。是五人者食其溪岸种植之利，而支其溪流壅绝之害，独非长久计哉。

爰申之令，俾沿溪一带之岸，悉植桃李梅杏诸树。数年之后，其根蟠结可以固岸，其实蕃衍可以鬻果之入补役夫之所不足。而且芳华艳发，即望气者有神往于春城之丽。乐城不云乎“谋初要百虑，善后乃万全”。于是役其亹亹焉。因书其始末为之记。

（李琬：《浚复东溪记》。录自清光绪《乐清县志》卷二。该碑刻于乾隆三十三年。李琬，字晖东，号莲塘。山东寿光人。乾隆二十二年任温州知府，后升温处道）

清乾隆中平阳浚修环城等河

乾隆丙戌（三十一年），予奉俞旨捐修平阳城。工兴，登城四望，城北则河淹堤上，余内外河悉淤与岸平。旱则尘扬，或时雨甚，山水暴发，则倒灌人家，无从宣泄。问之父老，谓：“向通舟楫，名运粮河，兵燹后瓦砾日积。不但灌溉失资，而日用汲饮，群取水于西门外大井，其艰如是。外河河心公然搭铺，内河亦架板造屋，河迹几湮灭矣。大宪经过以及县官到任，士民非无呈请开浚，以功（工）程浩大，浚而中止者数，盖百余年矣。”

予因与各绅商所以复旧重新之法，设簿劝捐，选董事，清私占，分段落，定丈尺，依日期，富户出资，平民出力，孤寡贫穷者免，胥役概不准预。黎明起工，日入而息，不数月水道复。相民居稠密处，设立水步四以便民挹注，而周岸悉砌石令牢固，遍栽榆柳其上以荫行人。工自湖心亭起至东门外养济院止，河面宽四丈以至二丈不等，深二丈以至一丈五不等，长三百余丈；内河则自西三善桥起，横直随街淘深辟宽，至东北水门外折算共八百余丈，而总汇于大河。

是役也，以农之隙，因天之时，顺地之利，加以年岁丰稔，各董事无不视公事如己事，故成功如是速耳。其城外之河，朝夕督视则县佐萧君之力为多，城内则予委之尉王君，董事则进士张君南英、贡生林京韶、生员林钟、施英等。予朝夕鼓励，从容坐视观其成而已。虽然淤易而淘难，官斯土者能留心五六年一浚，而严禁私占之罪，则濠深而城益坚，水明而山滋秀，百姓免负担之劳，就装运之便，而水旱火灾之虞，其借以防备者尤为无尽，事半功倍，而陂泽永永无穷矣，是为记。

（何子祥：《浚平阳环城内外河记》。录自民国《平阳县志》卷七。何子祥，字象宣，号蓉林，福建平和人。乾隆十六年进士。乾隆三十年任平阳知县，三十三年加通判衔留任至三十七年，卒于官。著有《蓉林笔记》）

邑常平谷近五万，积贮县署左右，水从西水门进后街河，分一支入左仓河，达县前而绕右廒。谷者，兵民之大命也。火患之虞所关重大，古人之计深矣。不知淤自何代，河面不能以丈，市民架版搭房为炊爨地，几与仓墙近。右则廒外楼房庙宇密布，水道尽废。仅有石桥一，去廒口十许步，为县前河尽处。而泥积平岸，每甚雨，水潦奔流四放，甚之入署大门。修内外河时本拟续开，以时临春，仓满土松，虑压姑且停工。迨秋末冬初晴如去岁，予谓尉王君：“仓河之开此其时矣。”

先清县前河道至石桥外，其左河令悉去版屋，倩小工先挑去傍岸积泥，比旧址深加五尺，更加以松桩，然后辇巨石选名匠，牢固甃砌，为极久远计。由前街口溯仓尽为尉王君督视，长三十二丈，仓墙半石半砖，连石磡高二丈有余；又十八丈为粮厅外台门出入经由处；又上则贴粮厅衙署，署尽为民舍，共四十丈为水入口处，粮厅督办，其墙亦半砖半石，河身本拟一丈六尺，然民间侵占已久，尽拆之，未免重难，除现丈五六尺不论外，余定从一丈三尺为准。次岁初春工竣，东岸大巷亦为清出者三，以宽八尺为主，竖石牌于巷口，各作水步以便挹注，萧君于西岸亦创水步一，而设门为开闭，运其泥以填城阴，盖至是而水滔滔，清流小舟可从东水门外进至县前南仓口，仓廒之虞以备，而民之取资不尽矣。用大小工以千余计，用砖二万有奇，添块石十许船，载灰万余斤，需钱以百缗外，计其工程视南河有加，其费则捐资所余，不足，予凑以廉俸也。其东岸则东街绅庶屋临河而饮于斯者，自行酌砌，官不预。

（何子祥：《修仓河记》。该碑刻于乾隆三十一年。录自民国《平阳县志》卷七）

城内外河道既已疏通，父老向予言曰："城河淤百余年矣，赖公决意浚之者，百姓幸甚。虽然，公亦知水源所自乎？甸洋、南岙二山控引众流，汇而迳雅山，过马鞍山以达西门龙湖。环绕四面，而分一支入西水门，周城内各河，然后从东、北二水门合流大河，迤逦数都，达沙塘大陡门，注江入海。今城河虽通，而自西门以至东岳庙，人居稠密，月填寸而年占尺，水道虽未绝，然浅而狭，甚雨仍泛滥田野，浸淫民居，公何不并浚之?"予甚是之。

随命舆同萧君相视，果如所言。延坤庶而谓之曰："城河工程浩大，此滔滔者即在檐下，有天然活水汲饮浣濯，朝夕所需，奈何令甘香化为臭腐乎?"为定章程，河面以八尺为主或一丈，深八尺，岸两面悉甃以石，民地民修，官地公修，至雅山桥止，计二百余丈；而南岙山下之下池、吴观二古溪，乾隆二年山压而溪塞，士民并请开。不旬日工竣。语云："始于滥觞，终于泛滥。"源通而城河益觉舒畅，各都引而为沼为沚为沟，凿而为浦为渠，波清澜碧，星罗棋布，田园所借以瀼荫者又不知几千万亩，而扼要则专在此，譬为黄河，此则龙门也。吾闻水道恶则人多瘵疠肿疵，今而后谷桃涧菊沾雨露，新鲜之气飘入水面，令吾民饮之而寿考康宁乎，而禾苗枯槁之不患者毋论矣。饮水思源，则清之诚不可缓哉！是为记。

（何子祥：《浚西河一带水道记》。该碑刻于乾隆三十一年。录自民国《平阳县志》卷七）

由南门渡桥可半里有陂，下陂里许为汇头，又里许为三官亭，中有河，河西北二十里通龙山、钱仓而归陡门入海；南十五里通江口、峰山、凤凰各山之阳，与七弦溪分涧别壑津济互通。平阳，闽浙要冲，此其总会也，舟楫往返，向至汇头，今兹仅至三官亭。亭以内淤与城河同，石桥十许，或欹贴在泥泞，雨旸之苦亦与城内均。城河之工既竣，董事即贡生林季韶等，予谓之曰："坡南，富户颇多，君盍乘众情，踊跃并浚坡南河乎?"或谓："岁已暮，请俟来春。"予曰："不可，旱极则潦，天气晴燥久矣，交春雨水又需岁月也。且众擎易举，城河成效备见，时不可失也。"或又谓："两岸侵占已久，辗转相承不知几代，清之必且招怨，又皆邻舍，殊难启口。"予谓："是又不然，侵占官河原有一定罪例，不究以往已为宽典，如其哓哓，三尺具在，不能为若辈怨也。况秽气薰蒸，行人掩鼻。居人因循不觉，阴中其害，有如一旦疏通，沦漪漾于檐前，芹藻生在岸下，虽妇人孺子亦知其便矣。"

谋始乐成，原难两兼，即日定议，富户出金雇募，店肆分界自浚河面。宽者不论，至窄以丈六尺为度，悉去架岸版屋，并拆临岸土墙，深则一丈五六尺不等，得宋代钱数百，盖沙泥日积凡几百年矣。运钱仓山石砌岸，令整齐光洁，而就回船运河泥以填龙山之缺。腊月初旬兴工，竣于正月中旬，坝开水到，董事依城河例，请各官试船，导以鼓乐，两岸观者如堵，无不欣欣色喜，盖舟通至汇头水步矣。向者瑞南岸舟至平东门上岸，城河既通，南门越一坡则为汇头，盖往来负戴之劳四减其三，匪但坡南人利便已也，而屋宇桥梁一并新葺。予每过之，见夫客艇春波，市楼晚照，绿往还而红上下，或时寒蟾皎洁不啻银河，一派清淑之气照人眉宇，不觉为之心醉，然不过浃月一劳耳。因循之不可，如是哉！是为记。

（何子祥：《浚坡南河记》。撰于清乾隆三十二年。录自民国《平阳县志》卷七）

清乾隆时平阳造木枧、开南乡河

江之南八大都，田土平衍而膏腴，水道周通，便灌溉，名百万仓。然其地颇窳，其水源所发，一自大小荪湖，一自将军岭，一自狮子山，约五十余里，支分派别，控带翼引，而以阴均陡门为尾闾入海。陡右倚山为固，左则于涂涨筑埭，迤逦达南监场，父老每以陡少水多，当雨水连绵，汪洋似海，尾闾宛在水中央，晴五六日，水始渐消而露田塍。绅庶每议于陡门之左另设一陡，以分杀水势，估计非千余金不能，金则照亩科派。予谓："金犹其后耳。阴均所以固者，下透山石故也。若埭则跨在泥泞，软无底止，有如拆埭造陡，陡不成而埭削，潮汐冲入，则八都之人不鱼鳖乎?"顾予忝平三年，雨水调匀，罕逢泛滥，心犹未然其说。

即年涝甚，四月中旬往金乡公干，路没，坐小艇，纵横四至，不由河道，一望果如所言，犹幸秧未尽插也，如稻熟时无及矣。急商其地绅庶，示以木枧之法，其式用合抱大松木锯开，槽其中而仍合之，首尾用铁箍箍之，外凿一眼，长如宽数，就眼作板以入，槽板有把，视水为关放，枧安埭中，露其首尾，其势斜而实以灰土，仍捣令固，则埭藉松益坚，而枧之出水如建瓴，十枧当一陡，价省工廉，且令于十一都等处悉依此式，则到处可以消水，而阴均水势减半，水少则同陡门悉闭，水旱两无所虞，而八都之窳不患矣。绅庶共以为便，而千余金之费以省。或云："前各都原有石湫，即小陡门，今皆坍，不如枧之简而易修，况毋容修。"公余偶为记之，以见凡事难以胶柱而鼓瑟，惟其时其地之宜而已。

乾隆岁次丁亥（三十二年）蒲月日记。

（何子祥：《南监造木枧记》。录自民国《平阳县志》卷八）

钱仓城东一里而近，枕巉岩，面孔道，中有祠三楹，乡人建之以祀邑侯蓉林何公，志遗爱也。公闽之九和人，以进士起家为令，乾隆乙酉（三十年）以调繁莅平七载，多惠政，立义学，设社仓，表墓建坊，阐扬懿烈，百废俱修，而南乡水利其尤著者。

先是南乡地苦燥，入夏旸烈，禾辄枯槁，惟梅溪群流之水足资灌溉，而奔流入江，民不获涓滴利。公躬行周视，至此慨然曰："昔倪宽为左内吏凿六浦渠，召信臣于穰县筑沟庐陂，其水皆在城南五六十里，今梅溪出盖竹山，离县治三十里许，顾任其入江而不引以灌田利民，非计也。"于是命日鸠工，筑堤为障，引溪流使与河通，复为立陡置闸以泄以潴，由是田数万亩无旱涝患。岁入倍于常时，乡之人佥曰："此何公之赐不可忘也。"公殁后遂立祠于此以祀之，祀以公之生辰，迄于今不废。

（鲍台：《一粟轩集》卷五《邑侯蓉林何公祠堂记》）

清乾隆间瑞安重修唱步陡门

农事者，天下之大命也。而农事莫急于水利，水利莫要于陡门。粤稽《周官》井田之制，夫间有遂，自遂以达之沟，自沟以达于洫、于浍、于川，水旱有备，蓄泄以时，而岁其有，民生遂矣。陡门者，其即《周官》之遗制欤！

瑞邑之东乡，水利莫要于茅竹陡门，其地属永嘉界，昔岁既修之矣，石冈、龟山、九里诸陡门其小者也。邑之西乡，水利莫要于唱步陡门，半浦、桐浦、桐乾诸陡门其小者也。夫瑞邑之水，其源有二：自大罗山发源者，诸山蔓延，溪泉百道，汇为南湖以注茅竹陡门而入海；自福全山发源者，其流七十有二，汇为陶山后湖而入江。考唱步陡门，宋里人叶良泽所建，载在志乘，岁久倾圮，石齿嶙嶙，仅存故址矣。乾隆丙午（五十一年），里人谋修之，富者捐经费，贫者任力役，不数月而工成。董事者嘱余作文以记之。昔韩子曰："莫为之前，虽美弗彰；莫为之后，虽盛弗传。"唱步自今以始，水旱备而蓄泄以时，民歌乐利，户庆盈宁，诚一乡之善举，亦一邑之要务也。今世梵宫仙阙每不惮踵事增华，而于农事攸关漠然置之，闻唱步之风者可以知所返矣，余故乐为之记。

（李先蓉：《重修唱步陡门记》。撰于乾隆五十一年。录自清嘉庆《瑞安县志》卷二。李先蓉，瑞安人）

清乾隆末平阳增筑梅溪坝

昆阳西四十里地有梅溪，溪在四山中，发源于牛皮、鹤皋二岭下，随山麓曲折以至溪头，溪水通钱仓，凡舟楫自钱仓来及往钱仓者，皆麇集于此。其地四面交衢，西往凤冈，东通管岙，南出寨山之外，西北即所以逾牛皮与鹤皋者，徒步荷担，皆经此水。前人以其时盈时涸，从其高处筑坝，水流坝上，中设石杠以通行，至今坝固无异也。而水势变迁，视其为巨，每遇洪流，石齿淹没，行人失足，辄随流以去。乡人目击其害，于是群议于旧坝傍重设一坝，石齿加高，涉者始免于患。

董其事者纪元彩、谢维居、王元仙、谢维均等。既竣事，乡士陈绍高、王维儒属予记以勒石。予谓是举也，正《孟子》所谓“徒杠成”，“民未病涉”之善政，古谓苟思利物必有所济，非以是乎，故为详述其事，以劝后之能修举废坠者。若夫溪之八景，标题胜异，则文人墨客之所有事，他日来游，当更与诸君分咏之。

（温江：《梅溪新加水坝碑记》。撰于清乾隆五十五年。录自民国《平阳县志》卷七）

清乾嘉间乐清林惠斋兴修水利

署乐清县正堂蔡准建追述惠斋林公兴水利碑记。

邑之刊石纪功者亦多矣，未有没世后而乡人追念其功，相与捐金勒碑以传者，吾今于明经惠斋林公见之。吾乡陡埭昔遭闽变，所在多废。至康熙中叶松圃陈侯公讳大年来守兹土，始大兴水利，功莫隆焉。缘例辖于粮厅，后署移大荆，水利又弛，公勇于义，毅然以振兴为己任。

乾隆五十二年初举事，谓兴水利在固堤防，因倡修地团王堤，又鱼池埭冬圮，载酒予筑者御寒，村人踊跃，不日告成，其它堤埭悉为督理。

堤防既固，启闭又不可不严，夏秋田需水严紧固已，公尤以冬水为急，谓此下种本也，防之不早，来春遇旱将若何。故每冬令必常使之闭，至失启其害有五：时大水不速启，低田必淹一也；且水激埭必崩二也；纵不然，低田人必决以救淹三也；埭决，费难克四也；水泄无以御旱五也，有此五害，其何以堪！故每大水必急使之启，如是者有年。

考旧邑《志》有圩长以专责成，嘉庆八年夏仿其法，请倪侯公讳本毅设总闸一人司督察蒙允外，且折节就见，曰：“邑乃有慎重水利如公乎?”叹服者再。自是巡查责总闸，时总闸林东莱系公保充，以故尽心督察，众闸自不敢盗决。公坐总大纲，不烦而肃，各宪闻公名，皆悉心委任，前后三十余年，有弊必禀，无禀不究，公固急公，长官亦贤矣哉。所以得行其志而水利复兴也。

粤稽往昔，沿海各都咸潮充斥，晚禾十载九荒，自公振兴后，堤防固，启闭严，河有积水，车灌足恃，而滨海斥卤之地化为沃壤者不知几万亩也。古有助王养民者，公殆其人欤！时磐石卫暨沿江各地并额其庐，一曰“泽并流长”，一曰“仁人利溥”，盖有由矣。或誉之，曰：“吾殆为己尔，若谓志在利人，彼白沙岭以东，吾何不往谋？”其不伐为此。

公字时泰，讳兴运，居高阳里。子五：长统，岁贡；次亨，恩贡在籍；三乐，处士；四清；五贞，郡庠；孙游庠，已六。人人咸谓公积善所致云。年七十八，卒于嘉庆二十二年，远近惋惜，相与诔之曰：“惠斋宜哉！”迄今逝世三十余年矣，乡父老相与慨慕曰：“林公某某，昔日振兴陡埭，新《县志》采其事实入《水利卷》，亦已彰矣。”然吾与若等世受其赐，顾弗亲为纪述，不亦饮水忘源乎？于是佥谋捐金勒碑，追录成劳以为报，董事诸公猥以记来属，庆固公出，以涉嫌辞，客曰：“乡先哲东平万公跨江为桥，以济人之险，梅溪王公实其甥也，尝书其事于册子，又何嫌？”庆乃敢为之记。余小子，学问声名不及梅溪万万，何足以重公，若公泽在农田，乡人至今犹赖之，以视东平，何多让焉。

道光二十七年岁次丁未南吕月。

戊戌岁贡士甥孙郑锡庆拜撰。

邑庠生朱英敬书。

董事：廪膳生徐牧谦，太学生南应坤，邑庠生倪一诚、王步升，儒士陈绍林、杨泰清。

（郑锡庆：《林惠斋兴水利碑记》。录自清光绪《乐清县志》卷十二）

清嘉庆初平阳修南监海塘

昆阳东带沧溟，西连闽峤，膏腴沃壤，纵横百里，往往有潮汐之变，欲其蓄泄以时，水旱无患，则堤堰之修急矣。汉初张敞筑塘于新丰，王景修芍陂于庐江，民享其利。魏晋而降，唐李袭筑向城塘于扬州，范仲淹筑海堤于宋始，以迄元之郭守敬、虞集，明之夏原吉、刘大夏，皆泽被生民，庆流奕祀，至今称道之勿衰，要当日者司牧自任之，诚以筑陂堤资田亩，良有司之责，未敢望之多士也。

岁甲寅（乾隆五十九年），余摄署平阳篆。迨乙卯（六十年）奉简命宰是邑，察其地有地南、林家院、东门洋、监后洋以及各处塘埭，累遭风潮洪波震荡，堤堰倾颓千有余丈。余目击心伤，大有关于民生利害，急思所以修举之。而政繁事剧，未得其暇，适吴君荣烈以筑塘之事以请，维时同志者有黄登修、冯文炳及诸君子，挺然杰出，愿相为佐理。余窃喜其志之卓，力之巨，而犹虑其事之艰也。自古功〔工〕程浩大，举事为难，彼世之素性悭吝而无心于利济者无论已。即有一二自好者流，又复勤于始而怠于终，求其力底有成而卒不可得。今诸君独能躬亲首率，毅然为之，而栉风沐雨从事于银涛雪浪以共襄厥事，此其精力所及，诚有不独为一时被其泽，直使千载万世后沐浴咏歌为享其利益于无穷。呜呼！立功若此岂不伟欤！

阅十有一月而功成，爰请序于余。夫余固心焉此举而未逮者也，今与众共观厥成，是余所未逮之志，诸君克竟余之志，且并使万姓咸遂其志。异日者群蒙其泽，众被其休，过斯塘焉，莫无不欣欣然举相告曰："斯役也，皆南监诸君子之力也，斯不亦一时美举而可传为千古盛事矣乎！"然表扬美善，宣布休嘉，俾慨然好义之志勒名于石以垂不朽者，则宰斯邑者之事。是为记。

嘉庆元年岁在丙辰季春月。

（赵黻：《南监海塘记》。录自民国《平阳县志》卷八。赵黻，号纪堂，乾隆五十九年任平阳知县）

清嘉庆间瑞安重浚城河

《管子》曰："利陂沟，渍泥滞，通郁闭，此谓遗之以利。"此史家《河渠书》所由昉也。瑞邑为滨海名区，水利较他邑为胜，城中故有河在县治南者曰县前河，在西者曰西河，在正南半里许者曰午堤河，皆受北河之水。北湖发源于集云山，为众流之所潴，由北水门入城，居人资以汲饮，舟楫藉以往来。水之所聚，气亦聚焉，但人烟栉比，阛阓鳞差，岁久则易以填塞，其势然也。前令周君鼎宰是邑，曾倡议开浚，并于北门外筑埭，俾水专注于城内，其时人文振起，科第郁兴，至今父老犹能言之，盖四五十年于兹矣。

窃思郑国开渠，辟关中之沃野，史公决水，开邺下之良田，既有前人作之于前，必有后人修之于后，余于去冬回任是邑，慨然思所以复之，爰捐廉俸以倡绅士，而诸绅士亦遂急公慕义相与乐观其成，爰于孟春之吉，四隅分段开浚，三阅月而工蒇，凡用缗钱千百有奇，伫见地用丰润，民食乃甘，而灵秀亦借以钟毓，是美利遗厥后人，固非独余之所敢专美也。于是乎记。

（张德标：《重浚城河记》。录自清嘉庆《瑞安县志》卷二。据该志载，本文撰于嘉庆十三年）

清嘉庆间平阳筑东魁陡门、江口石塘

自十湫壅塞，白沙之涂田渐涨而土肥，土肥而岁熟，然往往有水旱之患，何也？识者曰："白沙堤至南监塘达阴均陡，虽为江南保障，而外御咸潮，内蓄淡水，仅以阴均一陡为关键，使溢不能速泄，禾屡浸，为水患；泄不敢多潴，晴易竭，为旱患。"吴君菊坡，邑之仗义人也，急于从公，首肯捐输，倡率董事十人度地于东魁埭旁，离阴均陡百数武，枕于黄都之北郭，仅隔一渠，而犹豫未决。君为置酒其祠，委曲谕之曰："陡建一方，利在四乡八都，问犹有以风水为惑乎？"佥曰："善，愿踊跃从事，无后言。"匠人竭蹶奏功，九阅月而告竣。复谋筑路亭五楹于陡北，俾业海者雨旸流憩焉。陡与亭一截于埭，一踞于埭，陡之费十倍于亭，而土石之工过之。由是新旧两陡犄角，与时启闭，向之消水于六日者，兹仅消之于三日；向之消水于四日者，兹仅消于二日。患减而功倍，则禾稼资溉而不虑浸，陡自此益矣。君曰："是役也，不惟无水灾之患，且更有益于旱干。"始犹未谙其故，继而释然曰："以泄以闸，启闭无太过，遇淫雨少放而不虑其盈，易消故也；遇久晴而不忧天旱，多蓄故也。前此大水倾注，仅以阴均一陡，不得不少储以防其盈，故少泄易溢，多泄易涸，一朝之患其能免乎?”岁有秋矣，请宪设示章程，捐课田若干亩，取息为更易闸板费，复举勤政闸夫六名，逐年换充，赏罚有加，毋任懈弛，则两陡之利于八都者普焉，后之君子莫怠于斯。

（杨诗：《东魁陡门记》。录自民国《平阳县志》卷八。该文撰于清嘉庆十四年）

民以食为天，食之经半资地利，课晴雨，树桑麻，民间事耳。而度形势，以御水旱，利用民生，厥维守土者之责，此《王制》兴事任力、《月令》修利堤防、道达沟渎，皆为民事之不可缓者也。平阳陆壤，亦水乡也。依山傍海，南北港上承溪涧，下与海潮通，江以南沿海一带曰护安塘，直抵舥艚之斜溪，绵亘三十余里，自宋迄元明几经修葺，至国朝更名新塘。其间出港入海之大咽喉则惟江口，旧名三百丈为最，夏间潮汐涨溢，兼挟飓风，汹涌崩沛，其势甚于鼍江，塘岸之被决啮者居多。加以去秋七月，风潮大作，甚骇见闻。以年久之土塘，当数日夜之冲激，宜其崩塌荡废，故址无复存矣。

前令犊山周君知其事，亲履勘阅，首先捐俸，绅民亦乐输而重筑之，有董其事者，生员陈瀛、吴淦、方学鹏，贡生方鼎、方坤、方中，监生李正郁、方秉乾踊跃从公，循故辙，始议砌石护堤，其淤淖难依旧址者，醵资购民田力徙，鸠工运土，聚石囊沙，几费经营，凡十阅月而工始蒇。今春三月，余卸永嘉篆代庖斯邑，知郡属滨海多水患，塘埭一事为保护田畴庐舍之计。屡因公出过是乡，辄留意访问，闻塘工之告竣也，亟往视之，坚致巩固，屹若金汤，虽风潮猝至，足以有备无患。深喜士民绸缪水旱，从事勤劳，又想见周君之力为举废，实有先得我心者。其余数十里土堤及各乡之有无塘埭，或修或建，凡于水利有关者悉准诸此，则泽国尽成沃壤，诚有司分内事，亦斯民千百年之利也，故约略重修巅末，而为之记。

（黄元规：《修筑江口南岸塘记》。录自民国《平阳县志》卷八。文中“周君”即周镐，嘉庆十四年捐俸修筑砌石护堤。作者字仲模，福建平和人，清乾隆十八年举人，嘉庆十六年任平阳知县，有政声）

清嘉道间永嘉乡民修筑塘埭

署理浙江温州府永嘉县正堂加三级记录十次徐为护田裕农，佥祈勒石永禁事：

查四都龙湾衿耆潘士楠等呈称："据情批准该处陡门修整门板，并置课田以给库工，择人专管，庶免偷窃以及私开诸弊。"诚为美举，准示禁永远遵守。

记曰：初，龙湾斗门有公储焉，养闸夫，鸠闸料，时巡时葺，无潮汐患，无旱涝患，四、五两都数万亩无咽喉患，嘉禾被野，利至溥也。厥后法弛，便于私放，犹门户而无关锁也。久之，闸灰水屐冲突，犹房屋而无门户也。辄有百亩，盖难为八口之家矣。身等尝破已囊，陆续整理。奈专管无人，朝管夕替，咸浸稻淹，没泄禾渴。爰就地募捐，重加闸板，取木之至坚者，厚三寸许嵌之，则滴水不漏。置田四亩，以给专司，以资修葺，倘有疏虞，鸣公责更。是秋丰稔过于别村。虽曰天时，虽曰地利，虽曰人功，其实此陡门之利居多。佥叩镌石，恐其久而差也，至乐捐者列其姓氏，亦不没人善之意云尔。楠等遵谕准饬勒碑，愿遵守之永远如初。

国学生潘士楠（捐资名单从略）。

嘉庆十八年岁次癸酉三月　日立。

愚谷朱德华书。

（徐起渭：《奉宪勒碑》。录自《温州历代碑刻二集》第156、157页。该碑现置龙湾区瑶溪龙湾陡门东侧。徐起渭，贵州锦屏人，嘉庆十七年任永嘉知县）

郡城三溪水东汇入江。离城东数里，旧有石埭，俗名砂罘埭，所以蓄泄其水以利农田者，岁久就圮。嘉庆癸酉（十八年），城南贡生陈挺俊，字宗汉，独力捐修，费数百金弗靳。时天暑，其从子国学生尚勋督埭工，勋以体伟，因得暑疾卒，人咸惜之。工既竣，观察韩公芸舫嘉其义，奖以"乐善延龄"额。

（黄汉：《瓯乘补》卷六）

近海愁潮溢，一荡无余粮。迩来知补救，协谋筑堤塘。

（张振夔：《介轩诗钞》卷二《示乡人》。作者字作球，号罄庵，永嘉人，清嘉庆间举人，道光间三任镇海教谕，积极参加抗英斗争，后归里从事地方事业，著有《介轩文集》等书）

清道光时平阳重修南监海塘

邑之南四十里为天富南监场，地滨大洋，旧有塘，岁久就圮。嘉庆丙辰（元年），贡生吴芑斋率众兴修，幸无潮患，民赖以安。讵有侵占塘土、填塞沟渠而私垦田园，暨煎丁开设盐坛而争相渔利者，有司以簿书鞅掌之劳，听其角逐不加禁，所谓兴利而利何在？除害而害日滋。去秋八月二十日，潮汛旺盛，加以飓风骤雨，咸水涌入内河，田禾淹没无数，乡绅士议修，卒莫敢倡。

广文吴莘夫乃伊者，乐于从公，以其塘为乃父前所修筑，遗泽不忍忘也。爰择其地有仗义茂才杨葩园诗、暨国学杨芝轩芳林、冯兰坡飞鸣、倪唐民鸣盛诸董事，出为督理。由是议定章程，请黎宪主出示兴工，自孔家湾起至半河止，塘之内浚以河，塘以外凿以小沟。复以林家院数处为迎溜顶冲之要地，增扦石柱数十丈，增筑大步二：一在市南宫后、一在石渠陡。增筑小巧步三：一在儒桥、一在监后、一在半河。增筑小桥二：一在监后、一在石渠。堤身阔二丈余，袤十里许，南界阴均埭，北界白沙塘。其地为十一都天富南监场。该都南之田统计若干亩，按亩派捐，核计若干费，各乡出土夫以助，近塘之田工倍之。于是增低为高，傍狭为广，有内河蓄淡，外沟御咸，阅两载工竣。盖昔凹今峻也，昔断今连也，昔漂泊今保障也。斯塘之成也，广文主其事，国学任其劳，自董率以至告成，视公事而如私事，尽己心以合人心者，葩园之力也是。葩园学有经济，近以广文出任西安，偕其从子晓村履畴司马赞襄以竟其绪。有为相风土者曰：“是役也，害去而利兴，法良制美，较胜于前，可使鸠居免为鱼之患也。”为置酒落之请，宪主验明，定以界址，按地分管，损塘者有禁，培土者有赏。晓村恐日久废弛，无以示法戒也，诣予作文，泐石以垂无穷。为濡笔记之，俟后之有志修理者。

道光岁在辛卯（十一年）嘉平月　日记。

（翁瑑：《重修南监海塘碑记》。录自民国《平阳县志》卷八）

清道光中瑞安严禁叠石断流

署浙江温州府瑞安县正堂加五级纪录一〔十二〕次彭为恩赐勒石等事：

道光十六年七月二十六日，奉温处兵备道曹、温州府正堂邓二宪牌示：据该县衿耆黄日华、曾振川、周为彬、季笃培、唐冠勋、曾□忠、张大年、蔡可国等呈称：身等廿七、八两都河道与廿九都，均从福泉一脉发派发源，前遭廿九都顽民叠石拦截，贻害两都。控经前县刘勘明饬拆，现任县彭任内复肆移叠，控经中保等理拆请销。身等本不顾再渎，切念两都水利实属千万户民命攸关，虽蒙县给示遍地发贴，一经风雨损坏，陶山诸顽未免仍肆加叠塞。愿求宪恩檄县饬发刻石立碑，庶案由前定，俾顽等触目惊心，不敢再蹈前辙，实身等两都感激宪恩于不朽矣。奉经檄饬查案给示严禁等情下县，并据衿耆黄日华等以廿九都陶山庄民将土塞下埭滩，叠石断流，有碍水利等情，当经出示严禁在案。兹据衿耆因下埭滩属伊等廿七、八两都出水咽喉，诚恐廿九都庄民一藉稍旱，乘肆叠塞，佥请勒石永禁等情具呈前来，除批示外，合行勒石永禁。

为此，特示仰二十九都陶山庄民人等知悉：勒石之后，如敢乘藉天时旱暵，仍踞地恃蛮，复肆叠塞，以致福泉之水不能流通，许廿七、八都衿耆协同地保指名禀县，以凭提案严究，决不宽贷。各宜凛遵毋违，特示。须至勒石者。

首事：邑庠生周为彬、邑庠生孙瀛、信士黄日勋、邑庠生黄镇标、国学生孙因笃、邑庠生董平衡、乡耆张大年、邑庠生章熔、信士卢绍宗同勒石。

道光拾六年拾月/日给吉旦。

（彭元海：《奉宪勒碑》。录自《瑞安市文物普查材料》。碑置瑞安市碧山桐利村龙首宫。文中“温处兵备道曹”指曹贻桂，字小山，直隶人，嘉庆十三年举人。“温州府正堂邓”指邓廷彩，字云阶。“彭”指彭元海，字莱门，湖北云梦人，道光十四年任瑞安知县）

清道光间瑞安浚图肢汇水道

瑞之西南约四十里，为来暮乡。乡有支河，上引山涧，下会江流，厥南有月港，形如弓背，名曰图肢汇。汇水出入与支河通，其浦西冯桥等处田亩数千亩，皆借此汇水以为灌溉，汇之尾旧筑土埭，建石闸，启闭宣蓄，可无旱涝忧，厥利甚溥也。自乾隆年间失于疏刷，汇身就湮，闸户即亦圮废，历时既久，开浚殊难。甚至强者占种成田，水路遏塞，农氓受困者盖七十稔于兹矣。

道光庚子（二十年）仲春，乡绅士请于制宪，檄余履勘以集其事。余率同梁尹悉心劝导，乡民无不鼓舞。占种者既让其地，富饶者复输其财。鸠集丁夫，峙储畚挶，不匝月而开之使通，掘之使深。乃增横埭，乃置坚闸。七十年久废之旧规，一朝而兴复，自是蓄泻因时，丰绥永亨，乡民之乐可知也。乡民勇于趋善，尤不可没也。并虑后人或莫明巅末，复蹈前辙而坏之将来，爰属镌石以垂戒云。

（陶士霖：《疏浚瑞邑图肢汇水道记》。录自黄汉《瓯乘补》卷十六。文中“梁尹”指瑞安知县梁元。作者号鹿崖，安徽南陵人，道光十八年八月任温处兵备道，政绩突出）

清前中期瑞安兴修水利概况

顺治五年县令谭希闵建筑城郊东安寺前埭及泥城、河口二小埭，又白岩桥外筑埭，以蓄城中之水。

顺治七年县令谭希闵重筑帆游乡鱼渎角埭，蓄水以卫城壕兼荫各乡田亩。十五年，海寇掘坏。

顺治十二年重建县城月井陡门闸，以障咸水。

康熙十年巡抚范承谟勘荒临郡，重修帆游乡鱼渎角埭。同时废除帮埭谷（因帆游之水需流经永嘉入海，故帆游乡民每年要向永嘉捐纳帮埭谷）的习俗。

康熙二十六年瑞安委典史高旺、平阳委县丞范文邦协浚沙塘陡门，瑞浚北岸，平浚南岸。

康熙年间里人张知言等捐修集善乡芦浦大埭。

雍正十三年瑞、平重修沙塘陡门。

乾隆初年建筑自十一都巡检司至五都梅头的新横塘，计长45里，这是瑞安第三条古海塘，对于沿海平原的开发意义重大。同时重修帆游乡通海湫，一名南湖湫。

乾隆三年瑞、平重修沙塘陡门。

乾隆二十七年县令周鼎倡筑县城濠河新埭，一在东门外射圃处，一在虞池水门西。

乾隆五十一年里人重修集善乡唱步陡门。

乾隆年间里人呈请重筑清泉乡东山陡门。同年里人增筑广化乡南口陡门。

嘉庆十三年瑞、平重修沙塘陡门。同年县令张德标重浚县城河道。

嘉庆十四年里人伍葵英等人重修涨西乡周田陡门。

道光八年双穗场大使徐晴轩重浚海安河道。

道光二十年温处兵备道陶士霖、瑞安知县梁元率众重浚来暮乡图肢汇水道。

（俞光：《瑞安经济史》第242～243页）

清道光间乐清严禁强开陡门

署浙江温州府乐清县正堂加五级纪录十次蔡为严禁壳船开放陡门为重水利事：

照得乐邑沿海建设陡门，外御潮汐，内资灌溉，实为农民之保障，应启应闭，自宜慎重。前据沙埭陡董事贡生林启亨等控：麻园村民郑银富等驾船出海捞壳，强开陡门，陈奇发等阻被殴打伤等情一案，业经本县传集两造，断令“壳船照旧搬运过塘，不准开放陡门”取结附卷。续据郑正丰等绘图呈求另造备陡，当以有无窒碍，批候勘夺在案。兹据林启亨等胪陈另造备陡各弊呈批示禁前来，本县察条议均属实在情形，应即毋庸诣勘。除呈批示外，合行给示勒碑严禁。

为此示仰麻园村居民人等知悉：嗣后尔等壳船仍由陡南搬运过塘。如敢抗违，不准再行强开陡门，纠众滋事，许该总闸夫协同董事地保指名控县，以凭提案究办，决不宽贷。各宜凛遵毋违，特示。

道光二十八年七月十三日给。

（蔡琪：《奉宪立碑》。录自《乐清历代碑志选》第395、396页。该碑一式两刻，现分别置乐清柳市麻园和翁垟九前村玄真观。蔡琪，安徽安庆人，监生。道光二十七年至二十九年知乐清）

清道光时永嘉南沙岙等地浚河

邑西上垟田，无水旱患，以土肥河深，旱则足以供灌溉，即淫雨兼旬水有所归，不至汛泛，耕者称乐土焉。惟内位南田则有异，内位南地程氏所居，后枕高山，其田内洼外高，大河违在南，遇亢旱引之灌田势甚艰。甚至激水轮竭一日力不能得涓滴，际淫雨溪流赴水辄四溢，大为农事累岁。

在道光丁未（二十七年），村中程君吉凤、庆瑶等相其地形，倡议于村前浚田为河，请其事于县宪蔡公，公允所请。众踊跃从之，醵钱作费，北离山趾数武，浚与溪口，接南与岙外河通。水道所经田，为村中之业，捐之无所吝；为邻邦村所有，计其值偿之。凡田属内位南，每亩酌捐数百文。所浚之田饷，立众户输纳，无与原主。事以是年三月始，事至六月工竣。计浚田十亩余，长百二十有九丈，阔四丈，费钱贰佰余缗，夫功较缗之数而十倍之。由是蓄泄如意，易桩为沃，向之困于旱潦者，一旦患悉除。凤等乐事之成，欲勒石以垂诸后因问余，余思世人于不急之务，挥霍不甚惜，一遇义举，置身事外至缩头不敢作声，即有倡为义举者，从旁揶揄之，而所犹倡之人，因之制肘而止。今凤等独见其大，不沾沾然为目前计，于人所因循不敢为者，毅然以身任，而村中亦协力为之助，卒至利兴弊除，村中世世赖其便，所费虽无多其贻泽岂浅鲜哉。余不揣谫其巅末，俾享其成者无忘所自，尤愿世之人，凡陂塘水利所在与农事有关者，当视此为区处也。

道光二十九年陈玮撰。

（陈玮：《南沙岙浚河碑纪》。录自何健《温州水利史料汇编》第 207～208 页）

调补温州府永嘉县正堂加六级纪录十二次杨为捐田浚河，佥请备案勒石以垂永远事：

据永嘉场二都贡生王心一、王标魁，监生方瑞珍、王占寅、胡钦泮、王邦桧，耆民王中选、王锡镳、王锡霦、王德清，儒童王培林，耆民范国华、范明乐、季国光、王锦鸿、季印玉、王宗庆等呈称：窃生等俱住永场新城地方，该地有西、南二河，发源于双岙、孙垟二山，舟楫相通，两岸田计二千余亩，灌溉攸资。向因山坡被开垦，遂致沙随雨泻，淤塞两河，有碍水利。生等于道光二十二年间，倡捐疏浚，复于孙垟地方筑石坝二，遏沙下流，将坝下两河之沙鸠工挑浚，仍前间通，确于田畴灌溉、舟楫往来均有利益。诚恐年久依旧淤塞，再议捐田生息，以为日后疏浚，庶已疏者不弃前功，即未疏者亦可渐及。所有好义家捐置民田、荡园亩数花名，并浚河条例粘祈备案以成公举等情。据此，查该生等公捐田地以为疏浚河道之资，与田畴水利均有稗益，洵属善举，既经妥议章程，共相允洽，务各秉公经理以垂永久，慎勿始劝终怠，本县实有厚望焉。各宜懔遵毋违，特示。

贡生王心一捐民田一十七亩二分；贡生王标魁捐民田五亩五分；耆民王锡霦捐民田四亩；儒童王培林捐民田二亩五分；监生胡钦泮捐民田二亩；监生王占寅捐民田一亩五分；监生王宗夏、王中青捐民田一亩；耆民王中选捐民田一亩四分；耆民王锡镳捐民田一亩；北门季氏捐荡园二亩；塘下范氏捐荡园二亩；北门方氏捐荡园一亩；耆民王宗庆捐荡园二亩五分；耆民王德清捐荡园一亩；耆民王锦鸿捐荡园一亩；监生王之垣捐轻价荡园二亩，后赎去得价钱六千文。

道光二十八年正月二十六日给。

（杨炳：《奉宪勒碑》。录自《温州历代碑刻二集》第166、167页。该碑现置永嘉永昌堡王氏四派宗祠内。杨炳，字子萱，道光二十六年任永嘉知县）

永场山水区也，其中谷为桑岙，水源深长，下□分流，环绕新城，有西、南两河焉。自国初生齿渐蕃，食田力而不足，乃垦山为种植计，以致沙随雨泻，而塞淤河道，田无灌溉，非复前明之水利矣。沧桑致感，蒿目者久，而孰则出而挽回之者？惟寿岩宗先生负公义气，倡捐疏浚，旋于太平桥上建石坝二，遏阻流沙。坝下西至林渎，南至李浦桥河，约二里许，鸠工挑浚，费金千余乃告竣。又恐裘葛递更，或因无资而废事，复倡捐田亩，以及好义诸家集腋成裘，名曰“河众”，以为逐岁挑浚之资，曾经备案勒石，至今六十余载矣。其间司事接踵，筹画精详，而先生嗣下肖岩、雨亭两昆仲尤善经理，以疏浚余资增置恒产，承先志也，而利赖无穷矣。微先生之倡义，而两河淤成平陆，非但膏腴之地变为硗瘠，即梓里生灵如涸辙鲋鱼，求勺水而不得，然后知创是举者乃有远虑也，宜乎击壤歌衢，咸啧啧称先生之功德不衰。爰记之以垂不朽云。

赐进士出身现任江西余干县知县王岳崧谨撰并书。

光绪二十二年岁次丙申四月吉日立。

（王岳崧：《浚河记》。录自《温州历代碑刻二集》第221页。该碑现置永嘉永昌堡王氏四派宗祠内。王岳崧，字叔高，号筱牧。瑞安人）

清道光末瑞安江记方等浚涂

兼理两浙双穗场正堂加十七级朱为遵例给照事：

据五都梅头前岗渔户江记方、邱式模等呈报：天团陡门下浮涂原有替船沥一条，系身等渔户出入载鱼到埠，现在该沥淤塞，替船难以往来，合地会议将硐至殿边重浚，透下直至海水，约计七百二十弓，阔计二弓，约地六亩零，南枕盐坦下自涂，北至江记方等照地，恳祈给赐印照，以免淤塞以垂永久，并粘甘结，绘其图形，呈请给领沥照存执等情。当经差查，旋据禀覆，同般头查明并无关碍水道侵占各等情前来，据此，除批示外合行给照。

为此，照仰渔户江记方等遵照，该沥务须及时重浚，以通渔户船只往来，毋得借此隐匿通运。倘敢滋事，即将印照吊销，并将该渔户等重惩不贷，各宜凛慎，须至执照者。

计开图形四至弓口亩分：西至老沥，北至江记方，南至涂，东至海水；直计七百二十弓，阔二弓；计地六亩零。

右照布渔户（从略）。

道光叁拾年贰月　日给。准此。

（朱□：《执照碑》。录自《温州历代碑刻二集》第769、770页。该碑现置龙湾区海城邱宅水神庙东侧围墙，其时梅头属瑞安县）

清咸丰间永嘉重葺陡埭

六品顶带〔戴〕署永嘉县正堂军功加一级记录二次又寻常记录七次世袭云骑尉曾，为准捐重葺，合俾勒石以垂久远事：

据四都监生李作宾、乡饮介宝林、阳南增生潘钟圣、童生潘大谟等呈称：龙湾陡门为永场咽喉，所系尤重。嘉庆十八年，监生潘士楠等奉前宪徐准捐修理，置田四亩为看管工薪，续置一亩五分为办板之费。缘出息无多，不敷添换，是以年深板腐，难免疏虞。兹经生等捐募重葺，益征整饬。闸板两层齐备，上加压铁，复置课田贰亩，并前共置三亩五分，按年租息预储板料，不时更替，诚为防预虑远之举。至条列乐捐姓氏于后，更得录善遗意，事经垂就，合记之以示永远。

（记及乐捐姓氏略）。

咸丰元年岁次辛亥腊月穀旦。

（曾承禧：《《奉宪勒碑》。录自《温州历代碑刻二集》第168、169页。该碑现置龙湾区瑶溪龙湾陡门东侧。曾承禧，道光三十年任永嘉知县）

咸丰癸丑（三年），郡大水……蒲洲大埭者，内受三溪水，外捍海潮，同时溃于淫潦，永、瑞两邑并河田咸病。君出财缮治，堤堰复完。

（孙锵鸣：《海日楼文集》卷八《墓铭·永嘉沙君墓志铭》。文中“沙君”，讳丙科，字策三，号蓉士，温州永嘉人）

清同治初余丽元记重筑燕埭陡门

天下有以人事代天工而齐地力者莫善于水利，是故天之雨旸水旱不常，地之燥湿肥硗不一，而能开其源，节其流，使之蓄泄有时，盈涸无患，足以灌溉田亩而裕生民之食用，此陡门之设，其所关于水利者大也。平阳为泽国，东南一带濒海之区，海水咸，不利灌田，全赖山水以资挹注。江南乡旧有阴均陡门，其田亿万余亩，仅借此门为宣泄，值淫雨连绵之秋，山水涨发，万壑争趋，一门不能容，往往有旁溢之患。嘉庆十四年绅士吴君履墀相度地势，谓阴均迤北距百余丈有燕窝埭，为众水尾闾，蓄泄甚便，请邑宰周公序其事，而集众捐输，遂因埭设陡，名而燕埭陡门，与阴均对峙以分水势，农人赖之。

甲子（同治三年）仲夏，吴君冠朝请于余曰：“公莅任以来，无善不举，无利不兴，既开城河以通水利，又有疏七弦溪之议，而吾乡燕埭陡门为吾父所创建，于今五十有六年。洪潮冲激，陡次倾欹，时有坍塌之虞，亟欲起而兴修，则力薄不克继先志，愿出示饬董劝捐重筑，以溥一万之利”，余曰：“俞哉，物积久而必敝，治与时为变通。今子有继志述事之思，则修坠举废，予责将安辞？顾经费为难，得人尤难，非富而有力，信义足以服人者，不能胜是任。其妥议举董以闻。”乃访于其乡得两人焉：郑君观岳，好义急公，乡望素著；夏君成瑚，办事勤能，不辞劳瘁。于是以郑观岳为正总董、夏成瑚为副总董，吴冠朝为原总董，而杨佩芝、陈际中、吴树森、潘垂绪等为捐董以辅之，爰酌章程，计亩捐资以敷经费。但工程大而需费巨，非钱壹万余缗莫济，凡有田之家贫富不等，念兹穷氓，多取之则力有所不足，少取之则费有所不敷，乌乎可？郑君观岳慨然曰：“事贵持平，每亩派钱七十文，其余不敷，吾足成之。”遂择日兴工，阅数月而告竣。噫！是役也，固由吴君冠朝不忘先德，首倡斯议，实由郑君观岳慷慨好施，乃有以克成厥功，而夏君成瑚等朝夕督率，皆与有劳焉。吾故曰“经费难，得人尤难”，果得其人，则人事可代天工而齐地力，又岂独一陡门乎哉！彼世之坐拥厚资，号称守财虏者，闻郑君观岳之风，其亦可油然兴矣！

（余丽元：《重筑江南燕埭陡门记》。录自民国《平阳县志》卷八。另可参笔者《温州古代经济史料汇编》第96~97页。余丽元，字介石，新安人，同治元年冬任平阳知县，政绩卓著）

清同治间平阳重浚七弦溪

平邑学宫依城南凤凰山下，山之岩为凤嘴，左右山坡为凤翼，有飞腾之象焉。明伦堂下有双井为凤目以泄，文明学宫前有三星池，以象三台，其潆洄学宫如带者则有七弦溪，所以象琴轸鼓动凤凰来仪也。考邑志云：“堪舆家以此水从西绕学门而东南则人材盛。”其故道久湮，明弘治间，邑令王约为求故道凿之，厥后文风果振，亦越于今二百有余载矣。其间通塞相继，而浚者不可考。同治甲子（三年），余宰平邑，见是溪沙石壅积，溪身几与岸平，水尽涸，大雨山水涨发，溪浅不能容，横流于道，余目击而叹之曰：“人有恒言，皆曰山水人物，令文风之不振，殆由是乎？”适修书院既成，即欲浚是溪，会卸篆去不果，诒刊《龙湖书院志》，因作《浚七弦溪议》附之，以待来者。

越丁卯（六年），陈生际中晋省乡试，言于余曰：“公濒行以《浚七弦溪议》见示，诚恐邑之人士畏难惜费，甘让美于前人而不事兴复也。今乙丑（四年）冬学师王楩岑、李兰生两夫子以是年补行辛壬（咸丰十一年、同治元年）两科乡试，平邑登武科者三人而文独无之，爰谋诸绅士杨君佩芝、余君毓芳、林君良材、王君振音、项君寿莱、余君书勋、陈君庆霄、林君凤翔、谢君达材、林君聘珍、林君洁春、夏君继修募捐疏浚，以振文风成公志也。”且纪其略曰：“是举兴工于乙丑冬，蒇事于丁卯夏，计捐七折钱一千余两，阅两寒暑而告厥成，其水道悉按志书遂加查访，惟一、二、三弦溪与七弦溪尚斑斑可考，其四、五、六弦溪则附近居民占作田园，凡志书所载叶、蔡、徐氏之居左右者，今皆他人人家无从察识矣。幸各溪口俱有桥牌为记，督工疏凿概得其源，即于各桥牌上勒石为界，注明第几弦溪，于溪岸旁均砌以石。俾后之穷源而溯流者有所考证，请记之以垂不朽云。”

时余方分校棘闱，窃异平邑多士有中式者，乃为记以鼓励之。无何揭晓皆报罢，予深为不怿者累日，而记亦因之搁笔矣。虽然，以数百年久湮之迹顿复于一旦，诸君锐志复古之功诚足嘉尚，胡可以无记。若夫术家风水之说，有应有不应，有迟之久然后应，而究无不应者，岂可朝程功而夕课效哉！夫七弦溪之当浚，犹士君子之当学也，吾人笃志潜修，洁身自爱，亦只尽其性分之所当为，未尝役之于功利。而知遇之来，置身通显，所谓修其天爵而人爵以之；非修天爵以要人爵也。今七弦溪既浚，则左右逢源，不舍昼夜。《易》曰：“习坎有孚，维心亨，行有尚。”可于是溪卜之，固不必刻期其效，而文运之兴自有操之左券者。试以吾言复于诸君，其各欣然思奋，不懈厥志乎？至各弦溪坐处弓数，其悉附刻于左，不赘（略）。

同治七年岁次戊辰仲秋月同知衔前署平阳县事仙居县知县余丽元撰。

邑人陈际中书。

（余丽元：《重浚七弦溪记》。录自《温州历代碑刻二集》第1134～1136页）

清同治间玉环开永利河

永利河者，桐林之新开河也。桐林接壤太平，群山纠纷，方罫平畴，鱼鳞交错，乃山涧流泉，水无潴蓄，故雨泽稍愆，则禾稼歉收，环山屡告丰年，而此地之独抱向隅者往往然也。庚午（同治九年）冬，余甫下车，绅耆林汝翰、林日瞸、林宣三、陈璧池、冯作楫、林邦亮、黄云奇、冯汝元、黄用培、林之春等呈称开河，余深以为喜。即首倡捐廉，而令各户醵资，农各出力，按亩以定章，度地以规制，众情踊跃，诹吉兴工。凡两阅月而河以成。清流曲折，混混不舍，计程三里而遥，灌田则三千余亩，今秋所获倍常，较他处且有增焉。然则是河之兴，其事巨，其功速，其利亦溥矣。夫古之浚沟渠、筑堤防、为民兴利者，非为一时计，为千百世计也。余四任此邦，未能媲美循良，乃是役也，以众力之举擒，克期而奏效，于民生非无裨益，嗣是崇墉告庆，比栉兴歌，不将有永享其利者欤！余故乐为志之，并著其命名之意云。

（黄维诰：《新锹永利河记》。录自清光绪《玉环厅志》卷五。此碑刻于同治十一年。黄维诰，字黼堂，江西新淦人。附贡生。清道光三十年署玉环同知，咸丰十一年署温州知府，同治三年、九年两署玉环同知）

清光绪初平阳护陡告示

钦加同知衔署理浙江温州府平阳县正堂加六级记录十二次陈为出示晓谕事：

案据二十一、二都监生郑癸章、生员夏巽淦、童生吴冠朝、监生薛畴、生员计廉、耆民黄国开、职员林光祖、职员张锡均呈称：窃缘同治元年蒙前宪余重建江南乡二十二都之燕埭陡门，以生父诰职郑规岳为总董，按亩派捐，越明年冬告竣。江南乡亿万课田全赖此陡灌溉，何如岁久法弛，该居民或渔舟停泊陡堤，或货物装运过陡，管陡者私自启闭以中渔利，以至日损渐坏，兼之本夏间大雨淋漓，浥注不遑，冲坍陡堤数十丈，生因父手创建，糜费甚巨，目击情形，不忍恝置，爰出己资修筑完固。佥恳勒石以垂永远等情。据此，查此案□同治三年间，据童生吴冠朝具呈，经前县给示晓谕在案。兹据前情，除批示外合行出示晓谕。

为此示仰该都居民人等知悉：尔等须知当日建造陡门，原为保护田禾。自示之后，毋许渔舟停泊陡堤及货物装运过陡，并不准管陡之人私自启闭，倘敢故违，一经访闻或被告发，定即差传带县讯明究罚，决不宽贷。各宜凛遵毋违，特示。

光绪二年十二月初五日给。

（陈同恩：《燕埭陡门告示碑》。录自《温州历代碑刻二集》第 1138 页。该碑现置苍南县舥艚东魁陡门旁。陈同恩，字子璧，光绪元年任平阳知县）

清光绪初玉环浚城河

玉环为东浙岩疆，依山为治，城垣北枕于山，东西南皆溪河环绕，潆洄如带。河之源有三，而其流则汇于一。考西河之源，出于田螺山，迢递而下，一折至仙人洞，再折入校场；迤东与中青河合，历南门达东门，三折过东山嘴，出陡门而入于海，所谓天开河是也；城以内溪水一道，由府山直冲而下，经厅署之西、巡衙之前，绕而西，转而之东，从水门入天开河。夏秋之际，淫雨不时，山水挟沙石奔腾，河渠因之壅塞。道光间，同知陆公玉书疏浚之，未几而旋涨如故。厥后愈涨愈高，暴雨时，里巷街衢横流泛滥，民甚病之。

丁丑（光绪三年）春，余奉檄来守是邦，访求利病，父老咸以浚河对。于是令城绅林夙岐等董其事，乘农隙兴工，里民之好义者相率佽肋，锹掘畚筑，一循故道，由是塞者通，潴者流，桥梁道路之陂者复平，计内外溪河添筑石坝六处，阅五月而告成。父老相庆曰："今而后旱有蓄，潦可泄，可濯可烹，无虞泛滥矣。"余曰："否，疏之难，未若塞之易也，尔居民宜有鉴于先，岁加修剔，毋待积久而后为，则今日之举，可为一劳永逸之基矣。余固有厚望焉。"

（杜冠英：《重浚城河碑记》。录自清光绪《玉环厅志》卷一下。杜冠英，字徵三，安徽太平人。光绪三年任玉环同知）

清光绪间平阳永安寺僧管陡

盖以事开国课，废者必修，利及民生，坠者宜举，刻为七都永安陡、寺辅车相依，两不可缺，闸防潮水，寺容闸夫，现均朽坏。爰集衿耆合议，一公妥章程，将本都田亩及外都列坐本都田亩，按亩捐谷，每亩抽捐兑子四斤，就佃扣除，修筑陡寺。

光绪壬午（八年）四月间，呈请汤仁宪出示。沐批出示晓谕，业已各就当地人同保向佃抽捐，共捐有时谷二万五千六百二十斤，先闸后寺，当付办闸并盖做工、示费碑资及一切零星需用等项，该时谷六千三百零十斤外，又粜收闸夫该时谷一千六百四十斤，合除余时谷一万七千六百七十斤，并折粜洋钱在内，均就原人同保交僧筑寺。寺照初章，住僧管陡。若非历叙捐输原由，不惟县宪功德遗忘，抑且各地捐户谷无着落。爰勒碑昭垂，庶几永后勿谖尔。

首事：贡生柯庆恩、监生黄鼎彝、监生戴喜华、生员柯涧生、监生陈笃文、乡饮杨作兰。

大清光绪八年岁次壬午十二月穀旦立。

（柯庆恩等：《永安陡寺捐谷碑》。录自《温州历代碑刻二集》第1142页。该碑现置平阳宋埠斗南村水陆寺内。文中“汤仁宪”指其时平阳知县汤肇熙）

湫者所以制水旱，农政之要也。吾平近海多湫，在万全乡者二，永丰其一也。湫侧故有永安寺，闸木之启闭购易责之寺僧，寺贫僧去，乃择里中人司之，而司者多惰困无业之辈，多假公敛钱自给，闸木之启闭购易多不以时，水旱不可恃以制。里人王纪山先生勤于善举，今春奉其父命，集赀于近村之民，遂更闸木，废闸夫，置寺产，招愿僧，新坏寺，增建寺前后堂及东西之廊，积弊去，旧章复，湫始可恃以制水旱。成而有余资，乃筑一室于寺侧，以为聚藏字灰出海之所，亦责寺僧司之。

是举也，可谓勤矣！夫国以民为本，民以食为天，而食之源由于地力，地力之尽视乎水利，今北方沟洫未兴，粟米仰给东南。兖青之间，黄河为虐，国家岁糜金钱巨万，而有司者或徒苟安旦夕，不能尽其心力焉，令先生得与闻政，吾知其必留意于兴利除弊也。嗟乎！三代之时，官无废事，由能者皆在职也，今勤事之才，何处无之，而多不得一用，或用违其长，岂不深可惜哉！卒工，命余作记。因感而记之，其捐数若干，修费若干，置产若干，及更复章约，具列于左。

光绪十年二月。

（宋存礼：《宋恕集》卷四《重修永安湫寺记》。宋存礼，字燕生，后改名恕，晚年更名衡，平阳人）

清光绪间平阳重建东洋陡门

昔刘定公过河洛而思禹之明德，夫定公距禹千有余载，犹叹慕焉若此，后世疏一渠则曰其公渠，筑一堤则曰其公堤，称其姓以志不忘，岂非德之及人深而利赖者远哉！

平阳东南乡农田皆恃有水利，以滨海故。水利皆设陡门，外拒潮汐，内蓄溪流，宣泄因时，旱涝可无患也。余自壬午（光绪八年）下车，同邑父老言乾隆间前令漳州何蓉林先生多惠政，过钱仓，见道旁有祠，祠有像，馨香之报，百年如一日。读碣文，知当时小南一乡凡建陡门者五，其在钱仓，则东洋陡门为总汇所，而石山岩陡门次之，顾东洋纳瑞安圣井及北港鹤喉岭诸水，其陡门上有白石滩、金庄滩，下有大王殿汇，淤泥沙石，日积壅滞，大雨激湍，屡坏屡修。迨岁丙戌（十二年）七月既望，遂涨塌无遗。乡人牒请复建，余亲履勘，令移上数武，基址乃固。檄各乡衿眷以十月农毕，用民之力五旬而工竣，费钱千数百缗，计应输之田凡二万亩，远近别三等，亩输钱二百、一百及七十有差。首其议者某某，董其事者某某，群策群力，用有节而庀材固，于是佥请余为之记，余记焉而系以铭（略）。

（汤肇熙：《重建十七都东洋陡门记》。录自民国《平阳县志》卷七。作者字绍卿，江西万载人，同治二年进士，光绪八年知平阳，为任七年，政绩显著）

清光绪时永嘉民众集资担沙

盖将川一水发源于地之前山东首土名底水坑。国朝以来，泉水澄清，地方丰腴。近缘此山开种大盛，一逢大雨沙随水流，河渐涨塞，众等目睹情形，不得坐视，况此水所关甚巨，民人□□利用，稻禾借以生成，若不早设良计，恐日久沙积，为患无穷。因此，议将桥之内外两岸田亩，每亩捐申洋伍角，为担沙使用。所有余资另置产业，以为日后担费。庶源远流长，人赖其利，故勒石以垂永远云尔。

所有捐户姓氏□刊于左（略）。

光绪拾叁年岁次丁亥巧月吉日。

将甲桥合地置。

（将甲桥民众：《众议碑》。录自《温州历代碑刻二集》第213页。该碑现置龙湾区瑶溪樟川路亭墙上）

清光绪间乐清壳船定期出入陡门

钦加三品顶戴赏戴花翎特授温州府正堂加十级纪录十次福谕：

讯得乐邑生员王连城等与郑树兰等互争陡门一案。缘乐清西乡翁垟沙埭有陡门三间，建自康熙年间，原为防护田禾、御咸蓄淡而设。麻园村民祖手控有大门山洋面蛎壳田十八亩，历年完粮，捞壳烧灰为业，壳船皆从沙埭南首陡门进出无异。迨至去年九月间，麻园人郑一与陈永清等航船相撞，彼此争闹肇讼，经该前县路令讯断未协，以致两造酿成械斗巨案。

嗣据生员王连城与民人郑朝修等控，经本府饬委查核，陡门最关水利，若不先为秉公讯结，诚恐后患无穷。今讯悉前情，设立陡门，所以灌溉田禾，应时启闭，壳船原不能随便进出，本应禁止，既据麻园人郑树兰等再三求本府衡情酌断，每年贰月间准麻园人空船进出，不能限以时日，其余月日皆不准行。听候本府出示勒石，永远遵守。一面札饬乐清县核谕各闸夫，不许凭空开闸罩捕鱼虾，如违提究。

此次定断以后，两造谊属桑梓，仍归旧好，不得再滋事端。每年应走三期，总不准逾二月、十月，麻园人不得持蛮多开，翁垟人亦不能借口阻抑。倘敢不遵，许两造随时禀县查究。着当各具遵结完案。要证陈传有、郑树兰二名仍还押，候递回乐清县归案质讯详办，其余人证概予省释。此谕。

光绪拾肆年八月　日给。

翁垟众等敬立。

（福荣：《奉宪立石》。录自《温州历代碑刻二集》第491～492页。

福荣，汉军正黄旗，光绪十四年任温州知府。路令指路履祥，光绪十二年任乐清知县）

清光绪间陈体强制机轮船浚涂

君讳体强，字寿康，号芝岑，平阳人也。世居瑞邑十七都林洋。君少时有至性，事继母尤孝。所生母余氏病，割股以疗。稍长，读书不屑为制举业，而喜手制诸器物，雕刻尽精，匠人见之，咸敛手叹勿及。君以为玩具，不屑也。

乡之东南有沙塘陡门，岁久淤塞，君倡议开之。时乡人欲先浚内湖，君议独否，以为下游不开，则刷沙之水无所泄。时文适馆君族中，君为文言，文亦以君言为然，议遂决，乃先浚陡门外之湖。召匠庀材，令制开湖刷沙之机轮船。机轮船者，以水激轮，以轮贯轴，以轴绕绳，以绳系船，以船架犁拨沙。船凡二，一以装轮，一以架犁。架犁之船乘顺流放之下行，装轮之船碇而不动。轴中有楔，抽楔则轴动而轮不转。犁船下行，绳尽而止，乃贯楔定轮于轴，水激轮动而轴亦旋，轴旋，掣绳，船逆流上行，船行，犁冲沙浮。乘湖水下注之势，湖中之沙挟溜直趋山陡，奔腾入浦，以至于海，而淤消矣。一处开通，移之他处，逐段如法行之，数月之中，全湖均开，水畅行而无阻，乡人乃叹君制船之巧，而尤服先开外湖之有卓识也。今机轮船俱在，开陡之人多不能用，亦足惜矣。

邑之十四都瓜埠陡门，岁久潮冲亦淤涨，君与乡人浚之，筑塔石建亭于其上，令闸夫守之，并筹善后之策，一如沙塘之法。有妒之者，出与君讼，君又排解之。开浚之时，君执畚锸为众役，先沾体涂足，不以为劳也。露宿于野，以谷桶覆之酣眠达旦，不以为苦也。由是，役夫咸奋，大功告成如是之速也。盖君以一生精力全用之于陡门，十馀年如一日，呜呼，难矣！

先是，君尝于树艺之学，于家园中植桑柑之属，皆蕃盛而多实。以偷窃者多，而不及推广，意颇自歉也。陡门功竣，乃择地汇头为试种之举，挈眷居之，又以讼君者出而剖诉。感受炎暑，患痢经旬，遂以不起，惜哉！

往岁与君谈机器轮轴之事，及动静重学之理，人力汽力之比较，水力风力之磨阻，君皆持之有故，言之成理，心窃异之。后知君于汽船双心轮、螺旋轮皆曾手制而试之，宜乎洞明其理，盖皆实验，非空言也。中年以后，旁及道藏、释典诸书，玩之有心得，固善知识而具慧根者也。又尝购大罗山矿质思冶炼之，不得法，走沪上求矿师又不得遇，遂靡然而返，又创制自行起水之恒动水车，法以恒升车以起水，水以润下而动轮引水上行，以为灌田之用，因他事辍工。

凡君生平之所为，皆开新之事、实验之学，与近时当局所奖励而提倡者，不相谋而相合，则君于十余年之前已见及此，而惜君已先卒矣。

夫制造树艺之事，为救时之实急、务工农之实业，东西洋诸国所以致富强而雄海上者，舍此无他焉。科举时代，未必无人才，第风檐寸晷，一日之长，乌足以取士？往往怀才而不得用，与用之而不克尽其长者，仍与不用者等。如君之类，老死牖下，曾无寸柄得以竟行其志，忧世者，徒叹时局阽危，人才消乏，果孰使之然欤？君卒后，文为铭其墓，而生平轶事，志中略而不书，特为之传，留之家乘，以畀君之后人云。

（洪炳文：《陈芝岑传》。录自民国《平阳县志》卷九三。据该志，陈体强于光绪十四年、十七年两浚沙塘陡门）

清光绪中双穗场护渠禁示

钦加五品衔特授双穗场正堂加五级纪录十次张为禁示勒碑永禁事：

案据绅耆蒋梦元、钱选青、蒋柱、笠旦、蔡福鸿、王飞熊、钱际昌、胡进林、李铎、蔡绍胜、林金火、郭式芹、蒋严高、王付姆、王亚明、竺福忠、虞王清、杨亚荣等禀称：海安所南门湫直落上、下荡园六角，各有水沥。沥口所建造水渠，以防咸潮水冲入损坏豆、麦、棉花、蕃薯等物，又公立草样看守，以蓄茅草、芦、柴等项。惟有恶棍私违禁约，私开水渠，架捉鱼虾并盗窃荇草，以致败坏草栈名目，联名佥请出示勒碑禁止，以垂永远等情前来。据此，除批示外，合行给示勒碑永禁。

为此示仰军民人等知悉：尔等须知荡园水沥筑造水渠，以防潮水冲入，实属善举，不准私用，架捉鱼虾，肥己损人，至于园旁茅草芦柴，留样归公，以杜不肖之徒借此名目有伤种植。自示之后，如有无赖棍徒，私开水渠，挖掘沥埭，架网鱼虾及借割荇草柴，种种妄为，许即指名禀场，以凭究办，决不稍宽。该首事不得借端滋事。各宜凛遵毋违，特示。

光绪二十三年五月　日给

（张锡九：《禁示勒碑》。该碑现置瑞安海安城隍庙内。张锡九，江苏常熟人，光绪十九年至二十五年任双穗盐场大使）

清光绪间永嘉勒石护河塘

钦加四品衔署理浙江温州府永嘉县正堂加四级纪录八次奏为出示严禁事：

据七都二图老涂庄乡宾瞿汝明，民人徐定华、瞿华阶呈称：伊等地方四面临江，常遭水患，非仅田禾被损，甚至屋宇坟基屡有倾圮。曾于嘉庆三年、咸丰二年两次兴修塘埭，呈蒙颁示在案。嗣因各地顽民或向塘间挑运泥土，或私掘塘脚，以致伤损塘坎，废弛工程。伊等现于光绪二十二年，会同邻地照田派修，深恐修后仍有无知愚民强挑私掘情事，联名绘图叩乞示禁等情至县。据此，除批示外，合行出示严禁。

为此，示仰该处诸色人等知悉：尔等须知乡宾瞿汝明等会集地众，派修塘埭，系为保卫田庐起见。自示之后，务宜各安本分，遵守禁约，不得强挑私掘，致损工程。倘敢故违，一经发觉或被指控，定即提案严究，决不宽贷，各宜凛遵毋违，特示。

光绪二十四年八月初七日给。

（秦国钧：《勒碑严禁》。录自《温州历代碑刻二集》第225页。该碑现置鹿城区七都老涂瓯都亭墙上。秦国钧，字鹿苹。光绪二十四年任永嘉知县）

钦加同知衔署理温州府永嘉县正堂加三级纪录十二次查为出示晓谕事：

示仰该处士庶居民人等知悉：尔等须知河道淤塞，农田无从灌溉，受害不浅。现在王绅焕熙、毓英、树铭、定祥等筹捐议章，鸠工挑浚以兴水利，洵为地方善举。自示之后，务须趁此农隙兴工疏浚，照章办理，毋得借端滋衅，任意阻挠。倘敢故违生事，许该绅等指名禀县，以凭提究，勿谓不预言也。各宜懔遵，切切，特示。

一堆存两岸田塍之沙，不许种户私拨入河，违者罚戏一台，否则送官究治，送信者赏钱三百文；

一两岸沙堤上不许斫草挖根，违者罚戏一台，否则送官究治，送信者赏钱三百文；

一河工须依形势缓急，次第挑浚，地内不得各存私见；

一疏浚之后，河中不许拦埭竭泽取鱼，违者罚戏一台；

一河众银钱永存殷实之家，凡遇提用，确系河工内事，须凭重望绅耆照付，毋得滥给。违者众内不听；

一该河众内共捐民荡田五十二亩，内除堆沙田六亩，净田四十六亩，所收租息永作常年挑浚经费；

一河众存项，典守者不得别移私借及别项用款，违者赔抵；

一账目每次收稻时会同清算一遍，及每年浚河工毕后，均须清单榜贴社学堂西廊后壁，以昭公允，如有侵蚀情事，着令弥补，即另择管事；

一此次筹捐河众田亩银钱诸费，作为河众永业，勒石填名。嗣遇新发之家未曾刊捐者须酌量补捐，家道中替者不得乞还原业原款；

一疏浚就两岸河边田塍内各堆三行稻地；

一疏浚不许以老幼充数。

光绪二十五年十一月　日给勒。

（查荫元：《奉宪勒碑》。录自《温州历代碑刻二集》第226、227页。该碑现置龙湾区天河三甲王氏祖茔内。挑浚指挑沙浚河，查荫元，字石生，光绪二十五年任永嘉知县）

卷五 农业（上）

谷　类

东汉末永宁县东部年谷屡丰

值四方盗起，（蔡敬则）率义兵捍寇有功，授本地东部都尉，立县署于邵公屿，筑城郭，浚河道，号令明肃，境内大治，进爵安乡侯，省刑节用，年谷屡丰，闽越避地者悉归焉。

（周令：《忠义庙记》。录自民国《瑞安县志稿》卷九《宗教门》。忠义庙祀东汉末临海郡东部都尉蔡敬则）

唐末温州稻已一岁两种

《伪越外纪》：稻一年再熟。今浙江温州稻一岁两种，广东又有三种田，地气暖故也。

（汪灏等：《御定佩文斋广群芳谱》卷八。唐乾宁二年，董昌据越州，史称伪越。据此，其时温州稻已一年两熟）

元代乐清多种麦芋

楚门山色散烟霞，人到江南识永嘉。半陇石田多种麦，一冬园树尚开花。

（李仕兴：《抵楚门》。录自明弘治《温州府志》卷二二《词翰四》。作者元代河北藁城人，翰林学士。其时楚门属乐清县）

蓝舆轧轧路高低，苦竹村南古岘西。草舍爨茅留客饭，麦田焚棘断人蹊。

（李孝光：《苦竹村》。录清顾嗣立《元诗选》二集。苦竹村属乐清县）

土绝膏肥，种蹲鸱大如斗。长老又言，湖水渐淤为葑田，岁月浸久，彼湖皆化为腴土。十年前有僧来乞食，因言“吾于前年去雁湖旁，依大树缚屋，种莱菔菜、蹲鸱以为糇量。”

（李孝光：《雁名山记》。录自陈增杰：《李孝光集校注》卷一《游记》。李孝光，乐清人，元代中后期文学家。蹲鸱即大芋）

元代瑞安耕者苦

□□□锄镭，依依事西畴。朝耘向浊水，暮归自南丘。念彼终岁勤，所思期三秋。风雨觉昼短，五月寒未收。青苗背日色，瘦株苦不抽。水光注林杪，巨浸连沧洲。耕者一何苦，食之一何修。仰天行叹息，岂敢为私愁。敷菑既尽力，安得皆吾尤。

（陈昌时：《雨中叹》。录自瑞安《阁巷陈氏大宗谱》。作者元时瑞安人）

明代温州稻谷输闽

闽者地窄人稠，粮食往往取给他处。比年荒旱频仍，民益艰食。海上谷船自浙之温、台，广之高、惠、潮而来。

（许孚远：《敬和堂集·颁正俗编行各属》。许孚远，明万历时任福建巡抚）

明代永嘉郊原麦正齐

舟从双屿向三溪，畾畾晴波接曙堤。古寺回风寒食柳，短樯临水午时鸡。高低陵谷梨初放，远近郊原麦正齐。为取烟光拚一醉，莫教空酹草萋萋。

（虞世旸：《清明舟中》。录自温州市政协文史委编《温瑞塘河文化史料专辑》第220页。作者字舜治，明时永嘉人，著有《方楼汇稿》。三溪即瞿溪、雄溪、郭溪）

清康熙时乐清谷之属

稻：地暴有红有白；白散；红芒；占粳；早稻；晚糯；黄糯；胭脂糯。

稷：为五谷之长，北方为之。

黍：大曰粱，小曰粟。

麦：有大有小。

麻：来自大宛曰胡麻。

豆：即菽也，为类甚多。

（清康熙《乐清县志》卷二。该志刊于清康熙二十四年）

清康熙间浙江惟温州稻谷一岁两收

查浙省各府稻谷播种有早晚二种，成熟概只一收。早收在六七月间，晚收则在九十月间。惟温州一府，地邻闽省，稻谷收成两次，于五六月间早谷收过，又复播种，于九十月之间，再得一收。

（梁鼐：《康熙四十七年八月初十奏折》。录自中国第一历史档案馆《康熙朝汉文朱批奏折汇编》第二册第149页）

清雍正时温州米谷全赖平、瑞接济

沿海一带潮湿之区，米谷难于久贮，又山多田少，民间鲜有盖藏。温州则全赖平阳、瑞安，台州则惟恃黄岩、太平等县所产之米贩运接济。

（《世宗宪皇帝硃批谕旨》卷一七四之一三。此谕旨是清雍正九年六月十九日于浙江总督管巡抚事李卫奏疏上的批示）

清乾隆初温州稻种

福建建宁有稻种曰："温州早"。

（鄂尔泰等：《钦定授时通考》卷二十。该书撰于清乾隆二年）

仙居县产稻："温州青"。

永嘉县地产稻，有地暴、金成、百箭、白散、早糯、八月白、龙籼、香晚、占城、磊黄、晚糯、隔江牵。

瑞安县物产：白散，多芒，色白，小暑即熟；地暴，有红、白二色，粒尖细，七月收；水棱，一曰小青，粒纯赤；占城，最耐旱，有红、白二色；磊晚，无芒；百箭。

（《钦定授时通考》卷二一）

清乾隆初宁温台多种番薯

南方番薯一项，……今则浙之宁波、温、台皆是。盖人多米贵，此宜于沙地而耐旱，不用浇灌，一亩地可获千斤。食之最厚脾胃，故高山海泊无不种之，闽浙贫民以此为粮之半。

（黄可润：《畿辅闻见录》。作者清乾隆初人）

自乾隆以后，农家多以薯米为粮。

（清光绪《泰顺分疆录》卷二《舆地》）

清乾隆时平阳谷类

谷类：

早秋；迟秋；软骨秋，以上俱红米，及秋即获，俗谓早稻。

梅里白，梅雨时吐芒，白；地暴，有红、白二色；占城，相传自占城得种，最耐旱；早白，芒红米白，七月收；白西；龙粈，粒大色白；红芒，芒赤米白；磊晚，无芒；红嘴龙；白壳龙；黄龙；黄芒，芒黄；太仓；野猪哽，芒最长；矮早，以上俱白米。

早糯，七月收，可造新酒；乌节糯；秋糯，六月收，与晚糯用同；黄糯；晚糯，十月收，宜冬酒；淮糯；冷水糯；矮回；水棱，粒大纯赤。

大麦；小麦；米麦，无壳；荞麦。

珍珠粟；高粱粟。

黑豆；白豆，即毛豆；青豆；绿豆；赤豆；紫豆；云豆，皮有云纹；寒豆；蚕豆；珍珠豆；扁豆；刀豆；茶豆，即绢带豆，红、白二色。

芝麻，黑、白二色。

（清乾隆《平阳县志》卷五《风土》）

清乾隆时瑞安谷类

谷类：

白散，多芒色白，小暑即熟；地暴，有红白二色，粒尖细，七月收；水棱，一曰小青，粒大纯赤；占城，相传自占城得种，最耐旱，有红白二色；磊晚，无芒；百箭，芒劲，寄种软杆；白西，芒白；龙粈，粒大米白；软杆，色白粒大味甘，八月获，获后其根复萌无异初稻，谓之早稻，十月刈；红罗帐，颖赤色，故名之；金裹银，壳赤米白；

早糯，一曰大糯，七月获，乡人用造新酒，但未受霜气，味弱不可造经冬酒；晚糯，粒大而坚，十月获，宜造冬酒，其名不一，有黄糯、白糯、乌糯、矮糯；青糯，初冬获；金水糯，即水糯，宜山田种之；

荞麦；大麦，芒长，饥岁多种；小麦，芒短，可为面；米麦，无壳；

黄粟；黑粟；

黑豆，治热毒；白豆，即毛豆；六月乌；六月白；赤豆，治热毒；豌豆；紫豆；绿豆，色绿可为粉；八月白；云豆，皮有云纹；寒豆，冬收；刀豆；三收豆；珍珠豆；扁豆，花白者佳；蚕豆，蚕成时熟；茶豆，即绢带豆，有紫、白二色，一名苋蓿豆。

杂种：

芝麻；水芋；旱芋；儿芋；山芋；曲芋；大薯，红、白二色；薯蓣，即山药，有红、白。

（清乾隆《瑞安县志》卷一）

清嘉庆间瑞安谷类

谷类

秋谷，夏末秋初即割，有红、白二种。旱稜，陆地种。占城，相传自占城得种，最耐旱，有红白二色。龙籼，粒大米白，有黄龙、大龙。红嘴龙，谷赤米白。早糯，一曰大糯，七月获，乡人用造新酒，但未受霜气，不可造经冬酒。晚糯，粒大而坚，十月获，宜造冬酒，其名不一，有黄糯、乌糯、白糯、矮糯。青糯，初冬获。

荞麦。大麦，芒长。小麦，芒短。米麦，无壳。

鸡爪粟。狗尾粟。

黑豆。白豆，即毛豆。六月乌。六月白。赤豆。豌豆。绿豆。八月白。刀豆。扁豆，花白者佳。蚕豆，蚕成时熟。豇豆，俗名带豆，有紫、白二色。

芝麻，《素问注》："黑芝麻一名荪，一名巨胜。"《旧志》："亦名脂麻，温产绝佳。”

蔬类

芋，《旧志》：“有水芋；旱芋；儿芋；山芋；面芋，邑人除夕烧芋食之，谓宜男女。”

甘薯，一名番薯，形圆而长。邑有诛茅傍山而居，不宜耕稼者，惟种甘薯。秋熟收之，蒸晒切丝，贮之，以充糗粮，是名薯粮，兼酿酒。

薯蓣，《旧志》：“即山药，形魁磊，有红、白二种。味较甘薯稍劣。”

（清嘉庆《瑞安县志》卷一《舆地》）

清嘉庆间番薯由温台传至浙北苏皖

近闻浙江、江苏、安徽等省州县，凡深山穷谷之区，棚民蔓延殆遍，租典山地，垦种山薯，大半皆温、台一带沿海之人。

（陶澍：《陶文毅公全集》卷二六《查办皖省棚民编设保甲附片》。作者清嘉庆间任安徽省布政使）

甘薯，即番薯。《武康刘志》：“温州人设厂种之，昔无今有。”按：亦呼山薯，温州棚民所居草棚，俗称番薯厂。

（清同治《湖州府志》卷三二《物产上》）

甘薯，即番薯，亦呼山薯，温州棚民设厂种之，俗称番薯厂。

（清光绪《乌程县志》卷二九《物产》）

清嘉庆间瑞安禁损田园

为永禁贱食害损田园事：

照得嘉庆十四年地民李圣德具呈，奉县宪张给示立禁，民猪不论大小，不许散放，每家不许养鸭，只许养鸡三个，耕牛不许牵入田园小岸，田间大小路坎不许刓掘鳝蟹，小厮不许摘捋稻麦等项。讵料年久禁弛，渐有干犯。今首事林元勋、林绍南、程作揖、程长松、沈得川、沈金舜、口口口等复行纠众遵示立碑，以图永久禁约。嗣后如有干犯以上规条者，牛鸡豚鸭即杀散众外，并刭掘摘捋等罚戏文一台、酒食一桌，如不服禁，鸣公究治。

嘉庆二十一年岁次丙子孟冬。

族长林元文、沈振北、缪子章敬立。

（张德标：《奉宪立碑》。该碑现置瑞安陶山埭下村埭下堂内。张德标，陕西渭南人，嘉庆十三年任瑞安知县）

清道光间乐清民田农事

田有三等：曰原田、涂田、山田。

原田　有上、下垟，皆艺早、晚二禾，其洿而硗者，或止艺晚。上垟河深，晚恒胜早。下垟河浅，惟赖早稻，今水利既修，亦与上垟等。

涂田　专恃雨水，雨调则早晚皆熟，不调则薄且无收。诚能开渠通水，可获全收。

山田　水冷，多艺中禾，无水，或种早稜。近以艰食，渐变为早晚二季矣。中禾种以小满，收以处暑，迟则秋分。其山乡陆地，则种粟、麦、豆、芋、麻、苎、棉花。近有番薯，种来自闽，可补五谷之缺，大有益于民食。

（清道光《乐清县志》卷十四《风俗》）

清道光间平阳山门以番薯为粮

壬辰（道光十二年）六月四日，有平阳北港山门人来馆，自说其村方（圆）数十里内，皆以番薯为粮，米饭惟尊客得食。无瘟疫病，人多寿，谓是饮食淡泊所致。地瘠而贫，称为富室，亦无多田产，不过十亩、廿亩而已。虽有鱼虾，贩者、买者并少。蔬止所种菜，或采蕨腌之，味甚清。

（赵钧：《谭后录》卷下）

清道光末瑞安禁盗庄稼

特授浙江温州府瑞安县正堂加五级纪录十二次杨为佥请示谕勒碑永禁以垂久远事：

据五都衿耆戴正枢、林总、林丙熹、林澍、曹周南、项岳怀、陈宏道、吴竹应、林幼贵、李维栋、项宗孙、曹浤官、陈金龙、王进法、黄海松、戴贤孙、郑得松、胡金火、方记应、张应魁、项肇清、曹淮南、林永福、林永顺、林大海、李光文等呈称：伊等一甲地方民田荡园，每逢栽种豆麦棉花稻禾成熟之际，竟有不法棍徒，借斫草牧牛之名，日夜在垟偷窃，肆无忌惮，一经拿获，胆敢挟忿倒制，殷实之家受累奚堪。无奈公议章程派人巡守，无论种植何物，成熟之时，每亩公秤几斤以作巡守酬劳，若被偷窃多寡，即着管守赔偿，以专责成。如此立法，可期久远，俾恶风敛迹。若不立碑永禁，终无实济，为此佥请出示碑禁等情到县。据此，除批示外，合行勒石谕禁。

为此，示仰该都居民保甲人等知悉：自禁之后，尔等务须各安生业，不得藉牧牛斫草为名，擅入他人田园偷窃作践，倘敢仍蹈前辙，一经拿获，或被告发，定即提案严究，断不宽贷，各宜凛遵无违。特示。

道光三十年七月二十六日给。

（杨鉴：《奉各宪谕禁》。该碑置瑞安场桥梁储庙内。作者字保三，江苏无锡人，道光二十年任瑞安知县）

正堂杨为叠遭窃盗事：

据□□等呈称：“伊等均住山（珊）溪金岙地方，各务农业，并无他出息，仅赖六种收成。近有无赖之徒，一至成熟，无论早、晚五谷以及番薯、稻草、树枝等物，纠党乘夜砍窃，以致有种无收，自赔钱粮不已。佥祈赐给严示，立石永禁”等情到县。据此，除批示外，合行给示谕禁。

为此，示仰该都居民保甲人等知悉：自示之后，尔等务须种植各归土田，砍割务分疆界，毋许越界偷割，乘夜盗砍。倘有不法之徒，故违禁令，仍蹈前辙，许即扭交地保，指名禀县，以凭惩究。本县言出法随，断不姑宽，各宜凛遵毋违。特示。

道光三十年八月　日给。

（杨鉴：《立禁示谕碑》。碑置瑞安珊溪（今属文成县）南阳地方。文中“正堂杨”指杨鉴）

清道咸时温州种稻之法

温地多沃衍，稻再熟。盖温俗种稻，先插早禾；毕，即插晚禾于早禾行空处。早禾长，晚禾荫于其下。早禾刈，劚其根以壅之。地本沃饶，且气温早熟，故晚禾仍及秋成。晚禾得早禾之薙草以肥之，亦易成熟。所谓再熟者，特熟有先后耳。他若山岙黄土，多种番芋，土人贫者以代谷食，或切末成丝，或磨而为面，诚救荒之助也。

（郭锺岳：《瓯江小记》。该书撰于清道咸间）

清同治间瑞安赵氏晚稻亩产耐谷三百斤

同治四年

五十三亩晚禾约得燥谷万三千（斤），算来每亩得耐谷三百斤。

（赵钧：《过来语》。此段记于该年年底。燥谷为干谷，耐谷为含一定水分的谷，两者之比约为八折）

清同治间番薯由温台而吉安

番薯盖由闽海而温、台，由温、台而吾乡。

（清光绪《吉安府志》卷八《物产·蔬属》。该志成于清光绪元年）

清光绪间瑞安禁伤禾稼

钦加五品衔补用总捕府署温州府瑞安县正堂加六级纪录十二次彭为出示严禁事：

据三十四都耆民郑广利、郑三川、郑阿干、阿春、银桃、金松、黄永南、富廷川、邱应标等呈称：伊等住居垟头地方，各务农业，全藉稻苗六种收成为完粮养命之本。近缘地有无业之家，养鸭数百成群，罔顾农艰，不时纵放，落田践食。兹当稻禾生长之际，似此伤坏禾稼，六种尤甚，并有纵放毛猪出垟散荡，糟蹋种植，以致合地含冤，情难甘默。本着邀同地保立约禁止，讵有憨顽之徒仍不悛改，佥叩示禁等情到县。据此，除批示外，合行出示严禁。

为此，示仰该处居民人等知悉：尔等须知纵畜扰田，大为民害，自示之后，倘有无知愚民，仍行纵放鹅鸭毛猪等畜，践食田禾六种，一被指控到县；并鸡群各户一家共养伍个，如违禁示，立罚戏文，合地禁约。县定即提案究惩，决不姑宽，各宜凛遵毋违。特示。

光绪元年五月念捌日给发垟头实贴。

（彭祖培：《奉禁示碑》。该碑现置瑞安陶山荣垟村三港殿内。彭祖培，字原甫，光绪元年任瑞安知县）

署理浙江温州府瑞安县正堂加三级纪录四次陈为出示严禁事：

据东山民人赵炳锡、高万池、赵淳赓、陈森启、陈献照、陈新浩、杨定水、潘步银、高炳友、杨川弟、潘正浩、徐增浩、陈沛荣、潘银彩、吴寿庆、朱明森、吴立明、李士成、李锡良、吴蒙钱、李育发、吴水郎、吴桂郎、吴良楠、吴良灿呈称：“伊等均住东山地方埠下，各务农业。近数年来，田园种植如稻禾、豆麦、棉花、番薯、红花、罂粟等，屡被地棍糟蹋、偷窃；或收获未完，小厮借拾遗之名肆行盗窃，或放鹅鸭，恣意骚扰，累伊等日夜防守，苦不胜言”等情到县。据此，除批示谕保查究外，合行出示严禁。

为此，仰该处居民人等知悉：须知田园植物各归各主，况农民终岁勤劬，全赖此项生息以资事畜，岂容地棍糟蹋、小厮鹅鸭骚扰。自示之后，务各安分谋生，勿蹈前辙。倘敢故违，一经访闻，或被拿获指控，定即饬提到县，从重究办，不稍宽贷。宜各凛遵无违，切切。特示。

光绪三十三年五月吉（日）（立）。

（陈明伦：《奉宪示禁碑》。该碑置瑞安东山下埠镇海道院内。作者光绪三十二年至三十三年任瑞安知县）

清光绪间番薯为温州城镇重要食品

人口大量增加。曾经有少数人移民到上海，许多人移民到杭州和严州四周的山区；尤其是种植山芋（番薯），使情况有所缓解。十年前，城镇中人很少使用山芋（番薯）为正规食品，而现在成千上万的人把它作为一日三餐的重要食品，而更多人则完全依赖它为主食。现在已大量引进新品种，在此地称之为广东白薯，个大白皮，极宜种于山顶，别处就不行。因此，最近在过去少有人住的地方，如在山上，出现了成千的茅屋，可见需求量是如此之大。十年前，一个男人所背山芋（番薯）可能不足一元，现在背一半多些就可赚同样数目的钱。

［李明良：《瓯海关十年报告（1892～1901）》。录自《近代浙江通商口岸经济社会概况》第433～434页］

清光绪时玉环多有打麦场

高岗直下忽平岗，处处人家打麦场。鸡犬牛羊纷在眼，几忘托业海中央。

（陆玉书：《环山杂咏》之六。录自清光绪《玉环厅志》卷十三《艺文志》。作者时任玉环同知）

清末温州设立垦务公司

1904～1911年间浙江各地农业垦殖企业一览表：

时间	企业名称	地点	创办人	创办人身份
1907 年前	垦务公司	温州	项肩	

（余略）。

（叶建华：《浙江通史·清代卷上》第 43～44 页）

小麦和豆类正逐步取代鸦片的种植，有些地方试种蓖麻。此外油料作物和桐（油）树也略有增加，但种植仍以大米为主。

［包来翎：《瓯海关十年报告（1902～1911）》。录自《近代浙江通商口岸经济社会概况》第 438 页。包来翎为其时瓯海关署理税务司，该文撰于 1911 年（清宣统三年）12 月 31 日］

柑　橘

唐、宋瓯柑贩至京师

永嘉之柑，俗谓之瓯柑，其贩至京师者，则谓之春橘，自唐、宋即著名。

（梁章钜：《浪迹续谈》卷二《瓯柑》）

南宋绍兴间张九成罢柑宴

民间岁有柑实，每霜后，郡例科市于民以遣权要，胥正驰驱田墅间，迫民以应命，期会稍缓，则榜笞随之；民或赭其所植以求免。长吏方且张乐会僚寀，旨尝美恶，率以为常。公曰："夺民自媚，而糜耗以快其所嗜，吾安为之！"遂罢柑宴。

（张九成：《横浦集》卷首《家传》。张九成号无垢居士，南宋绍兴二年进士，二十六年正月知温州，以双目失明于当年岁末辞归）

南宋绍兴时慎知柔因科柑而罢官

绍兴二十六年三月戊辰，侍御史汤鹏举言："右承议郎、通判温州王著挟持权贵，贿赂公行，今且任满，而其弟晓又为本州通判。晓贪财好色，众所指名，今著去而晓来，温州之害，未有休息之时也。瑞安知县慎知柔，曹泳、王会鹰犬也。陛下亲降御笔，不得科卖黄柑贡献，而知柔到任之初，遂买万余颗献于王会作（贺）生日，其不遵诏令乃至于此。古人云：'苛政猛于虎'，一州之间，聚此三虎，岂不负陛下爱养元元之意哉？伏望亟赐罢黜，以除民害。"诏并罢。

（李心传：《建炎以来系年要录》卷一七二）

南宋淳熙间温州柑橘品类

生枝柑：生枝柑似真柑，色青而肤粗，形不圆，味似石榴微酸。崔豹《古今注》曰："甘实形如石榴者为壶柑"，疑此类是。乡人以其耐久，留之枝间，俟其味变甘，带叶而折，堆之盘俎，新美可爱，故命名生枝。

海红柑：海红柑颗极大，有及尺以上围者，皮厚而色红，藏之久而味愈甘，木高二三尺，有生数十颗者，枝重委地亦可爱。是柑可以致远，今都下堆积道旁者多此种，初因近海故以海红得名。

洞庭柑：洞庭柑皮细而味美，比之他柑，韵稍不及，熟最早，藏之至来岁之春，其色如丹，乡人谓其种自洞庭山来，故以得名。东坡《洞庭春色赋》有曰："命黄头之千奴，卷震泽而与还，翠勺银罂，紫络青纶，物固唯所用，酝酿得宜，真足以佐骚人之清兴耳。"

朱柑：朱柑类洞庭而大过之，色绝嫣红，味多酸，以刀破之，渍以盐始可食。园丁云："他柑必接，唯朱柑不用接而成。"然乡人不甚珍宠之，宾祭斥不用。

木柑：木柑类洞庭少不慧耳，肤理坚顽，瓣大而乏膏液，外疆中干，故得名以木。

甜柑：甜柑类洞庭高大过之，每颗必八瓣，不待霜而黄，比之他柑加甜。柑林未熟之日，是柑最先摘，置之席间，青黄照人，长者先尝之，子弟怀以归为亲庭寿焉。然是种不多见，治圃者植一株二株焉，故以少为贵。

橙子：橙子木有刺，似朱栾而小，永嘉植之不若古栝之盛，比年始竞有之。经霜早黄，肤泽可爱，状微有似真柑，但圆正细实非真柑。北人喜把玩之，香气馥馥可以熏袖，可以芼鲜，可以渍蜜，真嘉实也。若真柑则无是二三者，人自珍之，得非了然在人耳目者，盖真柑之细邪。

（韩彦直：《橘录》卷上。该书撰于南宋淳熙五年）

黄橘：黄橘状比之柑差褊小，而香雾多于柑，岁雨旸以时，则肌充而味甘，其围四寸，色方青黄时，风味尤胜。过，是则香气少减。惟遇黄柑，则避舍，置之海红、生枝柑间，未知其孰后先，名之曰“千奴”，真屈称也。

塌橘：状大而褊，其南枝之向阳者，外绿而心甚红，经春味极甘美，瓣大而多液，其种不常有，特橘之次也。

包橘：包橘取其累累然若包聚之义，是橘外薄内盈，隔皮脉瓣可数，有一枝而生五六颗者，悬之极可爱。然土膏而树壮者多有之，不称奇也。

绵橘：绵橘微小极软美可爱，故以名。圃中间见一二树结子，复稀，物以罕见为奇，此橘是也。

沙橘：沙橘取细而甘美之称，或曰种之沙洲之上，地虚而宜于橘，故其味特珍，然邦人称物之小而甘美者必曰沙，如沙瓜、沙蜜、沙糖之类，特方言耳。

荔枝橘：荔枝橘多出于横阳，肤理皱密，类荔子，故以取名。横阳与闽接轸，荔子称奇于闽，黄橘擅美于温，故慕而名之。有言“橘逾淮为枳”，植物岂能变哉，疑似之乱名多此类。

软条穿橘：软条穿橘其干弱而条，逮结实颇大，皮色光泽，滋味有余，其心虚，有瓣如莲子穿其中，盖接橘之始以枝之杪者为之，其体性终弱，不可以犯霜，不可以耐久，又名为女儿橘。

油橘：油橘皮似以油饰之，中坚而外黑，盖橘之若柑若柚者，擘之而不闻其香，食之而不可于口，是又橘之仆奴也。

绿橘：绿橘比他柑微小，色绀碧可爱，不待霜食之味已珍，留之枝间色不尽变，隆冬采之，生意如新。横阳人家时有之，不常见也。

乳橘：乳橘状似乳柑且极甘芳得名，又名漳橘，其种自漳浦来，皮坚穰多，味绝酸不与常橘齿。乡人以其颇魁梧，时置之客间，堪与饤座梨相值耳，他日有以乳橘为真柑者，特珷玞之似玉也。

金橘：金橘生山径间，比金柑更小，形色颇类，木高不及尺许，结实繁多，取者多至数升，肉瓣不可分，止一核，味不可食。惟宜植之栏槛中，园丁种之以鬻于市，亦名山金柑。周美成词有“露叶烟梢寒色重，攒星低映小珠帘”，为是橘作。

自然橘：自然橘谓以橘子下种，待其长历十年始作花结实，味甚美，由其本性自然，不杂之人为，故其味全。盖他柑与橘必以柑淡子著土，俟其婆娑作树，以枝接之为柑为橘为多种，俱非天也，故是橘以自然名之。然十年之计种之以木，今之辟圃者多不年岁间爬其肤以验其枯荣，粪其本以计其久近，谁能迟十年之久以收效耶，是橘名之曰“自然”当矣。接木之详见于下篇。

早黄橘：早黄橘著花结子比其类独早，秋始半其心已丹，千头方酸而早黄橘之微甘已回齿颊矣。王右军帖有曰：“奉橘三百枚，霜未降未可多得。”岂是类耶？

冻橘：冻橘其颗如常橘之半，岁八月，人目为小春，枝头时作细白花，既而橘已黄，千林已尽乃始傲然冰雪中，著子甚繁，春二三月始采之亦可爱。前辈诗有曰：“梅柳搀先桃李晚，东风元是一般春。”此诗不独咏桃李，物理皆然。

朱栾：朱栾颗圆实皮粗瓣坚味酸恶不可食，其大有至尺三四寸围者，摘之置几案间，久则其臭如兰，是品虽不足珍，然作花绝香，乡人拾其花蒸香，取其核为种，析其皮入药，最有补于时，其详具见下篇。

香栾：香栾大于朱栾，形圆色红芳馨可玩。

香圆：香圆木似朱栾，叶尖长，枝间有刺，植之近水乃生。其长如瓜，有及一尺四五寸者，清香袭人，横阳多有之，土人置之明窗净几间，颇可赏玩，酒阑并力破之，盖不减新橙也，叶可以药病。

枸橘：枸橘色青气烈，小者似枳，实大者似枳壳，能治逆气、心胃痹痛、中风、便血，医家多用之。

（《橘录》卷中）

南宋嘉祐间温州贡柑子

嘉祐七年十二月二十六日，温州进柑子。置会、台谏、三馆臣僚悉预。

（范镇：《东斋记事》卷一）

宋时永嘉朱栾乃好柑之祖

永嘉之柑为天下冠。有一种名“朱栾”，花比柑橘，其香绝胜。以笺香或降真香作片，锡为小甑，实花一重，香骨一重，常使花多于香。窍甑之旁，以泄汗液，以器贮之。毕，则彻甑去花，以液渍香，明日再蒸。凡三四易，花暴干，置瓷器中密封，其香最佳。

朱栾乃好柑之祖。栽接之法，始取朱栾核洗净，下肥土中，一年而长，名曰“柑淡”，其根簇簇然。明年移而疏之，又一年，木始大盈握。遇春，则取柑之佳品，或橘之美者，接于木身，则尽为佳者矣。朱栾乃枳也。

（张世南：《游宦纪闻》卷五。作者字光叔，鄱阳人，约为南宋宁宗、理宗间人）

元代温台之柑最良

柑，甘也，橘之甘者也。茎叶无异于橘，但无刺为异耳。种植与橘同法。生江、汉、唐、邓间。而泥山者名乳柑，地不弥一里所，其柑大倍常，皮薄味珍，脉不粘瓣，食不留滓，一颗之核才一二，间有全无者。然又有生枝柑、有乳柑、有海红柑、有衢柑，虽品不一，而温、台之柑最良，岁充土贡焉。江浙之间，种之甚广，利亦殊博。

（王祯：《农书》之《百谷谱》集之八《果属》。该书成于元皇庆二年）

明时温州乳柑生枝柑

温州乳柑，冬时味酸，经春暖则甘美溢出。

（李日华：《六研斋三笔》卷二。作者明时人）

温州、福州、江陵、天台等处有生枝。土人以其耐久，留之枝上，俟其味变甘，乃带叶而取，故名焉。

（彭大翼：《山堂肆考》卷二百六。作者明时人）

清乾隆间平阳、瑞安柑橘

绿橘；金橘，色如金而小；乳柑，小无子；朱柑；香橼；香柑，皮香美；金柑；海红柑；金豆，生山间，小如豆；罗浮；朱栾；橙；柚。

（清乾隆《平阳县志》卷五《风土》）

绿橘；金橘，色如金而小；洞庭柑；海红柑；狮子柑，俗名皱柑；朱柑；自然柑；乳柑，味甜；朱栾，皮厚色赤味苦；蜜橝，皮厚味甜；香橼；香橙；香柚；罗浮；金豆，生山间，小如豆。

（清乾隆《瑞安县志》卷一）

清时东嘉柑甘美胜橘柚

过桃花岭，柑即甘美胜橘、柚，辇至京师充贡，馀以饷上官，称嘉果。其在永嘉，微酸涩，土人弗贵也。又有朱柑，色赤，胜黄柑，其味薄劣不中选，此乃所谓“金玉其外”者耶？

（徐昆：《遁斋偶笔》卷上。作者清时人）

东嘉之橘，与浙西之蜜橘相似。其味甘美，以无核者为上。《广舆记》云“乳橘”，即此也。

（劳大与：《瓯江逸志》。该书清康熙四十年刻本。作者字宜斋，浙江石门人。清顺治间举人，曾任永嘉教谕。著有《闻钟集》等）

清间温州金橘、绿橘、金豆堪供观赏

金橘，椭圆曰“罗浮”，浑圆曰“金蛋”。“罗浮”产镇海门外罗浮山，故名。

（郭锺岳：《瓯江小记》。该书清光绪四年刻本）

金橘小于橘，其大似钱，色赤而黄，味有微酸。每当霜风怒号，园林萧飒，一望累累若贯珠，真堪以殿冬景。又一种名“罗浮”，更小于金橘，肌理细莹。瓯俗宴客，置之樽俎间，必与金橘匹。或用以渍蜜，尤称佳品。

绿橘比壶柑微小，色深碧可爱。不待霜后，食之，味已珍美。即久留枝头，颜色终不变也。隆冬带蒂、叶采之，供之几上，宛然案列苕华玉，盘堆木难珠。昔有一平阳友曾以贻我，失问其所产处。此友今游粤西，无从更得之矣。

金豆生山径间，木高不过尺许，结实繁多，肉瓣不能分，止一核，不堪食，惟宜栽作盆景，或植之栏槛前。周美成词云：“露叶烟梢寒色重，攒星低映小珠帘”，盖绘实也。

（陆进：《东瓯掌录》卷上。该书作于清道咸间。苕华玉，美玉名；木难珠，宝石名）

罗浮，状如金弹而稍长，皮甘瓤酸，产于江北之罗浮，故名。栽法，取枸橘一本，劈开以罗浮接于木身，结实较繁。

金豆，（明）万历《府志》：与金橘并充贡，张文忠奏罢之。案：金豆与罗浮不同，罗浮实长味酸，金豆实小而圆，味甘香美，非产罗浮也。

（清光绪《永嘉县志》卷六）

清时温州香泡以桥墩门者为佳

香泡，柚属也。以平阳桥墩门者为佳，色红，可食。他处色白，多不能食。然以桥墩门较之闽产者，又不及矣。

（郭锺岳：《瓯江小记》）

柚，实大如瓜，瓣红皮薄者味甘芳，瓯人名为北港柚，瓣白皮厚者味微酸。范石湖云："打碑者卷柚皮蘸墨以代毡刷，宜墨而不损纸，极便于用，此法可传。"按：柚俗呼若泡音。谢肇浙《五杂俎》："字作抛，以为大柚。"则明时已有此名，然抛字俗见《定海厅志》。

（周喟：《南雁荡山志》卷五《方物》。该志据明陈玭等《南雁荡山志》五卷、郑思恭《南雁荡山志》六卷、清刘眉锡《南雁荡山全志》十六卷补校而成，刊于民国七年。南雁荡山位于平阳）

清光绪间玉环有瓯柑

柚俗呼为栾，有红、白二种。

柑有广柑、瓯柑。同知徐荣诗："云髻峨峨金缕裙，诗喉一匊浸香云。肯修陆吉通家礼，不是刘基嫉世文。故国风霜仍结实，天涯草木也含芬。瀼西若许闲人住，便筑山园手自耘。"

（清光绪《玉环厅志》卷一下《舆地》）

果　蔬

元时瑞安产菱角

采菱溪水滨，风吹藕丝裙。桂浆不敢掉，恐把鸳鸯分。

（吴荃：《采菱歌》。录自民国《瑞安诗征》卷二。作者字次修，号隐游子，元时瑞安人）

元末平阳石榴五实并蒂

至正二十一年，林君伯恭所居之园，榴生五实并蒂，其四在下，四向相对，大小如一；其一在上，而稍加大焉，端正美好。置诸笾豆，巧若人力之为者。

（陈高：《不系舟渔集》卷十二《瑞榴记》。林伯恭元末平阳人）

明初温州永丰湖植菡萏

（永丰湖）有六桥，其大者曰石牌桥，桥北并湖植菡萏。南山诸峰蘸影，烟景横陈，亦奇观也。

（明《永乐大典》卷二二七一引《温州路志》）

明弘治间温州果蔬品种

众果：桃。李，品数甚多。杏。梨，乐清尤佳。梅。杨梅，泰顺尤盛。枇杷。林檎。柿。栗，泰顺尤多。葡萄。金樱。莲。樱桃。藕。蔗。菱。枣。右众果之类，五县俱同。

蔬菜：芥。菘。菠菱，即鼠根菜。姜。葱。蒜。苋。芹。韭。薤。茄，俗名酪苏。萵苣。萝卜，出五岭者独佳。生菜。莙荙，俗呼甜菜。苦荬。芫荽。辣芥。油菜。紫菜，生海岩。鹿角菜。苔菜，生海岛，能去毒。香蕈，出泰顺县。笋，其品平阳、泰顺尤多，详见《竹》下。右蔬菜之类，五县俱同，独海菜，泰顺在山中不产。

瓜：黄瓜。甜瓜。匏瓜。刺瓜，即王瓜。冬瓜。西瓜，出平阳将军者极佳。丝瓜，俗呼天罗瓜。右瓜之类，五县俱同。

（明弘治《温州府志》卷七《土产》）

清康熙间乐清蔬果

蔬之属：芥：黄芥，青芥，油芥；菘：大曰白菜；波棱：叶尖；蒿；荠；韭：五剪；胡荽；蕨：初生可茹；葱；蒿苣；苦荬：即芸台菜；莙荙；笋：多种；薤：似韭；苋：有赤、白、紫；芹：可作菹；葫：俗名大蒜；莱菔：俗名萝卜；瓜多种；木耳：生木上；姜；芋；苔：生海中；紫菜：出山石上；海藻：亦生海中；茄：有紫有白；苏；薯蓣：有红有白。

果之属：梅：有绿萼、千叶、红梅、腊梅；桃：多种；李；杏；梨；莲子：花有红白；藕；安石榴；枇杷；橘：有朱橘、金橘等种；柑；橙；柚：似橙；朱栾：又有香栾；杨梅；樱桃；林檎；椎；荸荠；木瓜；甘蔗；枣；栗；柿：有红、白、绿、黄；银杏；茨菇：生木中。

（清康熙《乐清县志》卷二》）

清乾隆间平阳蔬果

蔬类：芥菜；菘菜；白菜；萝卜；苋菜；生菜；油菜；菠棱；葫荽；莴苣；蒿菜；莙荙，俗名甜菜；辣菜；瓮菜，即空心菜；紫菜，生海石上；苔菜，生海涂中；鹿角菜，生海石上；葱；姜；韭；蒜；薤；茄；笋；蕨；芹；茭白；香菇；王瓜；匏瓜；苦瓜；甜瓜；东〔冬〕瓜；南瓜；西瓜；丝瓜；荠瓜；干芋；水芋；姜芋；大薯，有红、白二种；薯蓣，即山药；茨菇。

果类：枇杷；林檎；甘蔗；葡萄，紫、绿二种；杨梅；梅，品类不一；李，品类多；桃，品类多；杏；柰；柿；栗；枣；梨；藕；莲子；瓜子；樱桃；木瓜。

（清乾隆《平阳县志》卷五《风土》）

清乾隆间瑞安蔬果

蔬类：芥；菘；菠棱；葱；蒜；苋；姜；芹，生田涧中；韭；薤；

茄；萵苣；萝卜；生菜；莙荙，俗名甜菜；苦荬；芫荽；辣菜；紫菜，生海汇石上；苔，生咸涂中；鹿角菜，生海汇石上；瓠瓜；王瓜，青、白二种；冬瓜；西瓜；丝瓜，俗名天罗瓜；甜瓜，有数种，一名从小甜，一名摇棚落，一名瓜蓝，味尤美。

果类：梨；桃，品类多；李，品类多；杏；梅，品类多；杨梅；柿；栗；枣，质小干婆；枇杷；林檎；石榴；葡萄，有水晶、马脑二色；樱桃；菱；莲子；藕；蔗；奈；芦菔；木瓜；银杏。

（清乾隆《瑞安县志》卷一）

清嘉庆时瑞安多种蔗、花生

蔗：芳山、嘉屿诸乡人多种之。

落花生：藤生，花落地而结实，故名。向自闽、广来，今邑人多业种之。

（清嘉庆《瑞安县志》卷一。其时芳山、嘉屿诸乡位于飞云江中游，即今瑞安市高楼、湖岭片区及文成县一部）

清同治间吴田多种油菜

踏青侣伴过南塘，二月春风夹路香。蜂蝶紧随衣袖舞，吴田十里菜花黄。

（郭钟岳：《瓯江竹枝词·南塘》。该词为作者于清同治间任温州司马时所作。吴田即今瓯海梧田，菜花即油菜花）

清时温州有消梨、橄榄、金樱等

消梨以枫接者曰枫消，又一种小者名棠梨。

温无柑（橄）榄树，市售皆闽产。今江心僧舍有树一本，叶如朴，常青郁。春开细白花，夏成实，形尖小，色淡黄，而微滑。甘脆清香，视闽产为胜。

（黄汉：《瓯乘补》卷三）

绿阴高荫寺门边，龙树来参一味禅。好并檀林依净土，偶随花雨落诸天。拈从一笑闻香后，悟到三秋证果先。消尽人间烟火气，僧家清供自年年。

（曾谐：《咏江心寺橄榄诗》。录自清光绪《永嘉县志》卷六）

金樱，花榴也。避钱王讳，故名。

油柑，果属，即馀甘子也。浸水中，大过于豆，色似林檎，酸涩无味。土人云病后食之，开口味。

（郭锺岳：《瓯江小记》）

梅，大罗山极多，亦苏州邓尉香雪海之亚也。杏子，瓯人谓之“杏梅”。《埤雅》引贾思勰曰：“梅实小而酸，杏实大而甜。梅可以调鼎，杏则不任此用。世人或不能辨，言杏、梅为一物，此则北人不识梅也。”瓯人非不识也，直欲使吴、越一家，其意何哉？

（郭锺岳：《瓯江小记补遗》）

清时温州产枇杷、樱桃、杨梅

枇杷亦多，肉薄而核大，味淡而不甜。惟巡道署、县丞署及教授署所植者肉厚而独核，不减家乡风味，惜大半为鸟食虫蛀，所存者不能多耳。

宋孔平仲《谈苑》尝云：“枇杷须接，乃为佳果。一接，核小如丁香、荔子；再接，遂无核也。”余署中本有一大株，外尚有两小株。余抵任三年后，小株结实更大，核虽不至如丁香，亦不甚大，并未接过。孔说恐亦不尽然。

永嘉人不敢食樱桃，为嫌性热也，故从无携篮出卖者。余署中亦有数株，立夏日采送同乡之在温者，颇以为快。杨梅虽不及绍兴、萧山所产，而味尚不至过酸。

（孙同元：《永嘉闻见录》卷下。该书刊于清光绪四年）

清光绪间玉环果属

梅。杏。桃，种类至多，自五月至八月俱有。杨梅，夏至时熟。枇杷，端阳时有。荸荠，红嫩而甘者为上，性善蚀铜，误吞钱者，多食则消。李，芦岙出产颇饶。落花生，蔓地而生，山地多种之。葡萄，有紫、绿二种。樱桃，《尔雅》：楔荆桃；《月令》：含桃俱今之樱桃。石榴。枣。藕。梨，皮粗味微涩，不及他处。甘蔗，青皮味最甜，可熬汁为糖。柿，有圆柿、尖柿。菱，三角为菱，四角为芰。栗。

（清光绪《玉环厅志》卷一下《舆地》）

卷六 农业（下）

茶　叶

南宋初浙东七州岁榷茶八万斤

茶法自政和以来许商人赴官买引，即园户市茶，赴合同场秤发。……其后历三十年，东南岁榷茶以斤计者，浙东七州八万，浙西五州四百四十八万。……合东南产茶之州六十五，总为一千五百九十余万斤，通收茶引钱二百七十余万缗。

（李心传：《建炎以来系年要录》卷一七。浙东七州指绍兴府、温、台、衢、婺、明、处州；浙西五州指临安、平江府、湖、严、常州）

明时雁荡灵山茶为佳品

茶之所产，无处不有。武夷云雾、雁荡灵山诸茗悉为今时之佳品。

（黄龙德：《茶说》。作者明时人）

今茶之上者，松萝也，虎丘也，罗岕也，阳羡也，天池也，而吾闽武夷、清源、鼓山三种可与角胜。六合、雁荡、蒙山三种，祛滞有功，而色、香不称，当是药笼中物，非文房佳品也。

（谢肇淛：《五杂组》卷一一。作者明时人）

明时永嘉出产大罗茶

舟泊河桥日未斜，绿阴（荫）如幄远相遮。欲敲朱户看修竹，先踏香泥数落花。春好正当三月景，泉香初试大罗茶。歌童笑把金卮劝，拚醉何妨夜到家。

（陈以性：《游平屿寺》。录自明弘治《温州府志》卷二二《词翰四诗》。平屿寺在永嘉县吹台乡十四都）

明清温州岁贡茶芽

各处岁进茶芽，弘治十三年奏准俱限谷雨后十日差解赴部，送光禄寺交收。内温州府永嘉县一十斤，乐清县一十斤，限七十七日。

（林尧俞等：《礼部志稿》卷三八。作者明时人）

永嘉岁进茶芽十斤。乐清茶芽五斤，瑞安、平阳岁进亦如之。

按茶非瓯产也，而瓯亦产茶。故旧制以之充贡，及今不废。张罗峰当国，凡瓯中所贡方物，悉与题蠲，而茶独留，将毋以先春之采，可供馨香，且岁费物力无多，姑存之以稍备芹献之义耶？乃后世因采办之际，不无恣取。上为一，下为十，而艺茶之圃遂为怨丛。唯愿为官此地者，不取于数外，庶不致大为民病耳。

（劳大舆：《瓯江逸志》。该书撰于清初）

清同治间温州各海关口均可出口茶叶

1861 年前，温州府只有一个港口可以出口茶叶，从而使温州港成为周边府县的茶叶市，当时该城极为繁荣。但是那年太平军占据了整个温州地区，为了不使茶叶落入叛军之手，就改变了贸易规矩，该规矩迄今仍然有效，那就是海岸线的任一海关口均可出口茶叶。这一下原先集中在本地的庞大茶叶贸易现在也在沿海地区各小港口找到别的出口通道。

（张永苏：《近代开埠史的难得史料》。介绍英《北华捷报》1869年8月12日关于温州的一篇文章。刊于《温州日报》2010年4月24日）

清光绪间温州试用机器焙茶

温州地方试用机器焙茶，知中国茶叶若用新法制造，必能起色。

（清光绪廿四年十月六日《官书局汇报》。录自汪敬虞《中国近代工业史资料》第2辑下册第314页）

清时温瑞平产善茶

茶：《府志》：瑞安胡〔湖〕岭者佳。近梓岙、大罗亦产善茶，香味经岁不变。

（清嘉庆《瑞安县志》卷一《舆地》）

王草堂《茶说》：温州中岙及漈上茶皆有名，性不寒不热。

（陆廷灿：《续茶经》卷下之四。作者清时人）

儿女清明剧可怜，蔡家山上摘茶先。明朝待换新榆火，小试旗枪斗煮泉。

（张綦毋：《船屯渔唱·蔡家山》。作者清中期人，蔡家山位平阳）

清时温郡之茶以雁山为最

浙东多茶品，雁山者称第一。每岁谷雨前三日，采摘茶芽进贡，一枪二旗而白毛者曰明茶，谷雨日采者名雨茶。一种紫茶，其色红紫，其味尤佳，香气尤清，难种薄收。土人厌人求索，园圃中少种，间有之，亦有识者取去。

（劳大与：《瓯江逸志》。作者清初人）

雁宕〔荡〕山有猴茶，以泉水烹之，味清而腴。盖三冬大雪后，猴无所食，各山寺僧以小袋盛米赠之。春后，猴采人迹不到处之茶，藏原袋还僧。其趣如此。赵午桥谈。

（寄泉：《蝶阶外史》卷四。作者清时人）

龙湫顶背雁湖边，采得盈篮紫笋鲜。争趋雨前好天气，竹鸡声里焙茶烟。

（张綦毋：《船屯渔唱·龙湫》）

温郡之茶，以乐清雁山为最，平阳蔡家山产者次之。此二种叶虽不大，而无味少香，殊不足取。至永嘉待客之茶，谓新茶，多火气。竟饮隔年之茶，买后再用火焙过，装入锡瓶固封。又地无大块石灰，易受潮湿之气，隔年烹饮，焦气触鼻，其色近赤，而味亦毫无。勉强应酬，真不啻药剂之难上口耳。

（孙同元：《永嘉闻见录》卷下）

清时平阳金乡妇女拣茶忙

平邑金镇茶贾收茶，必拣去枝梗，炒焙入篓。其地女于黎明装束，挈伴到客邸领茶，列坐代拣，亦近时鄙俗也。因作《拣茶歌》。

晨星落落月光斜，装罢还簪带露花。有约东邻诸女伴，相将客邸拣新茶。
领茶欲早竞争先，鬓影衣香拥入帘。不是弓鞋行步缓，定教日日得头签。
嫩芽茶净色香兼，大叶粗枝便可嫌。客子似怜纤手好，分侬雀舌与毛尖。
回廊分拣小龙团，耀眼乌金约指宽。只恐春衫尘易涴，围前幅布织棋盘。
旗枪簇簇绿盈筐，十指葱尖尽日忙。辛苦为谁破孤闷，且先谷雨办头纲。

（赵诒瑄：《拣茶歌》。录自叶大兵《温州竹枝词》第261～262页。作者字汉琮，清时乐清人。金镇即其时平阳县金乡镇）

清代东瓯民俗煮春茶

东瓯于立春日家家聚樟树叶焚之，又取朱栾碎切，间以白豆，注茶中，谓之“春茶”。岂以春气多湿，樟可辟邪，栾能理气，故用之欤？

（陆进：《东瓯掌录》卷下。该书作于清道咸间）

清末温州之茶

温州之茶，以平阳南北港为大宗，乐清、永嘉、瑞安次之，泰顺又次之。北港以南雁为最，南港（以）华洋、藻溪为多（江南垟、金乡多出白眉），永嘉之茶山、楠溪、乌牛，瑞安之集云山（近郭）、圣井山、外桐，乐清之大荆、雁荡，泰顺之牙洋、泗溪，俱有之。色味以平阳之南雁、乐清之雁荡、瑞安之集云山、泰顺之牙洋为佳。每年通计价银四十余万，平阳之北港居四之三。其名目有烘青、炒青，店庄皆烘青，洋庄皆炒青，店庄贩售本国苏、松、杭、硖石（镇，属海宁州）、福建等处，洋庄皆由上海、汉口出售西南。红茶皆烘青，绿茶皆炒青，红茶独出平阳北港，绿茶则诸处皆有。其余珠兰、玉兰、松香、白毛、银针，皆茶户以茶色自定名目。

（洪炳文：《瓯越茶述》。载自《农学报》第4期，清光绪二十三年）

蚕桑棉麻

元至元间置浙东等木棉提举司

（至元二十六年四月），置浙东、江东、江西、湖广、福建木棉提举司，责民岁输木棉十万匹，以都提举司总之。

（《元史》卷十五《世祖十二》）

元大德间瑞安官府折收木棉

大德十一年十一月行台准。御史台咨浙东道廉访司申，据温州路瑞安州民户吴瑞状告本州同知下乡体覆折收木棉，取受钞锭。已取吴瑞等诬告状，伏断遣了，当外拟同知王革享被问俸钱移准温州路牒。

（《大元圣政国朝典章》卷十六《户部一·枉被赃诬停职俸例》）

元末明初乐清农村多养蚕缫丝

山南山北野人家，楼上春风吹柳花。喂得吴蚕三百箔，村村细雨响缫车。

（赵新：《山居杂咏》。录自曾唯辑、张如元等校补《东瓯诗存》第619页。作者字彦名，号止轩，元末明初乐清人。官至山西布政使，著有《止轩诗文集》）

明清温郡多产红花靛青

货之品：蓝靛。

（明永乐《乐清县志》卷三）

闽连城、武平县黄子招等避耿精忠起兵反清，于清康熙年间迁居今南院乡坑边、筱村乡北坑，初徙时以种靛为生。

（《泰顺县志》第四编《居民》）

自康雍以后，多汀州人入山种靛。

（光绪《泰顺分疆录》卷二）

温郡红花、靛青二种，为产最多，处郡亦然，颇利民用，实其地之专产。

蓝有三种：蓼蓝染绿，大蓝染碧，槐蓝染青，三蓝皆可淀。

（雍正《浙江通志》卷一百七《物产七》）

红花：邑妇女于花熟时，露采其顶，染素布，一再入，猩红无比；并有杵膏成饼，以贩他邑者。

靛青：邑产颇多。

（清嘉庆《瑞安县志》卷一《舆地》）

温州产茜草，可染红。四月时，家家购以染布帛，盖少年妇女衣裙靡不尚红。处州产绿柴，秋冬霜时可以染绿，名为冻绿，其色鲜美，盖妇女衣裙靡不尚绿。故俗有“温红处绿”之称。

（黄汉：《虚受斋随笔》。作者清嘉道间永嘉人）

三月花田紫翠攒，采花人怯曙光寒。一肩唤卖春红早，送入城中露未干。
早排钝磨趁花鲜，女伴相扶娇可怜。双索动摇喧笑语，隔墙人道戏秋千。
磨荡生香艳化膏，赭黄色渐转红娇。怪他炙手重研后，绛雪经春暖不消。
微凝花汁午当风，勺水和调紫块融。捧盆失防纤手颤，苔阶艳滴落花红。
细缕丝绳手合工，浓浆先染得新红。圈围衣桁寻常见，艳在乌云数匝中。
宜淡宜浓细揣摩，十分珍惜按轻罗。爱花始悉花中事，涂抹何曾任阿婆。
花水先期渗布浓，眼干色转褪芙蓉。关心面背掀翻看，漂冻多悉虑损茸。

（金左峨：《红花词》选七首。作者清嘉道间永嘉人。录自《温州竹枝词》第256~260页）

红花，瓯产甚夥，但不如川产之佳。立夏后，瓯人家家磨以染布，为妇女、童稚服。

（郭锺岳：《瓯江小记补遗》）

清康乾时平阳种麻植苎棉

康熙年间，赵氏、郑氏、黄氏、林氏，各绕居其山之麓，渐次开垦，于水旁种麻植苎。

（何子祥：《南湖移设陡门记》。撰于清乾隆三十五年。录自民国《平阳县志》卷八）

城西一带尽沤麻，记取秧霜刈到家。不比潮田辛苦力，一年只得木棉花。

（张綦毋：《船屯渔唱·木棉》。作者清乾隆四十二年岁贡生）

清乾嘉间瑞安山区植桑种麻

十里盘山顶，星居数百家。有人都力作，无户不桑麻。

（章昱：《大北阳四首》之一。作者清乾隆前期任瑞安训导，大北阳在今瑞安市大南乡。录清嘉庆《瑞安县志》卷九《艺文》）

今邑之溪乡亦有饲蚕者，其法于冬杪向台州先粥蚕种，春饲以叶，三俯三起，一岁再熟，但茧软丝薄，故不克如浙西诸郡也。然溪绢亦佳，措附郭诸村不谙种植，岂诚地不宜桑与抑末之习耳？

（清嘉庆《瑞安县志》卷一《舆地》）

清咸同时瑞安浯溪、峃川种桑饲蚕

春半人家蚕事忙，柔桑拥护粉墙旁。依今摘得盈筐去，高处还留唤阿郎。

〔富志诚：《浯溪竹枝词》。录自《文成县志》卷三二《艺文》。作者瑞安梧溪（今属文成县）人，作于清咸丰间〕

采桑桑径露初干，免得蚕饥意始安。痴绝女儿时妒语，邻家有蚕大如盘（地俱种桑饲蚕）。

［胡玠：《脂雪轩诗钞》卷三《峃川竹枝词》。作者（1821～1877）字桂樵，瑞安县城人，清同治四年举人，著有《清秘堂文集》等］

清光绪间温州兴办蚕桑

温属天时地利宜蚕宜桑，人人共知其利而不能兴，皆因湖桑远隔千里，购致为难；或又栽植不得其法，坐使浙西美利不能移于浙东，良可惜也。近年，前升道温、前署温州府林暨练事、绅耆等，先后购采分发，数虽有限，风气已开。本道拟为设法推广，派人赴湖购买数万株，分发各属。惟闻前此领桑各户，间有领而不种，种而不加培养，官府竭力倡捐，民人任情浪掷，桑利何由而兴？查湖桑到此买价、运价每株约合钱三十文上下，拟仍照温前道定价成案酌量核减，每株取价十五文，先缴定钱一文，作为半捐半买，期生领户爱惜之心，庶收实事振兴之效。即就郡城东门海关设立总局，专司收发；并于瑞安及平阳之古鳌头、乐清之蒲圻、玉环之灵昆各分关设立分局。刊发印票，有愿领买者，均先就近赴局，报明株数，掣取印票，不准索费分文，限九月底报齐截数。本道核明票根请领若干，派人赴湖如数购采。一俟桑株运到，再行晓示，报领各户持票赴局补缴十四文买价，按数领桑。如不先期报买，概不得领，至领买之数多则不敷分散，少则过于零星。每户定以百株为度。其或隙地无多，不能多栽，准其合众公领；又或家无余地及地系山岭不宜于桑，毋庸领种，浪费工本。所有泰顺县及处州府属各县，山多田少，均在不宜之列。有愿领者，亦准先期赴附近各局呈报。总须领种各户认真培植，庶数年后，到处桑树成林，养蚕缫丝其利大兴，斯地方转贫为富之机，亦本道因势利导之意也。

（童兆蓉：《谕温属兴办蚕桑》。该谕撰于清光绪二十八年八月二十八日。录自《童温处公遗集》卷六《温处》。文中“前升道温、前署温州府林”分别指光绪九年至十四年任温处道温忠翰，光绪二十六年任温州知府林祖述）

又以两府利源未辟，议兴蚕桑以救其敝。捐金采买桑秧岁以十余万株计，建蚕桑学堂于郡城，以中西育蚕新法教授之，平阳、乐清咸设有分局，蚕业大兴。

（《童温处公遗集》卷首《国史本传》。该文为稿本，较全面地反映了童兆蓉在温业绩，但在《清史稿》其本传中，则多加删节）

花　卉

宋乾道时平阳杜鹃花于春秋为盛

王顺伯为温州平阳尉，尝以九月诣村墅视旱田。道间见杜鹃花一本，甚高，花正开，几数千朵，色如渥丹，照映人面皆赪。讶其非时，以询土氓，皆云：“此种只出山谷。一岁四番开，于春秋为盛。”

（洪迈：《夷坚支志》丁集卷十。王厚之，字顺伯，号复斋，诸暨人。南宋乾道二年进士，为平阳县尉）

宋时永嘉有紫薇

山人初识紫薇花，元与清光共一家。不肯托根天上去，西风片片列窗纱。

（陈宝之：《紫薇》。录自永嘉芙蓉《两源陈氏大宗族谱》。作者名瓘，以字行，号矸轩，永嘉人，曾从吕祖谦学，登宋贤良方正科，授大理寺丞）

明永乐间乐清花草

花之品：海棠，蔷薇，兰，荷，茉莉，菊（色品不一，花不甚丰），芙蓉，木樨，山茶，水仙，百合，葵，紫荆，常春，石榴花，宜男，重叶梅，红梅。

草之品：绿草，菖蒲，蓼，萍，菅，茅，席草，咸草。

（明永乐《乐清县志》卷三）

古梅，身如枯槎，其枝樛曲，苔须藓鳞而作花，疏瘦可观。日晒，名为干撩，而《周官》："祭祀以供笾"。

（明《永乐大典》卷二八〇八引《乐清县志》）

明隆庆时乐清花草

花之属：牡丹；芍；酴醿，一名木香；海棠，红色以木瓜头接之，则色白，有黄海棠，垂丝海棠淡红而樛接以樱桃；桂，一名木犀〔樨〕，红者曰丹桂，黄者尤香，月开名月桂；山茶，红、粉二色；蔷薇：有红、紫、黄三色；拒霜，即木芙蓉，有红、白二种及白叶者；山矾，极香，木高数尺，叶可腌鲊；菊，多种；瑞兰，甚香而叶有毒；丁香，有紫、白二色，有金线叶者；杜鹃，一曰红踯躅，自川来者曰川鹃；丽春花，罂粟别种；金钱花；玉簪；棣棠；锦带；玫瑰，紫、白二色；长春，一名月月红；山丹，一岁一花；木笔，一名辛夷；凌霄，蔓生，花露有毒；木槿，有红、白、粉三色，一名白及；玉绣球；水仙，有一种曰金盏银台；栀子，佛书曰檐卜花，瓣多者曰川栀；蜀葵，有红、白、紫三色；石竹，一名锦竹；罂粟，见药类；鸡冠，佛书曰波罗奢花；紫荆，俗呼百日红；金凤，有五色；迎春，一名金雀儿。

草之属：芝，瑞草，类茵蕈；兰，一花而香浓者为兰，花多而香清者为蕙；萱，一名鹿葱；蒲；浮萍，亦名瓢；白萍，萍类，叶圆阔，始生可糁蒸为茹；蓼，家蓼高而大，水蓼生水旁，辣蓼生道旁，汁可造曲；三白，一叶白则稻熟；茜，可染绛；马鞭；芦，一名葭，小者曰荻；箕，一名芒，可为缆为席为履；苕，可为帚；络帚，可为帚；茅；灯心〔芯〕草，细圆者可为席；菅，干可织壁；龙须草，可为履；莎，绿地遍生；稗，实亦可食。

（明隆庆《乐清县志》卷三）

明代瓯中杜鹃特盛

杜鹃，一名红踯躅，一名山石榴，一名映山红。以二三月杜鹃鸣时开，故名。

杜鹃有数种，其四季杜鹃花即单叶杜鹃，自八九月小秋即花，历冬至春末而止，独夏不花耳。冬时百花寂然，此独凌霜叶艳，故号为“雪里红”。其树高者至丈余，瓯中特盛。

又有一种，瓯中名为“射豹”，吴越名为“石岩花”。先敷叶，后著花。花朵稍小于千叶杜鹃，花色殷红，其瓣亦精细，如剪彩所成，人颇珍之。此种为鹃花之最，但移栽人家，多不肯花，即花亦不多，独近山处得山气则多花。

（吴彦匡：《花史》卷六。该书成于明崇祯十二年）

明时温州山兰、瑞兰、鹤兰

昔灵运游雁山，谓竹涧水涯多兰。今果有之，土人名之“山兰”，绝香。

（朱谏：《荡南诗集》卷四《谢兰谷诗序》。作者字君佐，号荡南，乐清人。明弘治间进士，官至赣州知府。著有《雁山志》等）

闽、广有树兰，叶如橙、橘而尖长，花聚于每枝之顶，作穗如粟粒，色淡黄，其香袭人。又有一种草木，叶亦类茉莉，用竹签棕钓之，名曰“瑞兰”。其花同木本者，赣人谓之碎兰，瓯中亦有之。

（吴彦匡：《花史》卷二）

鹤兰，以其花、叶俱仿佛乎兰，故以“兰”名之。其叶冬萎，春初发芽如姜笋，上分数叶，柔而长几及尺余。春深，顶抽一干，上分数花，少则三四，多至五六。花之状与兰无异。其色深紫，亦不香。若以大盆种之，令其生满盆，花时亦堪赏玩。其种亦从闽、广来，近日瓯中渐多。盖非珍品，故其种亦易蕃也。

（吴彦匡：《花史》卷七）

明间东瓯栀子花、阇提花、丁冬花

栀子，一名木丹，又名越桃，又名鲜支。其花名檐卜。有粗叶大花，其花千叶，且甚香，原从蜀中来，故名“川栀”；但善生虫。又有千叶，其花稍小于川栀，而四季花，亦不甚虫，此种系瓯中所产。

阇提，叶似栀子，尖长而深绿，其枝干亦同。其花重叶，白色。但栀子花结实，而阇提不结实，微不同耳。亦微有清香，但不及栀子之芬郁。此花出闽之建阳。近有宦游彼中者携其种至瓯，近方见之。折、插皆可活。其花以夏月开，至秋方歇。

（吴彦匡：《花史》卷五）

赪桐，瓯中呼为“丁冬”，盖语音相近而误也。其叶似桐，其花赪红色，故名。又名百日红，以其花久，可延至百日也。四明及吴中皆以为佳，苦地不宜。瓯人以其多，往往目为贱品。然炎月花事已稀，万绿丛中，映日绚采，亦自不恶，故园圃中多植之。

（吴彦匡：《花史》卷七）

明时温产扶桑花、千叶绯桃

佛桑，一名扶桑，又朱槿、赤槿、日及。

瓯中扶桑自五六月花，至秋末而已。冬虽结蕊，花亦不就。白者未见，唯单叶红及千叶红、千叶粉。然粉者色亦不及红，惟大红千叶最佳。夏月花事颇稀，独此红光照日，颇为庭院生色。

（吴彦匡：《花史》卷四）

千叶绯桃，从江阴来者，其花松泛可观，色亦明艳，其花结实。瓯中一种色颇黯，开时花极繁，惟见红花一串，不辨花朵，遂觉其笨，著雨，更可厌，人呼之为“醋糟桃”，亦不结实。

（吴彦匡：《花史》卷六）

明时温州玉簪梅等颇奇

山矾，瓯中极多，诸山皆有。木高数尺，即高八九寸者亦开花。春晚入山，清香扑鼻，皆此物也。人家不但少种之，亦不识。盖其花无足娱目，即见之若不见耳。土人以其叶代矾腌海蜇，作黄色。

此花从虔中见之，后有从闽中携至瓯。枝作藤蔓，每间数寸着一叶，叶圆如钱，而肥厚几及半分。每当叶处著花，其花之状：十余朵小花丛生作一朵，圆如球状，每小朵五瓣，如玉琢成小梅花簪头，中有一点红如小珊瑚，其状颇奇。每花谢后，旧蒂复开，或至三四次，亦一异也。此花倘再加以异香，当在茉莉、素馨之上。

（吴彦匡：《花史》卷八）

明清平阳南雁花草

芦，生于荡中，《尔雅》注：“一名苇，又名葭。”

金星草，《瓯江逸志》：“生雁山，叶上有金如星，根中有黑筋如发，用以浸油能黑发。”

黄精，一名黄芝，俗名山姜，生山谷，叶状似竹而短，根似萎蕤，为《仙经》所贵，根叶花实皆可饵服，其叶乃与钩吻相似，惟茎不紫，花不黄，为异。钩吻即野葛，又名断肠草，食之杀人。

金钗，状如石斛，所生皆绝〔悬〕岩石壁，山人攀援采之，捷若猿猱。

菖蒲，旧《志》："深谷中有之，亦有一寸而九节者。"

龙须草，茎细而长，土人种之，编为夏席，性凉宜人。按甲寅年（民国三年）巴拿马出品协会顺溪商人陈克俊以龙须席得褒奖。

胡荽，俗名洋荽，雁荡山乡处处种之，他处则否，生食香美，亦可作菹。

棉菜，刘《志》："一名鼠曲草，茎长二三寸，叶尖花细，茎叶皆如棉，俗于清明节采，和米粉炊以为糍，祭墓。"

赭魁，生山谷中，蔓生草木，上叶似杜衡，肤黑肌赤似何首乌，切破，中有赤理如槟榔，有汁赤如赭，土人名为薯粮。《本草纲目》："闽人谓之余粮，以染皮制靴。"

五色杜鹃，旧《志》："山多五色杜鹃花，曰杜鹃林。"

秋海棠，花红色，生于山谷，海棠无香，惟此有香。

兰，生山中阴地幽谷。

（周喟：《南雁荡山志》卷五《方物》）

东瓯地气和暖花开较早

东瓯地气和暖，腊雪罕到，花木、禽鸟较之桃花岭以北，其应候约早两月。正月已开杏花；十月即有黄鹂声；茉莉高至寻丈，或结为屏，如蔷薇架；珍珠兰惠，散布阶除，芳香馥郁；木芙蓉大如梧桐，亦海东之胜地也。

（纳兰常安：《受宜堂宦游笔记》卷二八。作者清时人）

清康熙间乐清花草

花之属：牡丹；芍药；酴醿：一名木香；蔷薇：有红、紫、黄三色；海棠；拒霜；桂：一名木樨，红、黄二色，月开曰月桂；山丹；凌霄；丽春；木槿：有红、白、粉三色；金凤：有五色；紫荆；金钱花；玫瑰：紫、白二色；丁香：亦有紫、白二色；瑞兰：甚香而叶有毒。

草之属：芝：瑞草，类茵簟；兰：一花香而浓为兰，一花多而香清者为蕙；萱；白苹；蒲芦：一名葭；龙须草：可为履；稗：实亦可食；茅；灯芯草：干可织壁；莎：缘地遍生。

（清康熙《乐清县志》卷二）

清乾隆间平阳花草

花类：牡丹；芍药；莲花；丹桂；月桂；木樨；兰花，春、夏、秋三种；瑞兰；海棠，又有西府、贴梗二种；荼蘼，黄、白二种；蔷薇；紫薇；刺牡丹；茉莉；素馨；芙蓉，红、白二种；萱花；葵花；鸡冠；水仙；丁香；石榴，红、白二种；茶花，品类多；腊梅；白梅；红梅；绿萼梅；水栀；寿春；长春；玉簪；绣球，大、小二种；罂粟，色有五；木槿；金凤，品类多；玉瓯；丁东〔冬〕，红、白二种；美人蕉；菊花，品色多。

草类：龙须草，为夏席；虎须草，为席；凤尾草；绿草，即麦门冬；咸草；莎草；茅草；荪草；萍；蓼；风痴草，自生山间，其叶如箬，人每年视叶之截，知风之次数、先后。

（清乾隆《平阳县志》卷五）

清乾隆间瑞安花草

花类：牡丹，间有植者；芍药；木芙蓉，红、白二种；山茶，品色多；兰；菊，品色多；荷，结实者名莲，无实出藕者名菡萏；蜀葵，俗名丈红；紫薇；海棠；蔷薇；荼蘼；杜鹃；紫荆；丁东〔冬〕；木笔；山丹；水仙；丁香；月桂；夹竹桃；萱；鸡冠；茉莉；素馨；凌霄；罂粟，花色有五；常春；木槿；金钱；金凤；玉簪；玉绣球；美人蕉；玉瓯；白梅；红梅；绿萼梅；粉碟梅；向日葵。

草类：芝草；龙须草；蓑草；白茅；蓼；蕨，根、芽皆可食；绿草；萍；风痴草，自生山间，其叶如箬，人每年视叶之截，知风痴之次数及先后。

（清乾隆《瑞安县志》卷一）

清光绪间玉环花草

花之属：

牡丹，紫色者多。董文贤《紫牡丹诗》："秀骨倦姿云锦裳，万花翘首看浓妆。朝天紫绶酣春露，捧日丹心丽晓阳。出世便知能富贵，夺魁自信有文章。题诗只许青莲客，俗手何由绘色香。东皇著意厚栽培，姚魏家声锦绣才。国色何曾相假借，春风随意起楼台。玉堂品擅无双艳，金谷香推第一开。惟有紫卿真绝世，买脂争写画图来。"

芍药，有红、白二种。戴庆云诗："鼠姑开后总伤神，花事阑珊寂寞人。杯酒不教春色老，画栏红药殿阳春。"

兰蕙，一干一花而香清者为兰，一干六七花而香浓者为蕙。又一种自南船带来，名素心兰，品最贵。陈春晖《素心兰诗》："紫茎虽好总寻常，对此丰标漫等量。燕姞梦回肤似雪，屈原歌罢鬓如霜。静依东牖饶清供，笑立西风好淡妆。今日孟坚翻旧样，白描绝胜墨痕香。谢家庭砌密兼疏，却下晶帘一色如。淡泊足明君子志，洁清雅称善人居。叶青袅袅曾怜汝，枝素菲菲况袭余。倘与灵芝同一室，吉祥止止白生虚。"

千日红。金钱。迎春。瑞香，一名睡香。

凤仙，亦名金凤，可染指甲。玉簪。

菊，其种不一。苏桂诗："金凤吹飒飒，秋圃秀孤芳。采采东篱下，黄花逗晚香。"

紫荆。蔷薇，红、黄、白三色，枝有刺。

鸡冠，各色俱有。

杜鹃，有红、紫、黄、白各种，春时开千叶者名杜鹃，单叶者名映山桃，一名殷山红。

栀子。桂，有丹桂、木樨，又一种月月开花，名月月桂。

水仙，丛生水畔，清芬袭人，盆种者尤佳。

丁冬，木本，夏秋红子满树。

芙蓉，一名拒霜。

荼蘼，亦作酴醾。

玫瑰。茉莉，一种名宝珠，品最佳。

罂粟，一名米囊花，自鸦片兴而种植者多。戴步云诗："花繁四月斗新红，结就轻罂粟满中。只恐侏儒饥欲死，一囊山稻馈山翁。"潘藩诗："桑解活蚕抽宿叶，稻堪作饭喜秧新。春来怪汝开花意，无补生民翻害民。"

红花，用以染布，亦可入药。

梅花，有红、白二种，又一种名绿萼梅。

桃花，有单叶、千叶、碧桃、绛桃各种，又有山桃，叶长有毛紫色，不结实。

榴花，色最红艳不结实，自四月开花，可至十月，白花者少。

葵花，即向日葵，又一种名蜀葵，俗呼丈红，人家俱有，其花自下而上，春时作花，于麦秋后花开至顶，谚云："丈红开到顶，家家做麦饼。"

美人蕉。珠兰，一名瑞兰，蓓蕾如珠，花开成穗，其香最清。

夜来香，花穗生夏夜，露坐香甚静细。

荷，其根为藕，有红、白二种，皆生莲，又有并蒂、千叶无莲者，乌岩最盛，有莲花河。

蜡梅，色如蜜蜡，磬口者少。

夹竹桃，四季开花。

月月红。杏花。茶花。月季。棉花，种植者多，借以为布。

草之属：

茅，用以织壁，叶可盖屋，坚硬似竹。

蒲，生陂泽中，似莞扁而有节。

茜，生山谷中，三棱，可染绛，色鲜明。

候潮草，叶间有夹如榆，潮至则开，潮退则合。

苕，可为帚。

凤尾草，叶如凤尾。

苎麻，可为布。

艾。蒿，似艾而细，芳馨袭人。

蓼，一名马蓼，高丈余；一为虞蓼，是蓼之小者。水泽间所在多有，陆地亦有之。

芭蕉。萍，无根而浮，常与水平，故谓之萍。

（清光绪《玉环厅志》卷一下）

清时永嘉茉莉香甚浓郁

茉莉喜肥易长，过冬不至损坏。更有一种千叶者，俗名“宝珠茉莉”，花如粉球，香甚浓郁，家乡所未睹者。

（孙同元：《永嘉闻见录》卷下）

茉利〔莉〕以宝珠、小荷花为最贵，王梅溪诗曰“日暮园人献宝珠”者，温州有之，大如杯，本高二尺余。小荷花一种，未之见。

（赵之谦：《章安杂说》。作者清时人）

清代温州瓯兰、闽兰、挂兰、箬兰

瓯兰种极多，四时花开不绝。更有一种夏开者，一茎十三蕊，一蕊十瓣，并蒂同心，较他花尤大。花、茎俱作淡白色，香气殊雅洁。

（纳兰常安：《受宜堂宦游笔记》卷二八）

闽兰亦易栽植，夏置院中，不畏伏日；冬置檐下，不畏冰霜。惟浇灌不宜过杂，或专用豆汁，或专用人溺，不可时时更换。虽间有虫蚁，亦不至伤根。余则早晚但以清水浇之，不独花开极多，即绿叶亦苍翠可爱。

又有一种名挂兰，生长西、楠两溪深岩中，悬根而生。取回，以头发络之，悬于树间，常喷苦茶清水，如天久晴，则以清水浸灌。叶短而小，花不甚香。生产时，悬于房内，可以催生，亦奇种也。又有一种，细梗，无旁枝，叶生梗尖，花亦不甚香，悬于树间，日以清水浇灌，名鲜石斛，与挂兰大同小异。

（孙同元：《永嘉闻见录》卷下）

箬兰，叶似箬，花紫似兰，无香，四月开。产海岛阴谷中，羊山、马迹诸山亦有，温州人呼“红兰”。

（赵之谦：《章安杂说》）

清代温瑞有百子莲、珍珠莲

百子莲，不知何物。温州见者，花紫；瑞安见者，花白。水葱似之，而有红、黄，无白。簇蝶花出温州，花簇一蕊，似类；然方蕊似莲房，则又不类，俟考。

云西示余珍珠莲，类天竹而细，红艳娇娜，叶一茎七片，边有刺，干绿色而有碧丝如划。插瓶，亦耐久。常州人呼“珊瑚草”，遍考不知其名。

（赵之谦：《章安杂说》。云西，即王金庚，字云西，瑞安人）

清代温产凤尾蕉、蕉实

瓯越产凤蕉。丞院中有一本，大如盎，高三尺许，中折，仅存其半。倒地数尺复生根，亦高三尺许。臃肿支离，肤剥落如刻划状，叶挺立而丛生。两本各十余叶，长三四尺。大如蕉，条分若凤尾，故名。叶之下生花，与叶一色，大如莲而倍之，每瓣俱如翔凤，头翅宛然，绝肖命妇冠上饰。数十瓣攒集而成花，经时不凋落。其根以锈铁钉钉之，愈茂，亦名铁蕉。

（徐昆：《遁斋偶笔》卷上）

铁蕉，温人与铁树名混。《岭南日记》言之甚详。温产叶如凤尾草，根如土芋，烧钉钉之，其根更茂，盖铁蕉也。城中周宅祠巷周氏宗祠有一株，高与檐齐，亦此种之仅见者。瑞安城隍庙有铁蕉一本，五枝夭矫如龙。《县志》云是嘉靖时物，盖数百年矣。亦往往著花如荷，色黄，或于枝端生蕊，中有子如栗，云治心痛甚验（灵），又云铁蕉辟火。

（郭锺岳：《瓯江小记》）

瑞安城隍庙有铁树一本，高不及寻，葱蔚秀茂，相传为二百年前物。会稽赵之谦撝叔宦游于此，曾图纪之。其眷赏于名流若是，不可谓非遭遇之幸矣。后人不以古物遇之，竟蹂躏以至于焚毁，惜哉！先是，长兴朱紫贵学博曾作歌美之，有句云“岂知投闲等樗栎，焉用惊世夸文章？”虽不经匠石工师顾盼，而竟丧身于妇孺之手，固朱氏所不及料也。

（张扬：《宋庼随笔》。作者清末、民国瑞安人）

吴中芭蕉有叶无花，间一作花，传以为异。瓯越所产，开花者十六七。花如菡萏，色微绿，长柄。日开一瓣，瓣卸即生蕉实，亦微绿，然多不成。至闽南，则以为果实矣。地气寒燠之异也。

（徐昆：《遁斋偶笔》卷上）

清时温产丁冬花为花中异品

丁东〔冬〕花，草本。抽枝，节节生花；每枝各生嫩条，参差袅娜。初发蓓蕾如小铃；花绽，则垂丝如璎珞。通体作大红色，叶大而长，青翠可爱。每于夏时开放，虽炎风烈日，不损其姿。

余游江心寺，于文丞相祠见之，姿态艳媚，仿佛绛囊垂臂，翠袖临风，花中之异品也。土人以形似风铃，风摇铃则“丁东〔冬〕”有声，名曰“丁东〔冬〕花”。及考各种卉部，均无此种。

（纳兰常安：《受宜堂宦游笔记》卷二八）

瓯越产丁冬花，木本，叶大如葵扇。细花丛生作团，深红色，可玩，较胜美人蕉。

（徐昆：《遁斋偶笔》卷上）

丁冬花，赪桐也。叶如桐，色赪，夏著花，鲜红可玩，至冬始无蕊。土人又名“百日红”。其高不使之过墙，谓过则致灾。他处植盆盎中，强名之曰“洋海棠”，亦可活。

（郭锺岳：《瓯江小记》）

清时瓯中万年青、子孙香、仙人掌、扶桑花

万年青，其本与叶酷肖黄杨，唐诗所谓“风动万年枝”是也。春末夏初，开白花甚繁，芳香颇烈，扶疏如盖。枝叶折下，终年不槁，土人于吉礼上插之。其子如赤小豆，绿苞，冬月绽裂，鸟雀含食，啄余之粒落地上，瓯人不知所自来，以为天雨红豆，至形诸歌咏，以为灾祥，亦可哂也。

子孙香，木香也。

（郭钟岳：《瓯江小记》）

仙人掌无根，无枝，无叶，如掌累叠而生。温州南雁山中有高至数丈者。掌上有花，五瓣，瓣如杯，黄色；四月花。结实如桃，俗呼曰“仙桃”，味微甜。瑞安亦有高丈余者，但无花耳。掌上有花，且五数如指。生物命名，可谓巧切。

（郭钟岳：《瓯江小记补遗》）

曾园有室，颜曰“舞山香”，用汝阳王事也。庭中千叶木槿一株，室取诸此。然其家皆呼“扶桑花”，五瓣，与木槿异，惟皆名“日及”耳，不知何以误呼。

（赵之谦：《章安杂说》）

药　材

晋永嘉中大若岩产黄精、枸杞

朱孺子，永嘉安固人。幼而师事道士王玄真，居大若岩，勤苦事于玄真，深慕仙道。常登山岭，采黄精服饵，历十余年。

一日，就溪濯蔬，忽见岸侧有二花犬相趁。孺子异之，乃寻逐入苟〔枸〕杞丛下。归语玄真，讶之，遂与孺子俱往伺之。复见二犬戏跃，逼之，又入苟〔枸〕杞下。玄真与孺子共寻掘，乃得二苟〔枸〕杞根，形

状如花犬，坚若石。

洗涤挈归，煮之。而孺子益薪著火，三昼夜不离灶侧。试尝其汁，味最甘美，吃不已。及见根烂，以告玄真，来共取食之。俄顷，孺子忽然飞升在峰上，玄真惊异久之。孺子谢别玄真，升云而去。至今俗呼其峰为“童子峰”。

（沈汾：《续仙传》卷上）

晋永嘉中，有傅隐逸、王贞白者隐此洞，其弟子朱孺子见白犬走枸杞丛下，怪之，掘得根若犬者食之，身轻，登石台仙去，故名其台曰飞升台，而枸杞至今丰茂异常产，来游者皆撷茹之。

（虞集：《道园学古录》卷十五《大若岩灵真宫记》）

晋时温州白干姜已入药

近世方，主脾、胃虚冷，不下食，积久羸弱成瘵者：温州白干姜一物，浆水煮令透心润湿，取出焙干捣筛，陈廪米煮粥饮，其效如神。

（葛洪：《肘后备急方》卷四。作者晋时人）

唐宋永嘉干姜为圣脯、贡品

永嘉圣脯，干姜。

（侯宁极：《药谱》。作者唐时人）

天圣元年，以州产干姜岁运十万斤，如温州例。

（宋淳熙《三山志》卷三九）

宋时永嘉益奶草主脱肛等症

益奶草，味苦平，无毒，主五野鸡病、脱肛、止血。炙令香，浸酒服之。生永嘉山谷，叶如泽兰，茎赤，高二三尺也。

（唐慎微：《证类本草》卷六。作者宋时人）

明时乐清药之品

药之品：生姜，干葛，麦门冬，枸杞，香附子，枳壳，鼠粘子，枳实，香薷，紫苏，甘菊。

（明永乐《乐清县志》卷三）

茯苓，离根曰茯苓，旁根曰茯神；芍药，有赤、白二色；天南星，苗似荷，子似榴子，根似芋而圆；天门冬；麦门冬，形如裸麦；苦参；薏苡，似珠而长；地黄，有三种，以水试之，沉者曰地黄，最佳，半沉者，曰人黄，次之，浮者曰天黄，为下；枸杞，其根曰地骨皮；茱萸，吴茱萸似椒，浅青色，山茱萸大而色红，食茱萸紫色，九日以泛觞；卷柏，丛生石上；半夏；椒，香胜蜀椒；细辛，白者良；牵牛子，有黑、白二色；蛇床子；车前子，一名蛤蟆衣；决明子，似马蹄者曰马蹄决明，又有草决明；苍耳；何首乌，赤者雄，白者雌；覆盆子；菖蒲，生石罅者曰石菖蒲；五倍子，子青大如掌；萆薢；黄连，九节者妙；瓜蒌；艾，类蒿，重〔端〕午日收；橘皮，有青皮、陈皮；香附子；蓖麻；香薷，在雁山者佳；山栀子，小而多棱者佳；稀莶；骨碎补；干姜，气温，去皮则热；金银花；桑螵蛸，桑枝上螳螂蛹；桑白皮，不出土者乃可用；红花，根亦可用；干葛；罂粟壳；茜，俗名过山龙；百合，花白者入药；紫苏；大小蓟；益母草；茵陈，类香薷而细；旋覆花。

（明隆庆《乐清县志》卷三）

明时温州石斛、枳壳、灯笼草治疾颇效

石斛出六安山谷及荆、襄、汉中、江左、庐州、台州、温州诸处。近以温、台者为贵，谓其形似金钗。然气味腐浊，不若川地者形颇修洁，气味清疏。

（卢之颐：《本草乘雅半偈》卷二。作者明时人）

治肠风、脏毒、便血等疾，用温州枳壳，不拘多少，逐个刮去穰，入去壳巴豆一粒，以线扎两片合定，银、石器内米醋煮枳壳，烂为度。洗净，去巴豆，以枳壳剖焙为末，醋糊为丸，绿豆大，每服三十丸，空心，腊茶清吞下。

（朱橚：《普济方》卷三八。作者明时人）

灯笼草，瓯中谓之“金灯”。处处多有，苗似水茄而小，叶亦可食。枝干高三四尺，开小白花，结青壳，熟则深红。壳中子大如樱，亦红色。樱中复有细子如落苏之子，食之有青草气。根、茎、花、实并入药用。

（吴彦匡：《花史》卷八）

清康熙时乐清药类

茯苓；芍药；天南星；薏苡：似珠而长；地黄：有三种；茱萸：九日以泛觞；细辛：白者良；车前子；苍耳；艾；香薷；金银花；益母草；菖蒲；荷〔何〕首乌；半夏；枂：香胜蜀枂；桑白皮：不出土者可用；百合：花白者入药。

（清康熙《乐清县志》卷二》）

清乾隆时平阳药类

石斛；山药；枳实；紫苏；枸杞子，根名地骨皮；山栀；干葛；香薷；甘菊；商陆；半夏；麦门冬；茱萸；香附；小茴；扁蓄；瞿麦；常山；车前子；天门冬；鼠粘子；苍耳子；黑牵牛；金樱皮；石薜荔；天南星；土沙参；青木香；望月沙；防已；天花；枸橘；皂荚；萆薢；泽兰；黄精；茵陈；豨猃；百合；红花；黄柏；陈皮；荆芥；益母草；夏枯草；鹿衔草；金银花；刘寄奴；何首乌；石菖蒲；桑白皮；罂粟壳；蔓荆子；蓖麻子；史君子；蛇床子。

（清乾隆《平阳县志》卷五《风土》）

清乾隆时瑞安药类

菖蒲；甘菊；天门冬；石斛；黄精；麦门冬；车前子；薏苡仁；决明子；茵陈；生姜；天南星；紫苏；葛根；苦参；苍耳；半夏；百部；萆薢，俗名山硬；香附子；何首乌；蒲公英；泽兰；牵牛；凤尾草；益母草；刘寄奴；淡竹叶；薄荷；香薷；忍冬藤；蛇床子；山楂（栀）子；荆芥；陈皮；枸杞子，根名地骨皮；蔓荆子；金樱子；桑白皮；枸橘；皂夹；蓖麻子；茱萸；白术；括蒌根；豨猃；南烛枝，一名青精；旱莲草；枳实；金银花；山药。

（清乾隆《瑞安县志》卷一）

清道光间永嘉骨牌草可治血症

今张氏如园中，有骨牌草，春深时从生各地，草叶狭而长，其叶尾各有点子浮起，略似骨牌之式，天牌及地牌最多，惟虎头略少。余在扬州时，即闻有此草，佥言若得三十二叶点子皆全者，可治血证，而实未曾目见此草，今乃于如园中亲手摘视。未知先有此草，而后有骨牌，抑先有骨牌，而后生此草，不可得而详矣。

（梁章钜：《浪迹续谈》卷五《骨牌草》。该书作于清道光间。如园在永嘉城内）

清光绪间玉环药类

紫苏；百合；山药，一名薯蓣；薄荷；菖蒲，生石罅者曰石菖蒲，叶细，生陂泽者曰水菖蒲，叶大；薏苡仁；苦参，春生夏凋，花黄结子作荚，根味至苦；卷柏，丛生石上，以叶似柏，故名；半夏，独茎生，皮黄肉白，一名守田；细辛，白者良，土名马蹄香；天南星，二月生，五月间开花黄色，七月结子；天门冬，其藤柔弱轻盈，冬夏生白花，秋结黑子，俗呼贯藤；车前子，丛生，大叶长穗，俗呼蛤蟆衣；益母草，俗呼野天麻，有红、白二种，白者良；土黄连；芝，木芝生树旁；茵陈，叶似香薷两头尖，方梗，烹茶最凉，有山茵陈、家茵陈二种；鹿衔草，叶只二三片，形似菠菜，有毛无茎，高二寸许；猴姜，亦名毛姜；山查〔楂〕；女贞子，即冬青子；艾；金银花；土杞子，根即地骨皮；金樱子；苦楝子；何首乌，一名交藤；括蒌，根名天花粉；银青蒿。

（清光绪《玉环厅志》卷一下）

卷七 林畜业

林　业

南朝宋赤岩山惟甘蕉林

《游名山记》：赤岩山水石之间惟甘蕉林，高者十余丈。

（张綦毋：《船屯渔唱·楼石渡》注。《游名山记》为南朝宋谢灵运为永嘉太守时撰，赤岩山位横阳县）

唐前深山老林供郡国材用

泰顺唐以前僻在荒服中，多老林供郡国材用而已，实闽括间瓯脱也。

（林鹗：《清光绪〈泰顺分疆录〉》序）

唐时瑞安仙岩有铁皮树

铁皮树：《仙岩志》："在慧光塔西，高丈余，无繁枝，其腹空，其皮铁色。植自唐时，久已枯槁。顺治间天目入山，忽发一枝，咸称瑞应。"

（清嘉庆《瑞安县志》卷十《杂志》。天目指清时仙岩寺僧天目和尚，曾率众重修仙岩寺）

宋时平阳斑竹

庭前列斑竹，异种何年得？瞪眼看微纹，碎琐红妆色。晕点非妆成，似有天然质。缅怀昔英皇，寻舜难巡迹。苍梧翠云深，愁泪斑斑滴。玉指忍轻弹，洒向林间碧。虽有湘江流，千载难洗涤。谁从湘江游，得此为庭植。

［章梦飞：《斑竹》。录自平阳《林坳林氏宗族》。作者（1217～1279）字云翔，平阳人。宋淳祐间武状元，历官肇庆府宣抚使］

元天历间立温州路竹木场

天历二年九月丙子，立温州路竹木场。

（《元史》卷三三《文宗二》）

明永乐间乐清竹木之品

竹之品：江南竹，慈竹，笙竹，石竹，笪竹，苦竹，紫竹，筋竹，淡竹，菡萏竹，箬竹。

木之品：松，桧，柏，榆，枫，朴，槐，栎，桑，柘，杨，柳。

（明永乐《乐清县志》卷三）

明弘治时温州竹木品种

竹

石竹，夏笋味甘，初著叶时可为纸，既老可编器障海，渔者取为筒笼之用。

猫儿竹，春笋厚而甘，肥大者约二尺围。

江南竹，春笋薄而节长。

苦竹，夏笋味苦坚厚，节长二三尺，干直可为篙，渔者取其扈竹。

淡竹，叶可入药。

慈竹，子母根连，枝干柔弱。

菡萏竹，小而劲，用以编邑篱障屋壁。

筋竹，节大，取其筋韧，故名。

茅竹，小于石竹，筋韧可束缚，舟人以为纤缆。

笙竹，笋美，根多，穿寓衙砌。

紫竹，色紫。

斑竹，皮有斑点，如玳瑁然。

笪竹，篾宜束缚，又一种名木笪。

方竹，短小形方，节有小刺。

佛面竹，节有晕如面。

箬竹，短小，叶大如掌而长，可为船篷、农笠，土人常用以包角黍。

右竹之类，五县俱同。

木

松。杨。桧。柏。桂。栎。槐。榆。榕。枫。桑。杉。樟。桕。

豫樟，性烈，能辟湿气，古干蟠屈如龙蛇，大至数百围，荫合数亩，或中空外荣者，空洞可容百人。

棠，柯干茂盛，塘岸村野多合抱者，《诗》曰：“蔽芾甘棠。”毛氏曰：“甘棠，杜也。”孔氏曰：“今之杜梨，其白为棠，赤者为杜。”陆氏《草木疏》曰：“棠，今棠梨也。”

右木之类，五县俱同，产之独土所宜者曰豫樟与棠，故注释表而出之。

（明弘治《温州府志》卷七《土产》）

明时温州松、樟、竹

吾瓯松最奇者当以王东谷公水心庄为第一。其大可三人合抱，其上樛枝交干，远望如一座山。近枝偃盖，披拂至地。下有一亩之池，荫覆几遍。六月盘礴其下，竟可忘暑。吾行天下，所见虽多，未有与之并者。为飓风摧仆已三十余年矣，真可痛惜！

（吴彦匡：《花史》卷九。作者明时人）

永嘉县象浦驿古樟，围十人。平阳县西南昆山绝顶二古木，冬、夏常青。

（谈迁：《枣林杂俎》中集《荣植》。作者明时人）

佛面竹，出雁宕〔荡〕山。每节如佛面，堪为枝。

方竹，出澄州。今温州多有之。

（蒋以化：《花编》卷六。作者明时人）

明清平阳南雁竹木颇盛

观音竹，《瓯江逸志》：“生雁山，形小叶长，翠润夺目，植岩石上，经冬不凋。”《广舆志》：“又名奇音竹。”《竹谱详录》：“一丛数茎，如水中草状，春暮叶下开花红紫色，亦结实，其茎无节有小箨。”

鞭笋，《永嘉闻见录》：“鞭笋惟平阳白云山有之。”

四季青，即四季竹，节长而圆，中管龠，岩生者音清亮，见《群芳谱》。按：山中各种竹皆有之，四季食笋无缺。采嫩竹煮烂造纸，俗名花笺。

桂，山中多有，桂源山尤多。

乌桕，五六月间开细黄花，结子有房，经霜则叶凋，交冬则房脱子出，望之如琼林珠树，收其膏可淋烛，俗名皮油，压子为油，曰桕清。

棕榈，树以丝自裹，剥之为雨衣，曰棕蓑。

盐肤木，状如椿，七月子成穗，粒如小豆，上有盐如雪，山人或用以腌物。叶上有虫结成五倍子，八月取之。

京肛，藤缘古墙老树而生，不花而实，状如木馒头，肉虚软多子如粟，盛以布囊裹水揉之，出乳液如玉雪，虽盛夏冻凝，和糖蜜食，可清暑解渴。烹肛盖瓯语，无正字。《本草纲目》名木莲。

（周喟：《南雁荡山志》卷五《方物》）

清康熙时乐清竹木

竹之属：斑竹；紫竹；筀竹；方竹，茎可为杖；箭竹；淡竹，可造纸及取沥；石竹；堇竹；慈竹，丛生，一名子竹；苦竹；佛面竹；公孙竹，丛生，尺许；猫竹，极大而坚；桃枝竹，一名蒲葵。

木之属：松；柏；杉；樟，树大可为舟梁；桐，有黄桐、梧桐；柽，即河柳；柞，可为梳；槚，实可食，材作宫室；冬青，一名万年青；桧；樗；乌桕；柳，其下垂者为西河柳；梓；槐；朴；桑，有数种；枫，脂香可爇；栎，叶可染皂；金荆，坚而有文〔纹〕。

（清康熙《乐清县志》卷二）

清乾隆时平阳、瑞安竹木

竹类：石竹；猫竹；江南竹，春笋节长；苦竹；筀竹，笋美根多；斑竹；黄竹；钓丝竹；紫竹；筋竹；菡萏竹；笪竹；水竹；方竹；箬竹，叶大可裹黍；柔枝竹；凤尾竹。

木类：松；柏；桑；柘；榕；枫；棠梨；朴；榆；栎；桧；桐；柳；梓；冬青；柏。

（清乾隆《平阳县志》卷五《风土》）

竹类：石竹，夏笋；猫竹，春笋；江南竹，春笋节长；苦竹，坚厚；慈竹，子母根连；菡萏竹，小而劲；筋竹；筀竹，笋美根多；紫竹；斑竹；笪竹；方竹，短小形方有刺；箬竹，叶大可裹物；佛面竹，有晕如面；凤尾竹，短小叶细。

木类：梓；柏；松；桂；杉；桧；槐；樟；桐；榆；柳；楠；榕；枫；杨；椿；樗；栎；朴；柏；楮；桑；柘；冬青；万年青。

（清乾隆《瑞安县志》卷一）

清光绪间玉环竹木

木之属

枫，厚叶弱枝，树最高大，其叶经霜即红，于二月花也。

冬青，号万年枝，一种叶边金丝色，名金镶万年青，可盆种。

桕，其子可油可烛，土人呼为桕子，出产颇多，晚秋红叶，较霜枫尤艳，同知徐荣《嘲桕子诗》：“红和枫叶闪斜阳，白误梅花拒晚霜。辛苦门前乌桕树，秋来事事学人忙。”

柳，其叶下垂，一种细者开红花，即柽柳，可入药，又名西湖柳。

黄杨。棕榈，亭亭直上，节节生棕。

石楠，四时不凋，腊月抽芽如木笔，花如绣球，树老则冬结红子。

乌江栗，不凋亦生栗房而无实。

青栗，又有白栗、红栗二种。青栗心带青色，叶差小；红栗叶又小，皆无实；青栗材最良，白栗次之，红栗又次之，皆不凋。

山机乌，不凋，又名林子，叶如茶匙，结黑子，子如蚕豆，又如乌那饭而有核，亦可食。

乌那饭，不凋，可烧白灰，银匠必用之。其子如胡椒，黑色，亦可食。

锦漆，不凋，多节。又一种多刺者名楝漆，可烧白灰。

虎豆，叶如豆荚，内有小豆，入药。

桧岩红，叶尖。

花萧，六月间花，粉红色，结黑子，可染网，网入咸水不数日即腐者，染之可经久。

墨桅，不凋，花似茶花，叶如冬青，皮似杉，红心，可作桌匡，其皮能毒鱼，产在小陈岙。

水荆，树似梨，结黑子如豆，不可食，剪其枝，可以接梨。

山黄荆，叶似枫而有杈，结黑子如胡椒而尖，可屑粉煮食，入药消食下气。

生栊杠，可作栊。

山椒，大合抱，而高不过六七尺，不花而实如山查〔楂〕，不可食。

土漆，皮如桃树皮，粘着人手即发肿，若刀疮见血，捣此皮敷之，即止。

松，玉人借此为薪，种植日繁。

樟，四时不凋，大者荫可蔽亩。

钓樟，亦名豫樟。按：豫、樟二木也，生至七年方可分别，其蘖捣汁可和灰合砖。

椿，叶香者可菹。

杉，有刺，不及处杉、建杉之大，而坚实过之。

桐，子可打油。

槐，花可染衣。

桑，土桑多生桑葚，真桑少。

柘。柏。桧。朴。榆。黄檀。

榕，浓阴参天，严冬不凋，礁头地方有之，别村绝少。

竹之属

紫竹，黑色而润泽者美。

荆竹，一名堇竹。《天中记》："竹中良者惟有堇竹。"《本草》："以火烧汁可散积痰，药名竹沥。"

苦竹，笋味苦，不堪食。

水竹，长干疏节，性稍柔脆。

凤尾竹，多节如蔗长，叶似蕉，有刺，结子黄色，纷垂如粟。《府志》："一种梗甚细，形如铁线，长仅数寸者，亦名凤尾竹。"

茅竹，或作毛竹，干大而厚，其用至广。

天竹，从生，冬月结子，纷垂似红豆。

（清光绪《玉环厅志》卷一下）

清时温州榕树、琪树、无患木

五连理树，在东山下茶场庙前。跨桥枕水，五树连理而生，皆榕树也。榕树喜水，其根可固堤，盘曲固结，每有根裹岩石，即牢不可解者。

闽、广多此树，浙江惟温州有之，地气近闽，树其土之所宜与？此树易大于他木，土人辄谓有神，立社其下。材质皆不中用，殆庄子所谓“不材之木”，以无用之用而保其天年，故不致夭于斧斤也。

（郭锺岳：《瓯江小记》）

琪树生温州诸山中，叶似柳而坚厚。三月开小白花，微紫。子如珠，初碧色，继间以红；二年皆如珊瑚珠矣。孙绰《游天台山赋》：“琪树璀璨而垂珠”，《山海经》：“玗琪树”亦此类也。

无患木，温州山中多有之，其实乃无患子。温人不知此名，俗呼“油肥皂”。《酉阳杂俎》：“无患木，烧之极香，避恶气，一名噤娄，一名桓。”马缟《中华古今注》：“昔有一神巫宝眊，以此木击鬼，世人取以为器，故名无患。”《博物要览》：“槵子木生山中，树甚高大，枝、叶皆如椿，其蒂对生。五六月间开白花。结实如弹丸，生青熟黄，老则文皱，黄时肥如油炸。其蒂下有二子相粘承之。实中一核，坚黑如珠。其子可作素珠；碾碎，可洗珍珠。”

（郭锺岳：《瓯江小记》补遗）

清时温州臭梧桐、乌木

臭梧桐，野生，花色淡，无植之者，或云后庭花。闽中所开红色长须，永嘉人谓之丁香花。余所见永嘉者，色淡红，花簇如绣球。瑞安者，花白，有绿苞长须，如丁香花。永嘉者花叶俱臭，瑞安者花香而叶臭，人过其下，颇清香。近则臭恶不可耐。二者未知孰是。

（赵之谦：《章安杂说》）

乌木一名乌文木，出波斯，舶上将来，乌文阒然。温、括等州亦有产者，皆此物也。

（谷应泰：《博物要览》卷十。作者清时人）

清时瓯产竹叶苔、飞白竹、朱竹

竹叶苔，海苔也，产雁宕〔荡〕山南流入海处。土人于冬月取之，濯以淡水。状如竹叶，故名。

（徐珂：《清稗类钞》卷八七《植物类》。作者清末人）

飞白竹，又名翡翠竹。叶色绿、白相间，蔓行，其根、节亦略似竹。盖石竹、淡竹之类耳。

朱竹，叶似竹而大，色朱、紫。瓯有之，亦不多见。

（郭锺岳：《瓯江小记》补遗）

清末温州设立林牧公司

1904～1911年间浙江各地农业垦殖企业一览表：

时间	企业名称	地点	创办人	创办人身份
1911年前	温州林牧公司	永嘉		

（余略）。

（叶建华：《浙江通史·清代卷上》下册第43～44页）

畜牧业

晚清瑞安峃川多豢羊

丰年齐唱太平歌，又怕追呼奈若何。最好肥羊三百只，不须租税免催科（注：峃川豢羊者最多）。

（胡玠：《脂雪轩诗钞》卷三《峃川竹枝词》。作者晚清瑞安人）

卷八 渔　业

战国时楚越之民多食足螺鱼鳖

楚越水乡，足螺鱼鳖，民多采捕积聚，煮而食之。

（袁康：《越绝书》卷三）

晋时东南之人食水产以为珍味

东南之人，食水产鱼鲜；西北之人，食陆畜。食水产者，龟蛇螺蛤以为珍味，不觉其腥臊也；食陆畜者，狸兔鼠雀以为珍味，不觉其膻焦也。

（张华：《博物志·五方人》。张华，晋时人）

南宋初乐清濒海细民负贩鱼盐

（吴芾）登绍兴二年进士。始为温州乐清尉。濒海细民，以负贩鱼盐为生业。属吏定法，有私以盐越境者，尉皆劾免。

（朱熹：《晦庵先生朱文公文集》卷八八《龙图阁直学士吴公神道碑》。吴芾，字明可，台州仙居人）

南宋乾道间曾怀役丁送温州虾干

曾怀前知温州平阳县。为在任日招募壮丁金元将虾干前去镇江府本家投下，计役过四十八日，及差杖直买栗子、山药，并差耆长于姜户边买生姜，大理寺勘当徒一年，余徒半年，更合罚铜十斤入官，勒停放。缘犯在赦前，特降一官，仍依冲替人例。

（张嵲：《紫微集》卷一五。曾怀于南宋乾道间任平阳知县）

宋时乐清白沙、永嘉高浦尽渔家

出郭才数里，片景尽渔家。夜静惟闻犬，潮平不见沙。寒风欺槿叶，淡月让芦花。世路几销歇，一翁常施茶。

（刘黻：《过白沙》。录自《乐清市志》卷三十七《艺文》。作者字声伯，号蒙川，乐清人，南宋景定三年进士，官至吏部尚书兼工部尚书舍人，南宋末拥二王卒于海上）

孤篷吟倚处，极望尽渔村。波动摇山影，潮平失岸痕。买来鱼尚活，沽得酒多浑。向夕秋风起，令人忆故园。

（谢隽伯：《舣高浦岸下》。录自《永嘉县志》第三十编《艺文》。作者宋末人，高浦今沙头镇沙头村）

宋时永嘉蓼螺生食弥佳

蓼蝶，无毒，主飞中游蛊。生食，以姜、醋进之弥佳。生永嘉海中，味辛辣如蓼，故名蓼蝶。

（唐慎微：《证类本草》卷六。作者宋时人，蓼蝶即蓼螺）

宋末永嘉渔户苦差

独有渔舟事网钓，官吏差船无日停。况是水烦土亦敝，渔猎得禽不偿费。纷纷皆学贩私盐，闻官追逮无宁岁。

（戴穰：《溪阁小饮自赋感时吟》。录自永嘉合溪《明文戴氏宗谱》。作者字祉仪，号春涧，宋末永嘉人）

元大德间瑞安海乡业渔者众

海乡业渔者众，大德七年十月望，夜大风覆舟，哭者比屋，因感而赋。

江头扬旗招水鬼，江上老夫哭且语。生来髫髻习捕鱼，老我扁舟业云水。至今生计犹萧然，不值豪家下箸钱。骨冷神伤怯烟雨，此业尚遗儿与孙。千尺飞涛割空碧，生命应悬水官籍。我儿已死前夜风，邻屋归来报消息。市中竞利争刀锥，此底悲辛那个知？苦恨一身老无倚，朱门豢犬犹瓠肥。霜色染枫赤如火，闻语凄凉经别浦。沙边老稚泣向天，谁家又打发船鼓？

（陈昌时：《覆舟行》。录自民国《瑞安诗征》卷一。陈昌时，字少垣，号物吾，瑞安人，则翁长子，高则诚岳父，宝祐间登论秀科，授廉州教授，著有《鸡肋集》）

元末平阳炎亭居者多以渔为业

温之平阳有地曰炎亭，在大海之滨，东临海，西南北三面负山，山环之若箕状，其地可三四里，居者数百家，多以渔为业。

（陈高：《不系舟渔集》卷一二《竹西楼记》。该记作于元至正十一年。陈高，平阳人）

明永乐间乐清鱼介

鳞之属：

白蒲鲨；锯鲨；鱿鲨；雷鲨；丫髻鲨；香鲨；虎鲨；犬鲨；梭鲨；牛鲨；斗鲨；赖鲨；鲛魟；牛魟；黄魟；班魟；虎魟；乌郎；黄鲄；鳗；鲈鱼（巨口细鳞）；鳘鱼（似鲈，鳞粗）；鲳鱼；石首鱼（一名黄花鱼）；箭鱼；鳙鱼；勒鱼；时饴鱼；带鱼；青鱼；地青鱼；地白鱼；马鲛；竹夹鱼；海鹞鱼；吴鲚；鳍鳗；比目鱼（两鱼各一目，骈附而游）；鳚鱼；红鳞；针鱼；银鱼；鲥鱼；乌贼；乌鱼；鲻鱼；海鲫鱼；海蚝鱼；弓鱼；毛鱼；鹿角鱼；青鳞鱼；黄混鱼；黄鲫鱼；阑胡；白鲫鱼；鲊鱼（即水母线）；章巨；鲑鲳；沙噀；鹿魟；鲤鱼；鲇鱼；鲫鱼；小白鱼；泽鱼；湖鳗。

介之属：

龟；鳖；蛎房；西施舌（一名沙蛤）；螊；海蛳；江瑶；车螯；蛤蜊；壳菜；蛏子；蝛蜌；龟脚；蚬；鲜蛤；江蟹；蝤蛑；蟳；拥剑；螠；花螺；香螺；蓼螺；刺螺；马蹄螺；虾（有青、黄、赤、白色）；蚶；鲎。

（明永乐《乐清县志》卷三）

明中期温台宁之民捕石首鱼为鲞

石首鱼，四五月有之。浙东温、台、宁波近海之民，岁驾船出海，直抵金山、太仓近处网之。盖此处太湖淡水东注，鱼皆聚之。它如健跳千户所等处固有之，不如此之多也。金山、太仓近海之民，仅取以供时新耳。温、台、宁波之民，取以为鲞，又取其胶，用广而利博。予尝谓濒海以鱼盐为利，使一切禁之，诚非所便。但今日之利，皆势力之家专之，贫民不过得其受雇之直耳。其船出海，得鱼而还则已，否则遇有鱼之船，势可夺，则尽杀其人而夺之，此又不可不禁者也。若私通外蕃，以启边患，如闽、广之弊则无之。其采取淡菜、龟脚、鹿角菜之类，非至日本相近山岛则不可得，或有启患之理。此固职巡徼者所当知也。

（陆容：《菽园杂记》卷十三。陆容，字文量，号式斋，太仓人。生于明英宗正统元年，卒于孝宗弘治九年。成化二年进士，官至浙江参政）

明弘治间瓯海亭民有鱼虾百利

城北瓯江即海之支江也。江流东至盘石、宁村，会于海洋，茫无际涯，是谓瓯海。自宁村而南，积沙成城以捍潮势。沿海皆沙涂，亭民取咸潮溉沙晒卤煮盐，鱼虾百利亦在焉。其取鱼也，有簄有簿（以竹为之，簿音薄），有网有缉（结绳线为之）。

（明弘治《温州府志》卷四《水》）

明弘治间温州海族

鲨鱼，温之所产多种，曰孱鲨、鱼筒鲨、犁头鲨、丫髻鲨、香鲨、刺鲨、锯鲨、乌鲨、雷鲨、梭鲨、斗鲨、犬鲨、虎鲨、牛鲨、鹿鲨，皆以皮有沙名。

鲛鱼，《唐六典》："温州贡鲛鱼皮。"宋绍圣定土贡格：鲛鱼皮五。《本草》："鲛鱼皮即装刀靶腊鱼皮也。"陈藏器云："一名鲨鱼，一名腹鱼。《蜀本》云：圆广尺余，尾长尺，背皮粗错。"又云："鳆鱼皮是装刀靶者，即鲨鱼也，鲨鱼一名鲛鱼，子随母行，惊则从母口入腹。《山海经》谓鲛沙鱼皮可饰剑，则鲛沙一种也。"

魟鱼，形圆似扇，无鳞，色紫黑，口在腹下，尾如狸鼠，长于身。曰：鲛魟、锦魟、黄魟、斑魟、牛魟、虎魟、魟纤。又有地青鱼，地白鱼。

黄鲄，又有河豚、鶁夷、鲂鱼、吹肚鱼、鲵鱼、嗔腹鱼、规鱼之名。《本草》云：肝及子有大毒，入口烂舌，入腹烂肠，惟橄榄木、鱼茗木、芦根、乌蓝草根、甘草汁可解其毒。永嘉生于海者，其形不端正，有毒；独眼者尤毒，地人以甘蔗同煮验之，有毒则黑。又一种名乌郎。

鳗鱼，似蛇，无鳞，身圆如杵，嘴尖齿厉，背色青，味甘。

吴鲚，形似笠，口在腹下，何承天云："鱼之大口者曰吴。"此无鳞，皮紫黑色，骨脆，吴音华。

鲈鱼，巨口细鳞，上有黑点纹，肉白肥美。又一种脆鲈，皮肉俱脆，淡水产者胜。

鮸鱼，似鲈，鳞粗，大者寻丈。

石首鱼，脑中有白石如棋子，故名。小者曰鲽鱼。《遁斋闲览》：石首盖鱼之极美者，取其石，次以为器，载饮食，遇毒则暴裂。

鲳鱼，一作鲦鱼，身扁，尾如燕尾，细鳞如粟，骨软肉白，其味甘美甜滑。

箭鱼，即鲥鱼，身扁，海产者大而甘肥。腹下细骨如箭镞，俗名箭鱼，味在皮鳞之交，带鳞煮食之尤佳。

鯯鱼，板身多鲠，味极甘腴可供。晋虞啸父答晋帝云："天时尚温，鯯鱼虾鲊未可致。"即是此鱼也。

勒鱼，似箭鱼而小，身薄多骨。

青鱼，似鲻鱼而大，鳞青。《本草》："青鱼头中魫，蒸取干，代琥珀用之。"《图经》："青鱼似鲤，背青，曰华子，作鲭字，正所谓五侯鲭是也。"

乌鱼，似鲻鱼而色黑。

鳎鱼，身柔无骨，鳞细口阔齿多，鳎一作鲅。

银鱼，身如银条，与江浙间同，而永嘉江溪交流处产者大。

针鱼，嘴似针，身类银鱼，长三四寸，产江海间。

比目鱼，形类箬叶，紫鳞细纹，两鱼各一目，骈头比而为一，侧行，其身一边相比处鳞白。

鳝鳗，类蛇，无鳞，嘴尖齿厉，背色青黄，腹白。

鳙鱼，无鳞，状类鲕鱼，背青白，似乌郎皮。《本草》云：鳙鱼，岭南作鲍鱼。其额目旁有骨名乙。《礼》云："鱼去乙。"郑云："东海鳙鱼也。"

马鲛鱼，形似鳙，味似鲳鱼。

鲻鱼，似鲤，生浅海中，食泥，身圆口小，骨软肉腴，吴王论鲻为匕。

竹夹鱼，似比目，而肉坚身圆尾尖。

红鳞鱼，鳞细而红，如鲫而大。

青鳞鱼，鳞细而青，身小。

海鲫鱼，与河鲫同，而大倍之。

海鹞鱼，《本草》：形似鹞，有肉翅，能飞上石头，齿如石版。

海鳜鱼，生溪江间，背有黑点，昔仙人刘凭常食石桂鱼十，又名鳜鱼。永嘉梅溪有之。海中又有一种形似鳜，色微赤，肉坚，名鳜短，亦名短鱼，通身色赤肉美。

鳗鲡鱼，《本草》：似鳅鳝而腹大，青黄色。

黄脊鱼，似鮆鱼，而身扁尾鬣黄。

白脊鱼，与黄脊同，两尾鬣连身俱白。

石勃卒，似短鱼，而形尤短，圆三寸，长四寸，身赤腹泡急，其形勃卒，故名之。

时饴鱼，味甘。

带鱼，无鳞，身长数尺，阔三四寸，如带，故名。

海蚝鱼，如小鲗，色青黑。

黄混鱼，形似大鳅而扁，有鳞细密，可晒鲞。

弓鱼，形小，长不满二寸，身扁洁白。

毛鱼，背青腹白，以海蚝卤之为咸。

栏胡，形如小鳅，头有斑点如星，潮退跳涂中，一名弹涂，以跳踯涂上，故名。盂覆活者数百于地，旦发视之，皆骈首拱北。

章巨，大者曰石拒，居石穴，人取之，能以脚粘石拒人，故名。形类算袋，八足，长二三尺，足上磈垒戢戢如钉，每钉有窍，浮海沙中如死物，鸟啄之，即卷入水，嘘足钉，啜之以饱。又名章鱼、章举，皆小者。

望潮，身长二寸。

锁管，脚短无钉。

乌贼，《本草》云："是暴鸟所化，其口有鸟喙，腹有墨。"陈藏器云："秦王东游，弃算袋于海，化为鱼，其形一如算袋，两带极长。"《蜀本》云："背上骨厚三四分。"《日华子》云："又名缆鱼，须脚皆在眼前，风波稍急，即以须粘石为缆。"《图经》云："一名乌鲗，能吸波噀墨溷水以自匿。"又云："性嗜鸟，每暴水面，飞鸟过之，谓其已死而啄其腹，则卷入水而食之，故名。《南越志》：乌贼有碇，遇风便虬前须下碇而住，碇亦缆之义。腹中血并胆如墨，世谓乌贼怀墨而知礼，其最小者曰墨斗。"

蟹，陶隐居云：蟹类甚多，曰蠘，肉壳而多黄，其螯最锐，断物如芟刈焉。食之行风气，有圆脐，考为母截，俗名母蟹。有膏者名膏蟹，有子者名子蟹，土人以为上品。若其脐尖者，俗名觥蟹。《周礼·庖人》注："青州蟹胥。"《广韵》作蝑，盐藏蟹也，土人名为蠘。

蝤蛑，《图经》云：后足为蝤蛑，南人谓之法卓。蟳，蝤蛑之大者，身足尺余，两螯无毛，随大潮至。

拥剑，似蟹而小，一螯大，一螯小，又一名桀步，常以大螯圜小螯食物。

彭蜞，吴人讹彭载。《尔雅》云："蜞虫睾"。郭璞："即彭蜞也"。膏可食。

彭蜞，似蟹而赤。螠似彭越〔蜞〕而小。

虾，身屈，有长须、有青虾、黄虾、赤虾、白虾、狗虾之殊。又有虾狗，虫口，虾姑，能食虾。

鲎，形如覆釜，青褐色，口足皆在覆釜之下，足有十二，长五六寸，尾劲而尖长，壳坚硬，腰间横纹一线，软可屈折，每一屈一行，牝常负牡，渔人双得之，牝大于牡，多子，大如麻。《本草》云：牝牡相随，牡者背上有目，牝得牡始行，牝去牡死。韩退之诗："鲎实如惠文，骨眼相负行。"

沙噀，生海涂中，又名海笋。

宅鱼，《本草》曰：蜡，一名水母，一名樗蒲。鱼生海中，形如覆笠，肉如血，腹下如垂缨，纯赤，无肠胃，以虾为目，虾动则沉。唐李柔谓："鲝鱼为银虀，水母为玉脍。"

蛎房，亦名牡蛎，乃百岁雕所化。道家以左顾者是雄，故名牡蛎，其生着石磈偏相连如房，故牡房一名蚝山，初生才如拳石，四面渐长崭岩如山，每房有蚝肉一块，大小如房广狭。海人取之，皆凿房以烈火逼开，取肉食之。渔者于海浅处植竹为扈，竹入水处累累而生，斫竹取，名曰竹蛎。

螺，有花螺、香螺、刺螺、蓼螺、马蹄螺之殊。

西施舌，一名沙蛤，大小似车螯，而壳白，肉中突出，长可二寸如舌，产江溪间。

蟠，其大者名老婆牙，壳丛生如蜂房，肉含黄膏，一名蠊头，以其簇生，故名。

海蛳，壳小尾大，肉微。

江瑶，一名玉姚。《广韵》云："玉姚，蜃甲。《山海经》名蜃姚。"郭璞云："班蛙属，土人惟取柱肉脆美，故名江珧柱。"

车螯，《本草》名魁蛤，一名蜃，治海毒。

蛤蜊，《本草》：蛤蜊煮之，解酒毒，止消渴，开胃气，其性冷，与丹石相反，服丹石人食之腹痛，以萝卜煮，则其柱易脱。

壳菜，生海岛岩石上，一名淡菜，形类珠母。

蛏子，生海涂，长二三寸如指，时病忌食。

蚶，壳实有界纹如瓦缝，遂名瓦陇蚶。又有毛蚶，口微带毛如睫；甜蚶，味甘；沙蚶，带沙；蚶母，大如拳。

蝛蜌，似小蚶而长扁，土人名曰生蜌，壳有毛。

肘子，壳下尖而面阔。

龟脚，形如龟，脚有指爪，一名长裙，色青黄，其柄褐色而软，谓之裙，肉如小者。

蚬，小于蛤蜊，生海涂中，壳薄，肉含沙，侯风雨，能以壳为翅飞。《本草》云：蚬壳，陈者性冷，无毒。

鲜蛤，大者如粟，小者如榧。

沙蠓，音寝，大如白扁豆，肉微，农取以溉田。

（明弘治《温州府志》卷七）

明万历时宁台温等处食鱼虾无数

宁、台、温、福、兴、泉、漳等处旁海，食鱼虾蛤蜡，即尺罾拳笱，尚不可以类计，况罟网之大者乎？

（王士性：《广志绎》卷一《方舆崖略》。该书写于明万历二十五年）

莫辞今夕醉，讲肆定长醒。日日江船到，家家海市腥。博物知龙鲊，熬波出虎形。鱼盐有胶鬲，莫厌老明经。

（何白：《汲古堂集》卷十三《送杨汝麟翁垟授徒》。何白，字无咎，别号丹丘生，又号鹤溪老人，原籍乐清，少年随父移居温州，工诗文）

永嘉之虾，亦若苎萝之西施，脂肉皆香。大不能尺，贵欲千钱。

（姚旅：《露书》卷十。作者明时人）

明万历间温州沿海之民以渔为业

（蜃川）自西南至西北，有浣纱碛、放生池、乐湖、荷花湾、绮川、虹桥、汇津凡数处，渔家列居其旁，号渔郎洞。

（明万历《温州府志》卷二《舆地下》）

沿海居民以渔为业，先因出入无稽，嘉靖三十一等年，节蒙抚按议，立艅长管束，量船大小，纳收税银，给予由帖、旗号，送兵道领印，方许下海采捕。

每年三月以里黄鱼生发之时，许其结艅出洋捕鱼，五月以里回港。

（明万历《温州府志》卷六《兵戎》）

永嘉之民，家于沿海者，置船捕鱼。

夫濒海居民，无田可耕，以渔为业。

（王叔果：《半山藏稿》卷二〇《条议事宜·与当道议渔税》。该书明万历间刊行）

明清雁荡山盛产香鱼

雁荡出香鱼，清甜味有余。谁令过河泣，不带故人书。

（朱谏：《寄香鱼与赵云溪》。录自清光绪《乐清县志》卷五）

泼泼香鱼耀锦鳞，本来水族作山珍。一潭明月初开网，半岭秋风正理纶。脆美直疑生穴内，甘芳雅合配盘辛。薄将土物伸芹献，好佐重阳洒酒巾。

山草山花集众芳，潭中鱼小亦名香。纤纤正待迎潮长，寸寸偏教记月量。斜日一竿来竹屿，秋风千里忆莼乡。�笼烘出邮筒送，画锦堂前好共尝。

（蔡琪：《馈香鱼梁中丞》。录自清光绪《乐清县志》卷五）

石门波镜乍开奁，中有嘉鱼两指纤。抵网难禁情性耿，登盘尽喜色香兼。不容折柳穿腮卖，似悔唼花闭口严。落日腥风吹海角，谁家罢脍醉厌厌。

（张振夔诗。录自清光绪《乐清县志》卷五）

研脍如何味更长，调姜屑桂费商量。谁知臭浪腥风外，异种生来体自香。

（陈朝酆诗。录自清光绪《乐清县志》卷五）

清初温州鳞介之族足见泽国风味

永嘉诸生李朝贤，字首愚，于迁徙后著《瓯江食物志》，以贻后人。虽鳞介之族繁不止此，即此亦足以见泽国之风味矣。《志》云：

黄鱼，初出水，黄如金色，故以为名。脑有石如羊脂，故又名石首。捕自内江，则称户鱼，俗以竹扦江，如列户然；捕自外海，则称豹鱼，子发欲放，水中声如豹吼。四时皆备，尤盛于春。其利不可以万计也。

鲈鱼，巨口细鳞，味不下松江之鲈。粗者曰黄鲋，又粗者曰茅鲑。春夏有之。

鲨鱼，二十四种。小者重斤数两，翅晒干，味最清脆。大者数百斤，能食人。

鳘鱼，有十数斤，巨鳞阔口，膘与脑俱佳。

带鱼，长可三四尺，形如白练，与鲳鱼并味。

鲳鱼，形如满月，无雄，求凡鱼为匹，称为鱼中娼。

鳡鱼，类赤鳞鲤，味平平耳。

鲈鱼、乌鲤、八须、马鲛，亦有食之者，鄙不足贵。君鱼、王鱼、火鱼，又次之。魟鱼腥甚，最贱，成畚更名。

鳗有河鳗、江鳗、海鳗，状皆如蛇。

鳝鱼，犹如河鳗，于田中得之。

白鱼、马鲂、社鱼，身小类刀。惟社鱼春社而生，多子。以浓油煎之，或火炙成干，皆美。

梅鱼，则石首之小者也，终其身为三寸。

比目，烹不可著铁，以香菇、麻油蒸熟为宜，即四明所谓箬鱼也。

油餍、沙鳅，小不足数。

跳鱼如鳅，又名弹涂。

银鱼，细白鲜美，以绿豆粉调羹为上。

海水之螺，鲜而少骨，滑而不腻，干曰龙头扣。

鲂鱼，一名网儿鱼，鳞稀似网眼，自冬而春有之，乃若鲥鱼之细小者。

鲥鱼，大者重十余斤，鲂鱼味弗及焉。

鲫鱼，河海皆有，海鲫骨硬难食。均不若湘潭之妙，青鳞细小而青（尤）胜。

妖孽鱼，每从海提之而上，其光如灯，遂名鬼灯鱼。

乌鲗，满腹皆黑水，又名墨鱼，晒干名“明脯”，味如潮州之马夹柱，福清之江瑶柱，骨曰海膘鲔。

虾，有江虾、河虾，红、白大小不一。惟盐淡水汇而生者，曰蚕虾，味清而质厚。条虾，皮嫩肉细，亦佳。对虾，相其材而匹之，非果有比翼连枝之奇。虾虮，一箸可得数百枚，重盐甜糟腌而成酱。虾狗，形如穿山甲，多鳞多脚，煮汤为美。

江蟹，双螯八足，膏结如琥珀，非河蟹可比。乡人生食之。蝤蠓，状亦如之，月满则瘦，月晦则肥，肉又美于江蟹，净以和羹，不假别味，固自足耳。彭蜞大脚，越无讥焉。

春夏煮汤则花蚬、瓦楞、蛤蛎、蛏子，皆上品也。蛤蛎最大者，肉出一寸，细嫩而白，曰“西施舌”。

冬而历春，又有壳菜，一名淡菜，又名“东海夫人”，以其形如牝户也。

鬼眼，露肉，有壳无盖，体圆不满半寸，五官皆无，抽其肠如小丝。

海柿虾，无壳无皮，去其附体之砂，则可食。

晱嘴、蛎，膏皆岩髓也。性寒，偏宜于冬。

螺则香者供上席。乌螺肉小，碎而爽，以醋调之，汁皆成冻，亦有冷趣。其余则犹土铁之细者，为贱者之食也。

鲊鱼一名海蜇，头红身白，浮漾水面，以虾为目，动则沉。此鱼一发，利可数千金。

章鱼，头光，八须，称为“海和尚”，小曰“既蜛”，大曰“望潮”，即郭《赋》所谓蜛蝫也。

沙蒜，酷肖人势，鼓之益壮，如知人道，又不可与“东海夫人”、“海和尚”同日语耳。

草金鱼，头尾如鲤，色淡红而黄，长大不等，穷谷之人豢而食之。

介鱼，若鳖，随地皆产。此皆常供匕箸之需者。若海错之中，生平所食而不及复尝者，尚多也。

左李《志》若此。余任瓯日久，邀惠阳侯备悉其味，姑录之以俟续志齐谐者采焉。

（陆进：《东瓯掌录》卷下。文中“迁徙”指清初迁濒海民于内地）

清康熙时乐清鱼类

鲈：类鳜，能食鱼；石首：首有白石，一名黄鱼；鲑：俗名乌狼；鳖：有三腮、四腮；鲭；鲳；马鲛；比目：二鱼相合乃行；鲎：子多而肥，亦曰鲂；鲫；梅首：俗名朱梅；□鱼：肉美而多细鲠；鲤：鲥；魟：有数种；鲨：凡二十四种；鲇：无鳞而头大；香鱼：香而无腥，以火焙之如黄金；带鱼：如练带；鳗鱼：有海、溪、湖鳗；青鳞：大如拇指；螺：多种；章巨：俗呼章鱼，小则曰望潮；虾；蟹；蚶；龟脚：郭璞曰石蜐；跳鱼：土人呼曰弹涂；沙蒜：一种曰涂笋。

（清康熙《乐清县志》卷二）

清康乾间瑞安海涂定界捕鱼

温州府瑞安县为查明确议事：

奉总督部院李批布政司呈详浙省沿海地方奉有俞旨，许木筏捕鱼，不许小艇出海等缘由。奉批内港地方既经查明，取有该地方官印结如详，分别用筏扦插，徒步采捕，并照前抚院原议，立法稽查，勒石严禁，毋许透越，如有营汛弁兵及官役地棍人等需索纳税等弊，察出参拿重治等因，蒙批随奉布政司行府，蒙本府转行到县奉批，合行勒石严禁，凡渔民采捕务遵结定处所，毋计透越。如有营汛弁兵及官役地棍人等需索纳税等弊，计开结定处所，八都董田一带坭涂扦帘、插篓，徒步采取，南至上码台起，北至小店台止。

康熙二十一年八月□日给。

涂长木本凤。

（李之芳：《遵宪奉旨涂捕石碑》。该碑现置瑞安莘塍董田木阿卯家中。文中“总督部院李”指李之芳，康熙十二年六月至二十一年十一月任浙江总督）

署浙江温州府瑞安县正堂加五级纪录十次赵为朦断混销等事：

案据何礼友、管掌印等呈控涂杰等占扦扈地等情，控奉道宪批府提讯，业蒙讯明，将该处扈地伍拾贰区，断给何礼友、管掌印等，照依旧址给照旧众。等因到县，奉此。除分别给照旧众外，合行出示晓谕。

为此，示仰梅头埠渔扈及旗埠人等知悉：所有该处扈地伍拾贰区，业奉府宪讯明，断给钱文献、何礼友、管掌印、邱幼武等管业，扦插捕捉给归水心庙众在案。倘该处渔民再有争占情事，许即指名赴县具禀，以凭拘究，决不姑宽。各宜凛遵毋违，特示。

列开四至：南至官山，北至比砖，东至流水，西至坭塘。

乾隆伍拾贰年启。

嘉庆拾年拾贰月初八日给照。

（赵□：《执照碑》。梅头原属瑞安，现归龙湾区，改名海城。该碑现置龙湾区海城水心庙内。作者佚名）

清乾隆时平阳鳞介类

鳞类：

鲤鱼；鲫鱼；鲈，巨口细鳞，皮有黑点；屿鱼；河白鱼；鲻鱼，身圆口小；草鱼，畜池中；鳗鱼；鳝鱼，河岸、田中生；鲇鱼；鳢鱼；八须鱼；银鱼；白小鱼；金鱼，人家畜于池，品类多。以上河产。

溪斑；军鱼，似鲤；溪白；溪鯀，似鲇而小；细鳞；香鱼，味香美；溪鳗。以上溪产。

海鰡；石首，一名黄鱼，脑中有石；鲥鱼，三月有，味美；鲳鱼；繁鱼，苍色身大；海鲈鱼；马鲛，青色燕尾；勒鱼，似鲥而小；鲛鱼，鲨皮类，可装刀鞘；青鳞，身小色青；鳎鱼，无鳞身软骨柔；黄脊；带鱼，无鳞身长如带；鲨鱼，种类多；弓鱼，长一二寸，曲背；海鳒；时鲐鱼，味似马鲛；望潮，似墨鱼而小；墨鱼，即乌贼鱼，腹中有墨；竹鱼；章鱼，大者名石拒，脚有碨磊，粘石拒人；比目鱼，似箬叶，俗名鳍鳗；黄驹，即乌郎，又即河豚；鳂鱼，状如石首而小；弹涂，大为花篮，生涂中；海蜇，一名鲊鱼，形如笠，下有缨，虾为目；鲎鱼；海鳜鱼；吹沙鱼；红鳞鱼；黑鳞，罕有；魟鱼，身圆无鳞，尾长色紫，口在腹下，以上海产。

介类：

龟；鳖；虾；蟹，溪名石蟹；蚌；螺丝，溪名青螺；田螺，在田中。以上溪、河俱产；

蝤蛑，似蟹而大味甘；彭蜞，似蟹而小；蝤，似蟹而小；蟳，蝤蛑之大者；龟脚，一名仙掌；壳菜，一名淡菜；海虾，赤、黄、白三种；蛎房，左顾者为牡蛎；车螯；蛏子，生涂中；蚶，似蚬，壳有瓦文；螺，有刺螺、香螺等类；蝛；蜃眼；蚬，生涂中，如钱大；土蚨，生涂中，有薄壳；江蟹，紫色；海狮，螺之大者；拥剑，似蝤而一螯大；蟹螺，蟹寄生螺中，一名寄生；西施舌，似车螯，吐肉寸余类舌，俗甘其味，故名；鲎，形如覆釜，壳青色，口足皆在腹下，足有十二，尾劲而尖，腰下曲折，牡负牝而行，腹中多子。

（清乾隆《平阳县志》卷五《风土》）

平阳城西濠，土人名为万岁湖，产蟹，至肥美，人珍食之。

（张綦毋：《船屯渔唱·霜螯》注。作者清乾隆时平阳人）

清乾隆时瑞安鳞介类

鳞类：

鲤鱼，生河间，江亦有之；

石首，一名黄鱼，脑中有石，海鱼中之至美者；

金鱼，人家畜于池；

鲥鱼，土名荐鱼，身扁多骨，海产者大，味在皮鳞，带鳞煮甚佳；

鲦鱼，苍色身大；

鲳鱼，身扁细鳞味甘；

勒鱼，似鲥而小；

鲈鱼，巨口细鳞，皮有黑点，肉白，秋时淡水产者佳；

马鲛，青色燕尾；

鲻鱼，似鲤鱼，生江中，身圆口小肉腴；

魟鱼，身圆无鳞鼠尾，尾长于身，色紫，黑口在腹下，有黄魟、锦魟、燕魟；

鲨鱼，种类多，有鲏鲨、白莆鲨、犁头鲨、了髻鲨、鋸鲨、刺鲨、香鲨、牛鲨、鹿鲨、青鲨；

鲛鱼，即鲨鱼类，皮可装刀鞘；

黄春，冬味甘；

鲫鱼，产于江河；鲇鱼；

白小鱼，身小白色；

银鱼，细小而白；

鳙鱼，无鳞皆青白；

带鱼，无鳞身长如带；

鳗鱼，无鳞身长嘴尖齿厉，背青腹白味甘；

青鳞，鳞细身小色青；

螺鱼，身软骨柔；

弓鱼，长二三寸皆曲；鲗鱼；

时鲐鱼，味如马鲛；

火鱼，色赤身短；

望潮，似黑鱼而小；

比目鱼，形似箬叶，紫黑细文，两鱼合目骈身比合而行，俗名鳍鳗；

黄驹，俗名乌郎，吴人呼为河豚，《本草》云：膏及子俱有毒，食之伤人；

海蜇，土名鲊鱼，形如笠，腹下垂缨，以虾为目；

弹涂，形如鳅鱼，头有斑点，潮退跳涂中；

墨鱼，即乌贼，《图经》云：乌贼能吸水噀墨混水自匿，腹中有墨，最小者名墨斗；

章鱼，大者名石拒，居石穴，取之，以脚粘石而拒人，脚上有磈磊；

草鱼，鬻苗于括人，畜池塘饲以草。

介类：

龟；鳖；虾，江河俱有；

蝤蛑，似蟹而大，味甘；

彭蜞，似蟹而小；

蟹，似蟹形小；

蟳，蝤蛑之大者；

鲎，形如覆釜，壳青色，坚硬，口足皆在腹下，足有十二，尾劲而尖，腰可屈折，牡常负牝而行，腹中多子；

龟脚，一名仙掌；

壳菜，一名淡菜；

蛎房，左顾者为牡蛎；

车螯，一名魁蛤，能治海味毒；

蛏子，生海涂中，长有二三寸者；

蚶，似蚬，壳有瓦文；

螺，有刺螺、花螺、香螺、马蹄螺，生田为田螺；

海狮，螺之大者；

拥剑，似蟹左螯大；

蚬，生涂中，壳如钱大；

土蛈，生涂中，有薄壳；

穿山甲，入药；

石蟹，入药；蟨眼。

（清乾隆《瑞安县志》卷一）

清嘉庆初飞云江涌出海蜇万余

嘉庆元年丙辰，余年十二。六月初旬，飞云江涌出海乳万余，形白而圆。父老轰传，以为海神买命钱也，必有海水泛溢，淹没居民之患。余潜作一疏，焚之海神庙，后卒无他变。

（方成珪：《守孔约斋杂记》。海乳即海蜇）

清嘉庆间永嘉禁渔霸

调署温州府永嘉县正堂加五级纪录十次黄为渔业遭霸等事：

案据三十三都地民余成华等呈称：身等向靠捕捉子社〔鲚〕小鱼，俱用小船丝网采捕膳活，讵遭恶徒创作篾篓，遍江扦掠。并据三十二都民人杨桂阶等呈称：篾篓沉于水底，亦遭占扦霸夺，网业有碍行舟各等情到县，当经饬取闽人香聪等遵结在案。兹据杨桂阶复控黄玉友等悖案藐法，越界占扦，叩请示禁，除核案加批外，合亟出示严禁。

为此，示仰渔户人等知悉：嗣后凡捉鱼篾篓在于南钞关下、北罗浮山及透永场七都深水之处扦捉。至于三十二、三都礁后及江心寺前后浅狭之处，归于丝网小船扦船采捕，各分各界，倘有抗违不遵，许即协同旗保扭解赴县具禀，以凭究治，断不宽贷，各宜凛遵毋违，特示。

嘉庆拾壹年肆月　日给。

（黄友教：《奉宪示禁》。录自《温州历代碑刻二集》第148、149页。该碑现置永嘉瓯北和一村杨氏宗祠内。黄友教，字两堂，湖南善化人。清乾隆五十一年举人，嘉庆十年署永嘉知县）

清时海禁使渔户百无聊生

昌齐历官中外数十年，不媚上官，不罔私利，遇民生国计事，必侃侃而谈。及莅温，一等侯德楞泰奉特旨按阅闽、浙，风采威厉，人皆震悚，昌齐怡然进谒。侯谕以严设海禁，盗可自毙。昌齐曰：“闽、浙民多以渔为业，海禁出，则渔户百无聊生，患且不测，非策也。”侯改容称善。

（清道光《广东通志》卷三百。陈昌齐，字宾臣，一字观楼，广东海康人。乾隆三十五年领乡荐，次年进士。嘉庆九年外补浙江温处道）

清嘉道间瑞安滨海民多业渔

瑞滨海民多业渔，船有虾扈、扈艚、白鱼罾、鲊鱼罾、钓冬、泛艚、擂网船等名，均给有牌照，设立旗长，总捕稽查。

（清嘉庆《瑞安县志》卷二《建置》）

姜西溟以海蜒寄王渔洋，谓“足比宣城琴鱼”，云“又名银鱼，或云海南金丝燕即衔此鱼化其肤液即燕窠”。

（项霁：《且瓯集·海蜒诗》注。作者字明叔，一字雁湖，清嘉道间瑞安县城人）

清道光时梁章钜考瓯江海味

余就养东瓯已逾年，所尝海味殆遍，实皆乡味也，以久宦于外，乃久不得尝耳。昔朱竹垞先生客永嘉数日，有海味杂咏十六首，余曷敢比竹垞，而口腹之好同之，因亦随物缀以小诗，而名号各殊，并各赘数言为小引，俾观者有所考焉。

王瓜鱼，此鱼以四月王瓜生时出，吾乡因呼为王瓜，亦称瓜鱼，而他乡人多呼为黄瓜鱼，因复称为黄鱼，皆误也，其实古名石首鱼。

鳗鱼，此海鳗也，瓯人多不敢食，小者间以充馔，稍大即鲞之，故大鲜鳗颇难得也。

鲥鱼，鲥鱼冬出者愈美，吾乡间亦有之，昔人谓鲥鱼以夏时出而名，疏矣。余今岁于重阳前，对菊花置酒尝之，足增诗事矣。

带鱼，此与吾乡同，而阔且厚者颇难得。

魟鱼，魟鱼俗名锅盖鱼，肖其形也，其美全在肝，他乡人鲜知味者，此间厨子亦剔去之。

鲙残鱼，吾闽长乐、福清有之，别有土名，有声无辞，莫能译以上纸也，此间乃呼为龙头鱼。

鲎，瓯人多不敢食，嫌其形也，烹法亦难，厨子多为之束手。

蛎，此吾乡所谓石蛎，滨海皆有之，总不及长乐所产之丰美，而其味则略同，入秋即登市也。

蛏，此与吾闽同，而其质较小。忆小住扬州时，杨竹圃亲家由盐城寄惠玉箸蛏，食之绝美，今一海相通，而此味渺不可得矣。

蚶，瓯江多蚶，入秋即登市，但丰美不及奉化所产耳。

石蜐，郭景纯《江赋》云："石蜐应候而扬葩。"注引《南越志》云："石蜐形如龟脚，得春雨则生花。"江淹赋云，一名紫磊。《平阳县志》云，一名仙掌。皆肖其形也。

蟳，蟳为海蟹，蟹为湖蟹，蟳性甘平，蟹性峭冷，人人知之，而瓯人群呼蟳为蝤蛑，且变其声为蝤蠓，则殊可笑也。

蠘，蠘与蟳相似，亦产于海，而性独冷，其味亦小逊于蟳，若以椒盐拌之为腥，则殊可口。

鲊血，此真鲊血也，闽、瓯海中皆有之，若吾乡所谓鲊血，则海蜇之腹下红肉，与此迥别。此物鲜者未得见，腊之可以行远，外人不知为何物矣。

乌贼，即墨鱼，浙东滨海最尚此，腊以行远，其利尤重，其味亦较鲜食者为佳。

（梁章钜：《浪迹三谈》卷五《瓯江海味杂诗》注。其诗见笔者《温州古代经济史料汇编》第 250 ~ 251 页，作于清道光间。作者字闳中，又字茝林，晚年号退庵，福建长乐人，嘉庆七年进士，官至江苏巡抚兼署两江总督，著有《文选旁证》等数十种）

清同治时永嘉池塘养田鱼

池塘清水养田鱼，日晒鱼娘四月初。借问红鳞三十六，为侬曾寄一封书（注：红鱼俗名田鱼，大者曰鱼娘。生子晒则红）。

（郭锺岳：《瓯江竹枝词·养田鱼》。该书刊于清同治十一年）

清光绪间泰顺鳞介类

鲤；草鱼；鲫鱼；银鱼；鳢鱼，即七星鱼；鳡鱼；鳡；让鱼；鳜鱼；鲢鱼；鳗；芦鳗，有大一二十斤者；鳅；溪白；鳝；军鱼；员眼鱼；鲜鱼；刺瓜鱼，即香鱼，微香如王瓜；匾鱼；石搭；石斑；赤翼鱼；斗鱼；鲥鱼；鳖；虾；螺蛳；蚌。

（清光绪《泰顺分疆录》卷二）

清光绪间玉环鳞介类

鱼之属

鲈，巨口细鳞，大者重十余斤。

黄花鱼，一名石首。春月生子，声如群蛙聒耳，渔人听声放网。听声之法，以竹筒测之，其头向上，即举网两头收合，无不就擒；若头向下，皆从底逸去。春夏之交，乌洋鱼市最盛，凡三汛。虽四时皆有，惟伏暑最肥美，渔人破以晒鲞，为伏鲞，首有细鳞贴伏，余则否。

鲳，身扁而短，色苍细鳞，头上突起连背，身圆肉厚，止一脊骨软可食。闽人讹为鲶鱼，有一种大者，名乌鳞鲳。

马鲛，身圆而狭长，色斑无鳞。谚云："山食鹧鸪獐，海食马鲛鲳"，言其美也。

鲻，似鲤身圆长，头扁圆而硬，多脂，又名脂鱼。在河者小，在海者大，随潮逐队，三八月扦网于海涂以围之，一潮可得数十百尾不等，大者重十余斤。

鳓，一名白鱼，四月间多，状如鲥鱼小，首有鳞，背腹多刺，干曰鳓鲞，土人每糟食之。

鲨，胎生，无鳞有沙皮，可砺物亦可饰器，其翅为食物上品，大者重二三百斤，肉可熬油。有十八种，曰白捕、黄头、白眼、白荡、青顿、牛皮、鹿皮、犁头、了髻，又曰斑、曰乌、曰狗、曰铁、曰齿、曰燕、曰虎、曰昌、曰刺。

𫚉，身如膏髓，骨柔无鳞，俗名鼻涕鱼。渍以矾盐，晒干，名龙头鲓，以其头大眼口似龙，故鱼止数寸而得龙头之名。

带鱼，无鳞身扁长似带，故名。盛发时，首尾相衔，钓得一尾，兼得数尾。钓法用网绳一根，套竹筒浮泛水面，缀小绳一百二十根，每绳头拴铜丝一尺，铜丝头拴铁钩长寸许，即以带鱼切片为饵，未得带鱼之先，则以泥鳅代之。钓期自九月至二月止，谓之鱼汛，鱼利甚溥。大令钱国珍诗："玉环巨舶竞分旗，共祝今年海水肥。钓带船归拖白练，词人附会咏杨妃。"

鲊，与鲢同藏鱼也。圆若重盘，上白下红，随潮浮泛，有八足，挺如肺叶，色若鸡冠，无头目处所众虾附之，见人捞取，虾惊跳，则沉伏。初，网得之，腥秽不堪，先以刀截分红、白，红即为头，连足叶，白有黑皮，为藏鱼乌，刮以晒干或煮食。头叶内有白脑，名藏鱼花，亦可煮食，渍以矾盐两次，白者薄如粉皮，头亦鲜脆松爽，谓水沫结成，一名水母，又名海蜇或鲊。四五月发，名杨梅红，小若瓷盆；七八月间，其大倍之；过寒露，名寒藏，多腥无味。海山各埠出产颇饶。

虿，似鱼魟而小，三月间盛发，名桃花虿，晒干为虿鲞。

鲥鱼，一名当魱，三四月间有，味甚肥腴。

魟，胎生，圆如簸箕，尾长二三尺，如皮鞭，无鳞无鲠，止脊骨一条，亦可煮食，尾根有刺一条，甚毒，取插树上，虽大木，一年即枯。身滑多涎，贴涂而行。渔人以绳系木缀钓十数枚，向涂设机，一钓着鱼，即众钓攒聚，拽而得之，重数十斤。其肝可熬油点灯，甚亮且不碍目，惟灭灯时有腥气，机匠用之取其着油不浸开也。有锦、黄、黑、白数种，黄者尤佳。

箬鱼，其形似箬，又名鞋底鱼，一名獭鳗，秋间最肥，谚云：“八月獭，强食鸭。”

鳜，春初有，似黄花鱼而小，一名鳜鳜。

鲤，有河鲤、海鲤。

鲗，一名墨鱼，又名乌贼，状如水囊，无鳞，口旁两须若带，风波小急，以须粘岩脚为缆，其腹有墨，奸人以此书券，逾年则销。皮中有骨名海鳔鮹，可治金疮。

海鳅，大者重数千斤。

鱎，小鱼也。

鳝，似鳗鲡而细长，亦似蛇而无鳞，有青、黄二色，生水岸泥窟中。

鲦，形锐而长，若条然。又《集韵》：音小。一名白鲦鱼，又呼斜鲦。

米鱼，似石首，色不黄，大者重数十斤，其胶最补腰肾。

银鱼，身细而小，洁白无鳞，目两黑点，江北徐都、江南西青塘、南大陾、陈陾四处塘河有之。在海中者略粗，其味最鲜脆。

鲫，海鲫鱼大者十余斤，一名橄榄鱼，闽人以是为敬神之物。

鹳鱼，无鳞而小，嘴长如鹳，晒鲞最佳，三盘海山有之。

章巨，即鮔䲔，俗呼章鱼。郭璞《江赋》：“鮔䲔森衰而垂翅是也”。形如算囊，足如飘带，长二三尺，又呼八带鱼。首圆如剥壳鸡蛋，无鳞，目在腰，腹在头，口在足之总。每于潮退时，张口晒日，鸦往啄之，即合住，带缠鸦羽，不能飞动，因吮其血，故又名老鸦章。性大毒，不惯食者，食即身痒，皮肤发肿，刮樟树皮煎汤，饮洗可解。

望潮，似乌贼而小，生海涂穴中，身一二寸，足倍之，一名涂蟢。

寄鮔，亦似乌贼而小，无口目，背有粉红色绿点，一种大者名锁管。

弹涂，常在海涂中跳跃，见人则攒入穴中，一名跳鱼。

介之属

鳖。龟。蛏。

蚶，一名瓦楞子。海滨人圈涂为田，收苗种之，俟其长，然后起卖，其利甚溥。王步霄《种蚶诗》："瓦垄名争郭《赋》传，江乡蚶子莫轻捐。团沙质比鱼苗细，孕月胎含露点圆。愿祝鸥凫休浪食，好充珍错入宾筵。东南美利由来擅，近海生涯当种田。"

蛤蜊，候风雨能以壳飞。

蛈，似蛤而长，有毛。

螺，其类甚多，一种小者名香螺，味美；又一种白壳，斑如火炙，僧家吹以召鬼；又生田中者曰田螺，最多，可煮食。

蛳，海蛳，小螺也，生草涂中，清明时小儿拾以煮食，去其壳，尾以舌吮舐，其肉则出。

虾，其类亦多，大者重半斤或一二两不等，号对虾；又蚕虾，去壳如蚕；扁虾，形扁；最小晒干，名虾皮；又红虾炊熟晒干去壳者曰虾米。

石蜐，形如龟脚，故土人直以龟脚呼之。于海中山岩附石攒生如花丛，半截带壳微青，肉红色，软毛。《南越志》称："得春雨则生花"。郭璞《江赋》所谓"石蜐应节扬葩也"。又名佛手。

牡蛎，一名蚝，亦附石生，煅其壳即蛎灰也。

蝤蛑，八足二螯，随潮退壳，一退一长，肉亦随潮而生，潮大则虚，小则满。大小不等，大者重一二斤，一名青蟳。

滚塘，似鲇而身圆，有齿，好入蝤蛑穴中，任其钳，蚷滑软无伤，俟其退壳而食之，又名蝤蛑虎。

蟹，其类甚多，一种名横甲，其钳一大一小，重一二斤；又一种俗呼霸王蟹，壳如人面，红色，两颧微耸，眉目毕具；一种带毛者名螃蟹，东坡所谓"蟹微生而带糟"，即此蟹也；又小者名彭越，《尔雅》所谓"彭蜞"也；又一种名彭蜞，性极寒；最小者俗名青蛹，亦呼蛹嘴，其钳亦一大一小。

土铁，一名泥螺，生海涂中，春月发，谓之桃花土铁，最佳，不减桃花渡也。

鲎，背青圆如覆釜，腹紫红色，骨眼在背，口在腰下，十二足，各有小钳，不螫人，血色如靛，子嵌肉中，大如椒粒，酱之可藏，尾长尺许，类棕榈梗。雌常负雄而行，故谓之鲎媚。随潮觅食，潮退即伏涂中，渔人视其尾迹，掘得其一，则其偶亦相去不远。

蛤，大者为蜃，每一潮生一晕。

淡菜，蛤类，一名夹壳，附石而生，壳黑色，肉黄带毛生细珠。煮去其壳，不着盐而干之，故以淡名之。

沙蒜，似土蚕，无头大如党参，多用醋制方能去腥味，亦鲜美。

神鬼眼，壳硬如铁，绿色，肉如蛤蜊。

西施舌，一名沙蛤，又名涂蛏，生海泥中，长可二寸，吐肉如舌，味最美。郭锺岳诗："西施舌本尚留香，海客偏能数数尝。不向若耶溪上去，惭将颜色对吴王。"

（清光绪《玉环厅志》卷一下）

清时平阳蒲门渔业兴

江潮截网得潜鳞，濒海家家鲑菜新。怪底腥风时扑鼻，鱼篮几队趁墟人。

（华文漪：《逢原斋诗文钞·诗钞》卷上《偶抵山村路中随所见咏之》。作者字箓园，蒲门人，清嘉庆元年拔贡，著有《逢原斋集》）

余过蒲门，主人出蝤蛑作肴，大如锅盖。余疑非常类，主人曰："此犹小者也，其大者，则此处城门仅足容其身耳。"余尚不以为然。后读方信《鳄书》载，蝤蛑大者，八月能斗，虎不能胜。于是信主人之言非谬。

（黄汉：《虚受斋随笔》。蒲门位今苍南县。作者晚清永嘉人）

清时温州香螺其味甚美

香螺味亦佳。又大如小镜，白色，正圆，其柱如搔头者，曰"海月"，与江瑶柱等，其味甚美。沈一中尝称其乡之海错，如海月、江瑶柱，可敌三吴百味。

（纳兰常安：《受宜堂宦游笔记》卷二八。作者清时温州人）

清时玉环盛产带鱼

带鱼，玉环洋面所产，渔民冬时之一大出产也。鱼信好，则如获丰年；恶，则如逢歉岁。年丰则温饱而安居，岁歉则饥寒而为盗。闽、浙接壤之民多赖此生活，共渔于玉环之坎门。冬钓关一年之收获，所谓鱼盐之利，鱼之重亦若是哉！

鱼味鲜肉细，莹白如练。闻钓者每得一鱼，则衔尾而上者十数。吴县石子元祖芬、上元周乐仲听钧两君在玉环时，以玉环出此，美其名曰“杨妃带”。

（郭锺岳：《瓯江小记》）

曲径非渔艇，人群水上鸥。严寒皆跣足，盛暑必缠头。钓以三冬出，功常一夜收。利源随分给，莫更有他求。

（吕荣：《玉环杂咏》。录自清光绪《玉环厅志》卷十三《艺文》）

清末渔者谈蝤蛑朔望肥瘦之故

蝤蛑朔望潮期肥瘦之故，尝询之渔者，云望前后月明，每多穴居不敢外出，出亦无所猎食，故多瘦；朔前后月晦，明出觅食，故多肥。其言颇为有理云。

（洪炳文：《瑞安乡土史谭》稿。作者清末民初人）

清末温州渔业日见繁盛

网鱼一业日见繁盛，每于八月间均络绎而至，远者自福建省来为最多，约有数百，近者皆由附近各岛沿海而来，随网随腌，复由各岛用大帮渔船驳运本口批折出售。今出鱼虽多，其价方之上年而又倍蓰然。

［沙博思：《光绪三十四年（1908）温州口华洋贸易情形论略》。录自《近代浙江通商口岸经济社会概况》第585页。作者其时瓯海关代理税

务司]

北几乡壳菜岙：清末时建村，村民多系福建迁来，因岙内盛产壳菜（贻贝类）得名。

淡菜岙：以出产淡菜（贻贝类）得名，清末时建村，村民大都由平阳及邻省福建移居，本村亦名东昌岙。

（《瑞安市地名志》卷二《行政区划居民点》）

（永嘉蕃硕公司）就该县西城一带养鱼。

（《浙江官报》宣统二年第三十三期《文牍类·劝业道批文》。该公司创办人陈寿暄，为当地士绅）

卷九 手工业（上）

陶瓷业

晋时瓯窑青瓷为后世天青色釉之初祖

晋代之瓷，其确实可考者，有瓯越窑所出之青瓷。

瓯越在浙江温州，即今之永嘉县，所造之青瓷，精美坚致，为后世天青色釉之初祖。潘岳赋云："披黄苞以授甘，倾缥瓷以酌酃。"所谓缥瓷，即瓯越之青瓷也。

（吴仁敬、辛安潮：《中国陶瓷史》第 24 页。作者民国人）

南宋嘉定间瑞安县有瓷窑

塘东斗门，在来暮乡瓷窑下，因岩脚为之。自宋嘉定间，里人张金部建。

（明弘治《温州府志》卷五《水利》。塘东斗门位于瑞安县）

明清瑞安瓦窑烧制砖瓦为业

红旗乡瓦窑：村近城关，自清朝以来，即建窑烧制砖瓦为业，故名。

瑶庄乡下瑶：昔村民烧制砖瓦为业，原名"瓦窑"村。旧志载，明嘉靖谐称下窑，又名雅窑，后雅化为下瑶。

（《瑞安市地名志》卷二《行政区划居民点》）

清乾隆初汀人赴泰制碗为生

父嘱余曰："吾兄弟五人，惟尔伯父、三叔、四叔住在祖家汀州连城地名城兜，奉膳祖母。尔祖偕余及五叔于乾隆丁巳年（二年），因闽地饥荒，父子三人往外生理，来至浙江泰邑洪口新插洋窑做碗生活，每岁银两送回祖家奉膳老母，岁历年久，尔祖终在碗窑，祖母终于城兜。"

（杨和玉：《增录积善两房分关内旧遗嘱》。录自泰顺《洪口碗窑杨氏家谱》）

清光绪间平阳创办顺溪瓷厂

平阳瓷业之兴，始于南港焦滩，其出品可方闽浙诸窑，而去赣窑远甚。北港顺溪沙洋，有泥中烧瓷之用。少文陈先生居于其地，思兴厥利，乃筑窑厂，延瓷匠指授焉，出瓷与焦滩埒。又以其泥封寄日本，日本人验之，爱不忍释，屡问所出，盖日窑之泥举莫此若也。夫日瓷之流于市者多矣，外观之华，每出吾国赣瓷之上，然瓷质必厚，破之皆劣，盖泥质劣而制法为独精也。

先生于是躬赴赣省景德镇，考求制法至精且详，以为非厚集资本、订立公司、更延名匠为传授不可。归而谋诸乡人，鲜有应者。先生知事不可猝图，乃曰："吾手创斯厂，虽未遽致其精，然使地兴其利，人食其力，足资生事可矣。"遂分厂之半以授族之合伙者，自以其半租与族人，使各经纪其业。厂创于前清光绪辛丑（二十七年），迄今十有六年，衣食其间者岁数百家。其建置房屋器具，计费一千二百余金，先生独肩其半，续斥本七百余金，一不以间诸伙，可谓难矣。

吾闻泰西以支那名吾国，而名瓷业亦曰支那，盖以为中国特产也。今各国瓷业益精，直驾吾国而上，而吾国之执是业者，安可不思所以抵制之？然颇闻吾邑焦滩近出之瓷，如江、巫诸家，极意规仿赣窑，致精其业。小南乡麦城属亦开厂，江、巫诸家并执业其中。吾乡瓷业固将蒸蒸日上。而先生窑瓷所出，素不亚焦滩，又尝亲至赣省，历加考察，尤开风气之先，吾知顺溪之窑，必能驾而益上，为一邑利即以为吾国利，不仅仅如目前可观之成效而已。《传》曰："有基勿坏"，又曰："有志竟成"，是所以为斯厂望也。爰乐而为之记。

（刘绍宽：《厚庄文钞》卷二《顺溪瓷厂记》。该文撰于民国6年）

陶土，崇政乡沙垟诸处，土宜制碗。光绪间陈承绂等筑窑其地，出品日繁。

（周喟：《南雁荡山志》卷五《方物》）

造船业

北宋天禧末温州造船百多只

（北宋真宗天禧五年，温州）岁打造粮船额为一百二十五只。

（马端临：《文献通考》卷八《国用三考》）

北宋后期瑞安许少明造画舫

余兄少明倜傥有大节。久不遭时，乃浩然有江湖志。所居瑞安，别业横塘，旁属于西山，要皆山水之国。俄而乘兴，则鼓棹浮游而去。然每恨孤篷短艇，低回龌龊，不足为游览之观。一日，招工师刳大木以为舫，其修长十丈，而其博十之一，可行、可踞、可倚、可卧，廓然如坐大庭广厦之上，寒暑莫为窘，而风雨不能迫也。于是自号飘然斋，设庖壶床几其上，朝暮往焉。

（许景衡：《横塘集》卷一八《飘然斋记》。作者生于北宋熙宁五年，卒于南宋建炎二年）

南宋乾道间温州造船营被火

（乾道四年八月二十日）飞火出城南，烧却民居七十家，及造船营一所五十六家，计草屋一百四十二间，打造未成粮船四只。

（王之望：《温州遗火乞赐降黜奏札》。录自张如元校笺《瓯海轶闻》第1203页。王之望乾道三年至五年任温州知州）

南宋淳熙间温州造海船百只

淳熙五年四月二十三日，知温州胡与可罢新任。先是，温州打造海船一百只，支降官会一十万贯付与可措置，与可怀奸挟私，专事扰民，故也。

（徐松：《宋会要辑稿·职官》七二之二七）

南宋宝祐间明温台行义船法

嘉熙间，制置使司调明、温、台三郡民船防定海，戍淮东、京口，岁以为常。而船之在籍者垂二十年，或为风涛所坏，或为盗贼所得，名存实亡，每按籍科调，吏并缘不恤有无，民苦之。

宝祐五年七月，大使丞吴公乃立为义船法，白于朝，下之三郡，令所部县邑各选乡之有材（财）力者以主团结，如一郡岁调三舟，而有舟者五六十家，则众办六舟，半以应命，半以自食其利；有余资，俾蓄以备来岁用。凡丈尺有则，印烙有文，调用有时，井然著为成式。且添置干办公事三员，分莅其事。三郡之民无科抑不均之害，忻然以从。

船自一丈以上共三千八百三十三只，以下一万五千四百五十四只；入下而不堪充军需者，或谓飘忽去来于沧溟汗漫之中，呼俦啸侣，亦得以贻吾忧，并为之印籍，阴寓防闲。

（宋开庆《四明续志》卷六。吴公即吴潜，时任沿江制置使。据宝祐省札，温州四县共管船五千八十三只，一丈以上一千九十九只，一丈以下三千九百八十四只。其中永嘉县一千六百另六只，一丈以上二百五十九只，一丈以下一千三百四十七只；平阳县八百另九只，一丈以上三百只，一丈以下五百另九只；乐清县一千六百八十六只，一丈以上三百七十一只，一丈以下一千三百一十五只；瑞安县九百八十二只，一丈以上一百六十九只，一丈以下八百一十三只）

明初温州等卫造防倭海船

温有三卫：曰温州、曰金乡、曰磐石。先是，（洪武）五年命造舟防倭，此为防倭之始。

（清光绪《永嘉县志》卷八《武备·兵制》）

广威将军指挥王公，名铭，字子敬，和州人。洪武五年八月诏若曰：“温亦东南重镇，苟非其人，岂堪付托？其以长淮卫指挥佥事王铭为其卫佥事。”公拜命，以九月莅温，审利害，度先后，而施张弛舒惨之功，威行惠流，而远近为之易视改听。尝再奉旨造海舟数十艘，心计指授，井井有条，吏无所售其奸，民用不扰。

（苏伯衡：《苏平仲集》卷三《王铭传》）

洪武八年四月丙申，命靖宁侯叶升巡行温、台、福、兴、漳、泉、潮州等卫，督造防倭海船。

（《明太祖实录》卷九九）

永乐六年二月，命浙江金乡等卫改造海运船二十三艘。

（《明成祖实录》卷五五）

明宣德间温州造海舰百艘

宣德初，大臣荐知诸府九人，公得温州……奉檄造海舰百余，量成其事，而以余物还民。

（章纶：《前郡守何公祠记》。录自明弘治《温州府志》卷十九《词

翰》。文中何公指何文渊，明宣德初知温州，政绩卓著。另据笔者《温州古代经济史料汇编》第 279 页，其时所造为漕运海艘）

明清温瑞开圹见舟樯卓立

伯氏常客温州金乡城，主鲁指挥家。造墓，开圹甚深，中有舟樯卓立，其木杉也。去海尚远，又在山中，不宜有此。

（岳正：《类博稿》卷三。作者明时人）

温州山中有人锄地，忽露两木梢。穷之，百尺大樯也。沧桑之说，信不为谬。

（李日华：《紫桃轩杂缀》卷三。作者明时人）

道光乙未（十五年）岁夏、秋间，大旱，邑城内湖因干深浚，往往见有异物。至小东门内湖，凿去一二尺许，见有木向上似海舶桅者，击之尚有木声。木旁又有似舡板者，不知几千百年物也。传东瓯一带俱系海涨，理或然欤！

（赵钧：《谭后录》卷下。作者瑞安人）

清时温州有苍山铁船等

苍山船……用之冲敌颇便，温人呼为苍山铁船。

壳哨船为温州捕鱼船、网梭船及鱼船之最小者，于诸船中制至小，材至简，工至约，而其用为至重。以之出海，每载三人，一人执布帆，一人执桨，一人执鸟嘴铳，布帆轻捷，无垫没之虞。

（顾炎武：《天下郡国利病书》卷二二《江南》）

朱锋《蜃滨杂记钞》引王鸣鹤《登坛必究》云：苍山船，首尾皆阔，帆橹兼用，风顺则扬帆，息则荡橹。用之冲敌，颇便而捷。温州人呼为“苍山铁”。

（黄汉：《瓯乘补》卷一。作者清时人）

温州城东、北为江，西、南为河。河与城内通，往来船只，其类有二。游船较大，上有窗棂，外施彩画，名曰“花船”，船有额曰“米家船”、“登春台”、“书画舫”等名，颇有雅致。若装载米谷，则曰“河乡船”，盖城外分上、下河乡也，船不甚大，尾如飞燕，一人打浆其上，亦饶画意。

渔船，载货与客，瓯江多用此船。底平而大，行滩河之船也。

梭船，多温溪人。此船习用载盐，前后皆锐，大小有两等。

网龙船，不知是何船。永嘉每年出结申详，取税若干，船额有数，亦具文也。

（郭锺岳：《瓯江小记》。作者晚清人）

纺织业

宋淳熙间温州绢绸绵拨运福建

两浙江东路转运司取拨温州岁绢一万七百匹、绸二千二百匹、绵三万一千五百两（今递年只应副绢五百匹、绵一千两）。

（梁克家：《淳熙三山志》卷十七《岁收》。该志为南宋福州地方志，成书于淳熙九年）

明时温州设织染局

织染局，在东北隅。官二员，置立机张，每岁造绢匹起解。官二员：大使正九品，月俸米五石。副使从九品，月俸米四石一斗六升六合六勺。司吏一名。又织染段匹，杂造军器，旧未尝有局也。归附后创置，各有司存，使咸精其能焉。织染局在东北隅德政坊中，因旧永嘉县治为之。设局官二员，初局系省差副使、匠户内差，继而局使、副使并受敕牒，专管本局人匠，排日织造段匹，每季依例解发，违则有罚。详见额造段匹下。本局设典史、司吏，并于局内选差。

（明《永乐大典》卷一九七八一《温州府志·官署》）

公署：织染局在德政坊县治东北。

（明弘治《温州府志》卷二）

清乾嘉间瑞安纺织品

丝，丝绵，绢，花棱。以上四者，溪乡旧有今少。

大棉布，双线布，苎布，斜纹布。兼丝，细葛兼丝为之。兰靛。

（清乾隆《瑞安县志》卷一）

土棉绸：以丝为经，纬以纺纱，白洁柔细，体薄而坚。

纱：质类台纱而厚过之。出三港材，俗呼“三港纱”。

溪绢：《旧志》：“绢有溪绢”。

布：有斜纹、双梭，五色诸胜。

棉花：草木，春月以子种，至八九月，棉白如雪，土人以铁铤碾去其核，再以木为弓，牵弦以弹，令其匀细，卷为筒，卖之，大利民用。

（清嘉庆《瑞安县志》卷一《舆地》）

清道光间乐清机杼之声遍于闾巷

妇人惟纺棉织苎，虽老媪幼女不废。每当秋冬夜静，机杼之声遍于闾巷。布有单梭、双梭、交罗诸名。而斜纹之布独冠瓯东，亦女红之巧也。

（清道光《乐清县志》卷十四《风俗》）

清光绪初温州传统手工业转型

光绪二年，温州辟通商口岸，进口、出货更形活跃，衣料由土布而丝绸而呢绒而洋布，染料由草木而颜料，衣服鞋袜帽亦由粗而精，由自制而进为购置，食料、燃料及各种日用品由手工进而机器制造。

（民国《瑞安县志稿》卷六《实业门》）

清光绪初温州丝织业行规

1842 年制定的规章已废弃不用，而 1876 年重新修订过的章程被印刷并执行。

“公众议决：本会所有成员均应勤谨作工，发挥出最佳技巧，凡因粗制滥造而损坏蚕丝者，均应赔偿。”其下是关于计件工作工资的一些标准，规则列举了制造业的诸多不同规定，较之前一个规章来讲确有所改进。

工匠——工匠凡受一业主雇佣者，即不得再私下为他人作工，有违此例者，罚其支付一台戏和一桌超过十人之酒席的费用。从雇主处偷窃生丝者，须从本行业中驱逐出去；收买所窃之丝者受罚同上。若一位工匠对其师傅负有债务，则他人不得雇佣；但若已偿清其债款，其人可自由受雇于任何业主。如果一位雇主私下雇佣尚在另一作坊作工之人，则应受到如上规定之处罚。

在新年初，工匠有自由选择雇主之权，但应将欠前一位师傅之款偿清。若其未结清欠账而执意他去，工会应替其偿付短欠，而且不允许任何其他作坊雇佣此人。至于还欠有师傅债务之工匠被解雇，其新雇主应从其工资中扣除应偿欠款之额，直到债务偿清为止。所有工匠在其债务未清之前，均不得自行开业或与他人合伙经营。

在一年的开始，雇主可预付两到四个月的工资给工匠（每月工资从四元到八元不等）。在作工抵偿清所得预付工资之前，将不再发放工钱。

染色业——（丝织和染丝构成了一个行业，织工并不将染丝线的工作委托给普通染工。）工人先学丝织，后学染色，无视此规则者，将罚其支付一台戏的费用。任何作坊，不得同时雇佣一个以上的学徒学习染色。

师傅——一个进入制造业的工人，以及作为一个伙计进入同业之人，应订立为期五年的契约，在此期间，不得解除这种合伙关系，有违此例者，须罚一台戏及一次宴会。五年期满后，双方可各随其愿。

一个新作坊开张时，业主应捐助铜钱三千文供奉神庙。

制造业主（其家庭成员之一也可）应有一段时期学习技术。

拥有三架织机的丝织作坊可以招收两名学徒，但不许更多。

任何工人在工作中不得秘密接受非本行业的人的帮助，亦不得私下向外人传授技术。

本行会成员间的是非纠纷应公断解决。在小纠纷中，有错的一方应罚数只蜡烛（以为神庙祭祀之用），若有更为严重的违例者，应罚其支付一场祭神东会的费用（由五个少年在神像前唱歌奏乐）；但是，对于口角纠争的惩罚不包括请吃酒宴。（对于在纷争中的违例者罚以一桌酒宴并不总是有助于双方的重归于好，这个工会已认识到了这一点。）

现行预付款比率不得减少，任何接受较低比率的工人，将受到处罚。

丝织匠人的学徒——学徒开始学艺时，应作东请客——给作坊的师傅、工匠们办一桌酒席。学徒期间，头两年学丝织，再以三年作为丝织匠人无偿为师傅劳作，以为报答。这五年共同构成其学徒生涯。雇主若有违此例者，应予罚款。学徒学艺满期后，将作为工匠受雇于其师傅二年，然后可任意到别的地方工作。凡欲将其在未满上述年限中雇为己用的业主，应罚其支付一台戏的费用，而这位前徒工则必须完成其年限契约。可是，如果其旧主人不想继续雇佣他，或是此人打算自己开业，则此人可自由离去。学徒如希望中止其学艺，可以离去，但不允许其再拜师学艺。

学徒工需尊重工匠。在其学艺期满时，该徒工应捐款一千五百文以为工会祭神庙费用。

（玛高温：《中国的行会》。作者美国人，清光绪五年任温州海关帮办兼医师。录自彭泽益主编《中国工商行会史料集》第39~41页）

清光绪间洋人喜欢瓯绸

织绸要雇许多人，织出的产品很好，牢而耐洗。染色或本白的零售价1英尺20分。每匹通常是17英寸阔，100英尺长。凡住在这里的洋人都喜欢，但是出了口岸就无人知道。

［李明良：《瓯海关十年报告（1892~1901）》。录自《近代浙江通商口岸经济社会概况》第431页］

矿冶及金属制品业

南朝宋时安固出石英

（安）固陶村有小山，出紫石英。人尝于山下得一紫石英，王府君闻之，遣人缘山掘得数升，芒角甚好，色小薄。孙府君亦掘得数升也。

安固老山出白石英。

（郑缉之：《永嘉郡记》。录自李昉《太平御览》九八七《药部》。郑缉之，南朝宋时人。其时安固县境辖今瑞安市全部及文成、泰顺、龙湾、瓯海一部）

唐时凡出铜铁州府听人私采

凡天下出铜铁州府，听人私采，官收其税。

（《旧唐书》卷四四《职官志三》）

元明间平阳穹岭置铁场

铁，穹岭有铁场坑，元明间置铁场，破冈掘穴，峰峦堕坏。

（周喟：《南雁荡山志》卷五《方物》。南雁荡山位于平阳县）

明初乐清阮氏弃儒创冶铸业

始迁祖阮赴捷，字希敏，原籍闽莆田。明洪武初迁入大荆石门，后弃儒为实业，为大荆冶铸业的奠基者。

（《乐清市志》卷六《人口》）

明初温州岁输白矾赴京

成祖闻温州府民岁输白矾赴京者，阻隔山路，负运艰难。因问工部臣："矾欲何用？"对曰："以染色布。"曰："特染布耳，而劳民于数千里之外，可罢其岁征。自今制布，不必染色。"

（余继登：《皇明典故纪闻》卷七。另据《钦定续文献通考》卷二十所载，永乐九年，明成祖罢征白矾）

明弘治初畅亨乞减温处银课

弘治元年，巡按御史畅亨言弭灾二事。一曰减税利，谓："温、处二府银坑，近来矿脉衰耗，比之初年，什不及一，而太监张庆岁取耗银又三千两，皆百姓卖子鬻产以充其数；官司逼追，有因而自尽及散为盗贼者。乞量为裁损，止因所得多寡征之。"

（王世贞：《弇山堂别集》卷九三。另据笔者《温州古代经济史料汇编》第301页，弘治元年，泰顺银坑银课减至六百四两；三年后，封闭该坑）

明时温瑞出铁

铁有生铁，有熟铁。熟铁出福建、温州等处。

（唐顺之：《武编前集》卷五。作者明时人）

云江乡铁炉：据传明末清初，村民大都以打铁为业，铁渣均倾于河中，渐积成路。原名铁路，谐改今名。

（《瑞安市地名志》卷二《行政区划居民点》）

明清温州银矿大发

叶恕，字如心，乐平人。永乐十三年进士，拜北平御史，守正不阿，论列时政。寻改贵州道御史，追浙江温州银矿大发，廷议须以法官临之，遴选恕往。比至，规画有条，丝毫无染。

（清同治《饶州府志》卷十《人物》）

白银，衢、温二郡山中时有产者，多铅杂。

（谷应泰：《博物要览》卷四。作者清时人）

清乾隆间开温处铁禁

乾隆十五年，开浙省温、处两郡采铁之禁。

（稽璜等：《皇朝文献通考》卷三十）

乾隆十五年，奏准浙江处州府属之云和、松阳、遂昌、青田，温州府属之永嘉、平阳以及附近平邑淘洗之泰顺等县，向有产铁砂坑，今覆明坑户十有五、炉户五十有九，坑课酌分三则，上则征银一两六钱，中则一两二钱，下则八钱；炉饷酌分二则，上则征银六钱，下则三钱；岁征银共五十八两。令地方官造入奏销册，报部。至洗铁溪河易于淤塞，每坑岁缴银四钱以为疏浚之用。又每铁百斤输银一厘，以供给票纸张之费。

乾隆十七年，覆准浙江永嘉、平阳坑、炉等户及泰顺炉户因产铁无多，不能征输上、中课、饷，准照原定下则征收。永嘉、平阳二县淘沙坑户与河道无涉，免其输纳。

（嵇璜等：《钦定大清会典则例》卷四九）

晚清温州铁匠行会价格规则

这是一个包括师傅和帮工的社会等级。最近，他们召开了一次会议，以银元贬值为由，要求增加铁器产品的价格，并建立一种新的收税制度。当人们注意到内华达的白银过剩是如何打乱了世界上的工业时，这是难以理解的。铁匠们如同其他人一样，也将自己的情况加以陈述，以一个绪言说明其事，并为自己的行动提出缘由。他们说：

“冶金技术在远古（史前期）就有了。在周朝时，鼎彝（供祭祀之用）都是铸造的，就如我们从《诗经》中了解到的那样；因而，我等从事之职业由来已久，迄今，产品之交易亦未受到什么障碍。但最近以来，我们之中从事铁锅和水壶铸造以及锻造铁器用具者发现，由于银元之贬值，加之‘公共工程’之增加，我们为求自保所订立之规章需要更为明确的定义和加以限定（‘公共工程’与徭役有关，它以一种较为缓和的形式，从封建时期流传至今，即用低于一般工资的工价，强迫工匠和其他劳动者为其提供劳务）。为此，我们在城隍庙召开了一个会议，在社戏和酒宴之间，共同议决了关于我们的手工业产品价格以及作工工资的新价格表。（工会，如铁匠和铸铁工这祥的人，穷得连会所都没有，只好在城隍庙内集会议事。在那个场合，要演出几场戏以对该行的监护神表示敬意，并为会众举办酒食，他们一面品评菜肴、听戏，一面就该行会的利益问题进行讨论，做出决定。）任何对此规则的违背，都将被处以罚款，罚金数以支付一台戏和三桌酒食的费用为度。”

列出的规则达四十四条；价格、铁器的价值以及每件铁器所耗劳动力工资等，都得到分门别类的陈述。

（玛高温：《中国的行会》。该文作于清光绪间。录自《中国工商行会史料集》第37~38页）

与社会对立的雇主联合体，通过把手工劳动者的产品统一订价，来抵消由无限制竞争造成的使无产阶级陷入可怜的依赖境地的趋势。并无人迫使雇主们付出最高工资，而工人联合体亦抑制了雇主卑劣的利欲。

为无数商品规定了不可更动的售价（在店铺的招牌上，经常写着“不二价”）并不是联合体的微不足道的结果，它省去了在柜台两边喋喋不休的讨价还价的麻烦。

（玛高温：《中国的行会》。该文作于清光绪间。录自《中国工商行会史料集》第50页）

晚清温州铜线匠行会要求增加工资

这个行会由帮工组成，他们感受到时势的压力，提出了一个要求，即希望其雇主放弃从他们工资中扣除10%的作法（这在此地乃是一种常见的陋习），并呼吁雇主为其增加工资。在其绪言中，他们宣布，菲薄的工资已使其不能维持家庭生计；加之工作艰难，体力耗损太大，非同一般。为此，他们聚会于诸神面前，以演戏作为对神的敬贺，并对问题的解决做出了决定。这就是增加工资，毫无折扣地将全部工资照发，并以标准衡量计量他们的工作，所有这些都一致通过，并粘贴在每一家铜线商铺而为众人周知。通常还附有对违反规则者的惩诫条例。

（玛高温：《中国的行会》。该文作于清光绪间。录自《中国工商行会史料集》第39页）

清光绪时温州金箔等业限制技术外流

学徒——许多行会刻板地限制师傅召〔招〕收学徒的人数。有的行会，比如温州的金箔工行会，只准许工匠或师傅的子侄经营本业或学习本业技术。

在温州，金箔制作业为那些从宁波来的工匠所垄断；该行会禁止其成员向温州人传授制做〔作〕金箔的技术。如果一个雇主违背那些规则，行规规定，工匠应集会实施按规定对此等违反者所施的处罚。温州的商人行会永远拒绝从本府某一地区来的人入会，因为当该会八十年前初创之时，该地区的商人谢绝参加这个组织。

（玛高温：《中国的行会》。该文作于清光绪间。录自《中国工商行会史料集》第44、46页）

地方主义——搞宗派是中国人的特性，这使得地方主义成为一种通病。许多行业都组成了行会，其成员关系严格限制在同乡的范围内。温州的鱼钩生产是那些属于福建籍的人才能从事的产业，温州人别想学到这一行业的技术。制针匠的行规只允许泰州和江苏的匠人在温州工作（在技能上，这些工人胜过其他人）。

（玛高温：《中国的行会》。该文作于清光绪间。录自《中国工商行会史料集》第46页）

清光绪间平阳年产矾二十万担

矾石，出崇政乡潮岩诸处。乾隆间土人尝扦窑煎烧，时吴山蒲潭渔户以矾水害鱼，请官折〔拆〕窑永禁。近有商民集资开窑，所出品皆明矾，光莹晶洁，视南港矾山殆胜云。

（周喟：《南雁荡山志》卷五《方物》）

有样重要矿产叫明矾，在近两年内运到温州装轮船出口。明矾产于近福建边界的赤溪附近。最好请看帕克的叙述："明矾是采之于大山肚中，矿底可能在10英里之下，矿尖高于山谷1000英尺的大石块（先用火烧裂，不可炸药崩，然后用大锤打开）。这座大山被弄成千疮百孔，如同蜂窝，四面开挖。泥土、砂砾和黄色沙岩四处散落其间，大块矾石看来像似布丁上的葡萄干。矾石运到窑中，堆放在柴火炉子，每一遍两天两夜。三个人手执像羊角攻城槌般的长杆，矾石放在杆头放进炉门，上下左右猛戳转动，待矾石加热软化后，放入埋入地下的大桶或坑中浸上几分钟，然后在浅池中碎成小块。下一步是放入另外大桶里，水浸三日三夜。再把冒烟的石灰搬一团放进巨大的土灶（在窑之后方），用小铁锅上下盖住，在炉中蒸煮，把矾石软化，另一个管道火在锅炉半腰加热。如此煎熬出来的粘稠如肥皂的东西放进另一石坑里予以冷却。纯净明矾结晶约6英寸厚，如钟乳石状，附在四边。然后锯成50~100磅重的方块，由一群搬夫直接运下山到赤溪。已冷却的水汇集中央，可再次用以加热矾石，沉淀的砂砾扔到外面。纯化的明矾，据代理商说，在赤溪每担可获利约一元。他说，每天可煮出20到40担，但一年从未达到1万担；还说现有24个煮矾点，规模相同。从这一方面，可以证实另一个人所估计的一年可达20万担是对的。每套设备雇用约100人，约有5000搬夫，其中一半是畲客妇女。明矾业至少有1万人左右赖以养生。"

［包来翎：《瓯海关十年报告（1902~1911）》。包来翎，英国人，其时任瓯海关税务司。录自《近代浙江通商口岸经济社会概况》第438页］

清末洋矿师来温查矿

（美国采矿工程师杰明逊）曾在安溪地方进行勘测，他说那里虽有大量铁矿，但因邻近没有煤矿，对一个要大规模开采的企业来说，铁实际上没有用处。

（史纳机：《1903年7月15日致布莱顿函》。录胡珠生著《温州近代史》第223页。文中“安溪”实“楠溪”之误，见下文及俞光编《温州古代经济史料汇编》第304～305页）

间有美国矿师偕意大利化学师来，该二人系奉中国政府允准，由外国公会派来查勘温州、处州、衢州、严州四府境内矿产，以备开采煤矿。闻本处附近地方有楠溪者产极丰美之铁矿，惜无煤以炼之。

［史纳机：《光绪二十九年（1903）温州口华洋贸易情形论略》。录自《近代浙江通商口岸经济社会概况》第574页］

浙省东南矿苗甚少。上年底杭州绅士聘约矿师一名，来就乐清、玉环、瑞安、平阳各境后转向北取道青田、处州一带承地查勘，并无丰美之苗，近地又无煤矿，青田附近虽有铜质，欲开采之殊难见效。

［穆厚达：《光绪三十年（1904）温州口华洋贸易情形论略》。录自《近代浙江通商口岸经济社会概况》第578页］

清末瑞安大罗山等地有矿

吾邑上年大罗山所产矿质流露于岩洞石罅间，粒为正方形，色闪亮如银，权之颇重，依化学理验之，最与硫磺〔化〕银、硫磺〔化〕铁相似，土人未知冶炼之法，遂不顾问，然颇有购而藏之者。

（洪炳文：《瑞安乡土史谭》稿。作者清末民国初人）

永安乡南坑炉：据传清末叶姓因南坑边有矿藏，曾建炉提炼，故名。

（《瑞安市地名志》卷二《行政区划居民点》）

卷十 手工业（下）

造纸业

清道同间永瑞山民做纸度活

据永、瑞两县耆民张演汉等呈称：伊等山乡居住，地瘠民贫，做纸度活，肩挑潮至街发卖，并运至交界永邑瞿溪、荣溪各地销售。于道光三十年，有监生吴聚淮请帖，在伊地出入之所开设行场，虚名过塘，实则留难需索。

（常绂等：《勒石永禁碑》。作者清同治间温州知府。录自《温州学刊》2006年第11期：潘猛补《温州古代造纸史略》。该文还言其时造纸用竹为原料）

清时平泰采嫩竹制花笺

山中各种竹皆有之，四季食笋无缺。采嫩竹煮烂造纸，俗名花笺。

（周喟：《南雁荡山志》卷五《方物》。南雁荡山位于平阳县）

蠲纸之制，久已失传。温州制纸之乡，仅有泰顺之花笺、永嘉之桑皮，其质不良，出产未旺。

（林大同：《鉴止水斋谭屑》。作者清末、民国时瑞安人）

砚墨业

宋时温州华严石

温州华严石出水中，一种色黄，一种黄而斑黑。一种色紫之石，从上第一层谓之顶石，皆紫；第二腰石，或有眼，或无眼；第三脚石，即无眼。大抵有眼石在本岩中，尤细润。下岩石谓之鸲鹆眼，上岩下穴谓之鹦哥眼，上岩下〔上〕穴谓之鸡翁猫儿眼，半边山谓之雀儿眼、鹦哥眼，土人以此别之。

（杜绾：《云林石谱》卷中。作者宋时人）

清时平阳有砚石

砚石，产于东洞石门楼内，色白有紫纹，质坚润，能发墨，亦可作印章，游人竞采以去。乾隆间，黄大儒等请官示禁。其后稍止。见刘氏《物产志》。

（周喟：《南雁荡山志》卷五《方物》。刘氏《物产志》指清刘眉锡《南雁荡山全志》的物产部分）

漆器业

宋代温州漆器号称全国第一

昔北海侯谱砚，载古以玉石、雷斧、铁甓为者，惟晋太子纳妃，有漆砚。余得之永嘉髹工，凝漆而成，勒铭识之。

（李洪：《芸庵类稿》卷六《漆砚铭序》。作者宋时人）

出土文物中温州漆器工艺精致，宋代号称全国第一。

1968年江苏武进出土的南宋戗金漆器，三件均为当时温州人制作，代表了宋代戗金漆器的高超水平。装饰纹样具有很浓的风俗画意趣。

如：戗金花卉人物纹莲瓣式奁，通高21.3厘米，直径19.2厘米，为十二棱莲瓣形，分盖、盘、中、底四层。奁为木胎，表面朱漆作地，细钩戗金装饰纹样。奁盖面为一幅优美的《园林仕女图》，描绘发髻高耸的仕女两人，身着花罗直领对襟衫，曳地长裙，分执团扇、折扇，挽臂齐行。旁有侍女捧瓶随行。人物两侧有山石、柳树，设有藤墩，盖边及奁壁十二棱间各有折枝花卉，均戗金。朱漆书有“温州新河金念五郎上牢”十字款。

朱漆戗金人物花卉纹长方盒，高10.7厘米，长15.3厘米，宽8.1厘米，盒有子口，口部套一浅盘。盒做木胎，通体髹朱漆为地，盒面浓金戗画一袒腹老人，肩荷木杖，杖头挂钱一串，自山间行来，意态闲适。路边点缀着花草树木，盖壁及盒壁均戗划折枝花卉，盖内朱漆书“丁酉温州五马锤〔钟〕念二郎上牢”十二字。

填朱漆斑纹地戗金山水花卉纹长方盒，高11厘米，长15.4厘米，宽8.3厘米，有子口，口部套浅盘。盒以黑漆作地，盖面用戗金法画出一幅柳塘小景。柳叶细若刷丝，清晰细致，物象空间，则在黑漆地上密钻出低凹的细斑点纹，纹内填朱漆磨平，做成布满红点的细斑地。盒壁戗金缠枝花卉，也以红斑作地。盖内朱书“庚申温州丁字桥巷廨七叔上牢”十三字。

（洪振宁：《宋元明清温州文化编年纪事》第13页）

赠我阿泓非姓陶，木家居士漆园曹。急呼陈玄导黑水，花晕千层吹海涛。

（杨万里：《诚斋集》卷十《谢丁端叔直阁惠永嘉髹研》。作者宋时人）

酒　业

温州旧都酒务常酿官酒

旧酒坊前，南为粉泔河头。旧都酒务常酿官酒，多淅米以酿，故名粉泔河。

(明弘治《温州府志》卷五)

清嘉庆间瑞安烧酒绝佳

酒，邑烧酒绝佳，他邑虽善酿者，其色其味终不及也，温人呼之瑞安烧。

(清嘉庆《瑞安县志》卷一《舆地》)

积席等业

宋时有永嘉棋局

永嘉棋局视他处所制差胜，并以一副拜纳。

(刘宰:《漫塘集》卷八《通张潮州》。作者宋时人)

明时温州设杂造局

温州府杂造局在府治西，即旧知录厅。设局官二员，专管本局人匠，排日管造军器，每季依例解发，违则有罚。详见额造军器下。本局设典史、司吏，并于局内选差。

(明《永乐大典》卷一九七八一《温州府志·官署》)

公署：弓箭局在城西河之右。

(明弘治《温州府志》卷二)

明万历时永嘉方岙积席为业

继后方岙何氏失火，为中堂偏畔储积席草充栋，主人每见女人至此而没。

（姜淮：《岐海琐谈》卷十五。该书作于明万历间。方岙其时属永嘉县，即今瓯海潘桥方岙。作者疑失火为火神所为，当为迷信，但反映了当时其地积席之盛）

明时温州产堂帘、折叠床、浴器、棋篮

堂帘，惟温州湘竹者佳。

（文震亨：《长物志》卷一。作者明时人）

床，永嘉、粤东有折叠床，舟中携置亦便。

（文震亨：《长物志》卷六）

坡仙曰："海南无浴器，故尝干浴而已。"余在河北亦然，尚于驴背带得温州浴器一具，两年炎灼杀人，得此殊傲。

（茅元仪：《暇老斋杂记》卷二一。作者明时人）

围棋罐子，近日永嘉以藤编为罐，制巧用坚，虽堕地触石，曾无损裂；外以藤编为篮。携此一罐，其轻便可爱，诚游具中一妙品也。书室中不宜有此。

（高濂：《遵生八笺》卷八。作者明时人）

明时平阳小木最工

温州平阳小木最工，宁波奉化大木最工。

（陆釴：《病逸漫记》。作者明时人）

清乾隆时温州有织藤盘者

温州虽多佳丽，而言语不通。有织藤盘者，甚明媚；彼此寒暄，了不通晓。余戏赠云："安得巫山置重译，替郎通梦到阳台？"

（袁枚：《随园诗话》卷十二。该书清乾隆刻本）

清嘉庆间瑞安产蔗糖

蔗糖：出嘉屿、芳山二乡者良。

（清嘉庆《瑞安县志》卷一《舆地》）

飞云江沿岸农民广植甘蔗，每于冬间农隙时，纠合邻人搭盖茅舍，挖掘泥灶，用手工土法煮炼蔗糖，沿习甚久。

（民国《瑞安县志稿》卷六《实业门》）

清嘉道间龙须花席唯瓯为盛

龙须草，茎细，与田间所种席草不同。始出缙云，晋时织席入贡。今唯瓯为盛。郡人每织席，取其半浸泥水中变紫，再浸变黑，织为花卉云物，谓之花席。暑月寝之，可当蕲簟。产雁山者更细而秀。

（施元孚：《雁荡山志》卷十二）

终年花席织龙须，苦问深闺学女徒。妍杀小娃窗下戏，盘钱争掷选仙图。

（周衣德：《永嘉杂诗》。录《温州竹枝词》第208页。周衣德清嘉道间永嘉人）

清同治时瑞安产香盒

堂深昼永静无尘，沉水烟销一篆匀。细印香泥成寿字，瑞安炉好白于银（注：瑞安寿字香盒，甚工致）。

（郭锺岳：《瓯江竹枝词·寿字香》。该书刊于清同治十一年）

清光绪间温州木匠行会抵制官府劳役

对徭役制度进行抵抗的另一事例，从近来木匠铺中贴出的规程即可知悉：

“重要通知：规章的修改——我们的行业乃是由五个头领在官府面前代表的（这些人由其成员选举产生并得到地方官府的承认，而当衙门需要修缮时，便召他们应差）。他们承担着公共工程，到目前为止，他们循规蹈矩，每年为我们在官府轮值一天，而得到铜钱一百文及三顿饭的报酬；如不去作工，则作为劳役的代替，需付出一百文铜钱。但现在，即外加劳役，这是我们拒绝提供并拒绝以钱代佣的，并且无人愿意履行这种要求修理官府的劳务。在这一突发的事件中，官吏命令我们选举出其他五个头领，他们应以既定之规则为准绳行事，而从今以后，再无超过每年一天的公共佣役强行派到我们头上，亦无超过一百文钱代佣之举。这点我们已做到了，并且，我们同意，若本会任何成员拒付上述数额的费用，则新选出之行头应对雇佣他们的师傅予以惩罚。”这次罢工，如同所有其他人的罢工一样，以雇佣工人的胜利而告终。

（玛高温：《中国的行会》。作者美国人，清光绪五年任温州海关帮办兼医师。录自《中国工商行会史料集》第38～39页）

清光绪时温州面粉业行规

温州的面粉作坊，都是手工操作的。温州面粉作坊主在其行规序言中宣称：以前的规程既已陷于混乱，每一个作坊主都按他认为合适的数目收费——这样，就引起了毁灭性的竞争——现在，他们达成了一个更适用于管理同业的协议。十六个面粉作坊主组成了一个行会，该会由四人组成的董事会管理，该董事会每年更换，以使每一个人都可充任董事。董事会的职责是每月底就该行业产销状况进行协商，确定下个月的面粉价格。任何成员出售面粉的价格低于议定之价，应罚其支付一台戏和酒席的费用。本会任何成员都不得向一个尚欠有本会其他成员债务的人赊销面粉；这也就是说，任何顾客不得同时对本会几个成员欠账。本会成员除他自已业已购买的小麦外，不得替他人磨面。面粉作坊主公会的衡器是标准衡器。不准减价销售面粉以取悦于制面食的人以及其他大的面粉消费者。对违例者的一般处罚，对行会开支的摊派，以及其他琐屑之事，该文以训令结尾——“让我们执行这些规章有始有终，不要虎头蛇尾。”

（玛高温：《中国的行会》。该文作于清光绪间。录自《中国工商行会史料集》第41页）

清光绪间温州理发业行会维权

最低级的行会（优伶除外）是理发匠行会，我这里所说的这个必不可少的手工匠人的联合体说明了这类组织的效用，并是一个〔种〕正在上升的力量的组合；他们的行会通过给其机体注入自尊身份的观念而求改善其社会地位，而在以前，他们是被认为是下层人的。在其联合过程中，他们发现必须申辨冤曲〔屈〕和维护权利，这本身便是有益的。习惯，就像这个帝国的法令一样强有力，它禁止这些匠人参加科举考试。理发匠若要求拥有这种权利，会被认为是极端的放肆；这一荒谬举动使礼谦之人感到可笑，使儒生们震惊，也引起了一般阶层的轰动。各级官吏都批示“无理”。于是，他们勇敢地把自己的恳求呈送到省会去，然而，一个又一个的衙门都拒绝受理。幸运的是，巡抚具有一个较为开明的头脑，并下达了一个急件，文中他表示，理发匠人不应包括在优、娼之列（这些人直至其第三代均不得参加科举考试）。理发匠们勇敢地求得了自己的解放，于是他们修建了一座会所，作为演戏和宗教祭祀之用，在这个会所内，竖立了一块碑，它以谦和的语言叙述了他们的重大胜利和成就。

后来，该行会决定采取一个措施以进一步提高他们的职业地位。洗发，构成了一种综合的服务操作，它包括给已经剃了头的顾客按摩两肩之间的脊柱，而顾客也要为这一服务支付额外的费用。他们公议决定，这种按摩是一种下贱的行为，有损于理发匠的尊严。就像在中国的一般的行会组织一样，并且也同西方的许多团体类似，这个行会并不满足于对不公正待遇反抗的成功，而是进而对其成员采取了专断的行动：凡违背在年末的最后六天中不得洗耳的规定（这些日子内，人人理发，已无时间洗耳了），或有给顾客洗发按摩者，均会遭到同业人的围攻，其理发工具、家具等会被抛诸门外，街上的流浪汉就将其据为己有。

（玛高温：《中国的行会》。该文作于清光绪间。录自《中国工商行会史料集》第42～43页）

清时乐清麻园村民捞壳烧灰为业

麻园村民祖手控有大门山洋面蛎壳田十八亩，历年完粮，捞壳烧灰为业。

（福荣：《奉宪立石》。录自《温州历代碑刻二集》第491页。麻园位于乐清西乡翁垟）

清时东瓯掌扇等贩鬻四方

折叠扇一名撒扇，或作“翣”者，非。翣即团扇，可以遮面，故又谓之便面。南方女人皆用团扇，惟妓女用撒扇。而团扇之制，东瓯易之以篾，名曰“掌扇”，贩鬻四方，为时取重。终不若撒扇卷舒袖中之为便也。

（陆进：《东瓯掌录》卷上。作者清时钱塘人）

瓯中田野人家，冬日悉抟土为器，开口纳火，其背穹，背上多挖小孔，以升火气，名曰“火猫”，男妇老小各以御寒。

（黄汉：《猫苑》卷下引王朝清《雨窗杂录》。该书清咸丰刻本）

清时瓯中三绝

瓯中有三事皆妙绝，皆工而无士、农、商：漆匠虽卓〔桌〕椅皆光结；石匠制蛎灰、镂龙、凤无不精；木匠雕刻宫室，千门万户，历历可睹，人物、飞潜、动植，无不皆肖。

其最不足观，则文人之称为诗伯、书家者，不必问其艺，令彼立前，或开口便当呕清水三斗。此非身到其地不能知也。

（赵之谦：《章安杂说》，作者清时绍兴人）

清时平阳有石画屏

倬亭内兄得一奇石，中有天然图画，命石工制而为屏，置之座榻，诗以志之。

爱石争称米舍人，半生奇癖有前因。前厅矗立呼石丈，袍笏不嫌顶礼频。风流千载犹未坠，倬亭刘子能遥企。群山采择几何年，偶逢奇石生古寺。中有天然图画呈，者番磨洗更鲜明。物能寿世非凡笔，定是神仙泼墨成。刘君爱护如拱璧，架上装潢夸座客。我来亦欲学元章，朝夕焚香拜此石。

（夏象庚：《石画屏诗》。录自苍南白沙《彭城刘氏宗谱》。作者字星槎，平阳人，清咸丰四年任富阳县学训导）

清光绪时温州手工业很多

温州的工业，局限于制造家具、锅器和普通的器皿。

［那威勇：《瓯海关十年报告（1882～1891）》。录自《近代浙江通商口岸经济社会概况》第409页］

一般这里所制铜器都不太雅观，但是白镴器皿倒是相当不错，诸如酒杯、盅、茶杯、蜡烛台、棱形吊灯等乃是独具匠心之作。

在温州还把蚕丝织成西洋图案花色的手帕；还有用来作包装、覆盖物，那么粗硬性也就没有多大关系矣。

本年无生牛皮出口。因是类产品均由温州及其邻近地区做成家具后出口。本年是项家具在统计上已列为关平银324两。这些家具包括箍有皮面座〔坐〕垫木凳，另外如仿西式椅子、如轻便折凳上的靠背、扶手和座〔坐〕都是皮制的，而且便宜到只卖0.50银元。这是我所见到的最舒适之中国椅子了。

［孟国美：《光绪十五年（1889）温州口华洋贸易情形论略》。录自《近代浙江通商口岸经济社会概况》第530～531页］

目前温州制革业正方兴未艾，原皮需求在当地市场上也日趋殷切。

［那威勇：《光绪十八年（1892）温州口华洋贸易情形论略》。录自《近代浙江通商口岸经济社会概况》第539页］

温州和处州除农业外，主要工业是制造丝绸床罩。在当地有名声的，还有棕垫、锡器、皮革、家具、酒、石刻和布。处州府的青田以石刻闻名，而平阳以其土布知名。

本口岸的工业很多，但都不要太多资本。沿大街走去，可见工匠织绸、制钉、做锡器、家具、竹器和银器、烟叶烘烤、用空煤油听做壶和锅。但这些都没有发展，因为当地人缺乏事业心，不想推销产品。物品式样陈旧，从不尝试新式样，除非洋人给个样子照做，虽然可以做得很成功，但如不定货就不再做。织绸要雇许多人，织出的产品很好，牢而耐洗。染色或本白的零售价1英尺20分。每匹通常是17英寸阔，100英尺长。凡住在这里的洋人都喜欢，但是出了口岸就无人知道。银匠能够很好地仿制外国货，但少有人要。木器也是同样情况，桌、盘等物，能够做得比宁波的同样品种还要好些。

［李明良：《瓯海关十年报告（1892～1901）》。录自《近代浙江通商口岸经济社会概况》第431页］

温州木匠近做木器小玩箱及屏联盘架各种与宁波相仿，其微不同者，温州系用竹丝、铜丝、青田石等类镶嵌其面，而宁波则以象牙等骨、云母壳为之，本地做者工料光洁有致，价亦公道，西人多喜用之，将来行销必广。

［史纳机：《光绪二十九年（1903）温州口华洋贸易情形论略》。录自《近代浙江通商口岸经济社会概况》第575页］

1903年有一家肥皂厂开始试办，但于次年因无人支持而停止。

当地生产桌椅很出色，价廉物美外销甚畅，但物品对外宣传不够，需求受限制，现仅接受定单交货。藤椅以从宁波购进的藤条制作，而藤椅配上猪皮坐垫已享誉全国，多为前来本埠的游客购去。

［包来翎：《瓯海关十年报告（1902～1911）》。录自《近代浙江通商口岸经济社会概况》第438～439页］

清末温州制伞业规模颇大

雨伞出口虽旺，但制作不精，比前更逊，每于油漆未干即行装载，且油纸为引火之物，偶不经心，肇祸非浅。是项土货利权若不亟加整顿，将来恐为东洋廉而且便之棉伞夺矣。

[包来翎：《宣统元年（1909）温州口华洋贸易情形论略》。录自《近代浙江通商口岸经济社会概况》第588页]

制造纸伞形成当地一个较大工业，雇用许多工人。出口几乎全部是运往中国北方，主要是价格便宜。

[包来翎：《瓯海关十年报告（1902～1911）》。录自《近代浙江通商口岸经济社会概况》第438页]

清末温州竹器著名

竹器产江苏之嘉定县、浙江之温州府及江西者佳。

（徐珂：《清稗类钞》四四《农商类》。作者清末、民国时人）

东南数省以竹器著名者，自江苏之嘉定外，则有湖北之黄州，浙江之永嘉、嵊县、馀姚，皆为特别美术。

永嘉竹与湖州同。有剖其竹之半刻名人手书，作为抱柱对联。有织成篾簟，嵌竹刻之字画作为对联插屏者。

（徐珂：《清稗类钞》四五《工艺类》）

清末温州近代工业萌芽

本年茶叶出口业是财运高照，虽说不如1895年之规模，但这一行是逐步发展的，从平阳上一季度引进了茶叶滚转机就可预卜来季之盛况矣。

[那威勇：《光绪二十三年（1897）温州口华洋贸易情形论略》。录自《近代浙江通商口岸经济社会概况》第556页]

近来温州茶有效法西仑者，曾用一滚茶小机器。

该处人深明筛茶之法，能效西仑茶制造。

［彭泽益编《中国近代手工业史资料》（1840～1949）第2卷第25页］

温州地方试用机器焙茶，知中国茶叶若用新法制造必能起色。

（光绪廿四年十月六日《官书局汇报》。该报由官书局主办，于光绪廿二年创刊，为我国最早的新型官报之一）

温州茶厂机器的引进者也是一家外国洋行，其所引进的机器正是我们在上面提到的印度西洛钩焙茶机。

（汪敬虞：《中国近代茶叶的对外贸易和茶叶的现代化问题》。刊《近代史研究》1987年第6期）

本埠各项工艺素不讲求，近则风气渐开，如本城内之设肥皂公司、台州丝造毛巾，虽仿造之货，尚未十分精美，而亦足见民智改良之进步，可喜也！创此二业者为台州人，曾游历日本，学习制造等艺，今就本地创办，亦地方生意之一助耳。况所制之肥皂、毛巾较廉于外来之货，故人乐购之。

（史纳机：《光绪二十九年（1903）温州口华洋贸易情形论略》。录自《近代浙江通商口岸经济社会概况》第575页）

上年本城创办肥皂公司未及一年，亏折而止。又有一织做毛巾之家以出价低微，终难望有进步工艺一道。创办原难，要亦温州市面之不幸也。

（穆厚达：《光绪三十年（1904）温州口华洋贸易情形论略》。录自《近代浙江通商口岸经济社会概况》第577～578页）

（该公司与永嘉孙坑孙氏、大双坑金氏族众订立的合同指出）自光绪三十年甲辰起，三十年内，金山地亩暂归公司管业完粮，所产矿物悉听公司开挖。三十年期限届满后，倘彼此仍愿续办，再订合同，或议重新组织，则从两家族众公意，但永远不许加入外国人股份。

两山采炼纯净之矿物售价，除公司开支外，每年以纯收益百分之五报效国家。

（《瑞安文史资料》第5辑，王超六：《瑞安近百年大事记》）

光绪三十二年丙午正月十三午后，往瑞安北门外本寂寺观罐头厂。厂为李君墨轩、翰轩兄弟所办。两君学于日本，归而设此。闻附股者颇多，现时罐装有牛肉、羊肉、鲜笋、鱼翅、瓯柑等物，厂名太久保。

（刘绍宽：《厚庄日记》稿。稿抄本藏温州市图书馆）

光绪三十四年五月廿四日，午饭饭后，一点钟同小竹乘舟到河埭桥，直至太久保罐头公司访李君墨樨（西），时公司近日制造鲜枇杷，雇妇女来剥枇杷者不下四五十人，老少妍媸均有之。墨樨（西）要予二人到新建亭子上小坐。予因订购鲜鲥鱼一瓶、鲜枇杷二瓶、腌菜心四瓶、制山药三瓶、鲜冬笋一瓶，当付大洋二元两讫。

（俞雄选编《张㭎日记》第134页）

近于岁阑时至，一西商创设一机器锯木厂，惜其出板无几，每日约略100丈。闻得事经初创，断难敷应开销，恐将不支。

（包来翎：《宣统三年（1911）温州口华洋贸易情形论略》。录自《近代浙江通商口岸经济社会概况》第593页）

在1911年终前，引进一座蒸汽锯木厂，开创温州新纪元。这是一家外国公司根据当地人要求而创建的，以与福州开创的同类工业相竞争。因为来自福州的木材大有将当地产品逐出市场之势，但至今尚未达到预期的效果。

（包来翎：《瓯海关十年报告（1902～1911）》。录自《近代浙江通商口岸经济社会概况》第438～439页）

卷十一 盐 业

北宋元丰间石牧之温州盐政

又患州境近盐，盐禁益密，黥隶相望，而犯者不少衰止。岁课亏损，责及郡官。于是为设方略，急监临而宽捕吏，限以煮海之数。每停灶启闭、牢盆出纳，须监官与捕吏亲临，铢两不入私门，贾贩既无所得，不数月而课羡。

（苏颂：《苏魏公文集》卷五五《朝议大夫致仕石君墓碣铭》。石牧之，字圣咨，浙江新昌人。北宋庆历二年进士，元丰间以职方郎中知温州军州事）

北宋时瑞安盐民藜羹淡如水

江边煮盐女，日垦沙中土。闻道潮干土有花，肩负争先汗如雨。经年鬻盐赴官市，屋里藜羹淡如水。谁家滋味尽八珍，猫狗食馀随帚尘。

（许景衡：《江边行》。录自曾唯辑、张如元等校补《东瓯诗存》第18页。作者字少伊，人称横塘先生，北宋瑞安人。绍圣元年进士，官至尚书右丞。著有《横塘集》）

南宋绍兴间增加温州盐课

郡盐课积增，至己巳（绍兴十九年）岁，岁七十四万八千五百斤，有司艰于促办，辄赋于民，寸产之家无免者。按月征敛，吏缘为奸，类略豪强而增敷细民，系缧于官无虚日，因以破家者不可计。君遣士直偕乡人王大充诉于监司台省，得免增敷数万斤。犹以未足宽民，遣甥卢纬偕士直复言户部，请蠲岁课之半。时司邦计者，聚敛方急，甥、子久客，困沮而归，君又遣之，始末六年，费损家资巨亿计，沮挠非一，君巀然无倦，虽一饷顷常疚怀。最后，州人龙图阁学士何公溥贵于朝，为主张，是年减额二十五万二百斤，尽罢下户科敛，而上户所出亦轻。众始笑君之迂，既乃喜其干而能立。

（薛季宣：《浪语集》卷三四《刘进之行状》。文中“君”指刘愈，字进之，永嘉人；“士直”为其子）

南宋乾淳间温州盐仓发盐甚少

乾道元年八月，权发遣温州袁孚言：本州钞盐就场支发，自绍兴二十八年始再置州仓，今计州仓所支，比盐场支数大段亏减，乞依旧就场支发。

（徐松：《宋会要辑稿》第六册五二六八页）

如温州有数处盐仓，置官吏甚多，而一岁所买不过数十斤，自可省罢。（《朱子语类》一百七《浙东盐仓之害》注）

（孙衣言：《瓯海轶闻》卷五十六《温州盐仓之害》。朱熹于南宋淳熙九年为两浙盐提举，故有此语）

南宋理宗时温台盐商数百群

乔行简在相位，专以商贩为急务，温、台盐商数百群。

（《宋史全文》卷三三。乔行简，字寿朋，浙江东阳人，宋绍熙四年进士，理宗时拜相）

宋时温州等州产盐尤盛他路

鬻海为盐，曰京东、河北、两浙、淮南、福建、广南，凡六路。其鬻盐之地曰亭场，民曰亭户，或谓之灶户。户有盐丁，岁课入官，受钱或折租赋，皆无常数，两浙又役军士定课鬻焉。诸路盐场废置，皆视其利之厚薄，价之赢缩，亦未尝有一定之制。

（《宋史》卷一八一《食货下三》）

若明、越、温、杭、秀、泰、沧等州，为海水隈奥曲折，故可成盐。其数亦不等，唯隈奥多处则盐多，故二浙产盐尤盛他路。自温州界东南止闽、广，盐升五钱，比浙贱数倍。盖以东南最逼海，润下之势既如此，故可以为咸，不必曲折也。

（方勺：《泊宅编》卷三。该书刊于南宋初期）

宋时淮浙煎盐之法

淮浙煎盐，布灰于地。引海水灌之，遇东南风，一宿盐上聚灰，暴干，凿地以水淋灰，谓之盐卤。投干莲实以试之，随投即泛，则卤有力，盐佳。值雨多即卤稀，不可用。取卤水入盆，煎成盐牢。盆之制不一，有用铁者，以数片铁合成，中叠砖为柱以承之；亦有以竹为盆者。盐户谓之亭户，煎夫穿木履立于盆下，上以大木锹抄和，盐气酷烈，熏蒸多成疾。

（赵彦卫：《云麓漫钞》卷二。该书刊于南宋嘉泰二年至四年间）

宋元双穗场署在场桥

《宋史》又云：“双穗盐场在崇泰乡场桥。”元时场署仍旧。

（民国《瑞安县志稿》卷七《盐业门》）

元代温州盐政沿革

（两浙都转运盐使司）大德三年，定其产盐之地，立场有差，仍于杭州、嘉兴、绍兴、温台等处，设检校四所，专验盐袋，毋过常度。盐场三十四所，每所司令一员，从七品；司丞一员，从八品；管勾一员，从九品。

（《元史》卷九一《百官七》）

（两浙之盐）延祐六年，罢四检校所，立嘉兴、绍兴等处盐仓官。三十四场各场盐运官一员。

（《元史》卷九四《食货二》）

（两浙之盐）又因支查停积，延祐七年，比两淮之例，改法立仓，纲官押船到场，运盐赴仓收贮，客旅就仓支盐，始则为便。

（《元史》卷九七《食货五》）

至元五年，两浙运司申中书省云：本司所辖场司三十四处，各设令、丞、管勾、典史，管领灶户火丁。用工之时，正当炎暑之月，昼夜不休。才值阴雨，束手彷徨。贫穷小户，馀无生理，衣食所资，全籍工本，稍存抵业之家，十无一二。有司不体其劳，又复差充他役。各场元签灶户一万七千有馀，后因水旱疫疠，流移死亡，止存七千有馀。

（《元史》卷九七《食货五》）

至正二年十月，中书右丞相脱脱、平章铁木儿塔识等奏：两浙食盐，害民为甚，江浙行省官、运司官屡以为言。拟合钦依世祖皇帝旧制，除近盐地十里之内，令民认买，革罢见设盐仓纲运，听从客商赴运司买引，就场支盐，许于行盐地方发卖，革去派散之弊。及设检校批验所四处，选任廉干之人，直隶运司，如遇客商载盐经过，依例秤盘，均平袋法，批验引目，运司官常行体究。

（《元史》卷九七《食货五》）

元代官盐本轻利重

今之官盐，计其工本，每引止于半锭而卖之，于民则价不止四锭，而一引之中，本居其一，而利居其七也。本轻利重，既已如此。

然则所谓利居其七者，全以为国家之课利犹可，七分之中，实则二分为买引客人所得，公家实收不过五分而已。而五分之中，除以给转运司与各场官吏俸禄之外，公家所得不知实有几分？

（史伯璇：《青华集》卷二《代言盐法书》。作者元代平阳县人）

明永乐间长林等场有百夫长

长林场盐课司

在本县长安乡六都塔头。宋政和元年创，元仍其旧，设司令、司丞监办盐课。国朝洪武元年设置亦仍元旧署。以军伍之有功及疾伤者为百夫长，寻以灶户盐额多者为之。洪武二十五年，始设官署事。

正厅三间，仪门三间，架阁库一间，盐仓一十五间，大使舍三间，厨房二间。

正场一处，在本都三里。盐仓七间，官舍三间，厨房一间。

子场一处，在瑞应乡十四都蒲岐。厅一间，盐仓一十七间，官舍三间，厨房一间。

官制：大使一员。吏额：攒典一名。灶丁七百一十六丁。

天富北监场盐课司

在本县玉环乡三十二都。元在三十六都海岛中，设司令、司丞监办盐课。国朝洪武元年设置，仍其旧。以军伍之有功及疾伤者为百夫长，寻以灶户盐额多者为之。二十年，为防御事，徙海岛居民于腹里，本司移创今址。

正厅三间，轩檐一间，大使舍三间，厨房二间。

子场：华严仓五间，清港子仓一十二间，白沙仓八间，智字团子仓三间，峡门子场仓一十间。

官制：大使一员。吏额：攒典一名。灶丁四百一十六丁。

（明永乐《乐清县志》卷四）

双穗场盐课司在崇泰乡五都场桥。宋、元名双穗盐场。明洪武元年，立百夫长，以老疾军为之。二十五年，设盐课司主管。

（清嘉庆《瑞安县志》卷二《建置》）

明景泰间平阳民资闽盐以生

平阳法食浙盐，而民资闽盐以生，不禁则戾法，禁之则生乱。君于是阔略苛峻，视盐多寡，令输粟于官，为凶岁备。又请漕他郡粟以实仓庾，于是官储充，民用足。

（王鏊：《震泽集》卷二六《知永宁县致仕尤君墓表》。文中“君”指尤淳，字公厚。长洲人。举人出身，明景泰间任平阳县教谕）

明弘治时温州各场场址

永嘉县：批验所在拱辰门外，永嘉场在二都。

瑞安县：双穗场盐课司在五都，信字团在十□都。

乐清县：长林场盐课司在长安乡塔头，子场一处，在瑞应（乡）蒲岐；天富北监场盐课司在玉环乡。

平阳县：天富南监场盐课司在十一都南监，沙塘子场在六都沙塘，蒲门子场在五十六都。

（明弘治《温州府志》卷二）

明嘉万间永嘉灶丁之苦

余客游柯城，见一野老行乞于市，自称永嘉盐场灶丁也，历叙灶家艰苦情状，且记习灶家所作歌谣，首尾遗忘，断章不续，且诵且泣。余甚悯之，即系其言，足成《灶丁行》一篇，名曰《述作》。

客途偶遇一野老，蓬头赤脚形枯槁。云是盐场旧灶丁，欲说哀情苦不了。军民灶匠分四籍，其中劳逸殊苦乐。三家应役有暇时，灶家辛苦无休息。生来总角方妙龄，一一开报为成丁。日办三斤夜四两，盐课岁额为常征。海涯茫茫斥卤地，终身潦倒为生计。即罢既没子承当，阿干云亡弟应替。海雾濛濛〔朦朦〕春日迟，安排土具牵咸泥。咸泥牵罢运紫卤，五更出去三更归。但见海鸥伴朝夕，那知桃李春光辉。初课未完追夏来，工脚扑促廊头催。青芳竹片日捶击，蛆生两髀诚堪哀。谋求保候出图圄，朝朝又遇黄梅雨。天时不顺人事乖，借取商钱纳官府。晴来焉敢愁日长，糠秕麦饭充饥肠。脚底焦疼赤土热，灰烬汁滴琼瑶浆。赤日低下灶窝小，煎烧不暇归去早。但见暑气蒸毛骨，松阴极目蓬莱岛。中限未完秋又到，秋霖那得泥常燥。煎烧无法徒受刑，再措商钱纳完票。待看雨歇天气晴，泥坦渐扫盐花生。终朝爬罗竭筋力，念念只欲完课程。但见芦汀度新雁，空忆黄花泛蚁觥。末限催严冬又雪，况是赔逃又赔绝。手足僵颤饥肠鸣，抖搜鹑衣百千结。来朝雪霁趁天晴，寒威劈面肌欲裂。但闻朔风连夜鸣，柴门愁掩梅花月。三限才当完课办，万苦千辛几嗟叹。春往夏来秋复冬，一任年华暗中换。嗟嗟不独自辛苦，苦及糟糠戾廖妇。薰膏不识兰麝香，妆台不识镜鸾舞。夫出昼作夜归息，男儿啼饥女啼黑。拭泪吩咐儿休啼，明朝卖盐须饱食。篱竹作灯手自燃，调停夫伴儿早眠。燃灯添竹倒插壁，纺车移近眠床前。纺车声罢鸡声号，狗吠狺狺人叫嚣。忙窥檐隙低声问，商人索盐门外敲。婉词谢遣方才去，倦向床杠一寝卧。鼾齁胜在芙蓉困，梦魂不到阳台路。黎明急起供晨炊，又愁坛远夫嫌迟。操持井臼且无厌，出入身上无完衣。身无完衣何足数，作女谁不为人妇？可怜为妇归灶家，固知薄命如泥土。盐坛国法定制在，上界官塘下连海。鱼鳞相次编作团，弓分尺限敢更改？荡坛蓄草为烧煎，祖宗相传三百年。近来国法谁顾畏？开垦据作豪家田。日朘月削曷声诉，办盐岁额常如故。旧措钱债未曾还，又并初限新盐课。贫难躲避惧鞭扑，因见贫难愈逼促。东拖西欠借无方，典卖妻儿及房屋。尽数完官无卓锥，走死他乡委沟壑。野老痛哭言方辍，俾我暂闻亦悲切。忆昔永乐彭侍郎，悯灶绘图叩天阙。又闻嘉靖鄢中丞，奉恤灶例颁两浙。野老野老勿涕零，与尔述作灶丁行。即今豸台任鹾政，骢马正到东瓯城。

（蔡汝修：《述作灶丁行》。录自民国《瑞安县志稿》卷七《盐业门》。蔡汝修，字宇德，诸生，明嘉靖万历间瑞安人）

明末温州创票盐法

志坚起浙江水利佥事，会饷急，温州推官创票盐法，商大困。志坚又力陈非是，乃已。

（民国《太仓州志》卷一九《王志坚传》。按清雍正《浙江通志》“职官表”，志坚于明天启中任浙江水利佥事）

明时两浙盐引、制盐之法

两浙盐运司所辖三十五场，清浦等一十三场在苏松。嘉兴地居浙之西，而天赐一场，隔涉崇明县海面，西兴等二十场在绍宁。温、台地居浙之东，而玉泉一场，隔涉象山县海面。其杭州府仁和、许村二场，虽居浙西，场分则归浙东。凡浙东盐共一十万七千五百余引，除水乡纳银外，该盐一十万六千一百九十余引，浙西盐共一十一万四千八百余引，除水乡纳银外，该盐七万二千六百余引。各以一半折价解京，一半存留给客。浙西多平野广泽，宜于舟楫，盐易发散，故其利厚，解京银每一大引折银六钱。浙东多阻山隔岭，舟楫少通，不便商旅，故其利薄，解京银每一大引折银三钱五分。俱便灶户。

凡盐利之成，须藉卤水，然卤之淋取，又各不同。有沙土漏过不能成咸者，必须烧草为灰，布在摊场，然后以海水渍之，俟晒结浮白，扫而复淋。有沙土细润常涵咸气者，止用刮取浮泥，搬在摊场，仍以海水浇之，俟晒过干坚，聚而复淋。夏用二日，冬则倍之，始咸可用。于是将晒过咸泥，约五六十担，挑积高阜，修为方丈池，槽旁下掘成井口，用管阴通，再以海水倾渍池中咸泥，使卤水流入井口。然后以重三分莲子试之，先将小竹筒装卤，入莲子于中，若浮而横倒者，则卤极咸，乃可煎烧。若立浮于面者，稍淡，若沉而不起者，全淡，俱弃不用。此盖海有新泥及遇雨水之故也。

凡煎烧之器，必有锅盘。锅盘之中，又各不同，大盘八九尺，小者四五尺。俱用铁铸，大止六片，小则全块。锅有铁铸，宽浅者谓之金敝盘，竹编成者谓之篾盘。铁盘用石灰粘其缝隙，支以砖魂，篾盘用石灰涂其里外，悬以绳索。然后装盛卤水，用火煎熬，一昼一夜可煎三干。大盘一干，可得盐二百斤之上，小锅一干，可得盐二三十斤之上。若能勤煎，可得四干。大盘难坏而用柴多，便于人众，浙西场分多有之。小盘易坏而用柴少，便于自己，浙东场分多有之。盖土俗各有所宜也。

（陆容：《菽园杂记》卷十二。明时两浙每大引盐重二百五十斤。清初改为小引，每小引盐重二百斤）

清初永嘉场盐课

永嘉场一至五都，国初以濒海故，尽占籍为灶，灶丁一万七百九十九人，分为八扇，每扇岁坐一人征收折色盐课一千三百九十八两一钱七分，及公费商税六十九两三钱六分九厘。中分两限解纳运司，吏胥供应，悉属取给。故扇首往往困窘，多逃亡者。

我族旧充灶丁三百，每年正供盐课及公费税银共三十八两五钱五分八厘。幸食旧德，附场运解，得免一切无艺之供。但族居四散，岁坐数人征收，则悉索难，完欠不分；尽汇总户输纳，则取盈难。故强者得以推卸，弱者多致赔累。此收敛无方，而其害遂等于扇首也。

展界以来，场司未复。甲寅（康熙十三年）闽变及瓯，设官严征场课，稍有愆期，呵辱备至。士祺时会兄侄数人，承认灶丁一百五十，均于族众，照房配搭，编为十户，每户以三丁挨次轮催，催完自交场司领取库照，他户不得牵累。更造丁册十一本，并备前款，送场印记，一存本场照验，余分各户稽查。脱有顽梗，摘名呈追，万一代赔，下年可补。故时虽严急，并无逋滞牵累之患，以此也。

（张筠皋：《盐课考》。录自龙湾《普门张氏家集》）

清初迁界阖郡食杭盐

康熙二年，海禁极严，盐灶尽废，阖郡食杭盐，每银一钱，得盐一斤半，凡三年。

（清光绪《泰顺分疆录》卷十《灾异》）

清朝仍明旧制，盐课司厅在崇泰乡五都场桥。顺治十八年迁弃界外，厅圮。界展未建，税驻旧海安所民房。嘉庆《志》云：“盐课司辖团五，并征解沿江十甲荡课。”又云：“出年因本场灶地、灶丁迁弃无存，后经会同永嘉场于飞云渡内地开煎，认办课银七十七两七钱四分八厘。续经展复故址，内地各灶俱已犁毁，地已还民，原认飞云渡课银因丁多地少，难以均摊，仍令灶丁完纳。”

（民国《瑞安县志稿》卷七《盐业门》）

清前中期温州引盐、盐课

顺治十六年，题准将温所五百二十引改嘉所行销升课。

康熙十年，题准改温所六千引于杭州行销升课。十六年，题准正、票引照两淮例每引加盐二十五斤；征课，温所下则并票引每引四分五毫。十八年，题准计丁加温所千五百三十九引。二十三年，覆准温、台、宁各场招徕灶丁、增垦盐地及新涨海涂，共升课银千五百三十五两八钱一分有奇。二十七年，覆准永嘉等五场续招灶丁千三百名，认垦地十有四亩六分，共复课银一百六十两二钱有奇。三十二年，覆准双穗等五场招徕灶丁四百十有五丁，照例征课。四十六年，覆准浙江双穗等场共招复丁、地课银二十五两五钱有奇。五十一年，覆准将温所额行七千九百四十八引归入绍所，照例征收。

雍正元年，覆准长林、双穗等场认垦坍地二十五亩，招徕灶户三十八名，于本年为始，入额征课。

乾隆十八年，奏准浙江台州、温州二府属所收外输经费银，每年准其留银九千八百二十八两有奇，以为承办帑盐文武各官经费之用。其核减银二千六十九两有奇，应令造入盈余奏销册内，报部察核。

（嵇璜等：《钦定大清会典则例》卷四五。清代盐课税则有上、中、下之分，税额相差较大）

清乾隆间浙江盐政之法

初遣御史巡视两浙盐课，后以浙江巡抚兼盐政。乾隆五十八年复置巡盐御史。道光元年仍归巡抚兼理。有两浙都转盐运使，旧为盐法道，乾隆五十八年改盐运司。

（清光绪《永嘉县志》卷五）

乾隆十五年，署浙江巡抚永贵条奏：

——帑银宜令地方官监司出纳。请嗣后黄岩镇、乐清协、宁海营均会同黄岩、乐清、平阳、宁海等县具批，由道详准，给领寄贮县库。给灶之时，听营员会同各场大使移县支领。收盐照例遵用库戥，据实给发，毋许丝毫短扣，俾文武互相稽查，不敢擅行那动。仍令各县场将收发银数，随时具报盐政各道衙门查考。倘有通同捏报情弊，察出即行参赔。其帑商、程课、盐本、外输等项，亦令会同征收寄库，分别起解、支发，毋许那前掩后。

——盐斤宜令各场员会同收发。请嗣后温、台二府之各镇、协、营赴灶收盐，均令会同该场大使遵照较〔校〕准官秤称收入廒。贮廒之后，或交商领，或运乍浦，亦照例会同称发出廒，仍令该大使按旬册报盐政及各道衙门查考。

——承办之员宜定。请嗣后黄岩镇收管银、盐，改委该镇中军承办，仍照浙江提督之例，责成镇臣督察，其各处司廒巡缉、收盐之弁，俱令该副参等详明臣衙门，给发委牌以专责成。

——盘查之例宜严。请嗣后将黄岩县、黄岩场协办之黄岩镇中营帑盐，宁海县、长亭场协办之宁海营帑盐，均令台州府会同黄岩镇岁底盘查结报；乐清县、长林场协办之乐清协帑盐，均令温州府会同温州镇盘查结报；其江、浙提标中营所办银盐，责成两处提督率同宁波府、松江府结报。倘有那移亏空，照地丁钱粮之例，将会办各该文武及盘查之知府分别着赔参处，如系武员，将监盘之提镇一并议赔。其台州、温州二府，令温处道、宁绍台道盘查，崇明县、崇明场令太仓州盘查，仁和场令杭州府盘查，青村、下砂、袁浦三场令松江府盘查，倘有亏缺，亦照前例办理。

——收发商灶盐价宜彻底清厘。请嗣后各商务令先纳课程，方准领盐运销，毋许预领，先缴外输，每商领盐总以四百引为率，完足前帑，再领后盐。其给发灶价，非实在无力穷户不预行借给，乏本之灶亦饬该大使会同按月支发，先清前盐，再领后帑。倘有借欠混淆、通同舞弊，察出一并严参。

——代商放卖渔盐宜立法稽查。应请照江、浙提标之例，于大陈、石浦、石塘等处令该镇委定弁目专司经理，广为销售，预行报明立案，所卖引盐余利酌量增给饭食、公费之外，尽归帑盐余银项下报拨充饷，毋庸再行给商，亦毋许违例多卖。倘有欺隐侵蚀者，察出即照侵盗钱粮例治罪。

——缉私之法宜严。请嗣后各武职、办盐地方、收盐场灶遇有失察大小私盐之案，将副参等照兼辖官例议处，委办之备弁并照专汛官例议处，其本系专管统辖者免其重科。倘有实力巡缉拿获大伙私盐，照例按其所获起数，分别议叙，仍俟部议覆准之日，饬将各官弁、办盐地方、收盐场灶逐一查明报部。其各该沿海地方务令实力严行巡缉。如有奸民私煎、私贩，以及越境私卖者，概准查拿禀究。

——各处经费宜清。应请将各府、协、营现在所收经费，令其逐一据实开报。所有现设之巡盐兵役，虚糜廪禄者并令逐一删除裁汰。容另行查明分别应增应革，奏明定案。此外如有浮收浸克之弊，即行严参究处等因。

奉硃批："该部议奏"。经户部覆奏，奉旨"依议"。

（清乾隆《温州府志》卷十一《盐法》）

清乾隆时温盐课额

正课：每引征课一钱九分一毫一丝一忽一微八纤七沙八尘一埃八渺七漠，每年正引课价加斤滴珠共额征银一千五百一十一两五钱七分零，余引课价加斤滴珠银无定额。温郡各商于请照时缴府，处郡各商于请照时缴盐道。

程费：每引一分。温郡各商于请照时缴府，处郡各商于请照时缴盐道。

帑本：灶丁煎盐百斤，官给帑本二钱九分一厘七毫一丝，各商领买每引四百斤，纳帑本银一两一钱六分六厘八毫四丝。在掣配场分投缴府、协。

河饷饭费：每引五厘八毫三丝五忽。各商在掣配场分投缴府、协。

（清乾隆《温州府志》卷十一《盐法》）

清乾隆间玉环盐法

塘洋八灶，每灶四锅；后坟十灶，每灶四锅。

盐课：该地在官收卖每盐一百斤，价银五钱：二钱五分归灶户，以为人工饭食之资；二钱五分作经费，以为官役俸工之需（《玉环赋役全书》)。雍正十一年，奉檄每斤减价三毫，仍以二厘五毫给灶，以二厘二毫存充经费。雍正十二年，奉檄照依温、台一例行销，每斤定价六厘，仍以二厘五毫给灶，以三厘五毫存充经费。乾隆二年，奉文减价，照温所之例画一行销，每斤卖银五厘五毫，以二厘五毫给灶，以三厘存充经费，系温平八六平，九七色。

官灶：温、台玉环同知张坦熊为查复浙洋等事：详查玉环山塘洋、后坟地方向有民人在地私煎，枭徒偷贩，本欲即为详禁，但思既蒙募民开垦、添民保障，则食盐为必需之物，随经移会太（平)、乐（清）两县，取具各户亲邻族保，甘结填牌给照，一体编入保甲，着令并灶聚煎，随时通变，因地制宜，暂为权宜之计。官给本于灶，令其煎烧，官收官卖，祇〔只〕在本山卖与渔户、居民，毋许贩卖邻境陆路。每盐一斤，给本二厘五毫，每斤卖银五厘。伏思盐法虽当配引行销，温、台二府各县引票久有成额，今玉环系新开之地，自应另补课饷，但孤悬海外斥卤之区，变幻靡常，晓停不一，惟时当亢旱，滴卤可煮，亦止用食锅滤土澄水，所出仅供一方之用，不能远资邻封商贩，非比内地场灶可以设厂添盘，招商配引，请俟开垦完毕，丁有定数，比照崇明、定海，计丁派引充课征收，以为永远之例。俯赐批示，以便遵行。

灶丁：温、台玉环同知张坦熊为查议事：详查玉环塘洋、后坟二厂计一十八灶，每灶用小锅四口滤卤煎烧，涂面浅窄，出卤有限，非若内地场灶可以用盘添灶者比，又多属本山农民，煎盐交官之外，仍完本户丁粮，再若计丁加课，则新招穷民必致歇业，本山兵民食盐何出？且原议每煎盐一斤，卖银五厘，一半作课，一半作煎烧人工饭食柴薪之本，一加以丁，则工本内又须按丁加扣所有计丁加课，伏希恩免。至所卖盐银，俟官伢煎丁花名清册移送核转。又为查议事：详查玉环新展之区，兵民食盐为必需之物，塘洋、后坟二处煎丁俱系别县穷民，甫集煎烧，半完丁课，半作柴本，若按丁加课，势必星散歇业，兵民俱有食淡之虞。况查总督部院原题部议内开：“玉环孤悬海外、斥卤之区，所出仅供一隅之用，不能远资邻封商贩，非同内地场灶可以添廒添盘、招商配引者比，应将煎盐之户，取结并灶聚煎，官收官卖，除盐本外，所余者造册申报，以充公用。”是玉环煎丁难以比照内地一例按丁起课，之处已经详悉声明，似毋庸悖违原题而另行置议者也。联衔详覆拟合牒知。

（清乾隆《温州府志》卷十一《盐法》）

清嘉庆间温州各场辖境、运销

长林场在乐清县南六都地方，距运司一千三百九十六里，所辖场地东至海，西至馆头驿、永嘉县界，南至海，北至旧北监场、黄岩县界，计延袤八十五里。

双穗场在瑞安县崇泰乡五都长〔场〕桥地方，距运司一千四百九十六里，所辖场地东至永嘉场梅头分界，西至海安千户所分界，南至平阳县陡畔分界，北至永嘉县界，计延袤八十里。

永嘉场在永嘉县北二都永兴堡地方，距运司一千四百六十六里，所辖场地东至海，西至茅竹岭界，南至中界山巡检司、接瑞安县梅头界，北至宁村千户所马道江、接乐清县兰田界，计延袤三十里。

（清嘉庆《钦定重修两浙盐法志》卷一《疆域》。该志延丰等撰修，刊于清嘉庆十年）

温州所距运司八百九十里，不设批验大使。例因海运风涛多阻，不拘季分，委府经历随到随掣。该所专掣长林、双穗、永嘉三场引盐。

长林场引盐赴掣，由瓯江抵所凡九十里，所产之盐行销乐清、永嘉、丽水、宣平等邑，如有余盐，由海运至乍浦，抵嘉所配销。

双穗场引盐赴掣，其天、地、人、东四廒由瑞安外塘河、其信廒由平阳外三铺河俱经永嘉场抵所，凡七十里。

永嘉场引盐赴掣，由内河至龙湾过坝抵所，凡五十里。所产之盐行销温、处两郡，再有余盐由海运至嘉、台二所配销。

（清嘉庆《钦定重修两浙盐法志》卷一《疆域》）

清嘉庆间温州各场课额

分征课银

温州所每引派输正珠银一钱九分一毫一丝一忽一微八纤七沙八尘一埃八渺七漠，该课银一千四百九十六两六钱八厘，滴珠银一十四两九钱六分六厘。

县课分征

温州府永嘉县额征水乡银一千二百六十一两二钱三分一厘，滴珠银一十二两六钱一分二厘，共正珠银一千二百七十三两八钱四分三厘。

乐清县额征水乡银四百三十六两二钱九分二厘，滴珠银四两三钱六分三厘，共正珠银四百四十两六钱三分五厘。

瑞安县额征水乡银一百五十五两二钱四分四厘，滴珠银一两五钱五分二厘，共正珠银一百五十六两七钱九分六厘。

平阳县额征水乡银三百二十四两四钱五厘，滴珠银三两二钱四分四厘，共正珠银三百二十七两六钱四分九厘。

场课分征

永嘉场额征银七百一十四两二钱九分三厘，滴珠银七两一钱四分三厘，共正珠银七百二十一两四钱三分六厘。

长林场额征银二百七十五两八钱六分六厘，滴珠银二两七钱五分八厘，共正珠银二百七十八两六钱一分四厘。

双穗场额征银二千六十五两四钱五分六厘，滴珠银二十两六钱五分四厘，共正珠银二千八十六两一钱一分。

南监场额征银九十七两六钱五分五厘，滴珠银九钱七分七厘，共正珠银九十八两六钱三分二厘。

牙税分征

温州府永嘉县额征税银五两五钱，滴珠银五分五厘。

乐清县额征税银一两五钱，滴珠银一分五厘。

瑞安县额征税银三两，滴珠银三分。

平阳县额征税银一两五钱，滴珠银一分五厘。

泰顺县额征税银一两五钱，滴珠银一分五厘。

（清嘉庆《钦定重修两浙盐法志》卷三《课额一》、卷四《课额二》）

清嘉庆时温州各县引目

引以导盐，盐凭引售，所以利民食、杜私贩也。我朝开国之初，正、票引目共七十万有奇，嗣后户口殷繁，递有增益。

（今两浙行盐）以上正引总额共计七十万四千六百九十九引，票引总额共计一十万六百九十八引，通计正、票引总额共八十万五千三百九十七引。（二百斤为一引）

正引派额

温州所派行引目七千九百五十一引。

原额二万八百八十引。顺治十六年，巡盐御史迟日巽题改嘉所代销五百二十引。康熙十年，巡盐御史杭奇题改杭所代销六千引。除改销六千五百二十引，温所实销一万四千三百六十引。康熙十八年，计丁加引加增一千五百三十九引，共一万五千八百九十九引。康熙五十年，巡盐御史颛图题改绍所代销七千九百四十八引，温所实销七千九百五十一引。

正引分销

温州府永嘉县年销正引一千一百六十引，又计丁加引四百五十七引，内除改绍行销一千二百一十七引，实销四百引（温所掣销）。

乐清县年销正引一百引，又计丁加引一百引，内除改绍行销一百引，实销一百引（温所掣销）。

瑞安县年销正引一百二十引，又计丁加引一百二十引，内除改绍行销一百四十引，实销一百引（温所掣销）。

平阳县年销正引一百二十引，又计丁加引一百二十引，内除改绍行销一百四十引，实销一百引（温所掣销）。

泰顺县年销正引一百二十引，又计丁加引八十九引，内除改绍行销一百九引，实销一百引（温所掣销）。

余引

每年请领十五万道，销无定额。

正引配掣之外，场有余盐，额外请引若干道给商配运，尽销尽极，年无定额，谓之余引。

（清嘉庆《钦定重修两浙盐法志》卷五《引目》）

清嘉庆间温州各场灶

双穗场

在瑞安县。（宋）嘉定二年，麦生双穗，遂以名乡，而场亦是名。自飞云渡至梅头城延袤三十余里，皆刮淋地，收发帑盐，归平阳协经理，雍正六年与永嘉、长林同时题定。

旧聚团额：天字团、地字团、人字团、东浦团、信字团。

新煎团额：天字团（十四灶）、地字团（九灶）、人字团（九灶）、东浦团（二灶）、信字团（五灶）。

锅盆：三十九副（每灶锅四口）。

煎办：煎法与仁和场同。

盐斤：每卤一担成盐十五斤。

色味：其色黑，其味苦。

仓廒：天团、地团、人团、信团、东浦共五廒。

场地：本场灶地、灶丁，顺治十八年间迁弃无存。后经会同永嘉场于飞云渡内地开煎，认办课银七十七两七钱四分八厘四毫六丝二忽三微。续经展复故址，内地各灶俱行犁毁，地已还民，原认飞云渡课银，丁多地少，难以均摊，仍照旧征纳，俟有新升抵补。雍正四年起，至乾隆五十年止，共升荡地二万八千五十四亩八厘零，照例拨抵，加摊丁课，除乾隆三十六年坍没税荡五十八亩七分外，俱详载由单，与原额不符，今照现征开列：本场原额办课飞云渡南北两岸等内地九百八十亩，本场原额办税荡地一万三千四百二十三亩七分四厘九毫八丝八忽七微四纤，本场现额办课内地九百八十亩，本场现额办税荡地四万一千四百一十九亩一分三厘五毫七丝一忽九微四纤……本场灶丁八千八百二十九丁五分。

长林场

在乐清县，有两塔山，东西对峙，场署在东塔下。南为黄花〔华〕关，北为白沙岭，其间芳林、大小芙蓉等处皆开坦熬波之地，所产盐斤归乐清协收发，配销温引。

旧聚团额：天字团、大日团、小日团、永安团、星字团。

现煎团额：共十团九十五灶。天团（十五灶），地团（十八灶），大日团（十七灶），小日团（十八灶），永安团（七灶），沙角团（七灶），岐头团（四灶），盐盘团（四灶），星团（五灶），辰团（灶舍犁毁）。

锅盆：九十五副（每灶六口）。

煎办：煎法与仁和场同。

盐斤：每卤一担成盐二斗。

色味：其色白，其味咸。

仓廒：天、地、星、辰、大日、小日、永安、岐头、沙角共九廒。

场地：本场丁课于内地坦地之上按亩验摊外，其节年招徕灶丁与展复地亩各纳课税，缘丁多地少，难以一例均摊，仍照旧征办，俟有新涨升课抵补。续据温州府乐清县详称，查无新涨可抵，议照南监丁课摊于民条之例，统征分解所有。康熙六年起，至雍正二年止，除原额展复坦地外，又自雍正十一年起，至乾隆五十九年止，续后展复坦地及报升荡田地二千七百五十四亩四分四厘零，详载由单与原额不符，今照现征开列：本场原额办税坦地一千三百一十四亩三厘一毫九丝九忽，本场现额办税坦地及续升荡田地四千六十八亩四分一厘四毫二忽……本场灶丁一千九百九十五丁。

永嘉场

在永嘉县之华盖乡，场署在永兴堡。收发盐斤，归温州府经理。行销温、处二郡外，余盐接济台郡，并运乍浦，必由内河至龙湾，过坝掣发海船装运。

旧聚团额：一都股团，南门股团，北门股团，沙村股团。

现煎团额：共二十六团一百十灶。永茂团（二灶），永盛团（七灶），永丰团（五灶），永兴团（八灶），永阜团（五灶），永恩团（五灶），永昌团（七灶），永寿团（三灶），永福团（五灶），永宁团（四灶），永吉团（三灶），永庆团（五灶），永安团（三灶），永远团（三灶），永通团（三灶），永裕团（四灶），永聚团（六灶），永恤团（四灶），永常团（五灶），永增团（五灶），永保团（五灶），永康团（二灶），永源团（二灶），永清团（三灶），永洪团（四灶），永益团（二灶）。

锅盆：一百十副（每灶锅四口）。

煎办：煎法与仁和场同。

盐斤：每卤一担成盐二十六斤。

色味：其色白，其味咸。

仓廒：恤、灶、裕、课、公、丰共六廒。

场地：本场灶地，顺治十八年迁弃无存。后经会同双穗场于瑞安县飞云渡内地开煎，认办课银九十三两六钱五分九厘四毫一丝七忽七微。续经展复故址，内地各灶俱行犁毁，原认飞云渡课银于展复丁坦内均输。其余丁地相配者，将丁按亩均摊，丁地各纳；其丁多地少，难以摊加者，仍行照旧征输，俟有新升抵补。雍正四年起，至乾隆三十八年止，续升荡坦各地一万五千一百六十四亩五分三厘零，照例抵减本场加摊丁课，详载由单。今照现征开列：本场原额办课地八百五十一亩六分，本场原额办税地荡八百九十三亩六分八厘四毫五忽；本场现额办课地八百五十一亩五分，本场现额办税地荡一万六千五十八亩二分一厘七毫四丝九忽一微三纤三渺……本场灶丁四千五百二十二丁五分。

（清嘉庆《钦定重修两浙盐法志》卷七《场灶二》）

煎办：以砂铺平坛地，旁开水沟，引潮入沟，拨水于坛，摊灰于砂上，至晚则推积成堆。次日仍拨水摊晒。约经三日，方好入漏。每卤一担，成盐一十五斤，其色白，其味咸。

（清嘉庆《瑞安县志》卷四《田赋》）

清道光时玉环灶户艰辛可伤

风细渔人喜，天晴灶户忙。卤凭三日晒，网趁一帆张。出隐诚难测，艰辛亦可伤。为予靖残暴，与汝保安康。

（吕荣：《盐盘》诗。录自玉环县编史修志会编纂《玉环县志·附录》。作者江苏阳湖县（今属常州市武进区）人，举人出身，清道光八年任玉环同知）

不住山场不种田，茅蓬〔棚〕栖息海涂边。潮来顷刻溪塘满，得意生涯载卤船。

（陆玉书：《环山杂咏》之五。录自清光绪《玉环厅志》卷十三《艺文志》。作者清光绪间任玉环同知）

清道光间温州改官引为票引兼行

今日温属私盐充斥，官盐不畅销。道光甲午（十四年），郡守刘公煜请票引兼行，准商贩于各场纳课配运，凡所属水道、安隘设卡验放。年余，票畅课裕，颇有成效。民间既免食贵，而恶少灾害之风亦绝。未几，以窒碍故，仍罢，改复官引。功败垂成，良可惜也！

叶飞泉云：刘郡守初议课由商收，经费由商办。商人惧事不成，弗敢承。及票行畅裕，尤悔生焉，枭徒故智弗遂，从而讧挠。然此举益在公，损在私，今日枭盈课滞，官商交病，尤甚于前云。

（黄汉：《瓯乘补》卷一）

永嘉盐法始见道光十四年。知府刘煜化私为官，试办票盐，准民间报税卖买，设卡稽查，人颇称便，然行之未久，即复中辍。同治二年，开办官运，抽收盐厘，由知府督率场大使承办鹾政。时永嘉团灶六十九座，既又分五廒，共配二十六团，计正灶、内正灶、附灶等一百九十六座，锡盘九十八副，每副铁锅四口，征收荡额。同治十三年，检计荡地，上则六百八十九亩另（每亩征银六分六厘），中则一千三百十四亩另（每亩征银五分六厘），下则八百六十八亩另（每亩征银三分三厘），末则一万九千六百七十亩另（每亩征银二分八厘）。光绪六年，陆续报升二千三百有七亩另，每年征银共解八百三十一两另。

（孙同元、徐希勉：《永嘉闻见录补遗》）

清光绪间平阳禁革勒买食盐

钦加四品衔调授浙江温州府平阳县正堂加入〔八〕级纪录十二次冯为出示严禁事：

合邑绅□□□□□□□□□□□经、□澜、□引之、夏□、□□、□佩言、赵许业、吴琉、王元祺等呈称：乾隆年间，奸商作弊，按丁勒买食盐。嘉庆年间，义民鲍天兆上控，其弊始革，仍以田配丁，已于库串注明漕盐□□□。同治九年，方前县改漕板字，还为漕盐字，缘伊等□无他故，未敢呈控。讵故态复萌，胆敢在金镇等处分别上中下户，按户分单配盐勒索，粘呈新旧□□禁等情到县。据此，查地方诸项盐课串，系统征合解，据请于串内添注□□行，惟今年串已造就，不便更动，应俟来年造串时再行办理。至称近有奸商勒买食盐，扰民渔利，如果属实，殊属胆玩。除呈内□据□出姓名为从挐究访查拿外，合行出示严禁。

为此，示仰合邑绅民诸邑〔色〕人等知悉：自示之后，严禁按户分单配盐勒禁〔索〕，许尔等扣留原串，指名控县，以凭严拿究办。其〔宜〕各遵照。

乾隆年间同告盐案乡耆苇真；

董事潘邦恩、潘邦祉、潘正殿、□阿众、张孔桃、郑阿发、周阿□、朱财贺、刘旺同立。

光绪六年六月三十日给。

（冯德坤：《奉宪勒碑》。录自《温州历代碑刻二集》第 1139～1140 页。文中“冯”指冯德坤，字广生，江西人，廪贡，清光绪四年至七年二月任平阳知县）

清光绪间温处盐厘仍归官办

清《盐法志》云："光绪十九年，禀准温处盐厘改归官办。"先是十八年六月，温处道赵舒翘禀接奉钧札，以温溪村民夺盐滋事一案，饬即督同处州府傅守体蔡就地情形妥筹办法等因，奉此道即录札转行去。后兹据署处州府傅守泽鸿来温禀称，窃温处盐务以规复引地而言，果如各商人呈禁闽运，余则意重疏销，应归商办，以化私收厘而言行之已数十年，与货捐并行不悖，则意在使民应归官办，此事理之当然，非岐视之臆说也。至于办理之道（中略），自十五年以渔文闽而朦收闽私为私，尤以四捐统收，致竭民力为厉，当日已禁闽私，讳其复收之实而巧为渔余搭销之言，夫所谓渔盐者即闽私也，闽船托名渔盐以充浙境，非真业渔也，浙商亦即托名渔盐，以便私图，非真搭销也，始焉禁闽者为商人，继焉复收者亦商人，使贩户各能收其利，则生活如初，应感激之不暇，奈一切由商自便，费用浩繁，于是盐也本重于昔，而价随之，利归于商，而民怨之（中略）。欺朦之咎夫复何词应请更正，以符原案。（下略）十九年正月，经运使崧骏批准改归官办。

（民国《瑞安县志稿》卷七《盐业门》）

清光绪时鳌江设闽盐公栈

温处盐厘总局邹督办示略云：

平阳南接闽境，私盐充斥，场灶产卤无多。自遵旨抽厘以后，该场每年仅认缴厘捐四百千文，尚缴不足数。而闽盐入境，又无经商承办，致私伢勾通私贩囤积售卖，私定陋规，偷漏厘捐，利权为其把持，实为盐课一大漏卮。现在本道谕饬该县绅士在古鳌头开设官栈，并于蒲门之镇下关开设分栈，以期化私为官。所有闽盐入港，统归公栈收买发售，私伢不得包揽。厘捐归公栈包认，并不格外抽收。自此次招绅承办之后，舥艚、炎亭、大渔、石坪、石塘、沙坡、赤溪、铜墩、跳头、墨城、头沙、二沙、三沙、四沙各奥屿等处再有私卖私销情事，一经拿获，船、盐一并充公，贩盐之人发县严办。

（民国《平阳县志》卷十四《食货志三》。古鳌头即今平阳鳌江）

清时双穗场科则

清《盐法志》：双穗场灶丁八千八百七十五丁五分，每丁征银一钱八厘五毫。

上则荡每亩征银二分七厘五毫至四分不等，上则荡田每亩征银八分；中则荡每亩征银二分六厘一毫，中则荡地每亩征银六分五厘；下则荡涂地每亩征银一分八厘三毫，下则荡每亩征银五分五厘四毫有奇，下则荡地每亩征银五分；下下则荡地每亩征银三分五厘六毫有奇。展复下则荡每亩征银一分三毫有奇，下则草涂地每亩征银一分三厘二毫，坦地每亩征银一钱九分九厘三毫有奇；

上则荡每亩摊征丁银一分五厘一毫有奇至二分七厘八毫有奇不等，中则荡每亩摊征丁银二分九厘二毫有奇，下则荡每亩摊征丁银一分一毫有奇至四分五厘有奇不等，下则荡涂地每亩（摊）征丁银三分七厘一毫有奇，下则草涂地每亩摊征丁银四分九毫有奇，下下则荡地每亩摊征丁银四分六厘九毫有奇。

以上灶课丁地科则系据户部则例开载。

（民国《瑞安县志稿》卷七《盐业门》）

清时双穗场科额

额征解京展复课税等银二千六十五两四钱八分八厘，内除乾隆三十六年坍地缺课银一十一两七钱二厘，加乾隆三十六年至道光十二年为始新升共银六十三两一钱二分六厘，又同治四年为始新升银五两一钱六分九厘，又同治五年为始新升银三两五钱六分七厘，又新升银一两七钱二分二厘，又同治七年为始新升银八两七钱七分，又同治八年为始新升银六两六钱一分，又光绪元年为始新升银六两四钱九分二厘，又同治十一年为始新升银四两九钱四分八厘，又同治十三年为始新升银十六两四钱一分五厘，又光绪十年覆准同治九年为始新升银二十五两六钱二分五厘，又十年为始新升银三两七钱四分七厘，又新升银四两二钱九分一厘，又十一年为始新升银五两八分八厘，又十二年为始新升银六两一钱六分四厘，又新升银一两三钱五分六厘，又新升银七两一钱八分三厘，又十三年为始新升银三两八钱九厘，又光绪四年为始新升银六两一钱三分九厘，又五年为始新升银六两八钱三厘，又光绪十六年覆准光绪元年为始新升银八钱五分七厘，又六年为始新升银十三两六钱六分八厘，又七年为始新升银六两七钱六分九厘，又八年为始新升银二两二钱一分二厘，又十三年为始新升银三两六钱四分四厘，共该征银二千二百七十三两四分五厘。滴珠银二十二两七钱二分九厘。共征银二千二百九十五两七钱七分四厘。

以上额征银数则据宣统元年奏销册开载。

（民国《瑞安县志稿》卷七《盐业门》）

清时双穗场盐政

《嘉庆志》：“瑞安盐法自雍正六年以前原系商收商卖，至雍正六年奉旨动帑拨商销卖，改五包为帑地官收商卖，故额引无定，盐亦无定数。”

《采访册》云：“双穗引课，清雍正六年以前原系商收商卖，官为掣验，每引四百斤，征正课银一钱九分，外输银一钱三分三厘，岁无定额。后奉动帑收盐入廒，发给帑商领配永、瑞、平三县消〔销〕售，旋改温、处五县为帑地，官收商卖，额引无定，帑盐由平阳协收发，按给官价，温商请引在平阳协交价批兑，来场捆运出口，查验截角，盖印发给联单，每单五十引，纳正课银十两另，交平阳外输银八两，以作廒书、巡役等公费。当嘉庆年间官灶坍坏、改造小灶之时，适处商改运温盐，照市价自行收买，而温商系属官价，因此滞运。旋平阳协帑本不发，廒盐无存，温商禀请自行发价收买，准其添设小灶，灶长稽煎，每灶开煎交温商盐六十斤，仍以廒票抵兑，岁销三百余单，每单缴场外输银四两，作盐书、房工、巡役等费。此外谓之余盐，统交处商收买，不定官价，无外输银两，岁消〔销〕七十余单。其后闽私侵消〔销〕，小灶散漫无可稽核，私销渐多，官引渐少，道光十五年间改办盐票。后又改办官运，不由场办。嗣闽盐直越瞿、处，处商停止不运，余盐听其私销。咸丰五年，郡城设局收捐，场闽一律，丁贩苦沿途需索，愿照正商之例，按斤抽厘，化私为公。十年，由场查明坦灶，抽厘抵课，每斤一文。值会匪乱事，始于同治元年在天团后垟地方设局开办，岁计抽钱一万二千余串。二年五月被抢劫，另委专员办理，改场员为帮办。光绪十一年，奉准打篰，每篰连耗盐共二百四十斤，篰络在外，从宽以二百斤完厘。天团盐出运，由后垟局掣验，每篰捐钱四百文，经过帆游设卡照票。地、人、东团盐出运，由上望分卡掣验、收捐，经过大树埭设卡照票。信团盐出运，由信团分卡掣验、收捐，经过屿门设卡照票。通计岁消〔销〕一万八千余篰，行销温属，不再收捐。销处境者，过温州掣验、照票后，再由青田验捐三百文，夏河又起捐四百文，松龙又验捐四百文，合计两起两验，每篰共捐钱一千四百文。光绪十四年，温、处盐厘改由商办，四捐并成统减八折，始则禁止闽盐，运销余岱溢盐，经费浩大，商本亏耗。继则名为搭收鱼盐，实则仍销闽盐，商获厚利，民怨沸腾，每年包解厘金六万串，场盐亦在其内。又因闽盐系商人自收自捐，每篰几重至五百余斤，场盐须由客贩买卖，亦难责其照章打篰。至十九年，仍归官办，裁撤松龙验卡，除减去二百文，以一百文加于初次起捐并收。二十七年正月起，改定闽盐每篰由温州东门局收捐钱六百文，较向章加收一百文，场盐由后垟局收捐钱六百文，较向章加收一百文，青田局仍收捐钱四百文，至夏河局无论闽盐、场盐概收捐钱二百文，较向章减收钱一百文，三捐合计仍符一千二百文之数。光绪末年，每篰捐钱五百文，打篰照定章加耗略多，不准如商办时之漫无限制，大约连篰络以十八两为一斤之官秤三百斤为度，每届年关五日内，减收八折，名为恩关，商贩类多预报存，备春季消〔销〕售。宣统二年十月，详准温属上码、信团、汀田、鲍田四处盐捐由商包认，每年缴钱一万七千串。”

（民国《瑞安县志稿》卷七《盐业门·课引二》）

清宣统间双穗场盐捐由商包认

运司详，宣统二年十月初三日奉批温处盐厘总局详，改谕职商吴士宾接办上、信、汀、鲍四处盐捐，由奉批据详已悉，仰盐运使查核，饬遵详钞发等因奉此，并准温处盐厘局咨会到司。本司先于九月初五、十六等日据前办上码等处盐厘捐局议较县丞邹久成，以该职前办上码等处厘捐，奉前宪张批准六年，甫满一年即被黄大使有筠、职商张勤先后加认接办。上年王前升司任内，张勤一年期满，该职禀准仍予认办，因移经温处局，谓该职无人结保，仍以张勤展期续办。现值张勤展限年满，请仍准该职续认五年。查张勤于原认年缴一万四千串外，尚有新加钱一千二百串。又查鲍田近添盐坦一处，虽系新开，旺歉难定，惟盐坦既添，厘捐亦应加增，当此公款艰难何敢欺隐，拟每年加认八百串，连张原认、加认之数共每年缴钱一万六千串，照章按月匀闰分缴，先措洋三千元缴存司库作押，并邀同殷实商人结保等情，具禀前来本司。当以张勤屡被控告且届满年，自应改谕。查前据煎丁蔡庆南等多人联名具控，张勤苛剥丁贩，抑勒洋价，禀内有邹久成前办厘捐裁革篰费、体恤丁贩等语，方今生计多艰，丁贩困苦，库储民隐自须并顾兼筹，当经批示再加认钱一千串，每年共缴钱一万七千串，照张勤之例暂准试办两年，如公款无误，丁贩允洽，再行酌情接续办理，届期若有人愿加款承接，该职亦须照加，否则即以加认之人接办。饬据禀賫认结，及总商沈德兴与温州奚德利丝庄盖戳保结，并据缴到三千元，饬库兑收存押正具详。间适准温处局咨请已详，请以吴士宾接办，是以静候宪示遵行。兹奉批前因本局查厘课关系重要，值此财政支绌，预算不敷收捐之数，自须加增承办之人，尤虞亏短。上年邹久成禀请接办，已经王前升司批准，而温处局以未有保结虑其贻误，洵为慎重起见，今吴士宾所认之数，视邹久成岁少千串，既无保结，又无押款，且该商由黄道招来，黄道现已病故，设有贻误等弊，本司与接办温局者，皆不悉其来历，从何根究？本司职掌库储，不得不慎之于始，非鳃鳃过虑也。邹久成曾办该处厘捐，丁贩相安，包数较张勤认额岁多一千八百串，较吴商多一千串，于公家不无裨益，况有总商与温州丝商保结，又复预缴洋三千元作押，似较吴商为妥，且本司核准兑收均在温州局文到以前，银已入库列册，尤未便发还。所有上码、信团、汀田、鲍田盐厘应请准予邹久成承办，自本年十一月初一起按月认缴厘捐，其十月分〔份〕课款归吴士宾如数缴清，限令截至十月底止将局务交接清楚。至张勤有无欠课，吴士宾系承接之人，应由温处总局查明，责令清厘，以分界限而重公款。除俟奉批给谕饬接并移温处局外，所有遵批查核缘由理合将取到认保，各结具文。详请仰祈蔡核批示。经浙江巡抚兼盐政批准，试办两年。

（民国《瑞安县志稿》卷七《盐业门》）

清光绪末海安制盐改煎为晒

清光绪季年，海安地民以筑坦制盐，其利甚溥。辄于场桥浦下倒仰汇报筑盐坦九个，并于海安所北门设盐灶一座，开海城坦业之先。

（民国《瑞安县志稿》卷七《盐业门》）

清时双穗场丁课

双穗场旧额灶丁四千零七十四丁，原征丁课银一千零八十五两二钱六分七厘。顺治十八年迁弃无存，后经会同永嘉场于飞云渡等处内地开煎坦地九百八十亩，该征税银六十五两零七分八厘，配丁九百八十丁，该征丁课银一百零六两三钱三分。查此项地亩，后因奉文展界，原借内地犁毁还民，认纳前项课税仍系灶丁完纳，内除永嘉场灶丁认完银九十三两六钱五分九厘，双穗（场）灶丁认纳银七十七两七钱四分九厘。又康熙二十三年至雍正三年止，共招徕灶丁三千八百二十一丁五分，该征丁课银六百四十二两七钱九分九厘，以上除永嘉场认完外，该征丁课银一千八百零五两八钱一分五厘。查此项丁课，原无荡地配给，实系光丁完纳。雍正五年，丁归地征，奉将雍正四年报升荡地，该征银一千零二十一两八钱三分二厘，拨抵丁课外，实该未抵银七百八十三两九钱八分三厘，归于荡课摊征，俟有新升再行拨抵。嗣于雍正十一年至乾隆五十年止，节次报升荡地该征银四百五十两三钱五分四厘。又长林场新升银三十两二钱四分八厘，俱奉拨抵丁课讫外，尚该未抵银三百零三两三钱八分一厘，仍摊各则荡地征收，以符原额。

（民国《瑞安县志稿》卷七《盐业门》）

清时双穗场荡课

双穗场荡课，《嘉庆志》云：荡分十甲：列贺、风、调、雨、顺、庆、国、泰、民、安字号，额征课银二千九十五两七钱三分六厘，内原征丁课银一千八百五两八钱一分五厘，自雍正五年丁归地征，奉将报升各则荡地一万五千六百五十四亩四分四厘四毫七丝九忽二微，计共征银一千二十一两八钱三分二厘，拨抵丁课外，实该未抵银七百八十三两九钱八分三厘归于荡税摊征，俟有续涨报升详请拨抵。嗣于雍正十一年起至乾隆五十年止，节次报升荡地草涂共该征银四百八十两六钱二厘，通共实征银二千六十五两四钱三分六厘。《采访册》云：雍正四年以前，通计原丈出展复荡地一万三千四百二十三亩七分五厘九毫八丝八忽七微四纤，四年以后至光绪廿四年止，续报新升荡地共计三万三千八百七十亩四分五厘一毫七丝四忽八纤，内除坍没地五十八亩七分，共地四万七千二百三十五亩五分一厘一毫六丝二忽八微二纤，应征荡税银一千九百六十九两六钱九分五厘，又加摊丁银尚该未抵银三百三两三钱八分一厘，内除坍豁未补银三分二厘，应征前数。光、宣之间，十甲荡地陆续报升者甚众，即就天团一甲而论，亦属不少，惟亩分尚未查实，不知应征银额。

（民国《瑞安县志稿》卷七《盐业门》）

卷十二 建筑业

建筑业

汉末蔡敬则筑城邵公屿

侯姓蔡讳敬则，古永宁人，即今县名。东汉末领乡荐，后起义兵捍盗，以功授本地东部都尉，筑城划池，爱邵公屿之胜，立县署焉。

（黄思亲：《忠义庙记》。录自民国《瑞安县志稿》卷九《宗教门》。该记作于明正德八年）

西晋元康间永嘉建罗浮塔

罗浮山，西晋元康乙卯（五年）曾立浮图。至大宋元丰甲子（七年）得七百九十载，重建四圣塔。丙寅（元祐元年）冬建第二级。本乡檀越蔡仁贵、仁爽，为君考六郎、妣亲陶氏烧砖四千斤，建第二虎座。然元康之号既得于古砖，故蔡君之施不可不书。

（佚名《罗浮塔碑》。录自《温州历代碑刻二集》第5页）

东晋太宁间郭璞卜迁安固县城

瑞安县治在龙山之右、岘山之左。吴始置罗阳县，治在十二都北湖鲁

（岙）。晋太宁间用郭景纯卜，迁于邵屿，即今县治址也。历代皆因之，无所更易。

（明弘治《温州府志》卷二。晋太宁时罗阳县已分析为安固县和横阳县，安固县境今瑞安市全部和泰顺县、文成县、瓯海区、龙湾区的一部，横阳县境今平阳县、苍南县全部及泰顺县、文成县一部）

晋郭景纯迁县治，盖取旁有邵屿鳌伏，西则岘山龟浮，后则楼隐凤展，左文峰类苍龙之角，鼻水宜流，右秀岘有四七之井，仙石常掩。于以捍风涛，镇火灾。其中一街一河，状若棋枰，纵横贯通。

（明弘治《温州府志》卷一。郭璞，字景纯，两晋之际著名学者）

庙始建于公署，晋时迁署为县，改庙于东偏，即神私第。

（清嘉庆《瑞安县志》卷三《祠祀·忠义庙》）

东晋时张文君舍宅建白鹤寺

今乐清县白鹤寺，乃东晋张文君，字子雁，舍宅为之也。以仁山智水，足为幽居，傲禄藏名，卜兹深隐。始其拔俗，终乎遇仙。亭亭鹤影，西瞻而似舞如飞；迢迢鹿踪，东去而转高渐远。胜游一遇，尘迹几何？山号丹霞，寺名白鹤。松萝四合，泉石幽奇；楼殿一川，烟霞沃荡。县城东望，极于大江；岩瀑西来，落乎深涧。丛荆乱人目，香风袭人衣；猿啸急而山寒，水去忙而川睿。

皇唐之代，此寺中兴。有惟谦、继南二上德者，外擅百家，内穷三学，拂衣西上，三十余年，居京西明寺，被命内殿讲新译《仁王》等经。及武宗会昌之祀，彼二上德，振锡南归。宣宗大中之载，化缘造大佛殿，并三龛功德弥陀殿、深涉堂，相继成功，廊庑旋臻，丰厨亦备。缘归十信，门引四方。有僧伽殿、罗汉堂。星纪频移，香灯永续。槛前翠巘，曾迷子雁之踪；门外康衢，空锁绿杨之色。霁后而锦鳞濯浪，宜彗子之闲情；月明而丹顶翘松，伴高僧之出定。竹扶疏而有实，花照灼而无春；回廊而晓见孤灯，别院而夜闻幽罄。

余髫年受业，壮年游方，锡挂空瓢，囊无长物。瓶汲寒溪之浪，衣穿古渡之风。自得印南宗，盖是从来之本事；承恩北阙，乃为望外之殊私。升堂而四十余秋，继嗣而五三嫡子。於戏！当年独去，则事往人稀；今日重来，而松枯桧老。粤有坛信，征于所居，水月堂间，犹宜宴息，观音殿敞，粗称经行。或三峰未掩，乃为祖榻之祥；傥六叶重芳，实谓宗门之幸也。

时邑大夫琅琊王公崇义，名家之后嗣也，承九重之命，施百里之恩。每及禅关，访我心要，因叹此寺，独无碑铭，沉吟久之，命余序述。余宗门之首，非词人也，遂诺公之请，乃一夕剪烛，染毫直书为记。

（释子仪：《白鹤寺记》。录自明永乐《乐清县志》卷五。文中“王公”指唐天授时乐清知县王崇义，作者为该寺沙门）

南朝宋时筑安固城池

县城，南北朝时筑。

（民国《瑞安县志稿》卷十六《建设》）

安阳为邦，负山滨海，困于盗贼，于今五年矣。然而城隍不立，民无固志，未闻有兴版筑之利以安之者。阁下悯生民之涂炭，毅然以保障斯民为己任，肇建大议，四境翕从，不逾月已有嶷立之势。而公无声色之劳，民之趋事，惟恐或后，直以阁下秉至公之心，以佚道使民，志在乎民而非为身计也。此其所以利吾邦者，亦甚厚矣。然而雉继作，为役未艾，殆恐蠢蠢之徒，运土辇石，往往吝跬步之劳，遂至发人冢墓，是则深可悲耳。

（蔡景达：《上赵州判书》。录自清嘉庆《瑞安县志》卷九《艺文》。蔡景达，南朝宋时瑞安人）

唐初慧通建仙岩寺

永嘉之山唯大罗山最巨，磅礴数十里，其西麓为仙岩，《图经》所称天下第二十六福地，界永、瑞两邑。仙岩有寺，建自唐贞观僧慧通，后废。至宋，相传陈氏宅兹村，忽闻地下钟鼓声，复舍宅为寺。时有僧安愣严，常踞石说法，有虎俯听，号伏虎禅师，大启法场。宋儒陈止斋先生读书其中，朱晦翁尝来游，手书“溪山第一”表之。

兹山群峰环抱为岙，惟空其西，外通大河，内有小溪，梅潭水奔泻，往可舟，今沙石淤塞矣。寺前石坊榜曰仙岩，由石坊转入，为虎溪桥，桥之南屹然而耸者为慧光塔，昔传有银汉飞灯之异。塔东列石幢十余，故有僧舍名外庵，今废。过桥而北，则止斋先生祠在焉，前瑞邑吴门刘公畿作也。祠后高峰数十寻，翳以萝薜，望之郁然，为积翠峰。由止斋祠东徙，有沙门，有佛殿，则重建于国初镇守内臣。岁久敝坏，余兄弟经略新焉。

出佛殿东行数十武，夹植松为径，苍翠蔽亏，僧道熹面径创一庵，匾曰“丛林佳趣”，前为方丈，后为“清虚楼”，楼后骈植花卉，亭面之，曰“挹芳”，左方有旧庵，今改为安禅所。由旧庵东转折而北，有门翼然，悬晦翁所书“溪山第一”。前行数武，有古榕树根蟠崖上，重荫交翠，其下甃石为“嘉树台”，台之东引涧为“流觞亭”，水环驶流觞，仍注于池。池广数亩，多种白莲，郡丞区公益资寺僧作亭池中区，别号“白莲”，予命曰“憩莲”。历流觞涧，循岩稍北，蹑级而上，为“翠微岭”，岭侧有石如屏，刻唐吏部侍郎姚公撰仙岩铭。岭前为“仰止亭”，面止斋先生读书台。台表西岩高处有石如砥，方数丈，旁凿小石盂，注水盥手，则止斋旧迹也。

由仰止亭北行入梅雨潭。潭之东多异石，有洞如室，盘旋而通潭口，名“通元洞”。洞之背有“泽润亭”，建于少师张文忠公，潭在兹山为最胜，四顾岩壁峭立，瀑水飞洒潭中，空濛若细雨。潭口两巨岩相倚，中开空处，旧乱石堆塞，今修平为矶，名“喷玉矶”，可列坐二席，矶上对瀑，如从灶门引首自内观天也。上为“升仙岩”，相传昔有飞仙其上者。面岩俯潭为“振玉亭”，建自瑞令余公世儒。越潭之东崖，循涧而上，为“三皇井”“炼丹井”“黄帝池”，其义未详，盖幻迹云。再上为雷潭，潭深邃莫窥其底，以巨石投之若雷鸣。雷潭之上有“龙须潭”，以水悬布，故名。由二潭西登，有“白云上方庵”，僧熹所构，乃“伏虎庵”故址，庵之上为“玉函潭”，去梅雨潭凡三里许，游人率至此而返，为仙岩绝境云矣。

寺故有田若干亩及碓若干杵，嘉靖初废去，游人鲜至，即至者无驻足所，览胜吊古，罔不兴嗟。予同仲氏旸德甫图为修复，时僧熹方入定上方，因命其住持仙岩，资葺旧绪，理诸胜，视昔有加矣。夫兹山本为妙境，无攀陟之劳，有幽邃之美，自为予兄弟所治，而登眺宴憩之所，游者赏心。顾自古迄今，泉石依然，而风声流布，百世之下，则于止斋、考亭之迹有遐思焉。予兄弟修举名山，固以遂乎微好，而仰止先哲，亦将致其尚友之私哉！

（王叔果：《半山藏稿》卷十一《仙岩记》。撰于明嘉靖四十二年）

唐咸通间建大若岩灵真宫

临江道士聂立仁《记大若岩》曰："大若岩者，在温州永嘉县北百八十里，道书所书'赤水山福地'者也。"其山周回五十里，岩高十七丈，深百四十尺，广倍之。石环中虚，容光东启，居者如在屋室。大抵世言洞穴，多在幽暗险绝，必旁行仄入，莫穷其所至，篝火扪索，乃颇有见以为奇，未有若是之明爽者也。有石台高数丈，当其前，若门屏然。其北有东、西两溪合流，道岩下汇为龙潭，而南出至县。其西溪相传有赤水时出，饮者养寿。今山下多老人百十岁，而赤水不常有也。沿溪皆奇石，稍可以物象名者，若香炉、石笋、屏霞、莲花之属，凡数十处，其不可名者至多也。溪之源，有两瀑布，皆垂数百尺，一曰谷漈，一曰傅岩，傅岩尤奔怒者也。

晋永嘉中，有傅隐逸、王贞白者隐此洞，其弟子朱孺子见白犬走枸杞丛下，怪之，掘得根若犬者煮食之，身轻登石台仙去，故名其台曰飞升台，而枸杞至今丰茂异常产，来游者皆撷茹之，傅、王或云犹在，时曾有人见之。其后陶隐居著《真诰》于此，故又名真诰岩；又尝炼丹留岩中，夜晴时或望见光火煜煜然，云是丹光也。

唐时人间以水旱疾疫祷辄应。咸通七年，恩王府参军知永嘉监崔玄德始请于朝，为立祠，度道士居之，予田四百五十亩，禁樵采一里。

宋宣和三年，建三清殿岩中，赐名“广福灵真宫”。岩中风雨不及至，今若新成者。又有两殿五祠一钟楼，皆在岩中，道馆、庖库在岩外。庆元中，道士娄怀玉、王师皓知宫事，皆修治之。

入国朝，用温州道录兼领，故其徒散理别业，宫废不治。大德四年，曹渊龙始来居之，出私钱募人上垦其山，下堤其溪水，除导其湮芜，得田数十亩，益以己之私产，悉以资宫中之用，作斋堂，治凡屋之当治者，凡廿年而宫事备。天子下玺书护之，俾以其徒相传，勿敢有所易。渊龙，瑞安人，其先累世仕故宋，多至清显，故家凋丧，乃从黄冠游。至是，两被恩命提点宫事，盖佳士也。

其记如此。渊龙尝言曰：“上岩后山近一里得最高处，木石深雄，樵者至此，每闻钟磬声，相惑不敢动而去。渊龙数至其处，无所闻，然尤奇胜也。”崇仁虞集曰：此子之玄应也。为著铭曰（略）。

（虞集：《道园学古录》卷十五《大若岩广福灵真宫记》。作者元时人）

五代钱氏筑温州子城、普照院

旧子城在府城内，后梁开平初钱氏始筑。周三里十五步，通四门，内卫州治，外环以水。

（明弘治《温州府志》卷十五）

潜确《类书》：南雁荡山在平阳县，北自穹岭，南至施岩，四五十里皆雁荡也。穹岭有普照道场，五代时，僧愿齐杖锡寻访至明王峰顶，闻雁声，而平原曲径，自然天成，喜曰：此山水尽处，龙雁所居，而又屡闻钟梵，岂非西域书所谓“雁荡龙湫者”耶？因结茅其间。吴越王钱氏因建普照道场，尽以平阳一乡之赋赡之。今有钱库岭、绵坳、茶亭诸迹。

（周喟：《南雁荡山志》卷一《本志》）

普照院：刘《志》：旧《志》，在穹岭珠峰下，五代乾祐间，吴越王钱俶命郡守给僧愿齐建。

（周喟：《南雁荡山志》卷三《寺宇》）

唐宋间江心屿建净信、普寂禅院

龙翔、兴庆禅院，我高宗皇帝宠锡之地，在郡北隅，俯瞰长江中流，双峰屹立，相距数百步。昔唐咸通七年建净信教院于其西，（宋）开宝二年建普寂禅院于其东，犹旧迹也。

永嘉号为东南山水窟，孤屿中川之媚尤为胜绝。我国家靖康多难，皇帝肇造区宇銮舆南巡于兹驻跸，山川呈祥，有清辉浴光奎画，昭示无疆。建炎四年诏，以净信为兴庆、普寂为龙翔，两崖断绝，甃梁而过。绍兴七年诏，二寺为一，敕僧青了主其众。既而堧涂壅填，若有神相之。青了始篑土垒石，以隆其高，而穹门修庑，危楼邃殿，环题之观起焉。乾道丙戌（二年）海溢，城不浸者有咫，寺当江之冲，怒涛悍流，谓必一卷无遗，乃漂没毁圮、折挠垂泐者仅相半，民咸曰，吾君之灵也。郡以事闻，俾僧宗常复其故。又二十有一年，高宗龙去，鼎湖哀动，下土明年，住持僧师可崇饰御寝，力丐于朝，以其寺崇奉高宗皇帝道场，朝允其请。我先圣肇开中兴之迹，殆将昭垂千万祀矣。

（佚名《宋高宗道场记》。录自陈舜咨《孤屿志》卷五《记》）

北宋太平兴国间乐清创灵岩禅寺

按释氏书，有大阿罗汉与八百眷属，居南赡部洲。自西教东流，历数百载，人莫有知所者。

皇宋太平兴国之四载，有僧行亮、神昭，因挈瓶荷锡，共访幽奇。至温州乐清县之山乡，见西有巨山，穹崇巉崒，迥异他等，瞻仰愕眙，不能舍去。即相与因溪水之源，寻仙足而入，披榛冒灌，行经七日，遍览周视，疑入异域。然古树老藤，蔽亏天日，林巅叶隙，时见异峰，贪奇极胜，旧径屡迷。如是者浃辰，得一岩穴，稍可憩息。乃旁询耆老，至博咨乡墅，则曰："是为雁荡山，山顶有荡，不知其大小，秋多鸿雁飞集于上，馀波泄注，流为飞泉，高自云倪，悬泻数道，以是名也。传闻故老，中有龙湫，亦莫穷其余也。”

亮昭二僧，因卜栖止，乃芟萝导径，诛萧剪薄，匄未近村，鸠工刊木，辟塞发翳，殚极劳苦。逾年之后，山无遁形，岩穴之前，也平如砥，员幅千步，天设穹基，颖峰秀峦，环匝周列。但见白猿金雀，飞栖云树；藻气圆光，冠映林岭。时即有新市居人乐安蒋光赞者，资产丰茂，乐为胜事，睹兹灵境，发助诚心，遂捐家财，首构梵刹，曰亮与昭，住持伊始。

后于广藏中，得古禅月大师贯休尝著《罗汉赞文》，至第五《诺讵罗尊者篇》中有：“雁荡经行云漠漠，龙湫宴坐雨濛濛”之句，则是山也既名雁山，而龙湫在焉，然后知南瞻部洲罗汉所居即此山也。至道中，太宗至仁应道神功圣德文武睿烈大明广孝皇帝，命中贵人裴愈采风吴会，亲访灵迹，届此山中，叹异如等，而以御书五十二轴赐之而去。自是四方缁侣闻知稍集。至今上咸平中，有僧正因具状其事，抗表上闻，以名为请，翌日降敕，赐额“灵岩禅寺”。

自太平兴国己卯（四年）岁，行亮、神昭经始之，厥后光赞、正因修饰之。中间神昭既逝，行亮力募坛信，增严佛乘，塑像范钟，廓堂安众，门宇宏敞，厨库精至〔致〕，而光赞之子曰文浚，嗣成先志，又舍钱百万，鼎新堂构，益加轮奂。至是凡四十年，为屋百余间，费钱五百万，由是灵岩能事大备，东南之山寺石尤绝者，必首推焉。

（郑向文：《灵岩禅寺碑记》。录自明永乐《乐清县志》卷五。据同书载：“灵岩禅寺去县东一百二十里，在山门乡雁山东内谷，宋太平兴国四年，有僧行亮、神昭挈瓶荷锡共访幽奇，得岩穴名安禅谷，二僧居焉，后新市人蒋光赞者舍资业建梵宇。”郑向文，时官温州通判）

北宋元祐间永嘉国安院建千佛塔

有宋温州永嘉国安院之东南隅，辟地剪榛，僝工斫石，建一大塔。塔高有百丈，九层六面，面镌贤劫如来像合一千躯，复镌释迦、多宝二佛并座分身佛等，盖表法华踊现之缘也。得白金镂成浮图十所，殿一区，安二尊像，多人刺手指血，合书《妙法华经》若干部，又散拾古杂经品帙不全者得数百纸，皆藉以函复閟诸地宫。经始于元祐五年庚午中春，逾周岁而成，费钱仅百余万。若输钱信士、劝道高僧，由一缗而上皆名于碑。尝有愿言以申鄙志，别刊乐石，庶存不忘。恐时代浸远，复书岁月以识之云。

六年孟夏句堂僧处平题。

（释处平：《国安院建塔碑》。录自《温州历代碑刻二集》第5～6页）

北宋政和中瑞安迁建县学

崇宁元年，有诏郡邑皆立学，置师弟子员，锡以饩廪，校其行艺而升贡之，所有作人之意甚盛，天下鼓舞，有司奔走役事。瑞安为温之支邑，庙孔子于县治之东，而迫隘不足以容多士，邑人病之久矣。会闻诏，亟徙于南江之滨，山川风气散漫不收，潮涛泛滥，墙宇圮坏，神人靡宁。邑人愿复故址，数请于官，弗听。

政和五年春，具以告郡守刘公，从之。于是邑令蔡景初为之规画，而丞张宇发实领教事，乃斥旧址，广袤三倍，撤昔构之卑陋者，易瓦木之腐败者，凡为重门、两庑，殿以严像，设堂以肄讲习，庑为斋以处学者。累屋为阁以储经史，高明深旷，为一方伟观。落成之日，三献如式，稚耋和会，瞻仰称叹，邑之子弟来学者日益众。

（许景衡：《温州瑞安迁学碑》。录自《横塘集》卷十八。文中“刘公”指刘既济）

南宋乾道间诏复能仁寺

乾道七年，臣逮被命守永嘉郡。道雁荡山，见大梵宫号“能仁时思荐福”者，高甍巨栋，包源亘壑，若可容数千人。入其门，殿阁岌岌如将压焉，堂下草深尺许，突无炊烟，浮屠才六七人，皆尫羸聩躄。闻新太守至，扶曳出户。臣愕眙久之，问寺所以废状。六七人前曰：“寺故名能仁，山川绀宇之胜甲于雁荡，当其盛时，至日食千人。寿圣明慈太上皇后母弟太宁郡王请以为奉先之地，加赐今名，然未尝身至寺也。豪僮黠隶之往来者幸其主之远，凭藉声势，并缘为奸，伐木于山，取禾于廪，惟意所欲。浮屠相率而去之，其不去者非老则病，由是十五六年之间，寺日以毁，众日以散。某辈且死，遂无复人矣。”臣闻其言而悲之，将有请于朝，顾念便殿临遣之意，专以救荒为职，他未敢先也。事才两月，诏以太上皇后命，除“时思荐福”之名，复为“能仁”。诏下之日，一郡老稚欢呼抃蹈，若人人受上赐者。夫以元舅之尊专一兰若，虽僮奴横恣如前所陈，其事至微眇也。永嘉崎岖山海间，去帝所千里而远，蕞尔浮屠氏之病，何由而闻于上乎？闻于上固难矣，何由而闻于太上者乎？何由而闻于太上之中宫乎？幸而可闻，察不察未可知，汉孝武皇帝母王后终不知其弟武安侯之短猥，曰：人皆藉吾弟，此人情之常也。今乃发德音，述慈训，卓然出于古今常情之外，非尧舜之道、姜任之德能如是乎！

天下之利病，生民之休戚，若远若近，若大若小，其有不闻者乎？此寺之所以病非一岁也，浮屠未尝敢诉，官吏未尝敢言，是何也？成事必不易也，小事必不省也，事关贵戚必不行也，不惟不行，且得罪。明诏既下，则皆相视思服，然则天下事有未尝诉，未尝言，而曰：吾不敢者，非愚则诬，皆圣世之罪人也。

浮屠从瑾，永嘉学佛者之所推，能仁既复，臣即以从瑾主之。未数月，缁流四集，塔庙一新。请以诏旨刻诸石，臣因纪其事以彰德意之美，以志官吏之愧，以示后人，俾之勿忘。

（曾逮：《诏复能仁寺记》。录自明永乐《乐清县志》卷五。能仁寺，宋咸平二年僧全了建。四年，赐名承天寺。政和七年，改号能仁）

南宋淳熙时重修乐清县治楼

乐清县治有楼二：外楼揭县额，建大鼓，以一吏民之视听；内楼以藏敕书及簿籍案牍之备检索者。外楼以熙宁癸丑（六年）令葛均逢始建，距淳熙戊戌（五年）一百四岁，梁桷整固如昔，惟盖瓦阘损，以故榱椽板槛就弊腐。内楼以熙宁戊申（元年）令刘均握始建，较外楼之成相去不远，而挠侧惟其过者踞栗惧将压焉。邑人曰：“葛长官摄邑事，适有木筏漂遗海浦，葛取以建惠政桥及外楼。其材良，故久不蠹。内楼之材取邑所产，易蠹而速坏。坏而葺屡矣，终不支。”

余始至，讶县宇之陔弊不治，而二楼尤甚。日谋鸠材备费。以外楼之功力为易，属主簿田均亟修之，更覆饰如新建。撤其西壁，代以轩槛，则箫台、白鹤二峰相对若拱揖。公馀与同僚登焉，民之休戚好恶，耳目可接，乃榜其室曰“省俗”。以戊戌正月告毕。众以阴阳为忌，是岁之暮始修内楼。次年上元即落成，大书敕训刻置其中。其北为同僚宴坐之所，榜曰“内观”，使登楼者因睹敕训则思自省而知警戒焉。旁列大牍以藏吏案，专局以司其出入。

余谓缮葺之不易如此，其创建之初尤费经划，岂可使葛、刘之名湮没不远传。拂尘三叹，详其岁月，以示后来。二楼之额，皆前令王均传所立，时为绍兴辛酉（十一年）。王之政，至今人诵之不置。而额未尽损，有请易之，不敢从。鼓楼之款勒，盖祥符壬子（五年）令丁均巽所创。虽更冒非一，其志隐然，好古君子有可观者。旧有壶漏，绍兴辛巳（三十一年）令徐均森命龙泉季南容制。铸以铁，不可用，遗器犹存。此虽细事，皆关邑政，敢不缕书。

（袁采：《重修县楼记》。录自明永乐《乐清县志》卷四。作者字君载，浙江三衢人，隆兴元年进士，淳熙五年任乐清县令。文中葛均逢、刘均握、丁均巽的“均”字应为“君”，因避讳而改）

南宋嘉定间温州江心等寺为江南名刹

嘉定间品第江南诸寺，以余杭径山寺、钱唐灵隐寺、净慈寺、宁波天童寺、育王寺为禅院五山；钱唐中天竺寺、湖州道场寺、温州江心寺、金华双林寺、宁波雪窦寺、台州国清寺、福州雪峰寺、建康灵谷寺、苏州万寿寺、虎丘寺为禅院十刹；以钱唐上天竺寺、下天竺寺、温州能仁寺、宁波白莲寺为教院五山；钱唐集庆寺、演福寺、普福寺、湖州慈感寺、宁波宝陀寺、绍兴湖心寺、苏州大善寺、北寺、松江延庆寺、建康瓦棺寺为教院十刹。

（田汝成：《西湖游览志馀》卷一四。文中“教院五山”缺一。作者明时人）

元初重修仙岩塔

重修仙岩塔记

番禺释廷俊撰

承事郎温州路同知瑞安州事前进士朱文霆篆额

仙岩擅安固之胜，寺南向屹大浮图，实侈一方瞻敬，而部勒山川气象。唐大中创厥始。宋宣和堕寇烽，日铄霜蚀，亭亭一土聚，凡二百余白尸者，熟视莫克缮。（元）延祐五年，长老寂室致蕴未至之三日，霄汉夜飞灯悬塔杪煌煜，里闾争指目为佳兆。既至，喟曰：“是塔弗严祈，氓敬日弛，矧兴葺实所任。然寺芜已久，图宜惟先姑置。”徐议其可。至顺元祀春，谂于众曰：“寺幸就绪，塔兴斯其时。余将罄羡储，极劬勩先之，尔众尚克相我事。”议乃合。耆宿智期、子嘉、宗舜概纾帑宣力以佐，徒属或研金刺血濡毫书《妙法华》，裒镪济费，邑人安骰儿、戴宗善、涂文益款门首有舍捐，惟是施金麇至，伎巧骏奔，鸠材范金，货埏饰像。经始夏四月，越三稔成，为费若干缗，为级七，为高三十七，翚奂赫奕，荡心骇目，见见闻闻，善种何莫由兹以萌，功利其可既。昔觉雄氏睹古朽塔于荆棘中，岌岌若土堆，泫然涕泗下，解所衣覆之，俄顷光明赫然出塔上，时人天百万，与瞻仰者咸证果。众启厥旨，觉雄氏语曰：“是塔七宝所成，诸如来神力持之，宁有坏相，以众生业果故隐耳。”吁！古朽塔不遭觉雄氏，终莫发其隐，愚亦谓仙岩之所成就者，微师畴克尔耶，是庸（为）记。

至元四年戊寅结制日立石。许叔永镌。

（释延俊：《重修仙岩塔记》。录自民国《瑞安县志稿》卷二十五《金石门上》。文中“结制日”即“结夏”，释氏以四月十五日佛成道之辰，命众僧念经结戒，后人谓之结夏，谓戒五浊暑湿之气也）

元后至元中平阳建太平归元禅寺

平阳有新寺曰太平归元，其规模雄杰巨丽，环邑之境，唐宋以来列刹皆未能或过之。元后至元中，邑长者吴君良佐之所创也，其为事甚伟，而其为力亦勤矣。今四十有五年，吴君卒亦十二年，于兹而未有登载，其子常、孙平，若恐来者不知所自，爰砻石介镇抚谭君济翁求予为之记。

吴君素好施与，每岁夏秋之交辄发粟周其乡邻。尝造舟飞云渡，廪篙师，操以济往来者。买地一区县北，构亭其间，殡不能葬者。既而自谓此足以行吾义，未足以率人为善，且吾侪生长安乐于太平之世，皆上之赐也，愿藉佛力以报焉。而县之西雅山之下，其地冲爽以居佛诚宜，于是以至顺壬申（三年）夏，度地八十余亩，夷高而增卑，堙洼而支陁，使平正如一。遂以后至元己卯（五年）秋八月乙未兴役，中为大佛宝殿，四阿崇三十有六尺，益其尺十四以为广，深视广不及二尺，左右翼之深广如之。殿之后法堂，祖师祠、侍者寮居左，檀越祠、首座寮居右。法堂之后观音阁，又后为茶堂，为方丈。殿之前山门三间，门东门西翼以夹各二，为维那知客之寮。夹之东西各一楼，东楼构经一大藏庋焉，西楼范铜为巨钟悬焉。门之外台门，台门之前为放生池，其上为梁，其前树扶阑，又前列七成〔层〕浮图，而其数如成〔层〕，皆美石为之。左右庑各十有七间，自法堂属于门中，左庑为伽蓝祠，而庑后曰库厅、曰行堂、曰厨院在焉，曰东庵、曰仓司又在其后。中右庑为会善祠，而庑后曰旃檀林、曰选佛场、曰照堂在焉，曰西庵、曰湢圊又在其后。殿而方丈，方丈而门。外至于台门，内至于庖湢，与夫作役之舍屋，以间计通百有六十有八。凡事佛之仪物，奉僧之器用，制所宜有者罔不精备。而穹垣厚础、修术崇阶称之，木石、瓴甓、钉灰、丹漆、匠佣之值为四十万五千缗，为米九千八百石，佛菩萨、阿罗汉以至护法天王之像设悉涂以黄金，为金百十有八两。以至正乙酉（五年）春二月甲戌讫功，而比丘智通实始终效其劳。是秋，迎致逆川顺禅师主之。又割田千二百亩为恒产。敕赐今额，定为十方禅院，仍下玺书护持，则明年夏四月也。帝师亦锡吴君号“正心德大阛悟居士”云。

尚论其世，盖有元丰豫之际，于时郡邑间厚积之家百倍吴氏、富埒封君者固多，皈心真乘、喜施不靳者亦未尝无之，名蓝上刹方兴土木之功，捐十金资之，以田数十百亩助其不及，则自以为轻财好施，而人亦与之轻财好施之名。观吴君独力自任以济登慈，风斯下矣。自昔为浮图氏建大寺、市大田，非王公则戚畹也。吴君一布衣男子尔，十余年而能为王公戚畹之所为，此其材且智为何如！抑闻之，寺落成之日，吴君年未六十，即置家事不问，作楼四楹于方丈之西垂，入处之，焚香默坐，阅月逾时不出户，二十载犹一日。年八十有四，一日，阅《般若经》终卷，遽入室延寺众语之曰：“老居士且行矣，幸大众称扬佛号。”诀别合掌，随众称扬而逝。夫离俗去智，究竟生死，伟特如是，岂非所谓知施实相，起慈悲心，发愿回向，具足方便，成就无上菩提佛果者与！孰得以造寺功德为人天小善，有漏之因而议之哉！常等克念父祖之勤劳，汲汲焉求文昭示寺僧，使知创始之不易，而相与保守于无穷，亦可谓贤孝子孙矣。

（苏伯衡：《平仲集》卷六《太平归元禅寺记》。作者字平仲，金华人，官翰林院编修）

元至正间平阳修筑选真寺

赐同进士出身将仕郎建德录事孔克表拜撰并书

敦武校尉温州路平阳州判官燕京孙篆额

平阳郭南行百十里，有山曰鹏山。层峦逶迤，隆然回抱，河流萦带，林壑茂美，彭氏世居之。从彭氏之居西北行三百余步，有宫一区，其榜曰选真寺，为苏邻国之教者宅焉。盖彭氏之先之所建也。故制陋朴，人或隘之。彭君如山奋谓其侄德玉曰：“寺，吾祖创也。第厥度弗弘，不足以示竭诚哉。吾幸不坠先人遗绪，愿辍堂构之馀力以事兹役，汝其相吾成。吾祖有知，将不胜其志之弗获承于地下矣。”德玉应曰：“诺，敢不唯命是共！”乃圻故址，致木与石，聚群艺攻之。崇佛殿，立三门，列左右庑，诸所缔构咸既底渎。无何德玉即世，君釁焉且曰：“吾侄已矣，吾事其可已乎?”则又饬材经工，用济完美，演法有堂，会学徒有舍，启处食寝有室，以至厨、井、库、廪、湢、圊之属，靡不具修，都为屋若干楹，轮奂赫敞，视于初有加矣。既而又曰：“嘻！斯役之造，吾惟先志之弗克承是惧，非惠徼福田利益也。今兹幸遂孱功，惟祖考之灵其尚于兹永妥哉。”于是即寺之东庑作祠宇以奉神主，又割田若干亩，赋其金，用供礼飨，而委其藏充寺之他费焉。继德玉而相于成者，君之孙文复、文明、文定、文崇、文振也。今年春，文明来道建寺巅末，且征文记之。

噫！世之为子若孙，保有祖父之业，幸弗荒坠，难矣！其有润饰而光大之，盖千百而一二得焉者也，矧又能肆其力于堂构播获之外乎！今观君于建寺一役，尚惓惓焉绍扬先志若此，则其世业之克昌，概可知矣！其享有寿祉，宜哉！予嘉其教思之不忘也，故为纪建寺之绩，而君之美因牵系得书。君名仁翁，如山其字。今年实至正十一年一月十五日记。

（孔克表：《选真寺记》。录自《温州历代碑刻二集》第 917 ~918 页。作者字正夫，平阳人，官至翰林院修撰兼国史编修官）

元末平阳修城

城南陈君顺民，素以材武著。早以帅府檄千夫长督义兵镇横江南，寇不得渡。乃檄劝为国家宣力，不得已，起而赴命。谓谂不面长石，不足为远虑。北之万全塘久堑，夹水崩塌，已非民便。佥俞之。由是乃帅十乡民兵数万，分地输送，外浚隍濠，内增甃筑，凡雉堞楼橹，一举而新之，巍然为一方之巨镇，可以威外侮，壮国势，虽金汤不是过也。犹虑间有他变，父子昼夜劳瘁提督，期岁而告成。州民方危大敌将至，而老弱欢庆。

（孔旸：《谢千夫长陈君顺民率缮州城序》。录自平阳《陈氏家谱》。该文撰于元至正十六年正月，作者为赐进士平阳州同知）

明初温州官署之制

公廨正厅三间，耳房各二间，通计七间。府州县外墙高一丈五尺，用青灰泥。府治深七十五丈，阔五十丈。州治次之，县治又次之。公廨后起盖房屋，与守令正官居住，左右两旁，佐贰官首领官居之。公廨东另起盖分司一所，监察御史、按察分巡官居之。公廨西另起盖馆驿一所，使客居之。此洪武元年十二月钦定制度，大约如此。见《温州府志》。

（陆容：《菽园杂记》卷十三）

明初王铭增筑温州城

王铭，字子敬，和州人。……洪武四年，都试百户诸善用枪者，率莫能与铭抗。累官至长淮卫指挥佥事，移守温州。上疏曰："臣所领镇，外控岛夷，城池楼橹仍陋袭简，非独不足壮国威，猝有风潮之变，捍御无所，势须改为。"帝报可。于是缮城浚濠，悉倍于旧。加筑外垣，起海神山，属郭公山，首尾二千余丈，宏敞壮丽，屹然东浙巨镇。帝甚嘉之，予世袭。

（《明史》卷一三四《王铭传》）

乃上奏曰："臣所领镇，岸大海而控岛夷，城池楼橹因陋就简，非独不足以壮国威，率有风潮之变，抑将何以御之。势须改为，臣敢以闻。"报下，以七年八月缮城，而陶甓甃之，延袤三千余丈，高视旧益三之一。既崇饰雉垛，改作各门层楼，使宏敞壮丽，与城相称。又每若干步为敌楼三间，环城之上凡五十余楼。以八年十月浚濠，自南门至东门，以丈计之一千而赢，其深与广皆倍于初。又创二堰闸，曰南关，曰堰头，为蓄泄之限。以九年十月增筑外垣，首起海神山，尾属郭公山，为丈二千有奇，其高与阔各十有二尺。由是海水纵暴，患不及城矣。

（苏伯衡：《平仲集》卷三《王铭传》）

明宣德时平阳重修梅峰涌泉寺

离金乡卫城西二里，折而南上，重阜绣错，危障壁立，峻岭一线，□岩□石，陟绝顶见林棕葱茜，下数十武拾级而上，有一禅院。赵宋元丰二年，有善诚禅师插草开山，时有转运副使彭权舍地为址，以其□□石罅有泉涌出，水旱不竭，故名“梅峰涌泉”焉。其左有□巍然□起，上有石浮屠七级，其下白乳流出，曰玉乳泉，右有弥勒瞌睡峰，盖以形言也。其南卓立巍然超出群伍者，钵盂峰也。涌泉之下山环而南，右转于前，若衣敛右衽，其阳髯松万株，嘉木千章，以来青挹翠也。东□诸山尖，为波回浪涌，献奇挺秀，忽云气生中，初如肤寸，渐弥壑谷，须臾有风雨来，扫去无迹，屠苏数楹覆道上，盛夏施冷泉于假息行旅者也。由岭前去，递有降升，至少鹤一舍而远，方见人烟聚落，其四围胜景如此。师既化去，年岁浸远，传其衣钵者与夫葺缀，无从可考，然而境界敻绝，无资产养众，故大方云水难以驻锡缚禅。而讫宋元之世，主法席者蔑闻焉。

内附圣朝洪武年间，法席久虚，惠泽在院，扶弊葺圮，守香□□□□者□。永乐戊子（六年），失戒于火，遂致焦土。明年，玉林禅师僧灵鹫念名蓝之故迹犹存，而祖师之遗焰未续，毅然以修旧起废为己任，仍照□因□□而□□□不副焉，于是攻苦刻苦自励，铢积寸累，创法堂重屋以感动州里，得费正真等施主为倡，遂攻石累土，成大觉之殿，前辟三门，夹以左右两庑及观音弥陀之殿，□崇垣以周缭，□□□以固□，□□□□其□□□□以饭众僧，为资力不继而辍作矣。

适会浙江都指挥许公按行部内，将往蒲门，道由院前暂驻节钺，师出迎，间问及建院之由，师对□□□□□□，□令人归第取私资以赍之，由是所在藩翰县佐与夫幕府官僚，暨千百之长及旁近之好善者咸悦佽助之，而雕镂抟换，诸佛、世尊、天神、阿罗汉、金刚，像设缨盖、床□幡幢，金碧辉煌，丹漆涂暨。既而灵山一会，如天降地涌矣。公又烬赀寺《内典》五千四十八卷，舁至法堂上重屋中，以方函五百余庋之几格，丹碧□之外尚各绘一佛像以镇之，复为架四联左右以便翻阅抽出，匾曰：“毗卢华藏□□”。殿东盖□□、丈室及后堂、僧堂、斋堂、库院暨横小轩。丈室之前降一级，盖屋三楹，揭为□□，为退职之居，前有方池□功德之□□□之，后原有二小塔，其两旁隙地缮二楼，悬钟置鼓以□晨昏，□宜有□□次其□□为一一成之，使得爰□爰处而相与讲其所传者也。

乃宣德己酉（四年），其座下此心师领牒回院，克赞厥事。岁庚戌

（五年）三月，许公复视师海上，以简阅士卒等务按金乡卫，师以事竣告，公诲之曰："吾为天朝勋臣，任寄方岳，在诸阃之上，今四海宁谧，虽夙夜匪懈，所事自分涓埃以报称。曩思佛乘有大报恩之典，且忠臣以事其君者，无所不用其极焉。今吾不吝己之资以成厥事者，非为一己之私，是欲致景贶以报国家，余无所冀也，尔其念哉！"师退而识之，不敢怠，既请裁文刻石以志之。（下略）

（季德基：《梅峰涌泉寺碑记》。录自民国《平阳县志》卷五六）

明正统间乐清县建白沙新城

浙左温郡乐清邑，远在东南海角，县治三面薄山，东西二水，夹县市而出，水暴溢湍悍，不可为城郭，无以保障居民。设有警，则讹言相惊，不遑宁处。侍郎焦公、御史高公偕巡按御史李公玺，躬临省视，筹议备御之方，主事曾翚、参政张珂、宪副王豫、佥宪陶成各竭乃心，赞辅谋画，按《图经》、采舆论而审决之。佥谓："县之南鄙，稍折而东，乡曰白沙，海口沙碛平衍，无沮洳陷溺之险。永乐中，寇尝泊舟登岸。并海有山曰凤凰，山之麓地且宽广，宜置城守以遏其冲。"复视允契，于是审方定位，大集夫匠，斫石于山，陶甓于野，抡材于四邑，旁及括郡。委府同知徐恕总督程工，守海指挥王政兼提督其事，通判吴寅、推官宫安佐理供办，属邑则分官以听约束。肇事于壬戌（英宗正统七年）腊月初吉，明年三月讫工。城周以尺计四千四百，环之以濠，为门四：东曰新镇，西曰永安，北曰清平，南曰定乐。门之上建重屋以谨斥堠，屋于雉堞之间，凡二十有八，以严徼巡。城内分画街衢，中建公廨，列营于左右，调发官军居守。既落成，老稚胥庆，咸谓自今得安于衽席之上矣。恕等造淮敝舍，征文勒石垂示将来。

（黄淮：《介庵集》卷五《温郡乐清邑白沙新城记》。作者字宗豫，号介庵，永嘉人，官至户部尚书。据清光绪《乐清县志》卷三载："后所新城在县东三里，旧后所在磐石卫西南。正统七年，侍郎焦竑、御史高峻奏徙永康乡，城周围四百丈，垛五百六十，门楼四，窝铺三十六，吊桥四"）

明成化间平阳重修仙口寨

钦差总督浙江备倭都指挥佥事张勇为重修仙口寨记

朝廷既忧东南滨海之民数为寇盗抢掠，乃于人烟辏集地方建卫立所，设官分职以统驭军士，以保障斯民，尤恐卫所相去隔涉，万一有警，则声息不通，而策应弗及，故复于沿边要冲之处增置堡寨，就于卫所调拨官军轮番哨守。凡遇警急，则狼烟药炮，声气相接，卫兵既存，救兵复至，是以寇盗不敢侵犯，斯民得以安生矣。

温之平阳，有地曰仙口，实滨海要冲也。曩者立寨调军，与仙口巡司民兵相兼备御。奈其地僻在一隅，前辈宰制大臣罔有亲临提督，以致垣圮房塌，鞠为草莽。虽有官军至彼，不过散处民家，虚应故事而已。成化之初，上以海道不宁，皆由兵备废弛，简命都指挥佥事张公勇以总督之。公既受命，不惮劬勚，遍历海隅，一旦至于麦城，目击该路口之寨有名无实，愀然不乐，亟谋兴修，以平、瑞、沙园三千户与是寨为接境，乃市材食于平阳、瑞安，鸠工力于沙园，檄委温州卫指挥佥事朱君瑛董厥事，各所官属遵奉惟谨，于是材食以聚，工力以至，夷高而增卑，划芜而刮秽，周围筑石墙以丈计者四十有五，中构厅堂，以间计者三，厅之左右盖厢房为间各七，砌造坚完，泥饰完好，厅堂则官处之，厢房则军居之，食于斯，守于斯，金革以鸣，器杖以列，焕然一新，耸人瞻听，诚可以御侮而保民也。竣事之后，总督张公复往观焉，向之愀然不乐，今则易为泰然以安矣。适予致政家居，平阳千户冯君春砻石请记其巅末，一欲彰总督张公之用心，二欲彰挥使朱君之效劳也。

予惟国以民为本，民以兵为卫，非兵则斯民不安，非民则国本不立，卫所墩寨之绵亘，夫岂徒为观美而已哉，并欲官兵外攘寇盗，内保民生尔。民既安矣，盗既息矣，四方无虞，一人有庆，其在是乎！乃因一寨之修而并言卫所建置之由与官军设立之故，使享世禄而食民饷者咸知所以事其事也，是为记。

时成化十三年龙集丁酉仲秋彀旦。

赐进士嘉议大夫广东等处提刑按察司使致按察使政平阳吕洪书。

永嘉城南王□□（属石）。

（吕洪：《重修仙口寨记》。录自民国《平阳县志》卷六四）

明弘治间重建沙园千户所

沙园实金乡卫属所，与大海洋密迩，自洪武初年即已开创，城之中设立公署，岁久为风雨蠹坏，虽屡经修葺而随复倾圮，不足为经久之谋。然此盖由乎督役者图其功之易成，而不计其事之难久故尔。公按斯土，即命掌所事指挥同知刘琦专董其役。刘能以公之心为心，一秉至诚，首捐俸金为士卒倡，次即募富饶之家暨侵据军营者量力出财，为工廪木石之费，即故址为厅堂五间，翼以耳房，厅之后有燕堂，燕堂之左右有二轩，厅之外有仪门三间，仪门内有东西廊各一十二间，为掾人、书办之所，他如庖灶湢圊之类，亦皆次第而成。经始于弘治辛酉（十四年）八月，毕工于是年冬十二月，易卑陋而为高明，转狭隘而成壮观，俾数十年之废坠成于一时，其功可谓大且速矣。

（赵谏：《沙园千户所重建公署记》。录自明弘治《温州府志》卷十九。文中“公”指林廷选，时任钦差督理兵备副使）

明弘治间重建海安千户所

海安在东大海洋之滨，为温卫属所，枕金、磐而接平、瑞，山寇海夷出没不常，实一方唇齿之地。唇齿失利，则腹内之民亦为其所扰而不安矣，非有城池甲兵以抵防之可乎！当时既立所筑城矣，非有公署以居官僚、肃部伍可乎！旧有厅堂及燕堂诸室，岁久为风雨蠹坏，凋零倾仄，殊无足观，深为有官者所耻。典斯任者欲更新之，第以费用浩繁，茫无所措，乃其〔具〕废兴巅末之由申请于卫，卫亦弗敢自专，复申请于钦差督理兵备宪副三山林公廷选。公可其请，即召本卫军正指挥同知陈璠为之会计区画。陈能听命惟谨，即亲抵其地宣扬公意，期于必成，严立法程，用杜侵克，作正厅五间，翼以耳房，作燕堂一间为退食所，燕堂后作楼房五间，高明爽闿，非特可以玩物适情，亦可以收贮兵甲，使不致弊坏，诚一举而两得也。外作仪门七间，东西两厢各五间，百户所、镇抚司各三间，大小适宜，无不备具。谯楼以居钟鼓，易于所治之前，所以警朝暮也；坊牌以耸观瞻，立于谯楼故址，所以镇武威也。城内旧无公馆，视所治西原有空地，即为市材作室数楹，其规制略如建所厅之仪，俾卫之出守者有所寓。肇工于弘治壬戌（十五年）仲秋之初，迄工于是岁季冬之末，以工食计之，大抵军士出一而官僚则十倍焉，官僚出十而尚义之家又十倍焉。费虽多，弗吝也；力虽劳，费辞也。一日千户张武、施春暨督役之人臧池等过谏谓曰："兹役之成，虽出于群下之本心，实由宪副公作兴于上，委任得人，斯有以致之，岂易事哉！先生幸为记之，庶可垂示永久而取信于将来焉。"呜呼！公由名进士为侍史，历升今职，廉威之声振肃遐迩，以故向之妄作者，今皆闻风敛迹，孰敢复起揶揄之念哉！谏生长是邦，去其地为不远，知其始末颇详，故不敢以老疾辞不为之执笔。

（赵谏：《重建海安千户所记》。录自明弘治《温州府志》卷十九）

明弘治间重建瑞安千户所

瑞安旧无千户所。元时，温州路万户府每岁春夏分遣各翼千户至其地，互调镇守。国朝洪武二十年，信国公相视沿海地方邻于倭夷，奏请立卫所以防不虞，瑞安有千户所自兹始。城池昔固有之，以县在焉。所治设于县之东南隅，岁久渐坏，虽正厅岿然独存，往往为把总、指挥者所据以临，盖亦以公馆未之有也。

弘治壬戌（十五年），指挥刘鼎乃具事之巅末，请于兵备宪副林公。公可其请，檄温州卫长事指挥同知陈璠善为区画。陈受命惟谨，虽公事，又不欲赋于下，四诣其境，集军士饶于资者谕之以礼，申之以急上之义，以故军士交相激劝，发橐出金，自具梓埴铁石之材，爰即故址而屋之。厅后有堂，崇视厅少让，广称之。夹堂有东西序，其镇抚司、百户厅、东西庑、仪门、碑亭、土地祠以次而成，完美坚致，焂然改观，且不浮于度。

又以旁之隙地为公馆，堂如所之制，其余视所缩三之一，工物亦随之。肇工于是岁十月，竣事于交年前二日，此其大凡也。署所事指挥陈钦乃具事状，速芳文纪其成。

（蔡芳：《重建瑞安千户所公署记》。录自明弘治《温州府志》卷十九）

明成正时重修永嘉惠日寺

枫林惠日寺，在永嘉楠溪乡，相传创自唐先天中，锡额名焉，而尤盛于赵宋之世。元季乱作，毁于兵燹，莽为榴翳柧虺之区。僧文献号坦庵善诗者，急图复之，而力未逮。

我国家洪武元年，僧大因展拓故基，结茅为庵居之。宣德乙卯（十年），僧道果号懒庵者，鼎建正殿、仪门及法堂。曰：“后此，当有绍而兴之者”。正统丁卯（十二年），晓庵、惠显偕其徒德鼎，重建山门及钟鼓楼。历岁既深，而剥落欹倾，日滋以甚。今住持智澄忧之，益崇其道，益厉其行，慧悟诚笃，以感孚其乡之人。众亦倾意向往，其乐施欣助者，鱼贯而至，且尽出资以足之。于是凿石于山，陶瓦于野，市材于郡城。群力奏技，不督以勤。于凡旧所树者，罔不葺理；今所宜有者，罔不完具。而方丈之室，栖禅之所，东西廊庑，外内庖湢，下至钟、鱼、鼓板、幡、幢之设，整然一新。丹雘之绚烂，貌像之庄严，悉有以炫人心目矣。自成化癸卯（十九年）迄于正德癸酉（八年），前后三十余年乃克迄工，所费若干万缗，其可谓劳焉耳矣。

智澄，大姓徐氏子，天石先生六世孙也。族义叔公亮号碧筠者，实从更其事。智澄自具始末，谒余纪其成。夫佛以虚无为宗，以慈悲为德，驾宏博阔大之言，以神其因果罪福之术。而究其指归，无非劝诱愚俗，以耸动其善心耳。国家所以弗斥其教，有由哉！凡名山异壤，鲜有不为佛刹所宅者，实贵于传续之得人，其不致陨坠也。如慧日者，其东为笔架峰，其西为芙蓉崖，前对伏虎，后枕石庵，泉石清奇，林壑幽怪，而山水之佳，最于枫林，使非起寺之废，其昌足以当其胜哉？智澄持规守度，表率其徒，其徒若玄纹、玄绍者，亦刻苦自饬。兹寺当弥久弥盛，而所以广资福泽，祇祝国禧无穷期矣。是宜志之，俾后之居于斯者，有所视则感发焉。

大明正德八年冬十二年望日。

赐进士及第朝议大夫两京国子祭酒前翰林侍讲同修国史经筵讲官兼修《会典》《通鉴纂要》官邑人王瓒记。

城南王九瑜书篆并镌。

（王瓒：《惠日寺记》。录自张卫中等编《王瓒集》卷三《诗文拾遗》）

明嘉靖间筑泰顺县城

泰顺为瓯之西鄙，接壤闽括，重山回谷，实为深昧荒僻之地。景泰初，剧寇平，因创县治、制官署邑里而已。越八十载，丹徒丁公瓒来守温，既宣德绥闲，上孚下豫，兴学筑馆，役民以逸。顾瞻兹邑，询所疾苦，父老张琏辈进曰："山邑苦无捍蔽，虎狼时入攫人，昏晓无敢启扃，夜不得火作，窃全亡命之徒婴巢走旷，剽蹂出没。曾无一堑之限，用是户口滋耗。"公叹曰："鸟兽垒土，细民用藩，建邦设险，而可无城乎！"以谋诸僚，储别驾日宗尝白于上官矣，以邑小费巨难之。公叹曰："必若斯言，则粤不变俗而瓯无闳丽也。"乃建议曰："泰顺介于三疆，平居易于伏匿，多事最先被寇，曩闽寇入境敛手受掠，公私之费奚啻巨万，使捐万金城之，域民丰财，扼险威远，所获已多，矧费又不及是乎？《传》有之曰：'财散民聚'，又曰'均无贫'，兹将按籍料民分作，受方食力于官，薄厚称事，俾工无弗鸠，役无弗平，城何难之有？"进议于兵宪党公、分守黄公，咸曰善，交赞之，乃列上监察端公，报可。乃列上大中丞胡公，报可。以白诸省部，皆亟可之，遂如议行焉。

度城凡九百丈，邑凡十有八里，里凡十长，俾长各率其十夫咸建五丈，官日廪之。倍资募工，取石于隍，因山为墉，其高若厚咸为二丈，隅架八楼，方辟四门，东曰通瑞、南曰通福、西曰永安、北曰拱恩，水关三，粉堞八百。望之岩岩奕奕而将将焉，费白金仅五千余两，城之妨民庐者偿之又三百两。城始于嘉靖庚寅（九年）春三月，凡十有五旬而毕，不愆素规。是役也，高二守美受成统帅，而平阳丞熊炳，是邑尉邓镠先后相劳。于是士民踊跃观叹，谓微丁公，兹终荆棘乎！吾侪优游朝夕，永保有家，可忘所自哉！邑今汪瀚承公之功，申公之志而乐在职司也，伐石请记。

按《春秋》诸侯城缘陵，城楚邱，凡以避寇难也。岂不重民力哉，以为筑凿之劳愈于寇攘之毒也。今城泰顺，制阻于冲，虞患于暇，所谓一劳久逸、暂费永宁者欤！虽然当城久矣，而必待丁公抑岂无由？区财者须夫才，立功者须夫公。博谋均力，协于上下，兹非其公乎；发帑以集之，纲纪以齐之，兹非其才乎。奋才秉公，树此嘉绩，守者弗替，居者弗缓，记之不亦宜乎！城成之岁，公进秩按察副使，仍备兵温处，代守者良乡赵公云。

（叶式：《新建泰顺城垣记》。录自清乾隆《温州府志》卷二八。据清光绪《泰顺分疆录》卷三《城池》："嘉靖六年仍有矿寇之害，赖典史邓公镠督捕，贼势始清，时通判储公日宗按县招抚，邓以县城请，谋于知府丁公瓒，上其议，当道可之。九年，发帑银五千余两，委同知高公美总其事，邓董其工，后知府赵公锦复给银八百九十两有奇，工始竣云。"）

国家统一寰宇，率土重臣，乃申郡邑之制，严城守之防，以为卫民弭盗计，而于要害尤甚焉。泰顺在瓯西鄙，北闽壤而藩于浙，诚所谓要害之区也。顷岁家君教兹土，余自浮邑转留漕取展省，则见夫山势百折，邑据上游，当东南之冲，盗出入必由之。又峦嶂层叠，易于藏慝，自山海寇发，而此地被害尤剧，非无城也，城卑且堙，不可以缓急恃也。

岁己未（嘉靖三十八年），岭南区君来为邑大夫，甫一月，倭寇自桐山流突，邑中惶惧，君谕以信义，戒以勿虞，民翕然思奋，遂崩山伐树，增木城，设敌楼，号召乡之民人调度守务，乃选精兵，遣义士，督率分地，设伏邀截冲击之。寇既退，君曰："今日之事天幸耳，《易》称'王公设险以守其国'，汝泰之城若此，可保无虞耶？"佥谋所以加增之。于是乡之士夫张璁、曾申、董培，弟子生员林一道、江光明、鲍桥、陶治臣、鲍梧，耆老胡浩、鲍弦，义士胡琬、潘铨、彭琮集通邑粮里老江山王良铭、曾一贯等，周遭勘视，君条列其事，上之抚按藩郡，咸报曰可。乃计徒庸，揣高低，底广狭，发公藏，参以己俸，鸠众播和，宵维夙戒，缘旧增新。地轴山旧盘据于外，谓其形势所关，拓而围之。水关故流反注，于堪舆家为未利，因导注回绕。缺者补之，坠者葺之，高加旧址为尺六七，广加旧址为丈九十。门楼雉堞、城屋竿橹、内外马道咸将将翼翼、屹屹亭亭，非复昔日之雉矣。经始于壬戌（四十一年）之春，而告成于秋。邑之士大夫暨小民咸欣欣然，庆藩篱既固，而生生之奠永无虞也。太学生胡子佩等乐观厥成，走书币千余里征予言以记绩。

噫嘻！予于君何言！夫君寇之来也设略御之，寇之去也增城御之，其德与功固泰之人身濡而口诵者，又何待予言。虽然，予侍家君时时获见君商榷世务，凿凿可施于理，曩予待罪浮梁，亦常有筑城之举，予固知君为最深，而又审是举之不易也。顾宁无一言以彰盛美为胡子答耶？予阅郡乘，详泰之邑建于景泰壬申（三年），然邑而未城也。泰之城筑于嘉靖庚寅（九年），然城而未崇也。非崇非城，非城非邑，凡吏与其士夫岂不虑此，顾因循无敢倡议者，诚惮于规营而虑始之为难也。今君独为所难，民不扰而事以集，且兴役于累寇之后又难之难者，君视以为易，不狃一时之胜而因以成永久不拔之功，谓其才之练而虑之远者非欤！君以仓卒应变，绰有成算，诚无赖于城矣。君无赖于城，城乃由君而增，则凡后之凭城为守者，孰非有赖于君也。君行将珪璋明堂、钟吕太庙，非泰所能久淹。然泰长有城在，则泰长有君在也，矧咽喉是据，险要有守，寇自东来恐挫其锋，寇自南旋恐摄其后，而闽浙之区亦赖而得以帖然矣。君之德之功，岂独见于一方而止于泰之人濡且诵哉！君讳益，字叔谦，莅邑三载，百废举兴，文学吏治声称籍籍，增城其一事云。

（萧奇勋：《泰顺增城记》。录自清光绪《泰顺分疆录》卷十一。作者莆田人，其父萧桂嘉靖间为泰顺县学教谕，作者曾来泰探亲）

明嘉靖时陈氏建樟岭城堡

（上缺）鼎建斯城，爰阙四门，盖有由来。稽我祖自宋卜居峃川樟岭，基址崎岖，日深岩岩之惧；泉源壅塞，时切滔滔之悲。历元至明，野寇扰攘，民无以宁，念君门万里，争无可告。兹当嘉靖庚子（十九年），谋诸族众，捐资赴省，欲奉部饬，筑斯城堡以为一族之障也，而谁知谋与愿违。越乙巳（二十四年）初，再奉部饬，仍与愿违。至丙午（二十五年）春，再三恳切叩辕拜饬，始领部命。历数年间，不辞劳苦，不惜费资，始于丁未（二十六年）季春之日，竣于己酉（二十八年）孟冬之初旬，历数年之经营，庶几幸免无虞。而谓城堡之筑也岂浅鲜哉！后之子孙，睹此城堡之作，当念先人为其所当为耳。

时大明嘉靖二十八年岁次己酉腊月　日。

陈氏族众谨立。

（陈氏族众：《樟岭建筑城堡记》。录自文成《樟岭陈氏宗谱》。该城堡其时位于瑞安县樟台乡樟岭村，长五百丈、高二丈一尺、厚一丈，置四门）

明嘉靖间重筑乐清县城

夫有国家者，厚下安宅，深根固本，莫大乎附民；而虑危于安，图艰于易，莫要乎诘兵。长子之固，不如晋阳附民也；河阳壁垒，一朝变色诘兵也。故有无城而固，有城设而不用，礼义之为干橹强矣，尊俎之以折冲远矣。虽然，介胄易虎兕，而袒裼则惴于蚊虻。春秋绝郑虎牢以失险，溃莒以城恶。兵也者，上守而贱战者也。设险守国，重门待暴，固古之制哉！吾乐负山濒海，自昔无城，国初因山为险，城其南偏，其后也水啮之，则城磐石卫以为外城，而邑之城遂废。永乐间，倭寇至，乃以师缀卫，而潜师入邑，于是又城后所以为外城，塞邑之南，屯戍棋峙，累叶晏然，城之力也。然国家之制，常大治舟舰，斥远水寨，寇来与决海上，不以及城，岂区区画地守哉。兵既久戢，船寨一切不治，仅仅城守，寇狎弗畏，于是诸屯戍不复为邑用，而邑城始复议矣。

嘉靖壬子（三十一年），寇纵劫海上，邑人骚然无藩篱之固，邑侯杨君钥日帅壮士，暮夜号戎于郭外，露居蓐食，民保其慈，寇畏其整，邑以无事。御史林公应箕过而嘉之，既而曰：“劳矣，盍城诸乎？城必周。”乃按故牒，得前令欧阳君之议，议如国初而稍斥其南，以纾水患，民便之，而或虞其弗周也，议久之不决。于是大中丞王公忬提兵至，曰：“因地之险，仍古之制，从民之便，可弗务乎！”乃与守巡顾公问、谷公峤、巡海李公文进，暨郡伯龚公秉德、倅黄侯钏、（别驾）何侯洛、熊侯梅（等）上下原隰，周爰咨诹。而我杨侯受以从事，遂以其年某月经始，明年某月告成。高二丈四尺，袤二丈二尺，带环于南，珥属于东西，东西之山旋绕而北，嵚岑戍削，若增而高，溪流萦合，若浚而深，崇台星列，长桥虹跨。稍食均，故士不病，分功得，故财不匮，章程立，故役不淹，百世之固于是乎在，非群公訏谟远筹，提衡于上，我侯鞠躬徇国，奔走于下，曷臻斯之烈哉！

（侯一元：《乐清县城记》。录自清光绪《乐清县志》卷四。据同书，“该城其门三，当溪为洞为水门而翼以四寨，守稍设矣”）

明嘉靖间瑞安增修沙园所城

闽进士署瑞安儒学教谕事怀安王希

瑞邑泰激纂

沙园所城在飞云江之南涯，本安固十六都榆本浦，地接域昆阳，向为□□屏翰，因明洪武二十年，信国公始请建所筑城，调兵守御倭寇。城制：周六百三十二丈，高二丈伍尺，厚一丈至一丈四尺，广一百三十八丈有奇，袤一百三十八丈许，城门四，水门一，敌楼十二，窝铺二十二。阅百有七十载，修圮相寻，大都粉饰其故，靡有远虑者。岁嘉靖壬子（三十一年），海寇登昆阳，后乘潮水入飞云江，孤城悬危，戍卒单薄，上下震恐，主簿凤山王侯，厉气鼓众战，力拒于□□，寇犯既循去，于是修筑之图不容缓矣。

越丁巳（三十六年），总戎磐石霞山梅公视军行部，侯具白于公，公辄谕之：“议请帑钱以佐兴理。”侯曰：“帑钱诎于□费不兴□，奈何？”

遂谕："志于众，悉欲输其月饷。"侯曰："请饷后期，缓不及事矣。予欲捐资以倡□□。"众遂翕然向风，乐输其积者凡八十余人。鸠工匠，辇砖石，侯则夙夜匪懈，周详精密，毋苟日□□之图，众亦矢心举事，务为坚致，以树久远之计。□□旧制之单者崇而高之，狭者益而广之，敌楼□□防了然，诸凡关切于御侮者罔不极其壮固，弥漫涂塈，屹然峻整。时启闭，谨盘诘，禁□□以严其令；利戈矛，选锐勇，足储蓄以裕其守，桑□有□不□有成□先事矣。

越戊午（三十七年）夏，寇复犯境，江南之民望城而窜，老幼妇女率数万计，□□之处安抚有方，虽众弗扰。寇乱经月，屯驻飞云渡上，恣为荼毒。侯躬督众而守，相机而征，屡俘首馘。寇知有人，薄城数四，莫敢仰视而去。明年己未（三十八年），寇且至，民亦□止。□戊午众率视处衽席，寇亦相戒勿犯。由是合邑子民如戴二天，齐誉侯德矣。且惟沙园庶士而已，惟侯梅公竭诚，不务□□，上有好仁，下必好义，众□□□□耳。

斯役也，距经始以丁巳孟春月丁卯日，竣事以戊午季秋□□日，合縻费三百余金，上不烦于公，下不费于众，钱不浮于役，工不愆其期，遂成一方保障。榻城门之额，东曰宁海、西曰留晖、南曰仪凤、北曰拱拯，水门曰敷泽，咸有轨度，匪惟足以司出入也。海氛甫靖，旗校诸老具状□□诣余请识侯绩，不佞乌敢为文，□□惟侯之心急于绥众，故劳□而不以为厉，众之心不忘侯德故颂焉。而修城为防，一举而二美具，可以观人和矣。人和则本固，本固则守坚，由是而敌忾御侮，岂余事哉！且余闻侯之理沙，立纲陈纪，济弱助强，号令修明，威惠并著。葺公□之废圮，抒借办之役困，浚濠□□，御灾兴利，井井有条，他日当特书以垂来世者，斯石之立，城门之纪略耳，于侯奚多。

侯名激，字子忠，号凤山，□□聚山后兴州人。永乐十六年任本所副千户，□□璋父讳锦，世有□□。侯以嘉靖戊申袭前职，三□军政例上考视，所篆武弁之翘楚也。输资□劳诸耆老，于义当附书云。

嘉靖庚申（三十九年）季春□巳后一日。（下略）

（王希：《增修沙园所城纪绩碑》。该碑现藏瑞安市文物馆）

明嘉靖时高岱记修永昌堡

余与永嘉王氏育德、阳德兄弟，盖未举进士时游秣陵定交矣。嘉靖庚戌（二十九年）育德与余同举进士。阳德屡举未第，岁己未（三十八年），礼闱将试士，阳德不至，余问之故，育德云："族被倭患，兹与乡人议城堡为守，不获来，俟堡成，子为我记之。"越明年庚申，育德以状来，索为记，无何，予改官藩史，卒卒南下也。又明年（四十年），事稍间，乃追纪其事云。

按状：永嘉场在温州郡城东七十里许，东瓯海，西南北阻山险，居民煮海为业，皆著籍灶丁，场延袤五十余里，居民栉比鳞次，多贵族，王氏尤称著姓。自嘉靖壬子（三十一年），两浙被倭寇以来，郡邑多残毁，惟兹乡稍能防御，即寇来不敢深入，时败衄去。戊午（三十七年）夏四月，寇乃大至，王氏率乡人御之，今赠太仆寺丞王公沛、赠太仆少卿王公德皆死义，众大溃，寇益猖獗。自是寇至，众皆望风奔匿诸山谷间。寇所至焚劫无遗，庐井萧然矣。寇退，民汹汹行泣煨烬中亡宁居，当时育德方以使事家居，与阳德聚族人而谋曰："脱寇复来，何以御之?"众曰："二公且殁矣，谁敢御之者。"曰"徙居何如?"众曰："家族坟墓数百年于兹矣，且何所非寇，徙将安之?"育德兄弟曰："然则当筑堡为耳。"众乃大喜称便，又招诸族姓人议之，诸族姓无不大喜称便，遂上其事守令暨藩臬诸连帅，皆嘉奖之。时育德使事竣，当还京，阳德又将偕计北上，众曰："二君皆行，堡事将安属哉?"阳德曰："所为仕者，将以建尺寸少裨益国家生灵耳，今家族不自保，仕将何? 且场民多逋，盐策将废，额课无所自出，所损于国良多也，即得他守一官，此非国事乎!"遂与育德曰："兄弟往，王事不可缓也，吾当辍试事以就此役。"于是相得。

二都地爽垲，且适场中，乃即其所为堡城，遴选族子弟暨里人之能者分董其役，经始于戊午冬十一月，至己未冬十月城成。城周广以丈计八百六十有奇，高以尺二十有五，厚半高之数，甃以石门，水陆各四，城外环河水，四面引二水贯城中，楼橹、雉堞、衢市、梁井无不斤斤备也。

堡既成，众谓巡检司在近地，动迁入堡中以总齐诸务良便。育德乃疏于朝，得报可，遂迁之入，以堡扃钥启闭属之。乃立社仓，缮器械，以次修举。是役也，费白金以两计者六千有奇。初议敛资于地，丐助于官，以时绌，所得才十二三，余皆王氏兄弟捐私帑为之。嗣是寇谍知城守固，不复来侵，兹乡之民迄今得宁宇矣。

嗟乎！若王氏兄弟岂不诚豪杰士哉！是不可不纪其事以传。然余因是而窃有感焉，夫永嘉一场耳，王氏兄弟力任其事，遂能建不拔之基以垂子孙无穷之利。国家自有倭寇以来，南北遭蹂躏者十年于兹矣，中外文武将吏无虑数千百人，竭帑藏，暴师旅，竟不能底永嘉之绩者何哉？此其故余能言之，夫王氏所以罹家族之难也。地无可迁，事无可诿，势不得不为子孙久远计耳，使国家任事之臣，视其地与其民，皆如王氏兄弟之视其家族，则亦岂终于无成哉！

虽然，集事以才，倡众以义，王氏捐帑资，辍试事，经画综理，咄嗟而办，此其义与才固近世所希睹者。吾闻欧冶铸剑，方其发硎也必试之吹毛焉。纤纤绝也，乃售之剑客，则陆剸犀兕，水断蛟龙何难焉。今王氏兄弟蒸蒸向用矣，城堡之役非其试吹毛者乎！他日剸犀兕，断蛟龙，则旗常竹帛具在也，余何足以知之。育德名叔果，由兵部郎中晋参楚藩议，阳德名叔杲，官驾部主事，诸子弟与有劳勚者，皆附书于碑阴。

（高岱：《永昌堡记》。录自清光绪《永嘉县志》卷三）

明万历前温州府县治沿革

温州府治居斗山之中，左华盖，右松台，仁王峙其前，大江环其后，相土启宇肇自晋太宁间，历唐至元悉仍故址。旧治在西南隅谯楼大街正北，即今卫治也。洪武元年郡守汤逊改建于西南隅教场之东，为今府治。嘉靖戊午（三十七年）秋，两廊、仪门火，郡守郑铭重建。

永嘉县治在东南隅遗爱坊。晋立永嘉郡，隋废郡改为州。唐上元二年置温州，立县治在州治东一百余步华盖山之西。宋泰定间县令赵汝抡徙治于丞厅。嘉定间县令陈倬再徙于郡之行衙，即旧皇华馆，续又修旧郡治居焉。元至元间以县治为织染局，二十七年复以旧皇华馆创县治，二十九年改为廉访分司，县徙于旧酒务。元贞元年毁。大德元年县尹孙允汶复为县治，七年尹王安贞重新之。延祐间尹何玉重建。皇明洪武元年仍旧为今治。成化十八年知县刘逊重修。

瑞安县治在邵屿之旁。吴时罗阳县治在北湖鲁岙，晋太宁间迁今址。历代因之。宋初以前创修莫考，至端拱间邑令何慈始葺新之。宣和间毁后相继增创。庆元二年邑令留寅建门楼。嘉定庚午（三年）令许与裔建大厅、琴堂。元至正乙未（十五年）复毁，时以方氏据郡，官属草创视事。皇明洪武己未（十二年）县令王泰建正厅、仪门。癸亥（十六年）令魏本建大门、官舍。己亥（永乐十七年）令吴从义建后堂、穿堂。嗣后成化、弘治间废建不一，如谯楼、狱禁、榜亭盖屡废屡建焉。嘉靖丁酉（十六年）令吴铎重建谯楼，仍于大门内西建清军厅。万历癸酉（元年）令周悠奉文改创正厅，增建赞治、受善二堂。

乐清县治在翔云峰下，建自晋宁康二年，唐历宋皆因之。元至正壬辰（十二年）火，甲午（十四年）令宋彦宠重建。皇明成化十三年令徐颐复鼎新之。宋令周邠、袁采有记。

平阳县治在南门。晋太宁中置，唐宋仍之。（宋）绍兴间邑令郑颛重建屋凡一百四十间，雄壮甲于两浙。嘉泰初火。开禧二年汪季良复建，有《爱民堂记》。景炎三年淮军乱毁。元至元十八年令周忠重建厅堂、仪门、两庑。元贞元年升县为州，守孙�于厅后建公溥堂。皇明洪武二年后改州为县。十六年火，令糜性善复建。永乐间飓风屡圮，惟厅堂存。宣德九年县令章惠建县门、仪门、东西庑、公溥堂。成化七年令陈金重建正厅。弘治四年令王约重修仪门。十三年令杨楷重修厅堂。岁久复圮，万历二十二年令朱邦喜重修正厅及建迎宾馆。

泰顺县治在凤凰山下。皇明景泰三年立县，令郭显宗、主簿徐福昌同建。成化十八年令黄德龄重创仪门。弘治七年令范勉修葺，仍建戒石亭、吏舍。嘉靖四十二年令区益重建正堂、后堂、土地祠。隆庆间令王克家重加修葺，规制颇备。

（明万历《温州府志》卷三《建置志》）

明万历初何钫重修金乡卫

金乡卫者，介瓯、闽之交，去邑南几二百里，汤信国公所设以备倭也。久而备弛，戍卒病于暴露，猝有警，无足恃。于是条便宜，筑二石堡，屹然为一重镇，使后之为邑者率能缮完，则犹信国之远虑乎！

（娄坚：《学古绪言》卷一二《淮王左长史何公墓表》。何钫，字子宣，江苏常熟人。明万历二年以举人谒选，授平阳知县。金乡卫地属平阳县）

明万历初王世贞记旸湖别墅图

瓯之山自西来，沿江而下，其一枝入于江，断而复起若珠连者，曰九斗山，郡城据之。其一枝自朱浦分，亦西行可数里为二小枝，折而南，凡东西岙二，总名曰旸岙。岙之水自西南来者，曰雄溪、瞿溪、郭溪，为里四十而遥，南山折之，汇而平为湖曰旸湖。当旸湖之前，突起两峰，其高逼汉峰，顶有台曰吹台，或云其先子晋吹笙地也，亦名吹笙台。旸岙之东麓，则吾大参王公阳德别墅在焉。其三垂皆山，吹台前耸，俯临湖，湖之中宛然而洲者曰浮碧；墅之后清泉悬崖下，虢虢入溪，环堂而流，坐其中若斋舫焉曰湛然堂；堂之后，迂径而东有轩焉，从瓯之异卉木于庭曰众芳轩；又东有楼焉以当山色，初阳承之，松竹如沐曰青旭楼；轩之后修竹万挺，循竹而西北有径四，曰四时，其卉木如其时。

公为诸生，未几而荐于乡，一再屈南宫即不出，隐而读书其间甚适。峰上碧千仞，而湖下碧千亩，朝暮之异态，晴晦之异状，寒暑之异姿，皆悠然与公会。而公亦悠然会之，得其流峙之旨以成吾德，得其潜植之用以成吾材，得其风行露润之华以成吾文章，盖业益就而公不得久为湖山有矣。公为备兵使者，以功晋今官，犹治兵事。经略之暇，时时过余山园，辄停盼久之。一日慨谓余曰："以吾墅之壮，不能望子园，然吾墅无待，而子园有待者也。虽然昔子有园而无主，吾时时能代若主，今子园有主矣，而吾墅未有主也，吾将归矣，其主吾墅矣。”余笑曰：“公欲归，天子其即归公耶？以余之为时厌也，与公之不能厌时也，皆理也。抑昔贤有言：‘居廊庙而不忘江湖。’彼岂谓其遽能江湖耶，姑寓其所以不忘者，毋使廊庙胜之而已矣。”公欣然悟曰：“善”。乃命黄生为之图，而属余记于首。

万历丙子（三年）夏六月太仓王世贞撰。

（王世贞：《弇州山人四部续稿》卷六一《旸湖别墅图记》）

明万历间瑞安学宫之制

今学宫之制，后为明伦堂，前为先师庙，庙之前为两庑，为戟门，为名宦、乡贤二祠，为棂星门。门之外跨街为坊，坊外为登云、步月二桥，令人环桥以为来往。寅申来水，聚为一字方塘。政对棂星门中堂之左右，为两斋堂。之后左侧为经史库，右侧为祭器库。其中累土为山，山上为敬一亭。折而东，为文昌阁、为启圣宫、为博士宅、为青云街、为儒学门。栋宇嵯峨，垣墉坚厚，黝垩丹雘，焕然改观矣。

（傅道淮：《瑞安县改建学宫疏复水法纪复碑》。录自清嘉庆《瑞安县志》卷九。该文撰于明万历二十九年四月。作者晋江人，举人，万历二十五年任瑞安县令）

明崇祯间筑乐清黄华寨城

国家边防之设，而尽久安之计，其道有二，曰要与豫而已，要则扼险而守，以一当百，非是不足以制胜也。豫则先时而图，以暇应卒，非是不足以销萌也。若瓯濒海而国，东溟之阻与夷共之，尽地置戍，击拆得暴，无处不虞，而黄华一镇尤为温郡要地，岛夷入犯必经之道。岁在壬申（崇祯五年），守者弗戒，寇得间焉，猖獗内及，村落为墟。既已藉韦君古生之力捍御泛扫，稍得休息矣。当事者嘉其绩，擢君守备是地。周视险阻，策其长便，请于前兵宪梅梁祉公，筑为土堡。盖值物力方绌，未敢遽然请城也。

癸酉（六年）冬，石虹许公奉敕书备兵于瓯，以推诚治，循名责实，严督诸将校分曹属士，水陆盛兵，常如寇至，至辄迎击有功，于是肤功屡奏，边海晏如。而又亲履诸镇，相厥要害，谓吾郡兵汛之防尤重东北，东北之冲无逾黄华，门户之键不严，何有于堂奥，则往事之失也。遂陈牒抚台，请易土而石，首捐俸入一百金为之倡。庶僚闻之，踊跃趋助。公悉举而属之韦君。君固长才，优于综理，而尤善体许公之意。以财之缩也，故土石之材因之瓯海之区，至有冲鲸波、入虎穴而不辞者矣；以民力之不可重用也，故畚插之力因诸短褐之士，兮甘绝少，至有犯霜露伤肌肤而不敢称怨者矣。而又躬亲版筑以励倦勤，时出私橐以资犒赍。不出六月，百堵俱兴，仅费金五百有奇，而屹然称一巨镇矣。城成，其高之以丈计者三丈，其厚之以尺计者十尺有五，其所延袤而以里计者。回峙随山而增崇，俯溟渤以下视，其上有楼可以眺远，其下有机可以御敌，郡人望之莫不以为锁籥既严，震震可免，讴吟歌舞而祝公者咸倚为袵席襁褓也。海寇望之莫不以为言言仡仡，此中有人落胆折谋而詟公者，且骇为神力鬼工也。

总之，许公以百姓为心，而韦君以许公之心为心，众兵士又以韦君之心为心，故一呼而立应，不日而告成。公之为吾瓯计者，真可谓据地之要，得时之豫，不传舍其官而奠是邦于覆盂之安者矣。工既竣，韦君砻石属予记其事，且问名焉。期，部民也，从父兄子弟之后而席公之庇，则请从父兄子弟之志而名公之城为许公堡云，而记其伊濯匪棘之迹如是也。《诗》不云乎："王命仲山甫，城彼东方，仲山甫徂齐，式遄其归。"今天子一日闻公功大，畀之方叔、召虎之任，则斯城也又公之绪余矣。是役也，大中丞喻公帷筹运量于上，海防黄公、司李贺公，永、乐二邑李公、刘公相与协力劝相于下，中坚何君三捷、把总范君羽望申令董事，皆致有劳绩。而考厥成者，参戎赵公也，并书之以志不朽。至若近地效义士张某等则名书于碑之阴。

赐进士出身江西布政使司、前吏部郎中、郡人周应期顿首拜撰。

时崇祯八年乙亥孟春月之吉。

（周应期：《许公堡记》。录自清光绪《乐清县志》卷四。同书载，黄华寨城旧名许公堡，巡抚喻思恂、兵道许成章筑，城周一里、长二百丈一尺、高二丈、厚一丈、垛三百六十、门四）

明时张德明重修谢池亭台

池以谢名，志康乐旧游处也。台榭岁久，无复存者。比部为构水亭，疏流萦石，遍植花木。岩坞有小台，前对华盖山，城内外绿墅清流，尽入目中，盖此地最胜处也。

（柯荣：《歌宜室集》卷九《游谢池亭台》诗序。比部指张德明，字子经，号毅宇，永嘉人。明万历十四年进士，曾官刑部主事、员外郎，故称张比部）

明时温州城内有甜井

余家临河，河前为甜井巷，今觅所为甜井者，无有也。乃居之西，环堵外有小桥，桥畔水稍深，人皆以为美，郡中西南居人皆取之。问之，皆曰独此一处为佳，咫尺外即为河水。岂昔之甜井，其泉注于此邪？又闻居之旧有美井，以近于邻家秽地，几为井泥，不食，因塞之，而桥畔之水从此而美。若是，则桥畔之水又为余家井泉注矣，昔之甜井即此井邪！

（柯荣：《歌宜室集》卷一一《河中有泉水》。作者明时人）

明清瑞安县屡修城堡

沙城在沿江东、西。明嘉靖三十一年，刘令畿为海防事，募民浚河，聚泥为城，复砌以石。东自校场头起，至东山巡检司，长一千二百丈。西自岘山麓起，至上河埭，长一百七十丈，俱高一丈，址阔一丈二尺，面阔六尺，垛墙三尺，延袤共十余里。立寨门六：东四座：司前寨、车头寨、岩前寨、五社寨；西二座：西埭寨、上河寨。濠河阔三丈，深一丈五尺。由是沿江之民恃以无恐。今俱圮，惟西河埭仅留城基二丈余。

（清嘉庆《瑞安县志》卷二《建置》）

县城：乾隆四十四年，罗令绪重修。嘉庆元年，各面城身垛墙遭飓风坍坏，彭令志杰奉文动帑砌修。道光廿五年乙巳（十七年）重修。光绪廿年邑人筹备海防局募款大修。

巡检司城：在县东三里十都东山江口。宋属管界巡尉。元设巡检司。明洪武初，建于崇泰乡梅头，廿年迁建今址，周一百五十五丈，高二丈，门一。嘉靖四十五年，朱令沾修筑增高四尺。清顺治十八年，迁弃界外，城圮。康熙九年展复，兼创官厅、营房（安百兵，千把总轮防）（《嘉庆志》、《采访册》）。

海安所城：在县东北三十里五都。明洪武廿年信国公汤和建，隶温州卫，西北去府城七十里，城周三里有奇。弘治十五年重筑。万历三年为飓风所圮。九年增添，周六百丈，高二丈五尺，面阔一丈二尺，址阔一丈四尺，广一百五十丈五尺，袤一百五十六丈。门四：东曰宾阳，通海岸；西曰鸣凤，通韩田；南曰来薰，通鲍田；北曰拱辰，通梅头。水门一，在西门内偏。窝铺一十九座。东、西濠俱长一百七十二丈五尺，南濠长一百六十九丈，北濠长一百七十六丈，俱阔四尺，深九尺。清朝废所。道光间，场官庐大年、徐日照与地人蒋锋、赵毓英等修理（《嘉庆志》、《采访册》）。

梅头堡城：在县东北三十五里五都后冈。明嘉靖三十八年，余令世儒奉议谕民备筑，靡费□给，朱令沾详请（前）刘令畿给帑□百金，修筑完工。周四百丈，高一丈五尺，门楼五，水门二，窝铺十二座。《府志》云：镇标右营分防千总一员，兼辖海安筑汛，安兵共一百五十名（《嘉庆志》）。今城有六门，仅大北、小北有楼，城西南角辟小门，一名小西门。水门四，上河之水自西水门进城，出东水门入海，南水门之水直达石坦后河而止，北水门之水通河，自光绪年辛卯（十七年）开辟，可通永场。城之西北隅，自林宅巷以西，至永福路以东，旧隶永场一都华盖乡，今改隶瑞安（《采访册》）。

沙园所城：在县东廿里十六都，即旧所治，隶金乡卫，城周三里，洪武廿年信国公汤和建。弘治十四年，刘令畿重筑。万历十六年，章令有成重修，周六百三十二丈，高二丈五尺，面阔一丈，址阔一丈四尺，广一百三十八丈二尺，袤一百三十七丈五尺；城门四：东临江浒，西通周埭，南通浦边，北通钟埭；水门一，在西门内偏；敌楼十二座，窝铺廿二座；东、西濠俱长一百五十六丈，南、北濠俱长一百六十六丈，俱阔三丈，深七尺。嘉靖中倭患，千户王激增筑。清朝改所为寨。今城已圮坏（《嘉庆志》）。

山黄堡城：在县西南四十里三十九都，明嘉靖中乡民因倭患告给官帖捐资筑（《嘉庆志》）。清光绪廿六年，山黄居民多崇耶教，拳匪引毛山枪手二百余人攻破山黄城，居民被掠一空。

南岸寨城：在飞云渡南岸马道，明嘉靖中建。周百余丈，高丈许，寨门二座，官厅三间，营房六间。《府志》云：平协左营兼防把总一员，安兵二十五名（《嘉庆志》）。

上望泥城：在上望，清咸同间建。周围约二里。今垛墙已圮，仅存城门曰拱星门（《访册》）。

分水城：在三友乡桐岭与永嘉分界，高一丈六尺一寸，宽二丈四尺一寸，长九十一丈。炮台、碉楼已毁（《访册》）。

遵义堡：在丽岙，清咸同间里人吴一勤等建。高约丈余，长约里许，有南、北二门，今已圮。又有上坦堡，高亦丈余，长一里半，仅有一门，今圮（《访册》）。

安义堡：在潘埭，清咸丰十一年孙锵鸣建。高二丈零，宽一丈五尺，长一百六十三丈，城门三，炮台一，孙衣言有记（见《逊学斋文钞》）。今存（《访册》）碉堡□□座。（参见《防卫》）。

（民国《瑞安县志稿》卷十六《建设》）

归后数月，邑城为工书承修，未数月，仍复崩坏三十余丈。邑人咸愤，为主人言之。主人即联同志三十余人，揭其事于道府及县协各宪，请追款惩办。禀凡七八上，道府两委员勘视，并提工书，而县令犹多方庇之，以府檄严，乃不得已解工书至郡，追出原领之款，另由商会择正绅督修，今已将竣工矣。

（洪炳文：《花信楼文稿·又后叙》。该文撰于清光绪三十三年，为其自传，现藏温州市图书馆。文中主人即作者，字博卿，号棟园，瑞安人，光绪十六年岁贡，宣统元年任浙江余姚县教谕兼训导，著有《瑞安乡土史谭》等九十余种）

清初重建永嘉密印寺

繇郡城西南二十余里，左联吹台，北眺大罗，而为山者曰头陀山。山以头陀名者何？有二义焉：其山锐而圆顶，下瞰诸山，若老僧踞坐说法者。考之郡乘及诸禅典，则永嘉真觉大师瑞安戴姓，先实栖迟抖擻于此，后印可曹溪，号为“一宿觉”，密印寺所繇称也。千有余年，大师之故刹在郡城者如所传松台九寺，已湮没几尽，况此寺尤为穷村荒凉之地也乎！所不圮者数椽耳。

明天启间，今法幢大师读书兹寺，师虽以妙年荐乡书，早已栖心禅理，一谒祖像，辄憬然有向上意，取所谓《证道歌》者与其师马僧摩居士朝夕讽咏，固已潜参默印，直溯曹溪渊源矣。岁在戊辰（崇祯元年）魁南宫，谒选得楚蒲，有异政，感甘露之祥，事闻禁中，起擢词林。时锐意重兴此寺，而以久宦长燕邸，又寺乏主者。迟至崇祯之甲申（十七年），国大变，师以太子宾客抗贼不屈，从万死一生中流离颠沛，间关达瓯，身体发肤俱非所恤，独于密印寺之兴复则未尝一刻忘怀也。一夕泛舟泊寺下，梦祖金身趺坐，东向面师者三，隐然若以兹寺为嘱者。黎明入谒，悉符前梦，而师于兴复之意决计无疑矣。寺故址之右，向为奔流湍激之所，汩没成潭，欲拓址易向，则虑潭为碍，低徊者久之。忽夜大风雨，有龙从山顶徙穴，沙石乱下，晓视其潭，悉为平地，水徙他道，而寺址恢恢可改卜矣。师欣然曰：“此龙殆祖所命乎？”会闽中有枚卜之召，因以其便购大木至瓯，而师亦披缁削发匿姓字矣。寺以丁亥（清顺治四年）岁四月卜吉鸠工，地广十数亩，凡土木之运、力作之劳，为白为缁不募而至、不雇而役者，日盈千指。以辛卯（八年）岁腊落成，千楹万础，绀殿飞楼。以前殿为祖堂，奉觉祖像；祖后为韦驮、尊天两座，皆祖净光山旧石也；祖左为伽蓝，右为祖师。中殿奉佛，佛乃宝成古像增饰者；四大名山像一，乘虔上人所募也；两庑为十八应真座。东西为大小禅堂、斋堂、客舍。后为法堂，东西为两方丈。最后为忘山阁，西后延寿堂；中为湢室，前为云水寮，过溪为圊。东后为藏经楼，中为库司，前为香积。而又于前殿之左建心印楼，远眺群峰，翠屏丹崖如在几席。钟楼在寺左山麓，钟色斑驳，声洪亮，宋元丰年铸也。山门遥对王几峰，当两山之中。入门为天王殿，外为莲池。寺弘敞华丽，纤悉周备，盖几几乎与吴越诸大丛林双径、天童、雪窦颉颃相望矣。

寺成而迎雪窦石和尚，说戒结期，温江辐辏，于焉再睹。神矣哉！法幢师之为此举也，天乎？人乎？夙因乎？今缘乎？不佞期曰“皆有焉”。以为非天，则何以龙徙而锡之址也？以为非人，则夫冒霜雪炎蒸，茧足残肌而无悔者，谁驱之也？谓非夙因，则觉祖之入梦而三嘱者，何祥也？谓非今缘，则师廉吏也，居官也无取，悬车也不蓄，萧然一橐，而能成巨万之胜事？夫岂尽门生故吏之力，沿门持钵之功，盖亦有神运鬼输，不胫而至者也。嗟乎！每见古今士大夫竭一生智力，患得失，修恩怨，广营田宅，为子孙作千岁忧。即有号为旷达豪华者，亦不过侈平泉之花石，夸绿野之园亭，不转盼而台倾池平，寒烟衰草，徒增后来叹悼耳。其能如师之以无住为常住，以法事为家事，敝屣乎三公妻子，而休心于寒泉古涧者，几人乎？几人乎？师文章经济，忠孝气节，载在国史；嗣法说法，自利利人，备在宗乘；兹不纪，纪其功在密印者，于以见祖灯之重焰，而吾师之为再来人也。诸有功兹寺者，前创议请师兴复，则应门、故月、虚密，为监院督造则昙朗，现购古钟则郎生镜，相宅择吉则余居士、孔谦光，取寺中故所有东偏山房并归常住而己不与，则有常、圆印、宗印，例得并书。寺产及诸檀施附刻碑阴，循古制也。

师林姓，原名增志，郡瑞安人。历任编修、中允、文渊阁大学士、礼部尚书。今嗣雪窦，法名行帜，住大梅六载，以密印功未竟，勉应瓯中之请，安禅说法，七众咸归，一如石和尚时。不佞以同年友备详其事，志不朽也。呜呼！师罹板荡之秋，抱肥遁之节，出世即以逊荒，度人即以自靖，千古一人也，岂仅仅一寺之兴复所能重师者！夫亦曰，嘉今所以劝来，守先所以待后，俾后人世世知所遵守焉尔。

时重光（辛）赤奋若（丑）乾月七日。

赐进士第嘉议大夫都察院右副都御史止庵居士周应期撰文并篆额。

征仕郎武英殿中书科中书舍人西湖门生吴升书丹。

永嘉王哲刻石。

（周应期：《重建头陀密印禅寺碑记》。录自《温州历代碑刻二集》第127～129页。该碑现置瓯海白象密印寺金刚殿内。该寺建于后汉乾祐间。文中“辛丑”则为清顺治十八年）

清康熙初重建仙岩寺

予奉命抚浙，以岁庚戌（康熙九年）春巡行瓯郡，历下邑，舟出永嘉界十余里为安固地，见有崇山郁葱，林木层耸，奇峰峻峭，回合青冥，知其中必有名刹、有异僧存焉。询之，为仙岩山，乃宋贤陈止斋先生读书处也。

夫东瓯昔称山水郡，此非其表表者欤。予乃舍舟登崖，遁野径，度虎溪桥入山门，有僧整衲雍容，神情淡穆，揖予而入，则天目和尚也。天目为云间名家子，生有夙因，幼而辞家受具，裒然为天童法裔，遍游名山，南至于瓯，踌躇于仙岩而住锡焉。予时少憩，起而环瞩，宝殿煌煌，两庑翼翼，以至若禅堂、若方丈、若藏经阁、若钟鼓楼，飞甍缭垣，靡不矗矗轩轩，整饬庄严，美哉！绀宇鼎新，兰若之观，伟矣！至问其檀那为谁？则曰：“先是永嘉方伯王龙友游屐所至，目击名刹破坏，佛像淋漓，特招僧性化给资修葺，徐图募建，乃未竟其志而逝，未几果成废基矣。嗣而润州司李王玉叔与其兄比部玉伯、广文玉仲，念及先志，遂为倡首焉，更为之乞缘于当路。而且《龙藏》有请，辉岩昭壑，荣施斯山不少。而天目一瓢一笠，近自括婺，远暨江左，所至皈礼向化，诸宰官善信普齐〔济〕道会，输财赴工，如水投壑，亦神矣哉。”

徐而和尚以名胜诏予游，予乃登山蹑峤，历三皇井及五潭诸胜，而于梅雨潭更低徊不忍去焉。循寺侧而东，有岩曰积翠，旁为陈止斋祠，圮而复新，亦和尚力也。循岩数十武，入垣内有积翠楼，则司李之别墅也，环山潴水，竹木森茂。晚，予得一宿焉，亦一缘也。而和尚以记请，予曰："记游，予事也，而为仙岩重建记，则我为兰谱表章，又何能辞?"按道书，仙岩为天下第二十六福地，寺昉于唐贞观中，禅师归一首辟荒山，为宗风倡。至宋，为安楞严禅师道场，即破句读《愣严》者。又伏虎著述，亦曰伏虎禅林，嗣后代有名缁师，若景纯、宝诜、活石、鉴空诸古德，有参史局著作者，有赐紫衣还山者，班班可考也。先是屡兴屡圮，檀越不一其人，乃者天福名山，泰运重启，一番大作用又属之司李兄弟矣。昔王司徒兄弟听讲《毗昙经》，妙悟立解，遂舍宅为寺，遐哉卓举，为禅门功德，吾以之方比部与司李不有合乎！而和尚之成此举，即其徒众皆龙象侣也，虔共尔职，各奏尔能，为功于寺，亦不浅已！因记事而并及之，是为记。

（范承谟：《重建仙岩寺记》。录自清嘉庆《瑞安县志》卷十。范承谟，字觐公，汉军镶黄旗人，顺治九年进士，官至浙闽总督。另据周茂源《重建仙岩圣寿禅寺记》，重建始于清顺治十七年，迄于康熙四年）

清康熙间保护仙岩名胜碑

瑞安县七都仙岩敕建圣寿禅寺住持僧佛建，谨奉各宪批示勒石永垂不朽。

顺治十七年二月廿九日，蒙县主老爷鲁批：王慈熙历无里役，何得混派，仍着姜谷凤名下顶补，准照。

顺治十七年三月初二日，蒙府主老爷陆批准：照县批行，不得混派。

康熙元年四月十三日，蒙县主老爷宋批：王慈熙户名今改僧佛建立户，自运畸零，该房册书不得混派，准照。

康熙二年正月十六日，蒙刑厅老爷嵇批：仙岩乃东瓯道场古刹，里差例应豁免，历来批照可验，仰该县纪承依僧名佛建另造入畸零，不得混派，缴。

康熙二年三月十九日，蒙县主老爷齐批：着该房另依畸零造册，毋得仍请混派，准照。

康熙二年七月十九日，蒙刑厅老爷嵇批：仙岩为瑞邑第一形胜，僧田准著册书造于十里外畸零户，以杜差扰，取回执，缴。

康熙九年五月二十日，蒙抚院大老爷范宪示：所有新施香灯田亩，准自立畸零户籍，便赋蠲徭，牌行到县，转仰寺僧勒石为照。

康熙九年八月吉日立石。

瑞安县正堂赵为恩敕勒石永护名胜事：

奉抚浙江等处地方都察院右副都御史加一级范宪牌，告示发县转行到寺勒石等因，据仙岩敕建圣寿禅寺住持僧佛建呈称：仙岩系天下第二十六福地，蔚多古迹，踵接高僧，载在舆志，琅琅可稽。续缘倾圮，几为废址。顺治十五年后，蒙当道绅士助募鼎新，所有新施香灯田亩，当蒙府厅县准自立畸零户籍，便赋蠲徭。但禅寺为祝修之所，诚恐势豪兵棍或假肆业，或借暂寓，必致饮酒茹腥，有汙清净，恩敕勒石严禁等情到院。据此为照：山川名胜，风气攸关，梵宇精严，神灵所依。众（等）知悉，嗣后如有挟势混扰及强寓酗酒者，僧众人等概行阻回。敢有恃顽不遵，许即禀明所在有司，小则竟行责惩，大则指名申究不贷，特示。

康熙九年五月二十日给。

（鲁可远等：《恩敕勒石永护名胜碑》。录自瑞安市文物馆普查材料。文中“县主鲁”指顺治十五年瑞安知县鲁可远，“府主陆”指顺治十六年温州知府陆廷福，“县主宋”指顺治十七年瑞安知县宋国琛，“县主齐”指康熙元年瑞安知县齐遵周，“抚院范”指康熙七年浙江巡抚范承谟）

清康熙间重修郡城敌楼雉堞

朱氏《蜃滨杂记钞》：郡西敌楼，康熙初闽逆为乱，郡大夫建以瞰敌，故名。一说宋时方腊之乱，教授刘公士英御敌所建，然亦无考。

汉按：包文憻《同陈与昭何振公登敌楼有感》诗：“危楼百尺对沧浪，天外朱霞雁几行。地接城南悬粉堞，花飞郭北逗红妆。野袍袒帻滋行乐，艳语清言任作狂。回首当年成壁垒，十千斗酒莫辞忙。”敌楼岁久倾圮。嘉庆甲戌（十九年），城守守备金国标倡建，视旧制宏丽有加。上祀关帝而下洞其门，便往来休憩。

（黄汉：《瓯乘补》卷一）

郡城建自东晋，雉堞坚致，忽议并两为一，撤故堞新之，费不訾，议悉出诸民。君曰：“民力竭矣，吾曹吏兹土，果传舍视乎？盍捐俸以倡，而稍裒绅富之羡者。”于是官与民相间出，赖弗病。

（李象坤：《掬庵集·文林郎浙江温州府推官刘君墓志铭》。刘矩宗，字仲旋，下邽人，康熙十四年为温州府推官）

清康熙时徐日久创一涉园

罗山之阳，泉水洋洋，瞻彼高隐，于焉徜徉，此诸生徐子长之居也。子长赋才高妙，蓄志渊沉，读先世之遗书，顾数奇不偶，无以抒其抑郁不平之气，乃辟小园以自娱，取陶靖节“日涉成趣”意，颜曰“一涉”。

繁花嘉卉，皆其手植。每当桃李争妍，倚栏醉月，丙夜不休。长夏红藕盛开，俯睇锦鳞漾水，翠羽弄波，尘襟为之尽涤。若夫霜露既降，木奴千头果，结若贯珠，与赤柏丹枫相掩映。迨至六出花飞，暗香十里，又不啻扬州官阁也。中构书楼数间，八窗敞启，层峦叠嶂，罗列如画。缥缃万卷，日事披览。倦则弹古琴，翻名帖，爇沉水香，以畅幽怀。岁足穮蓘，半为曲秫，需客至，击鲜劚笋，拍浮大白，虽旬月不厌。从兄丞子博学，耽吟咏，每携惊人句过园中，邀惠连共赏。早逝，遗稿散轶，子长寿以枣梨，成一家言。

余窃慨郡城兵燹之后，无论笼鹅梦草，遗迹无存，即玉介园王大参园空、春辉楼侯方伯园荒，烟衰草尽，成牧马之场，而此一涉园者，幽居村墅，名不甚显。胜友良朋，平分风月，异日当与辟疆、金谷并传不朽。余每至此，辄流连不忍去。第恨无一言足为子长重，奈何哉！

（陆进：《东瓯掌录》卷上。一涉园，园址在今温州市瓯海区茶山镇，为徐日久所创。日久字子长，生明崇祯十年，卒清康熙四十七年）

清康熙间高其佩题“且园”

康熙中，铁岭高且园公其佩分巡此邦，即题道署后园为“且园”，有小轩，额曰“刓绿轩”。余于嘉庆甲子（九年）游东瓯，谒陈观楼先生，先生携余游且园，见轩名而疑之，不敢质也。后十余年，朱沧湄先生文翰继任此职，乃考之曰：“此间俗相传为‘冠绿轩’。按冠字从寸，此扁字分明从刀，宋人有诗云‘剜破琉璃绿一方’，似即名轩之义。刓字本应作剜，亦可省笔作刓。其从完作刓，想有所本，要即剜、刓之通假字耳。”沧湄先生之言如此，亦未知当时果是此字否，要殊胜呼作“冠绿”耳。沧湄先生有自制楹帖云“妙作画图观，五色目迷高铁岭；恩叨江海住，三年心醉白香山”，甚工切，余已录入《楹联三话》中。

昨庆云圃观察廉招余饮园中，始知旧分十景，惟剜绿轩尚是高公旧迹。乾隆间，三韩徐公绵复加修扩，有衔远山亭、筠廊、藤花径、亦舫、养竹山房、小春草池、莲勺、梅花书屋、松花石斋之目，各系以诗，并为《小记》勒石。此后昆明杨公潓又有《重葺且园记》及诗。汾阳韩芸舫先生克均有《且园栽花记》，亦勒石壁间。惟余师静乐李石农先生銮宣五古十首，则词意俱超，实足为此园增重矣。

（梁章钜：《浪迹续谈》卷二《温处道署》。高其佩，字韦之，号且园，一号古狂，辽宁铁岭人，隶镶白旗籍，清康熙四十五年任分巡温处道。陈观楼即陈昌齐，广东海康人，清嘉庆九年任温处分巡道。庆廉，满洲镶蓝旗人，清道光二十五年任温处分巡道。徐绵，镶蓝旗汉军人，清乾隆二十三年任温处分巡道，次年扩修且园。杨潓，云南昆明人，乾隆四十五年修葺且园，其时任温处分巡道。韩克均，山西汾阳人，清嘉庆十四年任温处分巡道，十九年重葺且园）

且园为温处道署，康熙间高司寇其佩任温处道时所作。高遂以“且园”为号，又称“且道人”。善指头画，今温州往往见之，然多赝鼎，真者亦难得而可贵也。园中水局最佳，屋宇较少。池有古井，相传郭景纯凿，上有石，镌“古井”二字篆书，无书者名氏。

（郭锺岳：《瓯江小记》）

清时两修泰顺城

泰邑四面皆山，东有飞龙，西有舞凤，地轴、文笔列于南，天关、凤凰峙于北，溪水湍急，环抱合流，似亦可称天府而无虞矣。然城未筑而矿寇滋，城卑隘而倭夷入，洎乎增筑完固，民始安枕，迄今垂二百余年。无复闻蠢动以为忧者，则金汤之足恃有明证矣。第功难成而易败，物无久而不毁，虽有成劳，渐同苔陋，未可恃也。

今吾邑父师朱公，甫下车即周视城垣，慨然以修筑为己任。然而百务待理，左支右绌，未遑也。越明年十月，乃捐资百缗，益以金矢之赎，为之发唱。一时孝、秀及乡三老，咸趋义乐输，子来恐后。而公躬自督课，祁寒暑雨，不惮勤劳。偈功几一载，而城楼巍然，丹垩焕然，水陆门户翼翼然。城匝四五里，垒石夹土，不遗余力，而向之缺者补，坏者坚，卑者峻，凭高远瞩若锦幛。真古所谓佳城荡荡，寇来不可上矣！

公莅邑才二载，政通人和，修举废坠，未易更仆数，而此尤奏最之大焉者。吾邑人民得安其居、乐其业，休养生息，以熙熙于无事之天者，皆公之赐也。其忍阙焉弗识乎？爰勒诸石以垂永久，非谀也，宜也。

雍正己酉（七年）邑人潘宏玺识。

（潘宏玺：《修泰顺城记》。录自泰顺《潘氏族谱》。文中“孝、秀”指孝廉、秀才）

泰顺界闽疆为密迩，今岁夏初，闽寇汹逼，民心惶遽，纷议迁徙。邑绅士潘庭栴等咸以固圉为请，周勘坍缺所八十余段，度二百十四丈有奇，堞雉全倾，水门闭塞，工巨地瘠，事又不可旦夕缓也。佥曰：“若何而可？”先是，予创建救婴总局，劝捐救婴。议令绅富按照所书钱数抽捐田亩，以租息为经费。书成两千，余千之数中有捐至三百、二百。余千者几家，庭栴其一也。计保障全邑较救婴轻重奚啻倍蓰，因举簿以授庭栴等曰："事急矣，姑移缓以就。其令各输数以为兴修费，他日救婴事予自任之。"佥应曰："诺"。遂涓吉合祀城隍矣。以誓约曰："此公家城也。以一家墙垣理之，事以实举，神鉴之矣。"佥应曰："诺"。于是召〔招〕募工匠，版筑毕与，采石畚土趋工，子来事举，而闽烽渐息，益从容坚筑为久远计焉。时方炎暑炙体，任事者无倦容，无懈志，予巡工之暇，不敢就凉，众知予诚，督修益奋。鸠工于咸丰丁巳（七年）夏四月，迄是秋八月蒇事。凡谯楼、睥睨、濠隍等，敝者完，塞者通，登城周览，焕然屹然。予顾谓庭栴等曰："此真一家坚实墙垣也，慎启闭，谨管籥，今而后泰之人庶无意外虞乎！"佥应曰："然"。于是庭栴复合绅董谨邀予告成于神，践誓无忒。予曰："自肇工以至竣事，工作均安，神庥宜答。"又砻石请为记，予曰："事以实，不以文记，不可以已乎？"佥曰："无文，无以为后来劝，且公文皆事实也。"乃直书缘起，谓庭栴等曰："输财者无大小，皆急公也，共事者无少长，皆分劳也，其各泐名于石。"

咸丰七年岁次丁巳十月吉旦。

知州衔署泰顺县事杨炳春记。

（杨炳春：《重修泰顺城垣碑记》。录自《泰顺县文化简志》。作者字湫芸，道光十九年举人，咸丰六年任泰顺知县）

清乾隆间瓯城中有樊氏家园

曾立勋《樊氏小园记》：樊氏籍隶东瓯，居连北郭，筑土为丘，储水为壑，列石为障，植木为林，引以桥梁，休之亭馆，极幽人之情致，备骚客之游观。然止经营于户内，措置于垣中，蕞尔一隅，厘然万状，容膝之地，具体而微。园之胜以成而游之兴不绝若此。

曾立勋《游樊氏小园记》：瓯城中有樊氏家园焉。园横枕屋北，大不逾亩，周以垣墙。叠石垒土，错综罗列。杂植奇花异果，间以松篁一，房山一，湾泉一，洞门一，曲径一，堂一，亭一，台一，池一，桥一，梁一，其设施之巧，布置之宜，虽缘人力，颇类天工。壬午（乾隆二十七年）之夏季，偕二客同游，顾而乐之。

（黄汉：《瓯乘补》卷十五。园主樊云衢，字天开，别号亭亭。曾立勋，字银川，号丹桥，永嘉诸生）

清嘉庆时富氏建文武帝阁

从来人才之盛，钟毓虽由川岳，而扶植实赖神功。

我浯溪当村之西南曰“徐墩”，石坡坚裹，摄辖于溪流之口，坡上土壤坦夷，形胜固佳。余辈于嘉庆戊辰（十三年）冬吉日，鸠工庀材，营造高阁于斯，崇祀文武二帝，所以培文风也。

阁列三层：第一层为正殿，则塑关帝，旁坐周、关二将，殿左张仙，殿右土地；第二层由堂之后蹑云梯而上，中楼为文昌阁，则塑梓潼帝，左侍朱衣公，右侍金甲神及天仁、地和诸从祀：由中楼而更上一层，握笔占鳌、鉴临欲点者，则塑魁星。瞻仰神像，既极庄严；凭眺溪山，尤觉秀丽。它如高拱端凝而矗立于前者，莲花峰也；颖锐峭削而耸拔于后者，文笔尖也。更有重岭迭巘、簇尔排闼者，浯溪山也；大澜小涟、铿然环户者，浯溪水也。夫且乔木扶疏，修篁掩映，输绿将青，点缀于闾阖之外者，美不胜收，洵哉神梵之所式凭哉！

落成之后，乃大书联于宫墙之首云：“阁向文峰观虎变，门迎秀水看龙腾”。用是结社于斯者，朔望拈香，春秋致奠，而复醵资购田为享祀长久之计。是举也，实名教风化所攸关，非等夷事也。况二帝在天之灵，鉴兹群生，作德作善，果报如响。

凡我同人，虔敬毋亵，庶几斯文祐启，扬桂菀之芳，掇巍科之第，拖紫扬青，光远而有耀，永邀帝眷于靡既云。是为记。

嘉庆二十一年丙子季冬月吉旦。

董事：太学生华宗、邑增生祝三、邑廪生朝宗、鸣赞生日坚同记。

文武阁合社祭户（略）。

（富华宗等：《新建文武帝阁记》。录自文成《浯溪富氏宗谱》）

清道光间温州城古井

郭璞所凿二十八井，据《县志》“隅厢”门所载，兴文坊有井，道爱坊有井，康乐坊有二井，简讼坊有井，永宁坊有二井，问政坊有井，甘泉坊有井，寿宁坊有井，集善坊有井，宝珠坊有井，仅十二井，与二十八井之数不合。

今余所见著名者，铁井阑之井，县学中之炼丹井、奎壁井，松台山麓之上井、下井；此外，如东门内横井巷有大井，阑内石上横刻“天宿”二字，下刻“至正庚寅（十年）腊月吉日”，旁刻“信士徐顺道重建”，又一石刻“大清乾隆二十四年冬月加修”，旁刻“信士王俊加、胡云有”；又城门边有大井，石刻“伏承本里信士林天二娘舍石版，城南信士林垄舍工钱，内外乡里善信各喜舍版（饭）蔬”，后刻“成化乙巳年（二十一年）中元戊午日，玉枢宫道士潘玉英立”；又近东门金雀桥边有百轮井，在河之中，其口甚大，上无井阑；又积谷山书院内有井，阑内刻字见前，余则大半无字；又今巡道署且园之后有水一区，中则石柱数条，内一条刻“古井”二字，未详何意。

（孙同元：《永嘉闻见录》卷上。同卷载积谷山书院内古井，石刻“仙泉”二字）

郡《志》言郭璞扦城时，凿二十八井，以象列宿，今俱无可指名。惟城中有最著之井数处，或即在二十八井之中。一为县学署中之炼丹井，井阑用青石六方砌成六角形，内分刻阳文“容成太玉洞天”六大字，旧传王右军书，余尝觅得，拓纸视之，殊未敢信；阑外向南，又有阳文石刻云“（元）至治癸亥（三年），菊月丙申，朱善敬立，庄严胜事”。四行凡十六字，亦莫详所自也。一在巡道署且园之后，有水一区，中立石柱数条，内有一条刻“古井”二字，则其下必有一井也。一在府署东偏墨池中，有石甃一区，想亦系古井久湮，因凿池而得井，故特表出之。一在东山书院谢祠阶前，井阑内面石刻云：“开元寺僧利卿，谨舍净贿壹拾叁贯文有余，重修义井一口，并置井阑甃砌等，所期福利上答四恩，下资三有者。时（宋）至和元年甲午岁十一月二十七日题记耳。”一为东门内横井巷有大井，石阑内横刻“天宿”二字。余如县《志》所载，兴文坊有井，道爱坊有井，康乐坊有二井，简讼坊有井，永宁坊有二井，问政坊有井，甘泉坊有井，寿宁坊有井，集善坊有井，宝珠坊有井，亦不过十二井，于二十八井之数所佚多矣。

（梁章钜：《浪迹续谈》卷二《二十八井》）

清道光初张鉴湖创如园

按《太平寰宇记》言谢公池在积谷山之东。积谷山即今东山，则谢池旧趾似即在此山之左近，故张鉴湖观察亦就此地辟园起楼，以存其意，而属蔡生甫学士书“池上楼”三字为楼匾。楼之左为鹤舫，并水依山，最为幽胜，余屡游宴其中。山即东山之麓，水即城下之濠，实为城中第一胜区。因撰一柱联云：“面壁拓幽居，一角永嘉好山水；筑楼存古意，千秋康乐旧池塘。”

（梁章钜：《浪迹续谈》卷五《张园楹联》。张瑞溥，字百泉，号鉴湖，清嘉庆中入资为同知，官至湖南粮储道，道光初引疾归里，构筑如园。蔡之定，字麟昭，号生甫，清乾隆五十八年进士，官侍讲学士，其书法在乾、嘉间与翁方纲、刘墉、铁保并称四大家）

如园在积谷山麓，张孟仙刺史所筑。刺史官于粤，晚岁归筑此园，园未竟而刺史归道山。园对积谷山，如画屏锦幛，爽气挹人眉宇。绕墙趾皆河，行舟泊刺其下。园中有春草池，池南有轩曰春草轩，池东有楼曰池上楼。

按康乐登池上楼，梦惠连，得“池塘生春草”句，在今城守署地。因俗误积谷山为东山，故如园亦相因附会。园中亭榭虽不多，然外景绝佳，殊难得也。

（郭锺岳：《瓯江小记》。张孟仙即张应庚，瑞溥子，永嘉人。由廪贡捐知县，分发广东道。清道光二十七年升署嘉应州，咸丰二年任连平知州）

清道同间二此园

府署东偏，地极空阔，向有屋数十间，为幕友安砚之所。道光癸巳（十三年），南丰刘养云太尊煜来守是郡，增屋堆石，补竹栽花，饶具园林之胜，分为八景：一曰“阅音馆”，二曰“碧净琉璃舫”，三曰“味无味斋”，四曰“九折廊”，五曰“墨池”，六曰“品雪庵”，七曰“笔峰亭”，八曰“转玉洞”，自作文记之。其八景，命公子斯恒各赋五古一章，并勒石园门之首壁间。

后长白那兰汀太尊兴阿来守是郡，遂改“二此园”为“养斋园”。太尊去后，其额又不知弃置何所。

（孙同元：《永嘉闻见录》卷下）

道光乙未（十五年），南丰刘养云太守煜于署东修葺池馆，题曰“二此园”，盖取“贤者而后乐此，不贤者虽有此不乐”之义，自为之记。园中强分八景，曰阅音山馆，曰碧净玲珑馆，曰味无味斋，曰九折廊，曰墨池，曰品雪庵，曰笔峰亭，曰转玉洞，其哲嗣彝生明经斯恒有《二此园八咏》，并勒石于古柏轩之左近。又渐就圮废。余谓恭儿曰：“此园不可不修，倘得补实此郡，必当刻日兴工。今权篆之日月久暂不可知，且矢此愿可也。”

（梁章钜：《浪迹续谈》卷二《温州郡署》。恭儿，即作者第三子梁恭辰，清道光二十七年任温州知府，遂迎养其父至郡署）

二此园何为而作也？引流叠石，开轩筑台，自南丰刘君始。有前此者乎？曰：有之矣，斟城李君因桂亭、墨池之旧而拓之而新之，未尝以园名。自刘君取“贤者而后乐此，不贤者虽有此不乐”之意，始以“二此”名园。顾尝考李君之记在乾隆壬午（二十七年）、癸未（二十八年）间，刘君则在道光乙未（十五年），前后七十年，当国家全盛时，民和年丰，官斯土者与斯民同乐，出其余力以治燕游之所，宜也。刘君以来至今三十余年耳，其间东南多故，筹饷练兵，官斯土者汲汲救过之不暇，奚暇乐。而二此园遂芜秽不治亦宜也。然则乐不乐又不尽系乎贤不贤，盖有时会盛衰之感焉。

余来守温郡，幸逢今上御极之六载，东南底定。余不敏，惧不克称职，于是修举废坠，于教养诸大端次第举办，日昃不遑，冀与斯民同登衽席，顾敢自乐其乐耶。虽然欧、苏二公之治郡也，辟地为亭曰“丰乐”，筑土为台曰“超然”，意必有所以乐乎此者。今则除剪荆榛，葺治廨舍，不引流而泉，不叠石而山，可以临深，可以眺远，乃于隙地内移竹两行，建亭一座，榜曰“修篁亭”。公余之暇，偕宾朋僚佐憩息其间，虽不敢与欧、苏比美，亦庶几不忘与民偕乐之思欤，此则余之幸也！是为记。

［戴槃：《东瓯记略·重修府署二此园记》。该文撰于清同治六年。文中“刘君”指刘煜，江西南丰人，道光十三年任温州知府；“李君”指李琬，山东寿光（古名斟城）人，乾隆二十一年任温州知府，后任温处兵备道；“欧苏”指欧阳修、苏轼］

清道光间曾曼琴创怡园

怡园在松台山下，曾氏所筑。曾为温之望族，园成，家遂中落。园中花石点染，颇有可观。最胜者桂花屏，以丛桂屈曲为之。初秋盛开，游人赏玩，踵接于门。温风，家有园亭，不能禁游人来往，亦同乐之意也。

（郭锺岳：《瓯江小记》）

然诸园原有规模，以怡园为尤大。园在郡城来福门内。来福门，叶水心《集》所谓生姜门也，宋南渡时，陈侍郎陈庄、宋尚书宋庄皆在此间，遗址今不可考。怡园初成时，项山人维仁以画法布置岩石，循石磴而上绝顶，松台山色，扑人眉宇。瑞安孙琴西太仆诗所谓：“萦纡曾磴蹋莓苔，嵌窦阴崖乍阖开。回首却凌乔树杪，一山松翠扑人来。”即指此。又云：“珠帘高卷碧湾环，华盖飞霞罨画间。为我楼头添一榻，更移笔砚看西山。”盖登楼四望，华盖山、飞霞洞诸胜，如列几席也。

闻园中最胜处，水榭跨沼，透迤而南，奇石环列，杂植奇花灌木，春夏之交，灿若锦绣，山光树色，与绿波相掩映。太仆诗所谓：“雨过平池碧涨新，绿杨阴处看垂纶。白鸥斜掠红桥下，独立矶头不避人。”亦纪实之词。

孙同元《永嘉闻见录》称永嘉藏书以张、曾二氏为多。园主人曾曼琴子麟有《怡园同怀诗草》，曾小石有《针鹂山馆诗钞》，当时文酒之盛，足甲一郡矣。近数十年，曾氏后嗣衰落，园亦日圮，昔日所谓近水小斋，联接如船舫，夜坐听松，仿佛七里濑舟中者，俱不可闻。虬松、藤桂、绣球等物，秃桌无存，仅破屋废池，供人思慕而已。世变沧桑，洵足慨也。

（瓯风杂志社：《乡事纪闻》。因项维仁卒于清道光三十年，故怡园当修于道光间）

清同治间重建大观亭

考名胜志，永嘉华盖山巅有吸江亭，名改“大观亭”，又名“江山一览”，载稽郡志，不言建自何时，盖阙如也。顾亭为康熙年间温处道陈公、永嘉令马公効节之所。登斯亭者，英风正气犹仿佛见之，今已倾圮二十余年矣。余慑郡篆，适董事陈承锵等禀请建造，乃捐廉钱十万，并谕令绅士李全英劝捐集资，鸠工兴作如旧制，仍名大观亭。客有从余游者，请曰：“江山胜概如在掌中，洋乎大观也，亭之仍斯名也，其以此欤？”余曰：“唯唯否否，观之义有大焉者矣，观畎浍之纵横，则思何以利吾民；观闾阎之鳞栉，则思何以乐吾民；观城池之巩固，则思何以保吾民；观山海之险要，则思何以卫吾民。登览之倾，能无触目警（惊）心乎哉！若夫感慨欷歔，凭吊二公之忠烈，则又与学士文人共焉者也！”余忝守斯郡，岂仅以是为名胜所系，而重烦吾民欤？于是绎大观之意而记之如此。

同治七年岁在戊辰仲秋之月。

浙江补用道台温州府事丹徒戴槃撰。

（戴槃：《重建大观亭记》。录自《温州历代碑刻二集》第198～199页。文中陈公指陈丹赤，马公指马琾，两公于康熙十三年总兵祖宏勋叛变从耿逆时被害）

清光绪间温州城乃东方威尼斯

温州风景如画，胜过所有通商口岸。作为一个城市，也是窃在华所见之最为清洁者，城里路面尽以石板或砖铺之。河川纵横，乃东方之威尼斯也。

［马吉：《光绪三年（1877）瓯海关贸易报告》。录自《近代浙江通商口岸经济社会概况》第467～468页］

温州，城墙周围十八里，位于瓯江南岸，距海约二十英里。从城墙上遥望该城宛如大花园，四周环绕精耕良田，庙宇错落山间，房屋点缀于丛林之中，有潮的河渠纵横于城市，经水城门与瓯江相通，成为该地的排污系统。

［那威勇：《瓯海关十年报告（1882～1891）》。该文撰于清光绪十八年。录自《近代浙江通商口岸经济社会概况》第409页］

温州相传为晋郭璞所造，世谓“九斗山城”，山应九斗。考城中止五山，东曰华盖山，西曰松台山，东南曰积谷山，北曰郭公山，东北曰海坛山；郭外则有巽吉、仁王、黄土、灵官四山。景纯谓九山象斗，华盖、松台、海坛、郭公四山为斗魁；巽吉、积谷、仁王三山为斗勺；黄土、灵官二山为辅弼。

又登郭外诸山，谓父老曰：“城绕山外，当州富盛，然不若跨山为城，则寇不入，长保安逸。”据此，则今城为晋故址无疑。以形势论之，实足以扼要据险，雄镇海隅矣。

（郭锺岳：《瓯江小记》。该书清光绪四年刻本）

清时永嘉多园林

永嘉为温州府治，茶、盐、鱼、鲍、竹、木、舟、舆，皆自台、处各属辐辏，而海外奇巧之物，不旬日而充斥市肆。其民贾闽、越，则致富亦易，故裘马轻肥，旁为园林水石之观。官斯土者往往捐俸辟地，营别墅，集宾会文为乐。故旧道署有且园，府署有二此园，曾氏有怡园、依绿园，张氏有如园，最近吕氏有于园，杨氏有慈荫山房，皆是也。

（瓯风杂志社：《乡事纪闻》。该社成立于民国二十二年十一月，共刊《瓯风杂志》24期）

温州城中有三园，皆足供士大夫游宴之所。在西为陈园，曲径通幽，台榭错出，聊堪小憩。陈园之南为曾园，则水木明瑟，亭馆鲜妍，远出陈园之右。其所编桂屏，所筑水槛，尤具匠心，为他园林所未见，思以两诗记其胜，尚未能成章也。在东为张园，紧贴积谷山下。

（梁章钜：《浪迹续谈》卷五《张园楹联》）

清时永嘉东皋倚山作屋

倚山作室几家齐，屋后有墙墙后梯。邻居不分左若右，层层衹贝判高低（东皋民居，山上屋后起屋，以石梯上。故邻舍分前后，不分东西）。

（石方洛：《楠溪江竹枝词·倚山作屋》。该词刊于清光绪十七年。民国初出单行本）

清时张氏园遍植奇花异果

张德少，名振生，永嘉诸生，有文望。令子衍伊，英年绩学，试辄冠一军，克承父志。故德少年逋逾艾，即弃举子业，超然有尘视轩冕意。先世自相国、中丞以来，俱以名节自爱，宧槖萧然。治第城西隅，不尽闳敞。德少即旁隙地，遍植名花异果，春时繁英艳萼，掩映堂阶。至夏、秋，累累成实。每遇佳节良辰，二三胜友，弹棋分韵外，出家酿，刈园蔬，相与纵谈古今，亹亹不倦。迨至银蟾影仄，金鸭烟残，酒阑夜静，一榻忘吾。

人谓德少长者，不似竹林中人白眼玩世也。余潦倒一毡，志趣喜与德少同。德少每以青梅、墨桃相饷，其大如拳。余戏谓得此异珍，直是瑶池上品，须令三青鸟为使，双成弹八琅璈，飞琼奏元灵曲以侑之。彼小奚不知余言云何，嗒然一笑而已。

（陆进：《东瓯掌录》卷下。相国谓张璁，明嘉靖间官至少师兼太子太师、华盖殿大学士；中丞为张天麟，为璁之从玄孙辈，累官都察院右副都御史、巡抚云南）

清时瑞安城

瑞安城建邵公屿上，屿已隐。西城在山，山名西岘，上有塔；东南隅广福禅寺中亦有塔；东门外里许隆山上有塔，俯瞰城中如杯盎；北门亦有小塔。飞云江在南，左一堤，横亘数十里；右为下湾，地势相环抱。北则集云山屏护其后。故东瓯科第，以兹为盛。水出左后，故无巨富。海潮所至，卤而浊，故人强悍而陋。海性淫，多变怪，故民多刁顽而伪。

（赵之谦：《章安杂说》）

清光绪间瑞安建利济医院

瑞安利济医院于清光绪乙酉（十一年）始创于城东杨衙里，当时先建前进五楹，左廊筑药房，右廊筑诊室，各三楹，中座以设学堂。盖欲以昌黄帝神农之教，医道甚殷，是为吾浙东南之有医院始。

乙未（二十一年）分设医院、学堂于郡城，丙申（二十二年）添设药房，丁酉（二十三年）复开报馆于杭州，而皆以利济名。历办十有余岁，亏折凡六千金。学报、医校于是停办。未几，而蛰庐、介石、莳石、栗庵四先生皆相继殂谢。不特郡城医院岌岌欲坠，而瑞安原有之院亦相形无起色。以至于今，共和九年始得复建瑞院正厅洋楼一座。楼上以设黄帝、神农栗主，楼下设蛰庐、介石、莳石、栗庵四先生遗像，而以介石先生弟醉石先生附焉。春秋率诸家子嗣暨同院释奠笾豆，有仪礼也。

（池志澄：《新建利济医院碑记》。录自《卧庐文录》。文中蛰庐为陈虬，号蛰庐；介石为陈黻宸，字介石；栗庵为陈葆善，字栗庵；莳石为何迪启，字莳（志）石，均为利济医院创始人。醉石为陈侠，名中医）

清光绪间瑞安建玉海楼

予初官翰林，稍益购书，以禄薄不能尽如所欲。同治戊辰（七年），复为监司金陵，东南寇乱之余，故家遗书，往往散出，而海东舶来，且有中土所未见者。次儿诒让亦颇知好书，乃令恣意购求。十余年间，致书约八九万卷。虽视深宁所见，未能十之四五，然颇自谓富矣。

旧居褊隘，苦不能容。今年春，为次儿卜筑河上，乃于金带桥北，别筑大楼，南北相向各五楹，专为藏书读书之所，尽徙旧藏，庋之藏上；所刊《永嘉丛书》四千余版，列置楼下，以便摹印。因取深宁叟所以名书者，以名斯楼。

（孙衣言：《逊学斋文续抄》卷三《玉海楼藏书记》。该记撰于清光绪十四年。文中“深宁”指南宋知名学者王应麟，著有《玉海》二百卷等。诒让，即孙诒让，晚清经学大师）

环境保护

清乾隆间平阳金乡保护水源

粤稽碑之制，始于秦纪功载德，所由来（远）矣，然亦足以示戒焉。今士民共建，是以卫二屿而垂永久，诚感仰夫贤侯良吏之功与德，而因憾夫报斯山者，且深惧夫后之人尤而效之，爰镌公案于石，以云记载功德也可，以云示戒惩慝也无乎不可。是为引。

事缘苏川、陈思芳等呈报开垦金镇城内官山、种茶纳课等情，奉县宪批：“该处官山既在城内，有关地方民社，仰蒲门司即亲诣勘明，绘图具报察夺。”巡厅查禀：“金镇狮山坐于城内，自东门过北稍西约二里许，东北依山为城，西南居民丛处，延山脚下凿井十余眼，绅士咸以是山为一城护卫风水，城内虽有河道，其水不堪饮食，藉此山下井泉，民人仰给，历来舆情合禁，毋许樵采、牧放、埋葬等事，恐污食水，有害生民。今该户等呈请开垦纳课，虽称种茶，一经纳课，即属伊等已业，易种他物，谁得禁止？势必粪污水道。体访舆情，不惟风水为虞，咸有将无食水之患。兹奉批饬勘明，理合备情绘图，据实详覆。”复蒙宪批：“既据勘查，该处城内官山，其下俱有井泉，为通城居民食水攸关，一经灌种，有污水道，历禁开垦等语。苏川等何得捏称种茶为由，妄请报升，殊属朦混。仰即就近随时饬禁，伊等如敢籍报私垦，即行详究。”士民又佥请勒碑永垂禁令，奉宪批准：“尔等勒碑以垂永久，可也。”为是敬镌。

特授浙江温州府平阳县正堂加五级纪录五次汪

温州府平阳县蒲门巡厅兼理盐务事□□□于罄宜

协镇浙江平阳等处地方右营驻劄金乡都阃府纪录□□□

协镇浙江平阳等处地方右营驻札金乡□□□□□□□升

乾隆四十二年岁次丁酉麦秋月　合卫士民同立。

（汪增谦等：《禁垦官山碑》。录自《苍南碑志》第45、46页。文中“汪”指汪增谦，“麦秋”为孟夏四月）

清乾隆间永嘉天长岭护林告示

授浙江分巡温处兼管水利兵备道加五级纪录十次沈为非禁难存事：

据士民周联登、周文珠、周镐、周文清等呈称：身地天长岭，植松荫护，捐建已始于前朝，万姓维持茂美，方垂于今日。届今坟路切存留之望，灵蠢知毁伐之非，去岁经前东厅详准免砍。谁料邱允源为周子凤拼砍一案瞒批骗准查，佥叩蒙恩准留。但法以密而弊端方剔，恩以久而宪泽愈深。既蒙批固久，垂为铁案，而顽徒负弊，非祈示谕，曷触目而儆心。该岭松木，有等不法棍徒，或冒山客名色，或藉封斫名头，假公济私，藉端渔利，非祈俯赐金恩，给示严禁，永饬保全护荫等情投道。据此，除批示外，合亟出示严禁。

为此，示仰该地居民人等知悉：尔地天长一带地方，东至山坑口亭，西至周岙路亭，地属南北通衢，两旁路松系万民往来停息之所，尔等应宜善为保护培植，使其根深叶茂，荫庇一方，不得损坏。倘有不肖棍徒客役，胆敢藉端假冒封砍者，许即指名具禀以凭严拿，从重惩治以儆习风。本道言出法随，断不姑宽，各宜凛遵毋违。特示。

乾隆五十年九月初六日给。

（沈□：《天长岭左右树木告示碑》。录自瓯海《周岙周氏宗谱》）

清嘉庆间瑞安护池禁碑

特授浙江温州府瑞安县正堂加五级纪录十二次张为佥祈示禁等事：

据生员郑梦兰呈称："生屋后有放生池一个，土名郑长池，每逢亢旱之际，数千余家俱食此池之水，现有一班地恶及无知小厮等，乘此池干水涸，不时纠聚多人落水探捕鱼虾，使水混不堪汲饮，罔顾地方食水。屡行训阻，无如伊等凶顽成性，置若罔闻，面斥莫制。不已，佥请示禁"等情，据此合行出示严禁。

为此，示仰该都军民人等知悉：该处郑长池所蓄之水，附近居民藉以汲饮，自应彼此顾惜，以资食用之需，池内所长鱼虾，毋许捕捉，致污食水，自示之后徜敢故违，一经呈控，定行重处，断不宽贷。各宜凛遵毋违，特示。

嘉庆十三年三月十八日给。

（张德标：《请禁郑长池碑》。录自瑞安《林垟郑氏家谱》。张德标，字玉衡，号望亭。陕西渭南人。荫生。乾隆五十七年、嘉庆十三年两任瑞安知县）

清嘉庆中李山民众立碑护井

水火相济，自古为然，况处此高山，比户往往呼癸，村中之所尤系者水也。虽有此方清泉，汩汩所出，奈源远流长，亦无培植扩充。于是会众合议，建立石井为函，一便地方所饮，一具不测之防。至今公事告成，议条列禁。自是如有犯者，不问外亲内族，均罚酒二席，罚钱七百公用；不服则众证鸣攻，必不容情。谨此预闻。

禁：水圳不许截断；不许水流私放；不许井面浸桶；不许洗污衣菜；不许乱置杂物。

大清嘉庆十三年菊月日立禁碑。

首事（从略）

（李山民众：《禁井碑》。录自《温州历代碑刻二集》第855、856页。该碑现置文成县金垟乡李山村水塘边）

清道光中平阳严禁强砍柴木

特授浙江温州平阳县正堂加五级纪录黎出示严禁以杜后患事：

据生员陈国绅、监生陈云衢、民人陈昌培呈称：身等控卢大押等挟嫌纠党截抢篓炭钱米等情一案，当经控蒙提集人证讯明，将卢大押、许子起、卢阿审、林阿日枷号押追。兹凭卢大龄、林文欣、吴天则、地保王锡朋等理处恳息，将原赃交还给领，并筏夫竹筏三只，亦并领回，情愿息讼。但身等田少山多，全赖柴木出息，上输国库，下资民生，诚恐地僻人蛮，怙恶不悛，非蒙出示严禁，贻患莫测，为此声叩伏乞恩赐示禁等情。据此，除将卢大押提案请释外，合行出示谕禁。

为此，示仰该都居民人等知悉：自示之后，务各安分守业，毋得再在陈国绅等管业山内强砍柴木，截抢滋事。如敢复蹈前辙，一经告发，定行提拿赴县，以凭按律究办，决不宽贷，各宜凛遵毋违。

道光拾贰年闰九月十二（日）给。

（黎应南：《奉宪严禁》。录自《温州历代碑刻二集》第1100～1101页。文中“黎”指黎应南，字见山，号斗一，广东顺德人，举人出身，道光十二年任平阳知县，有惠政）

清道光时瑞安三十二都禁盗竹笋

署浙江温州府瑞安县正堂加五级纪录十二次彭为课业攸关、佥乞给碑示禁事：

据三十二都耆民叶金宝、尹阿全、姚尚武、卓凤吉、□大玉、林阿寿等呈称：缘身等住居庄下、西屋、章坑、东元、娄山各庄，均系山僻之乡，只赖山竹出息，上完课税，下养蚁命；近有不法之徒，当春笋始生擅肆偷掘，一至交冬以打老茅为名，毋论老嫩，肆盗一空。即交冬令，笋已萌芽，寻根挖掘，断绝竹根，春笋何由而生；理阻不睬，课业两空，叩乞给碑申禁，以传久远等情到县，据此除出示外，合行给碑永禁。

为此，示仰该都居民人等知悉：自示之后，如有不法棍徒，纵令子弟擅至该山寻根挖掘，断绝竹根，及借以打老茅竹根为名，仍肆偷掘竹笋、箕草等物，一经被获，许即扭交地保，据实禀县，当即从重惩究，决不宽贷，各宜凛遵毋违。特示。

道光拾陆年三月廿二日给。

发该处勒石永禁。

（彭元海：《奉宪勒碑》。该碑置瑞安芳庄乡庄下村岭头庵。彭元海，字菜门，湖北云梦人，道光十四年任瑞安知县）

清道光间乐清高氏合族植木公约

盖闻崧山岳降，固资锺育之灵；竹茂松苞，实藉栽培之力。吾乡勋亲旧族，山水名区。功肇澶渊，先德之发祥孔厚；繁开粉省，后昆之继绩维宏。近者世易时更，不无隆替，蔓滋椒衍，难少愚顽。蟹谷之筠，残以樵采；牛山之木，伐以斧斤。将成濯濯之形，曷壮巍巍之望也。然而否而必泰，天道有来复之机；困极斯亨，人心有反观之会。复祖宗之旧制，溥庶类之馀恩。萌蘖勿伤，山林有禁，剪残勿事，斫盗有条。果其草长丛荣，亦均分而按户；若其狗偷鼠窃，宜合力以同攻。振彼颓风，崇兹美俗，虽曰天休未复，亦已地利聿兴。蒲卢之蕃育乃神，乔荫硕茂；棫朴之滋培维厚，地运繁昌。士尽栋梁，南渡之家声丕振；人皆桢干，西曹之宦业频兴。此时树木维勤，千载之葱茏可悦；异日树人克笃，百年之炎运维新。

——将合地饷山东至旺林南北两岸、西至黄坎山合族公样中，择五十人经管，立册一本。不论自己有山无山、同姓异姓人等，均按灶给山一分，录名入册，编号盖章，设立山单。令各交钱叁拾文以资赏赉。领单一纸，候开斫日认单给分，庶不致误。

——山主于开样日到祠，著明己山坐界，画押归众管样。候周二载秋季开山日，会众上山，度地量材，均半批价，以归山主。

——栽植松木，按户各出工夫栽本。成林之日，其树身山主十坐其三，合地样众十坐其七。使共视己物，群相爱护。至树毛箕草，与众均半批价，以归山主。

——山系公样，松木箕草皆为己物。如有入山盗砍，各得追获。获窃者，鸣众给赏钱贰伯文。唤到盗砍之人，照约章关禁。违者经公断不宽贷。

——他山均照前例，惟大宗山及贵二公、梅月公、耿庵公青龙首、观音岩诸山，松木业已林立，不但树身与样众无干，松毛亦不许钩伐。惟飞松及新栽松木，其树毛箕草与合族均半批价，其树身亦仍归诸公众内，永为荫木，样众亦不得以三七例分。为崇祖墓、培荫木故也。

——凡众山、己山已有大树者，树身与样众无干，树毛亦不许钩伐。

——板岙爱竹公山，伊众上年自己栽样，已经成林，实大枝繁。树身山主坐八分，样众坐二分。至树毛箕草，亦与样众均分批价。

——荒山脚必凯公众山，其松木亦上年自己栽样成林。不论新栽老树，其树身山主六分，样众四分。至树毛箕草，亦照例均分批价。

——村东冬福众山，已有畅茂松木百株。树身山主八分，样众二分。至松毛及新栽松木箕草，均照例批价。

——开山日，执管者上山度材估价后，齐集宗祠会计山价，共普各分，交钱若干。统计山场，照分数分别山界，每界均普几分，然后编号设阄，令各人激价领阄。庶各砍己界，无相侵夺也。

——砍斫只许松毛箕草，松木一概不许侵剪。候数轮后，木大林丛，方可于偏处抽伐，以普众惠。违者重罚不贷。

——增户。有分居及归宗增灶者，将以前树栽工本钱自道光二十五年正月起照乡例起息加利若干交众，准其领单。

——减户。有沓灶及迁居异地者，亦仍照以前树栽工本钱自道光二十五年正月起照乡例起息加利若干，众内给还。自后树身树毛箕草等物，永无干涉。

——异姓已经有树栽工本者，原照同姓例给分。自道光廿四年后，栽样已经成林，复有异姓入居者，不准给分。永以为例。

——增户以首年为准。如首年归宗分居者，在所增例。如当砍之年分居归宗者，不听增户，候下轮再样时，听其交价领单。其价本共计工本树栽钱三百伍拾文，自道光二十五年正月起息，每年加利钱壹百零伍文，远近照年数会计若干，交价领单。永以为例。

——减户亦以首年为准。如首年减灶迁居者，在所减例。若当砍之年减灶迁居者，不在减例。若下轮再样，不听交单，其价亦照增户例会计若干付还。永为定例。

——各灶领单，须于首年给单时领去。如到开砍时领单，其山单钱加壹倍。永以为例。

——山场砍净后，仍会集宗祠，复悉如前例管样。永昭百年成例，万载巩图也。

——增户，在同姓者，原属一本之亲，有分居各灶，理宜听其增户；在异姓者，以前已费工本，业已按灶给分；自道光廿四年后有分灶者，不听增分。所以别亲疏、明同异也。

——大宗山松木实大枝繁，诚为一地乔荫。前有不肖之徒藉风盗砍，借名风柴。损坏实多，有关地运。自后申禁，即有龙风打坏，知者鸣鼓会众，赏钱三百文；如有恃强斫去者，会众重罚不贷。

（高辂：《合众植木样山约》。录自郑笑笑、潘猛补主编《浙南谱牒文献汇编》第 308～311 页）

清咸丰间乐清样山守山公约

立帮样字某某等。兹因阖地样山诚一村财源，风化攸关，但族大支繁，不无顽梗。某等同众情愿立字帮样。东至旺林南北两岸、西至皇坎山为界，箕草杂树茂盛。面订：候来年八月开斫之日，众给某等昼夜轮守工力钱若干文，倘轮守不严，箕草被人窃去，每担赔钱三十五文。树木验大小，每株议赔。若某等私心自窃，被众获得者，罚钱二千文。如不允罚，情愿将自己坐分之山悉听众边革去，永无纠缠。众边编号分斫，一并守山，工金无分。若有他人盗砍箕草松木等项，被他人获着，由某等怠玩轮守，愿罚钱四百文归众，以成规例。自帮样之后，各宜严守，毋致自干。庶箕草畅茂，杂树缤纷，群羡地运重兴矣。

恐后无凭，立帮样字为照。

（高博源：《咸丰三年立样山箕草帮样草稿》。录自《浙南谱牒文献汇编》第 311 页）

清同治间瑞安陈雅山护林禁碑

拣发委用州署浙江温州府瑞安县正堂加六级纪录十二次李为出示谕禁以全赋业敦风化事：

据三十一都绅耆呈称：切身住陈雅山地方，田少山多，全赖山样出息，上完国课，下育身家。于道光十八年，已经控县请禁，沐批准示禁并饬差查拿在案，历来管样无异。近有不法之徒，渺〔藐〕视禁例，胆敢擅入山场，私偷春、冬二笋，乱斫松、杉、茅竹、水竹等项，似此扫荡，业不由主，粮何以完纳，目睹心惨，佥请复行请禁勒碑永谕。

为此，合示地内人等知悉：须知业由主管，计赃科罪，律有明条。自禁之后，山内春、冬二笋、松、杉、茅竹、水竹以及松毛、竹筅、杉树根等项，俱不许擅行掘、斫、剔，务须安分各守已业，毋贪小利冒干大纪。倘有仍蹈故辙，一经查明拿获，当即扭保送县按律究办，言行法随，断不容情，各宜凛遵毋违。

——禁地内不许开庄放豆，诱骗聚赌；

——禁地内不许摧折四围风水树并坟上荫木，如违诸禁，众议罚戏文三台，悉毋容情；

——禁流丐，宗祠宫庙不许留宿，每年元旦及逢喜事，不赐糖糕酒肉。

以上各项如违犯禁，轻则酒食，重则经公鸣治，皆不宽贷。

同治四年七月吉日给。十年三月吉立。

（李春和：《奉宪勒石》。碑置瑞安林溪陈雅山陈氏宗祠。文中“李”指李春和，字煦斋，遵义人。清咸丰九年举人，同治四年任瑞安知县）

清同治时瑞安对川勒石护林

曾于道光三十年四月□日，佥叩邑主杨祈准勒石永禁。呈称：生员王配嵩、王焕京，监生王国桢等僻居地瘠，赖草木竹笋生息养活、输库，有不法盗荡被获，即□□□等情在案。蒙给示严禁：“该地人等须知，物各有主，不容盗荡，违者准即送案重办。”又于同治三年四月间，佥叩邑主马恩再禁。呈称：王元勋、银孙、毓升、植三等，地有不法局赌诱愚，致起无赖荡窃山业等情在案。除地保查谕外，给示严禁：“不许诱赌荡业，违者送县严究”。今抄二示呈邑主罗，呈称：王亦吉、亦伍、亦发、发积、崇勺、崇浩、崇亨、定海等，前有荡产诱赌禁示，年久破坏，恩准存案，勒石永禁。俾该地人等触目惊心等情在案。沐批：“窃盗、赌博，均为地方之害，既经前县示禁，倘有匪徒复萌故智，准即随时呈究”。

公议禁规列后：

——议盗荡或竹或笋或树或枝及杉树、枞箕、茶叶等，鸣众重罚；

——议春笋不许内外人买卖私掘，自立春禁至立夏日开掘，违者鸣众重罚；

——议冬笋各管己业，违者鸣众重罚；

——议合地有获盗不服众罚，鸣公究治，需费合地照竹抽税应售，倘有不准抽用，众攻其非，斥诸禁外；

——议不许勾引外人入地荡业居住；

——遗有详规，详在公据，永以为例。

同治七年岁次戊辰九月□日

对川众等立石。

（对川众等：《合地公议遵示立勒石》。该碑置瑞安金川乡对坑村王氏宗祠内。文内“邑主杨”指杨鉴，字保三，道光二十七年任瑞安知县；“邑主马”指马寿华，安徽桐城人，同治三年任瑞安知县；“邑主罗”指罗子森，字雨樵，南海人，同治七年任瑞安知县）

清同治间永嘉西岸护林禁示

钦加同知衔署温州府永嘉县正堂加六级纪大功二十次钱为出示严禁事：

据二十三都西岸庄耆民等呈称：伊等地内四处山场，坐落北一里西岸地方。一百六十号山三厘坐外陇，东西至水坑为界，南至山巅，北至山脚。又一百三十六号山一分坐东倭山，东至山洞，西至路，南至山巅，北至山脚。又一百三十七号山一分五厘坐后般山，东至大岩，西至路，北至水坑，南至山巅。均系大文之业，自来赖此出息，以为上完国课，下给自家。恐有觊利之徒乘间偷砍竹木以及掘笋等项，特为先行叩乞示禁等情到县。据此，除批示外合行出示严禁。

为此，示仰该处居民及地保人等知悉：尔等须知，该山属各管自业，不容私行偷砍。自示之后，如有不法之徒敢再仍蹈前辙，许即协保指名禀县，以凭提究，决不宽贷。各宜凛遵毋违！特示。

——禁冬笋，各人管自业，不许偷掘；

——禁青柴，不许私担；

——禁青树枝，不许私担。

同治十年三月　日给。

（钱国珍：《奉宪勒石》。现置瓯海泽雅西岸办事处墙上。录自《温州历代碑刻二集》第201页）

清同治末永嘉上潘护林禁碑

钦加同知衔调补温州府永嘉县正堂陈为出示严禁事：

据二十三都上潘地方耆民人等为严禁山产诸物等项呈称：伊等上潘各

庄祖遗课山第十六弓至五十七弓止，从前各管自业，栽样成林。今有不肖之徒私入山场罄荡，尔等佥请示禁等情。据此除批示外，合行出示勒石严禁。

为此，示仰该处居民、地保人等知悉：尔等须知该处山场栽样竹木，完粮山产诸物，应归业主经管，毋得私自砍斫。严禁以后，如若犯者，会众公罚钱文、酒食、戏文，不依者协保扭送到县，从重究惩，不稍宽贷，各宜凛遵毋违。特示。

开列条规于后：

——禁大小树木不许砍斫；

——禁冬春之笋不许偷掘；

——禁□杉树□□；

——禁树林柴排不许青担回；

——禁山产诸物不许内外人等偷拐。

同治拾贰年三月。

（陈益：《奉宪谕禁碑》。录自《温州历代碑刻二集》第202页。该碑现置瓯海区泽雅上潘村西。陈益，字友三，同治十二年任永嘉知县）

清光绪初瑞安岭下立碑护林

钦加五品衔补用总捕府署温州府瑞安县正堂加六级纪录十二次彭为示禁事：

据三十一都耆民倪崇显、倪老五呈称：伊等岭下地方聚族而居，只因山乡田少，全赖山花出息，为完粮养命之需。近有地邻游手之徒，混行荡砍，一经撞获，动即恃顽。现在集众公议，互相看管，除山样、松毛各归自业外，惟箕草一项抽拨归众，为地方修理宗庙之需，合地悦服。只恐故态复萌，为害不少，叩乞给示立禁等情到县，据此出示严禁。

为此，示仰该处近邻居民人等知悉：尔等须知物各有主，不许乱砍他人山业，嗣后务须力改前非，各认界限，勤守己业，倘有不法之徒再犯禁令，仍蹈前辙，许该业主投保，指名禀县，以凭提案，讯究惩办，决不宽贷。宜各凛遵毋违，特示。

公禁祠堂山、吴坟山各处株树荫木不许乱折柴枝。

光绪元年四月□日给。

（彭祖培：《奉宪勒碑》。碑置瑞安金川岭下凝聚亭内。文中“彭”指彭祖培，字原甫，清光绪元年任瑞安知县）

卷十三 交通运输邮传业

交通运输业

六朝后倭通中国率自温宁入

始，倭之通中国也，实自辽东。由六朝及今，乃从南道浮海，率自温州、宁波以入。风东北迅，自彼来此，约可四五日程，而西风迅，自此之彼，约亦四五日程。盖其去辽甚远而去闽、浙甚迩。

[章潢：《图书编》卷五十。六朝通常指建都建康（今南京）的三国吴、东晋、南朝宋、齐、梁、陈六个朝代，亦泛指魏晋南北朝时期]

北宋元丰间温州里外通江海

雁荡周游遂此过，永嘉人物意如何？三贤籍籍风流守（孙兴公、谢康乐、颜延之，皆古之贤守也），一宿匆匆《证道歌》（予登无相禅师阁，亦尝撰赞留于塔下）。城脚千家具舟楫（郡里外通江海，民间悉置船舫，尤便出入），江心双塔压涛波。因留子舍欣逾月，归去吾知所得多。

（赵抃：《自温将还衢郡题谢公楼》。录自黄世中等《温州古诗选注》第 58 页。赵抃，字阅道，浙江衢州人。北宋景祐元年进士，官至参知政

事。致仕后，元丰二年，其子赵玑通判温州，抃遍游温州名胜逾月乃归，因作此诗)

宋时温处行舟惟艰

自浙江东南溪行，而溪水浅涩湍急，深五七寸，碎石作底，小者如弹，大者不过盆碗，齿齿无数，五色可爱。行三五步一滩，即四边或上流，或拥起碎石，或如堆阜，或如堤堰，水势喷激怒如瀑。而舟人所用器，特与它舟异，篙用竹，加铁钻；又有肩篙拐篙，皆用木加拐，如到〔倒〕书某字于其上。每遇滩碛，即舟师足踏樯竿，手执篙，仰卧空中撑舟；忽翻身落舟上，覆面向水急撑，谓之身攧篙。舟师每呼“肩篙”“头篙”“转篙”“身篙”“抢篙”，诸人即齐声和曰“嗷！嗷！”诸人皆齐力急撑。所谓肩篙者，覆面向水用肩撑；所谓头篙者，覆面向水用头撑；转篙者，自身左移舟右转；身篙者，或仰面即覆面，覆面即仰面云；抢篙者，舟尾有穴，每诸篙出水，即一人急用一大木梃抢船尾，盖恐舟复下也。一舟复数人自水率挽，水深处亦不过膝。自处之青田至温州，行石中，水既湍急，必欲令舟屈曲蛇行以避石，不然，则碎溺为害。故土人有“纸船铁梢工”之语，言寄命于舟师也。厥惟艰哉！

(赵彦卫：《云麓漫钞》卷九。作者生于南宋绍兴十年，卒于嘉定初年，所记宋时杂事及名物考证)

南宋嘉泰时乐清重修姜公桥

乐成为邑，负山濒海。东西两溪，左右翼治，其委甚远，入于东海。其发源凡五十又四，注而不舍，汗漫浩荡，渺乎无涯。民居介乎其旁，鳞集栉比，释梵之居寓焉。旧有桥以接通衢，淳熙己亥（六年），倾于洪涛。令尹袁公循旧材而重修，复坏于淳熙之丁未（十四年）。几二十年，渡以略勺，行者惴焉。夏秋之交，时雨暴涨，非惟罔以病涉告，而国讳荐修，水旱祈祷皆系焉。

公来宰是邦，力自撙节，百废俱兴。乃视旧址斥而广之。尉商君硕赞其议。为桥五间，雄壮掀伟，往来憧憧，如行康庄。虽阴雨晦冥不吾蹶，惊飙怒号不吾怖。经始于嘉泰壬戌（二年）之良月，成于明年之孟夏。为钱二百万，敛不及民而用度足，役不违时而工力备。邑父老相顾夸骇，取公之姓镌其桥，以示无穷之思。《诗》所谓“恺悌君子”，公其有焉。桥之旁，山弥高而水弥深，且祝圣放生之所。正其分划，严其禁界，抑又广圣朝好生之德也。

公讳光，四明人。自其莅政，岁数大稔，民无札瘥，学道爱人之志，特其异耳。诜昔叨簿领，且于公为同年生。今从邑人属而记之。

嘉泰癸亥（三年）十月记。

（黄诜：《重修姜公桥记》。录自明永乐《乐清县志》卷六。袁公，袁采；姜光，绍熙四年进士，嘉泰二年任乐清县令）

元初有温台海运千户所

《经世大典》：（元初）海运千户所一十一处，平江等处香莎糯米千户所，达鲁花赤一员，千户二员，副千户二员；嘉定等处千户所，达鲁花赤一员，千户二员，副千户三员。常熟所、昆山所、温台所、崇明所、上海所、嘉兴所、松江所、杭州所、江阴所，以上九所官员并如嘉定所之数。武宗皇帝至大四年十月，海道运粮万户府旧设官六员，尚书省增为八员，今复如旧数。千户所一十一处，并作七处。常熟江阴所、昆山崇明所、松江嘉定所、杭州嘉兴所，以上四所平江路置司；温台所，温州路置司；庆绍所，庆元路置司；平江香糯所，镇抚所。

（明《永乐大典》卷一五九四九）

海运视陆运之费省十之七八

河漕视陆运之费省十（之）三四，海运视陆运之费省十之七八。盖河漕虽免陆行，而人挽如故，海运虽有漂溺之患，而省牵率之劳，较其利害，盖亦相当。

（邱濬：《大学衍义补》卷三四《漕挽之宜下》）

元元贞初出使真腊自温出发

真腊国或称占腊，旧为通商来往之国。圣朝诞膺天命，奄有四海。唆都元帅之置省占城也，尝遣一虎符万户、一金牌千户同到本国，竟为拘执不返。元贞之乙未（元年）六月，圣天子遣使招〔诏〕谕，余从行。以次年丙申二月离明州，二十日自温州港口开洋，三月十五日抵占城，中途逆风，不利。秋七月始至，遂得臣服。

（周达观：《真腊风土记·总叙》。作者号草庭逸民，元时永嘉人。真腊即今柬埔寨）

元至大以来温台船户蒙召承运官粮

船户增添脚价。据温台等处海运千户所状申，温台两路船户夏吉甫等状告：各有梯己海船于至大二年以来，蒙官司召雇递年承运官粮，别无短少。又吉甫等住居濒海，捕鱼为生，接连福建之地。

至大四年十一月，蒙官司召雇船只，见数听候运粮，此时吉甫等未曾支给脚价，先蒙官司督并修理船只，以此吉甫等贷钱预为收买桐油、麻筋、石灰、木植等物，雇匠修理船只。至皇庆元年正月内，才蒙官司放支一半脚价。合用物料价直涌贵，并本船合用捎水，比之太仓加倍雇觅，及置办贡具、捎水口粮，又且盘费浩大，况本处水程约有三千余里才到，起程至卸粮，捎水合用口粮计该九月，比附太仓船户五月开洋，多用口粮四月。所有官司召雇福建船只装粮到于直沽之时，尚然优恤，每石添支脚钞二两。据吉甫等，装粮船只内多有捕鱼小船，今来官司，若照浙西脚船户般运支给脚价，似为偏负。

近承奉都府指挥，备奉江浙省札付，减并改立千户所，往岁不照船户住居窎远隔越，参杂管领，今既从新，理当随宜更改。数内庆绍、温台所，即系创改，运粮一切事务令各官前去规办，拟于温州开置治所，取勘船只，给散脚钞，催督起发。

至大四年，奉江浙省符文备都省咨焉。至大四年，海运正粮二百五十七万五千石，除委刑部田侍郎驰驿前去咨请，敬依委请本省官乌马儿、平章高参政提调督责元委官万户府官。照依坐去春夏合起粮斛，趁时装发起运，毋致耽误。仍与差去官、刑部田侍郎、万户王仲温等一同从长讲究，以后可以久行良法。拟定咨申奉此除春夏二运粮斛，别行装发，所讲究到海运利病，数内一项运粮，必合添支脚价，资给船户修造船只，以国家办事齐成，先济海运脚钱。

三十年前，创始之初，钞法贵重，百物价平。此时江南米价，每石中统钞三两，运粮一石，支脚钞八两五钱，几及米价三倍。又于旧年九月十月之间，拨降好钞，船只得此趁时买物，修造海船。如造船一千料，所用工料价钱，不过一百锭；运粮一千石，随得脚钱一百七十定〔锭〕。为有余利，争趋造船，专心运粮。今则物重钞轻，造船物料，十倍价高。每年船只必须修粘，浮动贡具必合添办，所得不偿所费，船户艰辛。虽蒙每石添作至元钞二两，其物价愈翔，不敷其用。况浙东温、台、庆元海船，水程窎远，比到太仓装粮处所，海洋水程不下二千余里，难与附近船户一体支给脚价。今量拟远者，温、台、庆元船只运粮每石带耗添至元钞一两，通作三两；其余船只装运糙白粮米、香糯，每石添钞六钱，通作二两六钱，稻谷每石添钞六钱，通作二两，于九月十月之间，俵散脚价，以资给船户修理船只。

（明《永乐大典》卷一五九四九）

元时海运开新道、置航标、召梢工

至元三十年，千户殷明略又开新道，从刘家港入海，至崇明州三沙放洋，向东行，入黑水大洋，取成山转西至刘家岛，又至登州沙门岛，于莱州大洋入界河。当舟行风信有时，自浙西至京师，不过旬日而已，视前二道为最便云。

（《元史》卷九三《食货一》）

（至大四年）刘家港甘草等沙浅水暗处竖立旗缨，指领粮船出浅。

（延祐元年）于江阴管下夏港……等九处一百余里间立标指浅。

（延祐四年）设立标型，高筑土堆，四傍石砌。

日间于上悬挂布幡，夜则悬点火灯。

（赵世延等：《大元海运记》卷下）

万里海洋，渺无涯际，阴晴风雨，出行不测；惟凭针路定向行船，仰观天象以卜明晦。故船主高价召集惯熟梢工，使司其事。凡在船官粮人命，皆所系焉。少有差失，为害甚大。因而询访得潮汛、风信、观象，略节次第。虽是俗说，屡验皆应……缀成口诀，以期便记诵尔。

（赵世延等：《大元海运记》卷下）

元至顺初温州有海运船三百多只

艘数泊处，俱无定籍。今以至顺元年为率，用船总计一千八百只，……平阳、瑞安州飞云渡等港七十四只，永嘉县外沙港一十四只，乐清白沙屿等处二百四十二只。

（赵世延等：《大元海运记》卷下）

元代漕粮海运船户贫乏

历岁既久，弊日以生，水旱相仍，公私俱困，疲三省之民力，以充岁运之恒数，而押运监临之官，与夫司出纳之吏，恣为贪黩，脚价不以时给，收支不得其平，船户贫乏，耗损益甚。兼以风涛不测，盗贼出没，剽劫覆亡之患，自仍改至元之后，有不可胜言者矣。

（《元史》卷九七《食货五》）

除另行外，今据见告，卑所参详，夏吉甫等俱系捕鱼为生，递年官司自十月间召雇拘留船只，不能生理，举债收买物件，修理船只，次年正月才方支给一半脚价，收籴米粮，雇募梢水加倍费用，比及太仓先行往徊六千余里，装粮了毕，随船开洋运赴直沽，比附太仓船户五月开洋，多用口粮四月，所得脚钱已用不敷。若照依浙西船户，一体支给脚价，实为偏负。至大元年，温、台等处荒歉之时，官司于太仓和雇船只赈济亦与脚价钞四两五钱。至大四年，浙西船户到于福建经营，本处召雇运粮，亦行每石添支脚钱二两。议得夏吉甫等住居濒海，接连福建，递年官司召雇，船户典妻卖女承运，略举温州路船户陈孟四将一十三岁亲女卖与温州乐清县傅县尉，得中统钞五锭，起发船只。此等船户，到此极矣。至大四年，温、台两路运粮回还，在海上遭风，并直沽卸欠官粮，出卖等船五十六只，二万六千二百三十料。又兼物料比之旧日，色色增添，有至十倍之上。如蒙添给脚价，庶几船料日渐增加；若弗添支，转见船户消乏，船只事故，理宜优恤。既脚钱不亏，则船户无损，申乞照详。

（明《永乐大典》卷一五九四九）

元至正初平阳重建寿安桥

径川通阛带阓，故为万商之渊薮，浦有桥三间，桥为亭六角，陵谷既迁，亭毁桥圮，涉者病之，盖一纪于兹矣。

巡检秦梓至是一新焉，偃虹驾鼋，工坚贴妥，作八面亭于其上，飞檐步阑，雕栾镂楶，壮丽无与比，购材僦夫佣匠凡糜钱文若干万，米若干石，大半出已帑。乡士大夫率族里之隽为真率会，赋诗以落之，其老者酌而饮群俊曰："不图自吾世而复见此桥也。茅苇瓦砾，昔邻比之屋，白骨青磷，昔弦诵之林也。孑遗之民得见此土为麻麦之场幸矣，畴能为梁以济人乎？"又酌曰："自遍置儌巡以来，不御暴而为暴，移罪嫁祸于良民以诬上行私者，滔滔皆是也。号为近人者，亦惟扼吭拊背，渔猎自封殖，三年捆载而去，畴能捐金以先人，成舆梁而屋之如此其坚且丽乎！"遂为秦君寿！又酌而自饮，觥盏交庆曰："桥成非难，往来无壅为难，亡赖子追逐吏卒后，晨徒手而出，衣盖、扉屦、饮食取办于途之人；而已殆若俯啄仰顾，深居简出，虽有此桥，谁由此桥？今桥成而邦侯李公以选再镇，若保赤子，心诚求之，曩之使我重足而立者，今皆重足立于严明之下，田里无叫嚣之声，水陆绝夺攘之事，趁墟适市，相与道旧故而乐升平，祝侯寿安，环千里皆然，又何止径川之人？是成桥者巡检也，使人之得由此桥者我侯也。”

余嘉老者之言近理也，因其求记则次第前说而书之。

（林千之：《寿安桥记》。录自明弘治《温州府志》卷十九）

明永乐间乐清县津渡

白沙海渡去县东五里，在永康乡。旧官置船，接玉环乡南社一百二十里，北社一百五十里。

馆头江渡去县西五十里，在茗屿乡。系驿路。每潮涨，下渡溯江入郡城。六十里至蜃江。旧有渡船十数艘。官令巡检伺渡，发时必躬至岸次，视舟之轻重，恐中流遇风，有覆溺之患。

清江渡又名缆屿渡，去县东七十里，在瑞应、山门二乡界。旧系驿道。水自雁荡山芙蓉港出，入海。

石门溪渡去县东一百里，在山门乡。系驿路。水自石门潭出。旧尝有龙。去潭百余步，流浅为溪，往来者涉水以行。遇溪流涨急则不可涉。官令岸旁居民，常以小舟济渡。

截屿江渡去县东一百二十里，在山门乡二十九都、三十都界上。水自温岭出。系沿江陆路往来要道。（旧志缺，今增入）

清港渡去县东南一百五十里，在玉环乡清港口。水自三十二都黄社诸山谷出，入海。系沿江陆路往来要道。（旧志缺，今增入）

（明永乐《乐清县志》卷六）

明宣正时乐清重修万桥

宋东平万先生规始创桥以利厥济，人遂以其氏名之。历岁滋久，风雨啮蚀，波涛舂射，柱石圮而梁木颓。千户侯魏公迪，常于训练之暇，周览形胜，惧是桥之圮，往来者病涉，乃鸠工抡材，鼎而新之。出帑藏以为之资，复择戎士之可任者温普盛、潘觉胜、李普观氏，协心专力募财以裨不周，杵其木以实厥址；累石为柱，屑以铜铁，枕卧中流；锐中首以破激湍，上则环石为梁，中通类圭窦，五跨五窦，复鳞次其石以接通衢，两旁缭以石阑，其长五十有六寻，广居十九分之一。经始于宣德癸丑（八年），而落成于正统辛酉（六年），凡九阅寒暑，工视昔无虑十蓰。议者请以魏易万，魏公："不可，我之新建桥将申东平之志。"

（范霖：《重修万桥记》。录自清光绪《乐清县志》卷四）

明前中期温州等卫漕运定规

漕运定规，每岁运粮四百万石，内兑运三百三十万石，支运七十万石，分派浙江、江西、湖广、山东各都司、中都留守司，南京、江南、江北、直隶一十三把总，管辖各卫所旗军领运。浙江都司运船共一千九百九十九只，每船或军十名，或十一名，或十二名，共该旗军二万一千六百七十名。每船大约装运正米三百石，连加耗四百余石，共该装运七十余万石。该运粮者，杭州前、杭州右、海宁、温州、台州、处州、宁波、绍兴凡八卫，海宁、金华、衢州、严州、湖州凡五所，其余沿海备倭卫所，俱不运粮。自宣德八年，里河漕运到今皆然。运船每五年一造，每一船奏定价银一百两，军卫自备三十两，府县出价七十两。兑运者，各卫所军驾船至府县水次仓兑粮起运，京仓、通州仓交纳。支运者，原系民夫民船，运至淮安、徐州、临清、德州四仓。军人驾船于四仓支运京、通二仓。近年又有改兑之名，盖免民起运淮安等仓，加与耗米，就令军船各到该运府县兑粮，直抵京、通二仓也。

（陆容：《菽园杂记》卷十二。作者卒于明弘治九年，故所记应为明前中期之事）

明弘治间永嘉茅竹岭筑路

温壤多枕山濒海，而往来之途在在有之。跨山而途谓之岭，捍海而途谓之塘，塘又系水利之大者。去郡城东三十里为膺符乡，沿海有途抵茅竹岭，绵岁滋久，雨淫潮啮，下隙上洼，日就颓坏，行者病之，叹艰慨阻。里正陈状，欲假力于浮屠氏以相是役，郡守吉水邓侯惧疲吾民，因命西隐寺休粮僧心明募邑民之好义者，各出资粟以充其费，或多或寡，惟意所乐。于是量工程，备畚锸，宿糗粮，运堙石，坎洼窒之，倾塌筑之，土力坚完，并以石甃，西起蒲州荷花埭，东止岭平，凡若干丈。岭平故有井，味甚柔甘，行者恒掬饮之，遂面井树亭，为往来休息之所。明心请亭名于邓侯，侯曰："此所以便是民之困而止者也，宜以是名。"

余家瓯海之上，入郡城必由是途，烈日烜赫则思憩焉，风雨骤至则思憩焉，履涉疲倦则思憩焉，而未有以憩也。今途既坦固而又亭乎岭之正中，则东西往来，冠盖交错，欲憩即憩，顺利恬惬，便止命亭，不既协乎。众请石其事以传，余惟道茀不治，国无寄寓，君子以为阙政，故合方氏掌达天下之道途，而视途除道，疆有寓望，各以时举焉。然则修道途以利往来，而亭以息之，固有司之事而奚假浮屠氏之力哉！夫知利之所在而欲兴之，知害之所在而欲屏之，然不得其机而握其要，则本以兴利，反以产害，惟夫取诸民之乐助而备石工自为之，役不劳于下，费不烦于上，坐收成功于声色不厉之表，其可谓仁术也已矣。心明勤勤恳恳，诚感谊激，而又重承邦君布惠之志，是以民易从而事易集，不然，则侯岂托异教而愚是民者哉！

余尝叹释氏蹑虚驾诞以为吾道垒，而不知固吾道之役也。是役也，肇工于弘治辛酉（十四年）秋七月一日，讫工于壬戌（十五年）秋八月八日，后一月而亭始成。亭成而置是碑者，使将继焉，以永其利于一方也，其可嘉已。而施助氏名则列具碑阴。

（王瓒：《瓯滨文集·便止亭记》。文中"邓侯"指邓淮，字安济，江西吉水人，明成化十七年进士，弘治十二年任温州知府）

明弘治末瑞安芦江修石路

行飞云江二十里，西有江曰芦江，江之上有溪，起自苍山之遂

（水），有岙凡二千一百丈有奇，其间有桥复如干。所以雨潦发□□□□淹没，道经是地者往往病于行涉，至有咨嗟呻吟之声相传，行旅苦之。兹者张公伯畿闻而闵之，乃慨然以为义举，遂出谷四百□□，督工以赴其役，盖自弘治壬戌（十五年），迄于甲子（十七年），三年而后毕□，□□□桥以行而商贾可通，坎洼以夷而行旅可出，大道聿新，□□□□，昔之咨嗟呻吟者转而安然歌矣。夫人莫难于好义，好义莫难于知重，今张公之能惠施道路桥梁而不靳其财有如此，可谓今日之所□，出人数头地矣，功利之及于民者亦博哉！是固不可不表而出之也。其乡姻郑君汝珍、林君廷振辈，请予言之为立碑以记张公之行事，欲其有以相传于久远而不泯其迹云，是为记。

正德元年丙寅秋九月既望。

邑人东城双虹桥金絅撰文。

乡曹林廷振□□、盖竹郑汝珍□□、汇源许崇□□。

（金絅：《芦江石路碑记》。碑藏瑞安市文物馆）

明正德时平阳万全建平安桥

敕封中书舍人征仕郎前光泽县儒学训导赵谏撰

直隶凤阳府虹县儒学训导致仕郡人王升书篆

平阳之北徼壤接瑞安，昔人堂于其处，合邑号而名之曰平安。堂之后有途亘回，望焉如矢，离数百武，中间巨河，盖众水来注，达于陡门者萦洄吞激，广二十仞，旧作化坛桥于上，率用琐石累于两崖，版以石者才二三间，易筑易圮，岁弗浃旬。人虽慨其靡常，同以为病，顾佣费滋夥，鲜有主其役者。

正德丁卯（二年）秋，榆里耆老陈朝欣、林秉镭、陈朝鏻、陈永奇过视迹欷而规为革创，乃谂于众曰："是桥失举，匪直病夫行者，且及二邑广野，塍畴络布河涘，东作一般，动必由之，吾徒幸逢熙暤，际遑隙，不豫为之计，爰以足民天、裨王政之万一耶！"议既克合，遂首捐箧储以倡厥举。适道人员通复为募费以左右之，肇事于是冬之十月，迄工于明年之四月。趾柱比版，石修而广，疏厥琐石，增为九间，鼎正坚巩，屹为经久之制，行者农者交口伟之。改化坛为平安桥，大镌于石，仍其堂名也。佥谓兹役孔艰，不可无记以贻来者，俾嗣葺之。

夫天根见、水潦涸而川梁以成，有司知政者为之固众矣；而出于闾左，不俟督责，自以为心者几何人哉！矧能易故规于屡坏，而基永利于不朽者乎！耆老此举，其亦忠且仁矣。群情乐和，而蔑视其资，人心所欲，不角以智力，不怵以利害，自无不欲聚焉耳。然非王政之修，风化之被，曷克以臻此！予郡人也，素缘众以为欲者也。事固乐闻，记其容让，系之以辞曰（略）。

正德三年戊辰夏六月吉日。

义官蔡廷卫同立。

（赵谏：《平安桥记》。录自民国《平阳县志》卷四。该桥位于万全圆阳）

明嘉靖时泰顺修义路、太平桥

《义路记》者，董子天香舍田以济众，众义之，志弗忘也。景泰作邑，邑井甃靡所施，市之民东西汲于溪，而罗阳之田为董氏世业。嘉靖庚寅（九年），邑新城，天香乃夷田筑室，民日来同，自城南接于西街，聿成市聚，顾室虽西，向前犹田也，塍藩杂蔽，厄塞枉迯，莫可顺适也。天香慨然曰："居犹之身也，而血荣周流，经络无滞，乃罔疾疢；一手足间，停忤壅室，辄瘘痹肿瘠。矧民日用饮食须于地利，吾专吾田，一人之利也，众则艰焉，是以一手足病一身也而可乎？"属邻姻刘杰辈告之曰："室以西开路抵溪为捷，田则吾有也，吾无吝，惟是计庸屡役，匪众弗克，通其塞则不厄，径其枉则不迯，须而成之，百世之利也。诸君其图之。"佥谢曰："子弗蕲，我侪亨厥利，敢不唯命？"岁己酉（二十八年）秋，众方量工命日，而天香往矣，厥似元书、元礼、元诗追维考志未就，抱戚集谋，北自官街，南滨溪流坊，其田长三百五十尺有奇，广六尺余，姻邻乃征工僦功，不浃旬而道成，人人称便矣。爰相与名其路曰义，而伐石诣予记焉。

予惟民行多善始而弗克终，是以没世无称，君子所疾。天香少业儒，人器之；壮而掾于邑，人疑之；退而立家教之，人羡之；垂没而有此举，人义之，其亦考终命者欤。而元书辈又克敬承先志，可谓孝矣。昔范文正公置负郭常稔田千亩以济群族，其子孙世守，民到于今称之，夫固后世之所无及也。乃今图利而不恤于病民，动以尺寸之贪仇其骨肉者，是又天香父子之罪人也，何莫由斯路耶？予于是有感焉，志其事以植义风。

（陶清臣：《罗阳义路记》。录自清光绪《泰顺分疆录》卷一一）

泰顺治之北有溪流发源于括苍，迂回曲折，绕泮宫之右，湍流而号不息，直走闽地。正德十有四年，邑人张琏伐木为桥，久之而颓且圮矣。

嘉靖己酉（二十八年）秋，蔡侯至，举废兴坠，乃语张氏后曰："太平桥之建也，始于汝祖，汝其新之，以继汝祖之美。"耆民曰张坦、医官曰张赞咸欢然趋事。侯乃取能于其工焉，取力于其壮焉，木者、石者、陶者咸中式。经始于八月四日，告成于十月望日，更题曰登云桥。

（吴国器：《重修太平桥记》。录自清光绪《泰顺分疆录》卷一一。文中"蔡侯"指其时泰顺知县蔡芝）

明弘嘉时乐清界屿修路

界屿南路至新市向为泥涂，行者病之。近得山南陈先生率众修砌，诗以奖之。

瑶川有路到蒲城，泥淖沾衣不可行。本是康庄通驿使，更连塍畔及农耕。修工未免资檀施，结果还须望老成。好事自来难得成，敢将此语祝先生。

［朱谏：《界屿路》并序。录自《荡南诗集》卷四。朱谏（1462～1541），字君佐，号荡南，乐清人，明弘治九年进士，官至赣州知府，著有《雁山志》等］

明嘉靖间平阳建水头公馆

赐进士第嘉议大夫福建按察使佥事瓯东项乔撰文

处州府推官署平阳县事楚蕲近山张大显书丹

平阳县治南行八十里许，地名水头，当闽浙之冲，水陆皆通焉。陆则由前仓迤逦而来，水则沿大江潮至则舣舟焉。闽浙两藩官司之有事者必由之路，南行而大源铺而福宁州以通我闽藩，旧苦莽窦阻塞，路险木蓊，为山寇巢穴之区，比来伐木芟棘，辟隘为广，险者夷坦，密者疏爽，往来称便。予佥闽臬，前岁道经，甚嘉乡人通道之劳也。

水头旧有铺曰象口，岁久倾圮，官使无憩息之所，皆舍于乡民许廷器，于兹有年矣。来者驺从散处许之别室，廷器宰割供具，疲于奔命，予为苦之。适蜀之灵湫高公以进士宰是邑，百废俱兴，其便民者尤加注意。嘉靖岁之戊申（二十七年），巡抚都宪朱公膺命抚视两藩，灵湫公先事，乃进廷器问驻节之所，具得其情，曰："夫率土之民皆王臣，一邑之人皆赤子，为公而舍于一家，食其力而役其人，非吾父母至公至平之心也。"况尊礼必公廨，燕息必密室，乃相旧铺址，捐俸构以新，要廷器领其事。鸠工简材，始于丁未（二十六年）季冬，讫戊申孟春。前后正厅，左右翼以两廊，门皂、书房、爨室一概就绪。东西隘偏乃买民田以足之，临通衢，外缭以垣，预其楣曰"公馆"。周约五十丈许，厥地燥刚，厥堂面阳，厥材孔良，宏敞壮观。

落成之日，廷器戴贤侯之造福也，无以颂美于不朽，乃走数百里请予为记。予昆之邻邑人，官于闽亦馆于廷器矣，方欲为陈于当道，而灵湫公不待陈者，遂乐记之。昔召公便民听断于棠树下，以方春使民反业，后人作《甘棠》诗以咏之。今灵湫公建公廨以纾民千百年之劳，其有便于民也大矣，宜廷器乐于歌之曰："馆之新荷，侯德之神。馆之久荷，侯德之不朽。馆之弘且深荷，吾侯甘棠余荫而永福我后人。"遂镌于石。

公讳镛，号灵湫，蜀之内江人，得侍御公之家教，故能得民父母之义云。

嘉靖癸丑（三十二年）岁孟夏望日。

（项乔：《新建平阳水头公馆碑记》。录自民国《平阳县志》卷八十二）

明时温州等地其人习于海

浙之宁、绍、温、台，闽之漳、泉，广之惠、潮，其人皆习于海。造小舟仅一圭窦，人以次入其中，暝黑不能外视一物，任其所之，达岸乃出之。不习水者附其舟，晕眩几死，至三日后，长年以篙头水饮之，始定。盖自姑苏一带，沿海行至闽、广，风便不须三五日也。

（谢肇淛：《五杂俎》卷四《地部二》。作者字在杭，明万历进士，官至工部郎中）

清康熙间刘矩宗修驿路

瓯故脱海外，而括而婺悉仄径缠深箐中，督府下檄，芟刊之为驿路。君躬亲相度，凿山甃石，不旬月成康衢。

（李象坤：《掬庵集·文林郎浙江温州府推官刘君墓志铭》。文中刘君指刘矩宗，字仲旋，号退庵，清康熙十四年任温州府推官）

清康熙间泰顺重修登云桥

桥梁之设原以利行人也，形家以水口紧关为利，似不可信而有可信者。

邑城南里许，两山分峙，瀑布悬崖，故明万历丁巳（四十五年）乡士夫建桥于其间，不过资利涉耳，俄而棣萼联镳，后先继美，形家言似非臆造也。

皇清定鼎，兵燹之余，桥板倾圮。顺治乙未（十二年），耆民王君祥鸠工庀材，起而修之。时架梁大木未坏也。及康熙甲寅（十三年），闽逆构变，城邑丘墟，风雨飘摇，桥日崩塌，即间有修补，不一二年而仍坏，行路彷徨，共相悯恻。

岁己卯（三十八年），周子苍六、季子石梁、高子振川及家启东、凤仪、胜九诸叔暨弟元述等日谋修葺，命余弁首。余一官无影，十载徒劳，检橐既乏锱铢，对人又难启口，然事为地方美利，未敢当面错过，百千辗转，勉从所命。初运木一根，人工动百，开山阅水，艰危备历。同人愀然，余恐事不克终，强勉宽之，究不自安也。爰相与冒霜雪，废朝昏，估值经营。不旬日，而助工者云集，捐资者响应，屈指两月，工获落成。邑人喜之，余终不自安也。

士君子读圣贤书，谋利济业，区区津梁而必劳民动众，亦何能于地方告无罪。第乐善好施，情不可阻，架画栋于平川，前人事也，挽狂澜于既倒，则又诸君子力也。今日者，峻阁依然，板桥如故。情深送客，柳可折也；才高志卓，柱可题也；道逢黄石，履可纳也。或寻梅致远，稍憩驴背，诗魂饮酒，长吟聊假，丹阳逸兴，此又桥之力也。余何有焉。

（董永孚：《重修登云桥记》。录自清光绪《泰顺分疆录》卷一一）

清康乾时瑞安飞云渡

国朝康熙十六年，民陈克受等捐资制为义渡，副将刘顺复捐俸创舟八只，范令永盛仿刘令旧法增广之。雍正初年，仍藉民船济渡。天王寺僧宗义倡捐田百亩，又置买沙田三十亩，又奉拨给涂田二十亩，又各处施舍涂田八十亩，田十四亩。十三年，士民曹廷辅、钟韶等呈请制台郝公复拨给控争四十五都涂田二百四十亩。以上共计田四百八十四亩，田系僧宗义收租，修理造册报县。僧没，奉道宪吴檄县办理，计船二十只。续，生员陈舜另捐田三十亩，自行收租，认修飞字十号、云字六号渡船二只。乾隆八年，被风漂没，飞字十号船，耆民程兆麟捐造，云字六号船，陈舜子贡生陈步青自行修葺。渡夫共二十名，每季县给工食。每渡一舟止许载三十人，人各给钱一文，货一担亦如之，挨次轮装，毋得搀越。按：今官渡十九只，云字六号船尚属陈姓经理。嘉庆十一年，徐署令映台严禁重载勒索，令每人加给渡夫钱一文，永以为例，并行立石。又南岸马道倾圮，舟不附岸。乾隆十年，僧云客募修。

（清嘉庆《瑞安县志》卷二《建置》）

清乾隆初永嘉乌牛建义渡

永嘉乌牛义渡碑记

赐进士出身文林郎知浙江温州府永嘉县事加三级纪录四次京江何树萼撰文

永邑三十六都乌牛村，地濒大江，右达郡城，左连乐邑，远接台宁，直通闽越，洵水陆之孔道，为往来之要途。向有渡船马衜，原系本村蒋氏砌造。至雍正三年，大水推坍，继以涂泥壅涨，石埠沉没，船木朽坏，不堪运行旅，济渡维艰。昔陆忠惠造万家桥，往来便民，颜师鲁治漳南道，车步坦适，此地岂无好善君子乐于施仁、自颓已乎？适有士民周振如、蒋炳文、周浩若、戴子裕、孙云生、戴子友、周朝珍、王荀八、王赞臣等首倡，呈请义埠义渡，蒋氏慨然乐施，一时善信解囊，共成胜事。诚恐地棍生事阻挠，既已饬批严禁在案，即令择日兴工。石埠一佰三十余丈，广八尺，直跨江浒。制造大小航船二只，人人咸歌利涉矣。船埠共费三佰余金，工既竣有乐输士民捐田若干亩，数列后，预贮葺理船埠，诚万世之良图也。今士民偕来请余言为垂久远。余奉命来莅是邦，修造津梁，本余之责，今兹乌牛义埠义渡，士民争先捐修，好善乐施，绝无驱迫。余既喜斯渡之成，斯民之克襄义举，足为后来劝也，遂述巅末，俾勒江皋。后之贤子孙，继继承承，于斯万年，保守不怠，又余之望也夫，是为志。

计开捐姓氏（略）。

乾隆五年岁次庚申旦立。

（何树萼：《永嘉乌牛义渡碑记》。录自《温州历代碑刻二集》第134页。该碑置永嘉县乌牛镇老街6号墙上。作者丹徒人，乾隆四年任永嘉知县）

清乾隆间平阳建东魁桥、永庆桥

《春秋传》曰："水涸成桥。"《王制》："司空以时平易道路"，故徒杠舆梁岁举不废。诚以行旅熙攘，使勿登之坦夷，势且褰裳裹足，郑国侨以乘舆济人，君子讥之有由然已。邑之金舟乡东魁里有孔道焉，中界大河，其水汇江以南八都之流而下注于海，河广以深，波澜壮阔，居民编竹为筏，左右牵缏以渡，险而且劳，后至者迟之又久而始济，涉者病之。

乾隆丙子（二十一年）夏，余量移来止，巡行其地，进里民而询厥由，明国时先有桥矣，顺治间海氛迁弃，桥遂以圮，阅今百有余年，未获兴复。余惟是地当通衢，闾阎之作息，行道之往来，所关甚巨，苟恃筏为安，非特长民者之责，抑亦乡士夫之羞也。于时义士谢一聪者踊跃兴起，力肩厥任，捐百金为倡，一时乐善者解囊景从，醵钱七百余缗，鸠工庇材，经始于是岁之秋，至丁丑（二十二年）冬落成，更于桥侧构亭以为憩足之所，而南首支河小桥亦就役焉。

工竣，余案临慰劳，见夫桥长四十余丈，为间者以三十计，上铺石版，支以杙橛，坚固平稳，蜿蜒水上，洵如长虹卧波，而行其中者，飘飘然有凭虚凌风之致焉。遂晋首事而劳之曰："美哉桥乎！昔以险，今以平；昔以劳，今以逸；昔以踯躅而不遑，今以夷犹而自肆。肩摩踵接，忻忻然愿出其涂。令以不才，实尸居此，敢以为好义者劝。"里民厥角而前曰："否，否，桥之废今百年矣，官数十易而兴复蔑闻。我侯甫下车，即筹及之，民之愚亦惟仰承仁风以勉遂厥事。非侯德教所感，曷为庶民子来、远近市义乎？是侯之功也。"复以锡名为请。余询旧名何若？对曰："里名东魁，桥因之。亭曰余福，支桥曰余粮。我侪小民惧其不文而贻诮之，盍更诸？"余曰："东，生方也；魁，文明之宿也。文明当生方，其文教振兴之象乎！余粮栖亩，岁之所以恒丰也；积善余庆，俗之所以归厚也。备此数善，奚病弗文，宜仍旧贯。"里民又作而起曰："先有是桥，而邑志不载，废圮无稽。昨耕者获旧时桥额，阅其残镌，乃崇祯间陈侯讳晶奎者修建，然言之无文，不足行远，故志佚焉。今我侯修志而桥适成，小人砻西山之石，请锡以鸿文，付之剞劂，载入邑乘，以志上下交孚之盛，传于永永，侯其诺哉！”余嘉其意之诚而虑之远也，乃书此以付之。

乾隆戊寅（二十三年）八月　日记。

（徐恕：《重建东魁桥记》。录自民国《平阳县志》卷四。徐恕，字芳圃，青浦人。进士出身，清乾隆二十一年知平阳，政绩甚著）

平，泽国也，南北乡都水之经纬纵横，以舟楫通者十居七八，其间设桥以利来往者，杠梁榷彴，与村落环相属也。乃若虚市稍远，河水深远，纡行一二里而桥者亦有之，虽其里之人明知不便，然习而安之，久而听之，盖经费大而创始难也。

余至平明年，以事至二十二都，经回龙河，循涯而舆，薄暮急不得到，视钱库村近在目前，方意求叶舟以渡，又安所得桥乎！曰："是当与百姓谋之。"时有耆民林亦占等来迎，余告之故，佥谓："若藉侯力以创此桥，不惟四乡之民利涉以祝侯德也，每六七月间，两岸农妇馌饷馈浆，暴风疾雨倏至，雷电大作，掀天震地，翻筐倒盎，半途呼号，奔避无从。或入夜，远客把炬问道，而河水新涨，更虞失足者，何岁无之，使旧有桥，曷若此乎！"乃召义民谢一聪谓之曰："尔非倡造东魁桥者乎？此地尔桑梓也，盍倡建之？"一聪喜诺以为幸："侯惠我乡人，岂敢辞瘁。第倡捐劝助者，山人之事也；若其主持桥工，先杜阻挠者，侯之责也。"乃始事于丁丑（二十二年）十二月，讫工于戊寅（二十三年）四月，计桥长二十五丈，为闸者十五，铺石锁栏，费八百金而桥成。请余落之，予深念济人之心上下皆同也，上尽其心，下尽其力，事无患不成，其信然乎！惟是下尽其力而无其权，所恃者上耳，往见愚夫愚妇惑于堪舆家言，相争相讦，败乃公事，何止一二，一聪前请之意其在斯乎！

今桥成而下尽其力矣，下尽其力而众义踊跃弗一中蹶，而上之心亦庶几藉是尽矣。然上尽其心，职也，分宜尽也，尔侪曷德焉，赴其地慰劳之。耆庶欣欣喜甚，予命之来前，谓："尔更有说乎？抑复有请乎？"曰："钱库者，吴越王之道场也；回龙者，雁荡山之胜水也。古所志也，愿赐嘉名以垂不朽。且邑始于晋，桥始于今，阅千余年遇侯而兴，则纪其世，叙其事，寿诸石又焉可已也。况此桥成，惊雷骤雨而望衡对宇，数武可归，乃恃此以不恐，今而后诚永永相庆矣。”予曰：“尔言谅哉！”即以永庆名桥，授之记焉。

时乾隆戊寅阳月朔日也。

（徐恕：《永庆桥记》。录自民国《平阳县志》卷四）

清乾隆中永强疏河建桥

永场距郡南六十里，越茅竹岭而东，沿海绵长二十六里，南接瑞安，北达龙湾，向有河道以资转运，惟坦头一带河身淤塞，公廒之盐无由直达龙湾，灶丁肩负纡回，疲于奔命，而地民垄断居奇，更以攘夺刍薪为利薮，前署守吴公屡议疏浚而未果。余守瓯之明年，锄其豪强，因旧河身而加开浚焉，畚锸并兴，工成不日。

今年（乾隆二十四年）秋，各丁复为疏通，开挖水道，畅流熬波，积素陈陈相因，皆得运至龙湾以副掣綮。余因请于大宪，在于龙湾建置廒房若干间，并置箬船以供转运，各丁咸喜，以为自设团灶以来，未有商灶兼利若今日者。因公建桥梁于公廒之前，请余命名以志不朽。余惟良法美意皆以惠民，然不徒局于目前，而必思为经久计。今河虽治，凡我灶丁必得岁加疏浚而勿使之淤，众皆协力而守为常法，庶豪强不致兼并，而美利斯溥也。因名之曰“永惠”，而镵诸碑。

（李琬：《永惠桥碑记》。录自清乾隆《温州府志》卷十三。李琬，字晖东，号莲塘，山东寿光人，乾隆二十二年任温州知府，后升温处道）

清乾隆间乐清置横春内河渡

瓯郡属邑有五，而乐清实为水陆要冲，盖道宁、杭而赴瓯、闽者，必经由邑治以达于十二都之馆头，然后临江而问渡焉。自乐城至馆头，为里六十，一水可达，是为运河，即志所称西河者也。然其地无舟楫，临河待渡者率取办于农家之舴艋，小如叶，狭如刀，上雨旁风，无所蔽障，人坐水中；而又招之，或不时至，需之者众，则有无未可知，行旅受困，其来久矣。

予承乏郡政，凡可以利民者皆次第举行。岁辛巳（二十六年），绅士以造舟之事来商，予曰："此义举也"。上其事于总镇段公、观察徐公，得允行。于是卢生康本谋之于众，得钱三百缗，鸠工庀材，造舟凡四，皆高大深阔，上可以容坐卧，下可以实筐箱，招徕舟子，榜人为之，请于大宪取于帑盐之卤羡以给稍食并岁修之费，每日各以二舟轮番上下，俾无留滞。又造四小舟并坐船，一以备公事之不可缓者，由是盈盈一水，如泛江湖，人歌利涉矣。皆相率请曰："愿有记"。镇、道二宪以属予，予惟行李之往来，百货之灌输，皆舟楫是赖，关系匪轻，乐邑昔无而今有，创始之功，众襄之义，既不可没，而法立而弊生，假公而觊利，又不可不防其渐也。于是记其事如右。

条规：大座船一只，备大宪坐驾。大义渡四只，每日双去双来，循环不绝，以便商旅趁渡。小差船四只，备缓急差使。立总埠三名，大小船只统令照管，每日在埠查点客货，不许重载。每只渡船装货二十担，客二十人，客多减货，货多减客。船钱每客一人或货一担，准收钱十文以资饭食，如多取，定行究治并将总埠责革。总埠舵工共八名，年各给工食六两，遇闰加五钱，水手十八名，年各给工食四两，遇闰加三钱三分，共年给工食一百二十两，遇闰一百三十两，余银贮为修造之资，酌给工食，于支领帑银项下报销。大小船只三年小修，五年大修，七年承造，如遇异常飓风，非救护所及，查实酌修。凡遇紧要公务，许应付差船，其缓急可附搭渡船者，免取船钱，不得专拨。

（李琬：《横春内河渡碑记》。录自《温州历代碑刻二集》第440～441页）

清乾隆时平阳修渡龙石步、南雁桥

昆邑江之西有渡，名渡龙，南港之水归焉。雍正三年，前县沈公改建陡门，御咸蓄淡，灌田千顷，闾阎沾利甚溥，其相与赞襄者则为左堂裴公，规模制度坚致牢实，良称不朽。乡之人立庙岸右，祀之以报功。其左岸则市肆列焉，水头舟泊岸少余地，商人起舟中货，争相挨挤，或时陷泥泞，货倾水底。

予自下车以来，每逢桥梁路道，劝绅士修建，独渡龙尚少石步。兰松洋李士修，即造南湖书院董事之介弟也，慨然曰：“古人谓百年一饷，速作善事，予老矣，其可任行旅颠连乎?”捐资以为己任，诸善士助之，购石浇灰甃砌上下两步层级以登于岸。虑时或风雨也，造亭以憩之，并修陡门桥以济往来。虑时或昏晦也，置产以供路灯并每年修步之资。意理周致，次第毕举，春鸠工，夏告竣，微李君率作之功不及此。然非平日皎然不欺，取信有素，谁则信之；非毅然解囊以为众倡，谁则从之。天下原无难事，诚至则人自感，心公则众不乖，尊人而卑己，则己不劳而事毕济。至假公以济私者，无论器小易盈而少涵容之度、鼓励之方，则靡不有初，鲜克有终，其能不日之成若是速哉！予重过之，则见陡门若为增胜，熙熙攘攘，争乐诵李君之德，而于沈公有光焉。夫天下好事无穷，有其举之，莫或继焉。前功坠矣，安得通邑善士如李君昆季相与左提右挈，为地方遥遥造福哉！而同事诸绅庶，例得联叙而刊于碑。是为记。

(何子祥:《渡龙石步记》。录自民国《平阳县志》卷八。文中沈公指雍正三年平阳县令沈瑞鹤)

新河有桥，亦在兴国寺前，以达浙闽官路，当缘公资不敷，植木以渡，今去何公五年矣，诸董事不敢率完事，又劝各绅输助谋创石桥以善后图。乃于是岁秋集，兴工凿石，上铺厚阔石板，下立巨柱，旁增钉石，沃以蜃灰而遂成，旋丐名于余。余曰：“钱仓，钱王俶之道场也；雁荡，钱王俶之所游览也。虽此桥不为雁荡设，何妨以雁荡名，名‘南雁第一桥’可矣。”盖此地乃入雁门户，登桥南望，山外苍翠缥渺，百二峰头朵朵芙蓉如在目前，过斯桥者既可知开斯河之新迹，亦可吊钱王之古踪，而南雁去此不远也。是役也，非当道莫克举之，非当地莫克助之。及至功成，邑大夫何与焉，各董事宁独利焉。而食其德者可以人人，可以世世，又爰择耶！

语云：“谋始难，享终易。”谅哉！余评志之，愿后人见其终事无忘始事焉，并寿董事暨乐输姓名于石。(略)

赐进士出身原知贵州清平县邑人张南英撰。

古歙汪庭敬书。

大清乾隆三十七年岁次壬辰黄钟月榖旦。

（张南英：《南雁桥碑》。录自《温州历代碑刻二集》第 1071 ~ 1073 页）

清乾道间泰顺重修仕水碇埠

凡事之适宜而利物者，虽闾里微劳，皆足以言义。昌黎韩子所云："行而宜之谓之义"，《大易》称："利物足以和义"，余窃以论事焉。泰邑仕水，邑之巨川也。群流凑合，洪涛时至，前人设渡以济往来，名曰义渡，利诚溥矣。又有循滩聚石，以通步渡者曰埠。埠与渡之设，先后未可知，但凭村中传闻，则云前埠在夏宅港，即溪东之宫前滩，近岸有数齿存焉，厥后移创上流，即今之济渡处。其岁月与人俱不可考，大抵能和义者能兴利乎。

甲寅（乾隆五十九年）之秋，水患频加，旧滩荡析，里父老不忍坐视病涉，爰是募金重修。石取其坚，计永年也，色取其白，昭利涉也，筹画之善，艰辛不辞，越乙卯（六十年）闰二月告竣。其南建桥曰义桥，桥转而上建亭曰义亭，均以义名，则埠亦可谓义埠，其义一也。而或者曰：仕水有义渡，所利者在渡不在埠。岂知带雨春潮，横波侵岸，利诚在渡，渡固宜世守。若夫雨霁而澜平，霜寒而水涸，每花朝月夕，行人摩肩，增其旧广其规也。抑有难焉者，辇石来自五里，砌滩费以千缗，使非成美者多，又安能与义渡并垂不朽哉！故将捐资诸君子姓名列寿诸石，以为某也好施，某也任劳，以志不忘。且俾后之慕义兴怀者，踵事增修，虽千百年享有其利可也，是诚行而宜之者也，其斯可以言义欤！余承父老属，难辞固陋，乃敬以义为言。

首事：温开炳、胡期贤、林桂芳、饶熏、胡朝干、林槐芳、饶庆明、柳士昌、饶庆恩、饶庆云、胡成中、林延舜。

经事：林朝干、胡期颐、林卓观、章镇邦、朱添爵、饶庆圣、胡腾骧、汤世贵。

里中廪生胡封、庠生饶熏同志并书。

大清乾隆六十年乙卯岁次大吕月榖旦。

（胡封、饶熏：《重修仕水碇埠渡志》。录自《温州历代碑刻二集》第1231～1232页）

凡功莫难于创而事莫善于因。创在虑始，其功巨，其费繁，其成必历岁月；因则继，事较易矣。而继之功苦虑始，是因也实创而因难。仕水夹岸而居者家数百，旅出其日，途踵接肩摩，皆待义渡二以济。潭则万□，濑为石步，余以丙子（嘉庆二十一年）□□□坑屡经焉，其石步雁行而中断，坏于冲激者十余稔矣。渡待舟求济者众，每□持义亭。亭间碑林立，皆甲寅（乾隆五十九年）造石步时助金者名，数约千缗，而明经胡君封为之志。窃念□□者数十步耳，非若曩时之频且繁，曾因而葺之，则创诚难也。越今六岁作复馆仕水，上则石齿依然，悉如其旧，意因之固易。

既孝廉胡君腾语余曰："此温君应钰与里诸君子所倡修也，石步初造，由□先辈者义举，而温君尊甫与焉。当日堤址之木石交错处，匠不如法，故一坏于辛酉（嘉庆六年），再坏于癸亥（八年），皆修之而卒不能坚，非悉更基木石无益。兹重募鸠工，以己卯（二十四年）水涸天根之辰，改堤增石，以庚辰（二十五年）三月工竣。盖温君等念始造之难，而肩巨任繁，使成绩不坠也。子盍志诸？"余曰："此因也乎哉，因实创矣，以继为倡义之举，不敢以不敏辞。若仕水之源流与渡之缘起，则要有明黄伯羽教谕及胡君二志在，若助资之名数仍列于别碑，如初造置亭中。"

首事信士温应钰、庠生饶廷玺、庠生朱梦琦、国学林云雕、国学齐正纲、贡生胡封、信士林周德、国学胡明佩、信士钱世重。

大清道光元年辛巳岁次大月榖旦。

邑廪生平溪董正榆引□甫志。

（董正榆：《重建仕水矴步义渡志》。录自《泰顺县文物普查材料》。作者泰顺人）

清嘉庆间平阳重修梅浦桥

梅溪古之桃源也，在县西三十里，发源自盖竹，东出林坑，下经罗源，东注钱仓，距梅溪五里，是为梅浦。宋徽猷黄公家此，至今祠焉。南、北二港所必经，旧有木桥二：通北者近山为后桥，通南者近江为前桥，而前桥夙为浙闽往来孔道。无何支流塞，溪溜迸，兼以潮汐相冲激，浦口遂日广而日深，前桥支木亦视昔相倍蓰，乍过之如凭虚御风然，鲜有不裹足者。噫！此桥之易木为石，乌可缓哉！

壬戌春（嘉庆七年），有仪山太学生陈知三者，迸〔并〕各都有力绅士，佥请于周侯葳怀西公，蒙倡捐赐序，出示通衢。于是遐迩咸踊跃从事，即于是年六月二十五日鸠工，迄癸亥（八年）十月十日落成，共需银二千四百十两有奇。桥五间，中为墩二，计磴长十四丈五尺七寸，径一丈一尺二寸，墩径一丈七尺五寸，柱深七丈八尺九寸，复于柱内外实以木椿、石子加蛎层焉，以防溪水潮汐之冲突，上下四旁磨砻砥砺，既坚且好，人无病涉，庶几其可久也矣。是役也，子谬从诸君子后，深悉诸君子各竭其力，而幸知三之有志竟成也。爰不揣而赞为记。

嘉庆十年乙丑黄钟月上浣。

温州府学生陈韶撰并书。

堪舆张圣沛；石匠李元宽。（捐资者一百三十一人，略）

（陈韶：《梅浦桥碑》。录自《温州历代碑刻二集》第1084～1085页。文中“周侯”指周镐，字怀西，号犊山，嘉庆七年、十四年两任平阳知县）

清嘉庆时重修飞云渡北岸马道

瑞之邑，云江襟其南，南门外数武，即为飞云渡北岸之马道焉。路阔八丈五寸，长三十丈，盖南北之要冲，浙闽之通道也。第岁久石损，潮回泥泞，肩负行人皆苦之。

余于丁卯（嘉庆十二年）秋摄篆斯邑，因公往来其间，见舴艋云集，商贾居民杂沓争渡，触石颠踬，不一而足，余恻然有修筑之意。绅耆李锦澜等旋以呈请，余深嘉之，捐俸以助，并劝谕属邑士民暨经过商贾随分输将。幸志孚人和，踊跃乐输，因购长阔石块，择日兴工，此盖丁卯重阳秋后事也。或谓余曰："洪波巨浸中，潮平路没，入水数丈，工力浩繁。"余曰："有志竟成，必有勉为之者。"

适仲冬张公差竣回任，余卸篆，及戊辰（十三年）春初，余赴杭时，而马道工程甫一半。兹夏杪，有友自瑞晋省，语余曰：所历关津马道而平坦坚固，无如新修飞云渡之北岸，且备述邑侯张公于浚河修志外，复捐俸督率首事，其功不日告成。是举也，易欹侧为坦平，行者无惊，趋者无仆，负担者行且歌于途矣。余方欣美不已，而董事邮寄书至，欲仿古旧制于岸旁竖立牌坊，索余书"飞云渡"三字于额，并嘱为记。余嘉董事之乐成，尤感张公之善全斯举也，爰为记。

（谭正坤：《重修飞云渡北岸马道碑记》。录自清嘉庆《瑞安县志》卷九。文中"张公"即其时瑞安知县张德标。作者字北溪，广东保昌人，嘉庆十二年署邑令）

清嘉庆间玉环铧锹渡条规

为渡船装载人货，申明议定章程，勒碑永禁事：

照得西青、铧锹两岸，为玉环往来要道，中隔汪洋，横流对渡，势甚汹险，稍不谨慎，即关覆溺之危。黄、张二前任因该渡额设仅置二船，不敷航载，故先后各捐二船，一同往来济渡。谕令该董事陈安邦等经管所有该渡一切事宜。据该董事议定章程，呈请勒石永禁等情前来，本分府特加核定禁条，合行申明晓谕。为此示仰军民、董事及该地澳甲人等，一体遵照后开条规，倘渡夫等故违禁令，许该董澳甲子民禀侯提究，各宜凛遵无违，特示。

计开条规：

——铧锹渡江面辽阔，急水横流，渡船四只，设渡夫九名，每船二名，务得熟谙水性者，方可常用在船管驾，毋许偷安在家，及出外生理，私雇生手替代，以致误事。倘有事故禀退，候出示召充，不得循隐私相顶替；

——渡船归埠，每船着一渡夫守管，不得擅离，以免杠具损失、风雨漂泊等情；

——船四只，西青、铧锹二埠，每埠各置二只，逐日轮流，彼往此来，酌量装载，人少货多、人多货少，每船总以八分为率，不得重载，致生事故；

——渡船毋许搅载猪羊，一遇风色不顺，将船掉戗，猪牛侧聚一边，以致轻重失匀，船易翻溺。及〔凡〕过往猪牛，均着由楚门过渡，不得仍走铧锹，违者禀候究治；

——船遇破漏，该渡夫即宜据实禀明，请项修补。如杠具、蓬索稍有损坏，该渡夫随时修整，毋得迟延；

——本埠往来商旅岁无虚日，该渡船不得驾驶别处，以私废公；

——船只中舱毋得装运污秽之物，宜洁净以载行李、行人；

——每人过渡给船钱一十八文；

——商客除随身行李外，货物每担给船钱十文；

——轿一乘并坐轿人连轿夫给钱四十八文；

——肩贩除随身货物一担外，每担给船钱六文。

以上各条各宜凛守，如违禀究。

嘉庆十六年五月。

董事陈安邦、潘维翰、周孙谋、辜昌富、金铭、江城、赵锜、孙钊勒石。

（宋如林：《铧锹渡禁革碑记》。录自清光绪《玉环厅志》卷二。该渡自玉环西青码道通往乐清铧锹码头。作者嘉庆十三年任玉环同知）

清嘉庆中永嘉隆屿设渡船义田

我隆屿面江而居，人烟七百户，其南北诸村往来津要，设有渡船，汛朝暮缓急，倚之若桥梁。然雇船以清泉而易敝，一期必缮修，再期必改造，加以篙工供给，村隘而人贫，支应亦难矣。往者余斋朱公，因有涂田百六十亩在徐家浦之江边，遂慨施草涂二十亩，充为渡船义田，岁收其息，具舟给役，众利赖之。嘉庆十九年冬，适有旁村人瞰沙有新涨，即以书院经费为名，呈□郡伯蒋□□请拦护承佃，其实未细询此田之原委也。伦等乃以关系义田利病刊石，而余斋公之孙职员世兰，亦以契约户串上呈，事下县勘详。其次年经七次历校□履勘，朱氏之税百贰而田实不满百三，乃知新涨之沙即朱氏旧有之田，其人理屈，事幸中□□。世兰君念义田费仍未敷谷，仰体祖意，更施高涂七段十三亩，以资□□，□□□议约完税交租之式，恐岁移时变，用勒诸石以实□□。一以□朱氏好善利济之意，一以杜盗卖争占之端，议约各条例书于后：

——凭前所施草涂二十亩，现在试插涂草，候成田之日，悉依照成规，交朱和□谷，其该田之税，朱边自完租，不完则听朱边改佃税，不从则与伦等无涉；

——新施高涂十三亩，系已成之田，每年每亩收田骨租谷五斗，共计谷六石五斗，归为渡船之费，其该田之税，乃朱边亦认自完，倘该田欠少租谷，听伦等径行改佃。如就置田皮，一概悉听两便；

——江沙坍涨不时，倘此涂四旁将来遇有新涨，恐朱边承接拦护以补原缺之额，仍许充作义田，听伦等开垦，其交租完税一如二十亩之式，倘再有溢额之涨，朱边亦随时报升，俟草涂成，再拨七亩合前十三亩共二十亩□□□；

——此等田亩系朱氏一家所施，专为渡船要紧起见，倘有借本村庙宇路道各公事各色，挪移出息及盗卖隐占，并外地争占新沙者，公同鸣官凭究治，所有费用均在田内出息支销。

嘉庆二十一年岁次丙子瓜月吉旦。

三十五都董事耆民：李正伦、厉□超、□□纪、李□□、李国瑾、李国茂、李明金、李焕良等立。

（李正伦等：《渡船义田议约碑记》。录自《温州历代碑刻二集》第157～158页。该碑置永嘉桥头广利庙正厅）

清嘉庆间永嘉重修江塘码道

窃瓯西大使庙前江塘码道，地当辐辏，各宪经由，万商云集，船只停泊，百货起落，诚西关最要之塘埠。其埠上下有二：一在岩头巷底，由来已久，埠短而狭，人货难于上下；一在汇泉亭前，乾隆五十年间，汀州靛业捐资，新筑砌江塘，以停货物，建亭榭以憩客商。五十三年，蒙府宪张撰文勒石，续遭渔船霸埠害商。呈蒙府宪徐、升县宪巴给示严禁在案。迩来潮水涨发，上下两埠，其堤级低下，淤泥拥滞，人货艰于起落，佥议两埠较旧放长加高放阔，庶免泥拥石塌，利济得永。飞等靛业又复设法捐筑，经始于嘉庆丙子岁（二十一年）四月十二日，落成于是年之十月，惟是渔船霸埠及在江塘搭厂，修造船只，大碍人货起落。现在虽蒙县主黄宪照案给示严禁，诚恐风雨损坏，积弊难除，为此勒石申禁，以垂久远，亦以记重造塘埠之岁月云尔。

嘉庆二十一年岁在丙子十月。

鄞江靛业商行邱鹰飞、廖信裕、邱年丰、邱峻华、何显棠等同立。

（邱鹰飞等：《重筑上下码道碑》。录自《温州历代碑刻二集》第159页。该碑藏龙湾区文博馆）

清道光间平阳建梅溪桥、邑南大路

横阳西三十里有溪曰梅溪，发源盖竹山，东出林坑，下经罗源山之北，东注钱仓入江。中有滩曰林滩，林隐君之遗址在焉，父老犹能言之。下数十武为溪头，清流涓涓，澄澈可鉴，予弱冠婚于夏园王氏，尝往游其中，俯仰流连，顾而乐之。然溪流出四山间，盈涸无常，加以垦辟日多，沙土壅塞，一值狂飙震山，奔淙射壑，其声汹汹，行人偶失足即坠坎窞，往来病之。先时筑坝聚石为步，而洪流啮之，久而倾圮，复筑一坝于旁如旧坝，而石之高过之，涉者恃以无恐，今已二十余年矣。土日以洼，石日以泐，向之所谓可恃者又成陈迹矣。客冬董事等乃捐资鸠工，辇石为桥，状似长虹，衔以雁齿，阅三月工竣，余闻之跃然曰：“不亦善乎！”

夫旱涝之不齐者天也，燥湿之异宜者地也，物无久而不敝，法无变而不通，因天之时，度地之宜，弥缝补葺，务期有济者，诸董事之力也。顾予窃有感矣。计余之始游于是也，当二月中旬，林鸟争鸣，杂花生树，凡目之所营，耳之所谋，依依如目前事。不图溪上之功筑频仍，始则以坝以石，继则增高，今又易之以桥，曾日月之几何，而陵谷之移易，人事之变迁已叠至矣。古人云：“三十年为一世”，不信然乎！抑闻兹溪古名梅源，南宋林尧民植树万株于上，通显后而溪之名益彰，今其人已往，手植当无复有存焉，而里之搢绅犹能惓惓以利物济人之心，谁谓古今人不相及也。他日者，余将乘瓜皮小艇由钱仓上溯溪头，与二三亲串吊林子之故居，访八景之遗迹，其览物之情当有过于畴昔者。适门下士王登三，梅溪人也，谒余为记，因述其事，俾勒之石，使后之君子有所考焉。

（鲍台：《梅溪桥记》。录自《一粟轩集》卷五。该文撰于清道光元年）

平邑为全浙边陲，东瓯障蔽，县治前南郭大路由岭门出通闽省，实往来冲要。传曰：“司空以时平易道路”，凡职司牧民者当于斯留意焉。

己亥（道光十九年）春，余由潜州调任昆阳，知斯土为山海要津，风俗淳懿。窃思兴利举废，富心抚民，自维庸才，愧无异政，而于书院课士以及塘陡郭门诸务，一一黾勉为之。惟目击欹倾古道，履履弥艰，久为行人苦，心窃病焉，因经费颇繁，不得不集邑绅耆而图厥事。会海氛不靖，羽书旁午，诸凡防堵团练，夙夜殚心，惟恐贻误，而于除道一节未遑举也。

旋蒙圣天子德威远播，海寓敉安，烽火无警。余与阖邑士民得少休息，因思登荡平之域，续畴昔之谋莫亟于此。乃首捐廉以为之倡，邑绅乃伊吴君等踊跃兴起，力肩厥任，遂即鸠工庀材，董督劝输，殷户乐善者踵之，或任百余丈，或任数十丈，以次减者听其力之自便。始壬寅（二十二年）冬，迄癸卯（二十三年）秋，阅十月而工竣。余按临之，下见周道坦平，石料坚致，自县门至坡南夹屿桥约九百余丈，顿然改观焉。爰晋董事而劳之曰：“美哉斯路，昔之踯躅不遑者，今乃游行自在，将肩摩踵接，欣欣然愿出其涂以仰答盛世衢尊之化者，实君等之力也。”而邑人且进而言曰：“路之坍塌久矣，我侯甫下车而即筹及之，向非德教所感，曷克子来赴义若是，是侯之功，敢以勒石为请。”余嘉其意之美若而乐其工之成也，乃书此以付之。至董事劝捐诸君及乐输诸君各姓名，附勒诸碑以志不朽云。

知平阳县浦城刘锺琪撰

平阳县训导余姚谢祖荃书

道光二十三年岁在昭阳（癸）单阏（卯）壮月穀旦立。

（刘锺琪：《邑南大路告成碑记》。录自民国《平阳县志》卷五七。作者字昆圃，浦城人，举人出身，道光十九年至二十四年任平阳知县）

清道光间飞云渡示禁碑

钦加知府衔署理浙江温州府事石浦理民厅随带军功加四级邓为详请饬禁事：

查接管卷内案据瑞邑僧大川呈称：窃瑞邑飞云渡，雍正九年僧师祖宗义等倡捐创造义渡船二十只，并募施田亩以作渡夫工食、修造船费，立定章程。近日渡夫复有重载勒索，究其故，渡夫实系赔贴，如南北往来差使在所应办，其营船停泊东山海口，兵丁不时往来，当另有别船应差。除去此差，则渡人之船常足，不致重载勒索，呈求除弊立碑以垂久远等情。当经前府批饬瑞安县查明东山海口停泊营船兵丁往来有无另船所雇，据实呈详。

去后旋据渡夫杜焕荣等呈称：瑞安县飞云渡前由蔡逆未除，暂借渡船应用，遂为成例，流害至今，不胜苦累。且兵丁往来，无论风潮不顺、黑夜亦着撑送，实有性命之虞。查营制每只兵船向有脚船一只，例载百人，尽可运用，何瑞港必有渡船应差？此风不除，营兵藉端不时攫拿，将渡船成而争渡逾众，难保不测，呈求移豁示禁等请。又经催县议详在案，兹据瑞安县知县刘详称：义渡船只装载军需兵丁，不惟大碍行旅，且与故僧捐舍之意相违。查宁属之鄞县、镇海、定海，温属之永嘉、平阳，台属之临海、黄岩等县，皆有巡洋舟师，何惟瑞邑独应渡船装载？该渡夫等所呈扰累之处，似属实在情形，详情称咨瑞营，饬除营县差使，以免扰累等情前来。

据此报，署府复查：瑞邑飞云渡横渡江面，约计亘长七八里有余，为东路闽浙通津要道，贸易商民往来络绎不绝，从前民船济渡，每人需索渡银一二分不等；任意重载，一遇骤风巨浪，难免倾覆之虞，咸称苦累。嗣经该县故僧宗义等，于雍正年间募捐创造渡船，并置舍田亩以资修船费用及渡夫工食之需，船数较多，船身较大，即遇骤风可免损坏，洵为利济行人之义举。并经详定章程，咨明大部有案。嗣因洋匪未靖，三镇营船每多进口军装器械，营中脚船不敷负载，一时暂借渡船应差，分装转运，此营中役使义渡船只之所由起也。今则洋面肃清，兵船停泊东山海口，兵丁往来及运送口粮柴薪蓬杠，舢板脚船尽可乘载，如各营别无渡船可差，亦有运送物料，可见舢板脚船原为营运物料而设，并非必需渡船方足济运，可为明证。若竟任其差派，则船数愈少，难免争渡、重载涉险情事，不惟有失捐置义渡本意，实有碍于行旅，应如县详，永远禁止营派差使，以杜扰累而安商旅，除咨移温州镇瑞安协一体从严禁处，理合备文详情，仰祈宪台察核，俯赐檄饬温州镇瑞安协副将，移会温州镇并瑞安协永远严禁营派渡船差使实为公便！除详督抚二宪暨臬藩巡宪外，为此备由具申，伏乞照详施行。

一详督抚藩臬巡宪转饬本署府给示严禁：照得飞云义渡横渡江面，亘长七八里，为东路闽浙通津要道，贸易商民往来络绎不绝，从前民船济渡，需索渡银，任意重载，一遇骤风巨浪，难免倾覆之虞，咸称苦累。嗣经该县故僧宗义等，于雍正年间募捐创造渡船，并置舍田亩以资修船费用及渡夫工食之需，船数较多，船身较大，即遇骤风可免损坏，洵为利济行人之义举。当经详定章程，咨明大部有案。据瑞安县详称，瑞协营船停泊海口，兵丁往来每每役使渡船，今本署府近访该渡夫等不遵定章，借差勒索商民，任意多载，大为行旅之害，除详请各大宪饬禁营派差使以杜扰累外，合行出示严禁。

为此示仰各渡夫知悉：自示之后，务各遵照前定章程，倘敢任意多载，格外需索商民，一经查出，或被告发，定提究处；如各营兵仍前违禁，役使扰累，亦许尔等指名呈请移提察究。本署府言出法随，均不宽贷，各宜凛遵毋违，特示。

道光十二年六月　日给。

（邓□□：《奉各大宪勒石》。该碑原置瑞安城关飞云西路陈老爷殿旧址）

清道光时平阳赤溪重建碇埠

乾隆戊戌年（四十三年）重建

盖闻陆穷而济之以舟，川津无虞于阻隔；山路绝而建之以埠，往来甚乐夫便安。故工虽□，□《周官》，而就地建利，应征遗意乎！杠梁制即莫详诸夏令，而因时设宜，殊□□□夫步履缅维开有必先，讵听举而或废。

今平邑五十二都赤溪地方，道当南闽要冲，行人之络绎不绝；路为山海之会，征夫之负戴如□。甲戌（嘉庆十九年）之冬，吾先君与诸同志起而建碇埠于其间。□□癸未（道光三年）之交，又从而修筑焉。是以行旅免厉揭，莫歌匏叶之章；童稚任逍遥，可免□□之患。不意天作淫雨，忽来浩荡之激流，水不可矶，遂至崩颓其故址。因□□□之路，固为长厚之风；由旧更新，尤属子孙之职。用是勉绍先猷，重勸义举，事□□□前规，当年之章程犹在；功端赖夫乐助，今日善信犹存。囊头肯舍，何啻东海之波；手底莫悭，即来西方之福。又岂但七星垂象，得沐辉光；半月照临，永承显耀也哉！

诸善信捐钱建埠，姓名捐数年远无稽，兹不具载（略）。

董事：方志与、李志瑄、郭云珍、黄成万、李俊先、刘廷标、李朝锦、郑奕杰、李朝榜疏。

道光十二年三月勒石。

（方志与等：《赤溪碇埠碑》。录自《温州历代碑刻二集》第1099～1100页）

清道光时永嘉重修苍峰岭路

合溪之南有苍峰焉，即神女之所出也。其山矗耸而起，恍如域中五岳，丹峰千重，峭壁万仞。登斯峰也，顾盼山灵，则目幻乎云物去来之色；吹嘘天籁，则耳骇乎风泉断续之声，其胜景不堪尽述。茅生山之腰，先代已经开辟成路，但世远年湮，屡被塌坏，是以耕夫樵父，徒悲步履之艰；客旅行商，共叹征途之苦。有心者于此，念古道崎岖，鸠工重镌修造。窃以功久业宏，恨独力之难成，爰醵金以竣事。近地富户钱家，各出箱中之粟；远乡名贤钜士，共掷杖头之钱，善事以成，庶几幸甚。今将捐助姓名，勒石彰义，以传永久。

道光十五年五月。二房三房首事刘文统、文浩、文党、文芹。

（刘文统等：《苍峰岭路碑》。录自《永嘉县志》第三十一编《丛录》）

清道光间乐清大荆并建三溪桥

大荆，乐清之附郭也。溪有三，曰蒲溪、曰新溪、曰中溪，水由雁山十八溪汇合石门潭而出，湍激迅悍，人多病涉，是宁台之接壤，实行旅之通衢也。尝驾木桥于溪上，屡兴屡圮，有时圮而不能兴，艰险殆难言状。若易木为石，三桥并举，阙一不可，且桥下筑基磐固，厥工巨焉，非大有力者不能成事，此难之又难也。蒲桥长计二十六丈六尺，阔九尺五寸；新桥长计二十一丈六尺，阔如之；中桥长计十一丈一尺，阔亦为之。蒲桥距新桥四十五丈，新桥距中桥五十丈，向无官道，不可不兼营也。复于桥畔建屋五楹，使长途跋涉，晨昏得以暂息。其待人也亦以周焉。

道光丁酉（十七年），里人孟基隆、朱伯贤二君，各捐银八百两为倡，居是地者或助以金，或助以粟，助以佣工，靡不踊跃从事，仅构蒲桥十分七，而桥上石板尚未得具，将何以处新、中二桥乎？而事又不可以中止。戊戌（十八年）春，闻余自括苍归，赴郡商于余。适余前一月兆梦：

有九人造余室，一人中坐，左右列坐各四人，其事也为桥而来，瞩余募众成之，但未明言筑桥之处所，余颇异之，而姑置不意。不数月有客来，助钱六百缗，问其姓名，不答也，再三诘之，则曰：“我自平邑来，书平邑民人可耳。”余不能不深异其事。从此闻风遐迩，不独瓯人自相劝助，即四明寓瓯者无不乐输，共醵金六千两有奇，由是三桥次第告竣，一似有桥即有神以主之，岂偶然事哉！

孟子曰：“十一月徒杠成，十二月舆梁成。”此就北方而言，北方流水湍急，沙土无坚性，宜木而不宜石，必待岁杪之修筑。若南方用石，一劳永逸，非若徒杠舆梁之不胜其扰也。孟、朱二君经营四载，心力俱疲，为人也非为己也，其见义勇为有如此。乃今而后过是桥者，莫不曰：昔以木，今以石，于万斯年并受其福。余因记其创建之由，并捐助姓名及购材工作需费若干数均勒于石。

（陈遇春：《新建大荆三溪九星桥记》。录自黄汉《瓯乘补》卷十六。作者字镜帆，永嘉人）

清道光中瑞安建安阳义渡

岁辛丑（道光二十一年），余自崑城挂帆回里。舟泊溪口之渡头，晨起登岸，高瞻远瞩，兴味正复不浅，西行数十武，有亭数椽，因少憩焉。见夫隔水呼渡者靡靡然，背负肩担，往来不绝。少顷，悉来集于亭，群相与语曰：“此地南通郡城，西连泰邑，且可迂回达括苍、赴闽省，真要害也。奈无仁人长者建一义渡，致舟人索钱喧杂，兼之舴艋几于朽腐，上漏下湿，艰险不可言状。即是处可以坐息，或不无渴极思饮之操，为缺憾事耳！”余闻之恻然良久。

因念吾祖父素欲措一久远计而未克遂，今固余之责也。归语诸弟辈，果欢欣鼓舞，汲汲焉欲成其事。余曰：“先人非吝而不为也，良以其地数十有余里，非有善其事者，必不能使后世无弊，是以事遂中止耳！吾辈且徐俟之，毋轻举也。”是岁春，陈君克宜，踵门以募捐劝。余思陈君夙称长厚，必能善其事者，乃商之弟辈，舍祖父所治五十四都周字号之腴田。

着司事者收贮租谷，分给渡夫以酬工力，更为烹茶之费，余凭修补小舟，整理亭榭。陈君叹曰："数百年来无此美举，公独力成之，是无量功德矣。理合归谕里人，于每岁中元令节，就亭中建设盂兰盆一会，追荐乃祖乃父，世世相承，著为祀典。"嘱余勒石以志不忘，毋使后人有残缺之慨。余思承祖父之遗泽，继志述事分内事耳。即余能成其事，亦陈君之善司其事以成之耳，何功德之有？余喜陈君之能司其事，乃摭实而刻诸石，非以志不忘也，特以俾后人知所从来也云尔。是为记。

具列叶山土名田段于左：

世发公助租二硕（石），本都土名郑帅河后坎。一段土名浃边，计租五石正；又三段，土名塘垟，共计租八石正安着；一段，土名龟岩，计租五石正；又二段，土名孔费，共计租十七石正；一段土名岩头，计租四石正；又一段，土名后山湾，计租三石正；又二段，土名驮湾垅并双隔，共计租十石立〔正〕。

大清道光二十二年壬寅岁仲秋月穀旦。

王邦玺同弟邦杰、邦骏、邦经暨侄正宾谨识。

（王邦玺等：《安阳渡亭碑》。录自《温州历代碑刻二集》第 862～863 页。现置文成县金垟乡渡头村公路旁。其时该地属瑞安县）

清道光间乐清重修太平桥

太平桥之建自元季，邑之东溪，周氏始祖讳信孙者始也，时称为孙公桥，后因误为孙家桥云。迨明洪武八年乙卯，邑丞太原白公文秀捐廉重建，维时邑令郧公钰、典史张公复礼实赞成之。桥下断石所镌姓名一一可睹也，人遂称为白公桥云。越百十二年为弘治十一年戊午，周氏五世六世祖又重建焉，如周连、周都、周鉴、周弃、周琳、周杞六人皆舍助、佽助者也。越今三百十一年，溪水冲流，两岸日就倾圮，往往风雨海冥，有失足而陨者，居民欲修葺之而苦费之不资也。

岁己酉（道光二十九年）孟秋，溪流暴至，桥东西岸坏，渐逼及桥，危若累卵，始不得已谋募建。虽间有应之者，其如迫不及待何哉！徐氏锡南慨然独任，奉乃祖拙夫命，乐善而好施者也。因议于桥西岸及中两墩更筑，下石增高三尺有奇，并增六板，砌以石栏，共二十四楹，东岸上下共十有二楹，西岸上下共八楹，计工料约需八十万余。议成，投牒请示，余心嘉焉，翘企以观其成者也。

工始于中秋之前三日，岁终事竣。揿壮雄伟，如履平地，如处长廊，虽晓霜凄雨，狂飙怒涛，不为所惊怖矣。徐生勉乎哉！由斯桥而推广之，所以聪听祖训，俾衍贻谋者，利济正未有艾也。桥西枕太平坊，更今名者，因乎地，即以祝夫太平云尔。是役也，司其事者锡南之诸父益谦、应荣、牧谦、树声，周生庆春、世哲、应春与其诸父时钧及族侄延恭与有力焉。而谨出入严□□者则李生晕照之力居多。

道光二十九年署知乐清县事琅琊密云路撰并书。

（密云路：《重修太平桥碑记》。录自清光绪《乐清县志》卷十二。作者字得轩，山东沂州兰山县人，道光二十五年进士，二十九年任乐清知县）

清咸丰初永嘉七都设义渡

特授浙江温州府永嘉县正堂加六级记录十二次杨为奉府宪摘设义渡，并将示谕开列于左：

窃以共襄利济，亦属贤相之爱民。念切苇杭，须效古人之刳木。事关狼籍，工以鸠成。本县情深兼济，洪惟□民，行旅籍双桡，不烦假道；经商资一棹，确是通衢。为此特示，以凭勒石，庶几攸往咸宜，不致望洋而叹。各应成规恪守，毋罹法网之灾。特示。

——舵工二人，每给田七亩，以为辛力之需，至完粮、篷舵、索路、大小修，舵工自行料理。如船无故损伤者，伊赔无还；

——渡船二只，须每担加钱一文；

——舵工未下船，过渡人私行开船，一经质明，重罚不贷；

——客过渡，每人付船钱一文，如有货物，每担加钱一文；

——不许私渡江湖流丐；

——过渡已有六七人，即可开行，倘连续人多，只许四十人止，不可重载；

——每日渡船，潮水相对，俟太阳落山停止，不可懒惰误公；

咸丰元年岁次辛亥王正月日。

司事：戴萃禄、胡骏英、胡克修、陈玉庆、夏大喜、何挺奇、陈作舟立。

（杨炳：《海不扬波碑》。录自《温州历代碑刻二集》第167～168页。该碑现置温州市鹿城区七都樟里村爱国亭。杨炳道光二十六年起任永嘉知县）

清咸同间瑞安建继安桥

尝闻王道荡平，地鲜崎岖之路；舆梁创建，人无厉揭之艰。

彼夫长江浩瀚，端赖舟楫。即此奔腾峭涧，可乏桥梁，今浯溪为四处之通衢，实往来之要路，南通景、泰，北达括、芝。前明曾造木桥，省《志》已经备载。后遭兵燹，一弘横截。爰是邀集同人共襄美举，作砥柱于中流，挂长虹于两岸。但工程浩大，独力难支，伏望德渊学士、义路丈人，见善必先，当仁莫让，或赠禹书三品，或须赵氏一囊，合千灯之光浑成一色，分八功之水流于大川。庶几匏叶无歌，德泽远垂于百世；褰裳莫斌，姓名永寿乎千秋。是为序。

时大清咸丰元年春王月穀旦。

董事：胜宗；

增广生祝三谨撰。

（富祝三：《永安桥碑》。录自文成《浯溪富氏宗谱》）

咸丰辛酉（十一年）冬，余因世变寄居南田。一日游浯溪，见夫长虹挂岸，额曰“继安”，适主董事富缵忠家，缘请记于余。余起而问曰：“安则安矣，谓之曰‘继安’何哉？”遂历告余曰：“昔之日，乱石横堆，怒涛汹吼，每逢淫霖大水，微特行人有阻，即东西两岸，亦时抱天涯咫尺之恨。对此，盈盈行人之不安有如斯者。道光三十年间，余堂叔富胜宗集诸信善，曾驾石为桥，里之人谓今之后永无厉揭之忧，因名之曰‘永安’。乃不可五稔，怪蜃灾生而飞虹彩落，曩时之相庆为永安者，至今仍然其不安。有思别立墩址，加工增费以图久安者，既恐前此乐输之士继此，谢以财力之既疲也，复恐前此首事诸公继此，委以擘画之徒劳也，彼行役之不安有任其不安已耳。”

岁庚申（同治十年），邻庄厉守敬复以为其事虽大，而不安者不可终于不安也。因与堂叔富胜宗及忠辈相与集众捐资，鸠材累石，聚千腋仍成吉光，合八流共为功德。而向之由安而叹为不安者，继且由不安而仍见为安，爰易“永安”之旧名而题之曰“继安”。继又问其用工，则曰：“计二万有奇。问其费金，则曰计贰仟伍佰零串。经始于咸丰庚申（十年）之三月，而告落于次年七月。”言毕，余闻而叹曰：“诸君子又能于‘不安’之后继以至安之图，其殆安止象于‘艮’，安贞协于‘坤’，自今行人步可以安，而诸君子心亦可以安乎！”《易》曰：“积善之家，必有余庆。”吾为诸君子卜焉矣。

大清同治二年岁次癸亥仲秋月吉旦。

董事：贡生富缵忠、监生富胜宗、监生厉守敬同立。

襄事：富鸿飞、明扬、明轩、志城、明权、坦溪、明南、益谦、恒勗、姜徐学、富希陶。石匠：陈世冕、世元。

候选直隶州州判、辛酉拔贡晚生詹芳躅敬撰。

永安桥襄事：富明经、乔楠、汝邦、明煜、日宏、明甸、明忠、吴世监。郡庠富志城敬书。

（詹芳躅：《继安桥碑》。录自《温州历代碑刻二集》第868～869页。该碑置今文成县西坑浯溪村三公庙前）

清同治时温州状元桥港

（瓯江）不够深，吃水9英尺以上的船舶到不了状元桥以上的地方，那儿是瓯江南岸的一个小村庄，离城约10英里。从瓯江入海口处到该村庄，江河又阔又深，几乎畅通无阻，只用几个浮标就标出航道，可以轻而易举地给任何吨位的船只导航。陡峭的江岸、大起大落的潮水，以及状元桥价格低廉的铁和木材，使该村成为沿岸一带修建造船厂和军火库的最理想之处；同时，由于锚地宽敞、卸货方便，又有不同的河道可将货物运往内陆，足以证明这里将来可成为外来移民的理想安居地。

（张永苏：《近代开埠史的难得史料》。录自2010年4月24日《温州日报》）

清同治间瓯江木筏盐舶纷如织

回鹘奇峰接严礁，楫峰亭子亦岧峣。木球盐舶纷如织，都付瓯江上下潮。

（方鼎锐：《温州竹枝词·木筏》）

现在此地的主要贸易是出口木材和竹子，这些都是用木筏经由瓯江从处州运来。此项贸易额一年估计不会少于200万元。经营此项业务的木材店铺在西郊，那儿到处是木头和竹子。

（张永苏：《近代开埠史的难得史料》）

清同治间泰顺新建东溪桥

东溪源出四溪，达闽海。其当渡处，两山屹合，湍奔其下，骤雨暴涨，灭顶者屡。明饶氏曾援溺以一苇，至今始克有桥，则创自蔡君斗东叔侄也。蔡君曰：予奚功然，下有唯焉，凡桥之所以不朽者，必壮其址。两岸之址，欲其堑高而脚翕，犹易得所凭也。□址之据，中流当波之冲，势缩首尾，非水底有数丈之而石不可丛也；非石底□旁获而下裹，则石虽可丛而根仍不牢也；非断流棹水，去其瘀壅，其窈而深者，不可得而有之也。予初布筏而视之，具绠而测之，自谓得其略矣。乃鸠工百日就棹焉，几涸矣，而洊至者倏盈，或曰："是不可以人力争也"，予曰："是功亏一篑也"。并力再棹，夜以继日，复从旁鼓励之，欢声雷动，期在必涸，至是乃值穷底蕴而得不坏之基。类若设施然者，即今下为石台四是也，当其再槔也。莅工约月余，崇朝其雨则流不可断，而槔之务穷，乃逾时，而秋阳犹暴也，既而庞材杧捐之属随流而漂。无三日之霖，将奈何而沛然，适如期也。相地之宜，乘天之时，因人之力而桥以成，予奚功焉。余曰："由君之说，虽济天下溺可也，讵止一乡哉！即就善及一乡者，言之亦未有慎始虑，终级道其所见。若此，是著效与人同，而苦衷深识与人异。况又不自多其功，则所志者益可知已。"

桥经始于同治乙丑（四年）十月，阅戊辰（七年）八月而告竣。下为石台四，中络巨木，上为覆屋，袤三十有三丈，广一丈七尺有奇，糜费六千余。募捐者仅三之一，君叔侄产不甚饶，是尤难也。斗东君属蔡为记之，遂次第立后余之语以耸世之留心利济者。

光绪辛巳（七年）立秋日　邑人周恩煦立。

——旧渡田之租已呈请汪县宪移为渡夫施茶之费，并值桥殿香灯。

——司事另出己资，买置本都程坑庵路头陇田，计租四百二十斤，为递年桥上祀神之费，司事中唯起梅未出资，只系十股轮流其田，上右二至蔡家田，下左二至山，计民亩陆分。十人脚收己户内完纳。

（捐资者略）

（周恩煦：《新建东溪桥记》。录自《温州历代碑刻二集》第1248～1249页。该碑现置泰顺县东溪后宅洋村口公路北侧）

清同治间瑞安黄岙渡章程

月云江之名留传久矣。岸分南北，源接东西，既运货之皆通，亦近人之必渡，过此江者，每视为闽浙两省之通衢焉。

庚午（同治九年）冬，司事戴瑞芝暨衿耆陈潮、谢贺云、黄训、林元凑等愿彼岸而同登，信有堤之可筑，光叨万户，缘积千金，共邀匠氏以经营，惟篙师之利弊，其渡江之船计一十四只，司事暨衿耆等禀称示谕后协保议定：及属行舟次序，轮之者三日为期；若当过客往来，渡之者三人成众；船登一客，费取三文。此诚近悦远来之美举，亦即同心共济之良规也。而船户等亦议于每年八月初一日友约同行，船联四只，筵开二席，词闹三台，对流水以生财，庆安澜之获福。风虽非昔，理合于今，是盖有志竟成，无求不遂，碑刊千古，蚨助一缗，为目前共守章程，冀事后无生衅隙。滑滑不息，井井有条。倘教顶替有人，总依旧例。莫道撑持自我，别创新规；事在人为，同乐波恬与海晏。言堪不著，还期地久而天长矣。

计开船户姓名，轮之日周而复始，每月初一：林阿周、林成兴、林阿钱、林日朋、何昌礼、王仁祥；初二：林昌林、林昌会、林志顺、林成东、何昌礼；初三：潘阿兴、潘阿金、潘定水、王德锦、周正水。

衿耆谢贺云、黄训、陈潮，司事戴瑞芝、林元凑、林元旦同立。林步云敬书。

龙飞同治玖年孟冬月吉旦。

（戴瑞芝等：《奉宪碑》。该碑现置瑞安市梅屿黄岙村飞云江渡口）

清同治间乐清移建横春渡

横春渡在馆头江，一名馆头渡。江船旧用帆，每多覆溺。明嘉靖间，邑令俞文荣以海寇掳船得帆之利，令悉去帆用棹，渡者鲜溺，遂仍不改。顺治十八年弃置界外，渡久不行。康熙八年展界，兵宪许重华详请部抚复开，来往如故。横春内河渡在县治西六十里，郡守李琬置，今废。

［倪镜清：《移建横春渡志》。录自乐清《盘谷高氏家谱》。据同书及明清府、县《志》载；元时即有横春渡，址在横春山麓。明时高襄重建，改称馆头渡，址移建于北。清乾隆间郡守李琬整顿渡务，称横春内河渡。同治壬申（十一年），高氏族人一本、一桢重修，仍复原址］

清同治时平阳桥墩筑碇埠头

鱼鳞砌就无呼渡，雁齿排来不问津。

盖闻周道如砥，人固乐其荡平，□令成梁，客岂嗟夫险阻。是以大川广谷，无患难行，而曲涧长溪，每虞□涉。如我碇埠头地方者，虽云僻壤，亦属通津，溪分泰邑之流，路建闽中之界，虽盈隔水，曾凭木彴以通行，而隐飞桥，每患□波之骤至，倾颓已屡，属揭殊艰。时目击情形，心殷创建，欲使长为砥柱，无如改造石杠，爰集五房，共成一举。方谋经始，还告落成，往来及千万人，费锱铢数百两。谨书巅末，昭示来兹，勒诸贞珉，永垂不朽云。

大清同治壬申年（十一年）仲夏月穀旦。

董事谢汝时建立。

［谢汝时：《碇埠头碑》。录自《苍南碑志》上编第60页。碑立苍南县（原属平阳县）桥墩碇埠头村］

清光绪间瑞安重修帆游桥堤

帆游桥在帆游山麓，南为瑞安，而北为永嘉，故曰永瑞桥。郡城之水，自会昌湖挟三溪以南移至此，河面特宽广，两岸相去几里许，而桥并东岸起西去止址尚八十余丈。里人筑长堤属之桥，高广仅逾丈，盛夏潦水盈堤，上没踝，行者病之。予初自金陵归，与故友戴君美斋谋改筑，以费巨不敢动。后六年，君谓予曰："但就旧加葺治，费减半。"予即畀以钱七十千，使更谋之同志者，于是叶君璋琮、林君宵翰、项君鸣珂各助以钱。资既集，君聚砖石，召工匠，刻期兴工，自往程督之，日辰出酉归，时方盛夏，或暴行烈日中。

先是太守试文童，君长子恩为瑞安第一。凡童试郡县榜首，学使者按临即补弟子员，无却退者。予谓："君须恩试毕事，无自苦。"君不为止也。未两月，果染暑疾，展转益侵，病中梦呓皆指画堤事。疾既革，来视君者或谓："恩未及院试可惜。"君笑曰："儿无负我矣！果不及试，亦命也，但愿恩促完堤。"遂卒，光绪己丑（十五年）九月初一日也，年甫六十五。恩亦贤，能继君志，闻〔阅〕一月堤成。于是大水不能漫堤，人往来堤上，咨嗟太息言戴君，而君不及见矣。

君讳景焕，居下墩，去桥西南二里所，皆戴氏。君性孝友善事母。母年九十余，慈容笑语，侍母侧，不忍一日离居，伯季间翕如也。君自先世以力田起家，至君兄弟少时犹未能读书，其后家渐饶，乃皆纳贡太学。君三子，既长，皆令就塾，孙五人，兄弟之子及诸孙又十余人，皆令延师教之，比屋诵读声相闻，戴氏遂为士族。恩虽以君故，未给衣顶，而其从弟奎竟以是岁游庠，戴氏自此有学籍，人以为修堤之报也。予既赖其力完堤，尝诵其事于友。友曰："君所见止此堤耳，戴君他事皆如此。凡近戴君居，知戴君有事就君谋，苟谓可行，许诺辄殚竭心力，务曲折书善，胜于其自为也。"然则予之所以用君已啬矣。初，予与君谋修堤，因以干实倚君，然使瞻顾利便者为之，少淹缓旬月，未为玩幸也。君重受予托，且利害在一乡，不避劳苦，冒暑热，竟以致疾卒，予以是愧君。及闻君临绝时语，则君又知命者也。予之愧君弥甚，故为之记，因为附见君之生平云。

资政大夫前太仆寺卿江宁布政使司布政使翰林院侍讲孙衣言撰

刑部主事孙诒让书

瑞安木瑞林镌字

（孙衣言：《重修帆游桥堤记》。录自《瑞安市文物普查材料》。孙衣言，字绍闻，号琴西，晚号逼叟，瑞安人。清道光三十年进士，官至江宁布政使、太仆寺卿）

清光绪时瑞安渡船坞禁碑

赏换花翎知府衔补用直隶州兼袭云骑尉特授温州府瑞安县正堂加十级随带加三级记录十二次杨给示勒石永禁事：

据义渡司事举人周拱藻、洪锦标、许黼宸，职员蒋炳恩、叶觐岳、林国鼎，贡生王恩植、胡澄、金曜西，廪生胡翼元、洪炳枢、胡调元，生员邱兆龙等称：窃飞云江义渡船只，向泊仙岩头西畔涂内，土名渡船坞，因自有义渡以来，专为义渡泊船而得名也。地形卑衍，漾船既易，离埠又近，往返不劳。陈府庙挡西北以遮风，仙岩头卫其东南以御潮，风力潮势较静他处，历来为停泊渡船所，无漂泊触损之患，舍此别无稳处可泊，所以义渡旧章内有"慎停泊"一条。（盖）船坞为义渡吃紧之地，查该坞仅够义渡停泊，近有外来船只冒泊该坞，胆（敢）坏章，致义渡官船反受排挤，屡遭碰坏，义渡公款无多，傥修费骤巨，罗掘何以？停（泊）得宜，所以保船而节费，实于义渡全局大有关系，请将该涂一带载明四至：南（至）港水、北至大路、东至仙岩头、西至陈府庙，自东至西，计陆拾弓，永为义渡封禁地，严禁他项船只不得侵占。禀祈恩准勒石永禁等情到县。据此除批示外，合给示勒石永禁。

为此，示仰该处附近居民人等知悉：尔等须知，该涂一带历（来）为泊渡船之所，自示之后，毋许外来船只恃蛮争泊，致有撞损情事。如敢故违，一（经）指控，定即提案惩办，决不稍宽。各宜凛遵毋违，特示。

光绪十五年十月　日示。

（杨文斌：《立石永禁碑》。碑置瑞安市飞云西路陈老爷殿旧址。杨文斌，字雅虹，安徽人，光绪十三年至十七年瑞安知县）

清光绪间乐清重修万桥

天下事创者固难，继者亦不易。昔万氏东平公之创此桥也，倾囊运石填港为基，横阔三十余丈，直深二百余寻。将就，始被洪潮冲坏。公复运填，已成，继遭山溜冲激。公终不惮艰难，再运石二千余舟以固之，累成四柱，跨木为梁，公自镌碑记之，肇名万桥。起于宋元祐二年丁卯，讫于癸酉（八年），其间挫折艰辛，言不胜状者，非公莫能任也，故曰创者固难。垂六十年，烬于火，时叔永公亦捐已资，架以石。嗣自宋元及明，风潮啮蚀，几不能支。宣德初，则星、则洪诸公会族发帑方修倏，有蒲城千总魏迪公，决欲增饰，遂倡捐银八千余两，令军士广募众缘，相与落成，化四柱为五洞，树栏楯于两旁，形势穹窿，似长虹之吸涧。越九岁，正统间工毕勒石。

迄今四百余年，墩柱参差，脊梁凸凹，往来颠仆者不一其人，惟希火公目挈心伤，不忍坐视，毅然首出，遂率同志诸公，募捐鸠资，赞襄其事。事将经始，惟以良匠未得为虑，适有太平邑志松道人，精于砌甃，不取工资，公即信任焉。于是鸠众工，运群材，沐雨栉风勿恤也，披星戴月勿顾也，即梯山航海亦勿敢辞也。经二载，光绪二十年告竣。计阔一丈四尺零，长二十一丈有奇，雁齿井井，狮象颙颙，较之古迹更殊焉，故又曰继者亦不易也。是为记。

（各捐姓名列右，略）

国学生竹溪胡养中谨撰。万希根书。

皇清光绪二十年岁次甲午春月。

首事：万当妹、万恭照、陈振弟、王亭兰、万可琴、万可声、万金杏、万金銮、万月坡、万银□同立。

（胡养中：《重修万桥记》。录自《温州历代碑刻二集》第493～494页。该碑置乐清市天万乡万三村万桥临江亭内。作者乐清竹溪人）

清光绪间温州通航沪甬

和议初成海禁开，美欧互市擅雄财。自从瓯埠通商后，屡见洋轮鼓浪来。（注：光绪三年丁丑，始有永宁轮来瓯。）

沪上航通甬与瓯，椒江更复驶轮舟。双门早已开商埠，更见东门筑码头。

［洪炳文：《东嘉新竹枝词》。录自叶大兵《温州竹枝词》第229～230页。另据《温州市志》卷二十三《交通》，光绪五年，招商局“永宁”轮行驶温沪线，后中途停靠宁波；光绪三十四年，台州航商经营的“永宁”轮航行温州至海门，与椒（江）甬线衔接］

光绪三年至五年进出温州港船舶表：

	1877年(9个月)		1878年		1879年	
	数量	吨数	数量	吨数	数量	吨数
中国汽轮	—	—	12	5832	52	16848
英国汽轮	34	12072	22	10292	—	—
美国汽轮	4	1908	—	—	—	—
德国夹板船	8	992	20	2906	6	810
丹麦夹板船	—	—	—	—	2	248
中国帆船	1	22	—	—	—	—
合　计	47	14994	54	19030	60	17906

（编者据马吉：光绪四年、五年《瓯海关贸易报告》综合而成，五年已换算成进出关数。此后温州港进出基本上是中国汽轮。录自《近代浙江通商口岸经济社会概况》第470、480页）

清光绪间瓯江航道及助航设备

温州口岸的入口，自1843年英国海军测量，并于上次在1878年修正以来，变动很少。现在使用南航道较多于北航道。因为南航道水深易于航行。船只吃水不超过12英尺，可在任何潮水情况下到达下锚地分所。兵舰和三桅帆船初次来温州者，通常在白礁（White Rock）外雇用渔民导航，本口岸没有持有执照的洋人或华人的引水员。

助航设备，自1885年，在每一个四岔航道建立两个信号灯标，指示上、下水船的深水航道以来，未发现有必要增加助航设备。偶尔信号灯标移动几百英尺，以指示航道的变化。

［那威勇：《瓯海关十年报告（1882～1891）》。录自《近代浙江通商口岸经济社会概况》第419页］

在本十年中，水路出入口无实质变化，南航道仍优于北航道，北航道有沙洲。船只吃水不超过12英尺的，可在任何潮水时到达下锚地站，小潮时可无困难溯江而上，约两小时在高水位前到达。

新助航设备没有增添，目前也无需要。现在使用的助航设备是在港内的大象礁的灯标。从前用于指示各岔道的灯标，由于与日本的战争，应地方当局要求于1894年拆除。

［李明良：《瓯海关十年报告（1892～1901）》。录自《近代浙江通商口岸经济社会概况》第428页］

通过瓯江有五处难点。第一个是拦江沙本身，从黄大澳延伸至帐篷角，占河道2/3。近年来无变化。第二个是礁石角到龙湾，经过低潮时水深仅有9～10英尺的浅水区。第三点是从龙湾到任洲前涂，在近三年内河道改变很大，船只应直接从龙湾绕过任洲前涂边缘前进，到达任洲前涂上端后，避开任洲前涂和七都涂之间的浅滩，驶往七都涂之西北角，罗盘方向指北偏西，然后距离该涂半链驶向大庙下方约1000英尺处。此后再转向温州南门外宝塔，按第1763号海图标向罗盘西南半西，然后沿南岸距离半链直到常关下方约800码处。此处江水迅速变浅，在低水位时仅有5英尺。浅滩横过江底，因此船只吃水10英尺以上不宜通过，除非已有指定的深水泊位。

水路入口。从水路进入瓯江口有两条，其中一条很少利用。关塔和南屿中间的入口在海图标明为北航道，驶入朝向礁石角和青菱屿。凡是船长对本口岸不熟悉者，通常在青菱屿迎接引水员登轮。引水员必须先向理船厅申请。还有第二个入口，但很少使用，因为缩短航程仅有一海里半。

灯塔和助航设备。1908年10月31日，在东〔冬〕瓜山西顶端（北纬27°38′，东经121°03′）建有东瓜山灯塔。虽在温州地区，灯塔由三都澳海关管理和安排人员。1910年在下游的象岩标桩向下游延伸的沙岸最南端安置一个航道标。这一助航设备更多是为出入本水域的民船导航。该航标长期受水流冲击可能向下流改变位置，必须在原地另立新航标。江中沙滩受各种影响经常变化，应对瓯江保持定期测绘。

［包来翎：《瓯海关十年报告（1902～1911）》。录自《近代浙江通商口岸经济社会概况》第436～437页］

清光绪时温州民船运输

本年统计所载，到达为1810次而离去为1686次。来自宁波、兴化、坎门、台州和舟山者依次为339、323、250、203和133人次。除了宁波，从通商口岸台湾来的41人次，福州29人次，上海23人次，芝罘（烟台）4人次和厦门1人次；从温州去其他通商口岸者：宁波321人次，福州80人次，台湾37人次，上海24人次，芝罘5人次以及厦门2人次，而兴化、坎门、台州和舟山等分别为316、215、212和62人次。

进来的民船多数是带红树皮、豆类、壳蛤、棉花、糖、甘蔗、海藻、枣子、花岗岩石板、荔枝、龙眼（桂圆）、药材、油、木板、盐、咸鱼、晶石、核桃和小麦，而出去的民船乃是载竹子、竹叶、木炭、椰壳纤维、木柴、橘子、纸张、木板、木杆、红薯干、盐、咸鱼、大口水缸、菱、荸荠和小麦。

［马吉：《光绪四年（1878）瓯海关贸易报告》。录自《近代浙江通商口岸经济社会概况》第 477 页］

本年从兴化来的计 448 次，去的计 455 次。至于其他沿海口岸民船之来往如下：坎门 233，251；宁波 196，189；舟山 168，166；泉州 163，164；台州 128，193；山盘 115，141；台湾 55，44；福州 32，52；上海 31，55。

［马吉：《光绪五年（1879）瓯海关贸易报告》。录自《近代浙江通商口岸经济社会概况》第 484 页］

据常关称，有 425 艘民船入温州，其中去台州 306 只，去宁波 94 只，去温州当地 13 只，去福建 9 只，去上海 3 只。从福建来的民船载有红白糖、荔枝、桂圆、橄榄和锡箔，其余来自山东、靖江、上海和宁波的载有棉花、小麦、豌豆、棉土布、陶瓷器、药材、铜箔、大枣以及其他零星货。进口贸易总值估计在 100 万银两之上，也就是说，是洋轮所载同类产品之 11 倍货值。所有结关（常关）之民船为 410 只，约有 7% 以上即有 30 多只是压舱离开温州的，而装出去到外地的货物有木杆、板子、木炭、圆木、靛、明矾、茶叶、橘子、药材、油纸伞以及椰壳粗纤维等，来自处州府、温州府和平阳县，估计在 600000 至 700000 银两，约是洋轮所载走出口货之 10 倍。

［贺壁理：《光绪七年（1881）瓯海关贸易报告》。录自《近代浙江通商口岸经济社会概况》第 494 页］

本口岸的民船贸易，在近几年内下降许多，但缺乏可靠统计资料，因而不能提出本十年期的比较表。下降原因，归咎于针叶树圆木缺乏，过去曾有一时，大量供应运往北方口岸。这些圆木砍伐于龙泉地区，编成木排顺流而下。年复一年，山岭光秃，要把树木送入水中，既费力又费钱。因此，民船的贸易就转向邻近口岸福州，木材在那里又多又便宜。共约有 60 艘民船往返于本口岸与北方之台州、宁波、上海和镇江之间。其中 5 艘是温州船东，30 艘是宁波的，还有 25 艘是台州的。也有几条福建民船往返于温州和南方口岸，主要是福州、厦门和台湾。1891年民船进出如下：宁波船148航次，台州船251航次，温州船20航次，福建船25航次。其载运出口货物是茶叶、纸、木炭、圆木、竹器、家具等。其进口货为原棉、粮食、粗瓷器、枣子、木耳、百合和杂货。民船每一个航次要交付1300文给永嘉县知县，1100文交给二府，600文交给城守。温州造的民船按八个字——永、嘉、海、贤、常、静、吉、庆，分等级注册登记。原注册费是永、嘉、海字的交20元，其余贤、常、静、吉、庆则交10元。每年续注册一次，付费4800文给知县。

［那威勇：《瓯海关十年报告（1882～1891）》。录自《近代浙江通商口岸经济社会概况》第421页］

约有30艘出海的沙船，主要往来于温州、宁波、乍浦、台州以及镇江，一年内约航行10个航次。约有20艘闽船往返于温州、福州、兴化、泉州和漳州之间，一年六或七个航次。约有40艘民船称之为“乌梭”，白底尖头，属于鱼税船之类，从事渔业，行驶于温州、玉环、坎门和蒲州之间。有两艘航船开往瑞安并返回；有几艘梭船开往青田和处州，通常是运盐。

一艘宁波或台州的民船，每一航次付给永嘉县令制钱2100文，付给二府1700文，付给城守900支。一艘福建民船，一个航次付上述衙门各一元。

温州造的民船，按四个不同字注册登记，这四个字是永、静、常、庆。永字船注册时，付15元；静字、常字和庆字船，付7元。每年必须重新注册，永字船收7600文；静字船和常字船收4500文；庆字船收3500文。

［李明良：《瓯海关十年报告（1892～1901）》。录自《近代浙江通商口岸经济社会概况》第431页］

清光绪间外轮航运事故

1886年1月2日，英国帆船特克里（Tekli）号，船籍新加坡，装满390吨明矾驶往香港，在瓯江内第二个岔口搁浅，虽尽力营救无法脱险。

退潮时船梁折断，迅即消失于流沙之中。

1886 年 3 月 18 日，早晨浓雾，怡和轮船航运公司西沃（Seewo）轮，吨位 1090 吨，17 日满载货物驶离上海往厦门，撞上台州北面的上礁（Shang Rock），整船沉没。死亡华人旅客 7 名。

1886 年 8 月 15 日，本地区又一灾难事故，英国轮船马德拉斯轮，在长崎结关装煤往香港，为躲避台风，在台州群岛中触上暗礁，随即全船沉没。船员 28 人被渔民救起，后转搭招商局轮船公司钦东（Chintung）轮和怡和轮船航运公司的大沽轮送往上海。

1890 年 7 月，太古轮船公司温州轮从厦门驶往上海途中，船轴折断，在台州岛外丧失航行能力。船长派通讯员乘本地小船来此电告上海，但在本口岸却无电报局。所幸天气良好，经另一轮船相助，终于抵达目的港。

［那威勇：《瓯海关十年报告（1882～1891）》。录自《近代浙江通商口岸经济社会概况》第 410～411 页］

清光绪中温州沿海运输竞争激烈

垄断运输业的影响，可从下列事实加以说明：1886 年 2 月，德国轮船依杜那（Iduna）号，注册 296 吨的贸易商轮，由一买办租赁意外地从香港驶来本口岸拟装货，经宁波往上海，运费报价比招商轮船公司低 10%，永宁（The Yungning）轮的运费立刻降低 20%。接着对手也随之照办。竞争如此尖锐，运费下跌至 50%。依杜那轮航行三次之后，该人不得已将租约转售给招商轮船公司，结果是依杜那轮的温州事业寿终正寝，运费恢复老样。非常遗憾这场生气勃勃的竞争，意在分享本口岸的运输业务，如此突然终止，未能留下长久的有益结果。

［那威勇：《瓯海关十年报告（1882～1891）》。录自《近代浙江通商口岸经济社会概况》第 412 页］

航运由一家轮船公司垄断温州商业而专断地向货主收取高额运费，阻碍了贸易。近年来两次试图行驶轮船以与招商局竞争，起初取得成功，但随后继续降低运费，公司以雄厚资本把竞争者逐出阵地。惟一定期停靠本口岸的是招商局轮船，每十天一班，而外海双龙山公司轮船，每六天一班，往返台州的海门港。后者公司为三个公司联合经营，各有轮船一艘，派一艘船开往海门，与另艘船衔接从海门到宁波。因为旅费便宜，深受欢迎。从海门到上海有条轮船直通航线，按照协议在海门等候温州旅客。第三艘船是“德跃”（音）号，行驶于宁波、温州、兴化、泉州和厦门间，返航直接回宁波。该船每十天来温州一次。后两艘船经营状况较好。按普通行轮章程共有轮船 73 艘，帆船（划船）于 1902 年内进出港口，按内港行轮规则出入港口者，无。在 1905 年前内港行轮规则优惠条件不适用温州，但采用以后对刺激地方贸易发挥很大作用。1911 年按普通行轮章程出入本口岸者，有轮船 144 艘、划船（三桅帆船）48 艘，而在同时按内港行轮规则进出口岸者达到 1242 艘。

[包来翎：《瓯海关十年报告（1902～1911）》。录自《近代浙江通商口岸经济社会概况》第 435 页]

清时瓯江水道

一滩高一丈，自温至处将万仞。我乘下河船，逆流似突阵。但见苍崖深，急湍迅，千山围合望无路，几疑船欲撞山进。忽见上流一棹来，始知扼塞中仍有罅衅。趣呼齐作力，滩方吼雷震。纤夫水没脐，艄婆浪溅鬓。舵牙恐拗臂枝折，船背愁磨卵石磷。自笑老命孱，得无鱼腹殉。十载江湖软水舟，胡为试此斯须忍。

[赵翼：《自温赴处溯流作》。录自《温州古诗选注》第 220 页。赵翼，字云崧，一字耘松，号瓯北，清乾嘉间阳湖（今江苏武进）人，官至贵西兵备道，著有《廿二史札记》等]

自处州至夏湖登舟，中经青田入永嘉，皆顺水，而沿途多滩，舟行荦确中，颇似吾闽建溪，但不如建溪之艰险耳。距温州郡城百里而盈，即须候潮，盖本系顺水，为潮所冲，反其逆流，故又必俟退潮，始克随潮前进。此江自青田县承处州府大溪，东经七十二滩，流入永嘉境内，始安流少石，因称“安溪”，又绝似吾闽自囦关至竹崎关一路，故余有诗纪之云

（诗略）。

（梁章钜：《浪迹续谈》卷二《夏湖舟行诗》。安溪即今青田县温溪）

说到瓯江——许多温州出口物资均依赖这条江。从商业上看，它没有多大的使用价值。为的是它的急流（湍滩），只要溯江而北上 30 里即是矣，而且为数甚多。那里水深仅 5～6 尺，视季节而异，干旱时更浅，甚至能见河床。像这类地方是不能行驶汽轮的，当地无龙骨的平底小舟也有几小时才能通过。遇有湍滩，还得靠人拉纤而过。各浅滩之水宽度不一，有宽达 100～200 码者，也有仅只 10～20 码者。逆水行舟需半个多小时，顺水仅两三分钟。由此可见，运输物资何其艰辛缓慢。此外，内地还有不少河川，山间的沟壑纵横，只有翻山越岭矣。

［马吉：《光绪六年（1880）瓯海关贸易报告》。录自《近代浙江通商口岸经济社会概况》第 491 页］

清时玉环等岛实迳寄泊樵汲之区

南接乐清、温州、瑞安、金乡、蒲门，此海属之内海。乐清东峙玉环，外有三盘、凤凰、北屺、南屺而至北关，以及闽海接界之南关，实温、台内外海迳寄泊樵汲之区，不可忽也。

（陈伦炯：《海国闻见录》卷上《天下沿海形势录》。该书撰于清雍正八年）

清时台温漕运

漕粮领运，浙江台州、温州二卫各二邦，每邦领运千总二人。

（《钦定大清会典则例》卷四二）

清时永嘉东皋多町步

抱川坳又杏川坳，十二层梯百步高。经得一山又一水，条条町步是东皋（注：抱坳、杏坳皆难行，处十二步，一名百步凶。涧中峙石，渡人为町步，东皋犹多）。

（石方洛：《楠溪江竹枝词·町步》。刊于清光绪十七年）

清末瑞安创设内港内河行轮

7 月间瑞安创设内港行轮，有小轮船一艘，名湖广，计 96 吨，往来于瑞安、宁波，数月以来颇亏资本，近见生意渐稳，或可挽回，闻于明春调易大船，冀图恢复也。

［穆厚达：《光绪三十一年（1905）温州口华洋贸易情形论略》。录自《近代浙江通商口岸经济社会概况》第 580 页］

有一艘小汽挺按《内港行轮章程》来往温州、瑞安之间，一天一个来回。这只小汽艇在小河里还拖有两艘船，以便搭客和载货。这艘小汽艇之客、货收费很低，听说其创办人还亏了本呢。

［穆海德：《光绪三十二年（1906）温州口华洋贸易情形论略》。录自《近代浙江通商口岸经济社会概况》第 582 页。穆海德即穆厚达］

在温州至瑞安那一线，按《内港行轮章程》增添了一艘汽轮以供拉拽之用。由此可见机械化运输之日益普及和受人欢迎。

［穆海德：《光绪三十三年（1907）温州口华洋贸易情形论略》。录自《近代浙江通商口岸经济社会概况》第 584 页］

自郡至瑞，本有小轮两艘常川来往，亦因水涸停驶多时。

［包来翎：《宣统三年（1911）温州口华洋贸易情形论略》。录自《近代浙江通商口岸经济社会概况》第 593 页］

清末开辟温州至台湾汽轮航线

12 月份日本大阪航运株式会社开辟了一条从温州到台湾的汽轮航线，主要是输送烟叶。

［穆海德：《光绪三十三年（1907）温州口华洋贸易情形论略》。录自《近代浙江通商口岸经济社会概况》第584页］

邮传业

宋淳熙初乐清有白溪驿

东谷有寺四，曰灵岩、净名、灵峰、真济。其水自峡流白溪。溪上有路，通白溪驿。

（袁采：《雁荡山图序》。录自明永乐《乐清县志》卷二《山川》。作者于宋淳熙初年任乐清县令。其时该县有白溪驿、芙蓉驿、箫台驿、馆头驿。后废白溪驿，设岭店驿，废芙蓉驿，设窑岙驿。箫台驿在县城）

元代温州水陆驿站

马站四处：在城站，所在地温州，马十二匹，正马、贴马各半；乐清县站，所在地乐清，马八匹，正马、贴马各半；瑶岙站，所在地乐清县北，马十匹，正马、贴马各半；大荆站，所在地乐清东北，马十匹，正马、贴马各半。

水站四处：在城站，所在地温州，船十只，正户十户，贴户七十户；安溪站，所在地安溪，船五只，正户五户，贴户三十五户；馆头站，所在地乐清西南，船六只，正户六户，贴户四十二户；乐清站，所在地乐清，船三只，正户三户，贴户二十一户。

（桂栖鹏等：《浙江通史·元代卷》第144页。文中“安溪”即温溪，其时属永嘉县，今属青田县。原文表格式。当时浙江境内站赤七十五处。元代站户实行正、贴户制，即数户合养一马或合应一船之役时，凡喂养之家或出船之家即为正户，出钱物津助之家为贴户）

明永乐间乐清县驿站

西皋驿

在本县西隅迎恩桥之西。元名箫台驿。国朝洪武元年设置，仍其旧，改今名。

正厅三间。左、右两间，分为四房，扁曰：文、行、忠、信。轩檐一间。东、西廊共六间。神祠一间。驿门一间，扁曰“西皋驿”。驿丞舍三间。厨房一间。

官制：驿丞一员。吏额：驿吏一名。驿夫：馆夫四名，水夫三十名，轿夫二十八名。

驿船：河船五只。驿轿：大轿二乘，小轿一十乘。

馆头驿

在本县茗屿乡十二都馆头。元名横春驿。国朝洪武元年设置，仍其旧，改今名。

正厅三间。左、右两间，分为四房，扁曰：文、行、忠、信。轩檐一间。东、西廊共六间。神祠一间。驿门一间，扁曰“馆头驿”。驿丞舍六间，厨房一间。

官制：驿丞一员。吏额：驿吏一名。驿夫：馆夫五名，水夫三十名。

驿船：江船三只，河船二只。

窑岙驿

在本县山门乡十七都窑岙。元建立。国朝洪武二年，驿丞石岩仍旧址重创。

正厅三间。左、右两间，分为四房，扁曰：元、亨、利、贞。轩檐一间。东、西廊共六间。神祠一间。驿门一间，扁曰“窑岙驿”。驿丞舍四间。厨房一间。

官制：驿丞一员。吏额：驿吏一名。驿夫：馆夫六名，轿夫二十八名。

驿轿：大轿二乘，小轿一十乘。

岭店驿

在本县山门乡二十七都岭店。元名大荆驿。国朝洪武元开设，改今名。驿丞吴德移创今址。

正厅三间。左、右两间，分为四房，扁曰：元、亨、利、贞。耳房左、右各一间。轩檐一间。东、西廊共六间。神祠一间。驿门三间，扁曰“岭店驿”。驿丞舍三间。厨房一间。

官制：驿丞一员。吏额：驿吏一名。驿夫：馆夫六名，轿夫二十八名。

驿轿：大轿二乘，小轿一十乘。

（明永乐《乐清县志》卷四）

明永乐间乐清县铺舍

本县铺路有三：一自县前铺出望来桥，东行白沙，至盘山铺，计一十二铺；一自大林铺分路，沿江东南行，至芦殊铺，计一十七铺；一自县前铺出迎恩桥，西行至盘石卫前铺，计六铺。

国朝洪武初，建置铺舍一十七处。二十年，新置沿海卫所，增设铺舍一十八座，并旧为三十五座。每铺厅房三间，邮亭一间，门屋一间，侧屋左、右共四间。铺司一名，铺兵四名。

县前铺在县治仪门外东偏。白沙铺在三都，去县前铺一十里。大林铺在三都，去白沙铺一十里。新市铺在十四都，去大林铺一十里。乌石铺在十七都，去新市铺一十里。缆屿铺在十七都，去乌石铺一十里。石榛铺在十八都，去缆屿铺一十里。柽冈铺在十九都，去石榛铺一十里。黄山铺在二十都，去柽冈铺一十里。驿头铺在二十都，去黄山铺一十里。大荆铺在二十七都，去驿头铺一十里。盘山铺在二十五都，去大荆铺一十里。已上铺舍一十二处，系旧设。路通台州府黄岩县界。

蒲岐所前铺在十四都蒲岐千户所城内，去大林铺一十里。长山铺在十五都，去蒲岐所前铺一十里。三江铺在十六都，去长山铺一十里。屏峰铺在十六都，去三江铺一十里。蔡岙铺在十八都，去屏峰铺一十里。跳头铺在十八都，去蔡岙铺一十里。小柽冈铺在十九都，去跳头铺一十里。小黄山铺在二十都，去小柽冈铺一十里。湖务铺在二十八都，去小黄山铺一十里。小球铺在二十九都，去湖务铺一十里。武溪铺在二十九都，去小球铺一十里。大乌铺在三十一都，去武溪铺一十里。九眼斗门铺在三十一都，去大乌铺一十里。清港铺在三十二都，去九眼斗门铺一十里。隘山铺在三十三都，去清港铺一十里。张家井铺在三十三都，去隘山铺一十里。芦殊铺在三十三都隘顽千户所城内，去张家井铺一十里。已上铺舍一十七处，系新筑沿海卫所建立。路通台州府黄岩县界。

添仙铺在一都，去县前铺一十里。湖潢铺在一都，去添仙铺一十里。塘下铺在十都，去湖潢铺一十里。石船铺在十二都，去塘下铺一十里。馆头铺在十二都，去石船铺一十里。盘石卫前铺在十二都盘石卫城内，去馆头铺一十里。已上铺舍六处，惟卫前铺新设，余皆旧置。路入本府界。

（明永乐《乐清县志》卷四）

明弘治间温州邮传机构

永嘉县治：象浦驿在拱辰门外。

瑞安县治：府公馆二处：一在西北隅，一在东北隅。东安公馆在永丰厢。

乐清县治：馆头驿在茗屿乡。西皋驿在迎恩桥西。窑岙驿在山门乡。岭店驿在山门乡。公馆在县治西。

平阳县治：府公馆在城隍庙西。

（明弘治《温州府志》卷二）

明弘治间温属各县铺路

永嘉县铺路

有三：一自永宁门外城南至慈湖，计二铺，通瑞安界；一自迎恩门外西郭广化至茭洋，计九铺，通青田县界；（一）自瑞安门外瞿屿至新建，计四铺，通盘石卫，自新建至小龟山，计六铺，通海安所。

府前总铺在府治前东偏。城南铺在十都。慈湖铺在十四都。广化铺在广化厢，弘治己未（十二年）重建，即其内为屋五楹，以为戊祭斋宿之所。下仙铺在二十都。林头铺在二十二都。上戍铺在二十四都。江南铺在二十六都。下砻铺在二十六都。桑溪铺在二十六都。小檐铺在二十六都。茭洋铺在二十六都。瞿屿铺在九都。蒲州铺在八都。新建铺在六都。任洲铺在九都。岭下铺在五都。上湾铺在四都。宁村所前铺在二都。南门铺在二都。长沙铺在一都。小龟山铺在一都。

瑞安县铺路

有三：自县前铺，一铺出小东门、永丰厢，东至五都龟山；三铺南门越江至飞云十六都沙园；二铺北门出北湖至一都蛎塘。三路计二十一铺。洪武三年建置铺舍七处，南接平阳界铺，北至永嘉县界铺。二十年增设沿海沙园、海安二千户所，添置铺舍四处，东沿海接永嘉县界，南沿海接平阳县界。

县前铺在县前。东山铺在东山。丁田铺在丁田。龟山铺在龟山。飞云铺在江南。沙园铺在沙园。仙居铺在仙居。寺庄铺在寺庄。紫岙铺在紫岙。蛎塘铺在蛎塘。

乐清县铺路

有三：一自县前铺出望来桥，东行白沙至盘山铺，（计）一十二铺；一自大林铺分路沿江东南行至芦殊铺，计一十七铺；一自县前铺出迎恩桥西行至盘石卫前铺，计六铺，国朝洪武初建。

县前铺在县治。白沙铺在三都。大林铺在三都。新市铺在十四都。乌石铺在十七都。缆屿铺在十七都。石榛铺在十八都。柽冈铺在十九都。黄山铺在二十都。驿头铺在二十都。大荆铺在二十七都。盘山铺在二十五都。蒲岐所前铺在十四都。长山铺在十五都。三江铺在十六都。屏峰铺在十六都。蔡岙铺在十八都。跳头铺在十八都。小柽冈铺在十九都。小黄山铺在二十都。湖务铺在二十八都。添仙铺在一都。湖潢铺在一都。塘下铺在十都。石船铺在十二都。馆头铺在十二都。盘石卫前铺在十二都。

平阳县铺路

有三：自城南门至福宁州界十一铺；自北门至瑞安县界三铺；自仙口

至蒲门所十八铺。

县前铺在县门东。长山铺在八都。蔡店铺在十二都。大驿铺在前仓镇。萧渡铺在十九都。塘下铺在十六都。横渎铺在二十九都。灵溪铺在二十九都。象口铺在三十六都。西陈铺在三十六都。泗州铺在三十七都。汾水铺在三十七都。迎恩铺在三都，旧有绠川、黄洋二铺，弘治壬戌（十五年），推官何鼎复万全塘，因省二铺为一铺，乃即旧迎恩堂为之定兹名。章岙铺在三都。仙口铺在七都。烽火铺在七都。麦城铺在九都。江口铺在九都。包桥铺在十都。鹭鸶铺在十一都。夏口铺在廿二都。官园铺在金乡卫前。渔野铺在五十二都。石塘铺在五十二都。后峒铺在五十三都。双牌铺在五十二都。七溪铺在五十三都。黄禅铺在五十三都。壮士铺在五十三都。蒲门铺在五十三都。龟峰铺在五十五都。

泰顺县铺路

县前铺，赤坑铺，上忍铺，陈岱铺，洪口铺，周坑铺，下革铺，方村铺，林岙铺，白水漈铺，方岙铺。

（明弘治《温州府志》卷二）

明弘治间温属各县铺兵渡船夫

永嘉县

司兵：急递铺二十三处，铺司兵一百二十二名。渡夫：河田、罗浮二处，各二名。

瑞安县

馆夫：东安公馆一十名。渡夫：飞云渡二十名，程头渡二名，白塔、长芬等渡各一名。船夫：东安桥二十名，十四都河头二十名。铺司兵：急递铺二十六处，共一百二十名。

乐清县

铺司兵：急递铺二十七处，共一百六十名。馆夫：西皋驿八名，馆头驿六名，窑岙驿六名，岭店驿六名。渡夫：宁村、横春、蒲溪三渡各二名，蔡岙渡一名。

平阳县

司兵：县前等铺三十一处，共一百二十四名。船夫：南埠一十名，北埠二十名，江口埠八名。渡夫：江口、前仓、萧家渡各二名，新渡十九处，各一名。

泰顺县

司兵：急递铺一十一处，共三十三名。渡夫：洪口、莒冈、东渎共三处，各一名。船夫：龙斗水次六名。

（明弘治《温州府志》卷七）

明清乐清驿站

久别相逢间路蹊，天留夫子为关西。十年已断长安笑，双屐定怜鲁国迷。坐倚乔林遥听鸟，梦回山馆一闻鸡。无那尚平婚嫁累，何时五岳共攀跻。

（侯一元：《窑奥驿赠王龙溪》。录自清光绪《乐清县志》卷三。作者明时人）

孤云漂泊竟忘还，采药栖真雁荡山。曳杖偶随流水出，白沙荒驿又人间。

（吴扩：《出雁山至岭店驿题壁》。录自清光绪《乐清县志》卷三。作者清时人）

清乾隆时平阳邮传

县僻处海滨，上司罕临，历不置驿。但地连浙闽，公文络绎，每十里设一铺舍，每铺设铺司兵，更番传递，又设铺长房记时日号数。

（清乾隆《平阳县志》卷四《建置下》）

清嘉庆时瑞安邮传

今依国朝《赋役全书》定为二十三铺，共铺司兵七十六名。分南北二路，以县前总铺及飞云铺为最要。

县前总铺在县治前小街，有廨宇三间，东、西两房，前屋一座，邮亭、日晷、兵舍共九间。司兵五名。按：自县前总铺至帆游铺，北达永嘉县界。至龟山铺，东北达永嘉场界。

新塍铺在十都，去县治十里。岑崎在四都，去县治二十里。以上司兵各五名。

龟山铺在五都，去县治三十里，设司兵二名。

仙岩铺在七都，去县治三十里。帆游铺在一都，去县治四十里。以上司兵各四名。

飞云铺在十四都，即江南总铺。去县治十里，司兵五名。按：自城越江至此，南达平阳县界，东南达沙园所界，西南自钱桥铺起至黄山铺，西接泰顺县界。

沙园铺在十六都，去县治二十里。司兵二名。

钱桥铺在十三都，去县治二十里。项岙铺在二十二都，去县治三十里。五尺铺在十八都，去县治四十里。团屿铺在四十二都，去县治五十里。石牌铺在四十三都，去县治六十里。潘山铺在四十四都，去县治七十里。戈溪铺在四十七都，去县治八十里。汪屿铺在四十八都，去县治九十里。官岩铺在四十九都，去县治一百里。大洋铺在五十都，去县治一百十里。滩坤铺在五十一都，去县治一百二十里。黄楼铺在五十二都，去县治一百三十里。龟溪铺在五十三都，去县治一百四十里。莒湖铺在五十四都，去县治一百五十里。以上司兵各三名。

黄山铺在五十五都，去县治一百六十里，司兵二名。

（清嘉庆《瑞安县志》卷二《建置》）

清光绪时永嘉铺兵工食银

冲要一十三铺，司兵工食银四百一十七两六钱：府前铺七名，广化铺、夏仙铺、林头铺、上戍铺、江南铺各四名五分，挂采铺三名，南湖铺、下砻铺、小担铺、桑溪铺、高洋铺各四名五分，江头铺三名，每名银七两二钱。

偏僻九铺，司兵工食银六十七两五钱：长沙铺、小龟铺、盘石铺各一名，南门铺、宁村铺、上湾铺、茅竹铺、蒲洲铺、衢屿铺各二名，每名银四两五钱。

（清光绪《永嘉县志》卷五）

清光绪间温州始通电报

与外部世界建立电报通讯始于 1902 年 12 月 23 日。此项新兴便利设施被广泛享用，可是电杆质量低劣，经常中断，每周至少一次。损坏主要发生在兰溪与缙云段。

［包来翎：《瓯海关十年报告（1902～1911）》。录自《近代浙江通商口岸经济社会概况》第 437 页］

清末温州邮政发展甚快

帝国驿站是运送官方公文急件的唯一机构，这个国家的私人信件是通过民信局传送的。这一公所是为了保护其共同利益、并维持一个统一的收费率。在温州，约有十二个以上从事传送信件的民信局在下面这个序言中议决了一个收费率：“我们从事的工作不唯有送信，还包括汇兑现金、期票，在邮传工作中不容许有迟延或误递；此外，我们对所有遗失邮件均负有赔偿之责，责任重大而劳酬菲薄。再者，现存于我们之中的那些轮船通讯以前的规则业已废弃不用，并且，由于商业增加，邮传机构亦随之增加，所有这些，都需要以宁波和上海的邮传机构为基础而采用新的规程和新的收费标准。”下面是一些收费规定：至宁波，七十文；至上海和广州，一百文；至北京和汉口，二百文。如果邮传路线大部分是陆路，则收费较高，如若到北京的水路邮传中断，则邮费就会加倍。若接受邮费低于行会规定之标准，则对违例者处罚支付一台戏和酒席的费用，并须买许多蜡烛照明菩萨神殿。

（玛高温：《中国的行会》。录自《中国工商行会史料集》第 42 页）

城内共有九家邮政代理，总局设在宁波。集体运作，收费相同，每年终按成分配利润。邮资在到达地收取，费率如下：

往来上海，每信 100 文，信多则 70 文；

往来宁波，每信 70 文，信多则 50 文。

信内有提货单者，往上述两地收 200 文；信内有银行支票、钞票或硬币时，按所邮寄的总数的 1.5% ~3.5% 收费。包裹邮资按大小收 30 ~ 500 文。一切往来其他贸易开放口岸地方的信函，统由宁波总局办理，宁波是本省南方的分发中心。温州与宁波或上海之间的邮资为到信件目的地与这些地方之间的邮资。时当本口岸与宁波、上海的轮船交通长期暂停，有人提出高价，一家邮政代理会派出信使从陆路前往宁波，全程步行约六天，距离 720 里。1884 年，有一信使日夜赶程，三天半完成，为有记录的最快时间。

[那威勇：《瓯海关十年报告（1882 ~ 1891）》。录自《近代浙江通商口岸经济社会概况》第 421 页]

本城共有邮政代理七家，其各自的总行在宁波。他们传送信件、小包往来于宁波、上海和其他口岸之间。邮资费率是按照路程远近、运输条件的难易而定。往宁波的信件和小包的邮资是制钱 70 文，往上海 100 文，往天津 200 文，往北京 400 文。信件装有提货单者，每封信 200 文；寄钱往宁波，每 100 元收制钱 300 ~ 500 文；往上海，每 100 元收费 600 ~ 800 文。邮件往上海以远地方，由上海的邮传行转发目的地。官方和商界信函较多者，按协议减低收费。邮资可由寄信人或收信人支付，但寄信人必须在信封上写明邮资已全付、部分已付或未付。当地的邮传行过去每一邮袋付给轮船 2 元至 4 元，现在则把邮件交给大清邮政发送，可比以往赚钱更多。

[李明良：《瓯海关十年报告（1892 ~ 1901）》。录自《近代浙江通商口岸经济社会概况》第 431 ~ 432 页]

邮政在近十年内发展甚快。1902 年仅有两所邮局，到 1911 达到 35 所。1902 年设立的两个邮局是温州和处州邮局，其中只有温州邮局有汇兑业务。与此同时，在温州城内和瑞安各设一支局，均办理汇兑。内地平阳、青田的支局办理汇兑，还有在乐清也有一个支局。此外还有27个邮政代办所，即在虹桥、大荆、缙云、林溪、古鳌〔鳌〕头、仪山、金乡、松阳、遂昌、龙泉、玉环厅、坎门、碧湖、云和、庆元、古市、柳市、八都、小梅、景宁、泰顺和宣平等。

所处理邮件从1902年的286846件增至1911年的788360件，汇票兑换由1904年之11498元升至1911年54604元。温州原先是独立的邮政首邮界，由海关税务司代管，职称为兼任界务邮务长，后来改为副邮界。自1910年8月5日起改归杭州的界务邮务长管辖。

1911年5月28日，邮政局置于邮传部辖，其首脑原称邮政局总办，改称为总邮政司。

[包来翎：《瓯海关十年报告（1902～1911）》。录自《近代浙江通商口岸经济社会概况》第437页]

光绪二十六（八）年，温州设二等邮局，于瑞安设支局。

（民国《瑞安县志稿》卷一《大事记》）

温州为通商口岸，即由瓯海关税务司那威勇（法人）兼任邮政司，于光绪二十四年（1898）设局开办，调派华洋人员专办邮政，学习邮会章程，寄递中外公私函件。归并正大、协兴、福润、全盛、永利、天顺、永义昶等七家民信局，总包封每班轮开前两小时呈交邮局，按计重量，验贴邮票后总封交寄。并于光绪二十六年（1900）开办处州（丽水）邮政局，遴派洋文供事叶鸿遇管理初办事宜；取资极微，本境投递平信，每重20克只需半分邮票，各省一分。后则第一次加为两分，第二次加为三分，挂号另加手续费五分，双挂号一角，快信两角。所有包裹、印刷物、报纸等寄费，无一不廉，较诸现时相差甚远。订有成本章程，每本价仅一角，可由各邮局购阅。试办两年余，风气渐开，内地人民深知邮政之利益。

随后于光绪二十九年（1903）春，特调叶供事自处回温，与洋司事多福森（挪威人）、杜达（印度人）、贺司尼（澳大利（亚）人）等，先后会同筹商。按照地方之大小，人民需要之情形，议定方案，逐渐推广，呈由税务司陈请总税务司核准，饬令杭州、浙海两关税务司，划定区域。

浙江全省分为三区：杭州关主管杭、嘉、湖、金、衢、严六府，浙海关主管宁、绍、台三府，瓯海关主管温、处两府。分别邮程，四围衔接。东到台州府属太平、海门。时因温州到上海轮期，月仅三班，特于温州到海门间，加设昼夜兼程快差，三日一次。南到福宁府属福鼎。西到金华府属永康。专差定期，传递无阻。一面接连设立乐清县分局，管理员张毓芹；瑞安县分局，管理员徐筱霖；平阳县分局，管理员曾廷于；青田县分局，管理员沙盛斯（先系代办所，后升为局）。并于温属分设虹桥、大荆、玉环、坎门、莘塍、古鳌头、仪（宜）山、金乡、林（灵）溪、桥墩门，处属缙云、松阳、遂昌、龙泉等处代办所。其余因地方僻远，交通不便，函件甚少，暂缓未设。此系先时设立局所之情形也。

嗣以邮传部成立于宣统二年间（1910），奏请接管邮政，收回事权，于部内设立邮政总局，派左侍郎李经方兼领局长，法人帛黎为总办。所有通商各口岸海关税务司兼管之邮政，一律收回，另派专员主管。改各处大清邮政局名为某处邮政分局。邮政司为邮务总办，按照海关位次，共有30余人，开列名单，附摺奏报，悉系海关旧日高级洋员。惟独温州叶鸿遇、三都澳刘克让两华员，因管理已久，著有成绩，由部特加折任。一面分咨各省督抚，分别知照保护，遇有交涉案件，直接行文省劝业道或当地海关道，饬属办理。

（叶适庵：《温处两府邮政事略》。录自《温州文史资料》第4辑）

卷十四 商贸业

商　业

唐时瑞人常商于海

庄济庙，在南关城外江浒，旧庙在三港，分祀各地，故俗称三港庙。神姓陈，名逸，字子良，唐时人。幼有力，宅种竹，母令取竹，以两指握之，皆破，今有破竹林。长操舟海上。当岁除，尚在闽境，乡人同舟者皆思家，神曰："各宜闭目，来日可到。"人未之信。夜，但闻舟戛林木有声，达旦，已抵家矣，人始异之。既没，乡人商于海，风起，舟将覆，忽见神于帆樯间，自言其姓氏，俄而克济。及归，为立祠焉。

（清嘉庆《瑞安县志》卷三《祠祀》）

北宋庆历时商贾通贩于闽浙

商贾通贩于浙间，皆生铁也。庆历三年，发运使杨告乞下福建严禁法，除民间打造农器、锅、釜等外，不许贩下海。两浙运司奏，当路州处自来不产铁，并是泉、福等州转海兴贩，逐年商税课利不少，及官中抽纳折税收买打造军器，乞下福建运司晓示，许令有物力客人兴贩，仍令召保，出给长引，只得诣浙路去处贩卖，本州令出给公据。

（宋淳熙《三山志》卷四一《物产》）

问：煮海、榷酤之利，县官经费仰给居多，或曰非三代之法，此甚高之论，不可行于今。然而利之所在，民自从之，虽日杀之不可禁。今郡县断罪，犯此两禁者日相属也。夫既曰利矣，为国者曰利吾国，为民者曰利吾身，夫焉得而禁之驰之？弗禁固不可也，禁之已迫又将可乎？盖犯此两禁者，类皆无赖等死之人，禁之稍宽，则容奸而为利，迫之已甚，则群聚而为盗，此不可以不长久虑也。如欲弛其禁，易其法，使国有岁入之常，而民免抵罪之虞，岂无策乎？诸君生长于斯，固所耳闻而目见者也，其必有悯焉于心者，试为详言之。

（周行己：《浮沚集》卷三《策·煮海榷酤之禁》）

北宋永嘉何子平行贾江湖间

君姓何氏，讳某，字子平，世为温州永嘉人。先无显者，自父祖以来，皆以利术厚其业，君生长其间，心习气染，若不学而能。及壮，即多就举贷，行贾江湖间。初不利，愈苦志经度，尽知四方物色良窳多寡与其价之上下，用是子钱稍稍登本。乃益罗取众贾所弃，时其钝利，为之出入。人家缓急须索百物无不有，物直常数倍，遂致累资千万，称于大家，亦其生平直谅，用心勤久之效，非特智术然也。

元祐八年三月乙未以疾终于家，年七十三。

（周行己：《浮沚集》卷七《何子平墓志铭》）

南宋初瑞安林元章资累钜万

懿仲讳渊叔，承事郎文质之子，起家致资累钜万，而急教子，长颐叔，字正仲，登乾道二年进士第；懿仲登淳熙十一年进士第，而林家遂为儒门。

（陈傅良：《止斋文集》卷四二《林懿仲墓志铭》）

余为儿嬉同县林元章家，时邑俗质俭，屋宇财足，而元章新造广宅，东望海，西挹三港诸山，曲楼重坐，门牖洞彻，表以梧柳，槛以芍药，行者咸流睇延颈。元章能敛喜散，乡党乐附，诸子自刻琢，聘请陈君举为师，一州文士毕至。正仲、懿仲皆登进士第。

（叶适：《水心文集》卷十六《林正仲墓志铭》。文质即元章，正仲、懿仲为其子，陈君举即陈傅良）

南宋嘉定间南塘市临湖列肆

（会昌湖）西水二支，并通峥水，东岸为南塘市，列肆临湖，舟航来往。

（陈谦：《永宁编》。该书成于南宋嘉定九年。明《永乐大典》卷二二六五引《温州府志》）

南宋端平间临安有温州店铺

今于御街开张数铺，亦不下万计。又有大小铺席，皆是广大物货，如平津桥洪河布铺、扇铺，温州漆器铺、青白碗器铺之类，且夫外郡各以一物称最，如无纱、洪扇、吴钱之类，都会之下皆物所聚之处，况夫人物繁夥，客贩往来，至于故楮、羽毛扇、牌皆有行铺，其余可知矣。

（耐得翁：《都城纪胜》。该书成于南宋端平二年，记载其时临安盛况）

南宋间温州商舶贸迁

海育多于地产，商舶贸迁云云。

（祝穆：《方舆胜览》卷九《瑞安府》。南宋咸淳元年，升温州为瑞安府）

宋元间平阳径川为万商之渊薮

径川通阛带阓，故为万商之渊薮。

（林千之：《寿安桥记》。录自周喟《南雁荡山志》卷九《杂著》。林千之，字能一，号云根，平阳人，南宋开庆元年进士，官至信州知府，元初弃官归里）

明万历时温州等地与闽估客往来

宁、绍、温、台并海而南，跨引汀、漳，估客往来，人获其利。

（张瀚：《松窗梦语》卷四《商贾纪》。作者明正德、万历间人）

闽者地窄人稠，粮食往往取给他处，比年荒旱频仍，民益艰食，海上谷船自浙之温、台，广之高、惠、潮而来。

（许孚远：《敬和堂集·颁正俗编行各属》。该书明万历刻本）

明天启间瑞安商业十六行

承节江西南昌通判邑人徐一经撰文

乡进士李维樾书丹

乡进士林增志篆额

（略）

吾瑞在越号岩邑，以来吹嘘贤令公若吾崖王侯、恒省齐侯，其最也。繄今之接武者，其鹏南毕侯耶？侯为约所公之孙，以道学忠孝世家，由明经高第捧符来瑞，凡三更纪后矣。侯精明内朗，廉平外和，斋居噉石饮冰，毫无染于民，亦靡日不图所以寿吾民者。若别慝纠阿，旌忠表节，戴星而坐，刻晷而竟，以抚字为催科，不为一切束湿之政。至钱谷巨务，手笔于屏间而庭无收窦，田畯野氓来于庭，人人尽所欲言，惬其意以去。而最所加意者，捐俸以缮胶序，暇时嘉惠衿生，提正印以炉娱之，俾人咸知自奋，盖父母而师保之矣。客岁旱魃为祟，素服步祷，为民请命，已而甘霖之应如持左券。然至其政之最，而地方阴受其赐者，如图圄之锁钥，晨夕关白于堂，或以小故被累者，即群有司不得以私自禁锢。凡有跋扈凭城社者，必密揭重处，即关节苦恳，而卒不为少贷。癸亥（天启三年）岁祲谷涌，恶少类借禁谷平粜为攘夺计，富户且重足自危，侯一按以法，而闾里安堵。自酋起作梗，而部檄之调度孔亟，急功名者方以辽饷假贷于富户，甚且行督责之令，侯独推心置腹而征输不繁。迄于今，黔首回心，青衿肖祝，习而安，安且忘矣。此白简之交荐而朱绂之方来有以哉！

先是，侯以赠君捐馆，而太夫人在堂，且欲请告而难于吾瑞者。于是借入计之途，方依赤日而恋白云，业已秉忠孝之夙怀矣。唯时怀佩之锦旋，侯家庭之乐也融融。已而，星轺之莅止，吾瑞士民之乐也泄泄。居无何，则湘筠雨泣，堂馥霜萎，而太夫人之讣音且至，俛以乐而俛以忧，岂天夺吾侯之太母，厄吾侯耶？抑厄吾瑞耶？侯此时泣血卧地，即杜门谢客，亟投箸以去令。直指查盘吴公行部，邑士民以板拥状白，佥欲伐石树碑以旌不朽。乃陈瑞、林应魁、陈时敏、李训辈欲属载笔于徐生，徐生以侯之忠孝大节，后世当自有史官书之者，奚俟予言哉。间尝抽览宋书，欧文忠公扬烈舒英，声施百代，以郑太夫人为之母也。为郑太夫人式谷诒谋，微并一时，以文忠公为之胤也。今侯之莅瑞而以违养去也，文学政事似文忠，显亲扬名似文忠，以彼忠孝之炳炳，匪直寿家，且以寿民以寿国，将锡类之化政与相权，将即庐陵之家法宁多让焉。吾瑞士民家芾荫而户庚桑者，直千秋如一时，奚宁能无遐思乎哉！故颜其去思碑亭曰“瞻鹏”，从侯之号以去思也。余自揣由晋唐来，丰碑巨石在在而是，比如马昌如长葛乃称，斯碑不佞微不忘规，唯愿侯读礼再起，以忠孝勉竟千秋大业，俾置之古循吏中，方将辚卓轹鲁，驾潘迈元，靡可置喙也者，即采风有幸不收之天禄石渠中耶？侯行矣，又奚俟予言哉。侯名成濂，字仲濂，号鹏南，万历己酉（三十七年）进士，徽之休宁人，拜书于石云。

龙飞天启丙寅（六年）仲秋上浣穀旦。

台下当行：□三辅、蒋□、蒋□、陈时敏、赵□□、林□、陈瑞、杨三新、□贤、□如时、陈敢、张世相；

缎行：杨□远、李人鹏、林应魁、陈玉前、郭嘉谟、□大振；

布行：余天正、陈一发、王应春、陈国光、戈元龙、陈维藩、钱国祥、谢继明、王瑞廷、周佛养等二十四人；

衣行：杨□、张忠、王岳、程德、韩华；

果子行：周秀、黄宾、王泰、曾存、黄南、林泉、□选、严翠、夏宇、郑文；

鱼伢行：张应试、尤希恩、李训、王一贞、王友敬、李贤义、林守云、林日达；

酒行：梅汝礼、季迪简、吴兆泰、胡献之、陈淮、陈嘉兆、胡义之、蔡汝表、程汝贞、王明益；

纸行：黄第、李舜钦、冯国贤、彭沛、蔡盛、汪儒；

米行：张贞良、林宪期、李之元、余成正、程继奎、汪明德、项□泰、朱一道、吴有深、邹道贞、伍光耀、王有放、鲍□；

碗行：魏守贞、朱显、倪国诰、伍□彦；

屠行：丁汝益、贾守爱、黄兰、王庆；

饼行：李玄鹤、陈德昌、杨世德、方可诗、杨汝新；

杉木行：项润、黄五凤；

时菓行：董□因、金子俊、董□□、宋大遇、夏舜臣、王有教、陈友达；

鸡鹅行：徐士俊、□旸、朱顺；

打铜行：李玉林、陈国详；

沐恩子民：秦家亨、郑世祯、周鼎、李一龙、李日擢等十三人同立。

（徐一经：《鹏南毕侯去思碑》。录自温州博物馆藏拓本。文中“吾崖王侯”、“恒省齐侯”分别指明时瑞安县令王士翘、齐柯）

清初歙商贩布、墨到温

洪氏，国初时有名琦者，自歙贾于温，即所在土断，遂为瑞安人。

（民国《瑞安县志稿》卷五《氏族门》）

清初温州与闽沙埕港通商

顺治二年乙酉王父赴粤西之任，昌文方十七岁。戊子（顺治五年）春三月二十日，乘潮抵江心寺，入温州城。二十七日迁〔遇〕徽商周明宇者，其人老成练达，期于初十后发货往沙埕埠，同行甚便。与秋屋、文华安宿旅次。二十日同明宇发温州。廿一日宿瑞安县。廿三日至平阳县。山寇盛炽，留信宿。廿八日始至金乡卫。次日，从大鱼山、小鱼山渡七溪海峦，冲激于危崖之下，波涛最险。幸是日晴和，早达蒲门所。所城小而坚，上汛兵五百，讯商旅货税、籍贯。所出关登山行二十五里即沙埕，隶福宁州。

（瞿昌文：《粤行纪事》）

清雍正间宁台温港口与闽贸易

台、温、处三府海外港澳并无匪类藏匿，只有福建人在此捕鱼为生者不下盈千累万。更有往来贸易，由内洋顺便带回米、豆、麦石者，而宁波、台州、温州三府属之民以米易鱼换货，希图厚利者有之，实无接济匪类之事。

（《世宗宪皇帝硃批谕旨》卷一七七。此为清雍正六年九月二十八日大理寺卿性桂向雍正皇帝汇报其八月初视察台、温、处三府情况的奏折）

清乾嘉间温州万商云集

温、处少米之地，尚且有闽商贩运。

（《清高宗实录》卷二一五《乾隆九年四月丁丑条》）

台州、温州二府商民，在鄞贩卖豆石海运回籍，照转运福建省之例，每票以百石为率，令鄞县验明豆数，填给印票，赴海关纳税。

（《钦定大清会典则例》卷二三九《户部》）

大使庙亭，商船乐捐缘金厘头，鼎力告竣，规模较前巍焕，今将各行诸商船姓氏数目铭刻标扬

孔隆茂、叶北滨办理

张永利收钱一千文，李茂顺收四千八百，包复善收一千七百，蒋中和合收九百文，曹万年捐四千八百，华震利捐二千四百，钱大发捐人洋一元、抽钱念三千八百五、抽钱四千二百二十，陈国发捐一千二百，叶永丰捐一千二百，夏永盛行缘金厘头，郑恒兴收一千八百，胡元泰收钱六百文，戴大有收四千二百，陈德丰捐人洋一元，钱椿船收一千八百，庄永顺收钱六百文，吕戴兴收钱六百文，王恒兴收钱一千文，程廷英行台船厘头、厘头七十六千佰，卢元贞捐洋钱一元，姜恒顺收四千八百，袁永顺收一千四百，汪永顺收七百二十，诸肇盛捐三千六百，陈永高收人洋叁元，郭正元捐人洋壹圆，李正顺捐钱三千文，吴太洲捐钱六千文，林永发捐一千二百，黄永利收钱一千文、抽钱十六千八百文，高泰和收一千八百，张宏源收钱一千文，刘永顺行台船厘头，邬成茂收二千四百，沈兆祥收七百八十，邬公茂收一千三百，余士宗收钱五百文，唐顺兴捐人洋一元，张公盛行台船厘头，高汝收钱二千二百、共抽钱九百八十文，李楠茂捐钱六千文，孔合利收钱六百文，陈正元收四千八百，余元顺收一千二百，徐顺兴收钱五百文，岳瑞兴收三千六百，郑同昌收一千八百，曹云捐人洋钱一圆，朱德顺捐二千四百，朱天魁捐钱千四百，张元泰捐一千二百，应源顺收钱八百文，陈大盛捐钱六百文，万仁裕收一千八百，欧盛船捐人洋一元、共钱念二千八百文，沈禹顺捐一千八百，张迅元收六百五十，郑五奎收钱一千文，戴恒丰收钱五百文，金永源行缘金厘头、共抽钱四千八百文，金云海行本埠厘头，刘锡源行宁温厘头，刘万利收钱五千文，王懋森行缘金厘头，包元兴捐钱三千文，顾万金收钱一千文，张顺发行台船厘头，曹敏船收钱三千文，岳隆兴收一千二百，曹起船捐人洋一元，刘沛贤捐一千二百，陈永泰捐一千九百，袁长泰捐一千二百，刘永泰收钱六百文，顾沛苍船共捐六千，谢裕通收一千八百，戴振昌捐人洋一元，张天芳行台船厘头，高升收钱一千八百，金永丰行沙弹缘金，曹安国收钱九百文，钱世禄收钱三百文、抽钱五千四百八十，方鼎盛行本埠厘头、共线二

千三百八十、共抽钱七百廿伍文，谢合顺捐四千八百、抽钱五十一千二百，戎启顺收一千二百，王鼎富收钱一千文、共钱四十五千七百，周福全收钱三千文，吴永隆收一千二百，岳盛兴收钱六百文，朱永源收一千二百，张源顺收一千八百，杨永盛收一千二百，黄天泰收钱六百文，张恒茂行沙弹缘金，朱廷芳收一千三百，陆叙文捐人洋一元，共钱十五千八百文，夏昌吉捐一千八百，胡顺利收六百八十，朱公利收六百八十，谢茂盛行缘金厘头，王顺发收钱三千文，共抽钱三千一百十，刘子盛行台船厘头，邱裕和行宁温厘头，王万顺捐□千□□，张永发捐钱六百文，陆瑞和一千七百文，汪有顺收钱□□□，张桓益行□□□□，朱裕和捐钱三百文，任恒丰捐人洋一圆，陈广源行缘金厘头，周源顺行缘金厘头，袁文发收一千二百，吴合益捐一千二百，叶合顺收钱六百文，戴大顺捐四千八百，吴永贞收一千二百，邬宁茂收钱六百文，陈恒隆行沙弹缘金，曹正兴收一千八百，郑天顺收一千九百，曹茂童收钱六百文、抽钱十千七百四十，郑玉顺收一千八百，金永泰行沙弹缘金，共抽钱九百八十文，共抽钱三百一十二文。

督理出入，监验料工，整办款式，暨捐六年催收缘金、书记各费并蠲息垫用。上杭蔚堂张国彪撰。

乾隆五十八年岁次癸丑春王月榖旦。

（张国彪：《惠在江干碑》。录自龙湾区文博馆藏石拓本。文中“江干”指瓯西大使庙前江塘码道，即今温州大使码道、俗称太史码道一带）

窃瓯西大使庙前江塘码道，地当辐辏，各宪经由，万商云集，船只停泊，百货起落，诚西关最要之塘埠。

（邱鹰飞等：《重筑上下码道碑》。录自《温州历代碑刻二集》第159页。该碑刻于清嘉庆二十一年，现藏龙湾区文博馆）

清嘉庆间闽人在温商贩者甚多

越十五年为嘉庆九年甲子，余亦薄游东瓯。时分巡道东粤陈观楼先生昌齐，为先资政公会试荐卷师。先生本词垣老宿，余以门下晚生礼进谒，甚承款接，谈艺极欢。适有同邑长乐渔船无辜被扳者，其数亦五十余人。余为乘间言之，登时饬县尽行开释。吾乡人在温州商贩者甚多，一时欢声雷动，谓前后十余年中，方便功德，遥遥相对，不谋而合如此。

（梁章钜：《浪迹续谈》卷二《过温州旧事》）

清嘉庆间永嘉沙丙科习贾起家

嘉庆辛未（十六年），岁饥，韫山公居郡城郭公山下，授徒读书，脩脯所入，刍米常不属。君奋然起曰："是不可以忧我父母！"遂去而习贾，往来吴门、甬东间，岁获赢利，家渐起。

（孙锵鸣：《海日楼文集》卷八《永嘉沙君墓志铭》。文中"沙君"指沙丙科，字策三，号蓉士，温州永嘉人）

清时平阳殷大同独暴于闽浙之间

平邑僻在海隅，地小而利微，人亦多故步自封，重违乡井。故数百年来，从无以商战与世抗衡者。而殷大同之名，独暴于闽浙两省之间。

殷氏其先四明人，乾隆末有讳南立者，挈家迁居邑之金乡。初在巴艚马赞开设烛铺，嗣以销路太狭，欲赴通邑大都扩张其营业。计未定，卜之于神，夜梦有鼠衔烛南走，醒而异之。遂挟资航海至闽，仍其旧号，开场列货于泛船浦。顷之，遭加禄，乃迁省城之南台。其地既属省会繁盛之区，加以物美价廉，销售日广，已胜利独操矣。继又创制丝烟。烟叶为平邑出产之一大宗。水陆贩运，不逾旬日可抵闽省，价较他处为廉。而台、澎两岛地多瘴，中人辄病且死。丝烟最能辟瘴，为岛民所利用。以是之故，商贾坌集。其时肆中雇用工役与伙友，约有八百人，岁出货几达百万，不十年富甲一乡矣。

后南立公死，其弟讳南华，侄讳慎之者，先后承办。一则御下宽，人皆乐为之用，一则御下严，使事无废坠。虽用情不同，要比继长增高，克扬前烈。此为大同全盛之时。不但群从兄弟裘马翩翩，而读书仕宦，文采风流，一门之中，迭相映蔚，吾郡中殆鲜其匹也。

自甲午一役，台湾割归日本，日人倡设烟叶公司，利权为其所夺。吾国商家几有一落千丈之势。时幸有讳汝骧、汝楫两人，奖励群工，提倡改良，以挽利权，虽曩日之盛，而能与时势为转移，厥功亦伟矣。惜不久或死或归，而为后劲者，则有南立公曾孙恺。恺熟悉商务，绰有祖风。故外则与群商相颉颃，内则为一族所倚赖，皆诸人力也。溯大同自创业以来殆逾百载。当时同业中号为巨商大贾者，凡十八家，迄今俱烟销云灭，惟大同如鲁灵光，岿然独存。所以废兴成败，别关乎人，而殷氏之世泽绵延，历久不替，盖若遵厌兆祥云。

（周季兰：《大同创业记》。录自苍南《金乡殷氏宗谱》）

清道光时温州与乍浦贸易频繁

木货来自福建者什九，来自本省温州者什一。来自福建者多佳，大率俱系杉木，其大料间有松木，长至八九丈者，一皆建货；惟松板则来自温州者。

靛及炭有来自福建者，有来自本省温、台者。

蕃茹（薯）为充饥要物，一遇岁歉，蕃茹（薯）丝之从宁波、温、台来者，大可接济贫民。

置办出口之装载布匹者，闽广船及温、台州船俱有之。豆饼、牛骨二物则闽船装载为多，而温、台州船亦有装载。

（清道光《乍浦备志》卷六《关梁》。乍浦今属浙江省平湖市）

清道同间永瑞严禁留难需索商民

署浙江温州府正堂加六级纪录十二次常、钦加同知衔温州府永嘉县正堂加六级纪录十二次陈、钦加五品衔补用总捕府署温州府瑞安县正堂加六级纪录十二次彭为勒石永禁事。

据永、瑞两县耆民张演汉等呈称：伊等山乡居住，地瘠民贫，做纸度活，肩挑潮至街发卖，并运至交界永邑瞿溪、荣溪各地销售，于道光三十年间，有监生吴聚淮请贴，在伊地出入之所开设行场，虚名过塘，实则留难需索，当时民人林廷彩、生员张起鹏等叠鸣。府宪批县给示，勒石永禁在案。乱后石碑毁没，兹竟有射利之徒，欲仍旧习开行抽勒，剥削平民，此端（以下残缺）。

（常绂等：《勒石永禁碑》。录自《温州学刊》2006年第11期潘猛补《温州古代造纸史略》。文中“温州府正堂常”指常绂，汉军正白旗人，同治间任温州知府；“永嘉县正堂陈”指陈宝善，字子余，咸丰九年至同治初年任永嘉知县；“瑞安县正堂彭”不详）

浙江温州府永嘉县正堂加五级纪录（以下残缺）

现据耆民吴记鸣、潘瑞青、潘启元等呈称：伊等向住永邑，种竹做纸，肩挑瞿溪等处销售。道光间遭吴姓人借名过塘，伢行串党，勒抽纸税，当今呈蒙府县批准，出示汛办在案。绩□□□险，讵有徐，踵吴恶习，开设如日升伢行。然伢行自有成规，客货投行应听自便，今□□需索留难，终图垄断，滋害穷民非浅，佥叩严除刁伢等情词，奉批查阅粘抄。此案曾经府县给示，勒石永禁，并于示文内载明：肩挑买卖纸货，原否投行，听其自便，不得借过塘留难需索等语。现在如日升伢行何得故违禁令，截路勒抽，掳控果实，病民殊甚，系县立□□□等因，并奉批发潘茂暹、黄王忠、张余庆等各呈词，下县奉查此案。前据杨金喜等□□，经批准示禁在案，兹奉前因，出示谕禁。

为此，示仰该处伢户商民人等知悉：设伢行本为便商起见，货物投行，应听各商自便，岂容把持垄断，至抽取用更当□□，不得留难需索，致累商民。自示之后，倘敢故违，一经访闻，或被指控，定叩〔即〕提案严究不贷，各凛遵毋违，特示。

（该碑录自潘猛补《温州古代造纸史略》。碑文撰者及立碑年月佚缺）

清咸同时洞头洋商贩云集

洞头洋夏秋时，海蜇旺发，商贩云集，甲于环山诸埠。

美利东南甲玉川，贩夫坐贾各争先。南商云集帆樯满，泊遍秋江海蜇船。

（王步霄：《海蜇诗》。录自杨志林主编《洞头县志·附录》。作者字槐江，玉环人，清咸丰恩贡生。其时洞头属玉环厅）

清同治间温州药材商行会章程绪言

自古迄今，所有的行业通过制定规范章程而创立他们的组织，随着时间和环境的变化则使其不断得到修改。因此，在咸丰帝在位时代，我们的药材商行会（以前是分为两个行会的）联合起来，组成了一个严密的组织，由于新、旧规章未能一致，以致在过去十年间，违例之事屡有发生，如今，大有必要将行会规章加以统一编撰。所以，我们编撰了这一部行规，并一致同意，对其加以增补。从今以后，必须对其一体遵行，不得违背。若有违章者，将罚戏两台和二十人一桌酒食的款。特发此通告，以警告任何对于下列规章的违犯行为：

经议决，所有帐〔账〕务均须在一年之中三个结算期内结算清楚。

“凡现金交易，可降价百分之五，然赊销不在此列。

若一行会成员对另一位成员负有债务，并又将其交易业务转让于第三者，行会应将三者传唤一堂，若债务人不将其债偿清，将不允许其与后者交易。

任何行会成员，若给其顾客的钱币兑换率高于当时市场兑换价，将处以罚款。

凡新跻身药材商界从事药材交易之人，必须交纳一定的入会费给药王庙司库，如果不能全部交清此费，则与其交易者将被处以罚金，罚金数为其所欠款数”。

（玛高温：《中国的行会》。录自《中国工商行会史料集》第13～14页）

清同光间温州出产竹木

现在此地的主要贸易是出口木材和竹子，这些都是用木筏经由瓯江从处州运来的。此项贸易额一年估计不会少于200万元，经营此项业务的木材店铺在西郊，那儿到处是木头和竹子。

（张永苏：《近代开埠史的难得史料》。介绍英《北华捷报》1869年8月12日发表的关于温州的一篇文章。这里所谓“出口木材和竹子”指向上海、开平等地输送竹木，属国内贸易）

针叶材木板在温州之出口业中，乃是方兴未艾之一项目，货源充沛。如今却从14929平方（英）尺下降到了1038平方（英）尺。木杆去年却无出口，本年出口达1184棵，多系用作建材，是中国老百姓盖房屋时少不了的好材料。温州西郊就有许多大木行，犹如取之不竭似的，堆积如山。那些木材可利用民船载运出口，也可捆绑在民船之两边，既可充横梁又能增浮力。当这类运载木材之帆船出海时，从远处眺望，船头似大天鹅。

［马吉：《光绪四年（1878）瓯海关贸易报告》。录自《近代浙江通商口岸经济社会概况》第475页］

木板从7273平方（英）尺下降到2178平方（英）尺，实际原因尚难弄清。木杆倒比去年增长了一倍，看来还会上升呢。这类木杆产自处州之龙泉，位于浙江之西南部。

［马吉：《光绪六年（1880）瓯海关贸易报告》。录自《近代浙江通商口岸经济社会概况》第489、490页］

特别是木材业更是干得风风火火，看，本年出口了39338根针叶木杆，去年只是25888根；木板33226平方（英）尺，去年根本没有。

［德当纳：《光绪八年（1882）温州口华洋贸易情形论略》。录自《近代浙江通商口岸经济社会概况》第509页］

木杆乃是从处州借河水淌下来温州，今年遭干旱致河水低落，否则倒可增加1倍输出呢。

［白莱喜：《光绪十三年（1887）温州口华洋贸易情形论略》。录自《近代浙江通商口岸经济社会概况》第524页］

木杆本年出口数11282棵，而1887年的出口数乃是24196棵。此类木杆系龙泉地区之产物，以木筏的形式从河里淌下来温州的。年年伐木，从近水之山边，越伐越往里，以后离河就更远，更难搬运，费力多，价更昂贵，看来这项出口物资是在缩小。

［孟国美：《光绪十六年（1890）温州口华洋贸易情形论略》。录自《近代浙江通商口岸经济社会概况》第532页］

今年木杆出口增加了，绝大部分是运到北方矿井里使用。

［李明良：《光绪十七年（1891）温州口华洋贸易情形论略》。录自《近代浙江通商口岸经济社会概况》第535页］

木杆出口18712棵，去年的出口数为15474棵，增长之原因乃是伐木区为中国工矿公司订购专供应开平煤矿之用之木杆6550棵。

［那威勇：《光绪十八年（1892）温州口华洋贸易情形论略》。录自《近代浙江通商口岸经济社会概况》第539页］

特别受人欢迎的针叶树板比日本货好，销了1417715平方英尺。

［那威勇：《光绪二十二年（1896）温州口华洋贸易情形论略》。录自《近代浙江通商口岸经济社会概况》第552页］

（针叶树木板比上年）增长了553293平方英尺——与日本进口之木板比较是较为便宜的。为此，也就广受上海、苏州、杭州等地建筑营造者的欢迎。但木板出口商自从尝到了1896年的甜头以后，相比之下，本年虽有利可图，但已不如他们所想象中的那样大了。

［那威勇：《光绪二十三年（1897）温州口华洋贸易情形论略》。录自《近代浙江通商口岸经济社会概况》第556页］

木杆出口数量增长了不少，是乃因河北开平煤矿需要量是相当大的，这些木杆是由中国矿业工程公司之汽轮直接运到天津去的。

［那威勇：《光绪二十五年（1899）温州口华洋贸易情形论略》。录自《近代浙江通商口岸经济社会概况》第561页］

木杆出口之减少乃是由于1899年绝大多数的出口是为了北方一些矿冶公司专供矿井之用，那年已备够了，本年当然会减少。木板主要乃是供那边营造之用。木材一般是由民船大量载运而不由汽轮承运。

［李明良：《光绪二十六年（1900）温州口华洋贸易情形论略》。录自《近代浙江通商口岸经济社会概况》第564页］

木杆出口数量也大，主要是供天津一带矿井用。木板主要是运上海

3229672 平方英尺，创最高纪录。阔叶树（硬木）仍由帆船装运出口。

［李明良：《光绪二十七年（1901）温州口华洋贸易情形论略》。录自《近代浙江通商口岸经济社会概况》第 567 页］

本年轻木板出口 4083625（平方英）尺，可谓极旺之数，比之上年，每百分多 26 分，追因日本木板到上海者少，所以销数较多也。

［穆厚达：《光绪三十年（1904）温州口华洋贸易情形论略》。录自《近代浙江通商口岸经济社会概况》第 576 页］

日俄构衅，本年出口木料因之获利，盖以日本来货少故，本口轻木板比常畅销，迨和议告成，生意逐渐清淡。本年出口计 3119000（平方英）尺，比上年每百分少 23 分。

［穆厚达：《光绪三十一年（1905）温州口华洋贸易情形论略》。录自《近代浙江通商口岸经济社会概况》第 579 页］

温州木板出口这几年老是踏步不前，原因是有日本这个劲敌。

［穆海德：《光绪三十二年（1906）温州口华洋贸易情形论略》。录自《近代浙江通商口岸经济社会概况》第 582 页］

轻木板仍是日见盈多，今年出口 5572827 平方（英）尺，上年只 4457242 平方（英）尺，查此项木板俱运上海用造房屋并以制作煤油木箱为最广，若于温郡创设锯木大厂，获利定操左券也。

［沙博思：《光绪三十四年（1908）温州口华洋贸易情形论略》。录自《近代浙江通商口岸经济社会概况》第 586 页］

温州所出轻木板向系上海所需，近因闽板价廉物美，致被所夺。台州板亦与瓯板竞争，获利尚佳。是以温州之板，沪市竟无过问，本处之业此者大半因是闭歇。

［包来翎：《宣统二年（1910）温州口华洋贸易情形论略》。录自《近代浙江通商口岸经济社会概况》第 591 页］

轻木板前为上海所欢迎，迩则大非昔比，无人过门，业改江苏之通州、镇江等处运售矣。

［包来翎：《宣统三年（1911）温州口华洋贸易情形论略》。录自《近代浙江通商口岸经济社会概况》第 593 页］

清光绪间温州纸伞特别吃香

温州城里的主要手工业纸伞今年出口比去年大多了，这些油纸伞主要销地是天津、牛庄两地，油纸伞批发价是每百把银元8元，零售价每把1角。这类物品一般系由民船运载。

［李明良：《光绪十七年（1891）温州口华洋贸易情形论略》。录自《近代浙江通商口岸经济社会概况》第535页。这里所谓“出口”纸伞实属国内贸易］

（温州）纸伞在华北天津、牛庄一带特别吃香。

［那威勇：《光绪二十二年（1896）温州口华洋贸易情形论略》。录自《近代浙江通商口岸经济社会概况》第552页］

纸伞仍是主要出口商品，本年出口超过了去年，批发价是每百把15元，零售价为（每把）0.15～0.20元，这价已比前几年涨了一倍。伞架（骨）运往上海，在那里装配油纸，为的是桐油和纸张在上海比温州便宜。温州的油纸伞只能用一季，而在上海完工的油纸伞就能用多季呢。制伞这项手工业要雇不少人手，一般可获公平边际利润。

［李明良：《光绪二十六年（1900）温州口华洋贸易情形论略》。录自《近代浙江通商口岸经济社会概况》第564页］

日俄战事不无有碍于本口贸易，出口货因而见少，商市之资本不能周转，即无力购销来货。本地所产之柑橘、雨伞向销售于东三省，现在市面阻绝，不能畅往行销。

自牛庄商市变动，生意阻绝约大半年之久，雨伞一业多食力贫民以手工为生计，因而受害不浅。

［穆厚达：《光绪三十年（1904）温州口华洋贸易情形论略》。录自《近代浙江通商口岸经济社会概况》第575、576页］

上半年市面壅滞，或以为进口积货过多，又因北方战事方殷，商场阻碍，所出土产不能转运前往。

盛京商场复通，雨伞生意极旺，本年出口计413000把，比去年多10

万把。

［穆厚达：《光绪三十一年（1905）温州口华洋贸易情形论略》。录自《近代浙江通商口岸经济社会概况》第578、579页］

清光绪间徽州茶商尝贾温州

江灵裕，江湾人……尝贾温州，总理茶务。

（清光绪《婺源县志》卷三五《人物十》。婺源属徽州）

清光绪间温州对台贸易

民船贸易：本年从通商口岸台湾来的41人次，从温州去台湾37人次。

［马吉：《光绪四年（1878）瓯海关贸易报告》。录自《近代浙江通商口岸经济社会概况》第477页］

民船贸易：本年民船之来往：台湾55，44。

［马吉：《光绪五年（1879）瓯海关贸易报告》。录自《近代浙江通商口岸经济社会概况》第484页］

白糖也从（去年）825.39担落到（今）39.89担，那都是由民船从台湾运来的。

［马吉：《光绪六年（1880）瓯海关贸易报告》。录自《近代浙江通商口岸经济社会概况》第488页］

烟叶——市场在台湾，大部分从温州用民船载运。近来已减少了，由于现在由汽轮运载出口去上海矣。

［白莱寿：《光绪十二年（1886）温州口华洋贸易情形论略》。录自《近代浙江通商口岸经济社会概况》第520页。作者即白莱喜］

那些次等茶叶要是从本关验放，通过轮船外运，那是连关税都缴不起呢，所以只得从产地用帆船直驶台湾、宁波、上海、台州和其他地方。

［白莱喜：《光绪十三年（1887）温州口华洋贸易情形论略》。录自

《近代浙江通商口岸经济社会概况》第 523 页］

烟叶——出口量与日俱增，主要是销台湾，由上海、厦门出口。

［聂务满：《光绪十四年（1888）温州口华洋贸易情形论略》。录自《近代浙江通商口岸经济社会概况》第 527 页］

凤山沿海诸港，半多壅塞，惟东港水深二丈，商船便于出入，故繁盛焉。此地出蔗糖，多贱售我温，以港口与温海对峙也。

（池志澄：《全台游记》。录自《池志澄诗文书法集》第 47 页。该记撰于清光绪十八、十九年，东港位于今高雄市东南）

本年第一次运往台湾淡水生猪 250 头。

［那威勇：《光绪二十一年（1895）温州口华洋贸易情形论略》。录自《近代浙江通商口岸经济社会概况》第 549 页］

烟叶本年出口 3540 担，估值关平银 35600 余两，上年出口 2895 担，估值 22500 余两，多运往厦门再转销于台湾。从前货分上、中、下三等，每担价值自 4.5～5 两，现在货皆改选上等而市价增高，每担约值关平银 10 两，今昔大相悬殊。

［史纳机：《光绪二十九年（1903）温州口华洋贸易情形论略》。录自《近代浙江通商口岸经济社会概况》第 573 页］

本年出口烟叶计 4837 担，上年只 1851 担。往年此种烟叶多行销于台湾、厦门，向由民船运往，现在改运上海，故多由轮船出口。

［穆厚达：《光绪三十一年（1905）温州口华洋贸易情形论略》。录自《近代浙江通商口岸经济社会概况》第 579 页］

烟叶从去年的 4837 担上升到本年 22147 担，烟叶种植之广大由此可见。部分，也许是大部分乃是因为取缔了该项商品长久垄断用民船运台湾之路（后），创立了新的运输方法并广开门路，改变路线之故。烟叶——此项大宗产品来自松阳，也是最优秀的草烟生产地。

［穆厚达：《光绪三十二年（1906）温州口华洋贸易情形论略》。录自《近代浙江通商口岸经济社会概况》第 581 页。原文"也许是大部分乃是因为取缔了该项商品长久垄断后，用民船运台湾之路"，结合本页上下文，系误］

最近这几年来从温州直接由民船运烟叶去台湾的垄断已被取消，如今只能从温州由汽轮经上海绕道运烟叶去台湾矣。迄至本年年底，要直接运货物去台湾只能是由日本货轮运载的才行，那么以后日轮运载的温州货会是越来越多。

到了12月份日本大阪航运株式会社开辟了一条从温州到台湾的汽轮航线，主要是输送烟叶。

［穆海德：《光绪三十三年（1907）温州口华洋贸易情形论略》。录自《近代浙江通商口岸经济社会概况》第583、584页］

出口茶叶之外，以烟叶为大宗。其种烟叶者，始因销路疲滞，未敢多种，直至七八月间收采之时，出口几有1100余担，属松阳所出为最多数。继因台湾日商派经理人来此坐办采购，凡业烟叶者，闻风踊跃而起，大有争先恐后之象。以此观之，明年种植必广矣。

［包来翎：《宣统元年（1909）温州口华洋贸易情形论略》。录自《近代浙江通商口岸经济社会概况》第588页］

烟叶一宗销售于台湾之日商，颇形畅旺，以致本处乡民种植日见增多。其货或径运台，或由厦门转输该处。

［包来翎：《宣统二年（1910）温州口华洋贸易情形论略》。录自《近代浙江通商口岸经济社会概况》第591页］

清光绪间温州会馆

在温州城内有四所会馆，即台州、江西、福建和宁波。本口岸贸易主要掌握在宁波商人手里，所以他们的会馆是本府最重要的。上述会馆的经营管理几乎完全一致，人员组成委员会，定期选举，有一总会长。在较大的贸易中心，如宁波，每一主要商品，有其自己会员，但管理往往是轮换接替。最重要的职务是常务秘书，一位支取薪俸的文人学士，以此身份有权单独拜会官员，在衙门中代表会馆具有官方承认的地位。他是官商交往的中间媒介，在衙门中被视为会馆的合法代表，为其会馆争利，为会员纠偏，必要时为其成员申辩保护。地方当局利用他为慈善福利事业和非常紧急事件要求会馆捐助。会馆不仅对业务中争端有权作出裁定，而且对会员间发生的争吵，可以进行干涉。

会馆基金的累积如下：

宁波会馆，按每一民船货物价值 1000 元的，收费 2 元；原棉例外，每包 120 斤收 20 分；还有鱼干，每件收制钱 44 文。主要的商人和店主依照生意大小每月缴费各 1000 文、600 文或 300 文不等。宁波人如与当地人合伙，则免缴会馆费。

福建会馆，按每一民船货物价值 1000 元的，收 2 元。

台州会馆，对每一元木料收钱 3 文，每担木炭收 6 文，对台州民船所载每张木板收 6 文。生意不景气时，减半收费。

江西会馆，本城江西商人手中的瓷器生意，由陆路运来一篓瓷器，向江西会馆付制钱 40 文，从宁波装民船运来粗瓷，价值每元收制钱 4 文。

本府在外地仅有 2 个会馆，均在北京。

[那威勇：《瓯海关十年报告》(1882～1891)。录自《近代浙江通商口岸经济社会概况》第 422 页]

温州城内有四所会馆，即台州、江西、福建和宁波。宁波会馆最为重要，本口岸的贸易主要掌握在他们手里。

上述会馆的经营管理几乎完全一致：由大商行定期选举若干，此外，有一位支取薪俸的秘书，利用此身份有权单独拜会官员。他代表会馆而有官方承认的地位。是官商交往的中间媒介。在衙门中，他被视为会馆的合法代表，为其会馆争利，为会员纠偏，必要时为其成员申辩保护。地方当局则通过他为慈善福利事业和非常紧急事件要求会馆捐助。会馆不仅对业务争端有权裁定，而且有权对会员间发生的争斗进行干涉。

这些会馆的主要目标之一，是向受困的同乡给以援助，使其能返回故乡。宁波会馆拥有一块地皮，可以停放宁波同乡死者的棺材，直至方便时节运回祖坟安葬。遇有贫穷而无力将棺材运回故乡时，会馆购得一块地皮可以埋葬。

宁波会馆，对每一民船货物价值 1000 元的，征收 2 元；原棉例外，每包 120 斤收 20 分，以及鱼干每件收制钱 44 文。商人和掌柜的月规费在

1893年废除。在1899年宁波会馆经捐款重建。

福建会馆，按每一民船货物价值1000元的，征收2元。

台州会馆，对台州民船载运的，每根圆木收制钱3文，每担木炭收6文，每张木板收6文。生意不好时，减少收取。

本城瓷器生意在江西商人手中，江西会馆，对从陆路运来的每篓瓷器，收制钱40文，从宁波由民船运来的粗瓷，按价值每元收制钱4文。

本府在外地仅有两家会馆，都在北京。

[李明良:《瓯海关十年报告》(1892~1901)。录自《近代浙江通商口岸经济社会概况》第432~433页]

温州的宁波籍行会（始建于上一世纪末）在其行会章程的序言中，就其宗旨问题谈到："一个世纪以来，没有一个省区无我们宁波人的踪迹。宁波为滨海地区。无法佣耕的居民，便远走他乡做生意。我等旅居温州感到孤立，被山海阻隔，远离家乡，而在末业中又受温州人忌恨，频遭欺凌，无适当的补救。各商号独自营业，亦遭羞辱与损害——这是孤立的个人奋斗的必然结果。有鉴于此，吾等同仁共同发起，组成此会。"

(玛高温:《中国的行会》。录自《中国工商行会史料集》第5页)

清末福建渔民于双门开设店铺

公婆船，闽人渔于瓯者，无籍，以船为家。近亦有于双门落籍，开设店铺者。

(郭锺岳:《瓯江小记》。双门即朔门，亦称望江门，系温州旧城的北城门)

清末温商缺少资本

温州这里要是有2万元资本就已是数一数二的惊人巨商矣，所以温州商人在商界中乃属于低水平的。因此温州商人到宁波去采购匹头和鸦片时，那些富裕的宁波商行连赊欠一个月也不行，非要当场付讫不可。而连离温州县城较远的也不顾温州城，而是舍近就远到宁波去采购也。

［贺壁理：《光绪七年（1881）温州口华洋贸易情形论略》。录自《近代浙江通商口岸经济社会概况》第493页］

清末瑞安、乐清商业渐见繁荣

光绪二年，温州辟通商口岸，进口、出货更形活跃，衣料由土布而丝绸而呢绒而洋布，染料由草木而颜料，衣服鞋袜帽亦由粗而精，由自制而进为购置，食料、燃料及各种日用品由手工进而机器制造，是以百货云集，市场渐见繁荣，视前代不啻天渊之别。其出口之茶、糖、烟、酒、板、炭等税额逐增，皆可见其演进之原因焉。

（民国《瑞安县志稿》卷六《实业门》）

行销外洋的有：茶之类，以廿五都山中所出为最多，每岁商人入山设馆，运至郡出口至申，售与洋人，价值每年不同。笋，郡中贩来买，运申售之外洋。猪，闽人售去贩至台湾。鸡鸭蛋，收买洋庄，为类甚巨。

销售他省的有：柑橘，一都等处亦有植之，贩申行销外省。茹（薯）丝，闽人收买，船来时无定，亦一大宗。土浆，闽人收买，每岁不下数十万元，近已禁也。靛青，北船收买，数以万计。甘蔗，台船贩运出口，约计两万余元。姜黄子、苡仁米，每岁出售不下数千金。松木，闽船出口，木炭，贩运至宁，樟木，用以制船，亦多出口。头发，贩者亦多。海错，另列。牛皮，贩申亦多。锡器，每岁不下数万金。雨伞、雨靴、腰缠、雨鞋、粉丝，均有贩之远省。南平纸，出产每岁数万金。

行销邻郡的有：柑桔（橘）栽，止一都李塘等处有之，每岁数千金。萍，岁出二万元。绿柴、柿漆、白蜡、红花、柏油、棉花、蜜、蜜蜡、烟叶、山栀、棕、咸麻、草子油、山药、牛骨、猪骨、牛油等。

行销本地的有：米、麦、豆、麻、苎、盐、各种油、各种果、各种药、各种瓜菜、各种海鲜、各种涂产、各种纸、各种布、糖、酒、纱、绢、各种畜类。

（洪炳文：《瑞安乡土史谭稿》）

光绪三十一年，设商会于西山敖山阁，推孙诒让为总理，下设□□□、□□□等人。

（《俞春如集》第311页。作者讳煦甡，字和卿，号春如，浙江瑞安人，清宣统元年拔贡，次年部试授直隶州判，民国后从教，著有《春庐诗文正续集》等十种三十余册）

（乐清）西乡会市以三月初十为最，农家器用百物具备。初南宅某富户以是日赴白石山祭墓，遇山客卖农器者，昂其价，尽收买之，岁以为常。自是山贾利其昂价以偿也，届期多搬运农具而至，而买者渐夥，至今台、处二州皆知有此市，先数日贾贩累累而至。吾乡是日田农几欲无人不去者，闻肩摩毂击，人往来塞途路不可行云。

（郑良治：《百甓斋日记·光绪三十一年三月十一日》）

清时温州拦街福市中贸易可添数倍

拦街福，温俗之酬神赛会也。土风以二月十五日至三月十五日城中各户酬神，设牲醴于道，张灯结彩，吹笙鼓簧，六街灯火，彻夜不绝。酬神后，迎东岳会。会中有方相氏，高与檐齐，他则黄金四目，傩拜婆娑。旁街曲巷，必须周历。终一月，恒费万缗。繁华之习，他处罕见。询之土人，其说有二：一则不酬神赛会，则一年之内，人多疾病，地方不安；二则费用虽广，市中贸易因乡人之来观，亲串之聚会，可添数倍，若节此，转觉生意寂然，故街市乐此不疲也。

（郭锺岳：《瓯江小记》）

清时温民贾闽越易富

永嘉为温州府治，茶、盐、鱼、鲍、竹、木、舟、舆，皆自台、处各属辐辏，而海外奇巧之物，不旬日而充斥市肆。其民贾闽、越，则致富亦易，故裘马轻肥，旁为园林水石之观。

（瓯风杂志社：《乡事纪闻》）

外贸业

唐会昌初海商李处人自日抵乐成

得正东风六个日夜，流着大唐温州乐成县玉留镇前头。

（《安祥寺惠运传》。录［日］木宫泰彦著、胡锡年译《日中文化交流史》第121页。该传记载唐会昌二年八月二十四日海商李处人自日回国的情况）

南宋绍兴间日本商船飘泊仙口港

绍兴十五年十一月丁巳，日本国贾人有贩琉黄及布者，风漂泊温州平阳县仙口港，舟中男女凡十九人。守臣梁汝嘉以闻，诏汝嘉措置发遣。

（李心传：《建炎以来系年要录》卷一五四）

南宋乾道间温州市舶务被火

（乾道四年八月二十日），至酉时扑灭，烧过民居六百七十三家，茅瓦屋相间约计一千一百七十余间，龙兴宫、开元观、嘉福院并当风头，不容拆救。内龙兴宫有市舶务一所，并皆焚毁。

（王之望：《温州遗火乞赐降黜奏札》。录自张如元校笺《瓯海轶闻》第1203页）

宋时倭船于温台低价交易

惟倭船一项，其偷漏几年彰彰明甚，已不待赘陈。但漏泄之地非特在庆元，抽解之处如沿海温、台等处，境界其数千里之间，漏泄非一。盖倭船自离其国渡海而来，或未到庆元之前，预先过温台之境，滩泊海涯，富豪之民，公然与之交易。倭所酷好者铜钱而止，海上民户所贪嗜者倭船多有珍奇，凡值一百贯文者，止可十贯文得之，凡值千贯文者，止可百贯文得之，似此之类奸民安得而不乐为之为市？及倭船离四明之后，又或未即归其本国，博易尚有余货，又复回旋于温台之境，低价贱卖交易如故。

（包恢：《敝帚稿略》卷一《禁铜钱申省状》。作者宋时人）

元初市舶则法

至元市舶则法：粗货十五中一分，细货十分中一分，所据广东、温州、澉浦、上海、庆元等处市舶司，舶商回帆，已经抽解讫货物，并依泉州见行体例，从市舶司更于抽讫货物内以三十分为率，抽要舶税钱一分，通行结课。船贩客人从便请文遣，买到已经抽税货物，于杭州等处货卖，即于商税务投税，赁所文遣数目，依例收税。

（《元典章》卷二二《户部·市舶》）

元代温州与远夷蕃国互易舶货

泉州、上海、澉浦、温州、庆元、广东、杭州邻海诸郡与远夷蕃国往复互易舶货。

（苏天爵：《国朝文类》卷四十《杂著》。作者元时人）

（应长元年）春，有日本商船入元，泊温州，日僧孤峰觉明随之入华。

（《孤峰和尚行实》。录桂栖鹏等《浙江通史·元代卷》第318页。日本应长元年即我国元至大四年）

（延元四年）日僧无文元选、元通等来元，泊温州。

［《无文元选禅师行实》。录桂栖鹏等《浙江通史·元代卷》第318页。日本延元四年即我国元（后）至元五年］

元时温人旅居真腊

（薛氏）居番三十五年矣。

国人交易皆妇人能之，所以唐人到彼，必先纳一妇人者，兼亦利其能买卖故也。每日一墟，自卯至午即罢。无居铺，但以蓬席之类铺于地间，各有处。闻亦有纳官司赁地钱，小交关则用米谷及唐货，次则用布若乃，大交关则用金银矣。往往土人最朴，见唐人颇加敬畏，呼之为佛，见则伏地顶礼。

唐人之为水手者，利其国中不着衣裳，且米粮易求，妇女易得，居室易办，器用易足，买卖易为，往往皆逃逸于彼。

（周达观：《真腊风土记》，作者温州人，薛氏为同乡，该书成于元大德元年，真腊即今柬埔寨，唐人即华侨）

明时严禁濒海民私自出海

国初立法，寸板片帆，不许下海。

（台湾银行经济研究室：《明经世文编选录》上）

仍禁濒海民不得私出海。

（《明太祖实录》卷七十《洪武四年十二月》）

嘉靖元年，给事中夏言奏倭祸起于市舶，遂革福建、浙江二市舶司，惟存广东市舶司。

（《明史》卷七五《职官四》）

（嘉靖十二年九月）一切违禁大船，尽数毁之，自后沿海军民私与市贼，其邻舍不举者连坐。

（《明世宗实录》卷一五四）

（唐枢言）市通则寇转而为商，市禁则商转而为寇。始之禁，禁商；后之禁，禁寇。

（胡宗宪：《筹海图编》卷十一）

明初温商于唐口、吴渡对外贸易

两淮、两浙盐场俱系张士诚地面。太祖得诸暨，于唐口关立抽分所；得处州，于吴渡立抽分所。许令外境客商就两界首买卖。于是绍兴、温州客人用船载盐于唐口、吴渡交易。抽到盐货，变作银两及置白藤、硫黄等物，以资国用。

（刘辰：《国初事迹》。作者明时人）

明宣德间瑞安置东安馆驿

（宣德七年四月，温州知府何文渊奏），瑞安耆民言，洪武、永乐间琉球入贡，舟泊宁波，故宁波有市舶提举司安远驿以贮方物，馆縠使者。比来番使泊船瑞安，苟图便利，因无馆驿，舍于民家，所贡方物无收贮之所，及运赴京，道经冯公等岭，崎岖艰险。乞自今番船来者，令仍泊宁波，为便行在。

礼部言，永乐间琉球船至，或泊福建，或宁波，或瑞安。今其国贡使之舟凡三，二泊福建，一泊瑞安，询之，盖因风势使然，非有意也。所言瑞安无馆驿，宜令工部移文浙江布政司，于瑞安置公馆及库以贮贡物。

（《明宣宗实录》卷八四，后在瑞安东门外东安寺后建东安馆驿，从事外方贡使的接待及货物的贮藏、中转）

东安馆驿　在大东门外，东安寺后，宣德七年建。先是外方贡使经此，尽寓城中，何守文渊因其扰民，奏建馆驿于城外以处之。今废，址存。

（清嘉庆《瑞安县志》卷二《建置》）

明弘万间温州与日、朝无适不达

大抵永嘉、瑞安、乐清、平阳皆东跨巨海，随地异名。其南至于闽、广，东至倭夷，北至于淮扬、直沽、高丽，盖无适不达焉。商舶往来，物货丰聚，亦东南要会也。

（明弘治《温州府志》卷四《水》）

府治：市舶分司在城西南隅谯楼东，旧为盐运分司。宣德间改为今名。

瑞安县治：市舶分司在东南隅。东安公馆在永丰厢。

（明弘治《温州府志》卷二）

海上操舟者初不过取捷径往来贸易耳，久之渐习，遂之夷国，东则朝鲜，东南则琉球、旅宋，南则安南、占城，西南则满剌、迦暹，彼此互市若比邻然。又久之，遂至日本矣。夏去秋来，率以为常，所得不赀什九，起家。于是射利愚民辐辏竞趋以为奇货。而榷采之中使利其往来，提课以便渔猎，纵令有司给符繻，之初未始不以属夷为名，及至出洋，乘风挂帆飘然长往矣。近时当事者虽为厉禁，诛首恶一二人，然中使尚在，祸源未清也。老氏曰，不贵难得之货，使民不为盗。上既税课方物，而又禁其贩海，其可得乎。

今吴之苏、松，浙之宁、绍、温、台，闽之福、兴、泉、漳，广之惠、潮、琼崖，狙侩之徒，冒险射利，视海如陆，视日本如邻室耳，往来贸易，彼此无间。

（谢肇淛：《五杂组》卷四《地部二》。作者字在杭，福建长乐人，明万历进士，官至工部郎中，著有《五杂组》等多种）

明时温州往日本针路

用单甲五更，用甲寅六更，用单寅二十更，用艮寅十五更，取日本山，妙也。

（向达校注《两种海道针经》：温州往日本针路。该书作于明代，作者佚名）

清初温州等地严行海禁

顺治十二年题准：海船除给有执照许令出洋外，若官民人等擅造两桅以上大船，将违禁货物出洋贩往番国，并潜通海贼，同谋结聚，及为向导劫掠良民，或造成大船，图利卖与番国，或将大船赁与出洋之人，分取番人货物者，皆交刑部分别治罪。至于单桅小船，准民人领给执照，于沿海近处捕鱼取薪，营汛官兵不许扰累。

（《钦定大清会典事例》卷六二九《兵部》）

顺治十三年谕，海氛未靖，必有奸民暗通线索，资以粮物，……凡有商民船只私自下海，将粮食、货物等项与逆贼贸易者，不论官民俱奏闻处斩，货物入官，本犯家产，尽给告发之人。其该管地方文武各官不行盘缉，皆革职从重治罪。地方保甲不行举首，皆处死。凡沿海地方口子，处处严防，不许片帆入口，一贼登岸。如有疏虞，专汛各官，即以军法从事，督抚提镇并议罪。

十八年题准，福建、浙江、江南三省所禁沿海境界，凡有官员兵民违禁出界贸易，及盖房居住、耕种田地者，不论官民，俱以通贼论处处斩，货物家产，俱给讦告之人，该管文武官不能查获，俱革职，从重治罪。地方保甲知情不首者，处绞。其违禁出境之人，审明系何地方出口，将守口官兵知情者，以同谋论，立斩。不知情者，从重治罪。

（《钦定大清会典事例》卷七七六《刑部》）

（顺治十八年）辛丑遣尚书苏纳海将江、浙、闽、广四省边海三十里居民悉迁入内地，房屋尽行折毁，严阡界，立本城，五里三里设瞭台，置守兵，禁居民不许越出阡界，亩粮蠲除。

（洪若皋：《海寇记》。录自《丛书集成续编》第280册）

为严饬防御海疆以重汛守事：

照得浙省地当边海，宁、台、温郡尤属要冲，是以选将屯兵，星罗棋布……至于沿海江港潮汐相通处所，如有船筏载货，乘风越界，希图贸易，或为贼巢奸细，要见原通某弁某兵受贿，当从某口放行，立速拿获，会同有司秉公研究确详，起解以凭复讯定拟。苟有容隐故纵情弊，立按新例正法。但不得借端诬捏，扰害无辜。汛防各官仍会同地方官严查保甲，盘诘奸宄。凡兵民人等，或系出外日久不归，或容留来历不明面生可疑之辈，必须根究明白。一有故违，地方保甲、营伍目兵一体连坐，汛防印捕各官特疏题参。法在必行，毋得视为寻常告诫，自罹大咎，追悔无及。

（李之芳：《李文襄公别录》卷四《照会各镇防御海疆》。作者字邺园，山东武定人，清顺治四年进士，官至兵部尚书、文华殿大学士。该文撰于康熙十二年十月，其时李之芳以兵部侍郎总督浙江军务）

（康熙十八年七月庚子）户部郎中布詹等奉差浙江巡海。上谕之曰：浙江沿海地方，关系紧要。尔等前往详察。设立巡海官兵，如额兵单弱，分防不敷，即酌议增设。至于奸恶兵民，贩卖粮米，因内地利少，出海利多，冒死越界，勾连贸易者有之。欲灭海寇，必断内地私贩，尔等宜加巡察，如将军督抚提镇所属人员有犯禁者，即鞫审以闻，务期不时访缉，杜绝往来贩卖，庶奸宄屏迹，海氛可靖矣。

（《清圣祖实录》卷八二）

清康熙中始开江浙闽广海禁

康熙二十三年，迁民悉还故址，田赋五年起科，沿海居民许网罟为业，商人听贸迁外国。江、浙、闽、广四省设海关，每年部差征收渔课及商税，如各钞关例。

（洪若皋：《海寇记》）

康熙二十三年，议浙江沿海地方听百姓海上贸易，九卿等议覆工部侍郎金世鉴疏言，浙江沿海地方请照山东诸处见行之例，听百姓以装载五百石以下船只往海上贸易、捕鱼，预行禀明该地方官，登记姓名，取具保结，给发印票，船头烙号，其出入令防守海口官员验明印票、人数，至收税之处，交与该道计货贵贱定税轻重，按季造册报部。

（《皇朝文献通考》卷三三《市籴考二》）

康熙二十三年，题准山东、江南、浙江、广东各海口，除夹带违货物照例治罪外，商民人等有欲出洋贸易者，呈明地方官，登记姓名，取具保结，给发执照，将船身烙号刊名，令守口官弁查验，准其出入贸易。

五十六年，覆准出洋船按遣里远近，人数多寡，停泊发货日期，每人一日准带食米一升，并带余米一升，以防风信阻滞。

（《钦定大清会典事例》卷六二九《兵部》）

康熙二十八年，谕采捕鱼虾船及民间日用之物并糊口贸易，悉免其收税。

（《钦定大清会典事例》卷二三九《户部》）

清雍正间温州海关口

（海关）温州口：离关署七百八十里，由陆路，属温州府永嘉、乐清二县地方。又旁口四：宁村、状元桥、黄华关、蒲岐。

瑞安口：离关署八百五十里，由陆路，属温州府瑞安县。

平阳口：离关署九百二十里，由陆路，属温州府平阳县地方。又旁口一：大渔。

（雍正《浙江通志》卷八六《榷税》。关署指宁波海关署，下属口址十五处）

清时王谦光漂洋从商

王谦光者，温州府诸生也。家贫，不能自活，客于通洋经纪之家，习见泛洋者利不资，谦光亦累资数十金同往。初至日本。获利数十倍。继又往，人众货多，飓风骤作，飘忽不知所之。见有山，趋泊之，触焦石，沉舟，溺死过半，缘岸而登者三十余人。山无生产，人迹绝至，虽不死葬鱼腹，难免为山中饿鬼。众皆长恸，昼行夜伏，拾草木之实聊以充饥。及风雨晦冥，山妖木魅，千奇万怪，来侮狎人，死者又十之七八。

一日，依依然入空谷，石窟如室，可蔽风雨。傍有草，掘其根食之，饥渴顿已，神气精爽。识者曰："此人参也。"如是者三月余，皆食之，诸人相视，各见颜色光彩如童。间常登山望海，忽有小艇数十，见人在山，泊舟来问，知中国人，载以往，此皆朝鲜徼外巡船也。

闻之王，召见。问及谦光，云系生员。王曰："道不行，乘桴浮于海耶?"因以浮海为题，命谦光赋之。谦光援笔而就，曰："久困经生业，乘槎学使星。不因风浪险，那得到王庭?”王善之，馆待如礼。尝得召见，屡启王欲归之意。又三年，始具舟资送谦光及诸人于辽，王赐甚厚。谦光在彼，诸臣僚赋诗高会，无不招致。临行，赆饯颇多。及至家，计五年余。

（徐岳：《见闻录》卷四。作者清时人）

云槎海上隔年回，平视沧溟水一杯。陡觉飓风揭舶趠，争传于系国人来。

（周衣德：《永嘉杂诗》。作者清嘉道间永嘉人。录自《温州竹枝词》第 206 页）

清嘉道间番舶泊温州近郊

番舶秋深泊近郊，飞庐高构似居巢。奇踪识得虾柔树，海外名花正发梢。

（周衣德：《永嘉杂诗》。录自《温州竹枝词》第 214 页）

温州开埠前已有对外贸易活动

1868 年海关贸易报告中，一位简森先生有过以下之记载：“在 1861 年以前，惟一准许茶叶出口的口岸是浙江温州，也有少许是附近各乡茶叶之集市。这个温州城当时很繁荣，为了防止茶叶落入太平军之手，当局允许茶叶运往沿海任何海关卡口出口。结果，茶叶这一大买卖从前是集中在温州的，而由于这个规定从此运往沿海几个小口岸去矣。”

（马吉：《光绪三年瓯海关贸易报告》。录自《近代浙江通商口岸经济社会概况》第 465 页）

温州开埠之前，大概在 1860 至 1861 年间，那时洋船来温州还有一大买卖呢。不久太平叛军横扫台州，而温州虽未落入叛军之手，也已成了惊弓之鸟。商人们纷纷抽撤资金洗手不干，有的就逃回宁波、福州各自的家乡去矣。这事乃是有一位船主去年来此时透露的。其自 1860 ~ 1878 这几年中来过温州达九次之多，不信可查核，其来访时总要在名胜古迹如寺庙等公共场合刻字留记以志纪念。但这位船主又老是悒悒不乐，1862 年，他的船和另外三人（一名是德国人，另一名是丹麦人，还有一名就是暹罗人）均遭一艘英国炮艇扣押去到福州。最后连他的船桅也上了链，那是海上被俘之意。但事有转机——时隔两月，英方仁慈为怀，警告说“下不为例”，也就连船带人予以释放矣。据该船主称，那时温州（贸易）商业相当繁荣，温州乃是沿海最佳港口之一，诸如明矾、竹子、木炭、木杆以及大米多得随时都有。有一次他日夜忙于装货卸货达三天之久。

［马吉：《光绪四年（1878）瓯海关贸易报告》。录自《近代浙江通商口岸经济社会概况》第 478 页］

温州是在 1877 年 4 月 1 日开放对外贸易。然而人所周知的事实，是在尚未开埠而太平军未进入台州以前，已有各国外洋船只进入本口岸停靠。在 1859 年（清咸丰九年）有 17 艘船舶在“坛子尖”（Jar Point）地方下锚。又在 1862 年，四艘外国船只在该处为英国炮舰所掳获，以在未开放口岸贸易罪名押往福州，扣押好几个月之后，方才释放。次年直至开埠，据报告有许多船只停靠温州，但贸易因被太平军驱散，以后始终未恢复。

［那威勇：《瓯海关十年报告（1882～1891）》。录自《近代浙江通商口岸经济社会概况》第 409 页］

清光绪初添开温州等通商口岸

第三端　（通商事务）

一、所有现在通商各口岸，按前定各条约有不应抽取洋货厘金之界。兹由威大臣议请本国，准以各国租界作为免收洋货厘金之处，俾免漫无限制。随由中国议准，在于湖北宜昌、安徽芜湖、浙江温州、广东北海四处，添开通商口岸，作为领事馆驻扎处所。(下略)

（《中英烟台条约》十六款另议专条。录自章志诚主编《温州市志·丛录》。该条约订立于清光绪二年七月二十六日，中英分别由李鸿章、威

妥玛签字）

和议初成海禁开，美瓯互市擅雄财。自从瓯埠通商后，屡见洋轮鼓浪来（注：光绪三年丁丑，始有永宁轮来瓯）。

（洪炳文：《东嘉新竹枝词》。录自《温州竹枝词》第 229 页）

清光绪初温橘销往蒙古

橘子有两种：第一种状小，味甜，那仅只销当地；另外，第二种皮色还呈绿色就采摘了，皮粗糙，状大，呈苦涩味犹如奎宁，这类就是供出口者。每年有总量之半运往天津转蒙古，当地零售价约百文铜钱一个，而温州当地市价乃 17 ~18 文一市斤。在蒙古，这类橘子系作药用，认为能驱有毒气体，尤其是蒙古包内因取暖烧煤所散发之煤气，以及消解草原上疟疾。约有 30% 之橘子分发至本地区各地，主要是做蜜饯，其余是销当地。橘子出口是用木桶，每桶为 120 市斤，价格在 1.5 银两，若是运到天津，则成为 6.5 银两矣，那是因转了好多道手。

［马吉：《光绪四年（1878）瓯海关贸易报告》。录自《近代浙江通商口岸经济社会概况》第 474 ~475 页］

温州一带的蜜橘乃是闻名遐迩，本年出口仅 11107 担，去年 13333 担。

［那威勇：《光绪十八年（1892）瓯海关贸易报告》。录自《近代浙江通商口岸经济社会概况》第 539 页］

清光绪间洪炳文拟集股租船出海

本邑出产货色亦多，而无大宗之货足以招远商而谋大利者，故民不能富而商务不盛者由然也。方今地球交通所出之货，以行销最远者为贵，以能吸他国之财而归之于我。自吾国出之，销之吾国，言富强者不屑论也。

（洪炳文：《瑞安乡土史谭》稿）

又谓闽广商舶，岁往来南洋诸岛，获利颇厚，近年且有进口贸易者，若能仿公司法，纠股合本租船出海，市贱售贵，何患无赢？必立一条约，令入股者得以信守。而商贾中人，主人皆不习，无可如何也。

（洪炳文：《花信楼文稿·楝园主人自叙》。该文撰于清光绪十七年，亦为其自传，现藏温州市图书馆）

清光绪前期温州外贸增长缓慢

我们仍须承认这几个新开的商埠（指《烟台条约》所开四埠）显然是失败的……温州与芜湖似乎都是土地肥饶、河道畅通的地区的天然港口，如果外资肯投资经营，促其发展，一定可以成为良好的贸易地。这两个地方显然不是那种外商一到，便有现成买卖可做的地方，也不是那种在别处赔了钱而到此很快地赚回来的地方。这两个地方的本地贸易很兴盛，但是要使这种贸易发展成为有利于外商，还需要投资和经营。

（清光绪四年二月十四日《北华捷报》。姚贤镐：《中国近代对外贸易史资料》第 2 册第 685 ~ 686 页）

1882 年温州洋货进口净值关平银 281657 两，土货进口净值关平银 87641 两，出口值关平银 98087 两；1891 年温州洋货进口净值关平银 372738 两，土货进口净值关平银 102796 两，出口值关平银 164342 两。1891 年比 1882 年洋货进口增加 32.3%；土货进口增加 17.3%；出口增加 67.5%。而 1891 年的贸易净值总计，与 1882 年相比较则增加 37%。仔细检视统计数字显示，从 1882 ~ 1885 年，贸易保持稳定，净值起伏于关平银 467000 两和 487000 两之间，而在 1886 年呈现重要的增长，持续至 1888 年达到顶点，净值起伏于关平银 576000 两和 702000 两之间；然后再次下降，此后即在 659000 和 639000 关平两之间摆动。必须注意，1888 年是不寻常的一年。在本十年中，贸易一直是缓慢而不间断地上升，在十年的末年，贸易净值总计增加 37%。

为说明所以进展缓慢的原因，必须记住温州是在 1877 年 4 月方才开放对外贸易。在此以前，本口岸和周围地区所有洋货，均由宁波陆路或装民船运来。洋人没有足够兴趣留在本地，贸易仍旧掌握在原来那些华商手中。他们迟缓地不利用开埠所提供的有利条件，把洋货直接进口到温州来。因此，所增加的只是供应渠道的改变，因为往内地的货物，现在通过本口岸，而不是凭子口税票从宁波运来，而土货则按沿海贸易办法出口。这些贸易路线的改变，在宁波和福州的贸易报告中有所提及，如以下摘文所示：

宁波，1878 年：“温州的开埠无疑减少了宁波的棉花和毛料的进口。如下面所指出：在本人题为‘与内地的贸易’评论中，温州不但已停止凭子口税票从本口岸购买货物，而且甚至向本省和福建其他原由宁波供货的地方，供应货物。仅取本色细布为例，在 1878 年温州进口 24210 匹，而从我们的记录来看，1878 年我们凭子口税票发去的货物为零，相对在 1877 年有 10552 匹和 1876 年有 29657 匹。检查其他品种棉布，发现结果相同。预计温州还将夺走宁波与同处瓯江的处州相当多的贸易，虽然到今天为止，似乎很奇怪这个遥远的城市仍旧由宁波供货。”

“温州现在已经完全从我们的子口税票表上消失。在 1876 年，甚至在 1877 年，温州还是我们口岸的棉花和毛料的主要市场；还有处州虽然继续从本口岸购去大量的这几种物品，最终必然向温州进货。”

福州，1878 年汉南先生说：“我在《福州 1877 年贸易报告》中说道，在此时我还不可能有成熟的意见，说明对于在本口岸附近开辟新口岸，会影响本口岸到何种程度。然而自那时以后，已经有时间可以得出这个结论：依温州口岸目前情况，福州的茶叶贸易不会受到干扰，但鉴于本口岸有些上等茶叶产自温州地区，从陆上运来本口岸，只需温州官方加以鼓励，提供资金，便利在当地设立烘焙茶叶的商行，温州迟早会把福州茶叶生意相当大的部分抢去。”

宁波，1884 年：“可能由于长江的内地贸易扩大和两个新口岸的开辟，长江上的芜湖和宁波之南面沿海温州这些缘故，我口岸进口内地贸易，在这个十年内，货值减少超过关平银 40 万两。”

宁波，1887 年：“大幅度减少的两个原因：一是温州市场（即本省南部和福建北部），直到最近还是从本口岸购买货物，由民船装运，而现在却从上海直接进口。”

以上摘文明白地说明，自从开埠以来，本口岸贸易的增长并不是实质性的增长，而仅仅是供货渠道，由一个代替另一个的结果。用西式船只装货的出口增加了，这种稳步而缓慢的提高还会继续下去，直到温州把地理上应从属本口岸的贸易部分，吸引过来为止，但这些有的是到福州和宁波去的。

现在，本口岸怎么还不能够进行自己的贸易？各个报告中，有许多说法，还可找到许多其他的解释。这主要的理由是：中国人的守旧思想，多少年来非常固执地守着一条购买洋货的生意路线，不到亏本地步不肯放弃；这个地区相对贫穷缺少资金；货厘金的重担；以及航线上惟一的一艘轮船维持高额运费率，有利于宁波商家继续控制依赖本口岸供货的某些地区的贸易。

［那威勇：《瓯海关十年报告》（1882～1891）。录自《近代浙江通商口岸经济社会概况》第411～412页。文中1882年、1891年温州贸易值采用表格形式表示，为方便阅读，现用文字表述］

清光绪前期温州外贸各货品的变化

在本十年中，本口岸贸易中有一物品明矾，已从出口一览表中消失。在1885年第四季度，只一艘洋式帆船运到香港就超2600担。从那时起，这一矿产就改从靠近矿山的城镇平阳出口了。平阳以制造某种紫花土布闻名，民船从北方远来原棉，然后装上明矾返回各自的口岸。据估计有80%的明矾分配到北方口岸，其余运往南方。

自1888年以来，出现一种新的外国货，即俄国煤油。自那年以后直到目前，其进口量已从2000加仑升到179000加仑，原因是：其价格比美国油略为便宜些。美国煤油每箱2元，而前者每箱1.95元。当地人称呼这两种油为老（美）和新（俄），并且前者质略优，但通常都是零售，容易替换，为实现较高利润，将俄油装入美油听内出售。

印度棉纱最早出现在我关的统计，是在1891年第二季度。对它的需求是由宁波商人介绍货样之后开始的。其进口量的增加，是从当年第二季度6担，到第三季度9担，到第四季度增加到36担。用该棉纱织成布的售价，比用土棉线织成的紫花土布便宜。

上海制火柴，最早出现在温州是在1891年的第三季度。其进口致使对日本火柴的需求减少，并使价格下跌约60%。日本产火柴价格是每罗26分，已无利可图。经销商出售白铁皮衬里的箱子谋利，可占每箱价格的10%。本国火柴稍差，进口量可能将减少，而日本火柴的供应，可能恢复到原来的数字。

在本十年中，洋货进口的货值显示增加33%，前在总论贸易时已说明过。最突出的增加是棉布和毛料、各种金属、染料、蒲扇、人参、窗玻璃、红树皮、火柴、煤油、白糖等，而减少的有鸦片、钉条铁、黄糖、苏木等。鸦片将在第四节中论述。

棉布进口增加14130匹，而毛料增加401匹。

土货进口的货值显示，在十年中增加17.1%，主要表现在黑枣、红枣、蘑菇、石膏、大麻、百合、烤烟等；而减少的有染色材料、鱼干和咸鱼、紫花土布、大米、食糖、细面条、石蜡等。大米并不是经常出现在本口岸进口货表中，只有在当地收成不好，需要外面援助，以缓解短缺时才有。

本口岸的复出口微不足道，十年中的总货值：洋货是19877关平银两，土货是6793两。

十年中，出口净值增加达到67.6%，主要是归功于橘子、橘皮、Kittysols和茶叶，而减少的在于竹笋、木炭、木杆和木材等。

曾有一时希望，温州能成为茶叶出口口岸，但未能实现。尽管如此，茶叶仍是本口岸出口贸易的最重要项目，最令人满意的逐年记录，其出口年年增长。在1891年，出口数量为6790担，货值关平银101760两，情况如下：白毫茶69担，价值关平银2613两；功夫茶2352担，价值关平银47049两；未烘烤的茶4369担，价值关平银52098两。这数字占整个出口贸易的62%。本口岸无洋行设立，因而也无市场。出口的茶叶是由少数买卖人投机收购，每年来茶区携带资金有限，一次购买少量，等待上海的回音再敢进行新的收购。功夫茶大部分发往上海和杭州供应国内市场，但当福建市场获得高利时，这些买卖人就派人直接从产区由陆路运往该口岸。这样做，他们可以节省运输费用和地方税费，而且还可省去一切进一步的开支。当茶叶在福州卖出装运出口到外国市场时，出口关税由外国商人支付，因而经纪人立刻重新纳入自己的资金内，而当商人把茶叶运往上海时要支付运输费，还必须在上海完纳土货复进口半税。虽然在最后复运出国外时，此税可以退还，但商人由于资金有限，即使时间不长，若要从口袋掏出钱来垫付，也有些负担不起。茶叶商人请求将温州茶叶运到上海时，按照宁波茶叶相同的待遇，也就是说，运输茶叶的轮船船东出具保结而暂免缴付上述茶叶的关税。要求被批准，商人无疑手中会有较多资金运转，可以扩大收购。因此，运输出去的茶叶也将增加。

未烘制的茶叶，上季度运出 4386 担，是不能正确称之为绿茶。茶叶略加烘制仅足保护不致腐烂，装竹篓运输，完税税率是按每担付关平银 2 两，即关税税率每担 2.5 两的八折。这个折扣是鉴于出口国外时，在目的地烘制时，因水分蒸发重量损失。据说茶叶在产区烘制，成本比在上海要大些，因此经纪人在上海烘制，但真正原因，减去 20% 对于茶是最终运往外国，还是在上海消费，或者运回本国的口岸，这个折扣都不是个小数目。第三次收摘的茶叶，是茶叶的最次等级，直接从产区运往宁波、上海、台州和其他地方，如果经过本口岸装轮船出口的，就负担不起应缴的关税。

尽管茶叶的品质，多年来以优良闻名，但在最近两个季度，其种植面积毫无增加，也无培植任何特殊的品种。由本府每年出口的各种茶，估计在 1891 年为 18000 担，稍多于前一年。

本口岸的内地贸易并不广阔，本 10 年的总值为关平银 260149 两，等于洋货进口净值的 7.48%。从温州采购货物以棉布、金属、煤油、海菜和食糖为主的，有北边的台州、黄岩和乐清，西面的龙泉、松阳和处州，南面的平阳。福建邻省内城市和本口岸保持并增加商业关系的，尤其是刚过边界的桐山购进本色细布、粗平布和煤油，其他地方，福清、福鼎、福宁和兴化运进的金属和煤油。严重阻碍温州向外分销能力的，是它的地理位置，高耸的雁荡山脉，形成北面的天然屏障。因此本省各府，除本府外重要的地方，都从位置优越的宁波采购供应。金华府的兰溪位于两大江的汇合处，利用其最优越地理条件，由水上交通从宁波进货，然后再分发出去。参考宁波的内地贸易统计，显示甚至离温州更近的地方，本应更合理从温州购货，仍大部分向宁波采购。因而，很自然地得出结论，是运输这些货物的路线，如不是最便捷的，就是最便宜的。在兰溪可获得信贷的制度，也是超越温州。温州是得不到信贷的。

[那威勇：《瓯海关十年报告》(1882～1891)。录自《近代浙江通商口岸经济社会概况》第412～414页。文中1891年温州出口茶叶各品种情况采用表格形式表示，为方便阅读，现用文字表述]

明矾自那年运上海近3000担后，自1885年迄今还未出口过。平阳产明矾页岩，据说是项产品之出口乃是操纵在宁波的六七名商人之手。这些商人一方面把棉货用帆船运来平阳，离开时就把明矾运走。

[孟国美：《光绪十五年(1889)温州口华洋贸易情形论略》。录自《近代浙江通商口岸经济社会概况》第530页]

清光绪中期温州外贸进展及各货品变化

一、贸易回顾

在过去十年进展不多。归纳这期间各税务司的报告可以见到：1892年贸易兴旺，获利许多，净值大于以往任何一年。1893年是迄今商业方面最好一年，一名洋人在此开设商行，行驶轮船往返温州与香港（中途停靠福州和厦门），但这项事业试办八个月后被放弃。1894年，茶叶出口大增长，可是其他主要物品却大跌。1895年，突出的是海关关税收入，创最高纪录。1896年，差强人意，惟有茶叶出口下降。1987年，各方面都有所好转。1898年，在货值方面迄今最高，税收第二。1899年，全面发展，关税总收入超过以往任何一年，预计本地区的资源将产生更好结果，条件是要有事业心的商人加以开发，厘金制度要有所改善。1900年，虽开头还好，然而由于北方多事不宁而贸易是个差年，税收相应下降，茶叶出口减少，大米昂贵，贸易全面呆滞。1901年比上年略好，但不如

1899 年那么兴旺。

二、贸易的变化和贸易的货值

本口岸贸易方面没有发生任何变化可资记载。苏门答腊煤油初次出现在 1896 年的海关统计中，总进口量为 266200 加仑。在 1894 年至 1896 年出现的其他三个新物品是日本的、上海的和宁波的棉纱。

本口岸的贸易总值在 1901 年是关平银 1466918 两，而 1892 年是关平银 704719 两。

本口岸洋货净值在 1901 年为关平银 795369 两，较之 1892 年的关平银 409850 两增加了 72%，主要增加的有食糖、俄国和苏门答腊煤油、铁丝鞋钉、日本人参、海菜、染料和扇子，而下降的有棉毛布、派脱那烟土、美国煤油、日本火柴和印度棉纱。从外国（直接）进口的货物价值在整个十年里很小，自 1896 年以来，已无直接进口。从香港和日本来的洋货多从上海转船到温州。

棉布，在十年中总进口为 799163 匹，较之 1882 ~ 1991 年间的 861660 匹有减少。毛料 32701 匹，较之前十年的 57265 匹也有减少。

除去为弥补粮食歉收而从上海进口大米 46443 担、货值关平银 112609 两之外，1901 年的土货进口净值为关平银 275911 两，较之 1892 年的关平银 109660 两有增加。最显著的增加是土制棉纱、豆类、大麻和本国制火柴，与此同时下跌的是药材和红枣。

印度纱的进口，在 1896 年增加到 1914 担，但从那时起逐步萎缩，至 1901 年仅为 175 担，原因是无法与本国棉纱竞争，本国纱不仅价格便宜，而且允许进入内地免缴子口税。

本地使用大量的本国和日本的火柴，前者受到欢迎，因为价廉，而且在任何干燥面上都容易划火，而日本货只能在盒上划火，还经常受潮。日本货每罗零售 32 分，国货每罗 24 分。

复出口少，十年里总值是洋货关平银 12024 两，土货关平银 9777 两。

土货出口主要往上海，其货值，在 1901 年为关平银 366900 两，比 1892 年恰好增加一倍。主要增加的是绿茶、木板、柑子和圆木，而红茶、棕榈纤维和其制品则减少。自 1898 年以来，即无直接出口往外国。

绿茶首次出口在1893年，出口量为1121担，1901年为6044担。

茶叶继续为出口主要物品，1891年装运出口总值为关平银101760两；1901年达到关平银157219两，约占整个出口的43%，下表显示的是1892年到1901年的茶叶出口情况：

单位：担

年份	红茶	绿茶	未炒茶
1892	3009	—	4682
1893	3976	1121	6386
1894	3362	1903	9014
1895	3831	5405	11349
1896	3256	3117	3095
1897	2511	4700	6098
1898	1692	6743	4612
1899	2297	7502	4486
1900	1863	5722	3152
1901	991	6044	6062

本地区共有七家茶行，六家在温州，一家在平阳。其中，只有一家经营绿茶。从以前的记录来看，茶叶并不能赚多少钱。举例来说，去年虽然收成很好，价钱甚低，每担值关平银18两，但在上海只能报价约12两。每年种植面积都略有增加，但生产成本太贵，以致贸易不能发展。厘金局在此地对绿茶每担征1.60元，对功夫茶和未炒制茶征90分（9角）。茶叶过境到福建要征重税，而进入温州城在南门的厘金局又要另外收税。道台对一切出口茶还要进一步征收“茶引”，每担制钱360文。在1901年，每担茶价是：一级，功夫茶关平银19两；二级，关平银13～16两；一级，绿茶关平银24两；二级，关平银14～18两；未炒茶，关平银7两。因此，价格最高的茶叶付出口税略超过10%，最低的约29%。后一种茶叶征收关税按每担关平银2两，照申报重量减去20%。

第二重要出口货是木材，货值关平银42176两。位列第三的是柑子，在和平时期贸易稳定。另一重要物品是圆木，1901年出口34567根，价值关平银17284两，较之1892年的18712根、价值关平银5279两有增加。

内地贸易有所增加。1892～1901年洋货进入内地总值关平银576518两，持凭子口税票28516份，而前十年为关平银260149两。其主要货种，美、俄、苏门答腊的煤油，棉纱，细布，粗布，鞋钉，海菜和糖。市场仍与过去相同，即北方的台州、黄岩和乐清，西方的龙泉、松阳和处州，南方的平阳和瑞安。国产棉纱3668担，持凭免税票，价值关平银71765两，运入内地主要是平阳、瑞安和乐清。

［李明良：《瓯海关十年报告》（1892～1901）。录自《近代浙江通商口岸经济社会概况》第423～425页］

清光绪前中期温州外贸严重逆差

下表为进出口货物货值比较，进口货物要扣去进口关税和卸货费用，而出口货物则加上出口关税和装船费用：

单位：关平银两

年份	进口(到岸价)	出口(离岸价)	逆差(入超)
1882	336695	114279	222416
1883	326191	68756	257435
1884	341778	72719	269059
1885	356019	119072	236947
1886	437518	120980	316538
1887	444303	125258	319045
1888	537111	114282	422829
1889	488602	129868	358734
1890	423545	161074	262471
1891	430576	195418	235158
1892	468607	218550	250057
1893	536939	366837	170102
1894	482711	315734	166977
1895	568248	553591	14657
1896	697134	374832	322302
1897	842023	399420	442603
1898	904089	524109	379980
1899	1035901	571473	464428
1900	1064849	358743	706106
1901	1011590	434438	577152

［那威勇：《瓯海关十年报告》（1882～1891）、李明良《瓯海关十年报告》（1892～1901）。录自《近代浙江通商口岸经济社会概况》第418～419、428页］

清光绪后期温州外贸逐步发展

温州之贸易时有兴衰，然逐步发展令人欣慰。发展虽慢但始终有所前进，在十年中贸易翻了一番。所以进展缓慢之三个因素，首先是人民的保守和怠惰，此乃物质前进的障碍，阻止商人推广其商品、扩展其进口贸易。其次是令人窒息的厘金，阻碍本地工业的发育成长。运输高费率加上轮船无竞争，对本口岸呆滞的商业不起激励作用，可视为第三个因素。

外国的布匹稍有增加。粗平布和意大利棉毛呢已下降，由其他商品填补缺位。

近年来美国和苏门答腊的煤油贸易兴起，促使在城墙外建起专用储存仓库，精白糖已取代别种食糖，而金属则下跌可观。土货进口中，豆类和绸缎增加300%，土制布也有相当数量进口。

出口方面，温州主要出口茶叶维持原有水平，但未烘烤之毛茶顶替了绿茶。柑橘外运多往北方，有相当增长，同样的还有药材和青田石雕。青田石雕畅销南美洲，其出口由1902年的5000担上升至1911年的55000担。松阳县的烟叶已在台湾的日本人中知名，在1911年已有122000担直接或经厦门运往台湾，而在1902年仅有22000担。棕榈纤维出口在十年中已相当衰退。在1910年底前开创一项新工业——生产猪油，产量于1911年达到88000担。白矾产自与福建边界近处，以前从古鳌头独用民船运出，今装轮船发运以减低运费。一年中该货出口量达到29000担。鱼肚、牛皮、海虾和河虾干以及丝织品都大为衰落。

［包来翎：《瓯海关十年报告》（1902～1911）。录自《近代浙江通商口岸经济社会概况》第434～435页］

清光绪间温州茶叶为拳头出口产品

茶叶这一项，乃是我温州之拳头出品产品，它在本口出口贸易中之地位无疑是首屈一指的。现在大家都有了共识，认为从温州进口茶叶要比福州便宜，那是因为温州之邻近地区都是茶叶产区，而且这里水路交通四通八达，极为便利。美中不足者乃是缺少一大圈子的洋行，促使相互有竞争，并诱导茶商把茶叶进入市场。

［马吉：《光绪三年（1877）瓯海关贸易报告》。录自《近代浙江通商口岸经济社会概况》第465页］

经营茶叶这一行的仅有一人，这个温州籍茶商乃是个冒险性很强的商人。6月份他的第一批运上海的货亏了本，接着9月份运去第二批就赚了大钱，把第一批的亏损弥补后还绰绰有余呢！经过了一次失败，他就更小心翼翼，从此，那一季度通过轮船运茶叶去上海做买卖也就终止了。如往年一样，凡是温州附近的茶叶除了满足温州市场外，余下的就通过民船从温州到平阳之桥陡门那个小口岸运往宁波、上海。

［德当纳：《光绪九年（1883）温州口华洋贸易情形论略》。录自《近代浙江通商口岸经济社会概况》第512页］

年内，郊区设立了一家茶行，雇有女工300名从事摘采、清理和烘烤之类，如前平阳区所为。为的是以后茶叶不再从陆路远运福州市，而是在温州当地出口。

［那威勇：《光绪十九年（1893）温州口华洋贸易情形论略》。录自《近代浙江通商口岸经济社会概况》第541页。该行即陆佑臣创办的裕成茶栈］

自从去年在温州郊区创办了第一所烘烤茶叶行以后，平阳地区的茶叶（以前是运往福州去的）就运来本地烘烤出口矣。接着，本年初又成立了第二所茶叶烘烤行。据悉，还有两家茶叶烘烤行也将于明年茶季能对外营业矣。事实已明摆着，温州已成了一个茶叶进出口岸。

［那威勇：《光绪二十年（1894）温州口华洋贸易情形论略》。录自

《近代浙江通商口岸经济社会概况》第 545 页]

过去三年来茶叶分品种出口数量比较表：

单位：担

年份	红茶		绿茶				未烘茶（毛茶）	
	功夫	白毫	芝珠或小珠	大珠（特优）圆珠	雨茶	早春雨前熙春	叶	末
1895	3770	61	2192	507	1312	1394	11349	—
1896	3225	31	738	194	1336	949	3095	12
1897	2476	36	1505	128	1262	1805	6098	—

本年内出口业中以茶叶获利最为丰厚。在往年，获利的只是那些高档优质的如小珠茶，而亏损也只是在那些低档茶上。今年就不论高、低档，平均获利在 25% 至 35% 之间不等。

[那威勇：《光绪二十三年（1897）温州口华洋贸易情形论略》。录自《近代浙江通商口岸经济社会概况》第 555 页]

载运绿茶出口之增加乃由于温州及其邻近成立了不少新开的茶叶行，茶行总数不下十一家——温州八家，另外三家在平阳。

[那威勇：《光绪二十四年（1898）温州口华洋贸易情形论略》。录自《近代浙江通商口岸经济社会概况》第 558 页]

本年茶叶头熟收成好，但到了第二熟就比去年差了。茶商只是在头熟茶上赚了钱，到了第二熟就蚀了本。由于缺少资本和上年的亏损，再加以茶商经营户数受到了限制，使茶叶的出口就减少了，而茶叶种植的面积每年增长几乎在 5% 左右。现在茶叶跨越福建边界时就要课以重税。

[李明良：《光绪二十六年（1900）温州口华洋贸易情形论略》。录自《近代浙江通商口岸经济社会概况》第 563 页]

种茶之区虽未增多，明年似有推广之意。近年乡间所种罂粟大半失收，闻明年有拟改种茶叶者。茶栈亦添设七家。

[李明良：《光绪二十八年（1902）温州口华洋贸易情形论略》。录自《近代浙江通商口岸经济社会概况》第 570 页]

出口茶值虽比前二年少，而出口货仍以茶为大宗，前年土货估值每百分茶占 72 分，上年只 63 分，本年减至 55 分。前年出口茶计 39644 担，估值关平银 813293 两，上年 25591 担，估值 515168 两，本年则减至 16498 担，估值 451770 两。本年功夫茶、红茶市面几将一败涂地，出口比前年约少 1200 担，绿茶减少将 3000 担，毛茶少至 18200 余担。本年茶之收成比往常不过七成，茶质不佳，香味淡而力薄，加之拣选焙制更未能比前讲求，装箱之时货色美劣混杂，甚至以别种假叶掺和其间，层层弊端，茶商大受亏折。

[穆厚达：《光绪三十一年（1905）温州口华洋贸易情形论略》。录自《近代浙江通商口岸经济社会概况》第 579 页]

清光绪时温州常关贸易概况

温州的常关已向北扩 60 里至大荆，向南 65 英里至蒲门。常关除了开支，每年税收约在关平银 22000 两。除了总关设在温州，另外又分 10 个“口”和 13 个“卡”，只有 2 个“口”和 5 个“卡”是离温州在 50 华里以上者。离平阳 30 英里、离瑞安 20 英里外就有常关的卡。民船在进出口贸易中几乎要占税款付讫之大半部分。

主要的进口货物有绸缎（关平银 82000 两）、红糖 16000 担（关平银 52600 两）、棉纱 2620 担（关平银 52400 两）、棉花 3609 担（关平银 36100 两）、大麦和小麦计 16900 担（关平银 20300 两）、枣子 8296 担（关平银 18700 两）、桂圆 4052 担（关平银 18600 两），还有 15000 担鱼，以上系大约之数。

主要出口货物有各种木杆 725170 棵（计值关平银 186580 两）、纸 33628 担（关平银 43720 两）、木板 62870 丈（关平银 25150 两）、茶叶 2513 担（关平银 10560 两）、烟叶 1493 担（关平银 8960 两）、靛青 2536 担（关平银 8876 两）、油纸伞 49985 把（关平银 2994 两）。

[李明良：《光绪二十七年（1901）温州口华洋贸易情形论略》。录自《近代浙江通商口岸经济社会概况》第 568 页。其时温州海关有瓯海关和

常关之分，前者管理轮船进出口贸易，由洋人负责；后者管理民船进出口贸易，由华人负责]

清光绪时乐清海关

海关，温州海关四，乐清有二。

黄华关，去府城八十五里，在黄华水寨东。其地有黄华山，因名。《海防考》：倭犯黄华，必由邳山、大麂山及黄大奥而入，黄华关迫临海口，汛守为最要。

蒲岐关，县东北三十里，本在蒲岐，后因客货往来多在府城东门，转于府城东门立税局，而蒲岐徒有虚名。

关署，在蒲岐南门城口，即天后宫处。前系设黄华，今移于此。

（清光绪《乐清县志》卷三）

清末温州贸易难以骤然兴起

温州虽通商口岸，为商货总汇之中心，而默察情形，一时难望其骤然兴起，盖因近处土产运来出口者无多，而四境毗连又无繁富城市可以扩充分运之销场，更不如北边各埠四通八达。多繁盛市集，皆有畅行河道，舟运利便，生意易于流通。至若处州一带，接壤兰溪，而兰邑交易向与宁波往来，货物皆由内河运送分销各处。温州僻在极南，海道险远，轮船费用较巨，舟运又多费转折，自不肯舍熟径而就烦难。况温之西北一带仅一水滩河，别无人力所开之通行之水道，市中阻绝，货物不能流通，贸易之不能推广，概以此也。

[穆厚达：《光绪三十年（1904）温州口华洋贸易情形论略》。录自《近代浙江通商口岸经济社会概况》第577页]

当茶商来温采购之际，有巨绅等出而垄断，高抬售价，讵意各茶商见其居奇如斯，俱各相约，却步不问。嗣该绅等贬价乞售，始行交易。今岁绿茶收成尚属中稔，头春茶价比之去年，每担约贵一二元之间。略因以上垄断之事所致，由是价目稍巨，再加厘金、捐费以及运脚等，合共成本每担值洋 20 元之谱。头春茶运销出口尚称稍获利，至二三春之茶出，运价虽见减，质已略粗，故于上海销路见滞。迨末帮茶至沪，闻得现尚未售，存栈待价。据云，该茶商已于本埠设有茶厂 16 家，本年生意清淡，每家约亏一两千之谱。

［包来翎：《宣统二年（1910）温州口华洋贸易情形论略》。录自《近代浙江通商口岸经济社会概况》第 590 ~591 页］

清末瓯海关进出口货值

单位：关平银两

年份	进口洋货净值	进口土货净值	出口土货值	进出口总值
1877	223506	21903	18117	263526
1878	180733	22787	21847	225367
1879	199572	61605	54213	315390
1880	249487	92108	88357	429970
1881	322742	95185	69848	487775
1882	281657	87641	98087	467385
1883	272194	83317	59883	415394
1884	292344	79118	62929	434391
1885	296343	90037	101490	487870
1886	368238	105689	103005	576932
1887	353831	133502	105598	592931
1888	483697	121416	97630	702743
1889	549650		110093	659743
1890	317163	150613	135385	603161
1891	372738	102796	164342	639876
1892	409850	109660	183479	702989
1893	475679	120004	311380	907063
1894	424771	106395	259882	791048
1895	532441	87395	466077	1085913
1896	629915	133568	319738	1083221
1897	722040	197568	335596	1255204
1898	727894	261077	448757	1437728
1899	849645	284837	490034	1624516

续表

年份	进口洋货净值	进口土货净值	出口土货值	进出口总值
1900	1156403		301948	1458351
1901	1093889		366900	1460789
1902	1272558		643797	1916355
1903	1070464	388865	1130004	2589333
1904	1521794		866905	2388699
1905	1506191		726018	2235259
1906	1032550	436013	878165	2346728
1907	—	—	—	—
1908	1066309	517275	941991	2525578
1909	—	—	—	2221953
1910	—	—	—	2722251

（编者据历年《瓯海关贸易报告》汇总。录自《近代浙江通商口岸经济社会概况》第 493 ~ 594 页）

卷十五 赋 税

北宋元丰间温州贡姜、柑

然温之为州，旁抵瓯闽，最浙东之极处。濒海负山，冬无祁寒，夏不甚暑。其地岁贡姜、柑，而海道是错，细民或诱于牢盆之利，朝廷惧其窃鬻私贩，而盗讼以生，多设官以为巡警。

（赵屼：《温州通判厅壁记》。录自黄汉《瓯乘补》卷十六。该碑刻于北宋元丰三年。作者字景仁，衢州人，赵抃次子，由荫登第，神宗时擢监察御史，曾通判江州、温州）

北宋咸平间温州板税拖欠严重

咸平四年二月乙卯，盐铁使张雍言：“温州板税场吏逋高额钱二百万。”诏除之。

（李焘：《续资治通鉴长编》卷四八。作者宋时人）

南宋初温州科扰

建炎四年正月二十八日省札子契勘：已支与温州度牒一千五百道变卖。访闻温州祗候临幸，于四县科纳见钱一十二万贯，米二万石，草一百四十万斤，麦、豆称是；僧、道每人科纳买度牒钱三贯文，近又科配均籴二万石。有旨令本州分析闻奏。

（李心传：《建炎以来系年要录》卷三二）

南宋乾道间温州水灾虐政

某窃见四邑，各将去岁水死之家田亩所收谷子，不以立后葬送，除官收三分之二外，又拘逐人合得分数谷子，官收一年。既从官收，自合除放苗税。目今夏料不住催理，两无所出，符帖纷然，计会枝掌，贫者先受其弊。窃缘风水之后，立后之家，初无留财，为之数并收葬者，不过惇子孙宗族之谊，先以己物为之殓葬，失其尸者亦为祭享荐拔。而官司除附检括，费用百端，莫不指准今岁田租以偿其费。去岁唐郎中奏请皆给全产，是固圣朝美政，而监司之不知体者横议沮格，至今为梗。官司又为此举，其何以堪！立后之家目今为之俱困，咸谓乐清颜宰实为倡始，怨谤嚣然，诉之职司，未必不由于此。即使去岁灾变不作，言赋者亦欲取此物邪？为政患无恩惠及民，其可幸其灾祸，求仓廪之富，虐遗孤以为利哉？

意者利未入于公家，必且闻于朝路，是在仁政不能无累。窃恐寄居见任，未有为台座言者，伏惟勇义安仁，闻之必不能已也。伏乞台慈特赐愍念，即作访闻行下，止从分数官收。仍命官收之田，不复催其常赋。无人耕种之地，官租常赋并从蠲免，为惠甚大。如能更赐存恤，申明唐使之请，庶使为人后者，不失先人之业，是在主上必乐闻之。此议发于守臣，听许必速，阴德尤大，惟台座更审图之。趣诏有期，伏愿当仁勿逊，捐小利以成国家美事，此百世利也，伏惟轸思幸察！

（薛季宣：《浪语集》卷二六《上王守论绝户田租札子》。文中“唐郎中”指度支郎中唐瑑，乾道二年受朝廷派遣来温赈灾；“颜宰”指乐清县令颜大松）

南宋淳熙间免除温处流民丁赋

淳熙十一年五月丙午，蒋继周言：“温、处流民，丁籍尚存，诸县催科，无人供纳；或其家丁壮既去，老弱独留，监系输填，急如星火；因而多纠未成丁人，名为充代，追扰不能安后。欲乞令温、处守臣将属县流移人户核实，除落丁籍，不得存留抑勒赔填；如违令，监司觉察以闻。”从之。

（无名氏：《宋史全文》卷二七上）

南宋陈傅良论义役

古者乡田同井，出入相友，守望相助，非其俗然也。《周官》之法，四闾为族，八闾为联，以役国事。盖自五家为比，家一人至百人为率，是四闾也。其必以八闾为联者，役者半，休者半也。役者给公事，休者相与治其家事，而又有羡卒，有闲民以借助焉。故其民相亲睦而不病于役。今天下上无横敛，下无繁征，而民极困于保正长，由以保甲催科之故也。民不能堪，虽叔伯兄弟，相讼以避役久矣。叔伯兄弟相讼以避役，非其愿相仇也，势使然也。虽势使然，而非其愿相仇之心不泯，于是义役兴焉。

义役非古也，而有古人之意。何也？古者官以义帅民，使之相亲睦；今也民以义奉官，而私相亲睦。其政则殊，其俗不可谓不美也。假如自一县一州转而推行之，至于天下尽然，则其俗益美。假如上之人有变通养兵之道，而雇役钱可还以予民，则其政尤美。故夫义役者，未必非复古之渐也。

凡古之美事，其初类自人心起耳。吾都不过四五望族，凡庆吊问报之事，大抵相好，而又家务为学，人务省事，其俗甚厚，独时以役讼失欢。一旦会集割租以行仁义，各以力厚薄，无勉强不得已之色，余故序其规式，备道其善，以劝其有终焉。

（陈傅良：《止斋集》卷四十《义役规约序》。作者字君举，号止斋，瑞安人，乾道八年进士，官至宝谟阁待制，著有《止斋集》等）

南宋陈谦《义役》序

同爨不分财曰义聚，给宗族之贫者曰义庄，峙粮以淑里秀曰义学，割租以应官曰义役。四者有同欤？曰不同。曷为不同？义聚，联同气也；义庄，厚宗族也；义学，育英才也。三者同道，斯可尚已。若夫合义役之财，将于何用之？不曰以充吏费乎？民私相与出财谓之义，是财之所归，必有当其非义者。嗟乎！役之病民，今甚也。古者，家毋过一人，岁不过三日。致役，无节不行，以防擅兴；既役，稽功赏罚，以诏劝相；遇凶札则弛力以笃荒政，无非义者。今之义不在上而在下，法然与？官若吏然与？民曰："使我费巨而家困。"醵出之，字民者忍闻之欤？

德政乡户以所定《义役规约》求序，余请断之曰"不同"，良以是夫。且与其使吏铦其锋，授民以义，孰若官炯其鉴，自都以义也。吾邑大夫好古博雅，有意兹事，诸君第持此以求表里焉。他曰是庄之人，岁用之不尽而有余蓄，必曰："自大夫始义。"其后如汉刘平为全椒长，民有增租就赋、减年从役者，安知此庄不遂为虚设耶。

年　月　日　陈谦序。

（陈谦：《义役规约》序。录自明弘治《温州府志》卷二十。作者字益之，号水云，永嘉人，南宋乾道八年进士，官至宝谟阁待制，编有《永宁编》，著《易庵集》，均佚）

宋末永嘉贫富皆穷

贫民依吏暂纵横，吏役贫民无暂停。春蚕未老已乞绢，禾麦方刈仓已盈。富民割肌亦奉吏，有田有园反为累。贫富相依自古然，今日贫富皆穷匮。富者既坏渐艰难，颇鬻田产去求官。田产已捐值更化，妻子相对悲泪潸。贫者嘱吏为伴当，饿虎饥鹰恣澜浪。今日官司禁请赇，欲填沟壑方惆怅。

（戴穰：《溪阁小饮自赋感时吟》。录自永嘉合溪《明文戴氏宗谱》。作者宋末永嘉人）

元泰定间瑞安推行义役

即为第其富贫均赋之，民大称便。大府因诿公赋旁州平阳役，不阅月

而毕，其民称便如瑞安，二州役法皆久而废

（王袆：《王忠文公集》卷二二《元中宪大夫佥庸司事致任王公行状》。王公即王文彪，元泰定间任温州路瑞安州推官，推行义役）

元时平阳农家苦征租

山高冬晓不见日，海近晴天多出云。何处鱼虾争到市？小溪鹅鸭自成群。农家正苦征租急，县吏还闻出郭勤。独坐幽窗生百感，风前落叶更纷纷。

（陈高：《客黄山》。录自郑立于主编《平阳县志》卷三八《文献著述》。作者元时平阳人）

明初温州贡瓯柑等

明永嘉张罗峰相国《世家三编》引江东沈御史越《嘉隆闻见录》云："温州府国初额有鲜贡海味如石首鱼、龙头鱼、鳖鱼、鲈鱼、黄鲫鱼、鲻鱼、鳗鱼、虾米、蛛嘴、龟脚、壳菜、水母线，树果如乳柑、朱柑、花柑、金桔〔橘〕、金豆，每岁进贡，费用不资，因请除之。其恩泽遗梓里不朽"云。

（洪炳文：《瑞安乡土史谭》稿）

明初乐清赋税

税粮

前代无考。国朝洪武二十四年：

夏税：麦粮，麦三千二百一十三石五斗四升四合八勺；钞税，钞二百五十七锭三贯八百一十四文。

秋粮：米粮，米一万一千三百三十四石六合八勺；麦租，麦四十三石九斗五升八合四勺；豆租，豆四十一石六斗三升三合四勺；钞税，钞四百二十五锭二贯四百七十一文。户口盐粮，米九千七百三十一石七升。

永乐十年：

夏税：麦粮，麦三千七十五石八斗八升五合；钞税，钞三百五十九锭二十八文。

秋粮：米粮，米一万五千六百八十九石四斗三升四合；麦租，麦四十三石九斗五升八合四勺；豆租，豆四十一石六斗三升三合四勺；钞税，钞五百九十三锭四贯五百八十五文。户口盐粮，米八千六百五十九石六斗七升二合五勺。

各色课程

钞四千五百四十三锭一贯二百四十七文；桐油八千二百二十九斤七两二钱；黄麻七百九十一斤四两五钱；盐四千三百四十六引七十八斤一十二两。

本县课程

酒醋课程，钞三百二十一锭；茶课米，准收钞三十锭一贯六百六十五文；窑灶课，钞八十二锭八百文；碓磨油榨课，钞八十二锭二贯一百二十七文；房地赁，钞六十六锭四百七十五文；门摊课，钞五十一锭二百文；牛租，钞二十八锭二贯五百文。

本县税课局

商税，钞六百一锭九百三十文；鱼课，钞五百二十六锭四贯二百文；门摊课，钞八十二锭三贯六百文；契本工墨，钞一贯二百文。

河泊司

鱼课，钞二千六百七十锭三贯五百五十文；鱼油，准收桐油八千二百二十九斤七两二钱；翎鳔，准黄麻七百九十一斤四两五钱。

长林场盐课司

岁办盐二千七百四十一引一百七十二斤一十一两九钱；该支工本钞五百四十八锭一贯四百三十二文。

天富北监场盐课司

岁办盐一千六百四引三百六斤一钱；该工本钞三百二十锭四贯七百六十五文。

农桑

丝七百五十九两二钱（每丝二十两折绢一匹，该绢三十七匹零丝一十九两二钱）。

（明永乐《乐清县志》卷三）

明景泰时清理磐石等卫军役

景泰六年，浙江布政使司右参政曹凯言：磐石等卫、蒲岐等千户所逃、故军人一百七十人，原籍府、县不行依例清勾，却以异姓军人补役记录，冒名支粮，乞行清理，庶免紊乱军政。

（王士骐：《皇明御倭录》卷四）

明弘治时温州府县办税机构

府税课司在县西街。

永嘉县河泊所在外沙，南溪税课局在三十四都。

瑞安县税课局旧址在南门外，三港税课局在四十八都，河泊所在十一都。

乐清县税课局在县治东边，河泊所在一都。

平阳县税课局在岭门，河泊所在九都。

（明弘治《温州府志》卷二）

永嘉县巡栏：税课司六十名，在城。河泊所二十名，南溪税课局一十六名。

瑞安县巡栏：本县税课局四季共二十八名，三港税课局一十六名。

乐清县巡栏：本县税课局一十六名。

平阳县巡栏：县前税课局一十名，江口六名，前仓六名。

（明弘治《温州府志》卷七）

明嘉靖间朱沾改革渔税征收办法

嘉靖壬戌（四十一年）秋，吴江朱侯奉命来知瑞邑。越四载，政平教兴，以晋秩行。邑诸生林森辈谒予文纪于石。余惟侯恂朴而宁壹，尚德化，不求赫赫声，兹非侯意也。诸生进而言曰："先生诚知侯矣，何以志吾思耶？侯整民以礼，守官以介，抚字行于催科，教化先于诛罚，惟廉惟明，惟勤惟惠，播之歌谣，声闻朝宁，诚不待纪而章。若夫经费惠民，以贻穷海不资之利，则吾乡口碑而欲藉于不朽者，敢为侯颂之。

瑞，海邑也，多业渔，籍渔者额有税，董于河泊所。岁久弊滋，海上可渔之地虽隶于官，顾侵渔者众，官税恒多逋，彼私籍者所入埒公，税率隐匿不上闻。侯预廉其弊，因诸生言，仍谂诸乡民涂子潜辈，遂尽籍海上诸簄地，定为税若干，归其事于邑，按期输纳，不烦所官督征，而税可坐集，且倍于故额。凡筑堡犒师诸费，咸取给于斯。上其事于代巡庞公，公嘉其议，用著为令。仍疏革河泊所官，公私胥快。利我瑞民甚大，胡可无纪以告将来乎？"

侯名沾，字某，别号颐贞，今迁广东惠州府倅，遗爱碑于城北之江浒。予为记，系之诗曰（略）。

（王叔果：《半山藏稿》卷十一《瑞安尹朱公遗爱碑》。朱沾江苏吴江人，举人出身，后连捷进士。明嘉靖四十年至四十五年任瑞安知县，政绩显著，后升任广东惠州通判。文中"庞公"即庞尚鹏，字少南，南海人，嘉靖三十二年进士，嘉靖末年巡按浙江，积极推行"均平"等赋税制度改革，官至左副都御史）

明嘉万间温州改革赋役制度

通行会计各府、州、县每年合用一应起存额、坐、杂三办钱粮数目，仍量编备用银两，以给不虞之费，俱于丁田内一体派征。

（明万历《绍兴府志》卷一五《田赋志二》。嘉靖四十五年瑞安等县推行均平银）

通扣一县丁田数为十甲，以一年丁粮应一年徭役，周十甲而复始。

（明嘉靖《邵武县志》卷一二《名宦》。隆庆六年瑞安等县推行十段锦）

一条鞭法者，总括一州县之赋役，量地计丁，丁粮毕输于官。一岁之役，官为佥募。力差，则计其工食之费，量为增减；银差，则计其交纳之费，加以增耗。凡额办、派办、京库岁需与存留、供亿诸费，以及土贡方物，悉并为一条，皆计亩征银，折办于官，故谓之一条鞭。立法颇为简便。嘉靖间，数行数止，至万历九年乃尽行之。

（《明史》卷七八《食货二》。万历元年瑞安等县改行一条鞭）

明嘉万间永嘉渔税之苦

永嘉之民，家于沿海者，置船捕鱼，输办渔课，故无船税也。嘉靖戊午（三十七年）以来，倭寇猖厥，兵船缺少，前兵道凌公令，凡鱼〔渔〕船二十只，内抽一船调哨，余船量科银数钱帮贴。寻哨除，泰顺区尹奉委查船编号，佥立号长，著例凡尖船一，纳税银八钱；艞艎一，纳税银五钱。四十二年，本府薛节推奉委量船，凡尖船一，加税银二两二钱；中双桅一，加税银二两四钱；内经遭风被倭者，一不审豁。船户率称困矣。隆庆六年，泰顺王尹奉委点船，悯困申减，凡中双桅税银二两，单桅税银一两，尖船税银九钱四分，艞艎税银五钱。万历四年，委官查点，不分飘风被倭及实在大小船概申报，中双桅加税银二两八钱，单桅加税银一两六钱八分，尖船加税银一两一钱二分，艞艎加税银七钱，给票追征前船，往洋山捕鱼，宁波住卖，彼处又照本县号票，责纳鱼税盐税。艰难情状，有司所明知也。但其意在逢迎，拘泥故常；号长、总甲及吏胥诸人，恣意科敛，索诈行私。有船者初止数钱，今倍数两；无船者前名在册，虚税不除。

夫濒海居民无田可耕，以渔为业。每人下船，船户付雇身银七钱，断写亡命交约。往往遭风覆溺死葬鱼腹；被倭杀掳，身膏寇锋，生还者十仅四五，公私偿费之外，所得几何？死亡者家属招魂哀怨，哭泣之声接于江壤，此辈岂皆见利忘害、甘于蹈死者哉？第以所置鱼〔渔〕船业已报名在官，欲行变卖，则船与税俱谁肯承受？欲行拆卸，则税额挂册，莫与蠲除。况船即不发，税已先追。不得已揭债，冒险仍往捕鱼，冀获微息，以完官税。其飘失船只，有能控告者，官司将伊税银分摊见在之船，以足故额；不能控告者，照旧纳税，年复一年，甚至鬻卖妻子，流离逃亡，其困苦殆不胜言也。

彼渔船科税充饷，不过以其微取江海微利尔。今海上涂田水沙动计千万，厚利轻粮多为势豪所据，虽经官司清理，尚从通融，独于贫民鱼〔渔〕船尽法苛征，似岂荡平之政耶。下情恫，抑不能上达，伏惟仁明庇覆万困待苏，不佞目睹前艰，僭为申请所存船只，新固者，愿入官召卖，旧损者，愿当官拆卸，前项税银乞赐除豁别议充饷，庶有司催科不扰，而海氓更生可望矣。越分溷干，不任惶悚。船户蔡小孝、韩皆亲等投告状词，并乞施行幸甚。

（王叔果：《半山藏稿》卷二十《条议事宜·与当道议渔税》）

晚明乐清山民刈薪卖谷完税

溪田草确河田沃，瘠土民劳膏土乐。河田多收十斛余，年年不肯全输租。溪田收薄少生计，刈薪卖谷完新税。春来月出不闻歌，昨朝社饮无人醉。溪翁但羡河田丰，家家瓮酒真珠红。

（何白：《汲古堂集》卷二《乐府·溪翁行》。作者晚明乐清人，自称丹邱生，晚号鹤溪老渔，人称丹霞先生，著有《汲古堂集》）

余以二月过乐清县，闻县征明年钱粮已尽，势不得不预征又明年者。

寄生之国，民何以堪？始则人之累地，继则地之累人。官速败，邑速穷。海滨之民多逸性，念之可为寒心。

（蒋鸣玉：《政余笔录》卷三。作者字楚珍，江苏金坛人。明崇祯十年进士，授台州府推官，在任七年。该书成于崇祯十七年，该年二月过乐清县）

明时永嘉编户有总甲役

故事：编户有总甲役，密迩邑治者尤重。罪自城旦至编戍，梏拳未即遣者，属总甲为守，晚则纳之圜扉，居民苦之，而分在编户，无以自脱。

抚院檄：育三女者得免杂役。

（柯荣：《歌宜室集》卷一二《先府君义感记》。作者字茂倩，明时永嘉人）

明时平阳匠役误期如罪人

先是百工赴役京师者，皆后期。工部下有司遣人送之，械系如罪人，有死于道者。公怜焉。后再遣时，召面谕之曰，尔以匠艺当赴役而自谴累身，人以恶人待尔，故械系以苦之。今我以善人待尔，去尔杻械，今自往，尔能诚信奉令乎？众皆惧曰，谨如父教，无一人敢后者。

（王直：《抑庵文集》卷十《故山东左布政使万公墓志铭》。万公于明时任平阳知县）

清康熙初永嘉除革册里

康熙十年以前，隐漏丁口并虚增共缺银三千八百余两，其册里揽权舞弊，贻害更深。诸生黄维楷列款条陈，副使许重华集议檄令署县事通判施王泽清补丁口，委经历汤孙绪督核图籍，摊蠲均役，除革册里，分设上下五递，轮流值册，积弊以清而民户不致包赔，课赋亦少有裨云。

（清康熙《永嘉县志》卷四《贡赋》）

清康熙间温州府田赋

温州府属原额田一万一千三百一十三顷六十七亩五分九厘一毫一丝六忽，除弃置题蠲，加丈出展界复业拨给开垦，实存田七千七百三十五顷六亩二厘八毫六丝八忽，共征银三万八千二十七两三分四厘六毫一丝四忽零，共征米一万四千五百九十三石六斗二升九合八勺五抄九撮零。

原额田地园一万二千七百八十六顷七十亩一分六厘六毫九丝九忽，除弃置题蠲，加展界复业开垦，实存田地园七千七百九十顷二十九亩一分五厘三忽，共征银三万七千二百三十八两一钱八分七厘八毫三丝八忽零，共征米二万九百二十五石七斗四升九合五勺三抄九撮零。

原额地一千五百一十二顷七十九亩五厘六丝九忽，除丈缺弃置题蠲，加展界复业拨给开垦，实存地九百七十四顷五十五亩六分一毫五丝，共征银三千二百八十三两七分八厘二毫二忽零，共征米一千一百九十五石三斗五升三合四夕七抄八撮零。

原额民地园塘一十六顷一亩二分二厘七毫一丝四忽，除荒逋荒弃题蠲，实存民地园塘一十二顷七十一亩一厘七毫一丝四忽，共征银七十四两九钱一分二厘九毫五忽零，共征米一十六石六斗三勺二抄八撮零。

原额山池塘四百八十九顷六十三亩三分四厘八毫三忽，除丈出弃置题蠲，加展界复业拨给开垦，实存山三百七十八顷三十一亩四分六厘四丝六忽，共征银一百九十四两一钱八分七厘三毫七丝零。

原额池六顷八十三亩二分四厘三毫一丝五忽，除丈缺弃置，实存池五顷二十亩八分一厘二毫二丝八忽，共征银二十一两四钱二分六厘九毫八丝八忽零，共征米一十石六斗七升七合二勺一抄八撮零。

原额塘一顷五十九亩九分三厘三毫六丝六忽，除丈出弃置，实存塘八十三亩四分九厘五毫六丝七忽，共征银五分九厘九毫八丝八忽零，共征米四升二勺六撮零。

原额塘坦幽演水浃等项，例不起征。

奉裁金乡卫归并平、泰二县带种屯田并园，除弃置题蠲加开垦，实存屯田一十八顷四十一亩四分八厘二毫四丝二忽，共征银一百一两七钱八厘八毫九丝二忽零。

（清康熙《温州府志》卷九《贡赋》）

清康熙间永嘉县丁银

实存民户成丁五万三千七百七十二丁，每丁征银一钱五分五厘三毫，该银八千三百五十两七钱九分零。

实存（食盐钞）丁一万一千一百八十一丁，每丁征盐钞银五分一厘八毫，实征银五百七十九两一钱七分零。

实存食盐课口二万六百九十口，每口征银二分八厘二毫，该征银五百八十三两四钱五分八厘。

灶丁一千九百五十四丁，每丁征银五分八厘二毫，该征银五十五两一钱二厘八毫。

老不成丁五千一百九丁，例不起科。

（清康熙《永嘉县志》卷四《贡赋》）

清康熙时范承谟严禁征赋需索

巡抚都察院范为电怜极苦情形，敕勒永禁以苏民困事：

据瑞安县三十八都居民林成献、林次峰等呈称：本都四面环山，地瘠田硗，天井垟等处旱则无水可车，雨则无河可泄，是以罕有收成，正供不足。兼值山海作祟，屋毁人逃，招徕垦种，十室皆空。不期文武衙门，罔顾民穷财尽，行取官谷马料、船夫柴草、鹅鸭杂物等项，票签差役需索陋规，民皆剜肉，饥寒莫告，伏祈俯怜穷孑，敕县勒石永禁等情到院，据此为照：文武各官，凡有所需，俱应□□照价平买，不许妄派。□□已经叠行禁饬，何以该县仍敢派取，除已往姑不深究外，合再严禁。

为此，示仰官人知悉：凡一应草谷等项，有仍前违禁妄派，若被害里民据实呈告，查究得实，官得飞参，役拿处死，断不轻贷，特示。

康熙九年五月　日给。

（范承谟：《奉宪示碑》。碑置瑞安市曹村南岙村大榕树下。作者字觐公，号螺山，别号蒙谷，汉军镶黄旗人，顺治九年进士。康熙七年十二月至十一年十月任浙江巡抚，多有政绩，擢福建总督。耿精忠反，幽禁土室三年余，被迫自尽。著有《吾庐存稿》等）

清康熙间温州等府田房契税

田房契税，康熙二十年定浙江台州、温州、衢州、处州四府大县百两，中县六十两，小县三十两。

（《皇朝文献通考》卷四十）

清康熙中乐清革除征赋陋例

照得本县素心耿介，廉洁自持，去冬莅任伊始，查得乐邑陋例相沿，几成痼疾，随而力加振刷，事事俱要实心实行。

如征收钱粮，向有重耗，今本县确遵司颁法马，一两止征一两，一钱止征一钱；或折封，间有多出分文者，亦必照数给还该户。如开征粮米，除严饬书役不许勒索外，本县亦常亲自监收，一照官斛平量，谁敢淋尖踢斛；即折耗例有赠头，亦不许私取升斗。此本县替百姓省得一分闲费，就替百姓添一分正供，较之历来，似亦不无少补。然此乃我居官职分之所当然，并非矫情干誉。至杂项如奏销贴费、刑名贴费、颜料蜡茶硃价赎锾架木芽茶贴费，以及学租银价功绩、听差役费、各宪辕门工食、修理城垣等银，旧例俱出里下。今本县一一照数自行捐垫，应解者俱已解讫，应发者俱已发讫，但闻向来俱是管图催取，兹本县业已尽数代赔，恐管图及经管吏胥犹敢指称前项名色，按都洒派私自催收，乡民不知缘故，只道还是历来旧规，仍将使费付给，徒饱橐腹。合行布告知悉：如有里胥、管图私派擅收，许尔等据实赴县呈告，以凭尽法严究处罚，追赃给还，断不使百姓脂膏供此辈肥家润身享用。本县现在密行察访书役各情弊，定行治罪。特示。

（蒋埴：《革除陋例告示碑》。录自清光绪《乐清县志》卷七。作者字旷生，号卧云翁，晋陵人。康熙二十四年进士，三十年知乐清）

清康熙间乐清有喜封之例

我邑喜封之设为他邑所无。官未开征，先出告示，上忙定于二月，下忙定于八月。临时各户齐集上堂封银，多寡随其自便，无抑勒浮加等弊。此法相传自梅溪公始，而自宋至今殆七百余年，岂能相仍不废！按国朝

《治浙成规》，本有封银完纳之例，数止三钱，已称上户，亦许自封投柜，其零星小户方有以银折钱。但喜封之名未载令甲耳。久而吏胥为奸，改为厂完，无论户有大小，皆令折钱，更加重耗，各户所纳之数，视银价悬殊，民间几不知有封银完纳事。

逮考邑侯蒋埴《革除陋例示》乃知，乐邑喜封之设实始于是焉。示中有云："查得乐清征收钱粮，向有重耗，今本县确遵司颁法马，一两止征一两，一钱止征一钱，或折封，间有多出分文者，亦必照数给还"等语，于是民皆踊跃输将，喜封遂为我邑成例矣。至嘉道间，县主因解费、火耗支绌难偿，与邑中绅耆酌议，每正银一两，加耗银八分，又加大钱三百一十五文，以抵解费，名曰平余。自有此举，则喜封一事非独有便于民，而亦有裨于官也。谁知奉行既久，弊端复起，喜封之例虽不敢更，而喜封之期竟至故促，上忙于正月望后即封，下忙于七月半即封，民间谷未出粜，银难遽办，加以昨出示而明日即封，村居僻远，更觉棘手。至咸丰八年，邑令某莅任，脂膏自润，藉口包纳，欲废旧章。县学生徐庆澜等赴府具控，蒙道宪王公清如批示，上忙定于二月初二，下忙定于八月初二，并饬胥吏遵行，不得违例在案。至今邑中人既知喜封之设始于蒋侯，尤颂王公之德于不置云。

同治元年邑人郑一龙谨志。

（郑一龙：《喜封纪略》。录自清光绪《乐清县志》卷五。文中"梅溪公"指王十朋，字龟龄，号梅溪，南宋初乐清人，绍兴二十七年状元，官至太子詹事、龙图阁学士。蒋埴《革除陋例示》撰于清康熙三十一年，见上）

清康熙间张鹏翮革除瑞安陋规

浙江温州府瑞安县五十一、二两都士民等奉：

——编审册费、纸张、饭食一切陋规尽行革除。如有仍前借名科派各图里民，定将官役参拿究处；

——修造战船麻、棕、油、铁、炭各项物料科派各扇折银，并白役人夫及每图派夫折干，永行禁革；亦不许发银交乡长里总采办物料。如违，将地方官并监修督工官一并参处；

——报充尽役，每图佥派折银，严行禁革。如违参处；

——捐谷并县官食米，不许封银交各图乡长买缴，勒令赔补；并不许指修造战船、城垣、学宫等项工匠食米营米，承包发买，苦累里民。如违，参拿究处；

——借名横征补库，巧立缘由，令乡长按图勒派，永行禁绝。如违，官参役处，科派乡长按律（治）罪；

——瑞安县乡长尽行革去，不许仍用科敛财物，扰害民生。如违，将府、县官纠参，充当乡长之人严加治罪。

康熙三十一年九月　日立。

（张鹏翮：《恩主巡抚都察院大老爷张禁约碑》。录自《温州历代碑刻二集》第846页。碑藏文成县文物馆。文中“大老爷张”指张鹏翮，字运青，四川遂宁人，康熙九年进士，二十八年三月至三十五年一月任浙江巡抚，后官至太子太傅、武英殿大学士）

清康乾时瑞安地丁银、渔税

今以康熙二十年造册为据，（本县人丁田地山池塘）征银二万四千八十一两七分五毫六忽零，征米一万四千七百六十五石八斗一升九合零。细目列左：

现岁征丁口银三千一百四十六两三钱四分九厘二毫，米七百七十五石五斗二合七勺。内市民丁口银二千五百三十二两三钱三厘二毫，米三百六十一石二斗一升八合二勺；灶户、军户、食盐课口银三百六十九两五钱三分六厘，米四百一十四石二斗八升四合五勺；食盐钞丁银二百四十四两五钱一分，米无。

现岁征田地山池塘银二万九百三十四两七钱二分一厘三毫二丝五微，米一万三千九百九十石三斗七合五勺。内上则银六千六百四十七两七钱四分七毫八丝二忽，米四千六百石五斗二升；中则银三千九百七十九两二钱四分七厘四毫七丝三忽，米二千七百石七斗一升九合六勺；中中则银四千四百九十五两三钱四分八厘二毫九忽，米三千一十六石九斗一升二合二勺；下则银二千五百三十七两五钱七分六厘六毫一忽，米一千六百七十一石一斗八升七合一勺；下下则银三千二百二十八两六钱八分三厘五毫二忽，米二千石九斗六升八合六勺；山池塘银四十六两一钱二分四厘七毫三丝五忽六微，米无。

以上俱康熙二十年后额征。录旧志。

（清乾隆《瑞安县志》卷三《田赋》）

清康乾间永嘉派买仓谷

吾西溪泰清、临江乡，自康熙五十三年间，衙蠹派取官谷、棕、麻、樟木、民夫、竹木等项。乡民林元珍、叶鲁璠等具控督抚二宪，已蒙饬禁。越康熙五十七年十二月廿七，督满堂觉罗满大人申奏于朝。荷蒙帝敕："奉天承运，皇帝诏曰：一切杂派项款，永行禁革，以安民生。向闻直省有司，假借名色，横行滥派，数倍正供，以致小民苦累。其不肖官员，以额外加征，纠劾甚少。嗣后着该督抚严察禁革，以抒民困。如有仍前滥征者，或经参奏，或被发觉，定行从重治罪。时康熙五十七年十二月廿七日敕。"

无如法久易弛，至乾隆三十年后，其弊复滋。始则令、胥吏与富民之式好者，平价易买，渐开其端，使不自知。终则按户劝买，俾不得推委。其后，遂挟以为仍例，着胥役之能者挨户勒派，额银四钱，发价六百；买谷一硕，纳钱一千二百文；即朋贴者，一硕朋钱五百或四百文，视人之能否，以为高下；额钱银一两，买谷三硕。额大者培之，大约官谷之赔，过于正供。终又以包空勒买额银四钱，直令硬赔六百文。有拖欠者，俟完粮时着先赔官谷，后使完粮。余以抗粮追比，日夜追呼，鸡犬不宁。致令富民买田为鸩毒，穷民以卖田以赔谷，而田无人买，苦端万状，纸莫能穷。

乾隆四十年，吾兄中，字洪理，赋性质直，以勒派毒害赔偿仓谷，屡与县役构衅。越十月廿七日，县役刘元以吾官谷赔完未清，带同班下数十余人，突至吾家，将吾兄长洪道硬擎落船而去。四邻叫吓，奔告于余，余与兄洪理、弟启龙在垟，闻信直从陆路赶至下葵，理谕而回。

越明年春，同里捡得皇诏碑记，奔告于余。余大惊曰：“吾皇上深仁厚泽，一至于此，殆为蠹役坏法，流毒至此。”因查泰清、临江遍地勒碑，特愚民事久不稽耳。因谋之叔万里，叔曰：“是非鸣于督藩，不能复此禁止。”

乾隆四十二年六月，吾兄中赴省，遂粘皇诏及碑记，颂于藩台。蒙批：仰温州府查照前檄，如尚未提讯，即应将人证一并提齐解司，以凭邻员委审详核，不得循延，毋许县差藉押滋扰。碑记仓串并发。予以送路费赴省，恰遇县差仍以提审为名，押回温郡，拘留在禁。

越四十三年四月，吾叔万里，直赴闽省鸣于督宪杨。蒙批：派买仓谷，向奉例禁，何以永嘉县尚有此陋弊？呈是否，仰温处道立速确查，据实具报，毋稍循混稽延。

至四十七年始得释放还家，并前禁复还，而民人复沐仁恩于勿替矣！

吾为是役，往返浙省者三次，幽于囹圄者五年，艰苦备尝，几至破家。因备详巅末，附于谱中，俾后之人知公直之难为，官政之宜清。后之子孙，倘得一命之荣，宜兴利除弊，为民生造无疆之福！慎毋惟利是求，纵役殃民，而贻患无穷也。慎之！慎之！

松园洪智谨志。

（黄洪智：《仓谷之冤》。录自瓯海《厚垟黄氏大宗谱》）

清雍正间温州渔船纳陋规银

温州地属滨海，穷民多以捕鱼为业，其业最苦。各岙渔船每年有总兵陋规银二千余两。总兵一得陋规，非特苦累渔民，且将弁巡察亦将不敢过于严密，任其船只出入。汛守既弛，奸良亦混，殊非靖海安商之法。

（《世宗宪皇帝硃批谕旨》卷八四。此为雍正三年七月初三日温州总兵边士伟奏语）

清雍正间因征粮有永嘉分县之议

浙江改补教谕朱禾奏请分永嘉县治。查得今永嘉地方所辖止五十四都，额征钱粮止四万有奇，不特与江南大县粮额一二十万者相远，即浙省各县中钱粮倍于永嘉者甚多；且自康熙五十八年以前，永嘉钱粮俱经奏销全完。近因知县不得其人，递年酿成刁健之风，致有挂欠，变为难治之区，若得好官振刷，即可更改旧习。况系温州府附郭之县，尚有知府同城，可改稽督，而南溪、西溪地止有一十四都，额粮八千余两，将此分设一县，殊多冗费。现在此二乡钱粮，每年夏冬麦禾收获之后，知县俱亲往彼地征收，仍可办理县务；若县丞一官，有解饷出差之事，反不能常久在家。近又题请佐贰分管，巡查地方，则县丞移驻之说更可毋庸议者也。

（《世宗宪皇帝硃批谕旨》卷一七四之四。此为清雍正五年四月十一日浙江观风整俗使王国栋与浙江巡抚李卫会奏语）

清雍乾时温州瑞安口关税

温州瑞安口通关简况

时间	人数(人)	征税额(两)
雍正元年四月七日	84	8.894
雍正五年闰三月二十四日	78	120.409
乾隆元年五月九日	7	24.104

（松浦章：《清代海外贸易史研究》第609页。作者日本人）

海关瑞安口：飞云关在南门外飞云江北汛西，关署租住民房。瑞安、平阳旧皆为小口址，乾隆三十九年，奉文改澉浦为小口址，以瑞安并入平阳为大关，则瑞安实平阳之旁口，故称海关分署，原税额一千四百两零。嘉庆六年，奉文豁免瑞、平二关羡银四百两零，故今并平阳关止征税银二千两零。

按：康熙二十四年，海道廓清，始得渔税，立钞关。船每阔五尺，定税一两，六七尺以上，递加有差；货一肩，税银四分。乾隆八年以后，止征梁头口，永不加科。

（清嘉庆《瑞安县志》卷二《建置》）

清乾隆初禁革温州各口商税、玉环涂税

乾隆元年，覆准浙江嘉兴、台州、温州、处州等府属之角里等处各口界址每年应征商税等银永行禁革。

（《钦定大清会典则例》卷五十。角里属嘉兴府）

温州府瑞安县为一船三税事，蒙本府正堂庄宪牌奉布政司张宪牌奉总督福浙部院郝批本司呈详：

瑞安县渔民南楚友、金再发等，鱼〔渔〕船既完粱鱼二税，复令完涂税，急应更正，详候钧批豁免以使饬禁。再，南楚友等请革涂税，此系虾扈渔船，但扈艚、划丝二船不赴外洋，应一例豁免等缘由奉批。据详南楚友等虾扈等船皆就港口扦捕，并不越出外洋，玉环定税之初，原未议及此等小船，今该船等已赴海关完纳粱鱼二税，自不得再征涂税，重困□□，仰速转饬宽免，勒石永禁，取碑摹送。查敢有不肖官役阳奉阴违，一经发觉，必将严拿究处不贷。再温、台二属现在所征涂税每船若干，是否遵照题定原案征收，有无苛征扰累之处，一并确查造册，另详察夺，仍候抚部院批示缴等因到府，谷行前由到县，蒙此合行勒石永禁。

为此，仰合埠渔船户旗长人等知悉：嗣后出洋采捕之虾扈、扈艚、划丝等船所完玉环涂税，遵照宪批概行豁免。敢有收税人役阳奉阴违，一经发觉，定即通详究处不贷。宜各凛遵毋违，须至碑者。

乾隆元年肆月　日勒。

渔户黄锡宗、金再发、戴玉发、黄得魁、吴国有、张亦慎、周公发、王得发、鲍舜发、石盛发、姚亦云、黄盛发等立。

（郝玉麟：《奉宪革除玉环涂税碑》。碑置瑞安市城区飞云东路166号对面墙中。文中“本府正堂庄”指温州知府庄柱，“布政司张”指浙江布

政使张若震，“总督福浙部院郝”指郝玉麟，清雍正十二年十月至乾隆四年七月任闽浙总督）

清乾隆间温州卫屯租

乾隆二年，谕浙江温州卫屯田三百一十二顷，每亩征银一钱七分零。

（《皇朝文献通考》卷十）

乾隆五年题准：浙江温州卫屯田三万一千二百三十四亩，内拨派本卫二帮田万六千二百九十三亩，该卫各军均交亲属管收外，其余田万四千九百四十亩找派宁、绍、处三卫之军。从前原因相隔遥远，未经执业。未几，又值兵燹，屯民垦熟为业，以致军民争讼。今议定：按照上田一亩收谷三石、中田二石、下田一石六斗，各半平分之数，输津给军。其佃户输津完饷之处，令该卫征比该管，府、道催征，分别解饷给军。卫备征解不全，照例参处。佃户不能完纳，别召良佃耕种。私自典卖者治罪。

（《钦定大清会典则例》卷四三）

乾隆十五年题准：温州卫屯租征收、济运有限内不完者，照杂项钱粮例议处。

（《钦定大清会典则例》卷一一八）

清乾隆间青田八、九都禁买仓谷

抄奉署处州府青田县正堂高为通详各宪详文为号，宪恩恤民生，勒石永禁革除事：

本年四月二十七日，蒙特授浙江处州府正堂刘宪牌：“乾隆十一年四月二十九日奉布政使司潘宪牌：闰三月初一日奉巡抚部院常批：‘本司呈详，青邑八、九两都，离县最远，山路峻险，运谷至县，脚费甚多，采买仓谷必至派累。青邑与温境一水可通，又系产谷之乡，尽可赴瓯购买。应严饬府县力行禁止，不许仍向八、九两都违例派累，如违参究’等奉批如详，取具遵依报查缴。奉此等因前事，仰县官吏查照来文粘抄事理，即便遵照，不得仍向两都派买，滋扰累民，出具遵依通送各宪并本府查核，毋得阳奉阴违，致干未便等”详文。

奉温处道吴批同前，由上年十月初九日抄奉处州府正堂刘宪批：仰查照前案永禁报，又蒙赐示通邑张挂晓谕。为查采买仓谷原备济黎，而坐庄派买，实属病民。查八、九两都既在百里之外，不应派令，如违扰累，仍蹈前辙，许尔等喊禀该县，严拿详究，决不稍宽姑恕等情。

现奉赐示发两都张挂晓谕等情，切青邑实居万山之顶，离城二百余里，更属危颠峻岭崇山险道，即无舟楫可通，又无车驼可载，叠石成田，地瘦土瘠，依山为屋，十室九空，仅耕一季毛谷，不敷所食，尤苦堪怜。幸得上闻饬禁采买，又奉县主通详各宪，出具印结在案，两都共沾各宪实惠，此真有脚阳春，如同再造，吾侪日有起色，不致悬耒兴嗟。将见击壤而歌，共乐升平；如同唐虞之盛，拭目可待。爰是勒石永禁，以志不忘。

时龙飞乾隆十一年丙寅岁次应钟月庚午日。

八、九两都子民董公远、严惟敬、王天裕、刘孔达、叶应足、叶德荣、田国达、叶德选、吴可登、刘哲臣、黄兆文等谨立。

（高居宁：《奉宪禁革》。录自《温州历代碑刻二集》第847～848页。碑置今文成县南田牌坊坦，清时属青田县。作者山东济宁人，其时青田知县）

清乾隆间瑞安山乡禁派官谷

特授浙江温州府瑞安县正堂加五级纪录八次记大功二次赵为三十四都永免采买官谷事：

三十四都士民朱楚等称，三十一、二、三、四（等）都，地处溪滩危谷、峻岭崎岖，民王之言等曾呈请前令邱□详请府宪王、道施准尔等四都豁免采买官谷、勒石永禁，并皆已粘呈碑模号，恳请恩豁等情。据此查得三十一、二、三、四都□□□□年间，士民王之言等呈称免采，奉宪允准饬禁勒石，确有可据。独尔三十四都仍复采办，似属偏颇。具查阅碑文字迹所载，尔都以前本在免例，遵照宪恩准一体免采外，合再勒碑，嗣后永免复采，不许胥役肆意派扰，凛遵毋违。

须至碑记者。四十四年三月初一日。

又蒙瑞安县正堂华□申府宪郑饬示，三十一、二、三、四（等）都，既系山乡，产谷有限，自应免其采买，以裕民食。仍不时访察，倘仍任胥役违禁滋扰，致干未便。

□道宪王批：该都既免官谷，曾经勒石永禁，胥役何得复向勒买滋扰。

乾隆四十四年十月　日。

贡生：朱楚、周之德；生员：彭燮昌、朱镳、彭作俊；监生：郑铭镛、张建斗、赵存□；

耆民：郑世明、郑文元、朱世□、朱世禄、世可、祝□□、张□□同立。

（赵应钧等：《奉宪禁碑》。录自《瑞安市文物普查材料》，部分缺字笔者据上下文补上。碑置该市潮基上街村。文中“府宪郑”为郑沄，江苏仪征人，乾隆四十一年任温州知府；“道宪王”为王杲，山东福山人，乾隆四十年任温处道。作者江西吉水人，廪贡，乾隆四十三年至四十六年任瑞安知县）

钦命浙江等处承宣布政使司布政使军功加一级随带记录六次盛为藐司捺府等事：

乾隆五十一年正月二十六日奉巡抚部院福批：本司呈详。瑞安县十四都贡生王万荣等免买仓谷一案缘由，奉批加详饬遵缴等因，奉经转饬该府县遵照在案，今据王万荣等呈请给碑示禁前来，合行勒石永禁。

为此，示仰该县经胥差保人等知悉：嗣后该都准其免买，毋许再行勒派滋扰，其各凛遵毋违。须至勒石者，遵。

乾隆五十一年四月初四日给。

（盛□：《免买仓谷碑》。录自清嘉庆《瑞安县志》卷二。文中“巡抚部院福”指福崧，乾隆四十七年二月至五十一年三月任浙江巡抚）

清乾隆末黄梅勒捐田粮案始末

诸城窦东皋先生光鼎，学行深纯，尤长于制艺，屡掌文衡。乾隆五十一年，因浙江州、县仓库亏空，特派大臣阿文成公与姜晟、曹文埴、伊龄阿先后驰往查办，伊龄阿旋留为巡抚。是时，窦公以吏部右侍郎督学浙江，严劾平阳知县黄梅丁忧演戏，借弥补仓库为名，科敛肥橐，赃款累累，并亲赴平阳访查。伊龄阿劾其在明伦堂招集生监，询以黄梅劣迹，答以不知，则咆哮发怒，用言恐吓，勒写亲供。奉旨褫职。窦公未及覆奏，伊龄阿又劾其在平阳城隍庙多备刑具，传集书役，追究黄梅款迹，生监、平民一概命坐，千百为群；及回省，携带多人，昼夜兼行，致水手堕河淹殒；并有"不欲作官，不要性命"之言。奉旨拿交刑部治罪。

窦公抵杭，旨尚未到，而官民皆知学使被谴；巡抚已密遣人守其衙署。忽有归安诸生王以衔、王以铻以门生投刺来谒，窦公见之。二生请间入内，脱留棉袄一件，称报老师识拔之恩。窦公拆视，则皆黄梅按亩勒捐之田单、印票、图书、收帖二千余张，喜极欲狂。盖窦公虽亲赴平阳，而自抚、藩以至府、县，早已豫为布置，故于黄梅赃款虽略得佐证，仍未获其确实凭据。二王以邻郡诸生密为收积，人固不及防也。窦公于是奏称黄梅以弥补亏空为名，按亩勒捐钱，户给官印田单一张，在任八年，侵赃二十余万。因将田单、印票、图书、收帖各检一纸呈递。奏甫出，而中丞派员押解，锒铛就道矣。

上谓凡事可伪，而官印与私记不可伪，且断不能造至二千余张之多，况字帖俱有业户花名、排号，确凿可据。因命阿公中道折回浙省，且免窦公拿问，同往审讯。阿公旋奏黄梅勒借民钱，侵用田单公费是实。奉旨：伊龄阿与前抚福崧皆严议革职，阿公等亦皆议处；窦公回京，署理光禄寺卿。

（薛福成：《庸庵笔记》卷三。作者清时人）

清嘉庆间永嘉宜赴邻邑买补仓谷

嘉庆四年八月二十一日，内阁奉上谕："刘权之奏买补仓谷，宜赴邻邑采办，以免派累一折所奏，自属可行。采办仓谷向来原有定例，今据刘权之奏，地方官奉行不实，往往藉端肥橐，辄在本地派买，不论市价贵贱，只发银四五钱不等。并勒令出具照时价领票，兼之差役书处使实，以致领票花户皆不愿上纳谷石，惟求缴还原封银两，另行加倍缴价，较交谷犹为省事，甚至有力富户贿属吏书，将本名下之谷飞洒零星，有田之富户转得少领，竟至完善良民衣食难周，深受采买之累。地方官只图折价入己，遇当平粜之年，仍无存贮之米，一旦协济邻省，则着米铺户仓卒购办，照得价尤为克扣，及起运收米押运之家人、胥役又向米铺户百端勒措等语，种种弊端，实所不免。将此通谕各督抚，嗣后遇应行买补仓谷年分〔份〕，务须饬令所属在丰稔邻县，按照时价公平采办，不许向本地派买，并将向来吏胥等串通舞弊积习，严行查禁，随案重惩，以期仓谷皆归实储，小民不致扰累。至社仓原系本地殷实之户好义捐输，以备借给贫民之用。近来官为经理，大半皆藉折移，日久并不归还。设有存余，管理之首士与胥吏亦得从中盗买。倘遇歉岁，颗粒全无，以致殷实之户不乐捐输，老成首士不愿承办，是向来良法徒为官吏侵肥，亦应一律查禁。并着各该督抚等，将各省社谷仍听本地殷实富户择其谨厚者自行办理。不必书吏经手，以杜弊窦而裕民食。各该督抚务须董饬所属实力奉行，如有前项弊端，即行据实参奏。倘仍视为具文，覆蹈前辙，一经访闻，或被科道参奏，必将该督抚重治其罪。将此通谕知之，钦此钦遵”等因，于嘉庆四年十月初五日浙省准咨。

闽浙总督兼署浙江巡抚臣书麟。

两浙盐政臣延丰。

署按察使杭嘉湖道臣秦。

署布政使两浙盐运使臣张映瑞敬刊。

浙江督粮道臣思□□。

永嘉县三十九都居民敬钞镌石。

（爱新觉罗·颙琰：《圣谕碑》。录自《温州历代碑刻二集》第144～145页。此碑置永嘉县上塘孝佑宫内。作者即清仁宗）

特授温州府永嘉县正堂加三级纪录五次巴为遵例垂禁事：

照得买补仓谷，钦奉谕旨：“毋许州县在本地购买”，复奉部咨各省：“如附近水次舟楫可通地方，俱着在邻境采买”。钦奉在案。查永邑东界乐清，南达瑞安，西接青邑，俱属水次，通达舟楫甚便，应在邻县购办，曾已详请前府宪阿转详藩司在案。兹据永场生监王国墀、邵炳、张奕桂、杨炳虎等呈请，惟永场一至五都共二十八图地方，阻山滨海，田少户繁，年前采买仓谷，搬运维艰，呈请豁免勒除等情前来，除批准详外，合行出示勒除。

为此，示仰该地绅衿士庶人等知悉：嗣后每遇应买仓谷年岁，理应遵例向通水道各邑采办，毋许在永场一带地方采买。倘有胥差伢户仍蹈前辙，一经访闻，或被告发，定即严拿究治，断不宽贷。各宜凛遵毋违，特示。

嘉庆陆年拾贰月　日给。

二都绅士：

王世哲、王南甸、王培富、张家锡、张家益、王秉敬、王秉聪、王南绣、张家道、王光汝、张永□、叶溥、王定□、王作浩、□□□、□□□。

三都士民：

姜文龙、张振甲、张振培、张正选、张珍、郑永湖、周启炳、张辰龙、张尊荣、张绍康、姜宗达、郑思深、朱恭臣、王振风、陈廷辉。

五都士民：

吴江、吴刚、张泮、张奕壁、邵海三、吴之江同立。

（巴哈布：《奉宪勒石》。录自《温州历代碑刻二集》第146~147页。该碑分别置永强殿前村李浦殿、茅竹岭平山寺大门前东侧山岭及藏龙湾区文博馆，一式三碑。巴哈布，汉军正黄旗人，监生，嘉庆三年任永嘉知县）

清嘉庆间庄以莅包揽催科案

温之平阳，民风犷悍。每岁催科，绅士尤多包揽。有庄以莅者，新中武举，遂夺多士之所包而悉揽之，众不服，讼之。呼之不至，捕之则拒，又结硬手许鸿志为羽翼，阖邑畏之，且效之、附之。

前令蒋澄已七十，乞休去。温守杨大鹤惑于庸妄，谓非武健不足胜任，访得豫章大挑班徐映台有文武才，乃荐之。徐觊其可越次也，欣然就之。瞰其他往，要而缚之，庄果不能匿。喜甚，亲解赴府。庄以莅子邀许鸿志鸠众夺犯，徐下车搏之，许略拊其肩，一臂已垂不能举，胥役更望风而逃，乃上府泣诉。杨守仓皇通禀，混称数千人夺犯殴官，居然民变。

平阳虽隶浙省，去闽较近。时菊溪师以观察发闽候补，制军阿雨窗檄公往办。甫入境，即有披执迎马首者，询之，则温协也。公下车握手，与讲均礼，大喜。公馆拜会，言："知公督部，谨率卒四百备仪卫。"公正色曰："无事则同僚，办事则予固星使也。"盖阿公入奏，得旨以公补江苏臬使，即以为此案饮差矣。"君来，何人之命？"曰："敬听指挥，"曰："果尔，即立饬介士归汛。迟，先揭汝。"协尚逡巡。公顾左右曰："若地方闻而滋事，先断主兵者之首。"始轰然偕逝。

公乃出示："但罪庄以莅一人，余均宽贷，"许鸿志年逾七十，自以例得免罪，先出。以莅远遁，而其子以非主名，且恋巢，避近郊，先就擒。时清中丞以缉匪驻宁波，遣浙臬朱公理来协办；朱亦公门下士。公谓朱曰："吾奉制军差，宜遵制军所奏，但此案闽省但据镇、道所禀，未经查勘，况辞称数千人，诛戮必广。寄语清公，无须眩惑耳。"抚军感服。

予趋谒于温次，公示以揭稿，覼缕数千言。首勘夺犯之地，东阳峻岭，西界深溪，南、北均涂田，可屯处不及一亩，则数千人之说，不攻自破矣。行至中途，以莅望见有人，大声呼救，预谋纠众之论亦解，而以莅之非为首更见。乃定斩一人：许鸿志；绞一人：庄以莅。其余城旦二人，胁从杖释。有土官均以失察议处，庄以莅缉获另结。皆公手定，不烦幕府捉刀，奏上如议。

如此大案，如此完结，不特民命保全无算，即员弁亦受庇无涯。无奈庸人选事，另启隙端，以至重发钦差，地方大累，员弁皆遣戍，而杨守亦拟满徙，真所谓"自作孽，不可活"也。

（许仲元：《三异笔谈》卷三。此案发生于清嘉庆十二年。文中菊溪即百龄，时为候补福建汀漳道；阿雨窗即阿林保，时任闽浙总督；清中丞，指浙江巡抚清安泰；朱理，时为浙江按察使。该案后因庄以莅的姑表

兄弟林钟英上京告御状，直至十四年初，才最后定案。府、县官发配充差）

清道光时泰顺严禁倚势科派

署温州府泰顺县正堂加三级又加一级纪录五次记大功四次保举候升陈为出示晓谕以杜诈扰事：

照现奉各宪札饬买补仓谷，业经本署县派拨亲信跟丁带银钱，前赴产谷之区采买。在本署县耿介性成，固属廉隅自天，第人心叵测，恐有不法书役，借以官谷为名，在外招摇撞骗，借端诈扰，而无知愚民堕其术中亦未可定，除密访查拿外，合亟出示晓谕。

为此，示仰合邑军民人等知悉：自示之后，倘有不法书役借官谷为名，倚势科派，借端勒索，许即指名据实呈县，以凭按例严惩。各宜凛遵，幸勿自误，切切。此示。

道光十五年十一月廿九日给告示。

（陈殿阶：《奉宪勒石》。录自《温州历代碑刻二集》第1236页。碑置泰顺县浦乡库村小宫墙上。作者清道光十五年冬署泰顺知县）

清咸丰间瑞安田粮

咸丰四年

际此岁饥、钱荒，各家捐项，取之田中者，十不得二三，多从借贷、典卖而得。九月份初三又记。

近年粮价（田赋）递增，兼之饥馑频仍，民何以堪。仅就咸丰四、五、六年三年记之：

（咸丰）四年七月，架书收价，新银三千一，新米四千六，本堂九月完价，新米四千九。

（咸丰）五年五月，代办人收价，新银二千八百八，新米三千六，陈银三千一。

（咸丰）六年五月，收书价，新银三千五，陈银四千，陈米七千。六月记。

（赵钧：《过来语》。文中“架书”“代办人”“收书”均为田赋征收员）

清咸丰间瑞安南米折价案

呈府定案公状（咸丰八年三月十二日投）

为佥请定案分别饬遵以垂久远事。查征纳钱粮，例有成章，准赋户封银投柜，其乡愚不谙银色及细户无几者，按照市值，折纳制钱，听民两便。近来瑞邑折色征赋，不按时值，又以市中银贵，柜价渐增，民困日甚。仁宪保赤诚求兴利除弊，曾沐面商县主并传集邑绅父老议复成章，剔除积弊：凡愿自封者，于每年贰月初壹日准民向库投银，每正银壹两，例加耗捌分，外酌加解费叁佰文；自愿折色者，令县主于折征现价上减去钱贰百捌拾文。又以秋收仓米胥役踢脚淋尖，并于正耗外勒索样米累民，尽行禁革，仍照例执概平量，仰见上体皇仁，下恤民隐，衔感奚啻万族，除酌减串钱，寻给由单，遵谕由县出示，并已投银封，并请饬给执照外，佥情公叩伏乞老公祖迅赐立案，分别饬遵，上全赋税，下劝力田，悬切上呈。

即日，奉府宪王亲批：“准照绅士所议章程立案，饬县办理。”

（蔡庆恒：《瑞安县南米折价案》。蔡庆恒（小琴），举人，瑞安县城人。县主即知县傅斯怿，字豫斋）

清咸丰间永嘉征赋久不如法

永邑征赋久不如法，乡柜复多额外浮收。兹缘贡生叶芝秀、增生张日新、廪生蔡侯东、生员王鸿治、叶冠瀛、林冠锦、监生叶培芝等，呈请府县二宪，蒙宪批准减价，平允出示，城乡一体完纳，柜胥不得额外浮收，并准奉县立条款勒石以垂永久。倘胥吏等仍违定例，一经告发，立提究革。告示条款业已勒石碑于八都黄屿显政寺前。但因此处为分柜之所，另立一碑将要款四条开列于左：

——地丁银价每两折铜钱贰仟柒佰捌拾文；

——秋储米价每石折铜钱伍仟零玖拾文；

——课串每张定价铜钱拾贰文；

——生员廪膳二银准移完粮，由学请串给发。

咸丰八年三月　日。

六、十一都各绅士等合立。

（叶芝秀等：《奉宪勒碑》。录自《温州历代碑刻二集》第176～177页。该碑一式两款，现分别置龙湾区状元镇石坦粮库及该镇横街真君堂前厅）

清同治初左宗棠核减温州钱粮南米

钦命督办军务兵部尚书闽浙总督部堂兼署浙江巡抚部院左为晓谕事：

照得州县经征银粮，贵有常制。上年杭嘉湖三属漕粮，复钦奉谕旨酌议核减。皇上念切民艰，于钱粮繁重之区，特沛恩施，曷胜钦感。本部堂督师入浙以来，目击凋残，勤思抚字，叠次扎〔札〕饬各该地方官，严禁浮勒，核减征收，以苏积困。兹据兼署温处周道详查温属五县一卫四场暨玉环厅旧征银米各数，并拟分别厘减浮费前来，本部堂细加酌核，所议均尚妥协，当即据情入奏，见已奉旨准行，除扎〔札〕饬温处道各就各地情形妥议定章，详细刊布外，合行出示晓谕。

为此，示仰温属军民人等知悉：自同治二年下忙启征为始，均照新章交纳，计永加〔嘉〕县正杂钱粮，每两核减钱贰百捌拾文，南米折色，每石核减钱贰佰文；平阳县正杂钱粮，每两核减钱贰佰文，南米折色，每石核减钱贰佰文；瑞安县正杂钱粮，每两核减钱贰佰文，南米折色，每石核减钱贰佰文；乐清县正杂钱粮，每两核减钱壹佰伍拾文，南米每石核减耗米伍升；泰顺县正杂钱粮，每两核减钱伍拾文，南米折色，每石核减钱壹佰文；温州卫屯漕，每两核减钱壹佰文，津租每两核减钱贰佰文；双穗场灶课，每两核减钱贰佰文；永嘉场灶课，每两核减钱贰佰捌拾文；长林场灶课，每两核减钱壹佰伍拾文；南监场灶课，裁汰津贴钱叁拾伍串文；玉环厅租谷旧征，每石折价壹千贰佰陆拾文者，今每石核减钱陆拾文；旧征每石折价壹千叁佰贰拾文者，今每石核减钱壹佰贰拾文。自示之后，准尔等地方刊碑泐石，永为定则。无论大户小户，一律照章完纳。如有奸胥蠹役，仍前勒折浮收或借代垫及各项需索加费，许赴该管地方官控诉申理。尔等亦宜互相劝勉，踊跃输将，毋得任意抗玩，致干咎戾，其各凛遵毋违，特示。

灵昆地属悬海，书差往返盘费浩繁，公议每石谷，加足制钱壹佰文；又议春征每石谷，再加足制钱壹佰壹拾文，为催差岙长伙食工催之费。

灵昆绅董：郑萝兰、李思亮、陈云锦、林万勋、高钦祥、胡步延、周占鳌、吴永年、陈永平、何方友、林瑞钦、张永祥、陈成奎。

同治三年三月　日给。

（左宗棠：《奉宪泐碑》。录自《温州历代碑刻二集》第183～185页。校之清光绪《乐清县志》卷五。该碑置永嘉县灵昆镇上岩头庙中。文中“闽浙总督部堂兼署浙江巡抚部院左”指左宗棠，字季高，湖南湘阴人。道光十二年举人，官至军机大臣、东阁大学士。“温处周道”指温处道周开锡，字受三，湖南益阳人，同治二年任温处道）

清同治间王仲兰义揭官府苛征

永嘉王仲兰先生性质慷慨，善豪钦，慕任侠，于地方利弊尤所措意。同治壬戌（元年），吾温以遭粤匪之乱，诏豁丁粮。县令、郡守比而为奸，匿誊黄不宣，督征益严。先生作《匿旨擅征揭》，深著官吏罔利病民之罪，官民相抗者逾月。守、令乃别假城捐名以括民赀，民深以为苦，而无敢谁何。先生乃复拟元道州《贼退示官吏》诗，属同邑陈丹香茂才和作，隐以托讽。守、令深衔之，遂摭他端逮陈下狱。先生乃南走闽，北入燕，陈之当道。久之，狱始解。间关山海，浪迹辽河，五载始归，乡之人咸以此义之。

（王德馨：《雪蕉斋诗钞》卷首池虬《王仲兰先生墓表》）

清同治间李瀚章严禁浮收

兵部侍郎兼都院右副都御史巡抚浙江等处地方管理粮厅兼理粮饷李为晓谕事：

案准户部□行续奉上谕：征收□□□□□□□□□□□□□民□，如有折□□各督遵严行禁止。为小民不谙银色，反受经匠愚弄，各督抚于开征之先，照时价核定□□上库之数，出示晓谕，听民自便，毋许丝毫浮收等。前经巡储，各属一体遵照，节次出示晓谕在案。现在春秋征之际，恐各属不肖官吏仍有缪取病民，及任听经匠重价折收情事，合再出示晓谕。

为此，示仰阖属官吏粮户人等知悉：本年征收地漕盐骤减，□如有折交钱文者，皆应按照时价秉公收纳，毋许格外浮收。倘敢故违，一经本部院访闻得实，定即据实稽参，决不宽贷。各宜凛遵毋违。特示。

同治戊辰年（七年）春月日给。

敬勒告示。

粮户等咸仰圣衷矣，但恐耗费浩繁，愿于每两外加耗钱三□□□□□。

（李瀚章：《晓谕碑》。录自《温州历代碑刻二集》第1131页。该碑置平阳宋埠斗南村水陆寺墙上。文中“巡抚浙江李”指李瀚章，清同治六年十二月至八年七月任浙江巡抚。原文中其职位缺字据《清史稿》卷一一六《职官三》补上）

清光绪间温州关税

在十年中，本口岸税收从关平银15982.748两上升至31418.878两，增加96.5%，兹分述如下：进口税关平银157.485两，出口税关平银9453.997两，复进口半税关平银192.535两，船钞关平银239.500两，子口半税关平银363.613两，鸦片厘金关平银7840.000两；同时，鸦片关税则减少到关平银2901两，与此相应的起伏，可从货值的论述中表示出来。但关税增加主要归因于自1887年以后，征收鸦片厘金以及下列物品所征收的出口税：橘子、橘皮、红茶及未烘制茶叶、烟叶及Kittysols。鸦片关税减少的原因，可以解释为：部分由于起征厘金和高运费率，又部分由于本土的鸦片种植增加。十年中，关税收入总计为关平银215399.727两。其中，中国籍船舶缴付关平银203448.592两，英国籍船舶1518.766两，美国籍船舶97.698两，德国籍船舶宝1028.646两，而西班牙籍船舶为106.025两。属于美国籍船舶所缴关税应解释为这一事实：即在中法战争期间（1884～1885）行驶的中国轮船悬挂美国旗号，后局势平静，船舶仍重挂中国旗帜。

［那威勇：《瓯海关十年报告》（1882～1891）。录自《近代浙江通商口岸经济社会概况》第414～415页。文中十年中温州关税增加的各税种情况采用表格形式表示，为方便阅读，现用文字表述］

1892年关税总收入为关平银36996两，而1901年为关平银45981两，增加近于25%。1899年总计关平银64574两，为最高。必须指出的是，自1900年7月以来中国招商局轮船公司的普济号（ss. Poochi）挂美国旗航行，因此不能装运鸦片进来，鸦片关税和厘金减少。1900年仍〔乃〕至关平银9449两，而1901年为关平银14256两。

［李明良：《瓯海关十年报告》（1892～1901）。录自《近代浙江通商口岸经济社会概况》第425页］

本口岸之购买力，很大程度依赖大米收成之好坏。今年大米产量远低于往年，因而关税收入关平银54466两，有相当减少。前十年平均为关平银63182两。1902、1903和1910年是例外的年份，应记住洋药税厘的下降使原平均数不能保持。除非当地产品大批量出口以补损，理所当然关税收入预计要减少。难得有船直接从外国口岸到达，从中收入使税收总额有所膨胀，同时在台湾烟叶收成不好的年代，日本人从浙江松阳收购烟叶，直接运往台湾，符合其利益。还有8/10的外国货物在上海完纳进口税。

［包来翎：《瓯海关十年报告》（1902～1911）。录自《近代浙江通商口岸经济社会概况》第435页］

清光绪时永嘉县丁赋

丁赋前系照人起丁，今改照粮起丁。

今存（民户）人丁五万三千九百三十七丁五分六厘五毫，每丁征银一钱五分五厘三毫，实征银八千三百七十六两五钱三厘八毫四丝四忽五微。

今存（食盐）钞丁一万一千一百四十九丁七分五厘六毫，每丁征银五分一厘八毫，实征银五百七十七两五钱五分七厘三毫六丝八微。

今存（食盐）课口二万八百三十四口四分二厘八毫，每口征银二分八厘二毫，实征银五百八十七两五钱三分八厘六丝九忽六微。

今存灶丁二千五十丁九分一厘八毫，每丁征银二分八厘二毫，实征银五十七两八钱三分五厘八毫八丝七忽六微。

老不成丁五千一百九丁，例不起科。

以上共额征丁课银九千五百九十九两四钱二分七厘九毫六丝二忽五微。

（清光绪《永嘉县志》卷五《贡赋》）

清光绪时永嘉县田赋

今实存田地山池塘七千三百四十七顷六十八亩五分一厘三毫九丝三忽，内：

今实存（上则）田二千六百九十顷九十七亩五厘二毫四丝一忽，每亩实科银四分七厘五毫五丝一忽，实科米二升一合七勺四抄九撮，实征银一万二千七百九十五两八钱三分三厘九毫三丝九忽一微零，实征米五千八百五十二石五斗九升一合七勺九抄二撮零。

今实存（中则）田二千五百二十顷三十一亩四分二厘八丝六忽，每亩实科银四分六厘三毫八丝七忽，实科米二升八勺一抄三撮，实征银一万一千六百九十两九钱八分一厘五毫一丝九忽四微零，实征米五千二百四十五石五斗二升九合九勺六抄二撮零。

新升中则田四十一亩六分八厘六毫，康熙五十八年报升起科，共征银一两九钱三分三厘六毫八丝八忽四微零，共征米八斗六升七合六勺一抄零。

今实存（下则）田九百三十五顷九十六亩三分四厘八毫七丝七忽，每亩实科银四分二厘五毫九忽，实科米一升七合三勺九抄一撮，实征银三千九百七十八两六钱八分七厘一毫八丝九忽八微零，实征米一千六百二十七石七斗三升四合一勺一撮零。

今存涂田六十七顷五十六亩五分四毫八丝四忽，每亩科银四分二厘五毫九忽，科米一升七合三勺九抄一撮，实征银二百八十七两二钱一分二厘二毫六丝四忽二微零，实征米一百十七石五斗二合三勺七抄五撮零。

今存地山四百六十六顷三亩一分五厘五毫八丝九忽，每亩实科银三分八厘六毫三丝一忽，实科米一升五合六勺六抄九撮，实征银一千八百两三钱二分六厘五毫一丝五忽一微零，实征米七百三十石二斗二升四合八勺四抄九撮零。

新升地一顷七亩五分七厘二毫三丝，康熙五十八年、雍正六年报升起科，实征银四两一钱五分五厘六毫二丝五忽五微零，实征米一石六斗八升五合五勺五抄零。

今存基地三百四十四顷六十三亩二分六厘三毫九丝一忽，每亩实科银二分五厘二毫一丝，实科米一升一合七勺九抄，实征银八百六十八两八钱一分八厘八毫八丝三忽一微零，实征米四百六石三斗二升一合八勺八抄一撮零。

新升基地六亩五分五厘三毫四丝五忽，实征银一钱六分五厘二毫一丝二忽四微零，实征米七升七合二勺六抄五撮零。

今实存山三百一十四顷九十二亩九分五丝五忽，每亩征银三厘二毫，实征银一百两七钱七分七厘二毫八丝一忽七微零。

新升山四十三亩五分，实征银一钱三分九厘二毫。

今存池四顷三十九亩三厘八毫二丝八忽，每亩实科银四分三厘一毫三丝，实科米二升二合五勺七抄，实征银一十八两九钱三分五厘七毫二丝一忽零，实征米九石九斗九合九抄三撮零。

今实存塘八十九亩五分一厘五毫六丝七忽，每亩实科银七毫一丝八忽四微零，米四勺八抄一撮零，共征银六分四厘三毫一丝三忽六微零，共征米四升三合一勺五撮零。

今实存（荡坦坳演水浃等项）二十四顷四十四亩一厘三毫五丝三忽，例不起科。

以上田地山池塘、丁课等项共实征银四万一千六百八两七钱五分一厘四毫六丝四忽三微，实征米一万三千七百三十石一升八合七勺三撮零。

（清光绪《永嘉县志》卷五《贡赋》）

清光绪间洞头完税公约

立公议禁约以垂永远事：

切思粮有常经，税有定制。经制既定，民安乐业；赋税不常，户受其累。本山自光绪三年，奉杜前宪开文升科，计亩完纳，上供国课，下养家室，历有年矣。无如环山粮价虽有定章，而此处地隔重洋，粮书则以运脚、川资等项名目申算不一，粮户均受多征之累；若不酌以津贴，则粮书不难免枵腹之嗟，非即议立章程，不足以重粮税而杜争端。爰是合集逴同监生朱颐元、季腾宝、郑渠、赵镜蓉等议立禁约，为立章程有定，地方无碍，各相允服，民无格外之费，吏有津贴之资。嗣后务照后开条目，踊跃输完投印，不得故意挨延，倘有粮局书妄行浮多分文，公同鸣官究治，毋许退缩，合立议碑，以垂永远不朽云尔。

计开条目：

——议粮谷照依向章，每石征完钱一千二百文；

——议每户自一合起至一斗止，津贴钱八十文。一斗之外，不拘多寡贴钱一百文，以为粮书伙食等费；

——议每石再设津贴钱四百文，以作粮书、运脚、挑力、搬工及粮书等人伙食等用；

——议粮串每张钱二十文；

——议契每千缴税费钱一百五十文；

——议契尾每张钱四百八十文；

——议继户每号钱一百文；

——议□房□□□□十月□生收成之时，到地著粮差允行□户，传知完纳，若至一月不清者，签差催办；

—⿱天口长照常在纳户者到收货物，山上均于年冬科收茹〔薯〕丝，不论多寡不再另议贴费。

以上所议章程，务当永远循照，不得废替，合并声明。

光绪拾叁年岁次丁亥菊月吉旦。

首事：石□德、曾征智、甄图筹、柯炯嘉、施玉林、陈洪建、□风和、孙州兴、张阳兴等同立。

（曾征智等：《公议禁约碑》。录自《温州历代碑刻二集》第 562 ~ 563 页。碑置洞头县鹿西山坪村清福寺内。文中“杜前宪”指杜冠英）

清光绪时乐清除钱粮浮费

即补总捕府署温州府乐清县正堂加五级纪录十二次杨为出示晓谕事：

照得本邑征收钱粮向有定章，尚无浮冒，惟串担钱文以及差保催粮，积久弊生，日甚一日。本县下车伊始，即访问不肖书差任意需索，借端扰累，民受其害，官受其朦言，实堪痛恨，正拟查办，革除积弊，即经接奉道宪宗札，著逐款清理。本县悉心酌定，除禀覆道宪立案，并将南米摊收各条另行出示外，当此上忙钱粮开征之际，合亟开列条款出示晓谕。

为此，示仰合邑粮户及经手钱粮各书差人等知悉：尔等须知，地漕钱粮为国家维正之供，当此海氛不靖，需饷繁急，向来一切浮费又经本县核实减删，该花户等自宜激发天良，共体时艰，赶将名下应完本年新粮以及各年陈欠，遵照后开定价，克日如数亲自赴柜投完，听候随时制串给执，不准延次，致烦差追。该书差人等亦宜奉公守法，串担钱文不得于定章之外逾格需索，即催粮亦不准借端诈扰，致害吾民。倘敢故违，一经觉察，或被告发，均即分别究办。本县言出法随，决不稍宽。宜各凛遵毋违，特示。

计开条款：

——城乡柜征钱粮，民间折钱完纳，每银两收实足制钱贰仟伍佰肆拾文，大荆厂每两折收实足制钱贰仟陆佰肆拾文，均各照向章征收，以昭公允；

——串张钱文无论城柜乡厂，仍照舒前县原定章程，每张收制钱贰拾伍文，不得再似以前任意多索，以示制限；

——城乡柜征收钱粮壹仟文，收担钱贰拾肆文，不准格外需索，以示体恤；

——乡征限期，嗣后上下忙定于二、八月中初旬开厂，三、九月中初旬未完者保催，四、十月中初旬未完者差催，五、十一月中初旬未完者即按户提比，以昭大信。

以上四条均经本县酌定，禀明道宪立案，务各凛遵毋违。

光绪二十一年三月十六日给。

（杨和埙：《除钱粮浮费碑》。录自《乐清历代碑志选》第438页。该碑置乐清市岭底乡仰后村三官殿。作者字子赓，四川人，举人出身，光绪二十一年任乐清知县。文中“道宪宗”指温处道宗源瀚，字湘文，江苏上元人，清光绪二十年任温处兵备道，二十三年卒于任所）

即补总捕府署温州府乐清县正堂加五级纪录十二次杨为出示晓谕事：

案奉本道宪宗札开：案据该县生员朱炳南等十四人联名称：“南米浮收，佥求秉公减除”等情到道。据此，查该县前禀：南米例应自行交邑，则由架书到门征收本非正办。然改章非易，先须筹议建仓，乡斗既大小不同，又有晒飏、砻碾、运送诸亏耗，故架书借口多收，有如所呈一升收至五六升者。该县酌中定议，请每升一正耗运费，城户不逾叁升，东西乡不逾叁升肆合者。本道录示该生，据自书于纸复称，每米一升连正耗连买等项，情愿共交三升五合，核与县禀有增无减。除批示外，合亟札，着札到该县，即使核分谕各架书凛遵，不准再浮，一面出示晓谕毋违等因。

并据廪生刘之屏等来县呈称：“乡斗大小不同，民难折算，公同议请各乡作官升斗，用烙征收，齐一无弊；运费名目俗称抽行，请列明抽行名目，以免多混”等情呈叩示谕前来奉。

据此，查征收南米本应概用仓斗，本县前断以在城户不逾三升，东西乡不逾三升四合，亦指仓斗而言，据刘之屏等所呈各节，是恐以乡斗折算仓斗，各架书仍从中弊混起见，自应照准。除呈批示并谕各架书凛遵照办外，合申明书到门外，取遵照各架书所带校准仓斗叁升为则，东乡斗叁升叁合为则，西乡以仓斗叁升肆合为则。自此决定章以后，不准再立别项目，再有颗粒浮收。如有不肖架书胆敢违章外浮收，许即指名呈控，以凭提办。各粮户顾全公事，赶紧交完，毋许再事延挨，借词抗欠，致干提追不贷。凛切特示。

光绪二十一年十月十一日给。

（杨和埙：《减南米浮收示碑》。录自《乐清历代碑志选》第440页）

钦加同知衔特授温州府乐清县正堂加三级纪录十二次何为遵照定章给示勒石事：

据十三、（十）四、（十）五、（十）七都及三、四都各村，教职周兆麟等呈称：本邑串担南米章程，历蒙出示，屡被乘夜毁破，现经采石，叩请将串担南米并推收各章程，给示勒石，俾垂久远等情。

查本邑征收串担钱文，系津贴书役办公之费。二十一年禀奉道宪核准，每户收串钱二十五文，每千收担钱二十四文，又大荆一柜应收担钱已并在粮价之内，毋庸另收。至南米向由架书赴乡收谷，二十一年曾奉道宪核定，每征南米一升，城间准收谷三升，乡间准收谷三升五合，复经本县捐备官斗官升，分给架书携带征收，不准再用私斗额外多收。又推收户粮亦奉道宪核定，每亩付给经书纸笔费钱一百四十文，立时收除清楚，不准留捺。以上各项章程均经分别晓谕在案。兹据前情，合行给示勒石。

为此，示仰合邑粮户经书人等知悉：尔等须知征收悉由定章，共当恪守；浮费均已裁革，不准复加。自示之后，各粮户务将应完钱粮南米踊跃清完，串担以及推收照章付给；各经书亦宜奉公守法，不得稍有浮加。倘敢故违，定即饬提到县，以凭严惩。本县力除积弊，体恤民艰，令出惟行，慎勿以身尝试，其各懔遵毋违，切切，特示。

光绪二十三年十一月十一日给。

十七都一图董事朱炳南、朱虞宾暨各村绅耆同勒。

（何士循：《奉宪减浮定章碑》。录自《温州历代碑刻二集》第499页。该碑置乐清虹桥瑶岙白马殿前厅。作者字勉之，河南息县人，光绪十一年进士，二十二年任乐清知县，二十八年、三十一年再任）

清光绪间温州民众抗征新税

1898年春天，大米匮乏，价格高涨，加之对土产鸦片厘金收取，新官措施不当，在百姓中出现不满情绪。然而无人预见麻烦随之而来。5月19日上午约11时，宁波轮船刚刚开走，在当局企图推行省当局实行的不得人心的土地税时，突然城内闹市的所有商铺关门停市，人群聚集，去衙门要求大米，抗议征收新税。衙门位于城内南部，洋人居住在北区，当时未见有何骚动。约在下午4时，传来暴民侵入道台衙门的消息。知府、知县和烟土道台的衙门都被攻入，受到掠夺，但政府财产如档案等未遭破坏，受损的全是官员的家私和衣服，无人受到人身伤害。后来，到傍晚，道台发布公告，效果明显，趋于平静。但这只是一种错觉，因为在22日星期日上午，一群暴民再度聚集袭击了靠近制台衙门的一家富裕粮商的住宅。制台出来干涉受辱后，命令士兵向百姓开枪，死伤多人，暴民然后四散逃走。由此群情激愤，洋人和守法居民忧虑不堪，不知后果如何，但侥幸未再发生街头闹事。因为这时可憎的土地税已被撤销，而且由于收税官员的离去，拟议中的鸦片厘金也暂搁置。同时，庄稼有望丰收，和平终于恢复。骚动中没有表现出反对洋人的情绪，虽然也有几个洋人往来在骚动人群之中，但没有人受到侮辱。

［李明良：《瓯海关十年报告》（1892～1901）。录自《近代浙江通商口岸经济社会概况》第429页］

清光绪间温州停办网税

奉饮命二品衔署浙江温处兵备道兼管水利事务监督瓯海关加三级宗出

示晓谕事：

案奉抚宪叠扎〔札〕饬办鱼团，已经酌定章程。兹缘廪贡生徐滋芳禀称：网税积弊已深，急宜更正等因在案。惟本道既督饬渔户守法遵章，岂不能为渔户除苛免税？照得宁村分关罾税，按照税则每罾一口完纳二分，须按网重三十余斤者，始按一口收税；不及三十斤者，即应免税。乃不知何时作俑，轻者乱以两网抵一网，甚至巡丁到船查罚，罚钱不清，不准出口，以致耽误潮汛，或路上撞遇鱼〔渔〕网，辄以偷税大题罚至二十倍。网为永场女工出息，何堪贻累至此。兹该廪贡生禀请示禁前来，除饬大关委员查禁外，合并出示晓谕。

为此，示仰巡丁及渔民人等知悉：自示之后，凡罾网非三十斤重者，一概免税。其尚有验单每张□钱五十四□□，□□□□□□□□□巡提□□，各宜凛遵毋违，特示。

光绪二十一年五月二十三日给。

（宗源瀚：《奉宪示小网免税勒碑》。录自《温州历代碑刻二集》第219～220页。该碑置龙湾区宁村汤和庙内）

钦命头品顶戴浙江分巡温处海防兵备道兼管水利事务监督瓯海关童为出示晓谕事：

本年五月二十日准臬司李移开："光绪三十年四月初八日，奉署督宪李批本道禀请将温属前设网捐准予停止由，奉批：查吴桂芳前办网捐，借端滋扰，业经饬退裁撤，其承办网捐之刁绅温寿麟虽已他往，并不将所雇弁勇追撤，任听苛索渔民，殊堪痛恨。仰浙臬司会同藩司速饬温属厅、县一体查禁，一面移道出示晓谕：此项网捐早经停止，倘有奸徒胆敢骚扰勒索，即行拿办毋违等因，由司移道。"奉准此。查此案前奉抚宪批示到道，当经移行示禁在案，兹准前□，除行府饬遵外，合行出示晓谕。

为此，示仰合属渔民人等知悉：尔等须知，此项网捐早经停止，倘再有奸徒胆敢骚扰勒索，即行拿送究办，决不姑宽，毋违特示。

光绪三十年六月廿一日示。

（童兆蓉：《出示晓谕碑》。录自《温州历代碑刻二集》第1163～

1164页。该碑置苍南县舥艚村东魁陡门旁。文中“童”指童兆蓉，湖南宁乡人，光绪二十七年任温处道，著有《童温处公遗书》)

清光绪时温州征渔团公费

窃温属渔团经王守督办，随时禀报有案，无庸职道赘渎，惟其中委曲情形有不能不为宪台缕呈者。

开办之初，王守一以盛气临之，有稍持异议者，厅、县则严饬，汛弁则咨撤。款系化私为公，新章伊始，观望、疑阻、尝试百端，不如此事必不成。用一武举徐雨霖，倚任甚专。事先由其分赴各处查开船只等次，开局即令充当总董，分设局卡十数，炮船三只，分局之司事，炮船之管驾，一切由其主持，王守不自安置一人，任人颇为专一，此王守之定力也。

第局卡分设厅、县之境，厅、县恐干阻挠之咎，不敢赞辞，遇有事故，泛然视之，甚且从而幸之，亦非政体。且规费亦有区别，玉环向设炮船一艘，饷械所需取给于此，费裁而船亦撤。偏值去冬抢案迭出，人皆归咎于御盗无船，不无咨怨，吴丞所以有“洋匪鸱张，请派师船驻巡”之禀。虽经诚前宪批饬核议，究竟营船则移拨为难，已撤之船无款复设，徒付空言。

又前项渔团规费经宗前道源瀚禀明前宪台，一律减半，通饬示谕在案。各属奉行有实减者，有名减而实不减者。徐雨霖系按未减以前之数，查开王守定为八五折，在实减者以为浮收，即名减而实未减者，亦且援前案以为口实，其收费也无所谓，渔团费而已，商船愈大收费愈多船费而已，此亦不足深论。

渔团事杂，正绅决不屑为其钻与者，不敢谓无一谨，愿大率无赖而稍有能，顾私而不顾公。徐雨霖复无督率之才，谤议之腾不得尽咎于厅县，思复陋规也。职道原以事有专任，不欲多为越俎，但以近在同城，又奉诚前宪札饬督办，不能一概置身事外，或批、或札、或面商、或函商，未尝舍王守而及他人，即宪台处亦不敢轻为一字陈渎。尝与王守谈及宁、台亦办渔团，亦收牌验费，何以彼皆帖然，此独嚣然？王守笑称，天怒人怨四字相连，渔团虽不致干天怒，而民怨实所不免。夫以裁费之故而贾怨于官，可也，以收费之故而敛怨于民，则不可；敛怨而款归公家，可也，敛怨而款不在官、不在胥，而在劣绅则尤不可。查原定每年收费万二千余元，解款六千元，收倍解半，已非合算。据云，收者尚属有余，解者尚形不足。近虽归绅认办，解款较为着实，第认办必求取盈，取盈必益滋怨，章程虽立，未必尽遵。不如改归厅县，各将认定数目解府，由府总其成。盖此时即归厅县，规费之念谅已早绝，仍是督绅办理。诚以一府之大，属员有数，耳目尚且难周，何况添此无数局卡；厅县地近情真，无虞隔阂，仍由府随时派人查察其善不善，办法似较周妥，亦可少卸仔肩。

王守初以任前宪批驳宁波府禀为言，详绎批语似无论或委员或厅县，责成由府办妥，并无成见。王守又云，此次晋省不提此事。迨职道函商，又要请联禀，覆以不便联禀，如有窒碍则从缓议，禀则节抄函语，由道另行单禀。王守未覆旋即束装晋省。职道任知府逾二十年，知府权限所在不敢逾越，此事迭次相商，无非意在改良，非掣该府之肘，非为厅县规费说法。王守之意总似不属，言外之意似以一人力有未足，欲职道为之助力压制，则人无异志，控案自弭，顾此亦有甚难。

商船收缴牌费已属权宜，出进口均须查验货物，实形扰累。至泰顺山河放下茅竹，瑞安内河行驶航船，皆与渔团渺不相涉，亦须收费，人安得而不控，安得而不饬府查禁，此皆认办取盈之端，无可压制者也。案经宪台批定，职道不敢异辞，因未据王守禀，道恐职道商办本意未能尽达，是以琐琐陈渎。

（童兆蓉：《缕陈温属渔团情形禀》。录自《童温处公遗集》卷三《温处道》。该文撰于清光绪二十九年六月）

温属渔团化私为公，该府督办年余，尚有成效，其中抵牾原亦不少。惟团费虽系归公，究竟取之民者万数千元，归之公者不过五六千元，局中情事，局外不能尽知，人之多言亦何足怪。各处税厘局卡设立之初，鲜不多端疑阻，岂止渔团？就渔团论，又岂止玉环一处？现在事机已顺，无虞梗阻，该府以为称心满意，本道则以为尚应随时改良。若谓整躬洁己承其流者，皆能公尔忘私，奉法惟谨，夫谁敢信其然？总之，该府为方面大员，督办此等事件，功无可言，过不容诿，劳怨任之于己，毁誉听之于人，毋肆诋諆，毋庸逆亿，诚以待物，明以烛奸，斯为要旨。该府洞达事理，愿共商之。至各处团费，闻已一律归为认办。认办则依时催缴，何以尚须该府筹垫？岂前此偶有其事耶？聊于禀中带叙耶？抑各处有认办之名，而无输缴之实耶？该守其悉心体察，无使利归人而害归已为要。

再查武举耿灿东等玉环绅董平日尚无劣迹，此案控奉抚宪批示已经数月，未有续词，其不再控可知。就该府指驳各节言之，乾没欠款，朋分发款，语多臆度，毋庸深论。该武举控省谓不就用本地之人，似在王国光酿案后，洪、夏二绅尚未接充以前。近年洋面多盗，该厅为甚，营汛水师不能得力，咎无可辞，若谓渔团巡船不在应责之列，亦属一偏之见。该厅原摊团费若干，该武举认办未成，即迳赴抚辕呈恳，其情亦刁，如再上控，果其谬妄，自应押发，否则只能就事论事，不必预存成见也。

（童兆蓉：《批温州府查复玉环渔团公费禀》。录自《童温处公遗集》卷六《温处》。该文撰于清光绪二十九年）

禀及清折均悉，查开各船甚为明悉，惟皆系山河运货小船，与渔无涉。旗埠私费，轻者仍之以资办公，重者革之以示体恤，斯为正办。

上年该府援渔团化私为公之例，设局派董开办，甫及数月，复又停办，并将所缴一季之费发还。停办后，该局仍在名停而实不停，收钱如故。因事扭控永嘉县，讯究有案。兹经调阅县卷，一朱姓、一杜姓分管局事，皆青田人，非绅非商，向充长随，名字虽稍不符，亦有以朱杜全庆控县者，事同名异，其为即此两人无疑。其为奸民与否，亦不待烦言。而喻乃停办已经数月，忽以一举数善具禀请示，殊所不解。果欲停而不办，第将停办缘由申报，何须请示？若欲停而复办，似于政体有乖。倘因地方经费无出，筹画艰难，此举岁得数百元，不无小补，亦应与渔团各不相涉，由永嘉、青田两县遴选正派绅商经理，不假旗埠之手，亦不经该丁随之手，两县分任其责，分受其利，以补学堂费用之不足，犹为彼善于此也。

（童兆蓉：《批温州府办理渔团禀》。录自《童温处公遗集》卷六《温处》。该文撰于清光绪二十九年）

温属滨海，渔汛实逊宁、台。查宁波渔团，岁定牌验费，洋一万数千元，台州七千余元，温属定万二千元，伯仲于宁而远过于台，本已竭泽而渔。兼以福建网捐到处设局收费，控诉纷然，沿海渔民不胜其扰，何堪更立名目以图增益。青田山乡船只向不出海网鱼，往来装运商货，历由关局查验放行。既在内地，何必给单？如果盐捕、旗埠人等留难需索，应即禀请禁革，且其利害亦青田人受之，何以舍青邑、处府及本道衙门，一再恳于该府，并赴省上渎抚宪？一似闻风响慕，惟恐不遂所请者。然天下岂有如此急公好义之人，不过一二奸民假公济私耳。渔团总董谢雨霖见利而不知大体，昨据乐清禀，该县白溪水涨地方新盐卡，七月二十七八等日被枭匪捣毁屋物，杀毙巡丁，掳去十余人，所掳水涨司事即谢雨霖之弟，并闻谢姓被掳不止一人，至今尚未押回。渔团虽与盐卡不同，其为人情不愿则一也。既经控奉抚宪批司饬府核议，闻已设局开办，果能日久相安无事，本道亦无异议，是在该府随时留心察度耳。惟查阅总董议章进出各给以单，毋庸编团烙号，不知何以责成约束？

青田一带河道向有匪徒抢劫行李、客货，冬令为甚。每至冬季三月，即饬炮船管带调集各号炮船分段驻泊，上下梭巡会哨，保护商旅。因每船勇丁六名，江宽潮急，驾驶不灵，饬令添募三名，酌给哨官油烛杂费，按月由海防局支领，造报省局核销。此后究竟如何办理？若仍照前分段添募，一应支销应由渔团局支给，海防不能预闻。

（童兆蓉：《再批温州府办理渔团禀》。录自《童温处公遗集》卷六《温处》。该文撰于清光绪二十九年）

清光绪时温州减征茶税

案奉宪行准兵部火票递到户部《咨开贵州司案呈本部会奏议复商约》："大臣吕等奏'减茶税，以纾商困。'一折，光绪二十八年三月三十日具奏。本日奉旨：'依议，钦此。'抄录原奏，咨饬钦遵办理，计粘单"等因。续奉札准外务部《咨》："光绪二十八年六月初八日，据闽海关税司电称：'茶税减收一两二钱五分，于本月初三日按照新章开办，以前须按时价估税'等语，咨会查照饬遵。"等因。奉查中国出口土货，茶叶为大宗。近来，印度、锡兰、日本讲求种茶，无微不至，自洋茶盛行，华茶销路日滞。减收税厘，以维持为振兴国课、商情，洵属兼筹并顾，职道遵奉之下钦佩莫名，顾其中为难情形，有不得不为我宪台详陈者。

查瓯关开办之初，收数甚少，故无奉摊部款。续奉派解俄、法偿款银五万两，又出使经费银三千三四百两，随给汇费银三百数十两，又厘税折耗银四百数十两，又支给监督委员薪水等银三千四百数十两，又书役纸张薪工银五千零两，汇统计算共需银六万二三千两。三年以前征收华洋各项进出口税银多至六万，少亦五万有奇，以征抵解虽形支绌，尚堪敷衍。迨二十六、七两年，初为京津之变，商民裹足；继因招商局轮船改挂美旗，例不装载洋药，以致税厘骤减，均仅收银四万三千余两。本年春季，俄、法偿款无出，禀蒙宪台借拨杭关银一万两，始得无误。目今奉文减收，职道按照新章，就前三年税册核算，光绪二十五年，应减收银一万五千余两，二十六年应减收一万二千余两，二十七年应减收一万三千余两，本年六月以前，虽沿旧则征收，而俄、法秋季偿款尚虑捉襟见肘，以后按年牵算，应减收茶税银一万三四千两，连前不敷短银二万两左右。原查短收茶税由别项抵补之语，别处地大物博，固不难挹彼注兹，而温处地瘠民贫，除瓯绸、瓯柑、木炭之外，并无大宗货物出口，岁收不满万金，实在无从补苴。至进口洋货，向由沪关收税给单，至瓯验放，间有自外洋抵瓯足百抽五货物，完税一二十金至三四十金，甚属有限，按月报解有案，更属无关重轻。职道职司监督，术乏点金，与其遗误于临时，曷若绸缪于未雨，辗转筹思，惟有仰恳宪台转咨大部，将瓯海（关）摊偿俄法银五万两，从二十九年起，改拨赢收各关二万两，抑或由商约大臣别筹抵补，职道未敢擅拟，所有瓯关茶税减收无从筹补缘由，理合照录近年税数清折，呈祈察核批示祗遵。

（童兆蓉：《茶税奉减征不敷解请别筹偿款禀》。录自《童温处公遗集》卷三《温处道》。该文撰于清光绪二十九年八月）

清光绪间温州府办柑捐失宜

窃温州府王守办理柑捐一事，有拂民意，不敢安于缄默，请为宪台缕晰陈之。查永嘉土产瓯柑，由来已久。从前运道艰难，栽植尚少，占地已及数千亩。自轮船开埠，京津牛庄等处数日即达，渐推渐广，几及二万余亩，皆近城一带腴田，虽正赋无亏，税厘照纳，实属有妨五谷。前年十月，监生王彬等禀请抽捐积谷并拨学堂经费等用，当经批饬永嘉县会绅妥议禀办。十二月，有张正珊议章禀府请办，王守即为通禀。职道以其一事两岐批饬，查照前批督县会绅妥议另禀查办，日久未办未复。去年六月，初中学堂暑假，官绅咸集，佥谓学堂经费支绌，宜为设法。询及柑捐一事，绅等谓，惟有桶捐一法，不收之种柑之户，而征之贩柑之商，由招商局装轮计数，约岁得数百元，烦扰偷漏，均无所虑。当语王守，事与税厘并行，而不相妨，尽可举办。日久寂然。

本年四月，张正珊复援前议禀府，由府批准出示设局，职道固不知也。随后，张正珊来谒，始悉已经开局，悉照前年所禀章程办理，谕以本地人办本地事，务求相安。五月中旬，闻有乡民聚集捣毁局物情事，程令面称只坏局牌、微物，并未伤人毁屋。谕以妥为开导，捐数必应减轻。越数日，程令来谒，谓闻有乡民数十人进城控张正珊，大约必先至道等语。少顷，蜂拥来堂，即令程令出收其词，传年老者数人开导，随即散去。王守亦饬张正珊退办柑捐，专拿闹局之人。获一何姓讯供押县。越日复有多人赴府请保。王守恐酿事故，转由武营保释。（下略）

（童兆蓉：《缕陈温州府办理柑捐失宜禀》。录自《童温处公遗集》卷三《温处道》。该文撰于清光绪三十年七月二十二日）

清时温州口税、船税税则

温州、瑞安、平阳等口税则：进口货物每百斤作六十斤；出口货物往本省者每百斤作八十斤，往闽省者每百斤作六十斤征收。（竹、木计根，同。惟大杉木十根作七根，松板十丈作九丈，木炭千斤作九百斤。）

船税：凡出洋贸捕船，梁头四尺、五尺，每寸征银一分；六尺以上，每寸递加二厘；至满丈，每寸征银二分二厘；丈一尺以上，每寸又递加二厘；至丈又五尺，每寸征银三分；丈六尺，每寸三分四厘；丈七尺、丈八尺，均每寸四分。采捕鱼船，各口岸不同，视其大小纳渔税银，自二钱至四两八钱八分。

免税例：凡鱼鲜类十有九条，四百斤以上者征税，四百斤以下者免税；烧柴、木炭、炭屑，千斤以上者征税，千斤以下者免征；蛎蝗等十有五条，无论多寡，均免税。

（《钦定大清会典则例》卷四七）

卷十六 金融与物价

金 融

清初东瓯盛行银鉼

陈朴庵《观光片记》：吾瓯曩有银鉼，盖沿宋、元之旧，故老云，国初时尚盛行。银鉼似今洋钱而小，无文字，以星点多寡为美恶。乾隆初年，有采军工木料于景、庆各县深山，木户尚有索银鉼为木值，且出示其旧蓄以示人，故有知其制如此。

汉按：九十三翁陈松屏云，番邦铸银为钱，俗名洋钱。雍正时未闻入中国，乾隆十年后，稍稍见之。初皆细花，续为人头番。因便于使，厥后愈多而愈盛，至今几遍东南数省矣。按张邦基《墨庄漫录》："今闽、瓯、湖南皆倾金作鉼行使。"闻之故老云，洋钱之入中国已七十余年矣，便利固多，然中国自可定制铸造，何可使番钱蔓行中夏？有世道之责者宜亟图之也欤！

（黄汉：《瓯乘补》卷一八）

清嘉庆间瑞安典当

（宾兴旅费条约）存典本钱二千两，典商向县具领，每年满该息钱三百两；又存典本钱一千两，典商向学具领，每年满该息钱一百两，息中不复起息，闰亦不计。

（清嘉庆《瑞安县志》卷二《建置·学校》）

当税银三十五两，典商七名，每商征银五两。另款解司充饷，每年春季查明增除造报。

（清嘉庆《瑞安县志》卷四《田赋·外赋》）

清光绪间温州通用墨西哥银元

与本口岸的轮船交通仅限于宁波和上海，至于英镑和中国的银两既无金融市场，也没有投机买卖交易市场。白银，即银锭并不使用，温州的货币是光边的墨西哥银元。过去曾在中国的这个地方通行的查理金币，已消失不见。从前在温州和台州曾铸造银元，本地造的银元已不再看见，但台州仍在流通。模仿之真，除专家外可以骗过一切人，称之为坤洋，其价值比光边墨西哥银元便宜 9～10 分。一种称之为糙洋者，按减去 3% 至 4.5% 上下的折扣率被接受。刮洋是碎的银元，按重量计算。下面论及金银出口的评述，摘自《1887 年温州贸易报告》，将可说明银元是如何处理的：

本年出口 1109946 银元这一大数目，下面关心这项贸易的商人的简短评论，可以说明其原因。有些钱无疑是官家的什一税和捐款等解缴地方，而有些则是运往上海偿付货款，但大部分是运去出售和兑换。福鼎、福宁、桐山和靠近福建边界其他地方的商人，既和福州又和本口岸主要交易棉花和明矾获得银元，以交换其货物。他们刮去银元两面少许白银，将此银粉作纯金属出售。他们然后来温州购货使用这种刮洋按重量折算，以刮洋重漕平银 100 两，合光边银元 132～134 元。一当积累足够数量刮洋时，就送到上海仍可按 100 两重，获得 134～138 花边银元，可赚取 3% 左右。然而这种银元每重 1000 两，出口商要付运费 5 两，保险费 1.66 两。此外，还有一个并税 3.80 两（扣去杂质低头等），再加上驳船和搬运工费用，就减去利润的一半，有时兑换率低，甚至还要蚀本。大多数银元送到上海熔化为银锭，在熔化过程中提炼约4%的铜和其他杂质。银锭制成"元宝"以100两售价144～146元。

在本十年中，关平银100两兑换墨西哥银元数目如下表：

年份	关平银两	墨西哥银元	年份	关平银两	墨西哥银元
1882	100	150.40	1887	100	151.24
1883	100	155.04	1888	100	152.00
1884	100	154.28	1889	100	154.28
1885	100	153.52	1890	100	155.04
1886	100	152.76	1891	100	156.56

[那威勇：《瓯海关十年报告》（1882～1891）。录自杭州海关译编《近代浙江通商口岸经济社会概况》第418页]

为商业目的，本口岸白银价格完全根据温州轮船离开上海那天公布的上海金融市场规定的兑换率而调整。

标准银元，通行此地的是墨西哥光洋。商人向海关银号付税，按规定折算率：每关平银100两等于152银元。当地的漕平银1两等于1.50元。1银元等于制钱930文到970文，1892年折合率为1000文到1050文。同样，现在关平银1两仅值制钱1415文到1475文，十年前1两纯银可得制钱1520～1600文。

[李明良：《瓯海关十年报告》（1892～1901）。录自杭州海关译编《近代浙江通商口岸经济社会概况》第427页]

铜板，整洁墨西哥鹰洋，湖北、广东、江南及福建的一毫和二毫银角在本地流通，但后两省的硬币很少流动，要打折使用。有许多"烂板"鹰洋从福建省过来，此地并不流通，收到后立刻运走。

[包来翎：《瓯海关十年报告》（1902～1911）。录自杭州海关译编《近代浙江通商口岸经济社会概况》第436页]

清光绪时温州钱庄发展颇快

温州有三家钱庄，即春生、裕通和怡生，只与宁波和上海有交易。无从获得他们业务情况资料。

[那威勇：《瓯海关十年报告》（1882～1891）。录自杭州海关译编《近代浙江通商口岸经济社会概况》第421页]

温州当地有四家钱庄，都和宁波、上海和杭州有交换业务。接受活期储蓄或定期存款，进行贷款并开发汇票。除此之外，还有30家小钱庄，准许开出期票、兑换铜钱的业务，还可进行抵押贷款，每年利息15%～30%。

[李明良：《瓯海关十年报告》（1892～1901）。录自杭州海关译编《近代浙江通商口岸经济社会概况》第431页]

本口岸有27家钱庄（不含兑换铺在内）。现存一所钱业会馆，每日议定兑换率、费率等。如商家欲在钱庄开立账户，无需存入钱款，只要有殷实担保，事先确定支取数字，每季度收取支款八分利。每季度结账，到年底必须归还一切借款。

假如商人欲支取额超过担保金额时，必须事先通知钱庄并按每百元60分计费。如本口岸银根紧时，商人欲续借款则征费6%～7%，活期账可按每季6%计息。

多数钱庄都与上海或中国大城市的钱庄有账户往来。假如任何地方金融短缺，立刻会有银元转汇过去牟利。

汇款时，当地钱庄发给待付金额的汇票，如见票即付则每百元收费60分，汇票上写明“即兑”。如可在见票后几天兑付者，应在汇票上写明“见票迟×天兑”，按每百元40分收费。

[包来翎：《瓯海关十年报告》（1902～1911）。录自《近代浙江通商口岸经济社会概况》第436页。清末温州钱庄的经营情况可参笔者《温州古代经济史料汇编》第545～546页]

清光绪时温州金融巨头失败影响广泛

去年年底前夕温州的金融巨头胡某之失败，竟对沪、甬两地金融界、商界和交易所经纪人造成如此广泛之影响，直至本年初期阴霾还未散尽。

温州市面上银根依然甚紧，人心惶恐不安。连那些已渡过难关之殷实可靠户之汇票也遭拒收，而市上交易非常黯淡。如此一来，不仅小商而且大资本家也失去了不少赚钱之机会。

［纪默理：《光绪十年（1884）温州口华洋贸易情形论略》。录自《近代浙江通商口岸经济社会概况》第513页］

清末永嘉林秀亭设当铺、官银号

秀亭林君名钟毓，滋坪公次子也。其先自闽迁瓯，传至滋坪公业贾而尚德。君承其业有父风，追起家设当铺而兼开官银号，为瓯巨擘。当道器之，许以粮饷相往来，由是广置田宅，已非小康者比。近数年来，储蓄益厚，遇有防海、赈饥诸善举，往往捐助，民团采办镇米，倾囊无吝色。

（陈寿宸：《林秀亭墓志铭》。录自瓯海区文博馆《瓯海区文物普查资料》。该文撰于清光绪二十七年三月，墓主永嘉城人）

早在清朝末年，温州已有私人钱庄（即银号）。有东升官银号、裕春银号（林家独资），专吸收官银（即公款）与富商大户现银。这些存款，都长期没有动支，等于钱庄的资本。存息很低，钱庄获利颇丰。

（陆雨之：《温州钱庄业沿革琐记》。录自政协温州市鹿城区文史组《鹿城文史资料》第二辑）

清末平阳人在外得掺铜银圆

甲辰（清光绪三十年）正月初三日，在朱家斗姊丈家，晤其村人朱洪亮。言十五都垟心地方有名大苍者，自言经商在外，见两妇卖布于一人家，得银圆四枚，旋察知掺铜而无所掉换，大苍为赔换四圆，两妇深感之。后经商过两妇居，苦留具馔，辞以乘潮甚急，不可，遂留一饭。饭毕而出，则潮船已开矣。待夜潮至乃行，始知前潮之船失事，人多溺毙，而苍幸以两妇见留，不罹于难。

（刘绍宽：《果报征信录》）

清末温州开设银行

金融周围借商场，权利休教擅外洋。储蓄票兼公债票，温州今已设银行。

（洪炳文：《东嘉新竹枝词》。录自《温州竹枝词》第231页。清宣统二年，大清银行分号、四明银行分行在温设立）

清时瑞安当铺钱庄

当铺：本县当业历史已久，可纪〔记〕载者仅南门内之大赉一所，而西门、北门与小东门内曾均设有当铺（一在四柏巷，一在北门内，一在道堂边），早已停业。大赉典初系合股设立，后归曹姓经营，当清代金融机构未发达时，凡公私款项往来，自钱庄殷户外，多挹注于此。公款存放名曰发典，亦曰存当；而一般贫民每将衣被等物质取银钱。唯估价极低，如值十元之物，仅当得二、三元而已。期以十月为限，月息百分之二点四，逾期则不能回赎，由当铺削价拍卖。

钱庄：本县钱庄在清时不大发展。

金融机构一览表（据访册编列）

类别	名称	成立时期	地址	资本额	性质、内容、概况	备考
当铺	大赉	清嘉庆间	当店巷	50000元	初合资、后独资	此就当时存架资金平均数约略而言
钱庄	裕成	清	小沙巷口	1000元	独资	歇业（原稿疑资本10000元）
	公生	清	南门街	11000元		同
	公信	清	同前	10000元		同

（民国《瑞安县志稿》卷六《实业门上》）

物　价

南宋绍兴间温州拍卖违法田产近二万亩

（绍兴二十八年七月）前任温州点检违法田产已根括到一万九千余亩，见行出卖。又拘收没官田土，岁收谷租五千五百余石，折纳价钱八千余缗，欲同卖田钱并纲起发，可以少助经费。

（李心传：《建炎以来系年要录》卷一八一。前任温州，指前温州知州黄仁荣）

绍兴二十九年二月二十七日，新除直秘阁知庐州黄仁荣言：温州根括到田地顷亩，见委官吏出卖，乞量立赏罚，责以近限。从之。

（《宋会要辑稿》第六册五八八四页）

元至正间温州谷价涌贵

甲辰（至正二十四年），谷价涌贵，自二贯而五贯，嗜利者犹以未足而闭之粜。间有发廪，多以夤缘得之，困穷无告不沾颗粒。

（李作霜：《赈济碑记》。录自民国《平阳县志》卷六四）

明时两浙盐价

两浙每正盐一引连包索共计二百五十斤，原定价银四钱，近减五分，该银三钱五分。余盐通融二百斤为一引，嘉兴批验所银五钱，杭州批验所四钱，绍兴批验所四钱，温州批验所二钱。

（黄训：《名臣经济录》卷二三引梁材《题盐法议》。梁材，字大用，南京金吾右卫人。明弘治间进士，嘉靖时累迁户部尚书）

明末台温石米一两四五钱

台、温石米至五六钱。今不论歉稔，冬、春俱一两四五钱。非物力顿匮，良由南渡人多，欲贱而不可得。

（蒋鸣玉：《政余笔录》卷三。文中“南渡”指明末弘光南渡）

清初温州斗米五六百钱

顺治三年，是春，吾郡大饥，四五月间尤甚，米斗价逾五（百）钱，饥民皇皇不能存活。

（王钦豫：《一笑录》。该书藏温州市图书馆。作者字与谦，永嘉人，廪生，著有《翼正编》等）

清建有天下之号之六年，三韩王公来守是邦。时乱民窃洛顽之呼，纠扰弗纾。公至则曰：“吾闻清兵至，瓯民箪壶迎恐后。兹易数草木，忽揭竿而起，何居？是必有迫之铤险者。”乃一切施以宽大。师处棘生，斗米至六百钱，民穷日之力不能办朝饔，殣相属，而道间指醉瑞非短后衣即皂衣吏。公慨然曰：“吾知所以苏民矣。”……以故慈惠郁蒸，酿为天和。癸巳（顺治十年）之丰，几斗米三钱，公亦辗然色喜矣。

（李象坤：《掬庵集·王郡伯建祠序》）。文中“三韩王公”指王家梁，辽东义州人，贡士出身，顺治六年任温州知府。作者，字宁侯，乐清岁贡，后涉永嘉，工诗善文）

灾祲复见飓风飞，秋场不筑水侵〔浸〕扉。春来斗米钱五百，贫者流亡富者饥。

（朱鸿瞻：《安阳辞》。录自民国《瑞安诗征》卷四。作者字表民，号默庵，明末清初瑞安人，清康熙十二年岁贡，官宜平训导，著有《竹园类辑》等）

清康熙初阖郡盐价昂贵

康熙二年，海禁极严，盐灶尽废，阖郡食杭盐，每银一钱得盐一斤半。凡三年。

（清光绪《泰顺分疆录》卷十《灾异》）

清乾隆间浙盐销价随行就市

乾隆十六年十二月，议准浙省武员办理帑盐事宜。四十一年议准两浙行销各属盐斤价随时售，均无一定。（以上据宣统元年《灶课奏销册》开载）

光绪二十年，奏准海防军饷需款每斤加价二文。二十七年奏准偿还赔款每斤加价四文。三十年正月奏准赔款数巨凡纲引肩往各地每加二文。（同上）

（民国《瑞安县志稿》卷七《盐业门》）

清乾嘉间泰顺等地米价飞涨

乾隆三年，米贵每银一钱，得米三升余。

七年久旱，升米银五分。

（清光绪《泰顺分疆录》卷十《灾异》）

乾隆三年，大饥，米价每两六十斤。

十六年，大饥，谷价百斤钱壹千文。

嘉庆十七年，谷百斤价钱二千一百文，甘薯丝百斤价二千四百文。

（清嘉庆《金乡镇志稿·杂志·祥异》。该志稿藏温州市图书馆。金乡镇现属苍南县）

清道光中刘煜定永瑞平运价

署理浙江分巡温处兵备道兼管水利事务温州府正堂加五级记录十次随

带军功加一级刘为叩请碑禁案事：

据茶商吴宝元、程德泰、吴景隆、冯鼎丰等呈控瑞安埠夫李秀高等勒索加价等情，当经檄饬温州府亲提责惩，事据府详该商议增挑价，援案详请于永、瑞、平三处重立碑示以垂永远等情，并据该商等赴道呈请示禁前来，细核议增工价尚属平允。查各商装运茶斤自平至郡，沿途船埠挑夫久经碑示，定价给发，毋得居奇勒索。且挑运货件，又不换顺次序，故意留难，殊为商害。今已议增工价，各埠夫自宜小心挑运，合行开列定价，给示勒石永禁。

为此，示仰该商及船埠挑夫人等知悉：嗣后茶斤到郡，沿途毋许勒索刁难，倘敢仍蹈前辙，许该商等赴地方官衙门禀究。该商等亦须循照大路往来，不得绕道歧趋，所过各处照数给价，不得因有此示稍涉苛刻，各宜凛遵毋违。特示。

——燥溪至留石每担夫头十四文，河船十文，挑至留石埠五十六文，埠头落水二文，挑至败堂头十四文，陡门过坝五文，□□□留石加十文，留石船四文；

——万枝至留石每担挑夫三十五文；

——留石至钱仓每担埠头五文，落水捡货四文，航船二十八文，花古加四文；

——金镇落河船每担埠头三文，蓬益三文；

——金镇至鼠艚每担十八文，花古加六文；

——鼠艚头过坝每担六文，花古加二文；

——鼠艚头河船至城南每担十五文，花古加四文；

——钱仓过坝上下埠每担栈租二文，进出推工二文，担工十一文，花古加二文；

——水头、灵溪过坝每担埠头十八文，船钱二十四文；

——钱仓河船至城南每担船钱六文，底垫一文，埠夫十五文，蓬益三文，落水一文，花古加三文，旱水至夹树桥山外扒涉一文；

——坡南至坡北每担起水二文，埠头二十六文，旱水夹树桥六文，栈租三文，挑夫十四文，挑益至头店六文，堆庄二文，花古加八文，花古加二文，收数九二文，船钱八文，船外河二文；

——坡北船至□□每担栈租三文，埠头二十四文，旱挑东门澼六文，堆庄二文，蓬益三文，旱挑北门外十二文，落水二文，花古加四文，花古加二文；

——寨城关帝亭挑至码道每担担钱四文，埠头栈租三文，堆庄二文，看守二文，发筹半文，底垫半文，花古加二文，杜山头替船二文，周宅门前挑三文，保安堂前挑五文，花古加一文，打稻坦外挑十文，花古加二文；

——飞云渡每担渡船四文，埠头一文，落水一文，蓬益二文，花古加一文；

——南岸码道挑至舍〔西〕河口每担担钱四文，埠头十文，看守二文，花古加二文，旱水挑至新饭店五文，花古加一文；

——舍〔西〕河口小船替东门白岩桥每担落水二十文，船钱九文，蓬益二文，花古加二文，旱水只载二担加二文，旱水不能载运，船钱归与挑夫名下；

——码道挑至白岩桥每担二十八文，花古加十文；

——东门航船至郡城每担船钱四十文，埠头三文，花古加四文；

——郡城小船替至东、西二门每担船钱上下三文，起水上下九文，埠头三文，底垫二文，蓬益二文，点数一文，航船□花古加□□；

——关帝亭至平邑榕树下河船每只连蓬一百四十文，又埠头二十文；

——坡南至钱仓河船每只连蓬一百二十文，又埠头二十文；

——钱细每担瑞安航船二十五文，瑞安替船十四文，瑞安落水三文，两岸挑夫三十文，飞云渡船四文，寨城至平阳三十六文，寨城落水三文，坡北挑坡南并起水、栈租五十六文，坡南至钱仓三十文，钱仓挑夫起落水十文，钱仓埠头五文，留石航船二十八文。

道光十五年七月　日给示，发平邑岭门竖立。

（刘煜：《奉宪勒碑永禁》。录自《温州历代碑刻二集》第 1101 ~ 1103 页。该碑置平阳县东岳观。文中“温州府正堂刘”指刘煜，江西南丰人，道光十三年二月任温州知府。扈艚头即今鳌江）

晚清泰顺米盐极贵

道光十四年大饥，升米三十余文。南乡运瑞米接济，每升至四五十文。

是年缺盐，每斤价钱至一百三四十文。

光绪三年饥，升米至大钱四十五六文，城内米增价三十四文。

四年，盐极贵，每斤至百钱。

（清光绪《泰顺分疆录》卷十《灾异》）

清咸同间温瑞物价倍贵

咸丰三年七月二十二日至八月一日，大雨十昼夜。本城谷价百斤1510文，乡村比城中低三四百文。

（冯坚、胡今虚：《温州城区近百年纪事》。录自《鹿城文史资料》第五辑）

十年来，四方多寇，货贿难通。来自外地者，价值比前倍贵不等，即出自本处货物，卖者效尤成风。其余不虑不给者，如谷糠、蛎壳之类，亦较贵一倍。至于佣工雇值，刈稻忙时，一工需钱百四五十文，甚有乘忙勒取二百外者，皆是现在新闻。（同治三年）七月初一日间，前池甥正岳言，记此。

（赵钧：《过来语》。对照徐映璞《两浙史事丛稿》，清道光末年，忙时农工，每工制钱百文）

清光绪时温州粮价

至八月八日，新谷登场，粮价每担只比去年贵 4 角 5 分。到了 10 月收成大好，每担只卖 1. 80 元。本年粮价之起伏在 1. 76 至 2. 48 元之间，是乃与贸易成反比，贸易下降，粮价上升，反之亦然。

［白莱喜：《光绪十三年（1887）温州口华洋贸易情形论略》。录自《近代浙江通商口岸经济社会概况》第 523 页］

入秋后，温州目前的米价是 3.30 银元每 125 市斤，去年此时只是 2.50 银元。

［孟国美：《光绪十五年（1889）温州口华洋贸易情形论略》。录自《近代浙江通商口岸经济社会概况》第 528 页］

到 10 月底，粮价由春季之 4 元几回落到 2 元（每 125 市斤）。

［孟国美：《光绪十六年（1890）温州口华洋贸易情形论略》。录自《近代浙江通商口岸经济社会概况》第 532 页］

（今年）温州之大米价是每担在 5.20 至 4.50 元之间。

［李明良：《光绪二十七年（1901）温州口华洋贸易情形论略》。录自《近代浙江通商口岸经济社会概况》第 567 页］

本年米价每担在 3.13～3.70 元。

［李明良：《光绪二十八年（1902）温州口华洋贸易情形论略》。录自《近代浙江通商口岸经济社会概况》第 570 页］

8、9 两月持续干旱，大大影响到稻谷和红薯的收成。因此，农民和粮商又变本加厉地大喊大叫，结果，本年已回落到 4.00 元一担的大米从此又上涨到 4.50 元一担，高价持续到年底仍居高不下。

［穆海德：《光绪三十三年（1907）温州口华洋贸易情形论略》。录自《近代浙江通商口岸经济社会概况》第 583 页］

清光绪时温州茶价

毛茶产自温州之南百华里之遥之平阳，是一种普通茶叶，价格每担 10 银两。所谓毛茶只是略焙一下以防腐烂，然后以麻袋装载出口，年产量在 8 万至 10 万担。

［马吉：《光绪四年（1878）瓯海关贸易报告》。录自《近代浙江通商口岸经济社会概况》第 475 页］

白毫温州买价 40 银元一担，到汉口可卖厘银 62 两。而功夫茶这里买价20银元一担，在汉口可卖厘银20两。

［白莱寿：《光绪十二年（1886）温州口华洋贸易情形论略》。录自《近代浙江通商口岸经济社会概况》第520页］

白毫本地价47银元一担，到汉口可卖26～32银元一担。功夫茶这里买20～25银元一担，到汉口则可卖16～20银元一担。未烘茶这里买价16～18银元一担，若运上海去卖也是要亏本。

［白莱喜：《光绪十三年（1887）温州口华洋贸易情形论略》。录自《近代浙江通商口岸经济社会概况》第523页］

温州的茶叶平均价以担计：功夫茶关平银18.50两，白毫24两，未烘茶9两。据悉，温州运往汉口的茶叶都经当地渗入其他茶后运外洋的。

［孟国美：《光绪十六年（1890）温州口华洋贸易情形论略》。录自《近代浙江通商口岸经济社会概况》第532页］

今年温州茶叶之担价按关平银计：功夫茶20两，白毫50两，晒干茶，头熟12两，三熟6两。晒干茶二熟因不合出口就销温州本地。

［李明良：《光绪十七年（1891）温州口华洋贸易情形论略》。录自《近代浙江通商口岸经济社会概况》第535页］

每担茶叶之价格是：白毫关平银63两；功夫茶头收20两，二收16两；晒干茶分三档，头、次、尾收价格分别为13、9、6两。

［李明良：《光绪十八年（1892）温州口华洋贸易情形论略》。录自《近代浙江通商口岸经济社会概况》第539页］

温州市场茶叶价格：功夫茶关平银16～24两一担，绿茶9～42两一担，未烘干茶6.40～12两一担。上海价格：绿茶关平银6～55两一担，未烘干茶4～18两一担。汉口价格：功夫茶关平银26～36两一担。

［那威勇：《光绪二十一年（1895）温州口华洋贸易情形论略》。录自《近代浙江通商口岸经济社会概况》第549页］

目前温州当地红茶价每担在关平银20到25两之间。

绿茶品种繁多，当前市价是关平银13.50～26两一担。

［那威勇：《光绪二十二年（1896）温州口华洋贸易情形论略》。录自《近代浙江通商口岸经济社会概况》第552页］

红茶在温州的价格为每担关平银14～19两。

温州市场上绿茶价格分档次，每担在关平银15至25两之间。

［那威勇：《光绪二十三年（1897）温州口华洋贸易情形论略》。录自《近代浙江通商口岸经济社会概况》第555页］

本年茶叶价格（每担之单价）：功夫茶一级关平银20两，二级14～17两。白毫出口量只有一小点，关平银26～28两，乃是最佳品种。

［李明良：《光绪二十六年（1900）温州口华洋贸易情形论略》。录自《近代浙江通商口岸经济社会概况》第563页］

本年茶叶价格按担计：头等功夫茶关平银19两，二等13～16两。绿茶头等关平银24两，二等14两至18两之间。毛茶关平银7两。

［李明良：《光绪二十七年（1901）温州口华洋贸易情形论略》。录自《近代浙江通商口岸经济社会概况》第566～567页］

功夫茶头等每担关平银17两，二等15两。绿茶头等35～37两，二等17～27两，三等12～15两。毛茶8两。

［李明良：《光绪二十八年（1902）温州口华洋贸易情形论略》。录自《近代浙江通商口岸经济社会概况》第570页］

头熟（茶）价格每担13～14元，二熟茶平均在12～13元。

在上海最好等级茶叶卖价是21～30银两，而更好的特级茶则卖到40银两一担。至于那中档茶叶，12～20银两也买得到，视品种、质量而异。那三等茶叶平均价在7～8银两。

［穆海德：《光绪三十二年（1906）温州口华洋贸易情形论略》。录自《近代浙江通商口岸经济社会概况》第581页。文中价格指产区未加工茶价］

那种特级品种之毛茶，温州当地价格每担60银两，到了上海可卖100银两一担。

［穆海德：《光绪三十三年（1907）温州口华洋贸易情形论略》。录自《近代浙江通商口岸经济社会概况》第583页］

清光绪时温州橘价

头批橘子于 11 月运出，其中还有些“贡品”，那是献给皇家享用的。那时价格为每担 1.2 银两，后来下降到 800 文或约 5 钱银两一担。

[马吉：《光绪三年（1877）瓯海关贸易报告》。录自《近代浙江通商口岸经济社会概况》第 466 页。其时橘子装于木桶，每桶 1.2 担]

橘子丰收，价格下跌，计每一桶（110 市斤）只卖得 5 角银币。

[白莱寿：《光绪十二年（1886）温州口华洋贸易情形论略》。录自《近代浙江通商口岸经济社会概况》第 520 页]

橘子收成甚佳，出口比去年增 4459 担，市价分为三档：头档每担银元 1.70～1.80 元，二档为 1.30～1.40 元，三档为 0.80～0.90 元。

[那威勇：《光绪十九年（1893）温州口华洋贸易情形论略》。录自《近代浙江通商口岸经济社会概况》第 543 页]

今秋橘子特别多，价格为关平银 0.80～1.00 两一担。

[那威勇：《光绪二十二年（1896）温州口华洋贸易情形论略》。录自《近代浙江通商口岸经济社会概况》第 552 页]

橘子的价格从 9 钱到 1.20 两关平银一担不等。

[那威勇：《光绪二十三年（1897）温州口华洋贸易情形论略》。录自《近代浙江通商口岸经济社会概况》第 556 页]

清光绪时温州纸伞价

油纸伞本年未见列入统计，本地出口的有两种规格，大号每百把售 20 元，小号售 8 元，主运上海和乍浦。此类油纸伞常关税金是每百把收银两 1 钱 2，而洋关则征 5 钱之多，民船的运费要比洋轮低廉，在这一点上，汽轮为了要与民船竞争，不妨把运费下降一些，那些货运也许会上升一些。

[马吉：《光绪四年（1878）瓯海关贸易报告》。录自《近代浙江通商口岸经济社会概况》第 475 页]

油纸伞批发价是每百把银元 8 元，零售价每把 1 角。

[李明良：《光绪十七年（1891）温州口华洋贸易情形论略》。录自《近代浙江通商口岸经济社会概况》第 535 页]

纸伞仍是主要出口商品，本年出口超过了去年，批发价是每百把 15 元，零售价为（每把）0. 15 ~0. 20 元，这价已比前几年涨了一倍。

[李明良：《光绪二十六年（1900）温州口华洋贸易情形论略》。录自《近代浙江通商口岸经济社会概况》第 564 页]

（雨伞）其价每百把约洋 16 元，零售则每把 0. 18 元。

[李明良：《光绪二十八年（1902）温州口华洋贸易情形论略》。录自《近代浙江通商口岸经济社会概况》第 570 页]

清光绪时温州运价

汽轮水脚每一木桶（橘子）银元 1 元，要是夹板船，水脚只需 0. 50 ~0. 60 元一桶，每桶 1. 2 担。

[马吉：《光绪三年（1877）瓯海关贸易报告》。录自《近代浙江通商口岸经济社会概况》第 466 页]

上海到温州运费

单位：元

鸦片（每箱）	铅（每担）	匹头（每包）	海藻（每担）	钉头铁（每担）	菌类（每担）
3. 00	0. 20	0. 90	0. 20	0. 15	0. 50

从宁波要比从上海来减少 5%。

温州至沪、甬运费

单位：元

	茶叶（每半箱）	毛茶（每担）	橘子（每担）	药材（每担）
温州至上海	0. 40	0. 60	0. 50	0. 35
温州至宁波	0. 40	0. 60	0. 35	0. 30

［贺壁理：《光绪七年（1881）瓯海关贸易报告》。录自《近代浙江通商口岸经济社会概况》第503页］

运一件匹头从上海到宁波是7角银币，又把这件匹头从宁波通过内地水道和陆路运输到处州（只是离温州100英里，并与温州是在同一条江上）说是需500文，约5角银币，要是通过轮船把这件货从上海运到温州那运费是1.50银元。

［孟国美：《光绪十五年（1889）温州口华洋贸易情形论略》。录自《近代浙江通商口岸经济社会概况》第528页］

谈到水脚，主要进口商品如鸦片是银元3元一小箱，本色洋布1.60元一包，羽纱1.40元一包，铁钉条每担0.15元，煤油0.10元至0.12元一听，以上若存放在轮船公司代理人之仓库还得外加10%之仓栈费。出口商品方面：蜜橘则头批1元，次批0.80元，以后都是0.60元一桶；茶叶按海关规定每担0.60元，若存放在轮船公司仓库加收5%储仓费。

［李明良：《光绪十七年（1891）温州口华洋贸易情形论略》。录自《近代浙江通商口岸经济社会概况》第536页］

由轮船载运的主要进口货之运费：鸦片每箱3.00元，匹头1.85元一包，铁线每担为0.20元，煤0.12元一箱——汽轮离开后三天内把货投送掉。出口货之运费：橘子——头次装船货物到1000木桶，每桶1.05元，超过1000的按0.84元计，以后几次就每桶按0.63元计；茶叶——若系用竹篓（筐）装者每担0.60元，此外每半箱按0.40元计。

要是用夹板船装运，那么运费是轮船之75%。轮船装货物的保险金是货值的千分之二，夹板船装货物的保险金是货值的千分之二点二五。此外，夹板船无仓储，轮船公司代理人支付装卸费用。

［李明良：《光绪二十六年（1900）温州口华洋贸易情形论略》。录自《近代浙江通商口岸经济社会概况》第564~565页］

清光绪间瓯海关鸦片价格

单位：关平银两/担

年份	白皮土	公班土	土鸦片	年份	麻洼	派脱那	皮耐亚斯
1882	466.60	396.00	180	1892	496	440	—
1883	466.60	396.00	180	1893	490	435	404
1884	484	418	200	1894	574	483	462
1885	484	418	200	1895	594	546	—
1886	466.60	396.00	210	1896	580	523	—
1887	435.60	374.00	140	1897	—	509	—
1888	484	385	140	1898	740	537	539
1889	484	429	190	1899	694	582	577
1890	484	421	200	1900	736	687	—
1891	484	421	230	1901	715	637	—

［那威勇：《瓯海关十年报告》（1882～1891）、李明良《瓯海关十年报告》（1892～1901）。录自《近代浙江通商口岸经济社会概况》第417、418、426页］

清末瑞安谷价大涨

光绪二十二年四月，谷价大涨，贫民乘机抢掠，商店罢市，黄通政晋郡请兵弹压，并借府义仓谷万石接济平粜，人心始定。

三十二年闰四月，谷价大涨（鹰洋一元籴谷四十五斤），贫民相聚，商店罢市，官绅出为定价，发籴门牌米。

宣统三年四月，谷价涨，县民闹米，聚众毁米铺。

（《俞春如集》第311～312页）

卷十七 灾异

西晋永康中飓风怒潮邑将陆沉

永康中，三江逆流，飓风挟怒潮为孽，邑将陆沉，民咸惧为鱼。

（《宋濂集》卷二二《温州横山仁济庙碑》。三江为永宁、安固、横阳三江，即今瓯江、飞云江、鳌江）

东晋太元间永嘉郡潮起人多死

孝武帝太元十七年六月甲寅，永嘉郡潮水涌起，近海四县人多死。

（《晋书》卷二七《五行上》。同书卷九《孝武帝纪》亦有同样记载）

唐代括（温）州大水

显庆元年九月，括州暴风雨，海水溢，坏安固、永嘉二县。

总章二年六月，括州大风雨，海溢，坏永嘉、安固二县，溺死者九千七十人。

文明元年七月，温州大水，漂千余家。

（《新唐书》卷三六《五行三》）

北宋治平间温州火燔庐舍万四千间

英宗治平三年正月二十四日，两浙转运使言，温州火，延燔官私舍庐一万四千余间，死者五十人。

（《宋会要辑稿》瑞异二之三四。《宋史》卷十三《英宗纪》作“死者五千人”、卷六三《五行二上》作“嘉祐三年”，均误）

南宋乾道初大水瑞安民多淹死

仙岩头：旧志载：“宋乾道二年大水夜半入城，民多淹死，仅仙岩头赖姓及大镬万姓存焉。”

（《瑞安市地名志》卷二《行政区划居民点·城关镇》）

南宋乾道间温州大火

乾道四年八月，州大火。

（清康熙《温州府志》卷三十《祥异》）

十九日风甚，巳时，新河南界居民叶八家火发，烟焰所冲，六处并起。……至未时扑灭，烧过民居三百七十一家，茅瓦屋相间约计六百二十余间，并岑山尼院一所。是夜二更后，城外南厢居民遗火，亦实时救灭，烧一十五冢，计二十间，并系茅屋。……翌日风势依前猛急，至未时，市东界杜秀家火发，五处俱作，臣等又如昨日极力救护，至酉时扑灭，烧过民居六百七十三家，茅瓦屋相间约计一千一百七十余间，龙兴宫、开元观、嘉福院并当风头，不容拆救。内龙兴宫有市舶务一所，并皆焚毁。飞火出城南，烧却民居七十家，及造船营一所五十六家，计草屋一百四十二间，打造未成粮船四只。

本州居民约计万数千家，寺观四十所。今两日所烧共一千一百八十五家，茅屋相间计一千九百五十余间，寺观四所，大抵几灾及十分之一。

（王之望：《汉宾集》卷七《温州遗火乞赐降黜奏札》。其时王之望为温州知州）

宋时温州灾异补录

宣和二年，岁大饥，米一小斗（计四升）易钱三百文（见章峰《蔡氏谱》）。

（清光绪《泰顺分疆录》卷十《灾异》）

绍兴十年十月十七日起，望京门外飞爆延燎谯楼、开元寺。是年，乐清东西隅火。

（明弘治《温州府志》卷十七《灾异》）

孝宗隆兴二年春，大旱。

（孙锵鸣：《东瓯大事记》卷四。现藏温州市图书馆）

淳熙二年二月，大风拔木仆屋。

（清嘉庆《瑞安县志》卷十《杂志》）

淳熙六年四月，州谯楼火。

（明弘治《温州府志》卷十七《灾异》）

绍熙二年三月癸酉，（建宁府）大风雨雹，大如桃李实，平地盈尺，坏庐舍五千余家，禾、麻、蔬、果皆损；瑞安县亦如之，坏屋杀人尤甚。

（《宋史》卷六二《五行一下》）

按《平阳志》，宁宗庆元二年，飓风大雨海溢。

（《俞春如集》第310页）

理宗宝庆元年七月，大水。

（清嘉庆《瑞安县志》卷十《杂志》）

乙酉（宝庆元年）秋，水旱在处为虐。

绍定三年夏秋，疠疾流行，死者委积。

（李贞：《陈五侯王庙碑记》。录自龙湾永中《上京陈氏宗谱》）

嘉熙四年，饥。

淳祐七年二月五日，永嘉卖管（巷）火，延燎五百家。

十一年闰十一月三十日夜，东门火起，燔六百家。

开庆元年，饥。

景定四年十二月二十日，通道桥火起，延燎九曲并赞善王庙。

（明弘治《温州府志》卷十七《灾异》）

元代温州灾异补录

大德元年，平阳罹风潮，暴尸遍野，狗噬鹰餐，狼藉可畏。独南监田畈中一尸，狗睨之不忍食，彷徨而去。须臾，数狗群至，刨土为坎，推尸其中，反土掩之。

（《永乐大典》卷九一三引《温州志》）

大德元年七月十四日夜，飓风暴雨。黎明海溢，平阳濒海民居漂溺一如乾道。耆老告称：浪头高三丈余。路委常治中元明、孙知州筠按验，自六都至二十一都凡一十五处，计死损一千七百七十八户六千六百一十八口，失收官、民田四万四千三十三亩，没屋二千一百九十区。省理问拜降、廉访司完颜、佥事贞、宣慰司鲜于、都事枢，按视呈省。

七年九月七日，元宝坊西火，延燎至九曲。

（明弘治《温州府志》卷十七《灾异》）

大德七年十月望，夜大风覆舟，哭者比屋。

（陈昌时：《覆舟行》。录自瑞安《阁巷陈氏大宗谱》）

（大德）九年十一月初七日夜，木场巷火，延燎商量巷。

十一年十一月，府治内西庑吏舍火。

延佑四年十一月二十四夜，监前火，延燎三百余家。

五年六月二十三日，飓风暴雨，平阳沿江田禾淹损大半。

（明弘治《温州府志》卷十七《灾异》）

泰定元年秋八月，地震海溢，漂荡庐舍，溺者无算。《康熙志》：八月二十七日，风潮大作，望莱桥坏，其家九人皆溺，惟（徐）景遂得免，未几亦病卒。

（清道光《乐清县志》卷十六《杂志》）

顺帝至元二年丙子，自夏迄秋不雨。

至正二十二年壬寅秋八月，大风海溢（乾隆《府志》）。沙塘陡门圮

（《旧志·水利陡门》）。

（民国《平阳县志》卷五八《杂事志·祥异》）

至正五年十月，城西火，燔数十家。

十年七月二十日，永宁桥火，燔庙巷、永宁庙、罗汉巷、拱北门数百家。

十四年，平阳饥。及山寇所至纵火，并瑞安坊郭村落俱为煨烬之场。

十六年饥，分宪宋伯颜不花劝民赈粜。

（明弘治《温州府志》卷十七《灾异》）

元朝顺帝灾异最多。丁酉（至正十七年）夏六月，温州没千余家。

（叶子奇：《草木子》卷三。作者明时人）

元顺帝至正十七年六月癸未，温州有龙斗于乐清江中，飓风作，所至有光如球，死者万余人。

（傅燮詷：《史异纂·物异部》。明万历《温州府志》卷十八《杂记》有类似记载，但言"死者无数"。作者清时人）

至正十八年终，江山门火，燔广惠庙。

二十四年，平阳州饥。

二十五年，永嘉饥。

二十七年十月二十六日夜，大兵至城内，焚毁大半：永宁门南城下连来福门，大来桥至五马街，新河安仁坊至劝农坊，爱景坊至八字桥，百里坊至兴贤坊抵安定门，康乐坊至永宁坊、海坛门里。

（明弘治《温州府志》卷十七《灾异》）

明时温州灾异补录

洪武三年正月二十日夜，永嘉板桥下火，燔十余家。十二月初五日，康乐坊火，燔至东门数百家。

六年七月二十九日，百里坊火，燔数百家。

八年七月初二日夜，飓风挟雨，海溢，潮高三丈。平阳县十一都南监、十都黄家洞、江口、九都施家衕等处，男女死者二千余口，漂去房屋一空。咸潮浸坏禾稻，尽腐。永嘉、瑞安、乐清沿江去处亦皆淹没，防御倭寇官军船只、千户、百户、军人漂流没溺。事闻，朝廷差吏部主事罗实等官至郡，设祭没溺军官、军人于外沙，追荐于光孝寺，仍给钞存恤其家。差进使同御史主事至平阳赈济被灾民户。

九年七月初二日，飓风大作，猛雨如注，永嘉、瑞安、乐清沿江去处禾稻淹没，防倭军船在海口亦有漂没者。郡以事闻，浙江都指挥使司及承宣布政使司亦差官设祭，给钞恤其家。

（明弘治《温州府志》卷十七《灾异》）

洪武九年秋七月，大风雨，田禾尽没。事闻，上遣官赈恤。

（清嘉庆《瑞安县志》卷十《杂志》）

永乐八年七月，平阳县潮溢，漂庐舍。

同月，金乡卫飓风骤雨，坏城垣公廨。

（《明史》卷二八《五行一》、卷二九《五行二》）

宣德六年辛亥，飓风大作，庙学倾圮（见黄淮《重修庙学记》）。

（民国《平阳县志》卷五八《杂事志·祥异》）

宣德六年六月，温州飓风大作，坏公廨、祠庙、仓库、城垣。

（《明史》卷三十《五行三》）

成化十九年六月十九日大水。

（清光绪《泰顺分疆录》卷十《灾异》）

成化二十二年九月，温、台大旱。

弘治八年二月壬申，永嘉暴风雨，雨雹大如鸡卵，小如弹丸，积地尺余，白雾四起，毁屋杀黍，禽鸟多死。

（《明史》卷三十《五行三》、卷二八《五行一》）

弘治戊午（十一年），温州泰顺县左忽有一物横飞曳空。状如箕，尾如帚，色杂粉紫，长数丈余，无首。吼若沉雷，从东南去。

（徐祯卿：《异林》。作者明时人）

正德五年，大旱，岁饥。

八年四月，县前街疫死者相枕。又大火延烧及鼓楼。

九年八月朔日，地震。

（清光绪《泰顺分疆录》卷十《灾异》）

正德七年，嘉兴、金华、温、台、宁、绍六府乏食。

十二年四月甲子，浙江金乡卫自是日至七月己丑，凡十有五震。

（《明史》卷三十《五行三》）

正德十三年戊寅风潮，南、北二港水暴涨，庐舍漂流，人畜蔽江而下，江南一乡江口、径头、淋头、钱家浦、尖刀尾各埭皆崩，水逾月不下，田禾尽淹，人食腐米（《旧志·水利》黄浦埭下）。

（民国《平阳县志》卷五八《杂事志一》）

嘉靖五年五月至八月，旱，无禾。

六年复大旱，无禾。较五年尤甚。

十年九月初九日，陨霜害稼，民大饥。

（清光绪《泰顺分疆录》卷十《灾异》）

嘉靖十年六月大火，先是五月潮至有光如炬，至是大火起北门沙巷，燔及东南半城约一千八百余家。

（清嘉庆《瑞安县志》卷十《杂志·祥异》）

嘉靖十二年，大火自街西延及街东，民居坊表多毁。

嘉靖二十四年夏，无麦，民大饥。

嘉靖二十六年夏六月，飓风大雨，坏民居，害禾稼。

嘉靖二十七年夏六月，不雨，大饥。

（清道光《乐清县志》卷十六《杂志·灾祥》）

嘉靖二十八年八月，翁地大水，坏民居田园。

（清光绪《泰顺分疆录》卷十《灾异》）

嘉靖三十七年秋八月，府门两廊清军理刑厅火（万历《府志》）。

（清光绪《永嘉县志》卷三六《杂志》）

嘉靖三十九年，岁大饥（详《义行·陶灌传》）。

隆庆二年七月二十六日，大雨一昼夜，大水漂民居田园。

（清光绪《泰顺分疆录》卷十《灾异》）

隆庆三年又如之（大水），于是三江大崧前塘及能仁寺塘尽坏。

（清光绪《乐清县志》卷十三《灾祥》）

万历三年，邑大饥（见高阳《刘氏谱》）。

（清光绪《泰顺分疆录》卷十《灾异》）

万历三年春夏饥。

九年六月，大风雨。

十一年夏大风雨。秋旱。

十一年秋，大水烈风竟日，坊表、公署俱坏。

十三年八月，大风雨三日。冬不雨，至次年六月始雨。

十四年六月大水。

十五年二月初五夜雨豆。是年疫。

十六年三月初五日大风，飞云江覆舟，溺死五十余人。

十七年二月二十一夜，西北隅地震。

（清嘉庆《瑞安县志》卷十《杂志·祥异》）

万历十七年七月己未，杭州、温州、绍兴地震。

（《明史》卷三十《五行三》）

十八年四月旱。五月大水。

三十六年秋七月大风雨。

三十八年八月，山乡龙起，浪高数丈，覆舟漂屋溺死百余人。

（清嘉庆《瑞安县志》卷十《杂志·祥异》）

万历戊申（三十六年）七月望，飓风挟雨起自西北，声若震雷，山林竹木十损四三。潮溢城闉，沿江一带民居俱罹荡没。

己酉（三十七年）八月九日，处州大水，水从福建建宁及处之云和界发。湮没下河及青田县治，民居摧坍几半。温、处沿流诸处，室庐人畜多被漂流。中夜城北居民听到哭号之声，侵晨犹见人跨脊宇，声求救援者。西港诸乡当水冲击之处，受害惟均。是日，值省试初场，水没至席舍坐板。自百有年来，未有水潦贻害至于如此也！

辛亥（三十九年）夏六月十六日初昏，火发于百里坊大街，北至永宁桥，南至康乐坊，西岸沿烧约四百余家，至五鼓方息。

（姜准：《岐海琐谈》卷九）

万历三十九年春夏旱。

天启三年八月旱。

六年春大旱。五月二十九日申刻地震。闰六月初二日大水。

七年春夏旱。六月二十三日，大火燔东南二百余家。

（清嘉庆《瑞安县志》卷十《杂志·祥异》）

崇祯元年，邑大饥。

（清光绪《泰顺分疆录》卷十《灾异》）

崇祯九年□月，大火自仓前街燔及南门。

（清嘉庆《瑞安县志》卷十《杂志·祥异》）

清康熙间乐清大水

康熙庚午（二十九年）八月初三，天大雨，水涨，后山至前山，不见堤岸。水满数尺，与海无异，浸入龙首庙门。附此作，识非常之变。

塘围齿缺恨阳侯，毁我堤防可自由。鲸浪无知窥内室，虹涛有意荡高邱。汪洋万顷炊烟绝，泛滥千门秋兴忧。莫谓狂澜无砥柱，芦□许积塞沧州。

（黄国珉：《康熙庚午大雨》。录自乐清《长桥黄氏宗谱》）

清雍正时温州官兵出哨遇飓

雍正十年六月二十八日，温属之玉环营守备邱宗义管坐“晏”字八号战船，赍令出洋，遇飓。至二更时分，风势愈猛，将船打至官山洋面击碎，淹毙兵丁一十九名。守备邱宗义抱板得生，腿脚受伤。

瑞安营千总杨元管坐“清”字五号战船，是日遇飓。至夜，将船打至黄家山下击碎，千总杨元抱桨得生，腰足被伤，淹毙兵丁三名。又功加林逢春管坐“清”字九号战船，内兵三十名，余丁二名，同时遇飓，飘失无踪。沿边水陆探访，寻至虎石坑，见有本船字号推窗板及棋盘盖、后艚等物，又本船兵丁姓名年籍腰牌以及枪壳、火箭杆各项形迹，是该船实系沉失。

（《世宗宪皇帝硃批谕旨》卷一五九。录自清雍正十一年七月二十四日浙江提督万际瑞奏折）

清乾隆间飞云江覆舟

江豚夜吼沧波底，长江骇浪如山起，伤哉数十同舟人，一时都作波中鬼。飞云古渡号通津，来往无虚夕与晨，官设义渡济行旅，规以多寡示所遵。谁知法久转流弊，舟子招招但取利，破艄漏艚如胶舟，截流载重等儿戏。贩夫贾客苦奔波，冒雨冲风到便过，埠头得钱坐袖手，争舟纷扰谁其呵。维时庚子夏六月，拍岸风涛何仓猝，轻舟欲救不得然，瞠目江干空咄咄。风定捞尸何处求？可怜一半逐东流，家人远至收残骼，哭声震天天为愁。江头流水声呜咽，似为后人戒覆辙，生平纵欲轻波澜，闻此亦应心胆裂。横空安得驾长桥，南北无忧一水遥，秦皇已往谁鞭石？海上神仙不可招。万顷茫茫惨人目，古今几葬江鱼腹，长堤日夕来悲风，无数青磷夜鬼哭。

（余国鼎：《两峰山人诗录·云江覆舟自叹》。作者字元羹，号梅川，瑞安人，乾隆五十六年岁贡。文中“庚子”即乾隆四十五年）

清嘉庆间瑞安大旱后旋遭大水

六月无雨苗叶枯，长河水干可步趋，桔槔卧地农袖手，仰视红日空嗟吁。白昼温风扇暑热，火云灼熳蒸肌肤，人情惶惧出祈祷，坛壝攘攘走僧巫。天上哀怜降甘澍，一雨五日民欢呼，不道淫霖秋如注，朝复朝兮暮复暮。愁云黯黯惨不开，人家都在水中住，澜翻四壁灶有蛙，呜呜鸣鸡出高树。倾檐急溜无停声，茅屋摇摇打将仆，平野浩淼如江河，眼底不见陂与陀。比邻密迩不得过，出门咫寸愁风波，彼苍岂是忘仁爱，前何暵干今滂沱。一年苦旱又苦潦，良田那复有嘉禾，恒旸恒雨非天意，无乃人事伤太和？嗟嗟农夫奈尔何！

（余国鼎：《两峰山人诗录·大旱后旋遭大水》。其时为清嘉庆二十五年，见笔者《温州古代经济史料汇编》第583页）

清道光间瑞安连年大灾

瑞自壬辰（道光十二年）秋海溢，沿江田园漂没几尽。越明年，癸巳（十三年）虫灾，道殣相望。库吏请府谷千钟，议粜贫民，旋因兵糈匮乏，碾给之。民以乏食告，吏怒责之曰："汝家饿毙几人耶？"众痛哭，竟采草芽以食，斗米六百钱，疫疠交作，野有暴骨。甲午（十四年）春大水，无麦苗。或议施粥于校士馆，众不可，当道亦以纡繁为难，事遂寝。寻邑侯以卓异征，省檄少府摄瑞事。夏霖雨积三十日，平地水深数尺，薪米愈绝。五月己卯，有饥民持橐入郑氏家籴粮，勿与，遂攘之，沿及徐氏、林氏、吴氏，暨余从叔某，委积一空。各乡无赖子以搜粟为名，啸聚入城，城门闭。于是解事者始决计出粜，然犹避囤积名，扃鐍之。别市平阳仓谷及台阳商米以济。会署令莱门彭侯至，捐贩三百缗，民赖少纾，而死于饥者亦十之三四。事定，官惩始祸，薄治十余人；继论平粜功，详大尹议叙，首及城东某氏。某亦讲白圭术，善窖粟，然不至于自亡其有者，观变之略优也。哀赋六章，以纪其事。

瓯峤八月风，海若夺民屋，土膏化沮洳，穲稏鱼龙腹。鸦嘴不逢秋，辛苦负黄犊，螽螽满野飞，童拾牛耳镞。毒沴伤冲和，饥毙惨在目，卖儿讵计钱，医疮但剜肉。降割非天心，感召由司牧，世无郑监门，谁怜流亡牍。百里旧青山，高风远剖竹，落日望平原，茫茫愁云宿。

纪灾史臣职，乞籴麟经篇，汉唐儒术吏，温极多循贤。大祲烈兹土，墟落寒无烟，死者长已矣，生者暂幸全。催科居上考，紧赤纷除铨，荒城听晚鼓，放衙声阗阗。北风一何劲，雪花大如拳，繁阴冻清晓，筑箫惨不喧。睥睨瓯脱乡，肥马行且前，满目灾伤册，日惟屡丰年。

倚顿与黔娄，独行杳陈迹，稚秧几时花？糠市价珠璧。晓鉏忌日劚云根，鸦背日将夕，土芋采已迟，何以苏苍赤？朱门八九家，香米流霞席，欲求鸭脚稗，鹨鹉解余惜。龙门货殖书，奇策类斗弈，指囷思故人，曷问泛舟役。怨气聚荒郊，遥讶炊烟积，播草亦何心，风露萋长碧。

一春朝暮雨，雏莺哑不鸣，良苗乏生意，粥鼓空凄清。疲氓起沟壑，剡手东西征，老妪土中出，襟带亦其营。悲来借草坐，泪语黄河倾，冻馁迫驱命，可怜三尺轻。飑蝪横江湖，湛卢竟无名，夕阳西岭昏，空山犹哭声。救灾如救火，弭灾即弭兵，谁职此厉阶？哲士知其情。

驱马城东门，忧乱从此始，寸心不可留，呜咽瓯江水。矫矫莱门公，偶为苍生起，曰惟周孑遗，蒲鞭忍痛箠？慷慨腰带金，仓卒都亭市，苏我抚我民，畴云惠奸宄。父老泣数行，愿缓须臾死，乌犍勤新畲，丰年行转矣。不愿公银青，不愿公金紫，但顾棠阴浓，德颂光信史。

天心不难问，好恶与人同，畴为物所苦，而居众母功。哀鸿满中泽，疾呼哑者聋，锥刀竞胠箧，钱铸山皆铜。陶白讋仁义，缰锁系非公，湛卢虽在匣，牙吻含霜风。莫赛黑潭龙，刍豢饱甘浓，莫歆大嘴乌，毛羽养奇丰。君看紫毫笔，详记香山翁，剖腹呈琅玕，感慨意何穷。

（鲍成宗：《集云山房诗抄·纪灾篇》。作者字维城，一字云石，瑞安人，清道咸间诸生）

晚清瑞安水灾

《水灾记略》

咸丰癸丑（三年）六月水，幼龄未能记终始，但闻水势已滔天，七月无雷雨不止。挈眷壁地山寺间，遥看白浪高于山，生灵鱼鳖不胜计，我祖我父喜生还。乙卯（五年）之秋洪潮恶，海若冯夷争肆虐，十家漂荡九家空，老弱饥民委沟壑。糠秕食尽豆麦无，流离转徙难安居，米珠薪贵寻常事，争奈贫民气不舒！光绪丙子（二年）水亦大，水痕高比癸丑过，奔腾澎湃风怒号，海舶飞空民房破。黑夜楼台灯欲昏，暑月地炉火不温，出土桑麻根尽折，随波鸡犬声失喧。万物无辜遭溺劫，满目荒凉心胆怯，果蔬零乱禾黍凋，几处田园成废业。废兴由来镜里花，茫茫世界浪淘沙，洪荒地远无消息，眼底犹见小沧桑。沧桑回首生慨叹，六十年间几变换，那知苦海便翻身，脱却迷津登彼岸。

《苦雨行》

戊申（光绪三十四年）八月雨至己酉（宣统元年）三月，罕见晴明，因作《苦雨行》以志其事。

去年八月愁霖飘，今年三月阴霾连，人言地穴老蛟出，二百余日罕见天。樵夫足茧小皮溜，湿柴取火生苦烟，禾稼登场田积水，膏腴粟粒污泥溅。冬季菽麦未下土，民食艰难殊见怜，岁寒霜雪少肃煞，又无烈日烘春田。土脉阳和未生动，蓍龟恐难占丰年，嬉春盛事寻常有，鼓湿灯霄声不娟。红杏堤边沾百戏，绿杨观里暗秋千，士女犹嫌村路滑，贫家愁煞柴米钱。清明三日迟浸种，西畴北陌雨如绵，高田水满低田没，滋蔓难图草连阡。阳光藏匿寒气肃，窃恐禾黍不抽苗，八十老翁说未见，何怪孺子心忧煎。怒气欲嘘愁云散，取出红日照八埏，更当乞借旌阳斩蛟剑，斩断雌霓民贴然。

《辛亥七月处暑后三日大风雨至白露三日始晴》

咸丰三年水激海，陵谷迁移阡陌改，生灵溺劫最惨伤，幼不能记传闻在。宣统辛亥（三年）亦三年，月在丙申风雨缠，黄云烂漫东北起，雷公遁匿飓母颠。雌霓出穴老蛟舞，水声隆隆鸣战鼓，动地犹疑黄河倾，排空忽讶银墙堵。奔腾澎湃宵连朝，如听八月胥江潮，没时微露民房脊，触处拆断关津桥。野树催残山石裂，车马不驰帆樯折，千岩万壑走流泉，惊禽骇兽奔如掣。水风相激浪铮锹，顷刻沧桑眼底逢，歌《诗》怕咏褰裳涉，读《易》还愁灭顶凶。村人男女号且走，心怖波涛声怒吼，众唯鱼矣岂足占，窃恐性命归乌有。闻说流尸到处浮，奚止水患在吾瓯，浙东浙西地成海，江南江北陆行舟。我读新闻心胆落，恼怪冯夷肆残虐，禾田黍苗千里空，忧幸此邦半收获。但恨草泽地如沮，茅檐低湿难安居，陶潜门掩松菊径，仲蔚户没蓬蒿庐。到此方知高处好，底事书生栖蓬葆，朱楼画阁正笙歌，那听饥民呼苍昊！米珠薪桂十室无，眼见衣食苦驰驱，哀鸿嗷嗷遍旷野，谁上郑侠《流民图》？吁嗟乎！牧民之权有司操，我非有司心自忉，那得乞邻向大府，官仓发粟赈穷曹，能使灾黎意气豪，欢欣鼓舞歌勤劳！

（蔡英：《焦桐山馆诗钞》。录自《瑞安市志》卷三四《丛录》。作者字莲渠，瑞安霞宕人，邑诸生，终生执教）

清时乐清灾异补录

顺治二年秋八月九日，大水坏北门城桥二所，漂民居田禾，溺死数十人。

顺治八年，寇警，民饥，斗米钱五百，路多饿莩。

顺治十五年，海寇陷城，烧劫殆尽。

康熙七年夏六月，大风雨。秋七月，大水害稼。

康熙十年夏六月，螽。早禾将刈，忽生青虫，三日夜禾穗尽堕田中，芙蓉村尤甚。

康熙二十年春，地震。

雍正元年夏，大旱，民饥。

乾隆五十二年秋七月晦日，大水。五邑同。

乾隆五十七年春三月十二日夜，地大震。

（清道光《乐清县志》卷十六《杂志·灾祥》）

道光二十年庚子春，乐清县七圣庙桂树花。三月二十七日，温、台、宁海暴风彻夜，漂坏商、渔船人口无算，闽闽、广海洋是日俱有风灾，俗名“阎王暴”。故老云，已百年来而未见。

（孟剑秋：《东瓯轶事随笔》卷下）

清时永嘉灾异补录

康熙七年七月五日，大风雨损坏城垣、庐舍，市可通舟。八月地生白毛（《旧府志》）。

（清光绪《永嘉县志》卷三六《杂志·祥异》）

是年（嘉庆二十四年）秋冬，痧瘟流行，死亡甚夥。

（孟剑秋：《东瓯轶事随笔》卷下）

咸丰三年七月二十二日至八月一日（阴历六月十七至二十六日）大雨十昼夜，平地水盈三尺，温州各地同患水灾，本城东门及瑞安南门发现浮尸，房屋漂流入海。蒲州陡门被大水冲决。早稻收割未及一半，各地饥荒，谷价腾贵。

（冯坚、胡今虚：《温州城区近百年纪事》）

本年之8、9两月霍乱肆虐，温州地区迅速蔓延，整个城市惊恐万状。单就城里华人聚居之区，每日被此疫夺走生命者至少在15至20人之多。而还有一群360名之乞丐，一天之内竟死了80余名。洋人中有一女性得病后，24小时就死亡矣。海关中有两名华员，一名在12小时内，另一名在33小时也同归西天。

［马吉：《光绪四年（1878）瓯海关贸易报告》。录自《近代浙江通商口岸经济社会概况》第477页］

秋收前，7、8两月霪雨连天，部分地势低洼田地就遭洪涝之灾。洪灾之后遇干旱，从9月开始至年尾，所有沟渠、小河支流都缺水，不少水路、航道仅容平底小舟或筏子来往，因此水脚就跟着昂贵。

［德当纳：《光绪八年（1882）温州口华洋贸易情形论略》。录自《近代浙江通商口岸经济社会概况》第507页］

1887年（光绪十三年）是大不幸的一年。5月的干旱，随之6月头20天的连续大雨，使河渠漫溢，洪水遍野，情景凄惨，大片水面没过家宅和坟墓，到处牛羊群挤在小丘之上。有些地方拱桥还在，仅露顶端。多人丧命，尤其是在上游之山乡。好几天来，河上景象吓人，顺流而下的是尸体、棺材、树木、家具和牲畜。大小船只停航，定期班轮江漂（Kiang Piao）号于18日到达后，被迫开动机器连续两天以舒缓缆绳顶住潮流，在6月初的19天内，降雨记录达20英寸。毋庸说，这次天灾使米价大涨。

［那威勇：《瓯海关十年报告》（1882～1891）。录自《近代浙江通商口岸经济社会概况》第419页］

到了9、10两月，干涸成旱，以致附近一些小河道也干涸，而致两季稻谷收成仅达平常之70%。旱了两个月，到了11月竟是霪雨成灾，以致收割之稻谷受潮而出芽。

［那威勇：《光绪十八年（1892）温州口华洋贸易情形论略》。录自

《近代浙江通商口岸经济社会概况》第 538 页]

1895 年（光绪二十一年）8 月，夏日持久高温，当地民间疾病流行，多人死于霍乱。10 月，蔓延至外国侨民，在一个星期内，住在同一大院的四名洋人和两名中国人被该病夺去生命。

1898 年（光绪二十四年）8 月 27 日夜，约在 11 点钟，在（温州）城外的众多中国民房发生大火。在招商局轮船公司和海关所在的一条街之间，约有 100 栋房屋在不到一小时内化为灰烬。大火然后又吞没了海关隔壁的厘金局，虽然海关公署由几辆救火车的及时到达而幸免于难，但主要还是归功于鸦片仓库坚固的背墙将火势逼向东面，该大火仍继续肆虐达数小时。

1901 年（光绪二十七年）8 月 2 日夜，台风光临，江水涨至异常高度，淹没周围几英里农村，造成巨大财产损失。在靠近下锚地的灵昆岛因堤岸崩塌，生命损失巨大。地方官员和士坤起先发放棺木埋葬死者，后又捐米捐钱救济活者，使他们能重建家园，补种庄稼。在温州城内也有不少的损害。

[李明良：《瓯海关十年报告》（1892～1901）。录自《近代浙江通商口岸经济社会概况》第 429～430 页]

光绪二十七年六月二十三日，温州永嘉县状元桥外有地名灵干者，其地为屿，兀在海中，周回六七十里，成一大村落，烟灶计千余家。前数日飓风大起，洪潮直立，高与檐齐。屋宇倾塌，一扫而空，其间无老无少，均葬鱼腹，至尸身随流漂没，有夫妻以发相结者，有一家七八人以布带系腰就死者，海滨诸乡，纵横于涂边无数，举目之下，实动悲酸。

（林骏：《颇宜茨斋日记》。灵干即今温州市龙湾区灵昆岛，位于瓯江入海口）

本年温州天时不正，非亢燥逼人即潮湿过度。夏初雨水太多，田禾被淹稍损。入秋以来亢旱日久，城乡内外井涸河干，凡四乡集镇来往水道皆浅阻不通，市面生意因而停滞，所种柑橘大半干壤，而罂粟一宗尤不堪论。又自六月起，暑湿交蒸，水气污秽，以致酿成霍乱吐泻之症，朝发夕死，多不及治，有疑为上海沾染而来。初自海关附近沿东及西各城乡，次则辗入城内各处，传染甚速，死亡相继。郡之四乡外县平阳等处流行殆遍，无处不闻呻吟哭泣之声。九月雨后疫气虽稍缓而变成疟疾缠绵不已，又以道路中死亡枕藉，殓埋不时，秽气触人，发为白喉之症，因而猝毙者日有所闻，至冬月犹相传未已。因疫而死者虽未能详查其确数，惟闻本城各棺木店共计售出约 9000 余具，其股户制存及施散于丐者不计在其内，若连四乡外县，大概不下 2 万人，可谓巨灾矣。

十月二十九日海关之东民房又起火，时风力甚狂，火焰分窜，轰轰烈烈，已成燎原之势，南为城墙所阻，蔓延至城门西北，逼近海关，似难保全。幸本地水龙非常出力，并拆断火路，关之东南隅仅隔一小铺未毁，乃得以保全无恙，真万幸也。此次计居民铺户 250 余间，悉为焦土，并焚毙一人，亦已惨哉。

［李明良：《光绪二十八年（1902）温州口华洋贸易情形论略》。录自《近代浙江通商口岸经济社会概况》第 571～572 页］

仅在 1911 年（宣统三年）因前一季偷运大米出口而发生过粮荒，在 5 月爆发抢粮风潮，全部停市并关城门三天。从上海和周围地区运来大米后渡过困境。1903 年（光绪二十九年）和 1911 年瓯江口各岛发生严重水灾。

霍乱，1902 年（光绪二十八年）霍乱严重流行，据说夺去温州 3 万人性命。1907 年（光绪三十三年）再次流行，比前次开始晚，于夏末流行，虽死亡好几千人，并不若前次那样时间长、死亡多。当疾病猖獗时，常见叫卖切片西瓜小贩坐在离污水池边二三尺处，瓜桌上布满苍蝇。

痢疾现在每年秋天流行，有两三年严重到整村人患病。有一年上海流行登革热病，本地也有发生，但未达同等程度。天花、麻疹、百日咳和腮腺炎不时发生，但从未见猩红热，也未诊出有白喉病。疟疾常见，偶尔秋天严重到流行程度。伤寒和类伤寒病倒十分常见。

［包来翎：《瓯海关十年报告》（1902～1911）。录自《近代浙江通商口岸经济社会概况》第 440 页］

秋初本埠迭连三次大风为灾，每次连潮十余天，江水泛滥，竟将附近商埠之堤防冲决，并将闸坝刷坍，一遇潮涨，水往逆流，侵及内河，淹没田亩，时盈时退，变易靡常。嗣以堤闸未能及时修整，致又妨及沿河一带田禾无水灌溉，及内地民船不能行驶，现虽赶急堆筑，至今尚未完固。

［包来翎：《宣统三年（1911）温州口华洋贸易情形论略》。录自《近代浙江通商口岸经济社会概况》第593页］

清时瑞安灾异补录

顺治二年乙酉八月大水。冬无禾。

康熙二十年夏六月晦夜大风雨，港乡漂没，沙园涂中骈尸相枕。

二十六年夏，飓风洪潮上淹田禾。

雍正四年七月，恒雨至明年春始晴，禾稼不堪问矣。

乾隆十五年虫灾。九月大水，奉文振恤。

十六年大旱，奉文振恤。

十八年旱，奉文给散籽粒。

二十八年洪潮溢，陆地行舟，害稼漂庐。

五十二年七月晦日大水，五邑同。

嘉庆二年春饥。

七年八月朔大风潮溢。

十一年七月二十九日大水，五邑同。

（清嘉庆《瑞安县志》卷十《杂志·祥异》）

壬申（嘉庆十七年），温郡大饥，至有食草、食泥者。闻有父食其子，未知实否。途中饿殍往往有见者。

泥俗名为“观音粉”，谓观世音赐以活人者。色白，深山中有之，富者食之即死，多食则腹胀。据乡人说如此。

（赵钧：《谭后录》卷下）

道光十年庚寅秋九月半，时将获稻，乃自初十日雨，至十九日才止。湖水满塘，低田禾没，闻东岙各村，其地当风口，怕风，获稻较早，有已割未敛者，浸于水中数日，父老鲜有见者，咸怪为异事。

道光十三年六月初十日，大水，低田洋洋如平湖。时将收早禾，水满久不退，农人在水中摸割，工夫费多而所收较少。早禾因多风雨，少收成，贫民艰苦，难以言尽，怨嗟之声，处处闻之。飞云江近江村落，大水时水与床平。别处更有地卑者。平邑僧文献之侄林金（隔江人）说。

六月廿七日，余在家。邻居二老妪来，说同屋人连遭大风雨，上漏下湿，无处安身，露宿檐下，柴米油盐，四者全无，以柴焙柴，无灯煮饭。时正收割，老妪欲借贷二三个钱，同室无人能应。苦不可言，闻之恻然。

道光十四年客秋，永邑禾被虫灾，所收极薄。

（赵钧：《过来语》）

庚子岁（道光二十年），邑大疫，死者相继，函匠无虚日。吾乡病愈者为余谈鬼怪，难缕述。咸言形如猴，索食不得，辄遭其虐。有先期促之祭享，谓己将别往至某家，汝可勿药，有喜。或愈，或不愈，或符，或不符，各得其半，而波驰蚁附，举国若狂。贫者一祭亦需数金，每含泪典贷成其事。富者造小龙舟，演戏、鼓吹以送，动用数十金。闻郡城一巨室家遭疫，每夜笙歌达旦，为鬼侑食，别治一室，罗列珍奇，极其雅洁。设一几于中，赌具都备，四面各堆白金数块，与鬼作由吾戏。行祷之夕，延僧、道数十人，鼓铙声填耳，至夜半送至江滨，火光烛天，如同白昼。

噫，奢矣，愚矣！如鬼果有知，当亦恋此乐境不肯去也。

（赵钧：《谭后录》卷下。作者清时瑞安人）

道光二十四年甲辰中秋前，晴至九月半。十六日雨，种植得时，合郡有虫灾。

道光二十六年六月十五日子时，地震。辛未□月二十四日子时，地震。补附。

（赵钧：《过来语》）

永安乡呈店：原名河坦。清咸丰三年大水，全村仅剩一间店铺，曾改称剩店。民国《瑞安县志》作郑店，谐称今名。

（《瑞安市地名志》卷二《行政区划居民点·湖岭区》）

文宗咸丰三年秋天大水（采访册）。

咸丰五年七月飓风海溢，八月又作，田禾人畜淹没甚多（采访册）

（民国《瑞安县志稿》卷一《大事记》）

德宗光绪二年大水。(蔡英:《焦桐山馆诗钞》二)

《夏间大雨风潮，田庐禾黍受伤甚重，饥民行乞络绎不绝，诗以寄慨》

风势潮声十万军，朝来泽国水淋淋。残灭似换红羊劫，大海仍嘘黑蜧云。涸澈枯鱼惊下泣，伤心宿鸟怅离群。神尧比岁夏宵旰，下邑偏灾莫上闻。

(洪炳文:《花信楼诗存》。录自沈不沉编《洪炳文集》第409~410页。该诗作于清光绪十六年)

光绪六年十一月，县前大火延烧百余家。

光绪十八年，瘟疫。

光绪二十八年七月，大疫。

光绪三十四年夏旱，自五月至六月凡四十日，河作陆行。

宣统元年六月下旬，大风雨，四乡大水，陆可行舟，十日后水始退，田园被没，为十余年未有之灾。

三年八月廿八、廿九两日，飓风为灾，山港各乡三十余都，漂没居民数万，尸骸蔽江。

(《俞春如集》第310~312页。文中灾异指瑞安县)

清时平阳灾异补录

乾隆二年七月初起至八月十五止，七次大风雨，茅屋及两屿古木被拔殆尽，田禾俱没。次年大饥，米价每两六十斤，城隍庙赈粥食，而死者不知凡几。

(清嘉庆《金乡镇志稿·杂志·祥异》)

乾隆七年壬戌十一月大街火(旧志修)。

(民国《平阳县志》卷五八《杂事志一》)

乾隆十五年旱，晚禾无收。次年大饥，谷价百斤钱一千文。本卫监生苏应仁、宋之瑞等赴苏买米救饥。

(清嘉庆《金乡镇志稿·杂志·祥异》)

乾隆三十七年壬辰蒲门山水涌溢(华炯存:《拙山房随笔》)。

五十四年己酉五月七日大水（嘉庆《瑞安志》云，永、瑞、平同）。

五十七年壬子飓风（汤肇熙：《吾南书院记》）。

（民国《平阳县志》卷五八《杂事志一》）

乾隆五十八年三月初□日，前仓土地祠前巷口火起，延烧两边店屋五十余间。

（清嘉庆《金乡镇志稿·杂志·祥异》）

乾隆六十年乙卯海溢（《吴氏谱》）。

（民国《平阳县志》卷五八《杂事志一》）

嘉庆十四年乙巳六月初六、初七二日飓风，吾瓯平、泰二邑被灾尤甚，早、晚无禾。闻有樵者遇一人，令之掘山，得白粉滑润可食，或名之曰“观音粉”，全活饥民无数。惟富者食之腹胀，诚异事也。

（孟剑秋：《东瓯轶事随笔》卷下）

嘉庆十四年七月十七日，飓风暴雨辰起夕止，倒屋拔木，飞瓦纷纷如蝶，砖垣、石墙被倾者不可胜记。凡停顿在外棺柩吹之如转丸，有破而出尸者。

十六年正月十一夜，天火雷电，逾时乃止。二月二十四夜漏下五鼓，地震异常。春夏瘟疫，又大旱。五月至八月初，河水稍通。及稻花放时，又为风雨所伤，秀而实者，十之一二。虽甘薯有六七分收成，仅足以支一冬。次年谷百斤价钱二千一百文，甘薯丝百斤价二千四百文，人多采草而食，甚有盗取初葬死孩而食者。自正月至五月，全赖闽商运台米救饥，饥而死者亦多。又大疫。

（清嘉庆《金乡镇志稿·杂志·祥异》）

清时泰顺灾异补录

顺治二年，永、乐、瑞、平皆大饥，饥民运鱼盐至泰顺及景、寿各邑易米，米贵而鱼盐极贱，时闽藩选李公裴来知县事，遣社兵至二、三都遏粜，遂致哄然滋事。

八年大饥，邑令王公煌设法劝富民施粥，全活甚众。

十七年饥，邑民多运米庆元远处，银二钱得米六升。

十八年又饥，仍往邻邑贵籴。连遭荒歉，民间器物可以货米者无复存矣。

康熙九年，各县稻已成实，被虫蚀尽，岁歉。太守姚公时亮奉牒勘荒发赈。

四十三年，岁歉。

六十年七月，四都下庄下塘坑雨雹一日，日禾尽坏。

乾隆七年久旱，升米银五分。各邑不法之徒到处抢掠，县详宪严捕，多瘦死者。

九年久旱，五月不雨至七月终始雨，禾皆不实。

十六年六七月大旱，时邑侯杨公人杰奉委赴乐清展赈，报灾稍迟。次年正月发赈（公有《赴郡接领海运赈米诗》）。

十七年秋七月十五日大雨水，一都各乡田地被灾。是夜初更，白鹤渡旁倪姓一村尽被漂没，仅遗一童，年十六，因屋浮至崖下，从楼窗跃出攀树上得活。

四十五年至四十七年，连岁歉收。

四十八年大饥，米价贵至数倍，盐亦极贵。饥民食草木叶，有钱者往桐山海上运台米及薯米以济。是冬稍稔。

嘉庆二年春三月，雨雹大如碗，东南乡秧苗尽伤，人畜有被击死者。是岁大饥。

十四年岁饥，七月飓风坏稼，十月淫雨，山种欠〔歉〕收，腊月饥。

十五年饥，邑民多茹草木，六、七都民采双背山上（俗名观音粉）疗饥，多致病死，且有掘土被压者。

十六年夏旱，禾多枯槁。

十七年夏，饥民掠食。

二十四年夏，大雨雹，城内尤甚，积屋瓦沟皆满，墙边积至没踝。

二十五年四月，地震，又大雨雹，比上年稍减。

道光十一年旱，岁歉。

十三年旱，秋又早寒，大风坏禾，高乡尤甚。十二月至次年正月，大雪连旬，高山林木尽折，牛羊野兽冻死甚夥。

十四年大饥。升米三十余文，南乡运瑞米接济，每升至四五十文。五月城乡时疫传染，至七月始止，人民死亡甚众，有全家病殁者。六、七都饥民有食柿叶及观音泥（泥产山洞中，细腻如面），入胃不化，多因以速死。时有一山产竹米，近山居民有借以全活者。是年盐缺，每斤价钱至一百二三十文，尤多充腐渣、石粉。

二十八年秋，城内大水。

咸丰三年三月间，地屡震，近闽界尤甚。六月十二日至二十四日，大风雨浃旬，一都上地及七都魏垟西岙山崩，压死人畜无算，叶瑞阳前后山对裂，各长十数丈，垟阔盈丈。是年饥，四溪东安峡岭各村匪徒抢掠城中，无赖亦率饥民入署逼赈，管令撤去，新任至开仓出借平粜，始安。

十年夏大水，四溪南溪一带尤甚，民居房屋田园多为漂坏。

十一年大水，附郭及一、二、三都尤甚，田多被淹。

同治二年十二月，城内大火，自士林坊起延烧至县前左街店肆房屋百余家。

七年冬，城内复大火，自士林坊下起延烧至太平桥店肆民居百余家。

十二年六月雨雹，一都山乡有重至十余两者。

光绪二年，春夏苦雨，六月十一日大水，一、二都田被坍没者甚多，天气极凉，是冬禾大歉，各乡多产竹米。

三年饥，四乡赖有海运米接济，升米至大钱四十五六文，城内米增价三十四文，县乃开常平仓谷三千余石，碾米粜之。是年秋虫蚀禾，近城一带尤甚，晚稻歉收。县报荒请缓征。九月杪始至年终，连月阴雨，忽暖忽寒，罕见晴明。冬至后微有霰雪，番薯不能成收，麦亦不能下种，农甚苦之。十二月雨雪间作，寒冽特甚。

四年正月仍多雨，计一月仅晴六日。盐极贵，每斤至百钱（是时蒙部文题准，永瑞乐泰四县均缓征）。二月县开征出示，粮每两加钱百文。本年四乡米仍贵，以上冬薯无获故也。时有饥民百余，无力耕种，请县给护牌出外游食，县准给之。

（清光绪《泰顺分疆录》卷十《灾异》）

卷十八 恤　政

宋初温州有省仓、际留仓、常平仓

常平仓，在州仓后。宋太宗颁置，以省仓南廊敖为常平仓。绍兴间，赵守不群异其门南出，别揭额，贮米二万四千斛。元至大二年，给常平本钞，本路以平定仓东北二带为之。今废。

（明《永乐大典》卷七五零七引《温州府志》）

北仓，在府治北洪积库西，即旧仓。

宋省仓，初在子城西南百步，后迁西北四十三步。自唐以郡赋为三分，其一为上供，其一为军储，其一留州支用，故有省仓、际留等仓。有铜朱印，政和四年十一月十三日降下。

（明《永乐大典》卷七五一六引《温州府志》）

北宋崇宁间乐清县置漏泽园

宋崇宁间，以丧柩寄留僧寺，弃置道旁，置漏泽园。选有常住僧管干择地，以常平钱直。本县旧置在东塔山下，改迁于东溪七宝院左。绍熙间，立义冢。元因之。国朝洪武三年，以附近城郭空闲宽阔山原田地，设为义冢，以便安葬。本县设立一处，在一都湖上岙。

（明永乐《乐清县志》卷四）

南宋初郑刚中智赈饥民

郑刚中，绍兴二年通判温州。遇事敢为，善筹策。岁大饥，流民甚众，乃出俸劝粜。守曰："恐实惠不及饥者。"答曰："已有措置。"以万钱，每钱押一字，夜出坊巷，遇饥卧者给一钱，戒曰："勿拭押字。"翌日，凭钱给米，饥者无遗。自守以下莫不称赏。

（明弘治《温州府志》卷八）

永嘉去岁旱损异常，秋、冬间民已极馁，赖章书遣人浮海，招致客米，粗可不乏。但民间无钱可籴，某夜出录饥民，得垂死者数百。劝率在城豪户作普济会，淖糜，日给万人，以百日为期，官又出常平米副之。然春寒多雨，秧种未绿，使人食不敢饱，奈何！奈何！

（郑刚中：《北山集》卷二十《与潘义荣》）

窃见本州去岁年谷不登，目今小民无食，流移饥冻，殊可悯怜。今欲募善士共为粥会赈之，日以五千人为率，费米十石，足三月，约费米千石。饥民度三月，有生意矣。诸善士倘随力信舍，米数过此，则人以半升米日一饭之，所济尤厚。愿赐允从，幸甚！右伏以饥民满道，皆怀填壑之忧；仁者动心，欲施兼济之惠；募虽逾于千石，德已遍于万人。倘分指囷之余，当有翳桑之报。

（郑刚中：《北山集》卷二八《温州普济粥会疏文》）

绍兴二年廷对，擢第三人，赐进士及第，授左文林郎温州军事判官。温名郡，太守率用显人，每与公商疑事、决滞狱辄中理，郡政一以付公。会岁旱荒，公徒行闾巷间，籍饥民，穷日夜不倦。或欲责富民出米以给，公曰："固也。然行之无法，则游手往往胁持噪竞，反以生事。不若敛富民米，价以常平钱，官自给之。"用公策，全活甚众，贫富皆赖焉。六年召赴行在所。

（郑刚中：《北山集》卷末何耕《资政殿学士郑公墓志铭》）

按《墓志》，公讳刚中，字亨仲，金华人。军事判官乃幕职，今《郡志》列之通判，误矣。又按《北山集》十六《跋中散留题》云："绍兴五年，某为州幕吏”，可以考见郑刚中官温州年月。

（孙衣言：《瓯海轶闻》卷三八《官师遗爱·郑刚中救灾》）

南宋绍兴间梁汝嘉等竭力赈恤

明年秋，知温州。未几夏潦，公竭力赈恤，并奏江浙闽皆大水，愿降德音蠲租税，仍敕有司省不急以补经费。

（周必大：《平园续稿》卷二九《宝文阁学士梁汝嘉神道碑》）

按碑，事在绍兴十三年。

（孙衣言：《瓯海轶闻》卷三八《官师遗爱·梁汝嘉温州之政》）

杨梦龄，字子寿，晋江人。登绍兴二十七年进士，调瑞安丞，摄县事。岁疫，聚食病者千余于僧寺，捐俸资为药粥，日亲察视，悉赖以活。

（清乾隆《泉州府志》卷四六《宋循绩》）

南宋绍隆间刘愈行义信于乡

刘愈，字进之，永嘉人，孝友端悫，遇人急，称贷施予如不及。事有利病，以身为倡，必兴除之，由是行义信于乡。绍兴庚午（二十年）大饥，以其家产簿质于州，得米五〔三〕百斛以归，分赈乡里，愈独不收贷，自以私廪偿官。隆兴甲申（二年）又饥，郡阙守丞，愈独投匭丐发常平，求降度僧牒转籴他郡，与同里徐谠协力赈救，全活甚众。太守张九成下车，得愈之贤，移书致馈礼。其书有云：“孝于亲，友于弟，行义闻于乡里，敬致州郡之礼以见尊贤之诚。”时谚云：“入楠溪不见刘进之，适乐成不见贾如规，是浮洞庭不尝橘也。”

（明弘治《温州府志》卷十二）

己巳（绍兴十九年）秋旱，明春大饥，君博谋赈赡之。其家山樵采不禁，恣民伐薪，鬻之以自给。择地不毛、道崄巇者，贾庸锄治。又身请贷于州，诣州教授，丐为先容，教授为君具食，君不下箸，曰：“乡人饿且死，尚忍安食于此邪!”在坐客竦然起，从君见州将。州将虑民逋负，难其请。君即乞以家砧基簿为质，得米三百斛归。与并乡大家分计近居之下户给之，贫者咸赖以活。其秋，君独不收前贷，代出私廪还官。

甲申春，不雨者三月，天无麦苗，农夫不复播种，方仍岁困飓风，因之以饥疫。贫民挑蕨根舂糍充腹，或尽室胀死去，而操瓢以乞者载路。时守、倅俱阙，莫有任赈民事者。君合乡民雩祭，吁嗟至于感泣。因诣瓯论奏，发常平仓米以纾民急，仍降祠部度牒，畀郡转籴它道，以故端明张公阐乡典之旧，诒书约为己助。上为恻然听许，无一不如所乞。会郡太守袁公孚奉宣诏旨，司户刘公朔实左右之。君与乡人徐说求赈救之方，得赵清献公《救灾记》以献袁公，榜于座右，视以为法。为是生者得食，病者得药，死者得葬，孩提之委弃者得以长养，君之居里亦缘君得官米以给，全活无虑千万计，其端皆自君启之。

（薛季宣：《浪语集》卷三四《刘进之行状》）

甲戌（绍兴二十四年）复饥，民相诱为劫，稠树村尤甚。县尉不敢前，议益以乡兵。愈曰："人心方摇，激则为乱矣。"单马至下渡潭，坐酒坊，呼其首，郑重开脱。众悟曰："昔刘居士救吾死，以有今日，不可违也。"遂散去，余亦随止。

隆兴壬午、癸未（元年）大风，甲申大旱，草根木实俱尽。愈亟入瓯函，乞发常平，卖度僧牒，转籴他州，词甚哀痛。上大惊曰："温州饥耶？此何人者，能为朕言？"时太守袁孚代归，中道诏令复还，以愈书付之，悉如所请。

（叶适：《水心集》卷十七《刘子怡墓志》）

南宋隆乾间王信温州救灾

王信字诚之，处州丽水人。既冠，入太学，登绍兴三十年进士第，试中教官，授建康府学教授。丁父忧，服除，进所著《唐太宗论赞》及《负薪论》，孝宗览之，嘉叹不已，特循两资，授太学博士。时须次者例徙外，添差温州教授。郡饥疫，议遣官振〔赈〕救之，父老愿得信任其事，守不欲以烦信，请益力，信闻之，欣然为行，遍至病者家，全活不可胜记。

（《宋史》卷四百《王信传》。据此，王信任温州教授约在南宋隆兴、乾道初年）

左从事郎添差温州教授王信，素有文学，尤通世务。尝摄郡丞，时适荒旱，留心赈济，不惮勤劳。一郡之民遂免流离之患。

（王十朋：《梅溪集》卷四《应诏举官状》）

公讳信，字诚之，处州丽水人。复教授温州。郡罹饥疫，议赈济，难其人。父老拜乞公，太守谓："是役不敢烦博士。"公欣然为行，家至巷到，赖全活恩不胜纪。王忠文公十朋方里居，尤相知重。

（洪迈：《王给事墓志铭》。录自李遇孙《括苍金石志》卷六）

南宋隆乾中刘复之恤政

始，正字调温州户曹，缘岁大饥，继以大疫，正字计口受禄。以其余散粥糜，日有常数。同僚寓士富人争效之，挟医至门，颦蹙掩鼻却立。正字亲切脉煮药，晨往晏罢，径入徐出。有难之者曰："将为太夫人忧。"曰："此老母意也。"所活数万人。聚道旁弃儿常百计，募妪乳饲，听无子者择取。比满秩，灾疫犹未已，皆泣曰："司户去，吾何所得衣食！"既而著作来守，故民望之亦如正字。及著作亦去，又泣曰："天以二刘赐我而不能终也，奈何！"莆人往还，必问著作、正字及游夫人安否；其皆卒也，哭之皆失声。

（叶适：《水心集》卷十六《二刘公墓志铭》）

按：《朱子集》七十二《偶读漫记》："刘宾之官永嘉时，郡中大疫，宾之日遍走视，亲为诊脉，候其寒温，人与药饵，讫事而去，不复盥手，人以为难。后皆无恙云。"考《二刘公墓志》，宾之以临安教授易温州教授，旋以召试馆职去，后由知衢州移知温州。复之始调温州户曹，正当饥疫之时。后以乞监岳庙召对，改官知福清，复以疾请祠召对，除正字。此二公出处大略。《朱子集》以饥疫事属之宾之，盖传闻之异。《郡志》既据水心《志》，而亦误以复之事属之宾之，又改游夫人饭以梅干句，皆为失考。

（孙衣言：《瓯海轶闻》卷三八《官师遗爱·莆田二刘公温州之政》。文中兄讳夙，号著作，字宾之，福建莆田人；弟讳朔，号正字，字复之。南宋隆兴、乾道中，兄弟俩后先任职温州）

南宋乾道间刘孝韪等救灾不力被罢官

乾道三年三月十九日诏：知温州刘孝韪放罢。以浙东提举宋藻劾其不能收葬被水死之人，使遗骸暴露故也。

（徐松：《宋会要辑稿》第四册三九八〇页）

乾道四年八月癸丑，知温州胡与可以支常平钱五百贯并系省钱五百贯赈给被水人户自劾。上曰："国家积常平米，政为此也。可放罪。"

（《宋史全文》卷二五上）

乾道五年十一月十五日，诏资政殿大学士、左中大夫、知温州王之望放罢。以言者论其专为身谋，不恤百姓，坐视大灾，如越人之视秦人之肥瘠。

（徐松：《宋会要辑稿》职官七一之二三）

南宋淳熙间朱熹、黄度赈灾

今被灾之民既是不可不加救济，则其费皆出于朝廷，臣本欲遍询诸郡，约见合用实数，然后奏请。今恐因循后时，失予措置，兼闻衢、婺、明州守臣皆欲丐祠而去，台州亦申本司乞拨钱粜米，数目甚多，又见臣僚札子论衢州等处见已乏食，及有指挥行下闽广劝谕客米前来温州接济，可见一路州军荒歉匮乏事势已急。

（朱熹：《晦庵先生朱文公文集》卷十七《奏状·奏救荒画一事件状》。南宋淳熙间，朱熹任两浙盐提举）

公讳度，字文叔。公初以左迪功郎为温州瑞安县尉。

岁大疫，挟医巡问，人给之药，而严巫觋诳惑之禁，全活者众。

（袁燮：《洁斋集》卷十三《尚书黄公行状》。黄度，新昌人，南宋淳熙间任瑞安县尉）

南宋庆元初曾炎极意赈恤

庆元二年，秋未获，飓风淫雨，海溢为灾，乐清尤酷。具舟筏畚梮以济捍之，极意赈恤，奏蠲丁钱数千缗。水退，修筑瑞安石冈及平阳三斗门，为东塘以杀其冲，皆使可久，至今人赖其利。

（楼钥：《攻媿集》卷九七《集英殿修撰曾公神道碑》。曾炎字南仲，南丰人。隆兴元年进士，绍熙五年以朝请郎知温州）

南宋时黄清臣救永嘉饥

江浙岁饥，有旨发二广义仓米航海诣永嘉。往时尝有此役，吏并缘以扰民，而米不时达。公处之有方，且并西道所发转致之，不越月而至永嘉八万斛。永嘉之人焚香迎拜步下，曰："此广东运使活我也。"

（朱熹：《朱子集》卷八七《转运判官黄公墓碣铭》）

按：清臣名洧，建宁人，时为广东运判。

（孙衣言：《瓯海轶闻》卷五六《杂志》）

南宋绍定间温州恤政

郑汝冈为吏部侍郎。绍定六年，剑寇猖獗，声撼永嘉，邑众告竭。汝冈移书庙堂，通浙江港禁，及置惠民仓。

（凌迪如：《万姓统谱》卷一〇七。郑汝冈，字山甫，宋括苍人）

南宋嘉宝间温州恤政

权刑部尚书兼修玉牒，以宝章阁直学士知宁国府，提举太平兴国宫，进宝章阁学士，差知温州。赴官，道间闻温州饥，至处州，乞蠲租科降，救饿者四万八千有奇，放夏税一十二万有奇，秋苗二万八千有奇，病者复与之药。事闻，赐衣带鞍马。

（《宋史》卷四二三《吴泳传》。吴泳，字叔永，潼川人，嘉定二年进士，嘉熙四年知温州，著有《鹤林集》）

薛叔仔，字德先，绍定中仕平南尉。庚子（嘉熙四年）、辛丑（淳祐元年），温郡荐饥，发廪煮赈至一万八千石。奏闻，擢官江南东路兵马副都监，嗣知化州。会缩戍，丐祠。宝祐甲寅（二年），进呈《中兴四传志传》、《经武要略》、《今上日历》、《会要》、《玉牒》等书。

（黄汉：《瓯乘补》卷六引陈懋卿《薛叔仔墓志》）

宝祐元年秋七月庚寅，温、台、处三郡大水。诏发丰储仓米并各州义廪振之。

（《宋史》卷四三《理宗三》）

元初改省仓为平定仓

平定仓，在路治西北偏，即旧省仓。至元二十六年，李总管朵儿赤重建，改名“平定”。元贞元年，大王总管鼒建。每岁省差监支纳大使，路差副使，攒典二名，斗级二十名。

皇朝温州府平定仓即旧平定仓。洪武元年冬，汤守逊重辟净居寺之东址，曰南仓；旧仓曰北仓；设官二员。五年，以民间田多上户为粮长，本府官提调出纳。

南仓，在府治南，永嘉驿北。北仓，在府治北，洪积库西，即旧仓。

（明《永乐大典》卷七五一五引《温州府志》）

元初夏若水广招米艘

夏若水，虎林人，至元二十九年授温州路总管。初至郡，岁歉，广招米艘，民赖以济。

（明弘治《温州府志》卷八）

元大德间拜特穆尔赈灾

东南海滨诸郡，温最剧。大德十一年夏四月，拜特穆尔来守是邦，首兴学校，劝农桑，使民知本。裂奸贪，震豪横，抑奔竞之风，禁苛暴之政，使民畏刑；建忠臣之祠，表孝子之墓，礼先贤之后，使民尚德。是岁大旱，遍走群望，引咎痛自责，阖境雨足，大有秋。明年，环温郡饥疫相仍，流民数千人来归，为之储偫以食之，为之庐舍以居之，为之药物以救其疾，为之榇轊以给其死。及其返船，又裹囊而导之出疆。明年秋七月，吴越大蝗，蝗且入境，至境皆死，人以为德化所致。

（程文海：《雪楼集》卷一五《温州路达噜噶齐拜特穆尔德政序》。拜特穆尔，清乾隆《温州府志》作“伯帖木儿”）

元延泰间温州恤政

惠安坊，元延祐立惠民药局，故名。

（明弘治《温州府志》卷六）

延祐四年春饥，达鲁花赤脱帖木儿请上户相率减价赈济，又禁豪民兜接客米，遍榜招集之艘平粜。

（明弘治《温州府志》卷十七）

泰定元年十二月，温州路乐清县盐场水，民饥，发义仓粟赈之。

（《元史》卷二九《泰定帝一》）

元至正间平阳汤公等减价赈籴

至正元年夏饥，贫民流移者众，监郡的斤海涯〔牙〕劝率上户出谷赈粜。

十六年饥，分宪宋伯颜不花劝民赈粜。

（明弘治《温州府志》卷十七）

昆阳郡多巨室，仓廪红腐，凡遇岁饥，减价赈籴者盖不之见。吾里汤公，仁人也，辛卯（至正十一年）岁饥，家米一斛，价则减半，老羸食之。丙申（十六年）岁饥，家米四斗，价亦减半，贫则贷之。岁甲辰（二十四年），谷价涌贵，自二贯而五贯，嗜利者犹以未足而闭之粜。间有发廪，多以夤缘得之，困穷无告不沾颗粒。公讶其设心不仁，故井里不越一家，与粟一庾，虽家无余粟，亦以米继。公之惠及人凡三，其他阴德未易枚举，宜中山燕山，异世同符，种德流芳，有如此也。

是时遐迩耄倪蒙其惠，感其恩，莫不播之声诗以誉盛德。友人方君德儒语余曰："此可以儆当今，可以示来世。"遂勉作记，刻诸碑，庶公之德斯不朽。

（李作霜：《赈济碑记》。录自民国《平阳县志》卷六四）

明洪武间乐清县建预备仓

预备仓：贮谷以备民间水旱借给，抵斗还官，洪武二十四年建。本县设置一处，在西隅宣化尼院内，贮稻谷六百二十二石四斗。

（明永乐《乐清县志》卷四）

明洪武间永嘉县立券以贷

李璨，字廷珪，广东化州人。洪武二十七年任永嘉知县，烛见吏民情伪，讼清役均，虽当繁剧，一如御简，暇则琴书自适。洪武戊寅（三十一年）岁歉，农几不东作，富人遏粜，众诉嗷嗷，乃下令禁之；仍使贫民立券以贷，且秋偿之，富民莫不皆从。郡守赵彦文以其法行之各县，阖境赖之。

（明弘治《温州府志》卷八）

明永乐末官民救灾

永乐二十二年十月，乐清民饥，命发仓赈之。

（谷应泰：《明史纪事本末》卷二八）

永乐甲辰（二十二年）岁大侵，饥者填门塞路，咸仰食焉。日设糜粥善食之若黔，敖然而无嗟食之声，乡有突不举火而耻于告急或老稚之不能来者，则馈之以粥米，借其全活者皆稽首祝之如晋人之报束长生者也。又尝仿漏泽园故事，献义冢地三所于官，由是贫者之丧不至于暴露，惠及枯骨厚莫大焉。

（黄淮：《介庵集》卷七《怡寿处士怡老征士兄弟合葬志》。文中怡寿兄弟姓项）

明宣德间永嘉县倡建义仓

国家惠养斯民以固邦本恒，恐闾阎厄于饥馁，不得以遂其生，上烦圣虑宵旰靡宁，重念太祖高皇帝旧设预备仓廪，岁久驯致废弛，于是慎简廷臣授以玺书条画事宜，分诣各道以经理之，仍命藩宪重臣之廉敏者以为之佐。刑部署郎中事员外郎刘广衡承命往浙江，偕右布政使方庭玉、按察副使王豫协修预备之政，按行至温，集郡守刘谦暨僚属同知徐恕、知县周纪等宣扬德意，仍召区里之长及乡之耆民，群聚于庭切谆训饬益加详焉。邑中富羡之家仰聆玉音，感激奋励，愿出谷输于官。未浃旬得谷若干石。于是敕使同藩宪喜其民之效义也，劳之以酒果，荣之以绘彩，即日具名以闻，既而鸠工庀材，构仓若干楹以备储蓄。钦遵敕旨，选忠厚公正耆民及殷富淳良之家，严慎守护兼知出纳之数，府委某官、县委某官总其政，申明戒约，委曲详备大要以绝私，无扰为本里社，细民皆欢欣感悦，仰戴圣恩生成之赐也。郡、县乐其事之有成，征文为记，勒石以垂示永久。

（黄淮：《介庵集》卷五《温州府永嘉县义仓记》）

圣天子嗣承大统，兢业图治，重念民食之艰，制诏天下思患豫防俾无困于饥馁。有司遵承惟谨，于是闾右之家仰聆德音，心怀感奋，愿出谷粟输于官，以备储蓄。温郡永嘉著姓王思昌出谷三千斛，辟屋三间为义仓，储谷于乡，以便赈恤。郡太守刘公谦暨邑宰周纪等上其事朝廷，遣行人范鼎赐玺书旌其义，劳以羊酒，复其徭役三年。郡邑推广德意，高大其门闾，表厥宅里，属乡之耆艾某某专司出纳之政，岁役丁壮二人，固扃□严守护。思昌感恩隆厚，趋诣阙廷拜稽称谢。归抵郡城，求余文为记，勒石义仓，昭示将来，用图永久。

（黄淮：《介庵集》卷五《永嘉石柱王氏义仓记》。刘谦，祥符人，明宣德间任温州知府）

明正统间李孟奇等赈灾

敕浙江温州府瑞安县民邹有真：

国家施仁，养民为首，尔能出稻谷一千一百石用助赈济，复捐资作义仓及造渡舟，有司以闻，朕用嘉之。今遣人赍敕谕尔，劳以羊酒，旌为义民，仍免本家杂泛差役三年。尚允蹈忠厚，表励乡俗，用副褒嘉之意。钦哉！故敕。

正统二年十月十五日。

（朱祁镇《赐义民邹有敕碑》。录自《温州历代碑刻二集》第593页。作者即明英宗）

国家崇旌义之典，民庶中有克尚义以粟赒人之急者，赐敕褒异而复其家，所以劝人心厉风俗者至众。温之瑞安李伦孟奇，义士也，家饶于资，不吝施予。里之贫不克葬者，尝作义冢具棺以葬之；阴水而病涉者，治桥梁舟楫以便之；公宇学宫圮者，捐资以相成之，其为善类如此。

正统戊午（三年），邑民岁旱乏食，发粟五千石以赈之。复置义仓以为备。知县钟沔上其事，遂有玺书之赐，旌之为义民，劳以羊酒而复其家，孟奇祗拜龙章，不胜忻忭，构重屋藏之，以为子孙无穷之宝，榜其上曰“敕书阁”。今夏诣阙谢恩，且请记于予。(下略)

（杨荣：《敕书阁记》。录自民国《瑞安县志稿》卷二七《古迹门》。

作者字勉仁，福建建安人，官至少师、工部尚书、谨身阁大学士）

为吾乡之民能知好义以成立其门户者，数百年来，予于属邑瑞安李孟奇氏仅可见之。孟奇世为瑞安人，予前为监察御史，来平阳银冶时，已闻孟奇之名矣。及予膺荐来守温郡，而孟奇之名益著闻于遐迩。及予到官，适逢前岁旱，灾民日以饥馑来告，予因忆孟奇曩时好义之名，计其前后所出银几数百两，谷凡数千硕，实皆出乎本心好义之诚，断非徇名矫假，徒慕目前一时之虚举者可得同语，因谕孟奇为众贷之，孟奇闻命即出谷三千余石、银百三十两与之。明年，复援古常平法，更出谷三千石置为义仓二所，听府县自为敛散，邑之令义其为人，乃以其事上闻朝廷，遣官赐玺书嘉劳，旌为义民，龙章焕耀，极尽辉煌，诚千载一时之际遇也。越月，孟奇谢恩阙下，谒今少司寇前郡守何公，因白公："以子孙皆异财别处，有沾义民之名，思欲合而一之，庶几不负乎上之所赐。"公欣然嘉奖，亲为作记，其间告诫之辞反复谆切。归而谒予于庭下，首出司寇公所作记文，再拜告予更记其后，予忝郡守，诚宜有所奖率，义不容默。

窃惟孝义之门，在昔若张公艺之九世同居，在近若金华郑氏之累代雍睦善下，后世虽愚夫愚妇，咸知为有义之族。然以孟奇今日之事观之，又非一家之比，盖彼之同居在家业未分之前，人心未散之日，此之所合在家业既分之后，人心已散之时，自非孟奇孝义之行素行于家庭，为之子妇者饱闻而熟见，渐染之深，一旦囊括所私悉归公家，安能保其不有纷然竞起而为之龃龉者哉！呜呼，若孟奇诚有可尚也已。虽然，古今以来，孝义之门，何代无之，率皆不一二世而至于离散者，其故何哉！大率由于家长者无一定之见、无经久之计以垂厥后人，后之为子孙者又不能皆贤，狡僮悍妻，潜伏左右，或相齿龃龉，或相鼓煽，候彼父子兄弟之间稍有形迹，则乘机挑唆，离间骨肉，遂致分门割户，辱家世而隳名节者，奚止千百。以法孟奇尚当酌古准今，立经常一定之法，使子孙得以永守而不蹈寻常世路之失。为孟奇之子孙者，则必思前人创业之难，善继善述，务求无愧于祖宗父母之行，无愧于义门之子孙。若然，将见自一世而至于百世、千世之未艾。公艺九世同居之矣，殆有不足言者矣。《传》曰："立身为亲，立敬为长。"又曰："慎乃俭德，惟怀永图。"凡为祖宗者固当知此。"无念尔祖，聿修厥德，视乃厥祖，无时逸豫”，为人子孙者可不念哉！因书以题《义门集》后，用以为之规戒云。

正统四年岁在己未十月吉日。

赐进士出身前行在山西道监察御史升中顺大夫温州府知府事刘谦记。

（刘谦：《李氏义门后记》。该碑现置瑞安市飞云镇陇头村李氏宗祠内。作者字自牧，河南祥符人，明宣德十年任温州知府）

明成化间温州旌表输粟于仓者

中宪大夫江西提刑按察司副使致仕同邑朱良暹撰

儒林郎直隶保定易州同知致仕同邑斗城木得贤书

圣天子嗣大宝以来，惓惓以子育民生，惟恐厄于饥馁，不得以遂其生。乃于旱潦之郡，节将赋税减免既多，恐馈饷有所不给，乃率由圣祖、高帝旧设预备之法，复令廷臣按行各属，召闾里大家，能于缺粮之处，愿输粟于仓以资赈济者，则荣以冠带；次则奖敕旌异，立碣镌石；又次则荣以羊酒。盖所以旌行善，劝人心，亦敦明信义，彰善瘅恶，同一意也。

守温郡八闽邵侯，钦奉玉音，宣扬德意，而诸邑效义之士，皆云集而响应，永嘉山仓王廷如谓子珣曰：“吾等生逢盛明，凿井而饮，耕田而食，仰事俯蓄，幸余余粒粟，莫非帝力之至。然英宗睿皇帝复正之初，曾输米八百斛，豪冠带已荣其身矣。今皇上复忧民如是，而郡侯训饬又若是，吾虽老疾不能言治，安得不损所有以助公家之赈贷乎？”乃遣子仍纳粟如立石数。事毕，谓暹宜记以示久远。

暹惟盛周之时，州里皆有委积以备歉收，隋、唐皆有常平之义社仓，大率皆仿周制。吾朝廷远稽古典，近式祖宗，复修旧政以光大之，而廷如父子乐副上意，积而能散，《传》曰：“未有上好仁而下不好义者也”，此之谓也。自兹以往，诚能事事皆合于义，而实其尚义之名如此，不负天朝旌表之宠，而永锡祚胤亦原于此。后之来者，对斯石，阅斯记，必能发奋兴起以归于义，庶世道亦有补云，是为记。

赐进士中顺大夫温州府知府邵铜；奉议大夫同知蔡蒙；

承直通判余鼎实；承事郎推官靳政；承事郎永嘉县知县郭瑜；

迪功郎县丞孙经；将士郎主簿柳显；承事郎典史周英；

迪功郎经历丰文。

大明成化三年龙集丁亥正月十八日敕命之宝。

（朱良暹：《旌表尚义王廷如石碑》。录自龙湾《山仓王氏宗谱》）

成化纪元岁在乙酉（元年）春，皇上嗣登大宝，虑天下水旱灾伤，赋税减免致多，圣心惓惓之至。乃于明年丙戌敕各道巡按御史曰："尔巡按一方，则一方之安危系尔一身，可不思患而预防乎？凡可以弭盗安民之术，听尔熟思审处而行之。"大哉皇言，诚宗社无疆之福也！我浙江按察御史王公朝远祇承简命，嘱有司官议准淮安府等处纳米依户部拟定事例，榜示四方，俾于缺粮去处上纳，以备官军支用。斯时也，君明于上，臣忠于下，于国家之治理，诚所谓详且慎矣。而例所开凡例四条，其次条又分四等，或给散官，或请敕立门，或立石，或劳乎酒，随其所纳之多寡而表异有差。温郡守南闽邵公铜暨诸寮属举行惟谨。

我乡永嘉罗浮义士林振堡舜孜纳米百石，例应立石表异，有司以戊子（成化四年）七月之吉立于舜孜旌表义门之内。其石上大镌"圣旨"二字，下分两行，镌十四字，曰："表异赐冠带义士林振堡忠义之石。"其所用字亦如条例中所云"立以表忠义"之文也。

舜孜以良有姻好，请记之。良以《既济》之《象》有曰："君子以思患而预防之。"盖天下既平，事既济矣。又当思其所患，防其未然，此治安之策也。《未济》之《象》又曰："君子以慎辨物居方。"是亦熟思而审处而行之之意也。方今运际兴隆，我圣天子为虑之远如此，其以玩二卦之大旨而有得焉者乎？舜孜熏陶德化，跻仁寿之域，仰体圣心，应明敕而急于效义，荣膺立石表异，龙光晋锡，焜耀里闾，宜立石记之，所以彰君之赐于不朽也。

顾予不文，不足以大书耳，且其行谊种种，其大节可附书者，如先于戊午（正统三年）输谷八百石，荷复役，勒姓名于预备仓之石矣；景泰癸酉（四年）输米四百石于京仓，恩赐冠带，敕建尚义之门。先后三十年间，三承恩宠，诚人世之罕观也。间尝稽其先世，兄弟登第，策励前朝肆今，流泽之远，复大荣恩，有自来矣。嗣兹以后，将必有彬彬继兴，增光先烈，盖匪直肆今而已也。《诗》曰："时周之命，于绎思。"予于林氏子孙有厚望焉。

奉议大夫四川等处提刑按察司佥事致仕进朝列大夫同邑朱良撰文

迪功郎江西南康府建昌县丞邑人刘罕书丹

尚宝司司丞前中书舍人同郡任道逊篆额。

时万历十八年岁次庚寅六月吉旦重立石。

玉堂黄诗镌。

（朱良：《表异赐冠带义士林振堡忠义之石碑》。录自永嘉《罗浮林氏宗谱》。文中《既济》、《未济》均为《易经》卦名，《诗》即《诗经》）

征仕郎中书舍人兼修国史同邑黄璨撰文

征仕郎中书舍人直文渊阁安固柳楷书篆

仰惟圣天子法古致治，大布唐虞之德化，普施商周之利泽，万世已安，而常若有所未安；九谷悉登，而恒惧有或不登。拳拳以养民为心，图惟亿兆以食为天，万机之暇，谘诹备荒救饥之策，屡下圣诏，命有司劝富民尚义者出粟实廪庾以备歉岁，诚得既济思患预防之大道哉！圣心养民之仁乎，其即天地生物之心乎。

成化十八年壬寅，永嘉令安成刘侯逊，体朝廷圣意，修书致于邑之仙桂乡徐君浚常，请其纳粟。浚常愿出三百石例立石。出粟之例：八百者赐冠带，四百石赐旌门。刘侯请书之辞略曰："冠带者足以荣身，旌门者足以光家，立石者足以传芳。"余以为立石，传芳百世，其不朽也。何则？石之为物，天地间至坚至久之物也。浚常愿赐立石，其名其德与兹石同其永久矣。石刻曰"旌表徐浚常尚义石"，二行凡八字，傍刻府县列侯姓名，覆之以龙凤彩亭，亭额金书"圣旨"二大字，其意忠厚勤至矣。

徐氏世居仙桂乡梅岗，诗礼相承，多积善德。乃祖孟恂翁，孝友纯笃，待人持己，于礼不少有违。仇人诬指宝石，诣阙陈悃得直。营造海艘，膺千夫长。于正统间输粟郡城预备仓，勒名《仓记》。修缮家事，增置田宅，诚倜傥士也。乃父蕴韬翁，承父膺赋税之长，平心率物，其德性谨厚，不妄言笑，不尚浮靡。尝遭回禄，祖居悉毁，与诸弟益拓旧址，盖增轮奂。梅岗山水，地因人胜，人杰而地灵矣。缅维《预备仓记》，先祖少保公记之，浚常赐立石之碑，而愚今恭记之。徐氏奕世之尚义，而愚奕世之秉文笔，矧今浚常之尚义又有光于先世，蒙圣天子玉音之褒美，其荣于华衮，诚千百载不磨矣。(下略)

(黄璨：《旌表永嘉徐浚常尚义石碑记》。录自《温州历代碑刻二集》第40~41页。作者字蕴如，黄淮之孙，号大罗山人)

明弘治时平阳建民天堂

成化二十有三年，始与予同举进士。明年天子改元。又明年授知平阳县，其欲试之心已勃然若不可御者。而平阳濒大海，壤与瓯闽错，阻山互岭，仕者皆不乐来，工商亦世不道北，故资博既去，不与予闻者且一岁。既而行台荐剡至廷宣必曰平阳，外台藩使荐剡至廷宣必曰平阳，而浙士语贤令必曰平阳，予始幸平阳可以试吾资博也。及闻环县有仓，仓实以谷。独预备仓在县南三里，乃至六万斛，皆新楹以贮之，盖听民之入请与冠服者也。有堂南向翼然临于其中，盖民之好义者相率以私钱成之，居其长上以视散敛者也，名堂曰“民天”，以见夫自今可旱也，岁可饥也，而吾十乡五万户之民恃有兹食在不知也，吾不独有天乎?故名之以志其无穷之思，而资博取食其之言欲以有为者，至是亦暗合，民实不知也，亦奇矣哉。宋赵中令终身诵节用爱民之言，而宋卒以仁厚立国，乃知古之志士，要皆有所持循据依，与后世之逐世浮沉者自异，如户牖之勋名亦盛矣，资博乃薄之而顾于一言有合于道、裨于治者，不必其人之尊且盛也，则拳拳焉。其可谓有所持循而不愧于中令者，与而后之烈烈焉。可俟者吾不欲遽于是堂书之，然堂名亦奇中于其志，故因贡士汤楹来请言其概，使镵以为记。

(罗玘：《民天堂记》。录自清乾隆《平阳县志》卷六。文中“资博”指王约，字资博，明弘治二年至九年知平阳，四年增建预备仓六廒计三十一间，匾曰“民天堂”)

明弘治时温州恤政机构

温州府：平定仓在府治后仓桥。预备仓在西寿安坊左。

永嘉县：便民仓在大云寺左，弘治十五年县丞王宣建。

瑞安县：丰积仓在西北隅。预备仓在城隍庙、丰积仓二处。便民仓在永丰厢，弘治十五年新建。

乐清县：广丰一仓在盘石卫城内。广丰二仓在蒲岐所城内。广丰三仓在宁村城内。广丰四仓在海安所城内。广丰五仓在新城所城内。惠民药局在城隍庙右，成化十七年立。

平阳县：常丰仓在千户所前。广济一仓在金乡城内。广济二仓在沙园城内。广济三仓在蒲门城内。便民仓弘治十五年新建。预备仓三处，一在县治西，成化二十二年知县王岳建，一在坡南，一在五都。惠民药局在岭门。

泰顺县：县前仓在仪门右，弘治五年建。莒冈仓在二都。戳州仓在五都。庆丰仓在县西。

（明弘治《温州府志》卷二）

明弘治间泰顺建养济院

天下生民之任重矣！凡所以仁民之政宜无不举，然后无一民不遂其生。废政而求以生民，是犹舍耒耜而求菑畬之熟，乌可得哉！夫鳏寡孤独，无父母妻子之养，天下之穷民也。文王施仁必先于此，以成以太平雍熙之治。自是而后，戕盅苛虐，仁意绝矣。噫嘻，淑气一动，草木皆春，旸谷方升，兰物仰照，我国家于是始加意焉。乃诏郡县各立养济院，质鳏寡孤独养济之，三代之政于斯焉举。

泰顺有邑，迄今垂五十年，斯政尚缺，风露之下未免有啼饥号寒之声。是三代之政施于天下，而泰顺独阙焉。惟我范侯履任之初，乃能爬搔痛痒，洗濯疮痍，审先后缓急之宜，酌大小轻重之务，于凡政之所当为者无不为之。乃谋诸父老，建白当道，度地立养济院，然后鳏寡孤独、疲癃残疾者始各得所。则我朝之仁政如雨泽流于焦涸之地，阳和畅于沍寒之谷，仁心浃洽，无一夫一妇不被其泽矣。虽然，莫为之先，孰为之后，今也创古而为之先，则后之为政者将推行而继之也。斯邑穷民之赖，非侯之功而谁功耶？予乐记其事，俾后之为政者知所自云。

（张珙：《建养济院记》。录自清光绪《泰顺分疆录》卷十一。该文撰于明弘治十四年，文中“范侯”名勉，字彦勤，东莞人，该年由举人知泰顺）

明嘉靖间官府瑞平救灾

嘉靖十年六月大火，郡守行县赈恤。（嘉庆志）

（民国《瑞安县志稿》卷一《大事记》）

嘉靖岁乙巳（二十四年），浙大饥，瓯为甚。公私交绌，黎庶嗷嗷。米价之踊，朝羸而暮增，菜色鹄立之癯相望于道。维时见湖彭公令平阳，目睹民艰，恻然而悯，戚然而嗟曰：“饥馑荐臻，厥惟天灾。百里之命，予实寄之。是之弗恤，而禄于上，瘝旷孰甚焉！”乃振廪劝分，节供缩用，凡为荒政者罔不修举。已而设糜粥，择邑中诸区，布令而聚食焉。民之羸老者，困瘁而幼少者，咸骈首曳足贸贸然来，朝斯夕斯，饔飧以给，欣欣更生矣。是秋邑大稔，流移安集，民狎于野，嬉游于闾里，相与歌曰：“昊天降凶，夺我民食。万室罄悬，朝不及夕。匪公惠施，久矣沟瘠。譬彼涸鳞，迎波以适。亦若槁苗，得雨而殖。凡厥余生，维公载锡。乐尔妻孥，恩斯无斁”。予于公之救荒得于声闻者若此。

（王叔果：《半山藏稿》卷一一《平阳尹彭公去思碑文》。彭见湖名谨，闽县人，明嘉靖二十一年至二十四年知平阳）

明时谷氏散粟赈济

谷良，号确庵。宣德、正统岁荒，舍粟赈济。又舍米千石，倡创大云寺，筑唐岭、竹浦岭路三十余里；遵例出金百两助军。御史陈公琼为题名董储馆石。

（黄汉：《瓯乘补》卷六引阮存《谷确庵处士墓志》）

谷宽，字朴庵，弘治间捐金六十两，授散官。甲寅（弘治七年）岁荒，散粟五百石赈济。成化时筑宝昌岭路千丈有奇，并捐创定惠寺、清宁道院，太平、侯贺等岭。

（黄汉：《瓯乘补》卷六引金敩《谷宽墓志》）

谷补，号循庵。正德间岁歉，捐粟六百斛赈之；又输粟助边储。郡守杨公旦具达，授义官。

（黄汉：《瓯乘补》卷六引永嘉《谷氏宗谱》）

明时温州府县诸仓

温州府平定仓。

乐清县广盈一、二、三、四、五仓。

平阳县广济一、二、三、四仓，常平仓。

瑞安县丰积仓。

（徐溥等：《明会典》卷四十）

清初张岳等施粥济民

顺治三年四月饥，邑令张岳施粥济民。

（民国《瑞安县志稿》卷一《大事记》。张岳，莆田人，明崇祯十七年至清顺治三年任瑞安知县）

顺治三年，是春，吾郡大饥，四五月间尤甚，米斗价逾五钱，饥民皇皇不能存活。族通政公暨罗浮林氏俱大施粥赈饥，真美事也。

（王钦豫：《一笑录》）

顺治八年大饥，邑令王公煌设法劝富民施粥，全活甚众。

康熙九年，各县稻已成实，被虫蚀尽，岁歉。太守姚公时亮奉牒勘荒发赈。

（清光绪《泰顺分疆录》卷十《灾异》）

绘郑侠之图，情则难于上通；矫汲黯之节，泽能保无下壅。展转思维，再三筹度，计惟有为糜以饲，或庶几半菽可充。吁诸当道仁君，佥云甚善，遂冰俸之首捐；商之好修善士，胥曰宜行，咸勖勷之是力。僭图谬举，不揣力绵。拟以孟夏初旬，达于青黄既接，设厂于开元大刹，冀赈我阖郡茕黎。铺粥虽止一餐，疗饥可延匝日。惟是搜筭括筲，既竭渊明瓶内之储；云委川输，实赖子敬囷中之指。敢疏言于短引，效托钵于沿门。伏望共舒推食之仁，各轸已饥之念。医疮剜肉，不嫌五月谷将新；补劓息黥，何待寅年粮蚤食！度此荒凉之恶月，伫看富谷之丰年。杏花菖叶，陌头缀大有之书；麦浪禾云，陇上现升平之色。则跻堂致祝，使君寿自无疆；而引缶歌风，野老熙焉观化矣。

（李象坤：《掬庵集·施粥募序》）

清雍乾间赈米台温

雍正二年三月二十六日福建巡抚黄国材奏，因台州、温州等处食米尚有不足，督臣会商臣拨动福宁州米一万石，委官运往平粜。

（《世宗宪皇帝硃批谕旨》卷一九上《朱批黄国材奏折》。督臣指满保，其时闽浙总督）

（乾隆十六年五月）拨闽谷二万石，赴温接济。

（《清高宗实录》卷三九九）

清前期朝廷蠲恤平阳

皇清顺治二年，蠲免在前拖欠正额钱粮。

顺治四年，恩诏浙东八府通照（明）万历四十八年则例征收，天启、崇祯加派尽行蠲免。

顺治五年，恩诏抚按察州县额征果系百姓拖欠者，悉与豁免。又前诏已免元、二、三年，今再免四年一年。

顺治八年，恩诏各省人丁徭银上三则免七分之一，中三则免五分之一，下三则免三分之一；三钱以上免半，三钱以下全免。又五年以前拖欠钱粮悉与豁免。

顺治十二年，恩诏六、七两年钱粮拖欠在民者悉与豁免。

顺治十三年，恩诏八、九两年钱粮拖欠在民者具奏豁免。

顺治十五年，恩诏十、十一两年钱粮拖欠在民者具奏豁免。

顺治十七年，恩诏十六年以前钱粮拖欠在民者俱与豁免。

康熙四年，恩诏顺治十六、十七、十八年各项旧欠钱粮照例一体豁免。

康熙八年，恩诏正项钱粮拖欠在民者奏请豁免。

康熙十年，恩诏康熙四、五、六年钱粮拖欠在民者奏请豁免。

康熙二十年，恩诏康熙十七年以前民欠带征查明豁免。

康熙二十六年，恩诏康熙十三年后加增杂税查明豁免。

康熙二十七年，恩诏康熙二十八年各项钱粮俱着蠲免。

康熙三十四年，恩诏康熙三十三年以前积欠俱着蠲免。

康熙三十八年，蠲免康熙三十四、五、六年钱粮杂税。

康熙四十三年，蠲免四十四年应征银米。

康熙四十五年，蠲免四十三年以前未完银米。

康熙四十六年，蠲免四十七年人丁额征银两。

康熙四十九年，蠲免五十年地亩人丁银两。

康熙五十年，恩诏各省编审增益人丁，止将实数造册奏闻，其征收钱粮，但据康熙五十年丁册定为常额，续增人丁永不加赋。

康熙五十六年，蠲免分年带征地丁银两。

康熙六十年，旱灾，总督满题请奉旨赈粥拨运台湾米平粜。

康熙六十一年，恩诏民欠钱粮年久应免者豁免。

雍正七年，蠲免本年地丁十分之二。

雍正十三年，恩诏民欠钱粮十年以上者，查明豁免。又十二年以前者一并宽免。

乾隆二年，水灾给发籽种。

乾隆三年，奉旨蠲免钱粮，发赈银三千九百一两零、米六百四十七石零，设厂十一所，赈粥共贫民七千七百八十九户，米二百一十石零。又兴工代赈挑筑沿海土塘散给银一千一百四十两零。（互见《塘埭》）

乾隆十二年，恩诏蠲免本年地丁银一万八千两零。

乾隆十五年，虫灾，奉旨赈济三个月，赈过贫民四千三十户，银二千八百七十七两零，米三千四十五石三斗零。蠲免地丁银一千一百两零，米四百十三石零。

乾隆十六年，旱灾，奉旨先抚恤一月，极贫加赈三月，极次加赈二月，次加赈一月，共抚恤银四千二百五十四两零，加赈银一千九百十八两零，米二千二百五十八石零，蠲免地丁银七百九十四两，米三百二十三石。又圣驾南巡，恩诏蠲免地丁银二千七百六两零。

乾隆十八年，旱灾共十都，奉旨给发籽种银一千六百五两零，蠲免灾户地丁银四百十一两零，米一百石零。

乾隆二十二年，恩诏蠲免二十一年以前民欠钱粮。

（清乾隆《平阳县志》卷六））

清乾隆时东瓯育婴堂条规

——婴儿到堂，细问姓名、住居、（出）生年月日，登簿，仍注明有无疾病、肥壮瘦弱字样，以便查核。

——乳媪每名拨房一间，乳婴一口，每月给钱三百文、米三斗。乳双婴者，加米一斗五升。

——抚妪每名拨房一间，抚长婴一口，每月给钱九十文、米三斗。抚双婴者，加钱三十文。抚至三、四口者，照数递加。

——食饭长婴每口每日给米七合、蔬菜四文。着令火〔伙〕夫炊煮，在于大堂公所分给与食。

——乳婴每口给小帽一顶、毛衣一件、抱裙一条。抚婴一口，给小帽一顶、夹袄一件、裤一条、袜一双、鞋一双，俱着媪、妪收管，如遇破坏，董事验明添给。其需用毛衣各项，俱陆续采购预备，毋得缺乏。

——愿充乳媪者，先期报名，查验乳水多寡，取具的保登簿。俟收有婴儿，挨次传入堂中乳哺。其乳小、有疾及来历不明、不好者，不准滥充。

——乳夫不许同住堂中，每半月许到堂省视一次，仍回明司堂稽查。

——总管老妪一名，经管媪、妪，巡视乳育勤惰，每月给钱二百四十文、米三斗。

——内科医生诊视婴儿风痢麻痘诸症，每月薪金钱四百文。

——外科医生诊视婴孩疮疥疖毒诸症，每月薪金钱三百文。

——婴孩每口每月剃头一次，给钱二文。

——长婴逢端阳、中秋、冬至、除夕各节并试新，计婴赏给食肉各一次，又年终糖糕一双，中秋月饼二个。

——婴孩有病，按方支发药料给价。

——婴孩有本生父母情愿领回并土著良民过继为子女及为养媳者，查问的确，取具本人邻保不敢贩卖，甘结存案备查，方准领养。

——婴孩到堂在三岁以上者不准收，其父母俱亡并无亲属依靠及乘早抱弃堂门者，照例发老妪抚养。

——女婴至八岁以上无人收领，董事觅循分良民劝为养媳，仍取甘结存案，毋得草率致其终身失所。

（上官德舆：《温州府育婴堂现行条规》。该文撰于清乾隆十三年。作者为其时永嘉知县）

——委官一员，总理一切堂务。（后改为：委员监理堂务，经历司按月监散钱米，每年薪水银二十四两（钱八五折）。）

——董事十六人，四人司年，永远经理；十二人司月，二人为一班，周而复始。专管收发银钱米谷，查察婴孩、乳媪，调度一切堂务，每日到堂，每人每月支中伙银伍钱，愿自备者听；其视堂老成二人，每人岁支糙米四石，愿捐者听。勤惰互相规劝，徇私者议罚。（后改为：首事专管银钱米谷，查察婴孩、乳媪、抚妪，调度一切堂务。董事每年支薪水二十四两，司事支薪水银一十八两（钱八五折）。常川在堂，未便刻离。每日每人另给伙食费三十二文，就堂食用。）

——司书一人，专管登记簿籍，居往堂中，每月支食米三斗，银四钱，勤惰由董事稽查。（后改为：清书一名，专管登记婴儿收除、开造散给、书算簿籍、月报季册诸务，每年工食银八两、月米三斗。）

——儿科内、外（科）医生二人，每月支公费银伍钱，愿施医者听。

——值堂二名，年各五十以上，一供差遣，一管门接婴。每名每月给米三斗，银四钱。倘有懒惰不法，由董事禀究。（后改为：门役二名，专司启闭、管门、接婴，并供差遣买办。每名每月工食银四钱、食米三斗。）

——愿充乳媪者，先期报名，查验登簿，俟收有婴孩，挨次传入堂中乳哺。其乳少、有疾及来历不明、不好者，不得滥充。

——乳媪每名拨房一间，每月给米三斗、银四钱。抚双婴者，加米一斗、银八分。如带有亲生子女，止许抚婴一口，其银米照一口给发。

——乳夫不许同住堂中，每半月许到堂省视一次，仍回明司堂稽查出入。

——婴儿到堂，细问姓氏、住居、（出）生年月日。司堂取定乳名，编号登簿。其无姓名者，止取乳名编号。遗弃道旁者，添注某人于某处抱来字样。

——婴孩每口给小帽一顶、毛衣二件、抱裙二条，矢布四方。俱着乳媪收管。如遇破坏，董事验明，添给其需用。毛衣各项，俱陆续预备，毋得缺乏。

——乳媪每名给夏布帐一顶，棉被一条，棉袄一件。四月交被领帐，九月交帐领被。其帐、被俱编号用戳记，典铺不得质钱，倘乳媪变卖遗失，即着赔补。

——婴孩每月给剃头钱二文。

——婴孩有病按方给发药价。

——乳媪每逢端午、中秋、除夕三节，各赏银八分，值堂同。

——乳媪尽心抚婴，日渐长成者，每节计口加赏银一钱二分。瘠毙者，即行逐出。年久乳少者，遣回。俱着将经手物件交清，如有缺少者赔。（后改为：乳媪、抚妪有尽心乳哺、抚婴，日渐长成者，每节量加酌赏。如有瘠毙者，即行逐出。年久乳少者，遣回。俱着将经手物件交清，如有缺少者赔。）

——有将亲生子女先行送堂，随充乳媪，冒口粮，查出立时逐出，按冒领银米，照数追缴，仍拿本夫重责。

——婴孩至二岁能食即行断乳，交老妪抚养。

——老妪每名妩婴三口，每月给米三斗、银二钱。其婴孩仍另给口粮，年二岁以上者，每月米一斗二升、银八分；三岁以上者，每月米一斗五升、银一钱；四岁以上者，每月米一斗八升、银一钱二分。俱着老妪调度，毋许扣克。瘠毙应给帐、被及赏罚，视乳媪。

——婴孩二岁以上换给棉袄、裤各一件，单衫、裤各一件，帽、鞋、袜各一副，以后酌量更换添补。俱着老妪收管。

——婴孩到堂在二岁以上者不准收。其父母俱亡并无亲属依靠者，照例发老妪收养。

——婴孩有土著良民过继为子及为养媳者，查问的确，取具本人邻保不敢贩卖，甘结存案，方准领养。其愿捐银助堂者听。

——女婴至七岁以上无人收领，董事觅循分乡农劝为养媳，仍取甘结存案，毋得草率致其终身失所。

——男婴至八岁以上无人收领，如能小贩觅食者，停其口粮，给米三斗、钱八钱（照时价折钱），学习谋生，每节赏钱一钱六分，仍住宿堂中养值。堂收管教导至十三四岁，再给银一两，听其出堂。（后改为：男婴至八岁以上无人收领，如能小贩觅食者，停其口粮，给米三斗、钱一千文，学习谋生，听其出堂。）

——设义冢一区，掩埋夭殇。棺以二钱一钱为差。（后改为：设义冢一区，掩埋夭殇。棺工以乳婴一岁者，钱六十二文；抚婴二三岁者，钱九十文；至四五岁以上，量为酌加，以一百二十文为率。）

——每月初二、十六等日，委员同董事点验婴孩，放给银米，仍按口扣算，毋许冒销。

——凡添备衣服、器用及纸笔、茶炭一切杂费，许董事随时酌办，毋许糜费。（后改为：凡添备衣服、器用及喂牛豆草、纸笔、柴火、茶炭、油烛一切杂费，董事随时酌办，按月造报。）

——凡捐输银两，呈府验明，称准登簿，随发县贮库。遇放银日期，董事核数请领，其杂费酌量附领贮堂，听董事掌管。（后改为：各项租息银钱，俱令解缴贮库。遇放给日期，董事核数请领，其杂费酌量附领贮堂，听董事掌管，每月以五十千为率。）

——堂内仓廒由府封锁。凡遇收放米谷，禀明开仓。其米谷或应购买，或应出粜，因时制宜。（后改为：堂内仓廒由府封锁。凡遇收放谷米，禀明开仓。其米谷或应购买，或粜籴，总归司事因时制宜，禀明妥办。）

——出入银两，俱准库平纹银，余缺注明实数，钱文注明时价，米谷用仓斛。以谷砻米，除给砻碓口粮外，注明实数。

——凡捐置田房、应完钱粮，董事按期动项实纳，其租息着该地方官征收缴，毋许侵欠。

——设婴孩收除总簿，按口登记，每婴各载姓名、住居、（出）生年月日及到堂月日，收交乳媪、抚妪姓名及某年月日某项开除，永远接填，每逢十日送核。

——每月造婴孩四柱册，分送道、府、县查核，其各项下俱仅开乳名。

——畜牛挤乳哺婴，每只每日喂豆三升、米一升五合，孕牛给豆一升五合，大牛食草六斤，小牛食豆半升、食草三斤。均照《碑记》，按法喂饵。

——乳媪、抚妪、门役各项向例端午、中秋、除夕各赏银八分。

——中元照例延请僧道做保安道场一昼夜，经资、纸扎、饭食、米斛共钱五千文。

——本堂保婴圣母元宵上灯并寿诞备办席供，本堂土地尊神寿诞办祭礼等项钱一千六百文。

——除夕祀冬办各种祭礼四筵并祀灶共钱二千文。

——银钱米谷各设总簿，每月散给各项一切收领支销细数，造具月报清册，同婴孩收除总簿并送查核。仍于四季、年终造报。

——委员每遇出门查丈田地、定则、收租，每日给食用薪水银一钱二分，准随带书役、轿夫、门子共八名，每名每日给饭食银六分（钱七折）。

——司事随同委员出门查丈、定则、收租、筑埭事务，每日给食用薪水一钱，书算、弓手、粗工每名给饭食银六分。

——委员、司事出门需用船只，港船每只每日给钱七十文、食米二升，河船照民佣给价。

——火〔伙〕夫一名，专司长大婴孩三餐粥饭，每月工食四钱，食米三斗。

——牛夫二名，专司牧养牛只喂饲、挤乳，每名每月工食银五钱、食米三斗。

——教育科三名，经管各县婴堂一切田地册簿，查催征办事务，每年共工食米一十石。

——县经承一名，经管田地册簿，每年纸札饭食钱二千四百文。

——堂差一名，管催各处田地租谷租息，每月给工食钱四百文。

——督、抚两院房每年造报销册规费银各四两，杭平司房经管婴堂，每年造报销册规费银八两，杭平登记需用纸札钱四千文。

——媪、妪每名于年冬各给席一条，草荐一床。

——江中土地祠住持，一年给口食五石谷。

——司事禀折册簿等项公务，准于宅门转桶随时送进，免其当堂投递，不致稽迟守候。

——库子一年给工食钱叁仟陆百文。

（上官德舆：《东瓯育婴堂条例》。该条例于《温州府育婴堂现行条规》的基础上制订，撰于清乾隆十三年。其部分条文，后又作修改。文中《碑记》指李琬《整饬育婴堂碑记》，见笔者《温州古代经济史料汇编》第 233～234 页）

清乾隆间温属四县虫灾免赋

乾隆十六年题准：浙江永嘉、乐清、瑞安、平阳等四县乾隆十五年秋禾被虫，勘明成灾田一千六百八十六顷三十四亩有奇，应征地丁银四百十有八两六钱、米二千九十六石九斗各有奇；又温州卫被虫田三十五顷三十三亩有奇，应征地丁银五十一两九钱、军储银十有七两三钱各有奇；玉环厅被水田四十四顷九十亩有奇，应征谷四百四十石一斗有奇；均准蠲免。

十七年题准：浙江永嘉场十五年秋禾被虫成灾五、六、七、八分田三顷九十五亩，应免十五年场课正珠车银二两六钱有奇。

（《钦定大清会典则例》卷五五）

清乾隆间平阳北港建义冢

平邑国初兵燹后，山海敉宁，民生其间，老有所安，幼有所长，百余年不见兵革，而沙场之惨日凄风已化为祥云景宿，盖天下之太平久矣。然天道之推移，人事之起废，虽熙攘于光天化日之下，而栽者自培，倾者自覆，所谓两大有憾，圣人犹病，而义冢之设，实补弊救偏之一端也。

北港石门山，土名缸窑坛，旧有闽省莆人高应台、朱衣相等义地，为其乡人瘗埋之所，今为地民侵僭，几致湮没。岁庚辰（乾隆二十五年），首事林章夏、黄国士、叶光圣、方步青、施士滨、黄家昌、施廷桂、金锡兆等闻于邑侯徐公，议以义基为义冢，侯允之。于是复募地之有力者助之，始事于是年八月，于辛巳（二十六年）九月迄工，闻新任李公备文通详，筑男圹二、女圹一，左建神祠，右建幽室，余地缭以周墙，名曰化城，以备寄顿，费五百余金，坚固宏阔过于他冢，请予记其事于石。

（张南英：《北港义冢碑记》。录自民国《平阳县志》卷二一。文中“徐公”为徐恕，字芳圃，青浦人，进士出身，乾隆二十一年知平阳；“李公”指李方苹，乾隆二十五年冬任平阳知县）

清乾隆间杨人杰颁官量

杨人杰，字达夫，铅山人。雍正乡举，官乐平教谕。升浙江泰顺知县，权知瑞安。时大旱，米价涌贵，市侩倡为小斛，民益苦不得食。人杰廉知其事，颁官量行之，民大悦。

（清光绪《江西通志》卷一五九。杨人杰于清乾隆十四年任泰顺知县）

清乾嘉间林君爵掩埋露骸七万具

林老人君爵，乐清人。四十余年收埋暴露，大小棺骸得归土者不可胜纪。无分寒暑，不避秽恶，必躬亲其事。诚为人所难为也。鹤田先生有赠诗，载《集》中。

（黄汉：《瓯乘补》卷六引郑烺《笔记》。鹤田先生指端木国瑚，见下）

乐清有林翁，名君爵，以郡、邑多暴露棺骸，有志收埋而艰于力。族祖遂欣然捐钱千缗为倡，林翁因得行其志，自乾隆乙卯（六十年）迄道光初，计掩埋无主棺骸已七万具有奇。

（黄汉：《瓯乘补》卷一六引郑汝楫《郑善斋传》。文中“族祖”即传主郑瑞鳖，字占元，号善斋，永嘉人）

是人何人，其形土木。菩萨生来，不拘面目。有人谓真，有人谓俗。懒残鼻涕，问为谁哭。赤足踏到，骷髅生肉。

（端木国瑚：《太鹤山人集》卷四《赠林君爵》）

清嘉庆间泰顺刘开仪贷谷救饥

平生疏财重义，振乏拯困，出于至诚。有王某者，负君钱数万，使往责偿。使反，言诸债家逼迫状，岁且尽，室无粒米。君闻之恻然，遂躬持券往焚之，且馈以米。诸债家愧君所为，皆散去。邻有失火者，亲柩在堂，仓皇无计。君急呼曰：“谁救棺者，酬钱十六缗。”众争趣之，棺竟得免。每遇岁歉，则必罄所畜平价粜之。嘉庆己卯（廿四年）大饥，市乏米二十余日，道有饿殍。君请于官，贷常平仓谷以赈。明年又饥，邑令醵富民金乞籴于邻封，而以君兄立峰主其事。及粜毕，而舟车转运所耗亏金数百，无以偿，君辄售己产偿之。盖勇于赴义多类此。

（孙锵鸣：《海日楼文集》卷八《墓铭·泰顺刘君墓表》。文中“刘君”指刘开仪，字羽昭，泰顺人）

清嘉庆末玉环置西青岭义冢

为捐置义冢山地以免遗骸暴露事：

切维掩骼之仁，泽及枯骨，乃王政之本源，古今一体，本官守土者未有不黯然神伤、心存恻怛者也。本府自莅玉环，将满六载，目击山陬棺椁毁坏，朽骨抛残，深以一时无地，怅然久之。兹据绅士董振国、姚炯炀、朱基、李树苑、陈隽、林青阳、潘逢源、苏海、林秉植、金铭、潘得癸、董思勷等禀称：“前任张公于中青岭头向置义冢一所，历来埋葬过多，绝无半弓余壤，吁请谕令各股户公买课山，更置义冢”等情前来。因思劝谕捐资，究非追步前任芳踪之善举，本府当经自行捐廉，置买西青岭之田螺峰下大坑里山地共八冈有零，凡民间无主之冢及客死无归者，听其瘗理入土为安。除一面批示，饬房粘同山契字号四至，汇列卷宗，并备文详明温处道宪立案外，为此勒石示禁：居民毋得于义冢界内开垦、采砍山树、栽种薯藤杂粮及牛马作践，致干惩治，庶使夜台安乐，幽谷长春，以垂久远。各宜凛遵，毋违。

（张德标：《西青岭义冢碑记》。录自清光绪《玉环厅志》卷二。作者生平见前，嘉庆二十三年任玉环同知，次年撰该文）

清道光间蠲免积欠田粮

道光二十五年，皇太后七旬万寿，蠲免道光二十年以上积欠田粮。恩诏八月初二日颁，二十二日到浙，九月十七日瑞安发贴。

（赵钧：《过来语》）

清道咸间张梦璜劝粜行

我闻生民之养一曰谷，天下以此乐鼓腹。米价如硃满眼愁，哀哉谁为斯民谋。风雨无从去觅籴，一室倒悬空四壁。茅檐夜坐妇语夫，明日朝炊可有无？官家莫谓仓廪贫，此时人间多穷民。官家但知鼎食丰，谁问人间嗷哀鸿？君不见，臧孙告籴称知礼，大书特书纪鲁史。又不见，劝粜曾于刘氏推，宋史大笔何淋漓。我方自笑昂藏七尺躯，徒拥一囊愧侏儒。愁来为作劝粜歌，为问发棠将若何？

（张梦璜：《劝粜行》。录自民国《瑞安诗征》卷五。作者字茂京，号兰舟，瑞安汀川人，清嘉庆二十三年举人，任国史馆誊录，著有《虚白吉羊室集》）

清咸同间沙丙科见义善施

咸丰癸丑（三年），郡大水，风雨十昼夜不息，市上通舟，米价腾踊，民且哗。君倡议捐钱谷平粜，且招商米备缓急，人以大和。蒲洲大埭者，内受三溪水，外捍海潮，同时溃于淫潦，永、瑞两邑并河田咸病。君出财缮治，堤堰复完。甲寅（四年）助资立施粥厂。乙卯（五年）助资建仓圣祠，复输义仓谷数百石。辛酉（十一年）、壬戌（同治元年）间，平阳会匪乱，粤寇继至，犯郡城，君前输三千金，更购运米谷以固城守。呜呼！君少勤苦起家，自奉俭约，而能见义勇赴若此，可谓蓄而能散者矣！

（孙锵鸣：《海日楼文集》卷八《墓铭·永嘉沙君墓志铭》。文中沙君讳丙科，字策三，号蓉士，永嘉人，习贾，生于嘉庆元年七月，卒于同治五月九月）

清同治中戴槃创府盈余仓

浙省自兵燹以后，各县仓谷存者无几，余曾有各郡建一府仓存贮谷石之议，前守严郡时禀请建仓储谷，办有成案。今莅任温郡，知旧存永丰、盐、义各仓俱废，查府署向有南米盈余一款，特禀明大宪，分成酌提存储仓谷，将六年应提之款，就永丰仓旧基，建造仓廒二十二间，名府盈余仓，因款提南米盈余故也。趁此谷价平贱之时，动用公款先行采办，余捐谷五十余石，并前周太守发价买存官谷二千六百余石，一并登仓，今已积谷万石。

窃谓仓谷为救荒善策，府仓之设，尤所以酌盈济虚，属县中偶有偏灾，其本无仓谷者即可就郡借支，便于碾动。以视招商买米，动需时日者，其难易缓急为何如耶！夫天下事可与乐成，难于图始，余之建有此仓，颇费经营，自今以后，年积一年，有加无已，虽有旱干水溢，民无菜色，全赖乎此。若能久而不废，则造福于民者无穷。若夫推而远之，使各县建一义仓或每乡建一社仓，有志者事竟成，尤望于继起者之为之也。是为记。

（戴槃：《东瓯记略·创建府盈余仓记》。该文撰于同治六年。文中“周太守”指周开锡。作者字涧郤，号铭新，丹徒人，同治六年任温州知府，著有《宦游纪略》等）

清同治间温州重修育婴堂等

育婴堂之役，所以补救天地之所不能生，与夫父母虽能生之而仍不能生之憾者也。婴儿之生，力不能匍匐以就口食，又不能呼天呼父母，一日不乳哺则立毙矣，而天地父母于是乎穷。所赖为民父母者，使他人之母母之，以全婴儿之生，即以弭天地父母之憾，此三代以上不独子其子之义也。

瓯郡育婴堂创自乾隆初郡守金君洪铨，李君琬继之，有堂有舍，有田租有息银，至详且备，百余年来悉仍其旧。自嘉庆末年，内有房屋倒塌，日久未建，门堂亦俱损坏，查旧存发典生息银两并涂田二十余顷，每年仅供本堂之用，并无赢余以为修造房屋及图匮续乏之备。遂相率因循以至于今。

余莅任之始，通盘筹画，乃捐廉十万钱，并筹款四十万钱，废者修之，坠者举之，另劝各铺户书定愿捐，积少成多，以期历久常行，每年可得钱八百余千，又于捐局内提钱二百千，拨入婴堂，遂饬各县之无婴堂者送至郡城，一律留养。旧立规条稍加整顿，余前莅桐邑时增置田亩，计岁入为费，可多收养幼孩数十人，及守严郡，适当兵燹后，修造堂宇，整旧添新，俾孤苦儿女，有庇荫饘粥之所。今于温郡犹前志也。喜其成规具在，扩而充之，经费充则收养多，收养多则遗弃少，庶几吾温之遗孩罔不生生，用以衍大生广生之义，此郡牧之责也，尤余之所望于后来者也。是为记。

（戴槃：《东瓯记略·重修温郡育婴堂并筹添经费记》）

（育婴堂）建于1748年，房舍一百间。该堂的日常运营经费分别源自热心民众的捐助和政府划拨土地的租金收益。官方记录上所收孩童的数目一度达两三百人。男孩到一定的年龄或被送去学徒，或被普通家庭收养；女孩则被聘为人妻，或被雇为佣人。温州城西南门外还有一个养济院，它始建于十四世纪，由政府管理。每个受助者每月的定额是一两半银子，但里面的待遇很糟糕，不到濒临饿死的边缘，没人愿意到那里求助的。

（张永苏：《近代开埠史的难得史料》。介绍1869年8月12日英《北华捷报》一篇关于温州的文章）

清同治时温州增置义地

掩埋之政，仁术也。《周礼·秋官·蜡氏》有“埋而置楬”之文，《月令》有“掩骼埋胔”之事，后世漏泽园之设，所在多有。凡以心古昔圣王之心，不使长逝者之魂魄私恨无穷也。

温郡旧置义冢，山地不一，丛葬已满。乾隆二十五年，李太守筹广经费，存典钱现止一千一百串，计得息钱一百数十千文，移作义学之用，所余无几。余乃另行筹款，归入义学，再筹添存典生息钱六百千，并以前存款息钱全作掩埋经费，计逐年可得息钱二百二十余千，又于永嘉县税契项下每年提钱一百十千，再加租谷钱二十余千，每年可掩埋大小棺骸一千余具。查历来土工葬棺一具，不论大小，概给一百六十钱。今酌定大棺一具倍给，余悉如旧。另购山地一区，坐落永嘉县之十九都翁浦洋地方，由上至下计三百三十弓，由东至西计二百五十弓，动用公款钱一百七十余千。

又修整停厂用钱五十余千，是在后来者详加稽察。无负余与前人创建续筹之苦心，庶使沴戾全消，和气翔洽，仁之至亦义之尽也，愿无忘泽及枯骨之心也。是为记。

（戴槃：《东瓯记略·增置义地并掩埋经费记》。文中“李太守”指李绛，河北宛平人，乾隆二十四年任温州知府）

清同治间温州义仓增积谷石

储谷以备荒，仿古常平仓遗法，此不涸之源也。东瓯素称鱼米之乡，未尝仰给他郡，故谷价常平。然小有灾歉，居奇者昂其值，不肯售贫民之无食者，或攘而争，致启衅端，咸丰三年已事可鉴也。此仓谷之备以救灾，实以弭患，先务之急无逾于此。

郡城义仓在府学内，咸丰六年，教授金衍宗劝捐建造，其廒房二十一间。捐积谷石至同治六年仅存谷千余石。余于六月间来守斯土，值米价翔贵，全数粜卖以济民食。是秋岁大熟，价平，买谷还仓，增加六百余石，又将各米铺按年筹积经费，添储五百余石，委永嘉县丞张卓人经理。余乃倡捐谷五十石，复劝各商民共捐谷二千余石，总计已积谷四千一百七十石，照数收仓。由此积少成多，岁有所增，虽至万石无难焉。

夫社仓之法善矣，然一贷一收，有息有耗，出纳之际，非经理得宜，恐亦不能无弊。设遇歉岁，收不足数，而所存之谷或有不敷散给之处，故社仓只可行于一乡，以济官谷之不足，可以就近分给。至郡城积谷既多，原不必专为救荒而设，谷贵则可以平价，谷贱则可以增额，多多益善，民受其利，而不知是在官斯土者实心任事而已。是为记。

（戴槃：《东瓯记略·义仓增积谷石记》）

清光绪间平阳北港建济婴分局

同治八年，平阳知县仪征方公创设育婴院于邑城南，而平邑溺女之风，南、北两港为最，于是谕衿耆设法传送，而山乡地尤辽阔，去县治远者且在百里之外，山高谷深，始生之孩脆弱，不耐霜雪寒暑，送者以为难，而故习仍未改也。

周君康甫兄弟居北港之水头，奉其父命，从接生老妪多方购致之，然亦岁不过十数口，城局总董杨君佩芝廉其贤，以语邑侯，请于北港设分局，专任康甫兄弟，而以周凤鸣、林舒翘、林作雨、余希达、黄绍彬佐之。十年九月，赁郭氏屋为办公所，门首植大旗一，大书“济婴分局”字，多雇老民拾字纸者，各给一小锣，令遍历一十二都，深崖嵁谷靡不到，使户知之。既而，方侯率城局董事黄度、陈际中及杨君至，张具召客，两港上中户等毕集，劝以捐助用裕经费，遂得喜舍田二百馀亩，缗钱亦数百千，即以康甫董分局事。十三年始于水头街登第河西买地建局，而善士施钦江亦舍地一亩，拓其基遂成楼屋五间，门房三间，庖湢皆具，其西北余地缭以周垣，扩而充之则俟异日。

分局之设也，去康甫之居甚迩，远近送婴至，皆由君审视接受，择乳媪而付焉，旬日必诣局点验，察其乳之有无，儿之肥瘠，进退而赏罚之，事悉躬亲。用不足则城局出钱资之，积婴若干名则转送城局，计每岁所收弃婴儿有至三百名之多者，所济亦不少矣，而康甫又言此其显而易见者耳。吾乡旧俗，虽上等户，养女不逾三，今既出钱拯人婴矣，而犹自溺其婴，无是理也，皆相率不忍弃，比其保全送局之外者又不知其数之几何也。然则风俗之转移，非恃有分局为之哉！夫事有当合，合之而其权始专；事有当分，分之而其利始备，因地制宜，政之善经也。虽然，亦视乎任事之人耳。吾愿康甫兄弟慎终如始，而尤望后来者之益有以永之也。

今岁八月，余有南雁荡之游，往返假馆于斯，得识康甫兄弟，亲见其治局事有实心，而康甫又与余偕游西洞，信宿相从，故得闻其详，且谓分局不可以无记，砻石以待久矣。夫邻有善政，又有善士，余之所乐道也，遂濡笔为之记，俾后之有考。其共勷是举、有功于兹局者例得备载姓名于碑阴。

光绪八年岁次壬午十月。

前翰林院侍读学士瑞安孙锵鸣书。

（胡珠生编注《孙锵鸣集》卷七《碑记·北港济婴分局记》。作者字

韶甫，号蕖田，瑞安人，清道光十四年进士，官至翰林院侍读学士。著有《海日楼遗集》等）

清光绪时瑞安改建育婴堂

我邑旧有仁寿院以养孤老残废，而独无育婴之堂，盖缺典也。城东北隅有堂曰慧福，故比丘尼庵也。同治间尼或行不谨，里人谋逐之。时予仲弟方家居，为言之邑令彭公，改为育婴之所。复为集资捐田，以为堂之经用。又与予各施以田五亩，而择邑士之谨愿者董其事。庵故狭小，既改为育婴，逾十年来未尝加修葺，日益坏，董事者谋改建，以无力弗能决也。

今年春，予为次男卜筑河上地，正直堂乃谋别购地以易堂，而隔河东北城下有弃地逾二亩，土人谓之杨衙，相传明初杨布政故居，然无可考费久矣。有旧屋数间，犹杨氏后人居之。地纵广皆二十余丈，视旧堂基为大，众董欲得以建堂，而予为任其地价及土木佣雇之费，益以轻租田十亩，具其事以闻为县。既复请去其旁碓，以钱畀治碓者徙之他所，复欲得杨氏屋以为堂，之外舍其田十亩，复请改给钱自置便利地，予一切诺之，而未及达于县也。凡予之经营斯堂买地之价为钱一百千，徙碓为钱一百五十千，买田之价为钱八十千，土木佣雇为钱二百千有奇，总为钱五百余千，而它杂费及杨氏屋不与焉，其已闻于官者，皆有案可考，未闻于官者不具于案。时屋与碓地之属堂与否？田十亩之能增置与否？董事者为之，予不复问也。议既定，遂择日迁堂。以六月某日始工，而以七月某日讫工，凡堂所故有悉复其旧，而新增屋四间，丹白旷明，缭垣完固，堂于是焕然改观矣（下略）。

光绪戊子（十四年）八月几望邵屿寓庐。

（孙衣言：《逊学斋文钞》续钞卷三《改建育婴堂记》）

清光绪间官府赈恤永瑞乐泰灾民

光绪三年饥，县乃开常平仓谷三千余石，碾米粜之。

四年正月，是时蒙部文题准，永瑞乐泰四县均缓征。

（清光绪《泰顺分疆录》卷十《灾异》）

是年（光绪二十六年）六月，飓风为灾，玉环、乐清诸厅、县及滨海灵昆各岛潮溢，坏塘堤、田庐无算。兆蓉捐俸施赈，余拨盐厘余羡四五千金为筑堤疏水，招集流亡，计户口给籽种。以属县粜贵，复发款万余金，俾购米镇江、上海，又请奏留冬漕万二千石，运温州分属平粜，仍以余金储谷二千石备荒，其为小民筹生计周悉类如此。

（童兆蓉：《童温处公遗集》卷首《国史本传》）

清时永嘉仓储

永嘉仓储自陆续创建者颇不一处，名称有“盈余仓”、“预备仓”，新、旧“社仓”及“义仓”等，所以备荒歉、资急需，正不厌其多也。

盈余仓在道司后，知府戴槃创建。预备仓与盈余仓毗连，知县崔锡捐廉手建。新、旧社仓，知县张宝琳奉文合并，募捐以成，今盈余仓左侧是也。至义仓共有二所，一在府学明伦堂左偏，府学教授金衍宗提议，由米业捐资建造；一在施水寮，即旧时预备仓余基，县丞张卓人创建。《县志》载“米业义仓”“副义仓”，即指其地。维时储谷不敷，曾由米业捐资购办，以实其数，故义仓上添加“米业”二字，非指米业旧有管理性质，盖记其功耳。张卓人恐年代久远，湮没真相，曾为《记》，勒之于石。

（孙同元等：《永嘉闻见录补遗》）

张卓人，字霞峰，江西豫章人。操行清廉，俗多化之。任县丞职四次，历十有余年。经理府学、义仓，创办施水寮副义仓。旋因添建仓廒、仓屋艰于力，亲赴城乡各殷户募捐。陆续捐钱六百三十七千有零，克日购料兴工。嗣又不敷，复一再禀请府宪提用修城费项下一千元。经营数载，始得建筑落成。至署知县时，绅民益称赞之。

（孙同元等：《永嘉闻见录补遗》）

永嘉王义民延，僻居山中，每以利济为念。尝曰：“散财济民，其利有限。可以长久者，惟古之义仓而已。得人掌之，其惠无穷也。”于是置仓贮粟，凶散丰敛。上闻，降敕旌为义民，复其徭役。

宜斋曰：此事甚妙，但行之不能无弊，奈何？所谓“有治人，无治法”也。

（劳大与：《瓯江逸志》）

征引书目

汉前

《韩非子》二十卷，战国·韩非撰。《文渊阁四库全书》。

汉

《史记》一百三十卷，汉·司马迁撰。《文渊阁四库全书》。

《汉书》一百二十卷，汉·班固撰。《文渊阁四库全书》。

《越绝书》十五卷，汉·袁康撰。《文渊阁四库全书》。

《论衡》三十卷，汉·王充撰。《文渊阁四库全书》。

魏

《后汉书》九十卷，魏·范晔撰。《文渊阁四库全书》。

晋

《三国志》六十五卷，晋·陈寿撰。《文渊阁四库全书》。

《博物志》十卷，晋·张华撰。上海古籍出版社 1987 年版。

《肘后备急方》八卷，晋·葛洪撰，梁·陶弘景、金·杨用道补。上海古籍出版社 1987 年版。

南北朝

《永嘉郡记》不分卷，南朝宋·郑缉之撰。清·孙诒让校集本。

唐

《晋书》一百三十卷，唐·房玄龄等撰。《文渊阁四库全书》。

五代

《旧唐书》二百卷，后晋·刘煦等撰。《文渊阁四库全书》。

《续仙传》三卷，南唐·沈汾撰。《文渊阁四库全书》。

宋

《新唐书》二百二十二卷，宋·欧阳修、宋祁撰。《文渊阁四库全书》。

《资治通鉴》三百五十四卷，宋·司马光撰。《文渊阁四库全书》。

《续资治通鉴长编》五百二十卷，宋·李焘撰。《文渊阁四库全书》。

《三朝北盟会编》二百五十卷，宋·徐梦莘撰。上海古籍出版社1987年版。

《建炎以来系年要录》二百卷，宋·李心传撰。《文渊阁四库全书》。

《吴越备史》四卷，宋·范坰、林禹撰。《文渊阁四库全书》。

《方舆胜览》七十卷，宋·祝穆撰。《文渊阁四库全书》。

《东斋记事》六卷，宋·范镇撰。上海古籍出版社1987年版。

淳熙《三山志》四十二卷，宋·梁克家纂修。上海古籍出版社1987年版。

开庆《四明续志》十二卷，宋·刘锡、吴潜修等纂修。《文渊阁四库全书》。

《太平御览》一千卷，宋·李昉撰。《文渊阁四库全书》。

《徐时义妻黄氏圹志》宋·佚名撰。温州博物馆柘本。

《叶德安圹志》，宋·佚名撰。温州博物馆柘本。

《八面锋》十三卷，宋·陈傅良撰。《文渊阁四库全书》。

《证类本草》三十一卷，宋·唐慎微撰。人民卫生出版社1957年影印版。

《泊宅编》十卷，宋·方勺撰，许沛藻点校。中华书局1983年版。

《云林石谱》三卷，宋·杜绾撰。《文渊阁四库全书》。

《夷坚支志》五十卷，宋·洪迈撰。《文渊阁四库全书》。

《袁氏世范》三卷，宋·袁采撰。《文渊阁四库全书》。

《橘录》三卷，宋·韩彦直撰。《文渊阁四库全书》。

《游宦纪闻》十卷，宋·张世南撰。《文渊阁四库全书》。

《挥麈馀话》二卷，宋·王明清撰。北京图书馆2003年影印本。

《云麓漫钞》十五卷，宋·赵彦卫撰。《文渊阁四库全书》。

《都城纪胜》一卷，宋·耐得翁撰。《文渊阁四库全书》。

《章安集》一卷，宋·杨蟠撰。台州丛书本。

《苏魏公文集》七十二卷，宋·苏颂撰。上海古籍出版社1987年版。

《紫微集》三十六卷，宋·张嵲撰。上海古籍出版社1987年版。

《浮沚集》八卷，宋·周行己撰。《文渊阁四库全书》。

《横塘集》二十卷，宋·许景衡撰。《文渊阁四库全书》。

《北山集》八卷，宋·郑刚中撰。《文渊阁四库全书》。

《鸿庆居士集》四十二卷，宋·孙觌撰。上海古籍出版社1987年版。

《横浦集》二十卷，宋·张九成撰。上海古籍出版社1987年版。

《梅溪集》五十四卷，宋·王十朋撰。上海古籍出版社1987年版。

《汉宾集》十六卷，宋·王之望撰。《文渊阁四库全书》。

《平园续稿》四十卷，宋·周必大撰。《文渊阁四库全书》。

《诚斋集》一百三十三卷，宋·杨万里撰。上海古籍出版社1987年版。

《朱子大全集》一百六十五卷，宋·朱熹撰。《文渊阁四库全书》。

《晦庵先生朱文公文集》六册，宋·朱熹撰，朱人杰等主编。上海古籍出版社 2002 年版。

《浪语集》三十五卷，宋·薛季宣撰。《文渊阁四库全书》。

《止斋文集》五十二卷，宋·陈傅良撰。《文渊阁四库全书》。

《东涧集》十四卷，宋·许应龙撰。《文渊阁四库全书》。

《攻媿集》一百二十卷，宋·楼钥撰。《文渊阁四库全书》。

《洁斋集》二十四卷，宋·袁燮撰。上海古籍出版社 1987 年版。

《水心文集》二十九卷补遗一卷，宋·叶适撰。《文渊阁四库全书》。

《漫塘集》三十六卷，宋·刘宰撰。上海古籍出版社 1987 年版。

《芸庵类稿》六卷，宋·李洪撰。上海古籍出版社 1987 年版。

《敝帚稿略》八卷，宋·包恢撰。台湾联经出版公司丛书集成续编本。

元

《宋史》四百九十六卷，元·脱脱等撰。《文渊阁四库全书》。

《宋史全文》三十六卷，元·无名氏撰。上海古籍出版社 1987 年版。

《文献通考》三百四十八卷，元·马端临撰。商务印书馆 1936 年版。

《大元圣政国朝典章》六十卷，元·作者佚。上海古籍出版社 2002 年版。

《大元海运记》二卷，元·赵世延等纂修。《续修四库全书》。

《国朝文类》七十卷，元·苏天爵撰。上海商务印书馆四部丛刊本。

《真腊风土记》不分卷，元·周达观撰。《文渊阁四库全书》。

《农书》二十二卷，元·王祯撰。《文渊阁四库全书》。

《李孝光集校注》十五卷附录五卷，元·李孝光撰，陈增杰校注。上海社会科学院出版社 2005 年版。

《雪楼集》三十卷附录一卷，元·程文海撰。上海古籍出版社 1987 年版。

《道园学古录》五十卷，元·虞集撰。上海古籍出版社 1987 年版。

《玩斋集》十卷拾遗一卷附录一卷，元·贡师泰撰。上海古籍出版社 1987 年版。

《不系舟渔集》十五卷附录一卷，元·陈高撰。《文渊阁四库全书》。

《王忠文公集》二十四卷，元·王祎撰。《文渊阁四库全书》。

《青华集》四卷，元·史伯璇撰。温州市图书馆藏抄本。

明

《元史》二百一十卷，明·宋濂等撰。《文渊阁四库全书》。

《宋史纪事本末》一百九卷，明·冯琦编，陈邦瞻增辑。中华书馆 1977 年版。

《明太祖实录》二百五十七卷，明·董伦等纂修。长乐梁氏民国二十九年影印本。

《明成祖实录》一百三十卷，明·杨士奇等纂修。长乐梁氏民国二十九年影印本。

《明宣宗实录》一百十五卷，明·杨士奇等纂修。长乐梁氏民国二十九年影印本。

《明世宗实录》五百六十六卷，明·徐阶等纂修。长乐梁氏民国二十九年影印本。

《国初事迹》一卷，明·刘辰撰。齐鲁书社 1996 年版。

《广志绎》五卷，明·王士性撰。《四库存目丛书》。

《弇山堂别集》一百卷，明·王世贞撰。中华书局 1985 年点校本。

《皇明御倭录》九卷，明·王士骐撰。明万历刻本影印本。

《明会典》一百八十卷，明·徐溥等纂，李东阳等重修。《文渊阁四库全书》。

《明会要》八十卷，明·龙文彬撰。上海古籍出版社 2002 年版。

《名臣经济录》五十三卷，明·黄训撰。上海古籍出版社 1987 年版。

《礼部志稿》一百卷，明·林尧俞等撰。上海古籍出版社 1987 年版。

《皇明典故纪闻》十八卷，明·余继登撰。上海古籍出版社2002年版。

《明名臣琬琰录》二十四卷，明·徐纮撰。《文渊阁四库全书》。

永乐《乐清县志》八卷，明·撰者佚。宁波天一阁影印本。

弘治《温州府志》二十二卷，明·王瓒、蔡芳纂修。永嘉区乡著会影写本。

隆庆《乐清县志》七卷，明·侯一元纂。明隆庆六年刻本。

万历《温州府志》十八卷，明·王光蕴、王继明纂修。《四库存目丛书》。

《蒲岐所志稿》不分卷，明·撰者佚。温州市图书馆本。

《筹海图编》一十三卷，明·胡宗宪等撰。《文渊阁四库全书》。

《大学衍义补》一百六十卷，明·邱浚撰。《文渊阁四库全书》。

《弇州史料后集》七十卷，明·王世贞撰。明万历刻本。

《明经世文编选录》，台湾银行经济研究室编。台湾文献丛刊1971年版。

《姑苏志》六十卷，明·王鏊撰。上海古籍出版社1987年版。

《鹏南毕侯去思碑》，明·徐一经撰。温州博物馆柘本。

《龟山陡门碑记》，明·黄乾撰。温州博物馆柘本。

《草木子》四卷，明·叶子奇撰。上海古籍出版社1987年版。

《菽园杂记》十五卷，明·陆容撰。《文渊阁四库全书》。

《西湖游览志》二十四卷志余二十六卷，明·田汝成撰。上海古籍出版社1987年版。

《五杂俎》十六卷，明·谢肇淛撰。《四库禁毁丛书》。

《露书》十四卷，明·姚旅撰。上海古籍出版社2002年版。

《六研斋三笔》四卷，明·李日华撰。上海有正书局清光绪间影印本。

《紫桃轩杂缀》四卷，明·李日华撰。上海书店出版社本。

《宝日堂杂钞》一卷，明·张鼐撰。北京图书馆钞本。

《两种海道针经》，明·佚名撰，向达校注。中华书局2000年版。

《暇老斋杂记》三十二卷，明·茅元仪撰。上海古籍出版社 2002 年版。

《岐海琐谈》十六卷，明·姜准撰。永嘉敬乡楼抄本。

《永乐大典》七百一十四卷，明·解缙等纂。中华书局 1960 年版。

《永乐大典方志辑佚》五册，明·解缙等纂，马蓉等点校。中华书局 2004 年版。

《图书编》一百二十七卷，明·章潢纂。上海古籍出版社 1987 年版。

《万姓统谱》一百四十卷，明·凌迪如撰。《文渊阁四库全书》。

《山堂肆考》二百四十卷，明·彭大翼撰。上海古籍出版社 1987 年版。

《枣林杂俎》六卷，明·谈迁撰。上海古籍出版社 2002 年版。

《异林》一卷，明·徐祯卿撰。

《普济方》四百二十六卷，明·朱橚撰。上海古籍出版社 1987 年版。

《武编前集》六卷，明·唐顺之撰。上海古籍出版社 1987 年版。

《遵生八笺》八卷，明·高濂撰。人民卫生出版社 2007 年版。

《本草乘雅半偈》十卷，明·卢之颐撰。《文渊阁四库全书》。

《长物志》十二卷，明·文震亨撰。《文渊阁四库全书》。

《花史》十卷，明·吴彦匡撰。永嘉敬乡楼抄本。

《花编》六卷，明·蒋以化纂，清·姚宗仪增辑本。

《茶说》一卷，明·黄龙德撰。

《松窗梦语》八卷，明·张瀚撰。台北新文丰出版公司丛书集成本。

《病逸漫记》一卷，明·陆釴撰。《文渊阁四库全书》。

《学古绪言》二十五卷，明·类坚撰。《文渊阁四库全书》。

《西隐集》十卷，明·宋讷撰。《文渊阁四库全书》。

《宋学士文集》七十五卷，明·宋濂撰。明正德九年张缙刻本。

《宋文宪集》三十二卷，明·宋濂撰。《文渊阁四库全书》。

《宋濂集》九十八卷，明·宋濂撰。海南国际新闻出版中心传世藏书本。

《苏平仲文集》十六卷，明·苏伯衡撰。中华书局 1985 年版。

《介庵集》一十一卷，明·黄淮撰。《四库存目丛书》。

《类博稿》十卷附录二卷，明·岳正撰。《文渊阁四库全书》。

《荥阳外史集》七十卷，明·郑真撰。《文渊阁四库全书》。

《抑庵文集》正、后集五十卷，明·王直撰。《文渊阁四库全书》。

《椒邱文集》三十四卷，明·何乔新撰。《文渊阁四库全书》。

《大泌山房集》一百三十四卷，明·李维桢撰。《四库存目丛书》。

《见素续集》十二卷，明·林俊撰。台北商务印书馆 1983 年版。

《怀麓堂集》一百卷，明·李东阳撰。《文渊阁四库全书》。

《震泽集》三十六卷，明·王鏊撰。《文渊阁四库全书》。

《瓯滨文集》一卷，明·王瓒撰。瑞安玉海楼抄本。

《王瓒集》五卷，明·王瓒撰，张卫中等编。人民日报出版社 2003 年版。

《荡南诗集》四卷，明·朱谏撰。清道光十三年乐清朱氏活字本。

《东江家藏集》四十二卷，明·顾清撰。《文渊阁四库全书》。

《鹤泉集》二卷，明·王健撰。永嘉区乡著会抄本。

《半山藏稿》二十卷，明·王叔果撰。永嘉敬乡楼抄本。

《弇州山人四部稿》一百七十四卷，明·王世贞撰。《文渊阁四库全书》。

《弇州山人四部续稿》二百十八卷，明·王世贞撰。《文渊阁四库全书》。

《敬和堂集》八卷，明·许孚远撰。《四库存目丛书》。

《二谷山人集》二十四卷，明·侯一元撰。清光绪十七年乐清侯氏重刻本。

《二谷山人近稿》不分卷，明·侯一元撰。清光绪二十年乐清侯氏重刻本。

《宗伯集》十卷，明·孙继皋撰。《文渊阁四库全书》。

《汲古堂集》二十八卷，明·何白撰。《四库禁毁丛书》。

《歌宜室集》十六卷，明·柯荣撰。永嘉区乡著会抄本。

《一笑录》不分卷，明·王钦豫撰。永嘉区乡著会抄本。

清

《明史》三百三十二卷，清·张廷玉等撰。《文渊阁四库全书》。

《宋会要辑稿》不分卷，清·徐松辑。《文渊阁四库全书》。

《明史纪事本末》八十卷，清·谷应泰撰。《文渊阁四库全书》。

《康熙朝汉文朱批奏折汇编》八册，清·康熙等撰，中国第一历史档案馆编。档案出版社1984~1985年版。

《清世宗硃批谕旨》三百六十卷，清·雍正敕修。《文渊阁四库全书》。

《皇朝文献通考》三百卷，清·嵇璜等撰。《文渊阁四库全书》。

《钦定续通志》六百四十卷，清·嵇璜等撰。上海鸿宝书局清光绪二十八年石印本。

《钦定大清会典事例》一千二百二十卷，清·刘启端等撰。《续修四库全书》。

《钦定大清会典则例》一百八十卷，清·嵇璜等撰。上海古籍出版社1987年版。

《清圣祖实录》三百三卷，清·雍正敕修。中华书局1986年影印本。

《清高宗实录》一千五百卷，清·嘉庆敕修。中华书局1986年影印本。

《钦定授时通考》七十八卷，清·鄂尔泰等撰。《文渊阁四库全书》。

《御定佩文斋广群芳谱》一百卷，清·汪灏等撰。《文渊阁四库全书》。

《官书局汇报》，清·官书局编。清光绪年间本。

《浙江官报》，清·浙江省官报局编。清宣统年间本。

康熙《温州府志》三十二卷首一卷，清·汪爌、李璋纂修。清康熙二十四年刻本。

康熙《永嘉县志》十四卷，清·林占春、周天锡纂修。清康熙二十一年刻本。

康熙《乐清县志》八卷，清·林允楫、鲍易纂修。清康熙二十四年刻本。

雍正《浙江通志》二百八十卷，清·沈翼机等纂修。《文渊阁四库全书》。

乾隆《福清县志》二十卷，清·饶安鼎、林昂等纂修。中国地方志集成本。

乾隆《泉州府志》七十六卷首一卷，清·怀荫布、黄任等纂修。中国地方志集成本。

乾隆《福宁府志》四十四卷首一卷，清·李拔等纂修。中国地方志集成本。

乾隆《温州府志》三十卷首一卷，清·齐召南等纂修。清乾隆二十七年刻本。

乾隆《永嘉县志》二十六卷首一卷，清·齐召南等纂修。清乾隆三十年施廷灿校刻本。

乾隆《瑞安县志》十卷，清·章昱、吴庆云纂。清乾隆十四年刻本。

乾隆《平阳县志》二十卷，清·张南英、孙谦纂修。清乾隆二十五年刻本。

嘉庆《钦定重修两浙盐法志》三十卷首二卷，清·延丰等撰。《续修四库全书》。

嘉庆《松江府志》八十卷首二卷，清·孙星衍、莫晋纂。中国地方志集成本。

嘉庆《瑞安县志》十卷首一卷，清·张德标、王殿金等纂修。清嘉庆十三年刻本。

嘉庆《金乡镇志稿》不分卷，清·撰者佚。温州市图书馆稿本。

道光《广东通志》三百三十四卷，清·阮元、江藩纂修。《续修四库全书》。

道光《乐清县志》十六卷，清·鲍作雨、张振夔纂修。清道光七年刻本。

道光《永嘉县志稿》三十卷，清·汤成烈纂修。温州市图书馆稿本。

道光《乍浦备志》三十七卷，清·邹璟纂修。清道光二十三年刻本。

同治《饶州府志》三十二卷首一卷，清·锡德、石景芳纂修。中国地方志集成本。

同治《湖州府志》九十六卷首一卷，清·宗源翰、郭式昌等纂修。中国地方志集成本。

光绪《吉安府志》五十三卷首一卷，清·定祥、刘绎纂修。中国地方志集成本。

光绪《乌程县志》三十六卷，清·汪谢城纂修。中国地方志集成本。

光绪《江西通志》一百八十卷首五卷，清·曾国藩、刘坤一等纂修。《续修四库全书》。

光绪《泰顺分疆录》十二卷首一卷，清·林鹗、林用霖纂修。清光绪四年望山草堂刻本。

光绪《永嘉县志》三十八卷首一卷，清·张宝琳、王棻等纂修。《续修四库全书》。

光绪《玉环厅志》十四卷首一卷，清·吕鸿焘纂修。中国地方志集成本。

光绪《乐清县志》十六卷首一卷，清·陈珅纂修。清光绪二十七年永嘉博古斋刻本。

光绪《黄岩县志》三十二卷，清·陈宝善、王棻纂修。中国地方志集成本。

光绪《婺源县志》六十四卷首一卷，清·汪正元等纂修。清光绪九年刻本。

《汉唐地理书钞》，清·王谟编。中华书局影印1961年版。

《括苍金石志》十二卷，清·李遇孙撰。清道光十三年刻本。

《东瓯金石志》十二卷，清·戴咸弼编。清光绪九年温州刻本。

《雁荡山志》十三卷，清·施元孚撰。永嘉敬乡楼抄本。

《孤屿志》八卷，清·陈舜咨撰。清嘉庆十四年介和堂刻本。

《粤行纪事》三卷，清·瞿昌文撰。商务印书馆1939年版。

《海寇记》，清·洪若皋撰。台湾联经出版公司丛书集成续编本。

《东瓯大事记》六卷，清·孙锵鸣撰。永嘉区乡著会抄本。

《时变记略》不分卷，清·朱鸿瞻撰。抄本。

《刘忠肃公年谱》一卷，清·林大椿撰。

《天下郡国利病书》一百二十卷，清·顾炎武撰。清光绪二十七年图书集成书局本。

《温州府育婴堂现行条规》不分卷，清·上官德舆撰。清乾隆三十六年刻本。

嘉庆《郑佩兰硃卷》，清·郑佩兰撰。温州博物馆稿本。

道光《项傅霖硃卷》，清·项傅霖撰。温州博物馆稿本。

道光《祝登云硃卷》，清·祝登云撰。温州博物馆稿本。

道光《胡垠硃卷》，清·胡垠撰。温州博物馆稿本。

咸丰《叶宝衡硃卷》，清·叶宝衡撰。温州博物馆稿本。

同治《王甸宣硃卷》，清·王甸宣撰。温州博物馆稿本。

同治《王金制硃卷》，清·王金制撰。温州博物馆稿本。

光绪《黄崇宪硃卷》，清·黄崇宪撰。温州博物馆稿本。

光绪《何庆辅硃卷》，清·何庆辅撰。温州博物馆稿本。

光绪《张祖龄硃卷》，清·张祖龄撰。温州博物馆稿本。

光绪《许金镛硃卷》，清·许金镛撰。温州博物馆稿本。

光绪《周拱藻硃卷》，清·周拱藻撰。温州博物馆稿本。

光绪《唐黼墀硃卷》，清·唐黼墀撰。温州博物馆稿本。

光绪《王狱松硃卷》，清·王狱松撰。温州博物馆稿本。

光绪《沈凤锵硃卷》，清·沈凤锵撰。温州博物馆稿本。

光绪《章献猷硃卷》，清·章献猷撰。温州博物馆稿本。

光绪《杨慕侃硃卷》，清·杨慕侃撰。温州博物馆稿本。

光绪《李炳光硃卷》，清·李炳光撰。温州博物馆稿本。

光绪《孟锦涛硃卷》，清·孟锦涛撰。温州博物馆稿本。

光绪《余朝绅硃卷》，清·余朝绅撰。温州博物馆稿本。

光绪《林洵材硃卷》，清·林洵材撰。温州博物馆稿本。

光绪《叶国镇硃卷》，清·叶国镇撰。温州博物馆稿本。

光绪《陈经硃卷》，清·陈经撰。温州博物馆稿本。

光绪《吴让硃卷》，清·吴让撰。温州博物馆稿本。

光绪《吕渭英硃卷》，清·吕渭英撰。温州博物馆稿本。

宣统《张兆麟硃卷》，清·张兆麟撰。温州博物馆稿本。

宣统《张泰青硃卷》，清·张泰青撰。温州博物馆稿本。

《百甓斋日记》不分卷，清·郑良治撰。温州市图书馆稿本

《瑞安县南米折价案》不分卷，清·蔡庆恒辑。清光绪十九年刻本。

《过来语》二十卷，清·赵钧撰。温州市图书馆稿本。

《己酉选拔贡卷》，清·俞春如撰。温州日新印书局印本。

《政余笔录》四卷，清·蒋鸣玉撰。《续修四库全书》。

《博物要览》十二卷，清·谷应泰撰。《续修四库全书》。

《瓯江逸志》一卷，清·劳大与撰。《四库存目丛书》。

《遁斋偶笔》二卷，清·徐昆撰。清光绪六年刻本。

《续茶经》三卷附录一卷，清·陆廷灿撰。1987年上海古籍出版社本。

《畿辅闻见录》，清·黄可润撰。商务印书馆丛书集成初编本。

《海国闻见录》二卷，清·陈伦炯撰。《文渊阁四库全书》。

《小豆棚》六卷，清·曾衍东撰。清道光间刻本。

《浪迹续谈》八卷，清·梁章钜撰。《续修四库全书》。

《浪迹三谈》六卷，清·梁章钜撰。《续修四库全书》。

《守孔约斋杂记》一卷，清·方成珪撰。抄本。

《谭后录》二卷，清·赵钧撰。抄本。

《瓯乘补》二十卷，清·黄汉撰。永嘉区乡著会抄本。

《猫苑》二卷，清·黄汉撰。清咸丰二年永嘉黄氏家刻本。

《虚受斋随笔》一卷，清·黄汉撰。永嘉区乡著会抄本。

《瓯海轶闻》五十八卷，清·孙衣言撰，张如元校笺。上海社会科学院出版社2005年版。

《逊学斋文续抄》五卷，清·孙衣言撰。清同治十二年瑞安孙氏家刻本。

《东瓯记略》一卷，清·戴槃撰。清同治九年刻本。

《章安杂记》一卷，清·赵之谦撰。《续修四库全书》。

《瓯江小记》一卷，清·郭锺岳撰。清光绪四年刻本。

《瓯江小记补遗》一卷，清·郭锺岳撰。温州市图书馆稿本。

《永嘉闻见录》二卷，清·孙同元撰。清光绪四年刻本。

《永嘉闻见录补遗》一卷，清·孙同元、徐希勉撰。清光绪十五年刻本。

《庸庵笔记》六卷，清·薛福成撰。清光绪二十五年肖山陈氏刻本。

《蝶阶外史》，清·寄泉撰，周郁浩标点。上海大达图书供应社民国24年版。

《史异纂》十六卷，清·傅燮诇撰。清康熙三十三年刻本复印本。

《东瓯掌录》二卷，清·陆进撰。永嘉区乡著会抄本。

《受宜堂宦游笔记》四十六卷，清·纳兰常安撰。清乾隆一十一年受宜堂刻本。

《见闻录》四卷，清·徐岳撰。上海古籍出版社 2002 年版。

《三异笔谈》四卷，清·许仲元等撰。重庆出版社 1996 年版。

《东瓯轶事随笔》二卷，清·孟锦城撰。清同治刻本。

《颇宜茨斋日记》不分卷，清·林骏撰。温州市图书馆稿本。

《农学报》一册，清·梁启超编。上海农学报馆清光绪二十三年本。

《全晋文》一百六十七卷，清·严可均辑。商务印书馆 1999 年版。

《范忠贞集》十卷，清·范承谟撰。《文渊阁四库全书》。

《南雷文定前集》十一卷，清·黄宗羲撰。中华书局 1985 年版。

《梅村家藏稿》五十八卷补一卷，清·吴伟业撰。上海古籍出版社 2002 年版。

《玄对草》二卷，清·王至彪撰。永嘉敬乡楼抄本。

《竹园类辑》十卷，清·朱鸿瞻撰。清康熙十二年瑞安朱氏绿竹轩刻本。

《掬庵文集》不分卷，清·李象坤撰。永嘉区乡著会抄本。

《李文襄公别录》六卷，清·李之芳撰。上海古籍出版社 2002 年版。

《陶文毅公全集》六十四卷首末各一卷，清·陶澍撰。上海古籍出版社2002年版。

《一粟轩集》六卷，清·鲍台撰。清道光二十六年郑氏粲花轩刻本。

《梧竹山房文稿》不分卷，清·陈遇春撰。清道光十九年陈氏家刻本。

《且瓯集》九卷，清·项霁撰。清咸丰三年刻本。

《逢原斋诗文钞》文钞四卷诗钞二卷，清·华文漪撰。清道光六年刻本。

《孙锵鸣集》二十四卷，清·孙锵鸣撰，胡珠生编注。上海社会科学院出版社2003年版。

《海日楼文集》十二卷，清·孙锵鸣撰。民国二十六年平阳王理孚手抄本。

《童温处公遗集》六卷，清·童兆蓉撰。清宣统间宁乡童氏家刻本。

《陈虬集》十卷附录一卷，清·陈虬撰，胡珠生编。浙江人民出版社1992年版。

《宋恕集》上下册，清·宋存礼撰，胡珠生编。中华书局1993年版。

《太鹤山人集》十三卷，清·端木国瑚撰。清道光二十年刻本。

《元诗选》二集，清·顾嗣立撰。中华书局1987年版。

《东瓯诗存》四十六卷附录一卷，清·曾唯辑，张如元等校补。上海社会科学院出版社2006年版。

《船屯渔唱》一卷，清·张綦毋撰。瑞安杨绍廉手写本。

《两峰山人诗录》不分卷，清·余国鼎撰。永嘉区乡著会抄本。

《介轩诗钞》十卷，清·张振夔撰。清同治九年刻本。

《雪蕉斋诗钞》四卷补编一卷，清·王德馨撰。清光绪二十六年永嘉王氏家刻本。

《集云山房诗钞》一卷，清·鲍成宗撰。永嘉区乡著会抄本。

《焦桐山馆诗钞》六卷，清·蔡英撰。温州务本书局民国六年石印本。

《脂雪轩诗钞》五卷，清·胡玠撰。温州翰墨林民国十四年石印本。

《瓯江竹枝词》（东瓯百咏）不分卷，清·郭锺岳撰。东瓯张庆芝清同治十一年刻本。

《温州竹枝词》不分卷，清·方鼎锐撰。张庆芝清同治十一年刻本。

《楠溪江竹枝词》不分卷，清·石方洛撰。温州叶怀古斋民国初年刻本。

《静志居诗话》二十四卷，清·朱彝尊撰。人民文学出版社 1990 年版。

《随园诗话》十四卷，清·袁枚撰。哈尔滨出版社 2004 年版。

民国

《日中文化交流史》，日本·木宫泰彦撰，胡锡年译。商务出版社 1980 年版。

《中国陶瓷史》，民国·吴仁敬、辛安潮著。团结出版社 2009 年版。

民国《太仓州志》三十卷，民国·王祖畬等纂。民国八年刊本。

民国《永泰县志》十二卷，民国·金章、王绍沂等纂修。民国十一年铅印本。

民国《德清县志》十四卷首，民国·程森纂修。民国二十三年刻本。

民国《平阳县志》九十八卷首一卷，民国·刘绍宽等纂修。民国十五年刻本。

民国《瑞安县志稿》二十八卷，民国·瑞安修志会纂修。民国三十五年铅印本。

《南雁荡山志》十三卷，民国·周喟撰。民国七年刻本。

《瑞安乡土史谭稿》八卷，民国·洪炳文撰。温州市图书馆稿本。

《厚庄日记》四十一册，民国·刘绍宽撰。温州市图书馆抄本。

《张棡日记》不分卷，民国·张棡撰，俞雄选编。上海社会科学院出版社 2003 年版。

《清稗类钞》九十二卷，民国·徐珂撰。中华书局本。

《果报征信录》不分卷，民国·刘绍宽撰。温州市图书馆稿本。

《宋庼随笔》一卷，民国·张扬撰。温州市图书馆稿本。

《瓯风杂志》二十四期，民国·瓯风杂志社编。温州市图书馆藏本。

《鉴止水斋谭屑》一卷，民国·林大同撰。温州旅杭同乡会报告录本。

《厚庄文钞》三卷，民国·刘绍宽撰。民国八年平阳刘氏家刻本。

《洪炳文集》不分卷，民国·洪炳文撰，沈不沉编。上海社会科学院出版社 2004 年版。

《花信楼文稿》不分卷，民国·洪炳文撰。温州市图书馆藏本。

《卧庐文录》四卷，民国·池志澄撰。瑞安陈氏见思堂辑本。

《池志澄诗文书法集》不分卷，民国·池志澄撰，俞海等编校。中国文史出版社 2008 年版。

《俞春如集》不分卷，民国·俞春如撰，俞雄等编。瑞安文史资料 2005 年本。

《瑞安诗征》七卷，民国·瑞安县修志会纂修。民国三十五年铅印本。

新中国

《清代海外贸易史研究》，日本·松浦章撰。日本朋友书店 2002 年版。

《中国工商行会史料集》，彭泽益主编。中华书局 1995 年版。

《中国近代农业史资料》全 3 辑，李文治编。生活·读书·新知三联书店 1957 年版。

《中国近代工业史资料》全 2 辑，孙毓棠、汪敬虞编。科学出版社 1957 年版。

《中国近代对外贸易史资料》全 3 册，姚贤镐编。中华书局 1962 年版。

《近代史研究》，中国社会科学院近代史研究所主办。

《史料旬刊》，故宫博物院编。北京图书馆出版社 2008 年版。

《近代浙江通商口岸经济社会概况》，杭州海关译编。浙江人民出版社 2002 年版。

《浙江通史·元代卷》，桂栖鹏、楼毅生等撰。浙江人民出版社2005年版。

《浙江通史·清代卷上》，叶建华撰。浙江人民出版社2005年版。

《浙江姓氏志·浙南徐氏》，徐启豆主编。中华书局2004年版。

《温州市志》九十四卷，章志诚主编。中华书局1998年版。

《瑞安市志》三十四卷，宋维远主编。中华书局2003年版。

《乐清市志》三十八卷，马升永主编。中华书局2000年版。

《永嘉县志》三十一编，徐顺旗主编。方志出版社2003年版。

《平阳县志》三十八卷，郑立于主编。汉语大词典出版社1993年版。

《泰顺县志》二十九编，施明达主编。浙江人民出版社1998年版。

《文成县志》三十三卷，朱礼主编。中华书局1996年版。

《洞头县志》二十编，杨志林主编。浙江人民出版社1993年版。

《玉环县志》二十五编，玉环县编史修志会编纂。汉语大词典出版社1994年版。

《温州近代史》，胡珠生著。辽宁人民出版社2000年版。

《温州文史资料》二十三辑，政协温州市文史委编。内部发行本。

《鹿城文史资料》二十辑，政协温州市鹿城区文史委编。内部发行本。

《温州水利史料汇编》，何健编。1999年内部发行本。

《温州历代碑刻二集》，吴明哲编。上海社会科学院出版社2006年版。

《浙南谱牒文献汇编》，郑笑笑、潘猛补主编。香港出版社2003年版。

《温州城区近百年纪事》，冯坚、胡今虚撰。温州文史资料本。

《温州历史文献集刊》，温州市图书馆辑。南京大学出版社2013年版。

《瑞安市地名志》六卷，杨作雨主编。1988年内部发行本。

《瑞安经济史》，俞光著。浙江人民出版社2013年版。

《湖岭片区志》，郑育友主编。方志出版社2011年版。

《上步村志》，全春波等主编。中国文史出版社2014年版。

《新渡桥村志》，庄中宝等主编。北京图书出版社2015年版。

《陶山镇志》，林成植等主编。中国文史出版社2016年版。

《造纸活化石——瑞安湖岭手工造纸术》，郑育友等编著。中国文联出版社2013年版。

《瑞安文史资料》四十辑，政协瑞安市文史委编。内部发行本。

《玉海文化研究》，瑞安市玉海文化研究会编。内部发行本。

《乐清市土地志》，李振镛主编。中华书局2002年版。

《乐清历代碑志选》，陈纬编。中国民族摄影艺术出版社2004年版。

《苍南碑志》，苍南县文物馆编。苍南文史资料本。

《瑞安文物普查材料》，瑞安市文物馆编。稿本。

《瓯海区文物普查材料》，瓯海区文博馆编。稿本。

《平阳文物》四辑，平阳县文物馆编。内部发行本。

《泰顺县文化简志》，泰顺县文博馆编。内部发行本。

《泰顺县文物普查材料》，泰顺县文博馆编。稿本。

《大罗山志》三卷，林长春主编。香港出版社2003年版。

《温州学刊》一百六十五期，温州市社科联编。内部发行本。

《温瑞塘河文化史料专辑》，温州市政协文史委编。温州文史资料2005年本。

《温州古诗选注》，黄世中选、沈洪保注。作家出版社1998年版。

《温州竹枝词》，叶大兵辑注。文化艺术出版社2008年版。

《瑞安古诗七百首》，宋维远主编。中国文史出版社2008年版。

《宋元明清温州文化编年纪事》，洪振宁编著。浙江人民出版社2009年版。

《温州日报》，温州日报社编。

《瑞安日报》，瑞安日报社编。

谱牒

永嘉《英桥王氏族谱》。

永嘉《苍坡李氏宗谱》。

永嘉《楠溪周氏族谱》。

永嘉《楠溪金氏宗谱》。

永嘉《枫林徐氏宗谱》。

永嘉《两源陈氏族谱》。

永嘉《邵园邵氏宗谱》。

永嘉《鹦鹉胡氏宗谱》。

永嘉《千石王氏宗谱》。

永嘉《千石杨氏宗谱》。

永嘉《廊下朱氏宗谱》。

永嘉《表山郑氏宗谱》。

永嘉《麻埠麻氏宗谱》。

永嘉《珍川朱氏宗谱》。

永嘉《西源谷氏宗谱》。

永嘉《菇田戴氏宗谱》。

永嘉《垟头坑张氏宗谱》。

永嘉《朱氏联宗谱》。

永嘉《潘氏宗谱》。

永嘉《瓯渠吴氏宗谱》。

永嘉《驿山程氏宗谱》。

永嘉《李徐全氏宗谱》。

永嘉《霞山汪氏宗谱》。

永嘉《礁川朱氏宗谱》。

永嘉《罗浮林氏宗谱》。

永嘉合溪《明文戴氏宗谱》。

永嘉芙蓉《两源陈氏大宗族谱》。

瓯海《川沙周氏宗谱》。

瓯海《周岙周氏宗谱》。

瓯海《厚垟黄氏大宗谱》。

龙湾《普门张氏家集》。

龙湾《上京陈氏宗谱》。

龙湾《山仓王氏宗谱》。

乐清《黄氏宗谱》。

乐清《南氏宗谱》。

乐清《刘氏宗谱》。

乐清《马氏宗谱》。

乐清《倪氏宗谱》。

乐清《北阁李氏宗谱》。

乐清《南阁章氏宗谱》。

乐清《龙川林氏宗谱》。

乐清《大崧方氏宗谱》。

乐清《虹桥邵氏宗谱》。

乐清《海口蔡氏宗谱》。

乐清《小芙包氏宗谱》。

乐清《柳市包氏宗谱》。

乐清《龙门金氏宗谱》。

乐清《石船刘氏宗谱》。

乐清《鹿川贾氏宗谱》。

乐清《盘谷高氏宗谱》。

乐清《地团叶氏宗谱》。

乐清《长桥黄氏宗谱》。

乐清《西联霞雪何氏宗谱》。

瑞安《大南陈岙陈氏宗谱》。

瑞安《阁巷陈氏大宗谱》。

瑞安《马屿团屿陈氏宗谱》。

瑞安《董田陈氏宗谱》。

瑞安《潋溪弘农杨氏族谱》。

瑞安《桂峰杨氏宗谱》。

瑞安《鹿木杨氏宗谱》。
瑞安《曹村杨氏宗谱》。
瑞安《上望林氏宗谱》。
瑞安《丽岙林氏宗谱》。
瑞安《汀田金岙林氏宗谱》。
瑞安《仙降孙氏族谱》。
瑞安《莘田孙氏族谱》。
瑞安《黄林朱氏宗谱》。
瑞安《朱山殿后朱氏宗谱》。
瑞安《龙湖朱氏宗谱》。
瑞安《林垟郑氏家谱》。
瑞安《芳山陶溪郑氏宗谱》。
瑞安《东岩金氏宗谱》。
瑞安《芳山四顾山金氏宗谱》。
瑞安《高楼下泽高氏族谱》。
瑞安《高楼南川高氏宗谱》。
瑞安《芳庄梅房高氏族谱》。
瑞安《对川王氏宗谱》。
瑞安《横塘王氏宗谱》。
瑞安《鹿木邱氏宗谱》。
瑞安《梅头邱氏宗谱》。
瑞安《金山卓氏宗谱》。
瑞安《朱山卓氏宗谱》。
瑞安《塘根曾氏宗谱》。
瑞安《曹村曾氏宗谱》。
瑞安《河沿包氏宗谱》。
瑞安《仙篁竹包氏宗谱》。
瑞安《江溪湖岙黄氏宗谱》。
瑞安《鹿木彭埠祝氏宗谱》。

瑞安《山前周氏宗谱》。
瑞安《潘岱张氏宗谱》。
瑞安《九里潘氏宗谱》。
瑞安《海安何氏宗谱》。
瑞安《海安蒋氏宗谱》。
瑞安《东山贾氏宗谱》。
瑞安《叶山柳氏宗谱》。
瑞安《丁岙龚氏宗谱》。
瑞安《大金柯氏宗谱》。
瑞安《大南施氏宗谱》。
瑞安《吴山倪氏宗谱》。
瑞安《六科卢氏宗谱》。
瑞安《宁益温氏宗谱》。
瑞安《大典学余氏宗谱》。
瑞安《平阳坑谢氏宗谱》。
平阳《济南郡林氏宗谱》。
平阳《陈氏家谱》。
平阳《鲍洋薛氏谱》。
平阳《瀛桥项氏宗谱》。
平阳《林坳林氏宗谱》。
平阳《旺庄钟氏宗谱》。
平阳《书阁钟氏宗谱》。
平阳《朝阳钟氏宗谱》。
平阳《章山雷氏宗谱》。
平阳《闹村雷氏宗谱》。
平阳《田寮雷氏宗谱》。
平阳《黄家坑雷氏宗谱》。
苍南《金乡殷氏宗谱》。
苍南《岙口蓝氏宗谱》。

苍南《岙底雷氏宗谱》。

苍南《五亩钟氏宗谱》。

苍南《牛角湾李氏宗谱》。

苍南《水碓头李氏宗谱》。

苍南《白沙彭城刘氏宗谱》。

苍南《莒溪垟尾蓝氏宗谱》。

苍南《莒溪乌岩内蓝氏宗谱》。

泰顺《潘氏族谱》。

泰顺《筱村林氏宗谱》。

泰顺《司前鳌岭蓝氏宗谱》。

泰顺《洪口碗窑杨氏家谱》。

文成《浯溪富氏宗谱》。

文成《樟岭陈氏宗谱》。

文成《培头钟氏宗谱》。

青田《东源叶氏宗谱》。

后　记

当《温州古代经济史料续编》（以下简称《续编》）的清样摆在面前时，我如释重负，感慨万千。

笔者长期从事技术、经济、行政管理工作，而研究地方文史则始于1992年，其时大哥俞雄邀我共同编写《温州工业简史》。1995年12月，该书由上海社会科学院出版社出版。2000年8月，我退居二线，为了在有生之年为社会做一些有益事情，于是把主要精力投入到地方文史的研究中去。由于向无温州古代经济史料汇集的专著，而此项工作又是研究温州古代经济史的基础，因此《汇编》和《续编》便顺理成章地成为我的工作内容。

《续编》的出版，要衷心感谢所有为我提供帮助的有关部门和前辈、朋友们。先得感谢中国国家图书馆、温州市图书馆、瑞安市图书馆和瑞安市地方志办公室的同志们，多年来不辞劳苦地为笔者查阅资料提供了种种方便，为本书的编纂奠定了基础。浙江省经济史研究会会长陈学文教授在百忙中为本书作序，并寄予殷切期望。温州市文史学者、兄长俞雄先生不仅对全书的编排提出了宝贵的意见，而且还提供了许多珍藏的史料或线索。温州市社会科学界联合会相继将本书列入2017年度温州市哲学社会科学规划立项资助课题和2017年度市级社会科学学术著作出版资助项目，既为本书编纂工作指明了方向，又解决了后顾之忧。瑞安市社会科学界联合会、瑞安市玉海文化研究会对该项目大力支持和热情鼓励，增强了我的信心。此外，家人的关心和帮助，保证了我的编纂工作得以顺利进行。借此，谨致以诚挚的谢意！

2018 年 4 月 1 日于陋室居

图书在版编目(CIP)数据

温州古代经济史料续编 / 俞光编. -- 北京：社会科学文献出版社，2019.10
（温州学术文库）
ISBN 978-7-5201-4846-7

Ⅰ.①温… Ⅱ.①俞… Ⅲ.①经济史-史料-温州-古代 Ⅳ.①F129.2

中国版本图书馆 CIP 数据核字（2019）第 089089 号

·温州学术文库·
温州古代经济史料续编

编　　者 / 俞　光

出 版 人 / 谢寿光
责任编辑 / 王　展

出　　版 / 社会科学文献出版社·皮书出版分社（010）59367127
地址：北京市北三环中路甲 29 号院华龙大厦　邮编：100029
网址：www.ssap.com.cn
发　　行 / 市场营销中心（010）59367081　59367083
印　　装 / 三河市东方印刷有限公司

规　　格 / 开 本：787mm×1092mm　1/16
印 张：43.25　字 数：640 千字
版　　次 / 2019 年 10 月第 1 版　2019 年 10 月第 1 次印刷
书　　号 / ISBN 978-7-5201-4846-7
定　　价 / 298.00 元